月迷津渡

——古典詩詞個案微觀分析

孫紹振　著

總序

閩水泱泱，閩學悠永。百年老校福建師範大學之文學院，發祥於前清帝師陳寶琛創辦的福建優級師範學堂國文科，後又匯聚福建協和大學、華南女子文理學院等校的學術資源，可謂源遠流長，底蘊博厚。葉聖陶、郭紹虞、董作賓、章靳以、胡山源、嚴叔夏、黃壽祺、俞元桂等往賢，曾相繼執教我院，為學科創立與發展作出突出貢獻，留下彌足珍貴的學術傳統，潤澤和激勵一代又一代學人茁壯成長。時至今日，我院備具中國語言文學、戲劇與影視學兩個一級學科博士學位授權點及博士後科研流動站，中國現當代文學國家重點學科，中國語言文學國家文科基礎學科人才培養和科學研究基地，擁有上百名專任教師，三十多位教授和博士生指導教師，兩千餘名本科生和碩士博士研究生，實已發展為大陸文史研究與教育的重鎮。

閩臺隔海相望，地緣相近，血緣相親，文緣相承，近年兩岸關係和平發展進程中緣情淳深，學術文化交流益顯大有作為。正是順應這一時代潮流，我院和臺灣高校交往密切，同仁間互動頻繁，時常合作舉辦專題研討及訪學活動，茲今我院不但新招臺籍博士研究生四十多人，尚與相關大學聯合培養文化產業管理專業本科生。學術者，天下之公器也。適惟我院學術成果豐厚，就中歷久彌新者頗多，因與臺北萬卷樓圖書股份有限公司總經理梁錦興先生協力策畫，隆重推出《福建師範大學文學院百年學術論叢》（第一輯），以饗讀者，以見兩岸人文交流之暉光。

茲編所收十種專著，撰者年輩不一，領域有別，然其術業皆有專

攻，悉屬學術史上富有開拓性的研究成果。如一代易學宗師黃壽祺先生及其高足張善文教授的《周易譯注》，集今注、語譯和論析於一體，考辨精審，義理弘深，公認為當今易學研究之經典名著。俞元桂先生主編的《中國現代散文史》，被譽為現代散文史的奠基之作，北京大學王瑤先生曾稱「此書體大思精，論述謹嚴，足見用力之勤，其有助於文化積累，蓋可斷言」。穆克宏先生的《六朝文學研究》，專注於《昭明文選》及《文心雕龍》之索隱抉微，頗得乾嘉樸學之精髓。陳一琴、孫紹振二位先生合撰的《聚訟詩話詞話》，圍繞主題，或爬梳剔抉而評騭舊學，或推陳出新以會通今古，堪稱珠聯璧合，相得益彰。《月迷津渡》一書，孫先生從個案入手，以微觀分析古典詩詞，在文本闡釋上獨具匠心，無論審美、審醜與審智，悉左右逢源，自成機杼。姚春樹先生的《中國近現代雜文史》，系統梳理當時雜文的歷史淵源、發展脈絡和演變規律，深入闡發雜文藝術的特性與功能，給予後來者良多啟迪。齊裕焜先生的《中國古代小說演變史》，突破原有小說史論的體例，揭示不同類型小說自身的發展規律及其與社會生活的種種關聯，給人耳目一新之感。陳慶元先生的《福建文學發展史》，從中國文學史的大背景出發，拓展和發掘出八閩文學乃至閩臺文學源流的豐厚蘊藏。南帆先生的《後革命的轉移》，以話語分析透視文學的演變，熔作家、作品辨析與文學史論為一爐，極顯當代文學理論之穿透力。馬重奇先生的《漢語音韻與方言史論集》，則彙集作者在漢語音韻學、閩南方言及閩臺方言比較研究中的代表論說，以見兩岸語緣之深廣。

可以說，此番在臺北重刊學術精品十種，既是我院文史研究實績的初次展示，又是兩岸學人同心戮力的學術創舉。各書作者對原著細謹修訂，責任編輯對書稿精心核校，均體現敬文崇學的專業理念，以及為促進兩岸學術文化交流的誠篤精神！對此我感佩於心，謹向作者、編輯和萬卷樓圖書公司致以崇高敬意和誠摯謝忱！並企盼讀者同

仁對我院學術成果予以客觀檢視和批評指正。我深信，兩岸的中華文化傳人，以其同種同文的民族自尊心、自信心和傳承文化的責任心，必將進一步交流互動，昭發德音，化成人文，為促進中華文化復興繁榮而共同努力！

汪文頂

謹撰於福州倉山

二〇一四年十二月二十七日

目次

第一章　經典詩詞個案研究

第二章　古典詩詞常見主題分析

第三章　古典詩詞常見意象分析

第四章　古典詩詞常見主體情感體驗分析

第五章　古典詩詞美學品評

第六章　古典詩詞解讀理論發微

序一
自序

　　《名作細讀》出版四年已經印到第五次，反響出乎意料，素不相識的一線教師（包括小學教師）以及頗有學術追求的教學研究員的稱讚，給我以極大鼓舞。責任編輯告訴我，由於《名作細讀》的某種影響，來稿中以「細讀」為旨者日見其多，更有論者斷言，孫氏「細讀」者，得力於美國「新批評」者也。初聞此言，頗覺詫異，雖不敢苟同，亦不欲辯白。情有可原者，追求文本深層之解密，其志可嘉，非皓首窮經，枉拋心力，死不開竅，齎志而歿之學者可比。當此西方宏大理論鋪天蓋地湧來之際，忽聞孫氏「細讀」，乃以為金鑰匙，以美國品牌冠之。說者全係一片美意，殊不知本人不但難以領情，反而頗有委屈。對於美國新批評所謂「細讀」，我只能用在《新的美學原則在崛起》中引起極大震動的「不屑」來形容。為什麼中國人對文本作出了某些有效的闡釋，一定要攀上美國品牌，才算上檔次？我們傳統的詩話、詞話，我們的「推敲」，我們的「詩眼」，我們的「精思」，特別是「無理而妙」、「入癡而妙」、「詩酒文飯」之說，不是有著更為深厚的底蘊嗎？我堅信，在詩歌的微觀分析方面，對任何西方當代文論，都不能抱太大希望。這不是我狂妄，權威學者李歐梵先生在「全球文藝理論二十一世紀論壇」的演講中早就勇敢地提出了這個問題，他認為西方文論流派紛紜，卻很難達到對文學文本進行有效解讀的目的。李先生以挑戰、懷疑西方權威為榮，而內地文論界以服膺、崇拜西方大師驕人，這種對照不僅有趣，而且發人深省。李先生的文章寫得很幽默：

話說後現代某地有一城堡，無以為名，世稱「文本」，數年來各路英雄好漢聞風而來，欲將此城堡據為己有，遂調兵遣將把此城堡團團圍住，但屢攻不下。

從城牆開眼望去，但見各派人馬旗幟鮮明，符旨符徵樣樣具備，各自列出陣來，計有武當結構派、少林解構派、黃山現象派、渤海讀者反應派，把持四方，更有「新馬」師門四宗、拉康弟子八人、新批評六將及其接班人耶魯四人幫等，真可謂洋洋大觀。

文本形勢險惡，關節重重，數年前曾有獨行俠羅蘭‧巴特探其幽徑，畫出四十八節機關圖，巴特在圖中飲酒高歌，自得其樂，但不幸酒後不適，突然暴斃。武當結構掌門人觀其圖後歎曰：「此人原屬本門弟子，惜其放浪形骸，武功未練成就私自出山，未免可惜。依本門師宗真傳秘訣，應先探其深層結構。機關再險，其建構原理仍基於二極重組之原則。以此招式深入虎穴，當可一舉而攻下。」但少林（按：解構）幫主聽後大笑不止，看法恰相反，認為城堡結構實屬幻象，深不如淺，前巴特所測浮面之圖，自有其道理，但巴特不知前景不如後跡，應以倒置招式尋跡而「解」之，城堡當可不攻而自破。但黃山現象大師搖頭歎曰：「孺子所見差矣！實則攻家與堡主，實一體兩面，堡後陰陽二氣必先相融，否則談何攻城陣式？」渤海（按：讀者反應）派各師擊掌稱善，繼曰：「攻者即讀者，未讀而攻乃愚勇也，應以奇招讀之，查其機關密碼後即可攻破。」新馬四宗門人大怒，曰：「此等奇招怪式，實不足訓，吾門祖師有言，山外有山，城外有城，文本非獨立城堡，其後自有境界……」言尚未止，突見身後一批人馬簇擁而來，前鋒手執大旗，上寫「昆崙柏克萊新歷史派」，後有數將，聲勢壯大。此軍剛到，另有三支娘子軍殺將過來，各以其身祭其女性

　　符徽，大呼：「汝等魯男子所見差也，待我英雌願以嶄新攻城
之法……」話未說完，各路人馬早已在城堡前混戰起來，各露
其招，互相殘殺，人仰馬翻，如此三天三夜而後止，待塵埃落
定後，眾英雄（雌）不禁大驚，文本城堡竟然屹立無恙，理論
破而城堡在，謝天謝地。[1]

李先生的意思很清楚，檢驗理論的重要路徑就是解讀文本，理論出了
一大堆，旗號紛紜，文本的解讀卻毫無進展，理論的價值就值得懷疑
了。風靡全球的前衛文論尚且如此無效，對於新批評，則尤其應該死
心。我拒絕對西方話語作疲憊的追蹤，相反，致力於在對其批判的基
礎上，建構中國式的文本解密流派。

　　對於我所建構的詩歌解密模式和美國新批評的不同，我寫了一篇
長達一萬六七千字的論文來加以澄清，準備作為本書的序言，但是，
考慮到涉及的學術問題比較複雜，與本書的文本個案研究可能不完全
符合。故將之以〈美國新批評『細讀』批判〉為篇名作為本書〈序
二〉，供有學術興趣的讀者研讀。

　　本書所收為近年來所寫古典詩歌的微觀分析文章。聊堪自慰的
是，似乎比之《名作細讀》中之大部分品質有所提高。本世紀初投身
此項工作時，多少帶著興趣的自發性，毛糙之處，在所難免。經過
七、八年磨煉，我已經不再滿足於就詩論詩，轉而注重學術文獻的梳
理和歷史成果的吸收，以中國傳統細讀的理論揚棄西方當代詩歌理
論，進行中西接軌。這越來越成為我自覺的追求。

　　編輯此書時，心情頗為複雜：一則以喜，乃在對古典詩歌甚具難
度的微觀分析上頗有進展；一則以憂，因為在根本上，個案分析的局
限不可諱言。畢竟是解剖麻雀，雖然五臟俱全，但是，宏觀理念和方

1　李歐梵：《世紀末的反思》（杭州市：浙江人民出版社，2002年），頁274-275。

法全為隱性。雖於個案可在月迷之中尋覓津渡，然在方法論上難免霧失樓臺之歎。授其魚不能授其漁，其憾何如！有興趣的讀者可參閱拙作之《文學創作論》中之《詩歌的審美規範第一章》（福州海峽文藝出版社2000年以後諸版）。從全書來看，宏觀體系顯然不足。原因在於對我國古典詩歌理論寶庫，特別是與微觀分析有直接聯繫的詩詞評點，資源相當薄弱。正當無奈，余友陳一琴君自天而降。陳君深涉古典詩話詞話，輯有《聚訟詩話詞話》書稿，二十五萬言。然以樸學為務，述而不作，輯而不評，邀余於每題後作評，以貫通古今中外，余乃欣然應命。為陳君試作數篇，蒙陳君首肯，書稿乃改稱《聚訟詩話詞話》。值此《月迷津渡》付梓之際，又蒙陳君慨然應允，將我執筆之〈古典詩歌中的情理矛盾和「癡」的範疇〉、〈古典詩論中的「詩酒文飯」之說〉、〈古典詩話中的情理矛盾和「無理而妙」的範疇〉、〈古典詩話情景矛盾中的賓主、有無、虛實、真假〉編入第一章相應個案分析之後。另一部分，係對古典詩話千百年來一些爭訟的試答，〈唐人絕句何詩最優〉、〈唐人七律何詩最優〉，則編入最後一章。如此，於建構中國式微觀解密詩學，可能粗具基礎。陳君惠我如此，非感激二字可以盡意也。

序二
美國新批評「細讀」批判

一　新批評的「新」和「反諷」範疇

　　美國新批評在上個世紀五〇年代以後，在後結構主義的挑戰下，走向消亡。對已經消亡的流派重新批判，並非出於學院派的骸骨迷戀，而是因為他們留下的教訓沒有被我們充分汲取，甚至如今還有人在呼喚「新批評補課」，盛行著以所謂反諷、明喻、暗喻、誇張、擬人等修辭手法為務的所謂文本賞析，比之新批評的狹隘和貧乏水準更低，更不成氣候。因而有正本清源的必要。

　　新批評發軔於上世紀二、三〇年代，四、五〇年代一度風行於美國學院，六〇年代走向消亡。號稱「新批評」，意在對舊批評的反撥，針對的舊批評有兩個方面：一是作者中心論，把文學研究變成作家生平、傳記的考訂，作品反而成了作家傳記的零件；二是把文學作品當作時代經濟、宗教、政治狀況的圖解。二者表面看來背道而馳，一個強調客觀現實，一個強調主觀心靈，但在根本上是相同的，那就是把作品和作家心靈、現實完全混為一談，無視其間的矛盾，從而導致對文學本體的麻木。新批評不屑於到作品「外部」去尋找根源，他們堅持「內部研究」，堅信一切奧秘全在作品中，「作品就是文學的本源」，「文學作品就是本體」。

　　他們的閱讀聚焦在文本上。文本不像時代和作家生平那樣紛繁豐富，他們提出了所謂「close reading」（細讀）。這個片語原本的意思是精密的、封閉的、忠實於原作的閱讀，翻譯成「細讀」其實並不太準確，當然，翻譯成「封閉性閱讀」，也不太周全，但是，也不太離

譜。「細讀」還有文雅一點的說法，叫做「peruse」，意思是徹底地、深入地閱讀（to read thoroughly）。限定在文本以內，又要深入，當然難度極大。文本，尤其是經典詩歌文本，是天衣無縫的，水乳交融的，有機統一的，閱讀如果停留在表層，就只能重複讀者一望而知的資訊。他們把追求的目標，說成是在文本「內部」，其實是在文本以下。當然文本以下，資訊是多元的，他們又自己設定了一個禁區，那就是不能涉及情感（下文詳述）。這樣一來能夠供他們施展功夫的，就只有語言了。難得的是，他們在詞語的前臺看到了存在於語言背後的衝突。首先，詩歌語言與科學語言不同，科學語言是嚴密的，有著詞典語言的確定性，而詩歌語言的生命來自詩人隨機賦予的文本意涵。這樣，顯在的文本意涵就與潛在的心照不宣的詞典語義有了反差。例如，新批評的幹將布魯克斯分析華茲華斯描寫夜晚的十四行詩：「甜美的夜晚，安然，隨意／這神聖的時刻靜如修女／屏息膜拜……」他說：「甜美、安然、隨意、神聖、靜、屏息，這些詞的並置並不奇特，但請注意……『屏息』這個形容詞暗示了巨大的激越。可是，夜不但寂靜而且安詳。」[1]他的意思是，激越和靜寂、安然，隱含著衝突，二者是不相容的，他把這叫做「悖論」（paradox），並概括為詩歌的核心規律：「詩人表達真理只能依靠悖論。」[2]就是說，這不僅僅是詞語的個別現象，而且是詩歌的普遍方法。布魯克斯引用華茲華斯的話說，他總是把平常的現象，寫得不平常，這是詩歌之所以成為詩歌的根本原因。悖論的修辭模式，新批評叫做「反諷」（irony），他們幾乎一致擁護「反諷論」，甚至有人提出把新批評改名

1　克林斯・布魯克斯著，郭乙瑤等譯：《精緻的甕》（上海市：上海人民出版社，2008年），頁11。

2　克林斯・布魯克斯著，郭乙瑤等譯：《精緻的甕》（上海市：上海人民出版社，2008年），頁5。

為反諷詩學（ironic poetics）。[3]究竟什麼樣的結構才是反諷結構呢？新批評理論家退特一九三八年在《詩的張力》中提出，詩歌語言中有兩個經常起作用的因素：外延（extention）和內涵（intention）。在形式邏輯中，外延適合某一詞的一切物件，而內涵則是指這一詞的屬性的總和。新批評把外延用來指稱詞的詞典意義，把內涵理解為文本的暗示意義或者感情色彩。[4]二者之間構成了反差，詩歌藝術感人的奧妙盡在其中。如布魯克斯喜愛的丁尼生〈無端的淚〉中的頭一節：

> 淚啊，無端的淚，我不知道它為了什麼
> （Tears, idle tears, I know not what they mean）
> 淚啊，它來自神聖的絕望的深淵
> （Tears from the depth of some divine despair）

這裡的 idle 勉強譯成「無端的」（「沒有來由的」），這和眼淚不言而喻的痛苦隱含著衝突，接著說它來自「絕望的深淵」：一方面說沒來由的，另一方面又說因為絕望，這是不相容的，這裡就有反諷。這還是第一層次。下面又說，這是「神聖的」，和「絕望的深淵」的衝突就強化了，這是第二層次的反諷。接著是：

> 當我眺望秋日歡樂的田野
> （In looking on the happy Autumn fields）
> 回想那再也不會重來的日子
> （And thinking of the days that no more）

3　許多被認為是新批評派的理論家，都不同意以「新批評」為自己冠名。但，卻樂於用「反諷批評」、「張力批評」、「本體批評」指稱自己的批評方法。

4　轉引自趙毅衡：《重訪新批評》（天津市：百花文藝出版社，2009年），頁48。

這裡的衝突就更明顯了，秋日眺望美景的快慰，卻成為流淚的緣由（好景不再）。美景引起歡欣，在文本中卻衍生出悲涼和無奈，常規意蘊和文本意涵之間的衝突，就成為反諷。詩意就在外延和內涵意蘊的反差之中，這就難怪他們要說「內涵越多越好」了。集中闡釋內涵多樣的應該是燕卜蓀的「朦朧」。但是，燕卜蓀沒有于斯曼那樣自信，也不像克魯斯曼那樣簡單以詞義的對立為綱。他承認無法給「朦朧」一個準確的定義，他只是感到這是一個詞「增添細微的歧義」的現象。朦朧「可以是一個詞代表幾種事物的意圖，可以是一種這種東西或那種東西或兩者同時被意指的可能性，或是一種陳述有幾種含義」。[5]不過，燕卜蓀認為這樣的定義，可能「過分含糊」，「範圍劃得太寬，使其幾乎沒有什麼意義」，因而，「究竟如何界定朦朧，我舉的例子是否應稱為朦朧，要整本書來作出解答」。[6]故從嚴格的學術上來說，燕卜蓀還不能說是新批評的代表。

但是，不管他們的差別如何，他們都表現出一種共同的追求，那就是把詩歌感染力歸結為修辭結構的勝利。當然，他們還把這種內在的意蘊對立的分析擴展到整體「結構」中，去揭示其由暗喻構成的「整體關聯性」[7]。「領會一首詩的真正含義，首先要學會識別詩中的反諷和悖論，然後對之進行分析。所謂分析，就是找出詩中不同成分之間的關係，比如詞與詞的關係，詩行與詩行之間的關係，詩節與詩節的關係，意象與意象的關係，觀點與觀點的關係。這些關係一起構成了詩歌的結構，詩歌的反諷和悖論都是通過這些關係或結構表達的。所以分析了這些關係之後，其反諷和悖論的意義也就昭然若揭

5　威廉‧燕卜蓀著，周邦憲等譯：《朦朧的七種類型》（杭州市：中國美術學院出版社，1996年），頁7

6　威廉‧燕卜蓀著，周邦憲等譯：《朦朧的七種類型》（杭州市：中國美術學院出版社，1996年），頁1注解。

7　蘭色姆著，王臘寶等譯：《新批評》（南京市：江蘇教育出版社，2006年），頁8

了。」[8]

　　總的來說，新批評的理論代表布魯克斯對反諷和悖論的分析十分粗糙。

　　他把一切與平常觀感相異的文本，都籠而統之地說成是反諷，是十分牽強的。其實反諷本來就是反語，字面意義和實際內涵相反（The use of words to express something different from and often opposite to their literal meaning.）。但與平常觀感相異的抒寫，並不一定是相反的，有時是錯位的，有時是從屬的，有時是不同類別的。

二　反諷向抒情轉化的條件：和諧

　　新批評又把一切反諷和悖論一概當做詩。

　　其實，反諷和悖論，只是一種修辭手段，並不一定是詩。要轉化為詩是有條件的。悖論是一種似是而非的自相矛盾的說法，看起來自相矛盾但可能正確的說法（A seemingly contradictory statement that may nonetheless be true）；反諷則是用詞語表達與它們的字面意思相反的用法，帶著某種諷刺的意味。布魯克斯在他號稱新批評的經典之作《精緻的甕》中細讀過鄧恩的〈成聖〉（The Canonization 或譯〈聖諡〉），該詩寫的是為了平凡的愛，放棄世俗的榮譽和恩典，甘於如蜉蟻之渺小，不惜以死亡相酬，不管世俗怎麼非議，堅持愛情就是生命：

　　　　鷹和鴿深藏在我倆心懷
　　　　我們使鳳凰之謎更增奇妙
　　　　我倆合一，就是鳳凰的寫照，
　　　　兩性結合構成這中性的鳥

8　趙毅衡：《重訪新批評》（天津市：百花文藝出版社，2009年），頁49。

　　我們死而復生，又照舊起來

　　神秘之力全來自愛

　　如果不能為愛生，總可為愛而死

　　以新批評的模式試行分析，無疑充滿了悖論和反諷。首先，詩人說自己的生命就是愛（we are made such by love），但是，又可以為愛而死（at our own cost die）這是第一層次；其次，詩人又說，愛又使他們死而復生（We die and rise the same），使得鳳凰死而復活的典故更加智慧（The phoenix riddle hath more wit）。這是第二層次的悖論和反諷。接下去，是第三層次：為愛而生如果不可能，就為愛而死（We can die by it, if not live by love）。可是，前面已經說過了，為愛而死是可以死而復活的，死不就是活嗎？在這樣的顛顛倒倒的邏輯中，讀者感到的是什麼呢？全是反語嗎？是對愛情的反諷嗎？這裡有自相矛盾，但是，讀者沒有感到諷刺，相反感到的是對愛的不朽的讚美。

　　之所以是愛的頌歌，而不是諷刺，是因為其間矛盾變得統一和諧。

　　從形式上看，反諷和悖論，屬於雋語（epigram），往往是一個簡短的句子，矛盾因為直接對立而荒謬，諷喻和格言式的智慧並存。但是，〈成聖〉是詩歌。詩歌中的悖論和雋語語言中的悖論不同：雋語的悖論，是在邏輯上直接、絕對的對立，以子之矛攻子之盾，中間沒有過渡和遞進。而在詩歌中，矛盾並不直接對立，而是在多個層次中間接地向反面有序地轉化，尖銳的對立在一定條件下變成和諧。這是蘭色姆所說的「隱喻的整體關聯性原則」在起作用。[9] 如情人之矛對情人之盾，情感使功能發生變異，或使矛變得柔軟，或使盾變成不設防的暗示。荒謬感和諷刺性在矛盾轉化的層次中逐步遞減，情感價值就超越了實用理性。在〈成聖〉中，讀者之所以不感到諷刺，而是為

9　蘭色姆著，王臘寶等譯：《新批評》（南京市：江蘇教育出版社，2006年），頁8。

讚歌的莊重所感動，就是因為從平凡到神聖之間，從生命到死亡又到永生之間，有著向抒情婉轉轉換的層次。對於諷刺轉化為抒情，作者布魯克斯是意識到了的，不過只是輕描淡寫：「第三節的開始表明這種反諷的傾向仍然會繼續，詩人向朋友指出許許多多諸如此類的荒謬，都可以用在戀人們身上。『你可以把她和我喚做飛蛾，我們也是燈芯，不惜以自身殆盡為代價……』在這個問題上，戀人們可以為自己作出大量異想天開的比較：他們知道這個世道是怎麼看他們的。但是第三節的這些比喻（figures）將戀人比作鳳凰，十分認真，由於這個比喻，本節的調式從反諷的玩笑轉變到一種反抗但有節制的溫柔。」[10]用「有節制的溫柔」來代替反諷向抒情的轉化，是太過羞羞答答了。

請允許我模仿新批評的方式，對布魯克斯作些必要的補正。

生命──死亡的對立如果不和諧，則是反諷；如果轉化為和諧，就變成了抒情。鳳凰並不是導致和諧的唯一環節，而是一系列精緻的、微妙的聯想過渡的一個節點而已。

把不和諧轉化為和諧的，是暗喻的聯想整體關聯性，以其字面以下隱性的、漸進性的衍生為特點。在不惜以死相酬之後，如果直接說死就是生，那就有點反諷的意味了。但是，詩人以「鷹和鴿深藏在我倆心懷」（We in us find the Eagle and the Dove）作為過渡，Eagle 和 Dove 開頭字母都是大寫的，這就不僅僅是男性和女性生命的象徵，而是帶著某種生命神聖的契合。這裡的隱喻，埋伏著兩個系列的整體關聯。一是，合二而一（we two being one），Eagle 象徵強健，Dove 象徵纖弱，表示蘊藏有強弱兩種生命的結合。老鷹與鴿子各為煉金術過程中兩個階段的名稱。暗示二者如煉金之融合，不但軀體合一，而且連

---

10 克林斯・布魯克斯著，郭乙瑤等譯：《精緻的甕》（上海市：上海人民出版社，2008年），頁15。

性別差異都消失了（So, to one neutral thing both sexes fit）。二是，死亡即永生。「飛蛾」、「蠟燭」不但與死亡聯想水乳交融，而且為下面鳳凰的飛翔作了鋪墊。復活意念是由「鳳凰」呈示的，但它不突兀，因為前承了鷹和鴿子乃至飛蛾的昇華。把 Phoenix 翻譯為中國的鳳凰是勉強的。它本是古埃及的不死鳥，在沙漠中生活五百年後自焚，然後從其焚灰中再生。鳳凰的自焚和前面的為愛而死、不惜生命的代價相呼應（在意象上是「飛蛾」、「蠟燭」），鳳凰的再生又為下面的「死而復生」（We die and rise the same）作了自然的鋪墊。這裡的聯想過渡十分嚴密，連 Phoenix 的無性別差異，也和前面兩性合一的中性（neutral thing both sexes fit）相統一。有了這樣密集的、錯綜的、遞進的聯想的交織，矛盾的對立就被淡化，和諧就逐步建構起來，諷刺的意味就被頌歌取代。沒有這樣精緻的漸進層次，那就只剩下「如果不能為愛生，總可為愛而死」這樣的格言式警句，或者雋語了。

　　新批評的理論偏執在於，把悖論反諷看死了，看僵了，忽略了它在不同語境，在不同形式中的分化和轉化，無視於它既可能產生詩，也可能破壞詩；可以有利於他們所追求的智趣，也可能構成幽默的諧趣，更可能凝聚為審美的抒情。

　　新批評在這方面的概括力顯然很有限，布魯克斯推崇華茲華斯把「平常之事」寫得「不平凡」的主張，並以華氏的〈威斯敏斯特大橋〉為例，說他把汙穢狂躁的倫敦寫成「清純美麗的晨裝」，「在城市死亡之際」「看到城市其實蘊藏著生機」，斷言這一定是悖論和反諷。從理論上來說，這正暴露了布魯克斯對具體矛盾的具體分析力的薄弱。很簡單，「二月春風似剪刀」因為有前面一句「不知細葉誰裁出」的「裁」作鋪墊，和前面的「裁」呼應，故和諧，不是反諷，而是抒情。而「二月春風似菜刀」，因為沒有鋪墊，直接矛盾，顯得怪異，因而是反諷。從這個意義上說，新批評的反諷比俄國形式主義的「陌生化」偏頗更多。但這並不妨礙新批評理論家堅信，一切詩歌中的現

象，只要不同於日常感知，或者只要文本語義不同於詞典語義，就通通屬於悖論反諷。但這樣就把悖論反諷（還有張力）的外延無限度地擴大。從邏輯學來說，外延的遞增，只能導致內涵的遞減，無限擴大的外延只能意味著內涵的無限貧困，從而造成了細讀的無限牽強。其實，丟開這種牽強，用中國古典詩話的「反常合道」（釋惠洪《冷齋夜話》卷五，吳喬《圍爐詩話》卷一）來闡釋要自然得多。以前述丁尼生〈無端的淚〉而言，明明是眺望秋日美景，反而引來了眼淚，原因就在那和秋日美景聯繫在一起的美好不再重來（thinking of the days that no more）。這和李商隱的「夕陽無限好，只是近黃昏」是一樣的命意。用反常合道、抒情言志來解釋便迎刃而解，可他們偏執地迴避抒情，就連分析華茲華斯的詩，也千方百計迴避抒情，而強行用悖論反諷來硬套，豈不知華茲華斯在《抒情歌謠集》（1880）的〈序言〉中曾直言「一切的好詩都是強烈的感情自然流瀉」（spontaneous overflow of powerful feelings）。雖然華茲華斯也提醒要沉靜和反思，但是，經過提煉的強烈感情，畢竟還是感情。事實上，平常的事物在詩人眼中變得不平常，原因並不是詩人用了悖論的反諷，而是詩人的感情衝擊了感知，發生了「變異」。感覺和情感的這種關係是普遍規律。「情人眼裡出西施」、「月是故鄉明」、「良言一句三冬暖，惡語傷人六月寒」都是變異的表現。桑德堡的經典詩句「有一種低聲道別的夕陽」，夕陽是無聲的、平常的，低聲道別是有聲的、不平常的。難道這裡有什麼反諷或者悖論嗎？從理性來說，這可能是悖理，但是，這是情感導致的「變異」。「大江東去，浪淘盡，千古風流人物。」蘇軾把平常的長江寫得不平常，用的是中國古典詩歌傳統的辦法，就是把流水當作時間，把空間的遼闊轉化為時間（千古）的無窮，這是反諷和悖論所不能概括的，可謂風馬牛不相及。周瑜在東吳大臣心目中本是一個「銜命出征，身當矢石，盡節用命，視死如歸」的雄武勇毅

的將軍，[11]而蘇軾用「風流」來概括他，還把小喬初嫁的時間推後了十年，把屬於諸葛亮的「羽扇綸巾」轉給了周瑜。這不是反諷，而是歌頌，寄託著自我智者化的夢想。

在情感衝擊下的感知「變異」是無限豐富的，而新批評卻將其硬性納入以「悖論」、「反諷」、「張力」為核心的，包括「隱喻」、「結構」、「機理」、「含混」等近十個範疇中。狹隘的理論預設造成了大量盲點。把平常的現象寫得不平常並不是詩的全部。中國的山水詩歌中就有把平常景象寫得平凡，甚至平淡的風格：「明月松間照，清泉石上流」，「江流天地外，山色有無中」，「寒波淡淡起，白鳥悠悠下」，「秋風吹渭水，落葉滿長安」，「煙消日出不見人，欸乃一聲山水綠」……都是以在平淡的景象中顯示出結構性和諧的意韻而取勝。

當然，從表面上看，他們有時也多多少少意識到詩歌結構的豐富性，理查茲認為：詩歌中，包含種種的衝動，如平行，如包容，如衝突，但都不一定是偉大的，但是，只有「對立的衝動的平衡是最有價值的審美反應的基礎」。其實他所說的對立衝動的平衡，就是反諷。[12]所以李歐梵說他們把「細讀方法禁錮在文本語言的結構之中」。[13]殊不知，純用修辭是闡釋不了感情的特殊性的。「近鄉情更怯，不敢問來人」，表層形式是悖論，但這種悖論表現的是，回鄉的喜悅變成緊張，甚至有點恐懼的程度。「蟬噪林愈靜，鳥鳴山更幽」，是矛盾的，但這不是悖論，而是一種特別寧靜的感情，是對喧鬧的蟬聲的「變異」之感。

---

11 陳壽：《三國志》〈吳書〉〈周瑜傳〉（北京市：中華書局，2005年），頁937。

12 趙毅衡：《重訪新批評》（天津市：百花文藝出版社，2009年），頁46。

13 李歐梵：〈中譯本序〉，克林斯·布魯克斯著，郭乙瑤等譯：《精緻的甕》（上海市：上海人民出版社，2008年），頁9。

三　新批評在理論上和方法上的局限

　　所有這一切，都足以說明，新批評作為理論，在思維方法上存在重大的漏洞。

　　首先，在論證悖論和反諷是詩歌的普遍規律時，採用了個案分析的辦法，從論證結構來說，這屬於舉例說明，顯然，這是比較粗疏的。以波普爾為代表的現代科學學指出，要論證「一切天鵝是白的」的命題，舉多少正面的例子都是無效的，一旦發現一隻天鵝是黑的，就被證偽了。相反，「並不是一切天鵝都是白的」，絕對是正確的。新批評頗為執著地追求文學批評的科學化，但是，他們對當代科學理論中證偽高於證明的原則一無所知。

　　其次，更大的漏洞是：他們通過文本細讀，不厭其煩地說明，從古典主義、玄學詩派、浪漫主義到現代詩歌中均不得不運用反諷和悖論。對於詩來說，二者須臾不可或缺，但他們卻無視悖論和反諷不僅僅存在於詩歌中，在日常口語交流中同樣存在。新批評理論家的差異感（對複雜現象的辨析力）是比較欠缺的，他們僅僅看到詩歌的語言有別於字典語言，就以為這是詩的特點了。其實，賦予詞語以新的內涵並不是詩歌的專利，每一個詞語，在任何語境中都會發生內涵的變異，魯迅在〈論「他媽的！」〉中甚至指出，在某種特殊語境中，「他媽的」具有類似「親愛的」的內涵。把富豪的精神貧困說成「窮得只剩下錢了」，把禿頂叫做「絕頂聰明」，把問題提得多的兒童叫做「問題兒童」中，「窮」的內涵，「絕頂」的內涵，「問題」的內涵，都發生了變異，但是，這些都不是詩，而是日常交際中的幽默。

　　新批評對反諷、悖論在散文、小說、詩歌中顯而易見的區別同樣視而不見，從來也沒有將之作為探索的課題。他們可以闡明「不能為愛而生，但可為愛而死」是詩中的悖論，卻不能解釋范仲淹的「先天

下之憂而憂，後天下之樂而樂」為什麼只是散文。他們對命題和逆命題，逆反命題之間的關係缺乏起碼的思考。他們看到了水對於人體不可或缺，但是他們拒絕面對「水不等於人」的事實，更不去思考在豬狗身體內的水所占的比例不亞於人體內的水，而把豬狗的血輸入人體內是要出人命的，這一切都在他們的想象以外。本來，分析的任務是揭示其間不可混淆的特殊矛盾，新批評卻滿足於其間的抽象的統一。他們以詩歌中的悖論和反諷的理論起家，但對詩歌不同於小說、散文的特殊性卻渾然不覺。

四　新批評的「邏輯的非關聯性」和中國古典詩話中的「無理而妙」、「入癡而妙」

　　如此眾多不乏睿智的學者這樣作繭自縛，在世界文學批評史上，實屬咄咄怪事。緣由相當深邃，但是並不神秘，問題出在他們的理念上。他們最權威的理論代表艾略特說得很清楚：「詩不是放縱感情而是逃避感情，不是表現個性而是逃避個性。」[14]蘭色姆則更是直率地宣稱：「藝術是一種高度思想性或認知性的活動，說藝術如何有效地表現某種情感，根本就是張冠李戴。」[15]這種反抒情的主張顯然與華茲華斯力主的「強烈感情的自然流瀉」背道而馳。新批評把價值的焦點定位在智性上，在理論上堅持現代主義的特色，無可厚非，如果僅僅闡釋現代派詩作，可以說是理所當然。可他們偏偏把狹隘的貧乏的修辭格強加於一切詩歌流派。當他們不得不肯定抒情的浪漫主義詩歌

---

14 艾略特這個說法是很極端的。其中包含著兩層意思，一是反對浪漫主義的濫情主義，二是詩人的個性其實並不是獨異的，而是整個文化傳統塑造的。因而，個性和感情只是作品的形式：「我的意思是詩人沒有什麼個性可以表現，只有一個特殊的工具，那只是工具，不是個性。」見 T. S. Eliot, *Slected Essays*, p.8 (1933)。

15 蘭色姆著，王臘寶等譯：《新批評》（南京市：江蘇教育出版社，2006年），頁11。

時，就偷天換日，把抒情當作修辭。這就暴露了他們的局限：修辭（而且是狹義的修辭）是他們僅有的話語，離開修辭就失語了。

他們已經看出詩歌的某些特點，甚至理查茲提出了詩歌「邏輯的非關聯性」，[16]布魯克斯提出了「非邏輯性」，[17]只要再向前邁出一步就不難發現，情感邏輯與抒情邏輯的不同。但，由於對抒情的厭惡，他們始終不能直面情感邏輯和理性邏輯的矛盾。

理性邏輯，遵守邏輯的同一律，以下定義來保持內涵和外延的確定。情感邏輯則不遵守形式邏輯同一律（排中律、矛盾律，是為了保證同一律），以變異、含混、朦朧為上。蘇東坡和章質夫同詠楊花，章質夫把楊花寫得曲盡其妙，卻還不及蘇東坡的「似花還似非花」，「細看來不是楊花點點，是離人淚」。從形式邏輯來說，這是違反同一律和矛盾律的。要讓新批評來細讀，肯定，又是悖論了，又是反諷了，可這裡沒有一點悖論的機智，也沒有任何諷刺，這裡是閨中仕女的感知在思念丈夫的情感（閨怨）衝擊下，使楊花發生了變異。變異是情感的效果，變異造成的錯位元幅度越大，感情越是強烈。

抒情還超越了充足理由律，以「無端」為務。無端就是無理。前文所引〈無端的淚〉就是一例。對詩來說，有理，完全合乎理性邏輯，可能造成無情感，很乾巴，而無理無端才可能有詩的感染力。在這方面，我國古典詩話有相當深厚的積累。清賀裳《載酒園詩話》卷一併《皺水軒詞筌》，吳喬《圍爐詩話》卷一提出「無理而妙」的重大理論命題，[18]不但早出艾略特的「扭斷邏輯的脖子」好幾個世紀，

---

16 蘭色姆著，王臘寶等譯：《新批評》（南京市：江蘇教育出版社，2006年），頁8。

17 布魯克斯說：「鄧恩在運用『邏輯』的地方，常常是用來證明其不合邏輯的立場。他運用邏輯的目的是要推翻一種傳統的立場，或者『證實』一種基本上不合邏輯的立場。」見《精緻的甕》（上海市：上海人民出版社，2008年），頁196。

18 據陳一琴先生的《聚訟詩話詞話》：清賀裳《載酒園詩話》卷一：「詩又有以無理而妙者，如李益『早知潮有信，嫁與弄潮兒』，此可以理求乎？然自是妙語。至如義山『八駿日行三萬里，穆王何事不重來』，（李商隱〈瑤池〉：瑤池阿母綺窗開，黃

而且不像艾略特那樣片面，他們把「無理」和「有理」的關係揭示得很辯證。

當然，古人的道理還有發揮的餘地。

無理就是違反充足理由律。李清照的〈聲聲慢〉「尋尋覓覓，冷冷清清，淒淒慘慘戚戚」，如果讓新批評的理論家來分析，可能要抓瞎，這裡壓根兒沒有什麼反諷、悖論，也沒有他們所熱愛的暗喻。可是從情感邏輯上來分析，就能迎刃而解。首先，尋尋覓覓，是沒來由的，尋什麼呢？模模糊糊，沒有原因才好。妙處就在某種失落感，不知道失去了什麼。其次，從因果邏輯來說，結果怎樣呢？尋到沒有呢？也沒有下文，可妙處就是不在意結果，不在乎尋到了沒有。沒有原因，也沒有結果，才能表現一種飄飄忽忽，斷斷續續，若有若無的失落感。

無理，就是可以自相矛盾。布魯克斯說：「如果詩人忠於他的詩，他必須既非是二，亦非是一：悖論是他唯一的解決方式。」[19]但是，即使是悖論，也不僅僅是修辭的特點，而且是情感的特點，修辭不過是用來表達情感的手段。千百年來，眾說紛紜的李商隱的〈錦瑟〉在神秘而晦澀的表層之下，掩藏著情感的癡迷。「此情可待成追

竹歌聲動地哀。八駿日行三萬里，穆王何事不重來？）則又無理之理，更進一層。總之詩不可執一而論。」又《皺水軒詞筌》：「唐李益詞曰：『（即〈江南詞〉，同上引，略）』子野〈一叢花〉末句云『沈恨細思，不如桃杏，猶解嫁春風。』此皆無理而妙，吾亦不敢定為所見略同，然較之『寒鴉數點』（宋秦觀〈滿庭芳〉詞句：斜陽外，寒鴉萬點，流水繞孤村。萬，一作『數』。），則略無痕跡矣。」清吳喬《圍爐詩話》卷一：「余友賀黃公（賀裳字）曰：『嚴滄浪謂「詩有別趣，非關理也」，而理實未嘗礙詩之妙。元次山〈舂陵行〉、孟東野〈遊子吟〉等，直是《六經》鼓吹，理豈可廢乎？其無理而妙者，如「早知潮有信，嫁與弄潮兒」，但是於理多一曲折耳。』喬謂唐詩有理，而非宋人詩話所謂理；唐詩有詞，而非宋人詩話所謂詞。」

19 克林斯・布魯克斯著，郭乙瑤等譯：《精緻的甕》（上海市：上海人民出版社，2008年），頁21。

憶，只是當時已惘然」，是很矛盾的。「此情可待」，說感情可以等
待，未來有希望，只是眼下不行，但是又說「成追憶」，等來的只是
對過去的追憶。長期以為可待，可等待越久，希望越是落空，沒有未
來。雖然如此，起初還有「當時」幸福的回憶，但是，就是「當時」
也已明知是「惘然」的。矛盾是雙重的，眼下、過去和當時都是絕
望，明知不可待而待。自相矛盾的層次越是豐富，越是顯出情感的癡
迷。這一點用中國詩話中的「癡而入妙」來解釋，可以迎刃而解。

　　無理不僅是形式邏輯的突破，而且是辯證邏輯的突破。辯證邏輯
的要義是全面性，至少是正面反面，矛盾雙方的互相聯繫，互相制
約，最忌片面化、極端化、絕對化，而強烈的詩情邏輯恰恰是以片面
和極端化為上。就以鄧恩的〈成聖〉而言，詩中那些生生死死，為愛
而死，為愛而生，為愛死而復生，從生的極端到死的極端，在辯證的
理性邏輯來看，恰是大忌，但是這種極端，恰恰是情感強烈的效果，
是愛的絕對造成這邏輯的極端。這和白居易〈長恨歌〉中的「在天願
作比翼鳥，在地願為連理枝，天長地久有時盡，此恨綿綿無絕期」一
樣，不管空間如何，不管時間如何，愛情都是絕對地不可改變的，超
越了生死不算，還要超越時間和空間。有了邏輯的極端才能充分表現
感情的「癡迷」。對於這樣的詩歌，用中國古典詩話中「癡」的範疇
來解釋，可以說是迎刃而解，用新批評的反諷、悖論來解讀，則只能
是緣木求魚。[20]

---

20 最初，明鄧雲霄在《冷邸小言》中提出這個範疇時說：「詩語有入癡境，方令人頤
　解而心醉。」如：「微雨夜來過，不知春草生。」「庭前時有東風入，楊柳千條盡向
　西。」明鐘惺、譚元春《唐詩歸》卷十三譚評唐萬楚〈題情人藥欄〉曰：「思深而
　奇，情苦而媚。此詩罵草，後詩托花，可謂有情癡矣，不癡不可為情。」清焦袁熹
　《此木軒論詩彙編》說：「如夢如癡，詩家三昧。」清黃生《一木堂詩塵》卷一
　說：「極世間癡絕之事，不妨形之於言，此之謂詩思。以無為有，以虛為實，以假
　為真。」清劉宏煦在《唐詩真趣編》中說得更堅決：「寫來絕癡、絕真。」清徐增
　《而庵說唐詩》卷十四同樣把癡境當作詩歌的最高境界；「妙絕，亦復癡絕。詩至

五　「意圖謬誤」的謬誤

　　新批評把文本當作中心，這在理論上屬於文本本體論，作品就是一切，文本是閱讀唯一的客體，應該得到尊重。但是，他們在這一點上走向極端，強調在閱讀過程中，任何作品以外的資源，都只能是對作品客觀性的某種褻瀆，即便對作家創作動機、意圖、生平、思想和時代背景的參照，都會對文本客觀性有所歪曲。當然，他們這種極端並不是空穴來風，其值得尊重之處，是他們對西方學院派泛傳記批評的反抗。更值得尊重的是，他們還為這種反抗提出了相當有影響的學術範疇。其中之一就是所謂「意圖謬誤」（intentional fallacy）意思是說，作者的意圖並不一定在作品中實現，作品常常違反作者的意圖而獲得生命。[21]這也不無道理。至少在彌補直線的「自我表現」論，或

此，直是遊戲三昧矣。」這個情癡的觀念，影響還超出了詩歌，甚至到達小說創作領域，至少可能啟發了曹雪芹，使他在《紅樓夢》中把賈寶玉的情感邏輯定性為「情癡」（「情種」）。清吳修塢《唐詩續評》卷三中把癡作為入門：「語不癡不足以為詩。」清賀裳《載酒園詩話》卷一評王諲〈閨怨〉：「昨來頻夢見，夫婿莫應知」說，「情癡語也。情不癡不深」，也就是只有達到癡的程度，感情才會深刻，甚至是「癡而入妙」。這個「癡而入妙」，和他的「無理而妙」相得益彰，應該是中國詩歌鑒賞史上的重大發明，在當時影響頗大，連袁枚都反復闡釋，將之推向極端：「詩情愈癡愈妙。」與西方詩論相比，其睿智有過之而無不及。「癡」這個中國式的話語的構成，經歷了上百年，顯示了中國詩論家的天才，完全不亞於莎士比亞把詩人、情人和瘋子相提並論。莎氏的意思不過是說詩人時有瘋語，瘋語當然超越了理性，但如果近於狂，狂之極端就可能失之於暴，而我國的「癡語」既超理性，又不近於狂暴，更近於迷（癡迷）。癡迷者，在邏輯上執於一端也，專注而且持久，近於迷醉。癡迷，迷醉，相比於狂暴，更有人性可愛處。怪不得清譚獻從「癡語」中看到了「溫厚」（《譚評詞辨》）。莎士比亞的話語天下流傳，而我國的「癡語」卻鮮為人知。這不但是弱勢文化的悲哀，而且是我們對民族文化不自信的後果。

21 上世紀五十年代以後的西方文論把這種觀念一步步推向極端，先是作者退出論，作者寫完作品就退出了，後來德里達把它發揮到極致，就是「作者死了」，讀者決定一切。

者粗糙的「風格就是人」論方面，有歷史的合理性。作者和作品的關係並不是直線式的單因單果決定關係，其相關性有著複雜的曲折的層次。錢鍾書先生在《管錐編》中嘲笑把文章等同於作者的評論家說：這樣的「學者如醉人，不東倒則西欹，或視文章如罪犯直認之招狀，取供定案；或視文章為間諜密遞之暗號，射覆索隱。一以其為實言身事，乃一己之本行集經；一以其為曲傳時事，乃一代之皮裡陽秋」。[22]錢鍾書先生還從正面把作者和文本的關係作如此分析：

> 立意行文與立身行世，通而不同，向背倚伏，乍即乍離，作者人人殊，一人所作，復隨時地而殊；一時一地之篇章，復因體制而殊；一體之制，復以稱題當務而殊。若夫齊萬殊為一切，就文章而武斷，概以自出心裁為自陳身世……慎思明辯者勿敢附和也。[23]

錢先生把作者與文本的矛盾，分為三個層次：第一，同一作者，由於時間地點不同，文章並不相同（「隨時地而殊」）；第二，就是同一時間地點，同一作者寫文章，也因為所取體裁不同而不同（「因體制而殊」），這一點並不難以理解，詩中的自我往往傾向於形而上的概括，而散文中的自我則執著於形而下的描述；第三，就是同一作者寫同一體裁，也可能因命題、因針對性不同而不同（「以稱題當務而殊」）。從這個意義來說，新批評，反對用作者的意圖直接闡釋作品，提出「意圖謬誤」是有道理的。但是，新批評把這作者與作品的矛盾強調到如此極端，似乎作者生平思想和作品毫無關係，作者的自我只是書

---

22 錢鍾書：《管錐編》（北京市：中華書局，1986年），頁1390。
23 錢鍾書：《管錐編》（北京市：中華書局，1986年），頁1389。

寫的「工具」，[24]則是把髒水和孩子一起潑了出去。錢鍾書先生指出，應該把作者「修辭成章之為人」和「作者營生處世之為人」加以區別，但是此二者之間，不但不是水火不相容的，相反，文章中之「我」不過是作者審美化了的自我，它仍然是作者自我的一個層次。固然，讀者可以對作者沒有任何印象，而純粹被作品感動，但是這種感動畢竟是感性的，有了作者生平和思想的參考，則能把感性提升到理性的高度。所謂感覺到了的不一定能理解，而理解了的則能充分地感覺。正是因為這樣，我國古典文論中「知人論世」、「以意逆志」的原則至今仍然有鮮活的生命力。遭遇政治失意的范仲淹在〈岳陽樓記〉中寫下「先天下之憂而憂，後天下之樂而樂」的名言，而與他同樣遭難的盟友歐陽修則在〈醉翁亭記〉中營造出與民同樂、與鳥同樂的境界。其人本的對比，文本的反差，相得益彰。

　　作品畢竟是作者的作品，作者的精神風格和藝術追求，不可能不在作品中留下足以讓讀者解密的蛛絲馬跡。與其局限於反諷、張力等局部性的修辭，不如在傳記材料的幫助下尋求解讀的密碼。

六　把文本還原到歷史母題中去

　　新批評在細讀中拒絕社會歷史等背景材料，在我看來，他們膽怯到有點神經衰弱，無非就是害怕歷史的、政治的、宗教的、經濟的普遍現實淹沒了文本的特質。但是，他們忽略了一切作家都是在歷史土壤中生長起來的，思想性格藝術無不打上歷史的、時代的特殊烙印。作品並不是偶然、憑空開放的花朵，其成就既是歷史的積累和進化，又是其突破和創新。經典文本是個別的、靜態的，但是，靜態的血脈卻是歷史的、動態的、消長的結果，正如花朵的生命既是遺傳基因的

---

24 這裡指的是艾略特的觀點：「我的意思是詩人沒有什麼個性可以表現，只有一個特殊的工具，那只是工具，不是個性。」見 T. S. Eliot, *Slected Essays*, p.8 (1933)。

表現，又是基因突變的結果。[25]

　　新批評非常強調個案的微觀分析，但是，實際上，要把微觀貫徹到底，不能不輔之以宏觀。新批評總是拘執於微觀。徹底的微觀分析是不可能離開歷史進程的，其極致必然要突破微觀走向宏觀。解讀就是解密。要揭示文本隱性的密碼，就得把文本還原到歷史語境中去，除此之外別無選擇。把微觀個案和宏觀的歷史結合起來，用馬克思的話來說，就是邏輯的和歷史的統一。超越新批評，既是邏輯的必然，也是理論的自覺。例如，將具體文本概括為母題，觀察其歷史發展和變化。要理解李白的〈將進酒〉，一方面，從微觀揭示生命苦短中「悲」和「歡」的矛盾和轉化，另一方面，從這個母題的形成和過程中作歷史的梳理。從屈原的「老冉冉其將至兮，恐修名之不立」，到曹操把「人生幾何」、「去日苦多」的悲歡轉化為實現「天下歸心」的宏圖，生命苦短的悲歌就轉化成了「慨當以慷」的壯歌。到了李白這裡，生命苦短的壯歌，又轉化為歡歌，條件是豪飲。這裡的酒，不是一般的酒，而是一種昂貴的「鬥十千」的美酒，同時，「會須一飲三百杯」的豪飲，也是對世俗價值的蔑視，到了「五花馬，千金裘，呼兒將出換美酒」，就到了連自己的奢華生活也不屑一顧的程度。這樣做的目的，是為了消愁，可消的不僅僅是個人的，而且是自古聖賢的「萬古愁」。這樣，在李白筆下，悲歌的痛苦成為得意盡歡、不得意也盡歡的媒介，憂愁不再是婉約的，而是和「黃河之水天上來」一起構成豪邁的歡歌，憂愁乃轉化為某種享受，可以說李白的〈將進酒〉，在生命苦短的母題史上，第一個把它昇華為「享憂」的豪邁歡歌。

---

25 必須說明的是，新批評是個鬆散的群體，雖然他們中許多重要人物在口頭上聲稱並不反對社會歷史背景的考慮，但是大體上，他們在細讀文本的時候，是拒絕社會背景的。唯一的例外是艾略特，他被蘭色姆稱為「歷史學批評家」。他說詩人「不能有單獨的完全的意義，他的重要性以及我們對他的鑒賞，就是鑒賞他和以往詩人和藝術家的關係。你不能單獨地評價，你得把他放在前人之間來對照，來比較」。

　　拘執於單純微觀的研究，難免只見樹木不見森林，宏觀的考究，就是把單個的作品還原到它所產生的藝術譜系中去，也就是把樹木放到森林中去，不但探究樹木發生的歷時性的過程，而且從共時性的方面觀察樹木與樹木之間的關係。經典文本是大量同時代作品競爭和淘汰的勝利者。新批評拒絕歷史，拘泥於孤立的文本，拒絕與同時代、同形式、同流派作家比較，無異於自我蒙蔽。要理解〈長恨歌〉的價值，不能不把它還原到白居易同時代詩人的同題詩作中去。他的朋友陳鴻對李、楊故事的理解是「懲尤物，窒亂階」，而他則堅定地把它寫成超越政治意識的愛情的悲劇。我在〈論〈長恨歌〉的「恨」〉中這樣寫：

　　　　馬嵬即興在中唐以降成為熱門題材，張祜、李商隱、劉禹錫、李遠、鄭畋、賈島、高駢、於、羅隱、黃滔、崔道融、蘇承、唐求等都有詩作，大抵是政治上的悼古傷今，充其量也只是在感傷中偶爾流露出微妙的同情。只有李商隱〈馬嵬〉是例外：「此日六軍同駐馬，當時七夕笑牽牛。如何四紀為天子，不及盧家有莫愁。」超越了政治性的感傷，以王權的顯赫和個人命運、感情的悲涼作對比，肯定了個體幸福應當超越王權。李商隱把人的感情價值提到這樣的高度，是相當大膽的，但是，他的表達很委婉，「如何四紀為天子，不及盧家有莫愁」從側面著筆，而白居易則從正面，以大筆濃墨抒寫：
　　　　花鈿委地無人收，翠翅金雀玉搔頭。君王掩面救不得，回看血淚相和流。
　　　　白居易強調的是：一方面是絕世的美麗猝然死亡；一方面是權力至上的君王，面對血淚交流而無可奈何。白居易的同情顯然在李、楊身上。「尤物」註定「亂階」的邏輯正是現實正統政治觀念的成見，但是，在〈長恨歌〉中，這種政治邏輯被顛覆

了。白居易和李商隱一樣感歎美女和君王的不幸。白居易給美
女的定性是「天生麗質」，美是天生的，而且她與亂政的蘇妲
己和褒姒不一樣，她沒有殘害忠良。她的受寵、她的升騰、她
的幸運、她的走向死亡，就是因為她「天生麗質」。她是被
「選」的，是身不由己的。在白居易的情節邏輯中：美女的情
感價值最重要，政治身份可以略而不計，美女就是美女。美女
因為太美而成為犧牲品，這是很不公平的，這是美女的大
「恨」。把美女叫做「尤物」，意思是不但是美麗的，而且是稀
罕的，在稀罕這一點上，白居易和陳鴻是一樣的。但是，在白
居易看來，正因為稀罕，才更應該珍惜。故在〈長恨歌〉一開
頭，就是一曲美女幸運的讚歌。而在陳鴻那裡，正因為稀罕，
才是具有政治的危險性的，因而遭到殺戮是理所當然的。而在
白居易心目中，罕見的美女，與〈琵琶行〉中演奏技藝高超的
女藝人同樣值得讚美。這個罕見的個體，雖然造成君王沉迷，
導致裙帶性質的腐敗，甚至與王朝的危局有脫不了的幹係，與
嚴重的政治危機有關聯，但是，美女罕見的美，還是值得珍惜
的，值得用最美好的語言來歌頌。因為美女是稀罕的，所以美
女身不由己捲入政局而死亡，美被毀滅，就是莫大的憾
「恨」，這不但是美女的憾「恨」，而且對人生來說，也是無限
的遺「恨」。

　　〈長恨歌〉的歷史價值，離開了歷史還原和比較，是不可能看得
這麼清楚的。

七　把情志藝術化的密碼還原出來

　　作為細讀的物件，我們把文本當作人的精神藝術化的結晶來看

待，而新批評則僅僅把它當作客觀的閱讀文本。把文本絕對客觀化，其實也就是非人化。說得最為極端的是艾略特，他有一個著名的比方，說詩人好像是在製造硫酸時，放在二氧化硫和氫氣中的催化劑白金絲。二氧化硫和氫氣化合而成硫酸，白金絲卻並未改變，它還是白金絲。「一個藝術家的前進是不斷犧牲自己，不斷地消滅自己的個性。」新批評諸公並非弱智，導致他們走向文本的非人化，原因蓋出於他們對文本的科學化的追求。「要做到消滅個性這一點，藝術才可以說達到科學的地步了。」[26]從正面說，是致力為文本尋求唯一正確的解讀；從反面說，是對閱讀過程中的人，特別是人的心理的盲目否定。他們不但拒絕作者的心理，說那樣可能產生「意圖謬誤」，而且拒斥讀者的心理，說那樣可能產生「感受謬誤」。在他們看來，心理的介入有礙於科學的、標準化的、一元化的解讀，解讀多元化和他們所信奉的科學主義不相容。更為奇怪的是，他們還拒絕對文本作心理分析。[27]但是，既然涉及人，一些重要批評家如理查茲，難免涉及情感等方面，這引起了新批評的重鎮蘭色姆的不滿。他在《新批評》的〈前言〉中說：新批評的兩個具體錯誤之一就是運用「心理學上情感性的語彙，試圖根據詩歌的情緒感覺和態度而不是根據其物件來評判文學」。[28]這種反心理主義的理論和中國古典詩歌理論可以說是水火不相容。漢語古典詩論以抒情言志為綱，用陳伯海的話來說就是：「發端於情志，成形於意象，而完成於意境。」[29]抒情言志，意象和意境都離不開詩人的心理。按照康德在《判斷力批判》中的說法，美就是感知、情感的。但新批評對康德漫不經心，這是他們學理上致命的缺

---

26 艾略特著，王恩衷譯：《艾略特詩學文集》（北京市：國際文化出版公司，1989年），頁1-8。

27 轉引自趙毅衡：《重訪新批評》（天津市：百花文藝出版社，2009年），頁69-71。

28 蘭色姆著，王臘寶等譯：《新批評》（南京市：江蘇教育出版社，2006年），頁4。

29 陳伯海：《中國詩學之現代觀》（上海市：上海古籍出版社，2006年），頁17。

陷。閱讀就是把人的活生生的個性還原出來，難處並不在理性，而在超越理性的情感。還原只有達到情感和理性交融的層次才能真正破譯文本的深層密碼。

八　文學本體論還是創作論

　　我的解讀與新批評最大的區別是理論基礎不同。這個分歧，不僅僅是我與新批評的，而且是我與幾乎所有解讀人士的分歧。我堅信文學理論基礎是創作論，而百年來的文藝理論，包括西方的和中國的，卻是以哲學本源論和本體論為主導的，可以說離創作論越來越遠。就是某些本體論的，甚至鑒賞論的文藝理論，也都毫無例外地把作品當作成品，所謂與作品對話，也只是與不可改變的成品對話。但是，成品解讀最大的局限是，只能看到現存的結果，而看不到成品中大量被提煉了的成分。沉迷於結果，就看不到建構結果的過程。分析，不完全是和作品對話，而是和作者對話，不滿足於做被動的讀者，就要設想自己是作者。還原之所以必要，就是把作者未曾創造的原生狀態想象出來，與作品現存狀態對比，把作品還原到它歷史的、個體的建構的過程中去。在客體對象，在主體情致，在形式的、流派的、風格的建構中，首先要看出它排除了的東西，其次要看出它變形變質了的東西，最後要看出它凝聚起來的過程。

　　百年來，中國語言文學教育的文本解讀長期無效，其理論根源乃在文藝理論中缺乏創作論。以意象為例，說來說去，都是哲學的主觀客觀的統一。其實從創作來說，客觀並不是全部，而只是其中一個「主要特徵」；主體也不是全部，而只是其中的「主要感情」，二者並不是現實拼合的，而要進入想象的、假定的境界，由主要情感選擇主要特徵，賦予主要特徵以性質。然而這還只是形象的胚胎，要使之投胎為形象，還得對形式特徵加以開放性的規範。在創作過程中，形象

的基本結構是三維的。[30]而在文藝理論，形象的構成卻是單維的，不是反映現實的真實論，就是自我表現、真情實感決定論；不是文化決定論，就是原型決定論。一言以蔽之，就是單維因果論。而第三維才是最為豐富的，其中不但有形式的規範與開放，還有風格對形式規範的衝擊和突破，更有流派對風格的分化和異化，其中的密碼比之第一維和第二維要深邃、豐富得多。而我們百年來的主流，卻習慣以單維因果論的思維模式來解讀文本密碼，怪不得絕大部分以悲慘的失敗告終。

九　具體分析就是把普遍概括中不得不犧牲的個別性還原出來

我拒絕把詩歌當作修辭。分析文本從矛盾的還原入手，在微觀分析中，我的還原，是為了揭示矛盾，有了矛盾才能進行具體分析，目的也是通過它，把人還原出來。最初，比較強調操作性，其實，我的最高層次，乃是人的還原，目的不但在於文本的獨特性，而且在人本、個性的鮮明性，核心在無限多元的藝術感覺和審美、審智價值的豐富和微妙。分析的要害在矛盾的特殊性。特殊性越是豐富就越是具體，這就叫做具體分析。

為什麼要具體分析？就是因為，任何解讀都不能不根據某種理論，而理論則以普遍概括抽象為特點。不抽象不能構成理論，理論就是普遍性的抽象。普遍性抽象以犧牲感性的具體性、個別性為前提。粗略地閱讀文本，看到的往往是與理論相一致的表層，是文本之間的普遍性和共同性，也就是抽掉了特殊性、具體性、個別性的框架。而具體分析，就是要把構成理論所犧牲掉的特殊性、個別性和感性還原

---

30 有興趣的讀者可以參閱我的《文學創作論》（福州市：海峽文藝出版社，2006年），另外還可參考拙著《文學性講演錄》（桂林市：廣西師大出版社，2006年）。

出來。不僅僅把人還原出來，而且要把藝術的構成過程還原出來。因為在建構過程中，人的情致如何選擇物象，如何意象化，如何形式化，如何風格化，如何流派化，一句話，如何把人藝術化，是隱藏得很深的。即使有了相當水準的文學理論，充其量也只是其普遍性的抽象。而理論結合文本還原，也就是把特殊的、個別的人的感知、情感、智慧還原出來。恩格斯在〈致哈格納斯的信〉中稱讚過的黑格爾老人所說的「這一個」，在具體分析和還原的過程中很容易被誤解為一次性的，其實不是，而是多層次的。文本的具體分析，其實就是文本的特殊性、個別性的多層次的還原。馬克思所說的從抽象上升到更高的具體，包含著多個層次：從文本解密來說，應該是從物件的特殊性到情感的特殊性，從形式的特殊性到歷史的特殊性，從流派的特殊性到風格的特殊性，這是一個無窮的系列的衍生。特殊性越豐富，就越是具體。單純的「這一個」，還可能是抽象的，具體分析要分析到「這一個」的「這一首」，這一情感的「這一刻」、「這一剎那」。其生命在於，不同於另一個、另一刻、另一剎那。「草色遙看近卻無」，春色遠看似有，近看則無，其妙處不在悖論、反諷，而在：第一，北方早春的草色的返青，不同於南方，確是遠看總體有綠意，而近觀細部則不綠，這是一種獨特的發現的精彩；第二，這不僅僅是客觀景物特點的發現的喜悅，而且是主體心靈的體悟剎那發現的喜悅。「孤帆遠影碧空盡」，不僅僅是景觀，而且是心觀的三個層次的體悟，「孤帆」是觀察的選擇性，不見江上眾多船隻，唯見江上友人之帆；「遠影」，乃目送友人之舟，漸行漸遠，目光專注；「碧空盡」，是友人之舟已經消失在天水之間，目光仍然定睛於空空的江水。這種剎那的凝神和「山回路轉不見君，雪上空留馬行處」異曲同工，妙處全在以景觀顯示一剎那的自我體悟。離開了人的感知、人的情感的剎那性，用純修辭格悖論、反諷、張力、暗喻來「細讀」，則是南轅北轍。

　　從根本上來說，我的細讀，是中國土生土長的。我的追求，是中國式的微觀解讀詩學，其根本不在西方文論的演繹。其實踐源頭在中國的詩話詞話和小說評點，師承了中國文論的文本中心傳統。其哲學基礎是對立統一、辯證二分法，輔之以老子的「一生二，二生三」的三分法。價值系統來自經過朱光潛先生闡釋的康得的審美情感（或譯「情趣判斷」）論。方法結合著馬克思在《資本論》中的「細胞」形態的分析，從邏輯上升到歷史的具體分析，從而揚棄了新批評細讀的封閉性。從邏輯上來說，我對西方文論盛行的演繹法保持著高度警惕，更多倚仗直接歸納，在歸納和演繹保持必要的張力的基礎上進行體系性的建構。具體問題具體分析在我這裡，既是觀念（世界觀），又是方法論；既具有形而上的意味，又有形而下的操作性。我堅信檢驗文學理論的唯一的標準，不是西方文論，而是文學創作、文學批評和文學教學實踐。當然，這個檢驗可能需要一個漫長的歷史過程。

　　　　——本文原刊於《中國比較文學》2011年第2期，有刪節。

第一章

經典詩詞個案研究

〈關雎〉:「樂而不淫」
——對於激情的節制

解讀焦點

　　經典文本分析的難度在於文本是天衣無縫，水乳交融的，而分析的對象是矛盾，矛盾不是顯性的，而是潛隱於文本的有機統一之中的。這就要用「還原」的方法把矛盾「還原」出來。在這裡，我首先把《詩經》中詩與歌一體化的藝術語境還原出來，排開音樂與詩的統一，透視二者的矛盾：在複沓的章法中，辨析情緒的積累和意念的遞進，分析音樂之美與詩歌之美的錯位。這首民歌是經過「君子」加工的，民歌的天真樸拙與貴族的雍容華貴間的矛盾潛隱於字裡行間。揭露了兩個層次的矛盾，長達數千年的「後妃之德」的雲翳便不難消除，「樂而不淫」、「哀而不傷」的詩學理論也能顯出歷史的生命。

〈關雎〉

關關雎鳩，在河之洲。窈窕淑女，君子好逑。
參差荇菜，左右流之。窈窕淑女，寤寐求之。
求之不得，寤寐思服。悠哉悠哉，輾轉反側。
參差荇菜，左右采之。窈窕淑女，琴瑟友之。
參差荇菜，左右芼之。窈窕淑女，鐘鼓樂之。

　　這是《詩經》的第一首，今天的年輕人讀起來，可能有一點隔膜。首先是文字上的隔膜，有些字就不認得，即便看了注解，查了字

典，也體悟不到詩意，至於這個經典究竟經典在哪裡，還是沒有感覺。

　　這就要把文本還原到歷史文化藝術語境中去。

　　這是民歌，不但有詞而且有曲。朱熹〈詩集傳序〉說：「吾聞之，凡詩之所謂風者，多出於裡巷歌謠之作，所謂男女相與詠歌，各言其情者也。」[1]這些民歌經過孔子刪訂、加工的痕跡至今仍然很明顯。例如，「君子好逑」的「君子」，就可能不是民歌的原文。既然是民歌，當然是村野市井之人的即興，「君子好逑」，卻沒有村野的氣息，而只能是「君子」的想象。雖然如此，此詩的民歌特徵還是很明顯的。民歌首先是歌，不同於詩，它以曲調為主。在傳唱過程中，最動人的，最易於記憶的，並不是歌詞，而是樂曲，鄭樵在《通志》〈樂略〉〈正聲序論〉中說：「嗚呼，《詩》在於聲，不在於義。猶今都邑有新聲，巷陌競歌之。豈為其辭義之美哉！直為其聲新耳。」[2]歌詞可以算是軀體，樂曲則是翅膀，沒有翅膀不能飛翔。在那造紙術尚未發明的遠古年代，書寫工具和材料極其昂貴，書寫難度極大，借助書面間接傳播極其困難，而口耳直接傳播的樂曲，比之書面文字有更大的方便性。可惜的是，詩經的樂曲並沒有流傳下來，我們看到的僅僅是沒有翅膀的飛鳥。從嚴格意義上來說，要完全回歸詩和歌合一的原貌，已經不可能。這好比今日卡拉 OK 的音響出了毛病，沒有聲音，只有螢幕上的文字，其生命力，無論如何是要大打折扣的。

　　就《詩經》留傳下來的文字而言，與曲調結合得比較緊密的部分，在詩歌合一的情境中所具有的優越性，一旦脫離了曲調，反變成了局限性。例如，以「參差荇菜」起興的就有三章，複沓三次，主體意象不變，衍生意象變化也不大。這在歌來說，是情緒的三重積累，而從詩的語言藝術來說，這種複沓近乎三次重複，可能引起讀者的厭倦。和語言的豐富性相比，音樂旋律是相對抽象的，音階是極其有限

1　《四庫全書》〈經部〉〈詩類〉〈詩集傳〉〈序〉。

2　《四庫全書》〈史部〉〈別史類〉〈通志〉，卷四十九。

的，因而比較單純，音樂的節律就是有規律的重複，主旋律的展開和呈示是離不開程度不同的節律的重現的。而詩歌的語言藝術則不同，語詞可以說是無限豐富的，意義的複雜程度是抽象的音符望塵莫及的，意象在變化中允許的重現次數是極其有限的。音樂的多重複沓對於詩歌來說是缺乏變化、不夠豐富、近於單調的。故《詩經》中的複沓章法，在之後詩歌與音樂基本脫離的文學樣式中，就完全廢止了。

儘管如此，《詩經》中保留下來的歌詞，就語言而言，仍然相當具有藝術魅力。

「關關雎鳩，在河之洲。窈窕淑女，君子好逑。」表面上是很單純的一幅畫面，河面，水洲，鳥鳴，意象十分簡潔。王士禎《漁洋詩話》說所謂「《詩》三百篇真如畫工之肖物」，這個說法不太準確，這在詩經的表現手法上，屬於「興」，其功能不僅僅是一幅圖畫。這幅圖畫的感染力，並不在於景物的描繪。圖畫本身並沒有獨立的價值，其功能是作為「窈窕淑女，君子好逑」的起興，為了引出君子被淑女所吸引、所激發。[3] 本來，在民歌中，表現情愛是無拘無束的，沒有什麼框框的，可以直接抒發，《詩經》中不乏這樣的手法，如：

> 靜女其姝，俟我於城隅。愛而不見，搔首踟躕。(〈靜女〉)

約會情人，情人來了，卻躲起來，故意讓人家摸不著頭腦，寫漂亮女孩子愛得很調皮。這是很動人的，用的手法是敘述。

3　逑，《廣韻》釋義曰：聚合。《詩》〈大雅〉〈民勞〉：「惠此中國，以為民逑。」毛傳：「逑，合也。」鄭玄箋：「合，聚也。」《說文》〈辵部〉：「逑，斂聚也。」這是作動詞的意義。故「逑取」即求取、索要之意，吾意在此上下文中，「好逑」作追求比較妥當。「逑」作為名詞，有直接引申為配偶的意思者。如毛傳：「逑，匹也。」還有進一步引申為相匹敵的意思的。如清黃遵憲〈和周朗山見贈之作〉：「謂生此文無匹逑，即此已卜公侯仇。」但認為「好逑」就是好配偶，似乎與下文之「求之不得，寤寐思服」的情緒狀態不合。

　　《詩經》裡表現戀情的手法很豐富，大致有三種。第一就是這種敘述，《詩經》理論家把這叫做「賦」，就是陳述，特點是直接、正面描寫。但有時，直接正面描述，難度很大。比如〈關雎〉的核心是表現君子為淑女所激動，如果直截了當一上來就陳述「窈窕淑女，君子好逑」，不但突兀，而且缺乏感性，接受者心裡容易產生某種抗阻之感。這時就需要另外一種手法，那就是「比」，也就是比喻。比喻能把抽象的感情變得具體、感性。如「女孩子很多」是抽象的，一用比喻，就具體感性了：「出其東門，有女如雲」（〈出其東門〉）。又如「女孩子很美」是抽象的，加上系統的比喻就具象了：「手如柔荑，膚如凝脂，領如蝤蠐，齒如瓠犀，螓首蛾眉，巧笑倩兮，美目盼兮。」（〈碩人〉）但比喻太多，也會令人感到單調，讓人產生「審美疲勞」。這時就要有「興」。「興」的功能是起頭。一般的起頭，就是現場即景，從環境開始，逐漸轉向人物的心靈。但是，好的「興」，不但是現場即興，而且是興中有比。「關關雎鳩，在河之洲」，作為起興的好處是，表面上是描述風景，水鳥美、鳥的叫聲美、河中之洲美，實際上是為淑女的出場作鋪墊。有了聽覺和視覺的美，就有了美的氛圍，淑女和君子的感情的美就可能從容顯現，如電影鏡頭之淡入。這個「興」就有了比喻的意味，故被稱為「興而比」、「興兼比」。正是因為「興而比」，這四句顯得很精煉，如果不用這種「興而比」的手法，要讓「窈窕淑女」出場，就要用陳述的，也就是用賦的手法，比如：「有美一人，清揚婉兮。邂逅相遇，適我願兮。」（〈野有蔓草〉）而有了興，就不用正面交代「有美一人」，更不用交代是在洲上，還是河邊。興就是現場即興。現場的環境已經有了，「淑女」出場，就不需承續前面，而直接變成了後面的「君子好逑」的主語。這樣句子之間就更緊密、更有機，精煉到沒有一個意象、沒有一個字是多餘的。這個「興」的好處還在於感知的程式很自然，先是啟動聽覺，聽到鳥在叫，接著是視覺認知，看清是雎鳩，跟著就心動，對淑女一

見動心。從感情的特點來看，這是比較迅速、比較直率的，也是比較天真的，民歌作者的村野之氣展現得比較充分，當然，君子也可能有這樣一見就「好逑」的，但那就不是一般的，而是帶野氣的君子了。

　　如果詩就寫到這裡，固然，也有天真的詩意，但是，難免簡單，戀情畢竟是複雜的。接著，這首詩運用音樂複杳的章節，把「雎鳩」變成「荇菜」，也使感情從即興鍾情的層次遞進為日夜著迷的層次。從章法上來說，在統一中有比較大的變化，複杳的局限就轉化為優越了：

　　　　參差荇菜，左右流之。窈窕淑女，寤寐求之。

　　這也應該算是「興而比」，由水中「荇菜」採摘之不易，聯想到「好逑」之艱巨。這個「興而比」的好處，一是與「在河之洲」在聯想上是自然的延伸：有河有水，才有荇菜。二是與採摘荇菜的特點有聯繫：水中之荇，與陸上植物不同，字面上是說荇菜，實際上是指淑女的狀態，「左右流之」，有流體的特點，說明採摘有難度；「寤寐求之」，與難度相應的是感情的強度，越難越是想念，日思夜想，有點著迷了。

　　第三個章節[4]：「求之不得，寤寐思服。悠哉悠哉，輾轉反側。」從章法來說，這是新的一章，而從情感上來說是一個新的層次。「寤寐求之」，即日思夜想、大動腦筋、苦思冥想，而「寤寐思服」、「輾轉反側」則是相思得有點失眠了。這就有點「癡」了。這就進入了詩話家賀裳的「癡而入妙」的境界。君子好逑的歡樂，變成了失眠的痛苦，這時，情緒起伏就有了節奏感：

4　這首詩原是三章：第一章四句，第二章八句，第三章八句。各章句數不同，可能是從音樂上分的，鄭玄從語文內涵上將後面兩章又各平分為兩章，每章都是四句，共五章。這裡用鄭玄的分法。見〔漢〕鄭玄箋，〔唐〕陸德明音義，孔穎達疏：《毛詩箋注》，收入《四庫全書》〈經部〉，〈詩類〉，〈毛詩注疏〉，卷一。

　　參差荇菜，左右采之。窈窕淑女，琴瑟友之。

　　參差荇菜，左右芼之。窈窕淑女，鐘鼓樂之。

　　這兩章繼續以荇菜起興，但是在情緒的節奏上，則從「求之不得」的痛苦轉化為歡愉。先是「琴瑟友之」：改變了策略，音樂使感情放慢了節奏，不再一下子就「好逑」了，「友」字作為動詞，很有分寸感，表明是比較友好的追求。最後一章是「鐘鼓樂之」，更進入了一個新的層次。鐘鼓和琴瑟不同。琴瑟，還可能是私人的交往，鐘鼓則是盛大的儀式，堂而皇之，氣氛熱烈。這兩章從章法來看是複沓的，一共八句，完全重複的句子占了四句，不完全重複的四句，十六個字中，只有四個字相異，其餘十二個字是相同的。但是，從感情來看，層次的遞進是很明顯的，從雙方交往的歡愉，轉化為公眾性慶祝。「鐘鼓樂之」的儀式，意味著「好逑」的君子，達到了目的，就應該是感情的高潮，是十分歡樂的。但是，這首詩沒有正面表現這種歡樂，而是把它留在空白之中。可能正是因為「鐘鼓樂之」這樣的含蓄，使得英國漢學家亞瑟‧韋利（Arthur Waley）將之定性為「婚姻詩」，而不是愛情詩。

　　這首愛情詩在情感上的特點，不但層次遞進是從容的，而且情感強度的掌握很有分寸。孔子曰：「〈關雎〉樂而不淫，哀而不傷。」（《論語》〈八佾〉）孔安國注曰：「樂而不至淫，哀而不至傷，言其和也。」[5]。「和」，就是中和，從中可以體悟這首詩之所以被列為《詩經》首篇的原因：君子的精神特點，哪怕是戀情，也是溫文爾雅的，循序漸進，頗有節制，快樂不能過度，哀傷也不能過度，即使求之不得也不過就是「輾轉反側」，最後，戀情終於得到認可，也不過就是「鐘鼓樂之」而已。不過，單從「鐘鼓」的陳設就可以看出，這只能

5　何晏：《論語集解》卷二，收入《四庫全書》〈經部〉〈四書類〉。

是君子的理想。鐘鼓之樂齊奏，在《詩經》裡，是貴族儀典。[6]故《小雅》〈彤弓〉：「彤弓弨兮，受言藏之。我有嘉賓，中心貺之。鐘鼓既設，一朝饗之。」蘇轍注曰：「彤弓，天子錫有功諸侯也。」[7]當時的鐘，是銅器，銅就是「金」，屬於貴金屬。故黃鐘大呂，是貴族高雅之樂，與之相對的是瓦釜。商周時代作為樂器的鐘，都是成套的。八個以上，構成音階關係，故又稱為編鐘。湖北的曾侯乙墓出土的編鐘達六十五件，最大的有兩百公斤，合起來有兩噸半重，懸掛起來有十二米的長度。這樣大的排場只能是貴族的。這一點，往往被學者們忽略，不但中國的學者，外國的學者也常常把鐘作為一般的樂器。漢學家亞瑟‧韋利曾經系統地研究並翻譯了《詩經》。他這樣翻譯這一句："With gongs and drums we will gladden her"[8]，把鐘鼓翻譯成鑼鼓。這是失之毫釐，謬之千里了。民間的樂器，在當時可能還沒有鑼，也不可能是貴金屬製品，而是竹器為基座的絃樂器。《戰國策》〈齊策一〉：「臨淄甚富而實，其民無不吹竽，鼓瑟，擊築，彈琴……」是故莊子妻子亡故鼓缽而歌。缽，是瓦器，高漸離擊築（竹器），荊軻和而歌於市，其背景均為民居和市井，和「琴瑟在堂，鐘鼓在廷」這樣肅穆隆重的場面是不可同日而語的。

　　把這種琴瑟鐘鼓陪襯下的溫情，當作抒情詩歌的最高典範，也說明這首詩並不完全是民歌的原生狀態，而是相當貴族化了。正是因為這樣，後世的正統經學家才有可能把王道教化的價值滲入其中。從毛亨、鄭玄到朱熹等等一以貫之地把它宮廷道德化，諸如求偶其實因為「思賢」、隱含著「後妃之德」等等不一而足。在這方面，朱熹可作

6　如〈賓之初筵〉：「賓之初筵，左右秩秩。籩豆有楚，殽核維旅。酒既和旨，飲酒孔偕。鐘鼓既設，舉酬逸逸。大侯既抗，弓矢斯張。射夫既同，獻爾發功。發彼有的，以祈爾爵。」

7　蘇轍：《詩集傳》卷十，收入《四庫全書》〈經部〉〈詩類〉。

8　Arthur Waley, *The Book of Songs Transleted from The Chinese*, Unwin Brothers Ltd., 1937, P.82. 霍克斯將之譯為bell，庶幾近之。

代表。他把毛傳多少有點含混的「摯而有別」大加發揮。先把「關關」定性為「雌雄相應之和聲」，然後在「和」字上大加發揮，再把這種水鳥確定為「王雎」，和王權聯繫起來，再說它「有定偶而不相亂偶，常並遊而不相狎」，並引《列女傳》「人未嘗見其乘居而匹處者」，最後用一個「蓋」字確定是：「文王之妃太姒為處子時而言也，『君子』則指文王也。」這自然是牽強附會，但也不完全是信口開河，根據多多少少就在「鐘鼓樂之」上。

　　政治道德教化觀念在〈關雎〉的閱讀史上曾經擁有雄踞數千年的經典性，如今看來，不過是歷史雲翳，其學理價值，還不如孔夫子的「樂而不淫，哀而不傷」以及注家們推崇的「怨而不怒」。從詩歌理論來說，這很有東方特點，和西方俗語所說「憤怒出詩人」，以及後來的浪漫主義者總結的「強烈的感情的自然流瀉」（spontaneus overflow of powerful feelings）相比，二者可能是對於抒情的兩極各執一端。從創作實際上來看，中國此類抒情經典所抒的更多是溫情，而西方經典似乎更多激情。古希臘最負盛名的女詩人薩福的〈歌〉：

> 當我看見你，波洛赫，我的嘴唇發不出聲音，
> 我的舌頭凝住了，一陣溫柔的火，突然
> 從我的皮膚上溜過
> 我的眼睛看不見東西，
> 我的耳朵被噪音填塞，
> 我渾身流汗，全身都戰慄，
> 我變得蒼白，比草還無力，
> 好像我就要斷了呼吸，
> 在我垂死之際

　　這顯然不是一般的抒情，而是激情的突發。激情的特點，是不加

節制，任其進入瘋狂的極端。薩福的愛情竟然沒有歡樂之感，而是視覺癱瘓，聽覺失靈，失去話語能力，身體不由自主地顫抖，完全處於失控狀態的垂死的感覺。這裡有西方和東方民族心理的不同，同時也隱含著東西方詩學的出發點的不同。當然，《詩經》中的愛情詩，也並不是沒有強烈的激情，但這樣的激情畢竟還沒有像西方人那樣達到極端化、不加控制的程度。在東方詩歌理論上，這種激情是得不到完全的肯定的。〈鄭風〉〈將仲子〉：「將仲子兮，無逾我裡，無折我樹杞。豈敢愛之，畏我父母。仲可懷也，父母之言，亦可畏也。」被孔夫子斥為「鄭聲淫」，此後「鄭風放蕩淫邪」、「鄭衛之音其詩大段邪淫」等評價在詩經注解中比比皆是。所謂「淫」就是過分，也就是感情強烈，不加節制。即使如此，像〈將仲子〉這樣的詩，和薩福那種激情相比，在強烈的程度上還是要稍遜一籌。但是，從理論上來說，孔夫子節制感情的抒情理論，可能要比放任激情的理論更有生命力，更經得起歷史的考驗。現代派詩歌強調「逃避抒情」就是對不加節制的激情的歷史性反撥。錢鍾書先生曰：「夫『長歌當哭』，而歌非哭也，哭者情感之天然發洩，而歌者情感之藝術表現也。『發』而能『止』，『之』而能『持』，則抒情通乎造藝，而非徒以宣洩為快，有如西人所嘲『靈魂之便溺』矣。『之』與『持』，『一縱一放，一送一控』相反而亦相成……」[9]從這個意義上說，樂而不淫，哀而不傷，正是「發而能止」，「之」而能「持」，「縱」而能「斂」，比之極端感情自發的流瀉更經得起藝術歷史的考驗。

9　錢鍾書：《毛詩正義》六〇則之一〈詩譜序〉，收入《管錐編》，頁57-58。

〈蒹葭〉：近而不可得的戀情

——單一意境和多元象徵

解讀焦點

　　分析之難，難在提出問題，作微觀分析時，問題不能從文本以外提出，只能從文本之內揭示。這裡提出的問題是，第一，缺乏遞進的過程，重複的詞句和章法為什麼沒有陷於單調？第二，主人公所指不明，為什麼卻構成了深長的意味？第三，愛情主題的單一性如何制約著象徵韻味多元？

〈蒹葭〉

　　蒹葭蒼蒼，白露為霜。所謂伊人，在水一方。溯洄從之，道阻且長；溯游從之，宛在水中央。

　　蒹葭萋萋，白露未晞。所謂伊人，在水之湄。溯洄從之，道阻且躋；溯游從之，宛在水中坻。

　　蒹葭采采，白露未已。所謂伊人，在水之涘。溯洄從之，道阻且右；溯游從之，宛在水中沚。

　　〈蒹葭〉出於《詩經》〈秦風〉，好像是〈關雎〉的姊妹篇，都是抒寫戀情的。詩樂結合，複沓的章法很相似。當然，〈關雎〉的複沓有鮮明的層次，每章均有所遞進：從外部環境來說，先是聞雎鳩之鳴而動心，接著是輾轉反側思念，繼而以琴瑟溝通，最後是鐘鼓齊鳴的歡慶。從情志意脈來說，從求之不得的苦悶，轉向求而有成的歡樂。場景和心理都有連續遞進的脈絡，層次是清晰的，過程是完整的。而

〈蒹葭〉卻不同，整篇就是一個場景的三次複沓。每一章的前半部分
如下：

> 蒹葭蒼蒼，白露為霜。所謂伊人，在水一方。
> 蒹葭萋萋，白露未晞。所謂伊人，在水之湄。
> 蒹葭采采，白露未已。所謂伊人，在水之涘。

　　一共十二句，句子的結構和句間的程式是一樣的，詞語完全相同
的有三句（「所謂伊人」），不完全相同的有九句，三十六字，其中相
同的有二十四字，不同的三組共十二字，字雖不同，但是所指的性質
（方、湄、涘）是相近的。這樣的章法，從詩歌來說，明顯重複過
度，再加上三章的後半部分：溯洄從之，道阻且長。溯游從之，宛在
水中央。

> 溯洄從之，道阻且躋。溯游從之，宛在水中坻。
> 溯洄從之，道阻且右。溯游從之，宛在水中沚。

重複率更高，完全重複的句子有六句（「溯洄從之」，「溯游從之」），
佔到一半，不完全重複的六句中，每句只有一個字不同。〈蒹葭〉和
〈關雎〉章法的最大不同，就是章與章之間，沒有動作和心理的遞
進，從場景到情緒都是在同一個層次上複沓。這樣高的重複密度，對
於詩和曲合一的歌來說，可能並不顯得過分，可是對於脫離了曲的詩
來說，卻難免是單調的。但是，在千年來的閱讀史上，那麼多的注
家，並未有過質疑，相反到了近年，網上卻出現了「古之寫相思，未
有過〈蒹葭〉者」的評論，將其藝術成就列為中國古典愛情詩之首，
語似誇張，卻表現了當代詩學趣味的率真。時間的久遠，並未弱化它
的藝術感染力，相反倒有與日俱增的趨勢。箇中緣由，只能從〈蒹

葭〉文本內部去尋求。

　　一開頭的「蒹葭蒼蒼，白露為霜」表面上和「關關雎鳩，在河之洲」這樣從環境寫起的寫法異曲同工，但是，實際上很不相同，〈關雎〉是興而比，而這裡卻既不是興，也沒有比喻的意味。它是典型的「賦」，可謂直陳其景。八個字中，「蒹葭」、「白露」兩個意象，加上衍生屬性也只有「蒼蒼」、「為霜」，就提供了一幅圖景。「蒹葭」加上「蒼蒼」，構成了視野開闊的圖景，得力於「蒼蒼」與茫茫的潛在聯想；而「白露為霜」，不但在色調上與蒼蒼形成反差，而且由蘆葦之蒼蒼隱含著廣闊的水面，又提示著秋晨的清寒和邈遠。所有這一切表面上都是景語，實際上都是氛圍的烘托，其中蘊涵著某種清淨空靈之感。這一切都是為了和「伊人」的陰性氣質高度統一。這個「伊人」的出場和〈關雎〉不一樣，「淑女」的人身是特定的，位置（「在河之洲」）也是確定的，而「伊人」則不相同，「伊人」是個什麼人，是不確定的。朱熹在《詩集傳》中說「伊人猶言彼人也」，這個說法表面上是同語反覆，實際上，很有意味。「猶言彼人也」，翻譯成現代漢語，就是「那個人啊」，「所謂伊人」就是此人，這個人。高亨先生注曰：「指意中所指的人。」就是我心所指，意念所向那一個，不想把名字說出來的那個人。清人黃中松《詩疑辨證》說：「細玩『所謂』二字，意中之人難向人說。」妙在「難向人說」，也就是不必明言，心裡明白。但是，伊人何在？只能是「在水一方」。朱熹在《詩集傳》中的解釋也挺到位「一方，彼一方也」翻譯成現代漢語，就是「那個方向」。究竟在何方？自己也說不清。詩意就在這裡，好就好在不確指具體地點。朱熹在《詩集傳》中繼續說：「溯洄，逆流而上也。溯游，順流而下也。宛然，坐見貌，在水之中央。言近而不可至也。」這就很精彩，往上游去，找不成，往下游來，「宛在水中央」，明明看到了，卻還是可望而不可即。值得推敲的是「宛在」，好像在，就是說實際上並不一定在。朱熹的這個「言近而不可至也」的闡

釋很精彩，整章的傳神之筆，就是這個「在水一方」的確定性和「宛在水中央」的不確定性之間的矛盾。這是一種真切的愛情的感覺──明明很近，似乎觸手可及，卻仍然不可企及。

　　朱熹把這一種寫法歸結為「賦」──直陳其事的敘述。但是，這種「近而不可至」的矛盾卻不是現實的，自我與伊人之間的距離在物理上並不遙遠，就在眼前，可就是不能到達，反反覆覆、上上下下地奔波而無果。「水中坻」、「水中沚」和「在河之洲」，在文字上，都是水中之陸地，雖然大小不同，但從性質上說，是一樣的意思，然而從詩意上說，卻完全不同。「在河之洲」的淑女，是實寫，因而是可以「琴瑟友之」、「鐘鼓樂之」的，而「宛在」的「伊人」卻是虛寫，是近在眼前，又遠在天邊的。可見這個距離不是物理的，而是人的特殊情感使得物理距離發生了變異。正是因為這樣，才不但「上下求之而皆不可得」，而且弄到最後，居然是「不知其何所指也」[1]，也就是連自己也不知道怎麼回事，究竟在尋找什麼了。

　　抒情詩的精彩就在這種飄飄忽忽、迷迷糊糊、顛顛倒倒的感覺，這正是戀情的傳神之感。詩意的焦點，就集中在這種好像在又好像不在的渺茫的氛圍之中，明知「近而不可得」還是要走近，明知可望而不可即，還是要「溯洄從之」、「溯游從之」，不厭其煩，在神魂顛倒的奔波中不覺神魂顛倒，在頑強的追求中不覺頑強。

　　正是表現了這樣的感情，〈蒹葭〉的密集的複杳才沒有造成單調之感。因為其中的意味，並不存在於字句上，而在字句之間，章節之中，故反覆之，情意的微妙盡在意象的相互重複、平行、排比、對應、遞進、錯位和統一之中。這就構成了這首詩的意在言外、境在象外、可望而不可即的效果。這種效果，恰恰是意境的效果。對於這種效果，司空圖在〈與極浦書〉中這樣說：「戴容州云：詩家之景，如

1　以上均見朱熹：《詩集傳》卷三，收入《四庫全書》〈經部〉〈詩類〉。

藍田日暖，良玉生煙，可望而不可置於眉睫之前也。」[2]像〈蒹葭〉這樣的意境詩，以意象結構的有機平行比稱取勝，就每一句來說，可能是平淡無奇的，然其意在言外，在字裡行間，意象群落之中有意，意象群落之外有象，平常的字眼在章法的比照中，在意象的斷裂處，在空白中顯出聯繫，意象因而增值，可以說是達到了言有盡而意無窮的境界。

「意無窮」就是意不單一，這就為讀者留下了比較大的空間，使詩的讀解就有點紛紜了。

今人陳子展在《詩經直解》中說：「詩境頗似象徵主義，而含有神秘意味。」正是因為象徵對文本的某種超越性，就有一種往政治價值上去聯想的可能。〈毛詩序〉云：「蒹葭，刺襄公也。未能用周禮，將無以固其國焉。」這個說法把所謂伊人變成了周王朝禮制的喻體。從字義來看，並不貼切，因為伊人明明是人稱代詞，周禮則非人稱，明顯過分牽強。蘇轍在《詩集傳》中把主題虛化為求賢：「有賢者於是不遠也，在水之一方耳，胡不求與為治哉。」清姚際恆《詩經通論》：「此自是賢人隱居水濱，而人慕而思見之詩。『在水之湄』，此一句已了，重加『溯洄』、『溯游』兩番摹擬，所以寫其深企願見之狀。」

這個說法避免了把伊人直接說成是周禮的牽強，但又帶來了兩個問題：

第一，這個「伊人」，在全詩意境中，自然的聯想是陰性代詞，也就是女性，這一點亦可由意境的明淨輕柔性質來確定：蒼蒼、白露、水湄，更接近《詩經》中「淑女」、「靜女」陰柔之美。而賢者只能為男性，所居當有陽剛之氣，蒼蒼、白露、水湄難以當得。固然，「伊」字在古典文獻中，有男性的指代功能，[3]但是，亦有專指女性

2　《司空表聖文集》卷三，收入《四庫全書》〈集部〉〈別集類〉〈漢至五代〉。

3　南朝宋劉義慶：《世說新語》〈識鑒〉：「小庾臨終，自表以子園客為代，朝廷慮其不從命，未知所遣，乃共議用桓溫，劉尹曰：『使伊去必能克定西楚，然恐不可複

的功能，相當於今日通用的「她」。如，金董解元《西廂記諸宮調》卷四：「咫尺抵天涯，病成也都為他（她），幾時到今晚見伊呵？」《儒林外史》第十三回：「那知縣和江都縣同年相好，就密密的寫了一封書子，裝入關文內，托他開釋此女，斷還伊父，另外擇婿。」宋朱淑真〈牡丹〉詩：「嬌嬈萬態逞殊芳，花品名中占得王。莫把傾城比顏色，從來家國為伊亡。」故五四作家（如魯迅、許地山）常以伊專指女性。第二，最主要的是追求「所謂伊人」那種吞吞吐吐、欲說還休的心態，充滿了戀情的、非理性的顛倒，而求賢者正大光明的心態，應該是理性的，完全不用這種遮遮掩掩，二者從根本上不可同日而語。正是因為這樣，錢鍾書先生在《管錐編》中斷言這種「近而不可得」的情緒，實乃中外愛情詩的普遍現象：「所謂伊人，在水一方」在「難至矣」這一點上和〈漢廣〉之「漢有遊女，不可求思；漢之廣矣，不可泳思；江之永矣，不可方思」異曲同工。他先引陳啟源《毛詩稽古編》〈附錄〉：「夫悅之必求之，然惟可見而不可求，則慕悅益至。」然後說：「二詩所賦，皆西洋浪漫主義所謂企慕（schnsucht）之情境也。古羅馬詩人桓吉爾名句云，『望對岸而伸手嚮往』，後世會心者以為善道可望難即、欲求不遂之致。德國古民歌詠好事多板障，每托興於深水中阻。但丁《神曲》亦寓微旨于美人隔河而笑，相去三步，如阻滄海。近代詩家至云：『歡樂長在河之彼岸。』」[4]

錢鍾書先生的愛情說的論證是空前充分的，但是，他顯然警惕著獨斷，對於更廣泛的象徵，他留下了很大的餘地：「抑世出世間法，莫不可以『在水一方』寓慕悅之情，示嚮往之境。」[5]也許受了錢鍾

製。』」《西遊記》第五二回：「行者頓首道：『上告我佛……兕大王，神通廣大，把師父與師弟等攝入洞中。弟子向伊求取，沒好意，兩家比迸。』」

4　錢鍾書：《毛詩正義》六〇則之四三〈蒹葭〉，收入《管錐編》（北京市：中華書局，1986年），頁123-124。

5　錢鍾書：《毛詩正義》六〇則之四三〈蒹葭〉，收入《管錐編》（北京市：中華書局，1986年），頁124。

書先生的啟發，近日網友有文曰：「由此看來，我們不妨把〈蒹葭〉
的詩意理解為一種象徵，把『在水一方』看作是表達社會人生中一切
可望難即情境的一個藝術範型。這裡的『伊人』，可以是賢才、友
人、情人，可以是功業、理想、前途，甚至可以是福地、聖境、仙
界。這裡的『河水』，可以是高山、深塹，可以是宗法、禮教，也可
以是現實人生中可能遇到的其他任何障礙。只要有追求、有阻隔、有
失落，就都是它的再現和表現天地。如此說來，古人把〈蒹葭〉解為
勸人遵循周禮、招賢、懷人，今人把它視作愛情詩，乃至有人把它看
作上古之人的水神祭祖儀式，恐怕都有一定道理，似不宜固執其一而
否決其他。」

　　這樣說當然很開放、很全面，但是，也可能模糊了〈蒹葭〉的核
心審美價值。作為詩，它最攝人心魄的意境，具有相對的穩定性，其
藝術的生命當然集中在愛情的朦朧纏綿、捉摸不定。象徵是單一主體
和多元意味的統一，單一主體是實像，而多元意味是虛像，脫離了實
像，任何虛像都不能不消隱。

〈迢迢牽牛星〉：
迢迢而又不迢迢

解讀焦點

　　三處對比：一、語言近似敘述，形容不強烈，但情感效果強烈至淚下。二、雖然迢迢，然而河漢卻清而淺。三、多情如此，卻脈脈不得言傳。

〈迢迢牽牛星〉

迢迢牽牛星，皎皎河漢女。
纖纖擢素手，札札弄機杼。
終日不成章，泣涕零如雨。
河漢清且淺，相去復幾許？
盈盈一水間，脈脈不得語。

　　這首詩的特點就是自然天成，語言風格相當樸素，沒有多少華麗的渲染，連形容詞也是比較單純天真的疊字（迢迢、皎皎、纖纖、札札），但感情又是那樣深厚。謝榛《四溟詩話》中說其「格古調高，句平意遠，不尚難字，而自然過人矣」。也許，讀者對於「格古調高，句平意遠」這樣的評價，感覺不夠清晰。這裡舉秦觀的〈鵲橋仙〉來作些說明。

　　纖雲弄巧，飛星傳恨，銀漢迢迢暗度。金風玉露一相逢，便勝

卻人間無數。　　　柔情似水，佳期如夢，忍顧鵲橋歸路。兩情
若是久長時，又豈在朝朝暮暮。

　　同樣是寫牽牛織女的相思，秦觀的詞和「格古調高，句平意遠」
的風格相去甚遠，這至少可以從兩個方面來看：第一，〈迢迢牽牛
星〉全詩十句，沒有多少誇張和形容，大體近乎陳述、敘述，即使有
所形容，也限於幾個意味單純的疊字。而秦觀的這首，則用了很華彩
的形容，對雲的描繪不但前置以「纖」（亦作「織」），而且後置以
「弄」；對眼睛，以「飛星」暗喻；對風，形容以「金」；對露，渲染
以「玉」；「情」和「期」，都賦予如水如夢之感。這叫做文采。第
二，全詞的高潮在最後，直接抒發感情：「兩情若是久長時，又豈在
朝朝暮暮。」只要感情永恆，相會的時間再短也無所謂。這就不僅是
感情強烈到極化的程度，而且更進一步轉化為格言了。這就叫做感情
出采，或者叫做情采。而情采和文采都不是〈迢迢牽牛星〉的優點。
它的優點，不在文采和情采，而在於樸素無彩而純厚。正是因為這
樣，它所代表的「古詩十九首」被劉勰在《文心雕龍》中稱為「五言
之冠冕」，被鍾嶸《詩品》贊為「天衣無縫，一字千金」。在文學史
上，這樣的作品比之秦觀那樣文采情采俱佳的作品，得到的評價更
高。這是很值得細心體悟的。
　　〈迢迢牽牛星〉，全詩寫的是天上的牽牛星嗎？好像是，又好像
不是。因為接下來，出現了「皎皎河漢女」，就把牽牛星丟在一邊
了。下面寫的全都是河漢中的織女：「纖纖擢素手，札札弄機杼。」
這已經不是星星，而是一個在織布的女性。
　　這裡就有了可分析性：以牽牛星為起興，只為引出全詩主角——
織女；女性形象很快得到美化：首先是外觀的美化，「皎皎」、「纖
纖」，是不是有一種明媚纖弱的感覺？是不是有一種樸素單純的感
覺？連手都是素手。大概是比較白皙，又沒有什麼首飾吧。如果光是

這樣，還只是外部形態上的美。詩中對織女的美化，更重要的是在感情上。這時，牽牛星的另一個功能顯現出來：成為織女遙望的對象，也就是感情激發的源頭。這樣，外觀的美就有了內在的感情的內涵。牽牛星的「迢迢」和織女的「皎皎」、「纖纖」融為一體，構成統一的畫境。

　　至此，畫面是單純的，思念則以無言的迢迢相望為特點，思念之苦是默默的、潛在的。而到了「終日不成章，泣涕零如雨」，則從外部效果上顯示內心的痛苦。一是，整天織布卻織不成匹，這是心煩意亂，導致效率不高。[1] 二是泣淚如雨，思念之苦因而強烈了。

　　這樣，前者的微妙和潛在，和後面的強烈表露，就形成了意脈的轉折，這種轉折正是情緒強化到不可抑制的結果，但是，仍然是無聲、無言的，在語言上，也沒有大肆形容和渲染，仍然樸素無華。接下來，是進一步強化：

　　　　河漢清且淺，相去復幾許？

這裡有一點要特別注意，那就是意脈出現了第二次轉折。原來說牽牛星是迢迢的，遙遠的，這裡卻變成了河漢並不深，是清而淺的，障礙並不是很大的，渡過去並不太困難。「相去復幾許？」說得很含蓄，然而，

　　　　盈盈一水間，脈脈不得語。

盈盈，有充溢的意思，也有清澈的意思，看起來很透明，沒有狂風惡浪，可就是過不去。從視覺直接感知來說，距離更近了，不過就是

---

1 「終日不成章」化用《詩經》〈大東〉語意：「彼織女，終日七襄。雖則七襄，不成報章。」

「一水」之隔，這和前面的「迢迢」，在結構上是一種呼應，意脈統一了卻經過幾重轉折。可是，不管多麼「清淺」，仍然是無言的，「脈脈不得語」。這個「不得語」很關鍵，點出了全詩意境的特點。就是感情很深沉，距離不算遙遠，可就是說不出，說不得。是什麼阻擋著有情人相聚呢？可能是某種看不見、摸不著的障礙。當然，在傳說中，這個權威的阻力是神的意志。但是，詩裡並沒有點明。這就使得這首詩召喚讀者經驗的功能大大提高了。在愛情中，阻力可能是多方面的，可能是超自然的，也可能是社會的，還有可能是情人自身心理方面的。故「脈脈不得語」，有情而無言，不敢言，不能言，可能是出於對外在壓力的警惕，也可能是出於情感溝通的矜持，也就是說，內心的積累已經飽和了，含情「脈脈」了，到了臨界點了，而轉化為直接表達還存在著一時難以逾越的心理障礙。

　　值得注意的是，開頭四句連用疊字，最後兩句又用疊字，且都用於句首，形成一種呼應，一種迴環的、低迴的、複沓的節奏，情感之美和節奏之美，構成統一完整、有機的默默無言的內在意境。

〈短歌行〉：
九節連環的「意脈」

解讀焦點

這首詩的氣魄很大，是可以感受到的，同時可以感受到的是，章節間的非連續性。宏大的氣魄就隱含在若斷若續的意脈中。揭示意脈連續的密碼，是解讀的任務。

〈短歌行〉

曹操

對酒當歌，人生幾何？

譬如朝露，去日苦多。

慨當以慷，憂思難忘。

何以解憂？唯有杜康。

青青子衿，悠悠我心。

但為君故，沉吟至今。

呦呦鹿鳴，食野之蘋。

我有嘉賓，鼓瑟吹笙。

明明如月，何時可掇？

憂從中來，不可斷絕。

越陌度阡，枉用相存。

契闊談宴，心念舊恩。

月明星稀，烏鵲南飛。

繞樹三匝，何枝可依？

山不厭高，海不厭深。

周公吐哺，天下歸心。

　　第一章（四句）的意象統一於現場（飲宴）的主體從外物到內心的視角。

　　「對酒當歌，人生幾何？」提示的是主體於酒宴場景中聞歌舉杯（「對」和「當」都是動詞，「酒」和「歌」都是賓語）。意脈的「脈頭」就在「去日苦多」中的「苦」字上。這個「苦」字定了全詩的調性。「對酒當歌」是外部的感知，「去日苦多」是內心的鬱積的激發。這是由外部的視聽向內躍遷，其間的連續，不像曹植〈白馬篇〉那樣，以現場意象的「連貫」為主線；而是超越了現場即景，轉向長期的鬱積。從外部意象來說，從「酒」和「歌」到「苦」，這是斷，但是，從內部激發來說，這又是續，苦悶是現場的酒和歌激發出來的。激發就是外「激」內「發」的互動。

　　在全詩直接抒情的各章中，這一章四句，是最為統一的。

　　「苦」作為「脈頭」，其功能是為整首詩定下基調。從性質上來說，是憂鬱的；從情感的程度來說，是強烈的。「慨當以慷」，把二者結合起來，把生命苦短的「慨」歎變成雄心壯志的「慷」慨。這就從實用理性的層次，上升到審美情感的層次。苦和憂本是內在的負面感受，而慷慨則是積極的、自豪的心態。將憂苦上升為豪情，這在中國詩歌史上，是一個突破。早在屈原的〈離騷〉中就有「老冉冉其將至兮，恐修名之不立」。在曹操所屬的建安風格中，對這種豪情又有更自覺的發展。建安風格強調的是尚氣、慷慨，也就是把悲情轉化為慷慨，讓悲情帶上豪情，這是屈原所沒有的。《文心雕龍》講建安風骨「蔚彼風力，嚴此骨鯁」。曹操繼承了這個母題，唐代吳兢說它「言

當及時為樂」（《樂府古題要解》），實在是沒有看懂曹操〈短歌行〉在這個母題上的歷史性的創新。建安風骨甚至發展出曹植那樣的「捐軀赴國難，視死忽如歸」的生死觀。

　　本來，在曹操以前，在《古詩十九首》中，人生苦短的主題轉化為及時享受生命的歡樂，從感情的性質來說，並不是豪邁的，而是悲淒的，如，《古詩十九首》有：「出郭門直視，但見丘與墳。古墓犁為田，松柏摧為薪。白楊多悲風，蕭蕭愁殺人！」更多的並不是悲淒，而是歡樂，但是，是不得已的、被動的遊戲人生。如：「人生天地間，忽如遠行客。鬥酒相娛樂，聊厚不為薄；驅車策駑馬，遊戲宛與洛。」；「人生寄一世，奄忽若飆塵。何不策高足，先據要路津？無為守窮賤，轗軻長苦辛。」；「生年不滿百，常懷千歲憂。晝短苦夜長，何不秉燭遊！為樂當及時，何能待來茲？」這些詩反反覆覆抒寫的是，直面生命大限的天真的苦悶和及時享受生命的豁達。特別值得一提的是：「浩浩陰陽移，年命如朝露；人生忽如寄，壽無金石固。萬歲更相送，聖賢莫能度；服食求神仙，多為藥所誤；不如飲美酒，被服紈與素。」這一首，在意象的兩個方面和曹操可能是巧合的。一是「年命如朝露」，和〈短歌行〉相比，不但感知生命苦短是一致的，而且喻體「朝露」也是一樣的。二是「不如飲美酒，被服紈與素」，把苦悶與「酒」相聯繫也是一致的。但是，由此而生發出來的意脈，也就是情感邏輯，卻是不一樣的。第一，曹操並沒有因為生命苦短而以宴樂之樂而樂，相反，恰恰在對酒當歌的行樂中而感到悲愴。第二，曹操沒有完全沉浸在個體生命的無奈之中，而是把「憂思難忘」和「慷慨」的英雄氣概結合起來。個體生命的悲歌，變成了宏圖大志的壯歌。這樣，憂思就不再完全是苦，而是一種享受。《古詩十九首》的苦與憂，不得已而樂，就變成了曹操的氣魄宏大的「把苦與憂轉化為豪邁地享憂」的主題。

　　在〈短歌行〉的閱讀史上，蘇東坡可能是最早讀出了其中的雄豪

之氣的。他在〈前赤壁賦〉中這樣說：「月明星稀，烏鵲南飛，此非曹孟德之詩乎？西望夏口，東望武昌。山川相繆，鬱乎蒼蒼，此非孟德之困于周郎者乎？方其破荊州，下江陵，順流而東也，舳艫千里，旌旗蔽空，釃酒臨江，橫槊賦詩，固一世之雄也。」蘇東坡第一個把曹操的政治和軍事業績當作豪邁的密碼。蘇東坡這種觀念影響之巨大，以至幾百年後，《三國演義》順理成章地把「釃酒臨江，橫槊賦詩」演化為小說的宏大場景。蘇軾以後，這一點似乎就成了共識。連清代八股文的能手陳沆在《詩比興箋》中都說：「此詩即漢高〈大風歌〉思猛士之旨也。」

這種化憂苦為慷慨、「享憂」的主題，日後成為古典詩歌的核心母題，到唐代詩歌中，特別在李白的詩歌中，發揚光大，達到輝煌的高峰。在這第二章中，苦憂，變為慷慨，就成了意脈衍生的第二個節點。

意脈的第三個節點，是「解」（「何以解憂」）。尋求解脫而不得，只能回到酒上來（「唯有杜康」）。這就是說，在現實境界中是不能解脫的，只好尋求酒的麻醉。從「對酒當歌」到「唯有杜康」，外部意象的連貫是實線，而意脈貫通則是虛線。這種虛實互補，造成了意脈密碼的隱秘性。

到了「青青子衿，悠悠我心。但為君故，沉吟至今。呦呦鹿鳴，食野之蘋。我有嘉賓，鼓瑟吹笙」，意脈的第四個節點（「沉吟」）出現了。清代張玉穀說：「此歎流光易逝，欲得賢才以早建王業之詩。」（《古詩賞析》卷八）從外部意象來說，自對酒當歌的宴席場景，到這個不在現場的「青青子衿」的意象，其間有個大跳躍。而從內心意脈來說，從「苦」到「憂」，到「慷慨」，再到「沉吟」，甚至「鼓瑟吹笙」的歡慶，出現了多重起伏。以《詩經》〈鄭風〉〈子衿〉的愛情詩，展示招徠人才的真誠。從情感的性質來說，慷慨的悲歌變成了「悠悠」的情歌。從情感的強度來說，則是從強烈的悲愴到柔化的「悠悠」。慷慨的激情，一變而成溫情，二變而成更深的「沉吟」，三

變而成「鼓瑟吹笙」的歡快。[1]

如果說，第一章是直接抒發，最為有機，則第四節點，最為豐富。

臺灣師範大學陳滿銘教授分析此詩，強調其中有「變化」，其實講的就是這種意脈的衍生，也是情感的起伏律動。其間隱性的脈絡把跳躍性的顯性意象統一起來。是不是可以這樣說，顯性的跳躍（斷）與隱性的衍生（連），形成了一種反差、一種張力，構成了一種「象」斷「脈」連，若斷若續，忽強忽弱，忽起忽伏的節奏。

到了「明明如月，何時可掇？憂從中來，不可斷絕。越陌度阡，枉用相存。契闊談宴，心念舊恩」又發生了很大的變化，對於這樣的變化，網上有一篇賞析文章，說得相當到位：

> 這八句（按：指從「明明如月」到「心念舊恩」）是對以上十六句（按：指從「對酒當歌」到「鼓瑟吹笙」）的強調和照應。以上十六句主要講了兩個意思，即為求賢而愁，又表示要待賢以禮。倘若借用音樂來作比，這可以說是全詩中的兩個「主題旋律」，而「明明如月」八句就是這兩個「主題旋律」的復現和變奏。前四句又在講憂愁（按：指從「明明如月」到「不可斷絕」），是照應第一個八句（按：指從「對酒當歌」到「唯有杜康」）；後四句講「賢才」到來，是照應第二個八句（按：指「青青子衿」到「鼓瑟吹笙」）。表面看來，意思上是與前十六句重複的，但實際上由於「主題旋律」的復現和變奏，使全詩更有抑揚低昂、反覆詠歎之致。[2]

可惜不知作者為誰，不過可以肯定是一位對古典詩歌和現代詩歌

---

1 本來，〈短歌行〉和〈長歌行〉是樂府〈平調曲〉中的兩種曲名，〈短歌行〉多用於宴會。
2 無法查到作者的名字，注此以表敬意。

均有修養的學者。在這種反覆呈現的起伏節律中，接下去：「明明如月，何時可掇。憂從中來，不可斷絕。越陌度阡，枉用相存。契闊談宴，心念舊恩。」以《詩經》〈小雅〉〈鹿鳴〉中的經典強化其真誠。這樣，第五個節點（憂）其實是脈頭（憂）的再現：「憂從中來」，而且還達到「不可斷絕」的強度。但並不是簡單的重複，緊跟著就是「契闊談宴」、久別重逢的溫馨。

　　從意脈的衍生來說，這樣的溫馨應該是第六個節點了。

　　從情感的性質來說，是從生命的憂思，變成了對舊情（恩）的懷想。悠悠的溫情，轉化為激情之後，又迎來了「心念舊恩」的溫情。

　　不同性質、不同強度的情致交替呈現，顯示了詩人心潮起伏的節律，本來有點游離的意象群就此得以貫通。不可忽略的是，從酒宴場景，轉向對月的懷想。為什麼要去「掇」月亮？這個「掇」字，可能是摘取，也可能是斷。如果是摘取，就是把追求賢士的情懷美化為月光。如果解作憂愁之不可「斷」，則是表現憂愁如月光之純淨。不管是月亮不可掇，不可摘，還是愁思如月光不斷，總體來說，就是時光荏苒，不捨晝夜，而朝露苦短，憂愁乃如月華，看得到，摸不著，卻所在皆是，在可解脫和不可斷絕之間。這裡，意脈的節點，很明顯是承接前面，已經肯定杜康可以「解憂」，但是，到這裡，杜康變成了月光，不但不能解憂，「憂」反而加重了（「不可斷絕」）。這是反接，正好造成了意脈的深化。

　　情緒的高潮在最後一章。

　　　　月明星稀，烏鵲南飛。繞樹三匝，何枝可依？

從單個章節的意象群的品質來看，這可能是最精彩的。在這首直接抒情的（而不是以景物和人物的描繪為主的）詩中，只有這四句，幾乎完全是用意象群組成的圖畫。這幅圖畫的品質實在是精緻。

　　星稀說明深夜，月明表現的是空曠，不但空曠，而且透明。不透明，不可能看得到高飛的烏鵲，更不可能持續看到其繞樹達三匝之久。這幅夜景的清晰度是驚人的，其所以驚人，就是因為它簡練，先是讓整個天空一望無垠，下方只有（一棵）樹，無垠的空間，全給了烏鵲。如果是西方語言，則應該表明是單數還是複數，陰性還是陽性，但漢語的好處是只鳥和群鳥、雄鳥和雌鳥並沒有多少區別。這也正是詩與畫不同的地方。如果在畫裡，強調天空之廣闊，相對微小的烏鵲，特別是單個的鳥，可能難以目睹，而在詩裡，烏鵲卻成為天宇中突出的主體。語言的想象性，使得背景把主體反襯得非常突出，效果完全集中到最後一句「何枝可依」上。天空越是廣闊，棲居之地越是渺茫。

　　「何枝可依」的渺茫，這是第七個節點。

　　不可迴避的是，此章提供的意境深遠的畫圖，與前章（「越陌度阡，枉用相存。契闊談宴，心念舊恩」）在意象上似乎有脫離，意脈有斷裂之虞。清人沈德潛在《古詩源》中說：「『月明星稀』四句，喻客子無所依託。」顯然是為了以客子喻賢士，彌合意脈的斷裂。但是，限於從思想上，也就是從理性邏輯上去推想，反倒留下了更明顯的裂痕。把詩人心目中的賢士比喻為烏鵲，似有扞格。那是詩人心目中的「嘉賓」，念之思緒「悠悠」，迎之「鼓瑟吹笙」，懷之「心念舊恩」，待之「契闊談宴」，把這樣一種詩化、美化了的對象暗喻為烏鵲，在聯想上格格不入。要知道意脈的貫通不完全靠顯性，還要考究隱性的聯想的和諧。更為合理的理解應該是，這八句是「契闊談宴」所「談」的內容。「談宴」就是心靈歡快的溝通，這是意脈的第八個節點。當時如果有標點符號的話，則應該有引號。「烏鵲」意象，與其說是指賢士，不如說是指黎元。黎的本義就是黑，黎元，就是黑頭。以烏鵲喻黑頭，在隱性的聯想上是比較貼切的。特別是點明了烏鵲是在南飛。曹操當時的政治權力中心在河南、正南方就是荊州（包

括湖北、湖南），這是劉備和孫權的勢力範圍。黎民百姓去那裡「無枝可依」，就是流離失所。這就激發出下面的宏圖大志：「山不厭高，海不厭深。周公吐哺，天下歸心。」這四句，也應該包含在談宴的引號之內。這正是「談宴」的高潮。也就是不但默契了，而且有了濃鬱的氛圍，可以豪邁地宣告自己的政治和人格理想。豪邁就是強烈化。山已經算是高了，精神境界還要更高；海已經算是深了，心靈容量還要更深。這是典型的古典激情，從邏輯上來說，則是極端化的情感。但，這還是比較宏觀的境界，最後兩句，以理想人物周公吐哺、握髮為典範，把崇高的精神落實在具體的、微觀的實踐上：只要像周公那樣，事必躬親，甚至連吃飯都來不及，就能達到這理想的目標。從詩藝上看，這是很浪漫的。首先，曹操所謂的事業，明明是武裝奪取政權，是血腥的，但是曹操把它詩化為人心歸順。其次，把攻城掠地摧毀敵對政權說成是天下人的絕對誠服。這裡，顯然表現了曹操的自信，曹操的意氣風發。這個因果邏輯是極端的，完全是情感邏輯。如果從理性邏輯分析，這種事必躬親的作風，並不是最好的。《資治通鑑》「貞觀君臣論治」載，臣子們誇獎隋文帝日夜劬勞，每一件公文都要自己親自處理，唐太宗就不贊成。他說，如果什麼文件都是我親自處理，我一天出一個錯，就很可觀了。我就要發動你們來幹，有錯誤我來糾正。韓信為漢高祖所擒，說高祖只能帶十萬兵，而自己多多益善。最後之所以為高祖所擒，就是因為高祖不擅將兵，而擅將將，也就是發動高級幹部的積極性。從這個意義上來說，事必躬親，弄得飯也吃不成，並不是很英明的。

　　但是，這是一首抒情詩，而不是〈求賢令〉那樣的公文，閱讀不能滿足於揭示其客觀因果邏輯關係，關鍵應該在情感的邏輯的「偏激」，意脈的衍生、曲折和起伏。首章的悲愴慷慨，末章的浪漫樂觀，構成了一個二元對立的轉化。主題在多個節點的呈示、展開中盤旋昇華。第一個「脈頭」是「苦」和「憂」；第二個，是感歎悲愴，

變成雄心壯志的「慷」慨；第三個，是「解」（「何以解憂」），尋求解脫期望；第四，是「沉吟」；第五，「不可斷絕」的憂心；第六，「鼓瑟吹笙」的歡慶；第七，「契闊談宴，心念舊恩」的溫馨；第八，「何枝可依」的憐憫；第九，「天下歸心」的浪漫，這也是意脈的脈尾，與首章對比，構成了一個完整的情感過程。其間情感的衍生、變化特別豐富。

　　敏感的讀者可能要質疑，這是不是太繁瑣了？可能是的。但這是必要的。曹操所運用的詩歌形式是四言。這種形式有《詩經》的經典性，節奏非常莊重、沉穩。但是，也有缺點，那就是從頭到尾，一律都是四言，其內在結構就是二字一個停頓。全詩三十二行，六十四個同樣的停頓，是難免單調的。在《詩經》裡也是這樣的。但《詩經》的章法採用在複沓中有規律地變化、在對應的節奏上改變字句的辦法。曹操沒有採用這樣的格式。原因是他的精神內涵比之《詩經》要複雜得多。從個體生命的短促、對友情的懷念，到對黎民百姓的憐憫，再到政治宏圖、人格理想等，如此豐富的內容，用單純的複沓形式顯然是不夠的。曹操在章法上廢棄了複沓，避免了句子結構上一以貫之的重複，這就需要在情感上進行類似九節連環的變幻，其次，在情感的強度上強調起伏。第一個到第三個節點是強化的激情；到第四個節點的沉吟，變成弱化的溫情；第五個節點是憂心不可斷絕的沉重；第六個節點的鼓瑟吹笙又是強化歡快；第七個節點是柔化的溫馨；第八個節點是詩化的感同身受；最後第九個才是最強音，是人格理想和民心和諧的昇華。從情感結構上看，意脈從激情始，經歷多重起伏，到最後，又回歸首章的激情。

　　這裡的「意脈」是一種奏鳴曲式的統一而層次豐富的環形結構。

〈孔雀東南飛〉：
情節的情感因果關係

解讀焦點

情節由開端、發展、高潮、結局四個要素構成，這種「理論」是很幼稚、陳舊而且腐朽的。四個部分平行，其間沒有任何邏輯關係，既不符合理論的基本要求，對作品又無闡釋功能。情節從亞里斯多德以來，就是「結」和「解」的關係，後來被英國作家福斯特簡化為因果關係。西方理論的缺點是，沒有排除理性的因果關係，二十世紀八十年代我在《文學創作論》裡把它進一步發展為情感因果關係。

〈孔雀東南飛〉

序曰：漢末建安中，盧江府小吏焦仲卿妻劉氏，為仲卿母所遣，自誓不嫁。其家逼之，乃投水而死。仲卿聞之，亦自縊於庭樹。時人傷之，為詩雲爾。

孔雀東南飛，五里一徘徊。

「十三能織素，十四學裁衣，十五彈箜篌，十六誦詩書。十七為君婦，心中常苦悲。君既為府吏，守節情不移，賤妾留空房，相見常日稀。雞鳴入機織，夜夜不得息。三日斷五匹，大人故嫌遲。非為織作遲，君家婦難為！妾不堪驅使，徒留無所施，便可白公姥，及時相遣歸。」

府吏得聞之，堂上啟阿母：「兒已薄祿相，幸復得此婦，結髮同枕席，黃泉共為友。共事二三年，始爾未為久，女行無偏

斜，何意致不厚？」

阿母謂府吏：「何乃太區區！此婦無禮節，舉動自專由。吾意久懷忿，汝豈得自由！東家有賢女，自名秦羅敷，可憐體無比，阿母為汝求。便可速遣之，遣去慎莫留！」

府吏長跪告：「伏惟啟阿母，今若遣此婦，終老不復取！」

阿母得聞之，槌床便大怒：「小子無所畏，何敢助婦語！吾已失恩義，會不相從許！」

府吏默無聲，再拜還入戶，舉言謂新婦，哽咽不能語：「我自不驅卿，逼迫有阿母。卿但暫還家，吾今且報府。不久當歸還，還必相迎取。以此下心意，慎勿違吾語。」

新婦謂府吏：「勿復重紛紜。往昔初陽歲，謝家來貴門。奉事循公姥，進止敢自專？晝夜勤作息，伶俜縈苦辛。謂言無罪過，供養卒大恩；仍更被驅遣，何言復來還！妾有繡腰襦，葳蕤自生光；紅羅復斗帳，四角垂香囊；箱簾六七十，綠碧青絲繩，物物各自異，種種在其中。人賤物亦鄙，不足迎後人，留待作遺施，於今無會因。時時為安慰，久久莫相忘！」

雞鳴外欲曙，新婦起嚴妝。著我繡夾裙，事事四五通。足下躡絲履，頭上玳瑁光。腰若流紈素，耳著明月璫。指如削蔥根，口如含朱丹。纖纖作細步，精妙世無雙。

上堂拜阿母，阿母怒不止。「昔作女兒時，生小出野里，本自無教訓，兼愧貴家子。受母錢帛多，不堪母驅使。今日還家去，念母勞家裡。」卻與小姑別，淚落連珠子。「新婦初來時，小姑始扶床；今日被驅遣，小姑如我長。勤心養公姥，好自相扶將。初七及下九，嬉戲莫相忘。」出門登車去，涕落百餘行。

府吏馬在前，新婦車在後，隱隱何甸甸，俱會大道口。下馬入車中，低頭共耳語：「誓不相隔卿，且暫還家去；吾今且赴

府，不久當還歸，誓天不相負！」

新婦謂府吏：「感君區區懷！君既若見錄，不久望君來。君當作磐石，妾當作蒲葦。蒲葦紉如絲，磐石無轉移。我有親父兄，性行暴如雷，恐不任我意，逆以煎我懷。」舉手長勞勞，二情同依依。

入門上家堂，進退無顏儀。阿母大拊掌，不圖子自歸：「十三教汝織，十四能裁衣，十五彈箜篌，十六知禮儀，十七遣汝嫁，謂言無誓違。汝今何罪過，不迎而自歸？」蘭芝慚阿母：「兒實無罪過。」阿母大悲摧。

還家十餘日，縣令遣媒來。云有第三郎，窈窕世無雙。年始十八九，便言多令才。

阿母謂阿女：「汝可去應之。」

阿女含淚答：「蘭芝初還時，府吏見丁寧，結誓不別離。今日違情義，恐此事非奇。自可斷來信，徐徐更謂之。」

阿母白媒人：「貧賤有此女，始適還家門。不堪吏人婦，豈合令郎君？幸可廣問訊，不得便相許。」媒人去數日，尋遣丞請還，說有蘭家女，承籍有宦官。云有第五郎，嬌逸未有婚。遣丞為媒人，主簿通語言。直說太守家，有此令郎君，既欲結大義，故遣來貴門。

阿母謝媒人：「女子先有誓，老姥豈敢言！」

阿兄得聞之，悵然心中煩，舉言謂阿妹：「作計何不量！先嫁得府吏，後嫁得郎君，否泰如天地，足以榮汝身。不嫁義郎體，其往欲何云？」

蘭芝仰頭答：「理實如兄言。謝家事夫婿，中道還兄門。處分適兄意，那得自任專！雖與府吏要，渠會永無緣。登即相許和，便可作婚姻。」

媒人下床去，諾諾復爾爾。還部白府君：「下官奉使命，言談

大有緣。」府君得聞之，心中大歡喜。視曆復開書，便利此月內，六合正相應。良吉三十日，今已二十七，卿可去成婚。交語速裝束，絡繹如浮雲。青雀白鵠舫，四角龍子幡，婀娜隨風轉。金車玉作輪，躑躅青驄馬，流蘇金鏤鞍。齎錢三百萬，皆用青絲穿。雜彩三百匹，交廣市鮭珍。從人四五百，鬱鬱登郡門。

阿母謂阿女：「適得府君書，明日來迎汝。何不作衣裳？莫令事不舉！」

阿女默無聲，手巾掩口啼，淚落便如瀉。移我琉璃榻，出置前窗下。左手持刀尺，右手執綾羅。朝成繡夾裙，晚成單羅衫。晻晻日欲暝，愁思出門啼。

府吏聞此變，因求假暫歸。未至二三里，摧藏馬悲哀。新婦識馬聲，躡履相逢迎。悵然遙相望，知是故人來。舉手拍馬鞍，嗟歎使心傷：「自君別我後，人事不可量。果不如先願，又非君所詳。我有親父母，逼迫兼弟兄。以我應他人，君還何所望！」

府吏謂新婦：「賀卿得高遷！磐石方且厚，可以卒千年；蒲葦一時紉，便作旦夕間。卿當日勝貴，吾獨向黃泉！」

新婦謂府吏：「何意出此言！同是被逼迫，君爾妾亦然。黃泉下相見，勿違今日言！」執手分道去，各各還家門。生人作死別，恨恨那可論？念與世間辭，千萬不復全！

府吏還家去，上堂拜阿母：「今日大風寒，寒風摧樹木，嚴霜結庭蘭。兒今日冥冥，令母在後單。故作不良計，勿復怨鬼神！命如南山石，四體康且直！」

阿母得聞之，零淚應聲落：「汝是大家子，仕宦於臺閣，慎勿為婦死，貴賤情何薄！東家有賢女，窈窕豔城郭，阿母為汝求，便復在旦夕。」

府吏再拜還，長歎空房中，作計乃爾立。轉頭向戶裡，漸見愁
煎迫。

其日牛馬嘶，新婦入青廬。奄奄黃昏後，寂寂人定初。「我命
絕今日，魂去屍長留！」攬裙脫絲履，舉身赴清池。

府吏聞此事，心知長別離，徘徊庭樹下，自掛東南枝。

兩家求合葬，合葬華山傍。東西植松柏，左右種梧桐。枝枝相
覆蓋，葉葉相交通。中有雙飛鳥，自名為鴛鴦，仰頭相向鳴，
夜夜達五更。行人駐足聽，寡婦起彷徨。多謝後世人，戒之慎
勿忘！

關於這首長詩，網上有一個「優秀」教案，對文本是這樣分析
的：開端——蘭芝被遣；發展——夫妻惜別（再發展——蘭芝抗
婚）；高潮——雙雙殉情；尾聲——告誡後人。像這種把情節劃分為
開端、發展（再發展）、高潮和尾聲四個要素的觀念，同時又是一種
方法，在當前具有極其普遍的代表性。在見諸語文報刊的情節分析文
章中，莫不陷入如此模式。這暴露了語文教學知識結構的嚴重落伍。
二十世紀末，我批判人民教育出版社一套以「新」為標榜的課本，曾
經指出其理論落後當代文學理論三十年。當時，許多人質疑是否言過
其實。今天看來，在情節這一理論上的落後可能已經超過千年，而不
是三十年。

這個情節四要素的弱智理論，是二十世紀五十年代從蘇聯一個三
流學者季莫菲耶夫的《文學原理》中搬來的。[1]這個所謂「理論」本

1　季莫菲耶夫著，查良錚譯：《文學原理》（上海市：平明出版社，1955年），頁203。
原版為蘇聯教育核准之文學系教材，莫斯科教育教學出版局一九四八年出版。原文
是這樣的：「和生活過程中任何相當完整的片段一樣，作為情節基礎的衝突也包含
開端、發展和結局。」在闡釋「發展」時，又提出：「運動的『發展』引到最高度的
緊張，引到鬥爭實力的決定性衝突，直到所謂『頂點』，即運動的最高峰。」這個補
充性的「高峰」，後來就被我們國家沒出息的理論家和英語的「高潮」（climax）結合

身是千瘡百孔的。首先，這並不是文學作品所特有的，而是任何小道新聞、末流的花邊故事所共有的，並未揭示文學情節的特殊性。其次，它給人一種印象，情節就是四個並列的要素，只有表面的時間順序的聯繫。再次，它並沒有揭示出這四個要素內在的邏輯關係。其實，古希臘亞里斯多德早在《詩學》中，就根據悲劇分析出情節（「動作」、「行動」）就是一個「結」和一個「解」，當中還有一個「突轉」和「發現」。「結」就是結果，「解」就是「原因」，而「突轉」，就是從結果的謎到原因的「發現」。[2]《詩學》第九章說：「如果一樁樁事情是意外發生而彼此間又有因果關係，那就最能產生這樣的（按：引起恐懼與憐憫之情）效果。這樣的事情比自然發生，即偶然發生的事件更為驚人。」[3]這個說法，到了二十世紀被英國人福斯特在《小說面面觀》中通俗化為情節就是因果關係。他舉例說，國王死了，王后隨之也死了。這是故事，故事只是按時間順序的敘述，還不能算是情節。情節則蘊涵著因果關係。如國王死了，王后也死了，原因是悲傷過度。這就是情節了。[4]

這麼經典，這麼權威，又這麼簡明的論述，我們的中學語文學界竟然視而不見，卻在那個四要素中執迷不悟，實在不能不說是中國語文界的悲哀。

當然，上述理論，並非十全十美，仍然有質疑的餘地。因為從理論上來說，並非一切有因果關係的故事，都是具有文學性的。如果拘於理性、實用的因果，就很難有多少文學性。比如關於祥林嫂的死，

了起來。半個多世紀過去了，蘇式文藝理論早已被廢棄，季莫菲耶夫的「形象反映生活」、「文學的人民性」、「文學的黨性」、「社會主義現實主義」等早已被歷史淘汰，只有「開端、發展、高潮、結局」的情節教條仍然在中學語文教學中廣泛流行。

2　伍蠡甫主編：《西方文論選》（上海市：上海譯文出版社，1979年），頁60。

3　亞里斯多德：〈詩藝〉，《詩學》（北京市：人民文學出版社，1984年），頁31。

4　福斯特：《小說面面觀》（廣州市：花城出版社，1984年），頁75-76。

如果原因如茶房所說「還不是窮死的」，很符合日常理性邏輯，這就沒有任何藝術性可言。而祥林嫂死了，原因是人家歧視她是再嫁的寡婦，她也覺得自己有罪，還給廟裡捐了門檻，自以為取得了平等敬神的資格，卻沒想到人家還不讓她端敬神的「福禮」。從理性來說，這有多大了不得呢？何況人家說話很有禮貌：「祥林嫂，你放著吧。」給她留足了面子。然而，她卻因此精神崩潰了，失去了勞動力，淪為乞丐，最後不得不死。這個死的原因，就不是一般理性邏輯能夠解釋的，這是特殊的情感原因造成了悲劇的後果。用學術語言來說，這是審美因果。這才叫藝術。這個說法，我寫在一九八六年出版的《文學創作論》和二○○六年出版的《文學性講演錄》中。[5]許多第一線的老師，很喜歡我的文本解讀，卻忽略了我解讀的理論基礎。

其實這種情節理論，還是比較古典的；然而對於經典文本來說卻是起碼的入門。

這個理論基礎和季莫菲耶夫那種弱智的四要素理論最大的區別就在於認為因果關係是情感性質的，或者說是審美價值的因果關係。回頭來看，那個「優秀」教案的問題出在哪裡呢？開端——蘭芝被遣，發展——夫妻惜別（再發展——蘭芝抗婚），高潮——雙雙殉情，尾聲——告誡後人。似乎什麼都有了，但就是沒有因果關係。蘭芝為什麼要死呢？從理性邏輯來說，本來可以不死的嘛。對她來說，改嫁並不注定是一條死路。這個教案的作者，還是有點學問功底的。他啟發學生說：

> 封建社會禁錮婦女的一整套禮法條規和道德標準，經歷了一個發展、完善的過程。漢魏之前，再婚是一種普遍現象。在漢魏時期，限制再婚的理論進一步系統化，但再婚行為依然普遍存

5　可參閱拙作《文學創作論》（福州市：海峽文藝出版社，2004年），頁473-476。《文學性演講錄》（桂林市：廣西師大出版社，2006年），頁414。

在，尤其那些人品才貌出眾者。西漢卓文君新寡，司馬相如以琴挑之，一曲〈鳳求凰〉，卓文君便隨司馬相如去了。東漢鄧元儀之妻被休後嫁給華仲，華仲做了大官，偕妻過街市，令鄧元儀羨慕不已。東漢末蔡琰（文姬）初嫁衛仲道，後為亂兵所擄，嫁匈奴，曹操用金璧贖回，改嫁官吏董祀。劉備娶了劉琮的遺孀。魏文帝曹丕娶了袁術的兒媳婦甄氏。吳主孫權就曾納喪夫的徐夫人為妃。諸如此類，不可勝數。兩漢時正統儒者的言論尚未完全拘束人們的社會行為。到北宋程頤提出「去人欲，存天理」、「餓死事小，失節事大」（〈遺書〉），在當時的影響也並不很大，其侄媳也未能守節。南宋以後，「程朱」理學才進一步完備了封建禮教，禮教之風漸趨嚴屬，寡婦再嫁成為大逆不道。

　　從理性考慮，劉蘭芝被休再嫁也不失為一種選擇，求婚者還是門第高於原夫家的縣令三郎——太守郎君，比之盧江府小吏富貴多了。從世俗角度看，再嫁高官，恰恰是一種報復和炫耀。但是，這樣的世俗心態沒有令劉蘭芝重新開始生活，卻導致了她的死亡。其中原因，就不是實用理性的，而是情感的，也就是把情感看得不但比顯赫門第、榮華富貴更重要，而且比生命更重要。

　　從焦仲卿方面來說，也是一樣。休了劉蘭芝，他母親也作出了允諾：「東家有賢女，窈窕豔城郭，阿母為汝求，便復在旦夕。」如果純粹作理性權衡的話，焦仲卿可能活得更好。但是，他卻和劉蘭芝一樣把感情看得比生命更重要。這屬於中國詩話所說的「癡」的範疇。所謂「不癡不可為情」（譚元春），也就是《紅樓夢》總結出來的「情癡」。

　　這一切決定了這首長篇敘事詩成為堅貞不屈的癡情頌歌。

　　這還只是情感因果邏輯的一個側面，另一個側面是焦仲卿的母

親。正是她導致了焦劉二人的死亡。那麼她的罪過是什麼呢？當然，是她的粗暴，是她的無理，是她的淫威，「吾意久懷忿，汝豈得自由」！她只以自己的感情發洩為務，不但不顧兒子的感情（「何乃太區區」），還以踐踏其感情為快。誰給她這麼大的權力？是家長制。（《大戴禮記》〈本命〉：「婦有七去：不順父母去，無子去，淫去，妒去，有惡疾去，多言去，竊盜去。」）不管妻子有多少委屈，只要父母不滿意，就可以驅逐，就可以施以最大的侮辱。這就使得焦母完全拒絕自己兒子的申辯，不屑理解兒子的感情：「小子無所畏，何敢助婦語！」兒子已經說出了不想活的話，她也不是沒有聽懂，但卻沒有認真對待，只是一般的寬解：「汝是大家子，仕宦於臺閣。慎勿為婦死，貴賤情何薄！」焦劉二人的死亡悲劇，當然是對她的批判，但不僅僅是針對她個人的，也是對野蠻體制和專制權力的控訴。

作為個人，焦母的無情正是情感特點。但這並不是全部，家長雖然專制，卻並不是一架粗暴的機器。

她對自己的兒子還是有感情的。她自以為還是考慮到兒子的幸福的：「東家有賢女，自名秦羅敷。可憐體無比，阿母為汝求。」她的理由，顯然不是理性的，而是情感性質的，在她看來，只要自己覺得「可憐體無比」，兒子肯定就會覺得可愛無比。她所遵循的是自己的情感邏輯。兒子不想活了，她也哭了（「阿母得聞之，零淚應聲落」）。最後兒子自殺了，對她來說，肯定是一個很大的打擊，從「兩家求合葬」可以看出，她是後悔不及的。她的悲劇在於，母親對兒子的愛和體制賦予她的權力之間的矛盾。濫用權力，使自己的愛和兒子的生命一起被扼殺。

在悲劇中，唯一支持蘭芝的家長，是她的母親。她以女兒的情感為準則，拒絕了兩次求婚。她如果不是這樣尊重女兒的感情，而是說服、誘導女兒改嫁，那可能是另一種悲劇，當然，也許不是死亡的悲劇。

　　從劉蘭芝的兄長方面來看，其因果是世俗的：「阿兄得聞之，悵然心中煩。舉言謂阿妹：『作計何不量！先嫁得府吏，後嫁得郎君，否泰如天地，足以榮汝身。不嫁義郎體，其往欲何云？』」這個邏輯的因果，是徹頭徹尾的實用邏輯，完全不講情感。作者把這個兄長的世俗實用觀念設置為悲劇結局的重要原因，無疑是為了反襯主人公的情感因果。

　　綜上所述，長詩的情節不是單一的因果，而是多元的情感因果，意味是非常豐富的；然而又是非常單純的多元情感因果，集中在一元的結局上。

　　五個人物，從五個方面，出於五種不同的動機，把壓力集中在劉蘭芝和焦仲卿身上：要麼犧牲情感，屈從世俗的價值準則，各自嫁娶成婚，忍受長期的、隱性的情感煎熬；要麼，把情感當成最高準則，以死亡來抗議。從這五個方面的情感因果統一為完整的情節結構可以看出，長詩的情節是非常成熟的。要知道，當時甚至稍後的敘事作品，包括具備了小說的雛形的《世說新語》[6]、魏晉志怪，都還只是故事的片段，因果關係並不完整，即使那些完整的故事（如周處除害、宋定伯捉鬼），也只限於理性的，或者超自然的因果，其規模也只是單一因果。而這裡，卻是多個人物、幾條線索的情感邏輯把主人公逼到別無選擇的死亡上。

　　長詩的統一和完整，不僅僅表現為敘事情節的統一，也表現在抒情結構的有機上。

　　這是一個悲劇，一個抒情性質的悲劇。「孔雀東南飛，五裡一徘徊。」一開頭的起興就確定纏綿繾綣的基調。在結尾處，又是大幅度的抒情：

6　〈孔雀東南飛〉最早為《玉臺新詠》所收，題名「古詩為焦仲卿妻作」。詩前有小序說，故事發生在「漢末建安」，「時傷之，為詩云爾」。當為建安時期的作品。後人雖有爭議，不足為據。

> 兩家求合葬，合葬華山傍。東西植松柏，左右種梧桐。枝枝相
> 覆蓋，葉葉相交通。中有雙飛鳥，自名為鴛鴦，仰頭相向鳴，
> 夜夜達五更。行人駐足聽，寡婦起彷徨。

開頭起興的孔雀變成了結局的鴛鴦，不但在纏綿繾綣的情調上遙
相呼應，而且有所發展，仰頭相鳴，夜夜五更，松柏、梧桐也枝枝相
覆，葉葉交通。悲鬱的徘徊上升為浪漫的頌歌。

在這悲劇的氛圍中，五個人物，也從完整統一的情節中以各不相
同的邏輯獲得自己的生命。同樣是劉蘭芝的家人，母親與兄長迥然不
同。也許其兄的粗暴顯得比較單薄，但是，在情節上，卻特別有機。
其兄對劉蘭芝具有超過其母的壓力，也是劉蘭芝最後選擇死亡的近
因。作者很有匠心地在這個人出場前就作了伏筆，在劉蘭芝和焦仲卿
相約重圓的時候，就提示了危機：

> 我有親父兄，性行暴如雷。恐不任我意，逆以煎我懷。

這一點不可小覷。這種為最後的結果埋伏原因的手法，出現在早
期敘事詩歌中，可以說是超前早熟的。要知道，在敘事文學中，這種
手法的運用，差不多要到《三國演義》時才比較自覺。在短篇小說
中，即便在宋元話本中，都還不普及，通常採用「補敘」的手法。
《京本通俗小說》中有經典的〈碾玉觀音〉。郡王家管繡花的秀秀和
給郡王家碾玉、刻製玉器的男工崔寧發生愛情。郡王家失火，秀秀拿
著包袱拉著崔寧要私奔。這是一種非同小可的結果，作者事先並沒有
顯示充足的原因，相當於把槍彈打出去，事先卻沒有把槍掛在牆上讓
觀眾看到。作者感覺到了這一點，在此「補敘」了幾句：「原來郡王
曾對崔寧許道：『待秀秀滿日來嫁與你。』崔寧謝了一番。」崔寧是
個單身，卻死心，秀秀認得這個後生，卻指望，但後來郡王忘了，於

是秀秀採取了這樣一個果斷的行動，你忘了，我可沒忘，抽冷子跟他跑了。這樣一個果斷的行動就用這寥寥幾筆補敘，不能算是成熟的辦法。成熟的小說就廢棄了補救性的手法，事先埋下「伏筆」。毛宗崗在評點《三國演義》時把這種方法叫「隔年下種，先時伏著」。[7]

　　最值得注意的是，正是這樣的手法使得本來關係親密的人物，在情感上拉開了距離，發生了錯位。從主觀來說，兄長其實也是為妹妹著想：「先嫁得府吏，後嫁得郎君，否泰如天地，足以榮汝身。」希望妹妹化悲為喜，一心為妹妹打算，沒想到卻把妹妹送上了死路。發生在劉蘭芝兄妹之間的因果同樣發生在焦仲卿母子之間。關係越是親密，心理情感的距離越是擴大，後果越嚴重；「錯位元」幅度越大，越具有悲劇性，人物也就真有個性。

　　當然，人物之間，拉開距離最大，錯位最大，最多反覆，也最動人的，要算是劉蘭芝和焦仲卿。

　　表面看起來，焦仲卿對母親是比較軟弱的。這是特定的時代因素所致。魏晉之際，統治者「以孝治天下」，不孝父母不僅是個道德問題，而且是個法律問題，是可以治罪的。但從根本上來說，焦仲卿對感情是很堅定的，從一開始就聲言：「今若遣此婦，終老不復取！」最後，他即使屈從母親，也只是表面上的，暗地裡卻和劉蘭芝密約。這明顯是陽奉陰違。相比起來，劉蘭芝則不同，她對焦仲卿是有點賭氣的：「謂言無罪過，供養卒大恩；仍更被驅遣，何言複來還！」而且對焦仲卿的密約，也有點矛盾：一方面，和焦仲卿立下山盟海誓：「君當作磐石，妾當作蒲葦，蒲葦紉如絲，磐石無轉移。」另一方面，卻又擔憂哥哥作梗。這個劉蘭芝的形象，不像後代類似題材中的

7　「《三國》一書有隔年下種，先時伏著之妙，善圃者投種於地，待時而發，善弈者下一閒著於數十著之前，而其應在數十著之後，文章敘事之法亦猶是而已。……每見近世稗官家一到扭提不來之時，便憑空生出一人，無端造出一事，覺後文與前文隔斷，更不相涉，試令讀《三國》之文，能不汗顏？」朱一玄、劉毓忱編：《三國演義資料彙編》（天津市：百花文藝出版社，1983年），頁305-306。

女性那樣，比男性更堅定，而是相反，她更實際，更具外柔內剛的性質。她受到哥哥的威逼，居然不屑抗爭：「處分適兄意，那得自任專！雖與府吏要，渠會永無緣。登即相許和，便可作婚姻。」她不但爽爽快快同意改嫁太守之子，而且決計馬上結婚。這顯然是反抗無望，廢話少說。而正是這一著，拉開了她與焦仲卿的距離。焦仲卿一下子變得相當激烈：「賀卿得高遷！」這祝賀已經是諷刺了。接下去更厲害，把當時盟誓中的「磐石」和「蒲葦」的比喻提出來，幾乎是責問：「磐石方且厚，可以卒千年；蒲葦一時紉，便作旦夕間。」最後則揚言生離死別，分道揚鑣：「卿當日勝貴，吾獨向黃泉！」這位在母親面前多少有些軟弱的男士，在這樣的關鍵時刻，話說得一點餘地也不留，可見其神態是有一點決絕的。這就逼出了劉蘭芝的話：「何意出此言！同是被逼迫，君爾妾亦然。黃泉下相見，勿違今日言！」揭示出劉蘭芝當時同意再嫁是「被逼迫」的。從這裡可以看出，婦女比之男性更多的是無奈。

　　從態度的堅決來看，雖然焦仲卿比劉蘭芝更為果斷，但是，長詩的作者似乎對劉蘭芝更偏愛。這種偏愛表現為每逢比較重要的場景，給予焦仲卿的，就是比較直率的直白，而給予劉蘭芝的則是非常誇張的排比和形容，有時甚至達到不厭其煩的程度。例如，一開頭是：

　　　　十三能織素，十四學裁衣，十五彈箜篌，十六誦詩書。十七為
　　　　君婦……

被遣回家時，母親這樣說，

　　　　十三教汝織，十四能裁衣。十五彈箜篌，十六知禮儀。十七遣
　　　　汝嫁……

從修辭來說，這裡有兩點值得一提。第一是重複。不要說在詩歌中，就是在散文中，這也是大忌。但這裡卻是有意為之。因為，劉蘭芝對婆母曾經自述：「昔作女兒時，生小出野里。本自無教訓，兼愧貴家子。」這裡的重複，實際是反覆提醒讀者，事實並不是如此。第二，重複的句式，並不是流水帳似的羅列。其中隱含的是一種特殊的、鋪張的趣味，這種趣味不是文人詩歌的，而是屬於民歌的，和〈木蘭詩〉中「萬里赴戎機，關山度若飛。朔氣傳金柝，寒光照鐵衣」那樣對仗工穩的唐詩句式所代表的文人詩歌的精英意趣不同，這是一種民歌的天真趣味。但是，從內容來看，卻不完全是民間的，也是精英的。織素、裁衣屬於女紅，可以說是平民的，也是正統意識形態規定的。至於「彈箜篌」、「誦詩書」，則無疑有文人的精英意識。從這裡可以看出，作者為了表現劉蘭芝，便從民間和文人情趣兩個方面進行美化、詩化，從人格修養等（如對待小姑，留飾物以待後來者）多方面進行理想化。

　　民間趣味的鋪張手法在〈孔雀東南飛〉中是劉蘭芝的專利，與其他人物，包括焦仲卿，可以說是絕緣的。每逢重要環節，作者就對劉蘭芝鋪張一番。如離別時：

> 妾有繡腰襦，葳蕤自生光；紅羅復斗帳，四角垂香囊；箱簾六七十，綠碧青絲繩，物物各自異，種種在其中。人賤物亦鄙，不足迎後人。留待作遺施，於今無會因。
> 雞鳴外欲曙，新婦起嚴妝。著我繡夾裙，事事四五通。足下躡絲履，頭上玳瑁光。腰若流紈素，耳著明月璫。指如削蔥根，口如含朱丹。纖纖作細步，精妙世無雙。

裝飾的豐富和華貴，表現的並不是富貴，而是以物之貴顯示人品之高。鋪排句式的運用，似乎並不以情緒的昂揚為限，哪怕就是被迫答

應貴家公子的婚事，情感陷入災難性困境的時候，也不例外。

> 青雀白鵠舫，四角龍子幡。婀娜隨風轉，金車玉作輪。躑躅青
> 驄馬，流蘇金鏤鞍。齎錢三百萬，皆用青絲穿。雜彩三百匹，
> 交廣市鮭珍。從人四五百，鬱鬱登郡門。

「齎錢三百萬」、「從人四五百」仍然是一種誇耀，但不是物質上的富
貴，這樣的排場只有高貴的人品才能匹配，只有劉蘭芝的精神才值得
渲染。這種渲染，甚至在悲戚的情緒中，也不可缺少。

> 阿女默無聲，手巾掩口啼，淚落便如瀉。移我琉璃榻，出置前
> 窗下。左手持刀尺，右手執綾羅。朝成繡夾裙，晚成單羅衫。
> 晻晻日欲暝，愁思出門啼。

長詩花在這方面的篇幅，甚至比她自盡的場面還要多。

　　就總體來說，長詩屬於敘事詩，但奇特的是，全詩的敘述成分反
而很少，少到不能再少。就是到了高潮，長詩的敘述，也非常精煉。

> 其日牛馬嘶，新婦入青廬。奄奄黃昏後，寂寂人定初。「我命
> 絕今日，魂去屍長留！」攬裙脫絲履，舉身赴清池。

　　為這個絕命情節的高潮，詩人營造了悲鬱的氛圍，十分和諧。一
方面是奄奄黃昏，視覺暗淡，寂寂人定，聽覺寧靜。從這裡，讀者可
以感到在句法上難得一見的比較整齊的對仗。（當然不如前述〈木蘭
詩〉中兩句那樣平仄工整。）如果僅僅如此，不過就是寧靜而已，詩
人還刻意加上「牛馬嘶」，為蘭芝的自殺平添了蒼涼意味。同時，詩
人在敘述中突出了微妙的細節：「攬裙脫絲履，舉身赴清池。」面臨

死亡還不忘攬裙脫履，顯示了驚人的從容，可謂神來之筆。

　　詩人的敘述，可謂惜墨如金。作者顯然是有意在開頭安排一則「小序」，把情節骨架基本上全都交代了。故一開頭，就是蘭芝的獨白，不但交代了身世，而且把情節推移到危機尖端。幾乎所有人物，包括兩個主人公，主要都是通過對白呈現，而不是通過動作的描述。

　　作為敘事詩，通篇卻很少敘事，這和與之齊名的〈木蘭詩〉恰恰相反。〈木蘭詩〉通篇都是敘述，連比喻都絕無僅有。這在講究比興的中國古典詩歌中，很是罕見。而同為敘事詩的〈孔雀東南飛〉卻極少敘事。全詩三百六十四句，連敘述帶鋪張排比的抒情才一百二十八句，其餘二百三十六句都是人物對白。是不是可以這樣說，這首敘事詩其實是以戲劇性對白為主體，敘事語句大都是過渡性的交代，「府吏得聞之，堂上啟阿母」、「阿母謂府吏」、「府吏長跪告」、「新婦謂府吏」，作用就是對白之間的串聯。偶爾出現細節描寫，如「阿母大拊掌，不圖子自歸」、「阿母得聞之，槌床便大怒」，可謂鳳毛麟角。

　　從總體來看，〈孔雀東南飛〉和〈木蘭詩〉相比，語言顯然要樸素得多。文字上也不免有些粗糙，文人加工的痕跡並不顯著。有些地方，還留下了情節上的漏洞。如：「媒人去數日，尋遣丞請還，說有蘭家女，承籍有宦官。雲有第五郎，嬌逸未有婚。遣丞為媒人，主簿通語言。直說太守家，有此令郎君，既欲結大義，故遣來貴門。」其中的敘述有些混亂。某高中課本對「媒人去數日，尋遣丞請還，說有蘭家女，承籍有宦官」的注解說：「這裡指向縣令覆命後，從縣令處離去。」對「尋遣丞請還」注解說：「不久差遣縣丞向太守請求工作回縣。」顯然是脫離了文本把太守硬推出來，這就有點曲為其解。但是，即使這樣，也還是沒有理順。「說有蘭家女，承籍有宦官。」這顯然不應該是縣丞向蘭芝母親說的話。所以注解又說，有另外一種說法，這兩句應該是蘭芝母親推託的話。[8]從加工者駕馭語言的水準來

8　高中語文課本第四冊（北京市：語文出版社，2006年），頁43。

看，更多的應該是民間人士。正是因為這樣，原生民歌的色彩，要濃厚得多。

中國古典詩歌在世界詩歌史上，有獨特的優勢。然而，這僅僅限於抒情詩。正是因為這樣，二十世紀初美國產生的意象派刻意師承中國古典抒情詩，而中國古典敘事藝術卻並沒有這樣的榮耀。中國古典敘事詩的經典文本有限，最著名的只有〈木蘭詩〉、〈孔雀東南飛〉、〈長恨歌〉、〈琵琶行〉等不超過十首。但是，數量稀缺卻並不妨礙品質奇高。如果說〈長恨歌〉、〈琵琶行〉的偉大成就在於發揮了中國古典的抒情優長，成功地把敘事融入抒情的話，那麼〈木蘭詩〉的成就則在把抒情融入敘事，而〈孔雀東南飛〉以其情節的完整性，以戲劇性抒情性的對白帶動敘事，可以毫不誇張地說是敘事超前成熟的奇蹟。

附錄

古典詩話中的情理矛盾和「癡」的範疇

　　中國傳統的古典詩歌理論，據陳伯海先生研究，是以「情志為本」的。《文心雕龍》〈附會〉說：「才量學文，以正體制，必以情志為神明，事義為骨髓，辭采為肌膚，宮商為聲氣。」在此基礎上，衍生出陸機《文賦》的「詩緣情」，日後成為詩學的綱領，「情」成為核心範疇，此後，一直沒有遭到懷疑和挑戰。千百年來的詩詞鑑賞推動著情的範疇在外部和內部矛盾中發展。首先得到關注的是外部——情與「禮」（也是理）的矛盾。在先秦傳統理念中，詩是「詩教」的手段，官方采風是為了教化，「上以風化下，下以風刺上」。（《詩》〈大序〉）詩教帶著很強的政治道德理性的功利性，這從根本上和情感的自由是矛盾的，但是，廢除情感就沒有詩了，於是產生了中國式的折衷，那就是對情感的約束。「發乎情，止乎禮義。發乎情，民之性也；止乎禮義，先王之澤也。」（《詩》〈大序〉）以禮義來節制情感，就有了溫柔敦厚、樂而不淫、哀而不傷、怨而不怒等等，用今天的話來說，就是把情感規範在政治、道德理性允許的範圍內。孔子曰：「〈關雎〉樂而不淫，哀而不傷。」（《論語》〈八佾〉）孔安國注曰：「樂而不至淫，哀而不至傷，言其和也。」[1]「和」，就是中和，不極端，〈關雎〉被列為《詩經》首篇的原因可能就是「中和」，即符合抒情而不極端的原則。

1　何晏：《論語集解》卷二，收入《四庫全書》，〈經部〉，〈四書類〉。

　　從詩學理論來說，這很有東方的特點──「怨而不怒」，和西方俗語所說「憤怒出詩人」截然相反，其實質是憤怒不出詩人。放任情感是西方的傳統，後來浪漫主義詩人華茲華斯在一八○○年《抒情歌謠集》〈序言〉中總結出了「強烈的感情的自然流瀉」（the spontaneous overflow of powerful feelings），即抒發極端的感情。對於抒情的兩極，中國和西方可能是各執一端。從創作實際來看，中國此類經典所抒更多的是溫情，而西方經典似乎更多激情。比如古希臘最負盛名的女詩人薩福的《歌》，顯然不是一般的抒情，而是激情的突發。激情的特點，就是不受節制，任其瘋狂。感知和語言都發生強烈的「變異」。薩福的感情變異到竟然沒有感到歡樂，而是視覺癱瘓、聽覺失靈、失去話語能力、身體不由自主地顫抖，這完全是處於失控狀態的垂死的感覺。和中國的溫柔敦厚對比起來，東西方民族文化心理顯然不同，東西方詩學的出發點也不同。當然，詩歌是無限豐富的，只能從大體上說是這樣的，《詩經》中的愛情詩，也並不是沒有強烈的激情，比如「自伯之東，首如飛蓬，豈無膏沐，誰適為容」（〈伯兮〉），「髧彼兩髦，實維我儀。之死矢靡他」（〈柏舟〉），「誰謂荼苦？其甘如薺」（〈穀風〉），只是這樣的激情畢竟還沒有像西方人那樣極端化到完全近於瘋狂的程度。但這樣的極端在中國正統詩論中，是得不到肯定的。〈鄭風〉〈將仲子〉：「將仲子兮，無逾我裡，無折我樹杞。豈敢愛之，畏我父母。仲可懷也，父母之言，亦可畏也。」被孔夫子斥為「鄭聲淫」，此後「鄭風放蕩淫邪」、「鄭衛之音其詩大段邪淫」等評價在詩經注解中幾乎成了定論。所謂「淫」就是過分，也就是感情強烈，不加節制。

　　從理論上來說，孔夫子節制感情的抒情理論，並不是很全面，在歷史的發展中被突破應該是必然的。屈原在〈九章〉中就宣稱「發憤以抒情」。這可能與西方諺語所說「憤怒出詩人」有點相近。「長太息以掩涕兮，哀民生之多艱」，就是對感情不加節制、痛快淋漓地抒

發。在理論上，最痛快的就是李贄的「童心說」，其最根本的特點就是感情的絕對解放：「夫童心者，絕假純真，最初一念之本心也。」（見中華書局本《焚書》）所謂「最初一念之本心」，就是最原始最自發的情感，就是未經任何道德倫理規範節制的。用華茲華斯的話來說，就是最為 spontaneous 的 overflow（自由的流瀉）。與西方的強烈感情、憤怒感情相比，李贄更強調人的情感自發的絕對性和主流經典的矛盾性──一旦沾染上六經、《論語》、《孟子》，就不但情感假了，而且人也成問題了。「若失卻童心，便失卻真心；失卻真心，便失卻真人」，甚至就不是人了。

詩與情感固然有其統一性，但是並非沒有矛盾，並非一切情感的流瀉均是好詩。黃庭堅就指出：「詩者，人之情性也，非強諫爭於庭，怨忿訽於道，怒鄰罵坐之為也。」（《黃庭堅詩話》）這就對一味獨尊「真情」的理論帶來了挑戰。近代錢振鍠在《謫星說詩》中說：「詩貴真，貴真而雅，不貴真而俗。」「詩家務真而不擇雅言，則吃飯撒屎皆是詩矣。」錢氏提出的表面上是真與雅的矛盾，其實是原生的真和詩的矛盾。一味求真就不雅了；不雅，就不是詩了。正是因為這樣，節制情感的理論，可能要比放任情感的理論更有底氣，更經得起歷史的考驗。錢鍾書先生說：「夫『長歌當哭』，而歌非哭也，哭者情感之天然發洩，而歌者情感之藝術表現也。『發』而能『止』，『之』而能『持』，則抒情通乎造藝，而非徒以宣洩為快有如西人所嘲『靈魂之便溺』矣。『之』與『持』，一縱一斂，一送一控，相反而亦相成」[2]從這個意義上說，樂而不淫，哀而不傷，正是「發而能止」，縱而能斂，比極端感情自發的流瀉更經得起藝術歷史的考驗。

但是，對於情感的節制走向極端，就產生了邵雍那樣的教條：感情一定要「以天下大義而為言」，「天下大義」就是他心目中的政治道

2　錢鍾書：《毛詩正義》六〇則之一〈詩譜序〉，收入《管錐編》，頁57-58。

德，違反了政治道德準則，「其詩大率溺於情好也。噫！情之溺人也甚于水」，甚至能「傷性害命」（〈伊川擊壤集序〉）。詩歌畢竟是心靈自由的象徵，情感屬於審美，和政治道德的實用理性之間的矛盾是不可迴避的。政治道德的理性是有實用價值的，而情感是非實用的，完全屈從於實用價值，對於情感就是扼殺。原因在於實用理性的邏輯與感情邏輯之間的矛盾。上千年的詩歌欣賞所面臨的困境就是道德政治的理性制約與激情的自發之間的矛盾，實用理性和審美自由之間的矛盾，理性邏輯與情感邏輯之間的矛盾。這本是世界性的難題，西方浪漫主義詩人華茲華斯強調了強烈感情的自由流瀉（the spontaneous overflow of powerful feelings）。自然流露中的自然（spontaneous），原文有點自發的意味，似乎與李贄的「最初一念之本心」有某種類似，但實際上，華茲華斯所指強烈的情感不但是從寧靜聚集起來的（it takes its origin from emotion recollected in tranquility），而且是在審思（contemplation）中沉靜（disappears）下去的。這只是在操作上一個小小的妥協，在理論上則是一個大大的矛盾。沉靜下去的感情還強烈嗎？從華茲華斯的具體創作來看，從〈水仙詠〉到〈西敏寺橋〉，感情似乎並不強烈的作品比比皆是。

　　創作與理論相矛盾是常見的，矛盾長期積累不得解脫，理論與實踐的脫節也是常見的。嚴羽早就說過「詩有別趣，非關理也」。但是，詩和理究竟是怎麼樣個「非關」法呢？經過上百年積累，偏於感性的詩話詞話在情與理之間，凝聚出一個新範疇——「癡」，建構成「理（背理）—癡—情」的邏輯構架，這是中國抒情理念的一大突破，也是詩詞欣賞對中國古典詩學，乃至世界詩學的一大貢獻。

　　最初，明鄧雲霄在《冷邸小言》中提出這個範疇時，還飄浮在「怪」、「癲」等話語中：「詩家貴有怪語。怪語與癲語、癡語相類而興象不同。『砍卻月中桂，清光應更多。』李太白云：『我且為君槌碎黃鶴樓，君亦為吾踢卻鸚鵡洲。』此真團造天地手段。」後來逐漸集

中到「癡」上：「詩語有入癡境，方令人頤解而心醉。如：『微雨夜來過，不知春草生。』『庭前時有東風入，楊柳千條盡向西。』此等景興非由人力。」這裡所謂癡（怪、癲）所揭示的是情感與理性邏輯相悖，月中桂不能砍，砍之亦不能使月光更明，黃鶴樓槌之既不能碎，其碎之後果可怕，說微雨不知春草生長，似乎本該有知，說東風為楊柳西向之因，其間因果皆不合現實之理性邏輯。於實用理性觀之為「怪」為「癲」，但於詩恰恰十分動人。為什麼呢？明鐘惺、譚元春《唐詩歸》卷十三譚評唐萬楚〈題情人藥欄〉曰：「思深而奇，情苦而媚。此詩罵草，後詩托花，可謂有情癡矣，不癡不可為情。」這樣就把「癡」和情的關係聯繫起來了：癡語（背理）之所以動人，就是因為它強化了感情。感情並不就是詩，直接把感情寫在紙上，可能很粗糙，很不雅，很煞風景，可能鬧笑話。要讓感情變成詩，就要進入「癡」（背理）的境界。「癡」的本質，是「情癡」。「癡」的境界特點，第一，就是超越理性的「真」進入假定的境界，想象的境界。不管是槌樓還是罵草，都是不現實的，假定的境界，說白了，不是真的境界。這在理論上，就補正了一些把真絕對化的理論。絕對的真不是詩，為了真實表達感情，就要進入假定的想象。真假互補，虛實相生。如清焦袁熹《此木軒論詩彙編》所說：「如夢如癡，詩家三昧。」恰恰是這種「如夢」的假定境界，才可能有詩。又如清黃生《一木堂詩麈》卷一說：「極世間癡絕之事，不妨形之於言，此之謂詩思。以無為有，以虛為實，以假為真。」清劉宏煦在《唐詩真趣編》中說得更堅決：「寫來絕癡、絕真。」進入假定境界，才能達到最真的最高的「絕真」境界。清徐增《而庵說唐詩》卷十四同樣把癡境當作詩歌的最高境界：「妙絕，亦複癡絕。詩至此，直是遊戲三昧矣。」這個情癡觀念的影響還超出了詩歌，甚至到達小說創作領域，至少可能啟發了曹雪芹，使他在《紅樓夢》中把賈寶玉的情感邏輯定性為「情癡」（「情種」）。第二，只有進入境界，情感才能從理性邏輯

和功利價值的節制中解脫出來。黃生在同一文章中所說「靈心妙舌，每出人常理之外，此之謂詩趣」，就是癡的邏輯超越了理性邏輯，才有詩的趣味。清吳修塢《唐詩續評》卷三把癡作為作詩的入門：「語不癡不足以為詩。」清賀裳《載酒園詩話》卷一評王諲〈閨怨〉「昨來頻夢見，夫婿莫應知」說，「情癡語也。情不癡不深」，也就是只有達到癡的程度，感情才會深刻，甚至是「癡而入妙」。這個「癡而入妙」，和「無理而妙」相得益彰，應該是中國詩歌鑑賞史上的重大發明，在當時影響頗大，連袁枚都反覆闡釋，將之推向極端：「詩情愈癡愈妙。」與西方詩論相比，其睿智有過之而無不及。這個「以癡為美」的中國詩學命題，可惜一直沒有得到充分闡釋。

　　「癡」這個中國式的話語的構成，經歷了上百年，顯示了中國詩論家的天才，完全不亞於莎士比亞把詩人、情人和瘋子相提並論。莎士比亞在《仲夏夜之夢》第五幕第一場中借希波呂特之口這樣說：「癡子、情人和詩人都是幻想的產兒。（The lunatic, the lover and the poet are of imagination all compact.）」莎氏的意思不過就是說詩人時有瘋語，瘋語當然超越了理性，近於狂，狂之極端可能失之於暴；而我國的「癡語」超越理性，卻不近於狂暴，更近於迷（癡迷）。癡迷者，在邏輯上執於一端也，專注而且持久，近於迷醉。癡迷，迷醉，相比於狂暴，更有東方的委婉。清譚獻就在《譚評詞辨》中闡述了「癡語」中的「溫厚」。莎士比亞以癡為美的話語天下流傳，而我國以癡為美的命題卻鮮為人知。這不但是弱勢文化的悲哀，而且是我們對民族文化不自信的後果。

〈木蘭詩〉：
花木蘭是英勇善戰的「英雄」嗎

解讀焦點

　　本文的分析方法是直接以還原法揭示矛盾。一、歌頌戰爭中的英雄，卻不寫戰爭；二、與之相對照是，寫歎息、買馬、思親用了大量的排比；三、寫花木蘭歸來，家庭團聚的篇幅更大。在揭示矛盾的基礎上進入第二層次，對本文作因果分析、文化批評，這種寫法的原因是女英雄不同於男英雄，這是全詩主題所在。第三層次的矛盾是，民歌的鋪張和唐詩的精煉。第四層次是，全詩都是敘述，沒有比興，最後卻出現了很複雜的比喻，等於是把四個層次結合起來，與表現女性的自豪的主題高度統一。

〈木蘭詩〉

　　唧唧復唧唧，木蘭當戶織。不聞機杼聲，惟聞女歎息。

　　問女何所思，問女何所憶。女亦無所思，女亦無所憶。昨夜見軍帖，可汗大點兵，軍書十二卷，卷卷有爺名。阿爺無大兒，木蘭無長兄，願為市鞍馬，從此替爺征。

　　東市買駿馬，西市買鞍韉，南市買轡頭，北市買長鞭。旦辭爺娘去，暮宿黃河邊，不聞爺娘喚女聲，但聞黃河流水鳴濺濺。旦辭黃河去，暮至黑山頭，不聞爺娘喚女聲，但聞燕山胡騎鳴啾啾。

　　萬里赴戎機，關山度若飛。朔氣傳金柝，寒光照鐵衣。將軍百戰死，壯士十年歸。

歸來見天子，天子坐明堂。策勳十二轉，賞賜百千強。可汗問
所欲，木蘭不用尚書郎；願馳千里足，送兒還故鄉。

爺娘聞女來，出郭相扶將；阿姊聞妹來，當戶理紅妝；小弟聞
姊來，磨刀霍霍向豬羊。開我東閣門，坐我西閣床，脫我戰時
袍，著我舊時裳，當窗理雲鬢，對鏡帖花黃。出門看火伴，火
伴皆驚忙：同行十二年，不知木蘭是女郎。

雄兔腳撲朔，雌兔眼迷離；雙兔傍地走，安能辨我是雄雌？

　　語文教學脫離文本是一種頑症。自從有了多媒體以後，這種頑症
又有了豪華的包裝，喧賓奪主的傾向風靡全國。不可否認，不少第一
線的教師，一方面重視文本，一方面弄一點多媒體，有把二者結合得
比較好的，成績當然不可低估。但是在好多地方，有一種傾向，就是
為多媒體而多媒體。有時技術出故障，聲音不響，畫面不來，像錢夢
龍老師講的那樣：這哪是多媒體，是倒楣體！多媒體本是文本分析的
附屬，但是，許多時候，文本變成了多媒體的附屬。我到一所中學去
聽課，教師講〈木蘭詩〉，先放美國的《花木蘭》動畫片，接著集體
朗讀了一番，然後討論〈木蘭詩〉的文本。但這和前面美國的《花木
蘭》有什麼關係，他完全忘記了。他問花木蘭怎麼樣？學生說是個英
雄。這花木蘭什麼地方「英雄」啊？底下想來想去，花木蘭很勇敢
啊，花木蘭會打仗啊……只有一個學生講：「花木蘭挺愛美的。」教
師又問了，花木蘭回來以後，家裡反應怎麼樣啊？學生說，爸爸、媽
媽出來迎接她。某同學你做個樣子是怎麼樣迎接的。就這麼樣迎
接……（作攙扶狀）又問，弟弟怎麼樣？弟弟磨刀。某個同學你做個
磨刀的樣子。那同學就作磨刀狀。完全是機械性僵化的動作，一點歡
樂的情緒都沒有，完全忘記了人物的心態。就在這嘻嘻哈哈之間，文
本中的花木蘭消失了。多媒體上的花木蘭也遺忘了。

　　其實，美國人理解的花木蘭和我們中國經典文本裡的花木蘭，是

不一樣的。不是說要分析嗎？分析就是要抓住差異，引出矛盾，沒有矛盾便無法進入分析層次，有了矛盾，就應該揪住不放。美國花木蘭是不守禮法的花木蘭，經常鬧出笑話的花木蘭。而中國的花木蘭，說她是英雄，這個英雄的特點是什麼？如果沒有具體分析就會造成一種印象：美國的和中國的是一樣的。這樣，多媒體就變成「遮蔽」了。

我後來總結說，其實在課堂對話中，許多同學講了一些不著邊際的話，但是，有一個同學講了一句話，「花木蘭挺愛美的」。這非常重要，比一般化地稱讚她是「英雄」深刻得多。為什麼呢？它有一種「去蔽」的啟示。花木蘭的形象可能被「英雄」的概念遮蔽。英雄是什麼呢？英雄就是保家衛國的，會打仗的，很勇敢的。我問他們，這首詩裡面，寫打仗一共幾行？「旦辭爺娘去，暮宿黃河邊，不聞爺娘喚女聲，但聞黃河流水鳴濺濺。」這是不是打仗呢？不像，寫的是行軍。「萬里赴戎機，關山度若飛。」是不是打仗呢？還是行軍。「朔氣傳金柝，寒光照鐵衣。」是不是打仗呢？還是不太像，是宿營。「將軍百戰死，壯士十年歸。」這可以說是打仗了。但是，第一，從詩行來說，何其少也，只有兩行，而且嚴格來說，只有一行。因為「壯士十年歸」這一行，寫的不是打仗，而是凱旋。然而就是「將軍百戰死」這一行，也不是正面描寫戰爭，而是概括性很強的敘述，打了十年，經歷了上百回戰鬥，將軍都犧牲了。就這麼區區一行，可以說是敷衍性的筆墨，幾乎和花木蘭沒有什麼關係。作者想不想寫她浴血奮戰？她在戰爭中的英勇是全詩的重點還是「輕點」？為什麼作者把戰爭場面輕輕一筆帶過就「歸來見天子」了？戰爭真是太輕鬆了。這樣寫戰爭，是不是作者在追求一種惜墨如金的風格？好像不是。但是文本又不像敷衍了事隨便寫寫的，該著重強調的地方，甚至不惜濃墨重彩。光寫這個女孩子為父親擔心，決心出征，寫了多少行呢？十六行：

> 唧唧復唧唧，木蘭當戶織。不聞機杼聲，惟聞女歎息。
> 問女何所思，問女何所憶。女亦無所思，女亦無所憶。
> 昨夜見軍帖，可汗大點兵，軍書十二卷，卷卷有爺名。
> 阿爺無大兒，木蘭無長兄，願為市鞍馬，從此替爺征。

然後寫備馬（從這裡可以感到當時農民的負擔是如何重，參軍還要自己花錢去買裝備），寫了多少行呢？四行：

> 東市買駿馬，西市買鞍韉，南市買轡頭，北市買長鞭。

接著寫行軍中對爹娘的思念，又是八行：

> 旦辭爺娘去，暮宿黃河邊，不聞爺娘喚女聲，但聞黃河流水鳴
> 濺濺。旦辭黃河去，暮至黑山頭，不聞爺娘喚女聲，但聞燕山
> 胡騎鳴啾啾。

這八行是對稱的，意思相同，本來四行就夠了，但作者冒著重複的風險，寫得如此鋪張，句法結構完全相同，和前面四行相比，只改動了幾個字，幾乎沒有提供任何新資訊。奏凱歸來以後，作者寫家庭的歡樂，用了六行，寫花木蘭換衣服化妝，又是六行：

> 爺娘聞女來，出郭相扶將；阿姊聞妹來，當戶理紅妝；小弟聞
> 姊來，磨刀霍霍向豬羊。開我東閣門，坐我西閣床，脫我戰時
> 袍，著我舊時裳，當窗理雲鬢，對鏡帖花黃。

如果作者的意圖是要突出木蘭作為戰鬥英雄的高大形象，這可真是有點本末倒置了。

問題的要害在兩個方面。

第一，花木蘭參加戰鬥，戰鬥的英勇卻不是本文立意的重點。立意的重點在哪裡？許多把精力放在多媒體上的教師忘記了，這個經典文本最起碼的特點是，描寫了一個女英雄。戰爭的責任本來並不在她。她之所以成為英雄，是因為她承擔了「阿爺」、「長兄」這些男性的職責。這個職責如果僅僅限於家庭，她不過是個一般意義上的假小子、鐵姑娘，作為撐持家業的頂樑柱而已。但是，木蘭主動承擔的責任，不僅僅是家庭的，而且是國家的。她為國而戰，立了大功（「策勳十二轉」），作出了卓絕的貢獻，卻並不在乎，甚至沒有表現出成就感，這和一般以男性為主人公的作品，光宗耀祖、富貴還鄉的炫耀恰恰相反。她拒絕了「尚書郎」的封賞，除了一匹快馬以外，別無他求。她要回到故鄉，享受平民家庭的歡樂。這個英雄的內涵，從承擔起「家」的重擔開始，到為國立功，最後又回到家庭、享受親情的歡樂。文本突出的是一種非英雄的姿態。這是個沒有英雄感的平民英雄，是英雄與非英雄的統一。更為深刻的是，她不但恢復了平民百姓的身份，而且恢復了女性的身份。這個英雄的內涵不單純是沒有英雄感的平民英雄，更深邃的內涵是不忘女性本來面貌的女英雄。她唯一感到得意之處，就是成功地掩蓋了女性性別：

　　出門看火伴，火伴皆驚忙：同行十二年，不知木蘭是女郎。

這些「火伴」當然應該是男性。「驚忙」兩字，不可輕易放過，這不但表現了木蘭的自鳴得意，而且是對男性的調侃，顯示了女性細膩的心理的優越。

這一點，不是以今擬古的妄測，是有歷史還原根據的。這種女子英雄主義觀念，在當時的民歌中，可能不是孤立的現象，我們在北方其他民歌中不難找到類似觀念的表現，如〈李波小妹歌〉：

> 李波小妹字雍容，褰裳逐馬如卷蓬。左射右射必疊雙。婦女尚
> 如此，男子安可逢？

不過多數女子英雄不像木蘭這樣與戰爭相聯繫，而是以大膽追求自由的愛情，忠於家庭、丈夫，不受利誘為主，如〈陌上桑〉、〈羽林郎〉。

第二，本文在寫作上，表現了某種矛盾的傾向。一方面，該簡略的地方可以說是惜墨如金，連花木蘭怎樣打仗都不著一字，百戰之苦、十年之艱，一筆帶過。另一方面，該鋪張的時候，可謂不惜工本，極盡渲染之能事。這種渲染又不是常見的比喻形容，而是一種特殊的鋪張：

> 東市買駿馬，西市買鞍韉，南市買轡頭，北市買長鞭。

幾乎沒有一個讀者發出疑問：馬有這樣買法的嗎？這不是有點折騰？還有：

> 開我東閣門，坐我西閣床。

這不是有點文不對題嗎？開了東邊的門卻坐到西邊的床上去。更有甚者：

> 問女何所思，問女何所憶。女亦無所思，女亦無所憶。

本來一句話就可以講清楚的，為什麼要花上四句？但是，讀者的確並沒有感到拖沓，原因是這裡有一種動人的情調。這是一種平行的鋪張，文人作品往往是迴避這種平面式的鋪開的，文人的渲染更強調

句法的錯綜變幻。而這種鋪張能夠喚起讀者閱讀經驗中關於民間文學所特有的（可能與某種說唱的傳統手法有關）情調。在這樣的鋪張中有一種天真樸素的情趣，這情趣在南北朝民歌中屢見不鮮，如：

> 江南可採蓮，蓮葉何田田！魚戲蓮葉間，魚戲蓮葉東，魚戲蓮葉西，魚戲蓮葉南，魚戲蓮葉北。

又如〈焦仲卿妻〉（即〈孔雀東南飛〉）：

> 青雀白鵠舫，四角龍子幡，婀娜隨風轉。金車玉作輪，躑躅青驄馬，流蘇金縷鞍。

又如〈陌上桑〉：

> 青絲為籠系，桂枝為籠鉤。頭上倭墮髻，耳中明月珠。緗綺為下裙，紫綺為上襦。

這種渲染的特點還在於，全部是同樣句法正面的描述，不用比喻，也沒有直接的抒情，但是在這種鋪張的敘述中，隱含著一種天真的、稚拙的、樸素的、讚賞的情趣。

不過，〈木蘭詩〉與一般南北朝樂府民歌還有所不同，這裡的一些筆墨，和鋪張是相反的，那就是語言的高度精煉，如前面已經提到過的：

> 萬里赴戎機，關山度若飛。朔氣傳金柝，寒光照鐵衣。

前面兩句運用句法結構的對稱，提高了空間的概括力。萬里關

山，就這麼輕鬆地帶過去了。要不然不知要花多少筆墨才能從被動的交代中擺脫出來。但是，這兩句，從形象的感性來說，畢竟還是比較薄弱了一些。後面兩句則把對稱結構提升到對仗的水準，連平仄都是交替相對的。作者大膽省略了無限的生活細節，只精選了四個名詞（朔氣、金柝、寒光、鐵衣）和兩個動詞（傳、照），將它們緊密地結合成一個有機的意象群落，就把北地邊聲、軍旅苦寒的感受傳達出來了，憑藉其密度和張力，引領讀者的想象長驅直入，進入視通萬里的境界。這顯然不是民歌樸素的話語方式，而是文人詩歌的想象模式的運用。

　　當然，作者也並不一味拒絕比喻，居然在故事結束以後，突然一反常態。這很有點令人意外，本來全文幾乎都是敘事，從出征到凱旋，幾乎沒有什麼形容，幾乎沒有用過比喻。這在全文中是第一次使用比喻，可不用則已，一用就很驚人。這是一個很複雜的比喻，有兩個喻體，寫戰爭時惜墨如金的作者此時慷慨地花了四行：

　　　　雄兔腳撲朔，雌兔眼迷離；雙兔傍地走，安能辨我是雄雌？

　　這個比喻內涵相當豐富，強調的是，男女在直接可感的外部形態方面本來有明顯的區別，可是這種區別不重要，通過化裝輕而易舉地消除了以後，女性完全可以承擔起男性對於家和國的重擔。也許這個意義太重要了，因而經受住了近千年的歷史考驗。直到今天，「撲朔迷離」不但在書面上，而且在口頭上仍然具有很強的生命力。

　　這就叫文本分析。抓住文本，就是要「去蔽」，去掉一般化的、現成的、空洞的英雄的概念，像剝筍殼一樣，把文本中間非常具體的、微妙的內涵揭示出來。原來這個經典之所以成為經典，就是因為它重構了一種「英雄」的概念，這是非常獨特的，和我們心目中的概念是不一樣的，要防止武松啦、岳飛啦，這些現成的概念把你遮蔽住了。

　　從文化學上來說，這個英雄的觀念具有顛覆的性質。漢語裡的「英雄」概念本來是指男性，英是花朵、傑出的意思，可是像花朵一樣傑出的人物，只能是男性（雄）。把花木蘭叫做英雄，詞義內涵是有矛盾的。她是個女的，還要叫她「英雄」，不通。應該叫做「英雌」。把她叫做英雄，就是改變了（顛覆了）原本的「英雄」的觀念。從文本出發，揭示出這個經典文本裡「英雄」觀念的特殊性，就是我們的任務。

　　我在《直諫中學語文教學》中說，分析的前提是揭示矛盾，而矛盾是潛在的，我提出用「還原法」來揭示矛盾，才有分析的對象。還原，就是把「英雄」原來的觀念作為背景，它是怎樣的？寫在經典文本中「英雄」的內涵是怎樣的？二者不一樣，才有分析的空間。這是一種硬功夫。

　　從方法論來說，對於英雄概念的形成要經歷兩個階段，第一個階段就是普遍概括的階段。馬克思說過，社會科學研究，不能像自然科學那樣，把物質放在「純粹狀態」中進行實驗。社會科學研究通過科學的抽象，也就是從感性的個別性中概括出共通的普遍性來。這就要求你從具體上升，把特殊的、個體中各不相同的感性的，也就是看得見、摸得著的屬性排除掉，從無限多樣的事物中抽象出共同的屬性來。只有具備抽象的想象力，才能把英雄的概念從全世界所有英雄中概括出來。第二個階段就是具體分析。目標在於還原，把普遍概括時犧牲掉的特殊性、個別性還原出來。這就要把普遍性（英雄）和特殊的個別性（花木蘭）的矛盾揭示出來，洞察其作為女英雄在戰爭、家庭、功勳和親情方面的特點。

　　這很不容易。多少人視而不見，就是因為沒有抽象能力，沒有在抽象中進行具體分析的能力。沒有這種能力，上課就只能從現象到現象，空話連篇。不會分析，就只能滿足於「英雄」的概念到處都一樣，而分析就要揪住不一樣。這是一口深井，堅持不懈地挖下去，這篇經典深邃的特點，從藝術到思想，就會像泉水一樣冒出來了。

〈敕勒歌〉：
民族文化的心理視野和近取譬

解讀焦點

解讀就是解密，解密就是揭示顯性意象之間的隱性密碼。密碼是「秘密」的，要發現索隱。這裡顯示的是：抓住地域特點、民族文化心理特點；具體説來就是天和地的關係，無人和有人的關係，特別是不變的視野和突然發現、驟然心動的關係。

〈敕勒歌〉

敕勒川，陰山下。

天似穹廬，籠蓋四野。

天蒼蒼，野茫茫，

風吹草低見牛羊。

這是一首北朝時期北方少數民族的民歌。《樂府廣題》說：「其歌本鮮卑語，易為齊言（指南朝漢語）。」《樂府廣題》還說，東魏高歡攻西魏玉壁，兵敗疾發，士氣沮喪，高歡令敕勒族大將斛律金在諸貴前高唱此歌，以安軍心。可以推想它的樂曲不應該是慷慨悲涼的，而是安撫軍心的。

為什麼要特別指出這是民歌？因為作為語言藝術，民歌和其他古典詩歌不一樣，比較自由。文人作的詩歌，即使不是律詩（那時也還沒有律詩），也多少講點「格律」，如多以五言或七言為主，即使有雜

言，也多以三言結尾。但這一首中的「天似穹廬，籠蓋四野」卻是四言結尾的。這一點，可以暫時不細說。

這首詩從表面上來看，不過是隨意寫景，即目所見，即興而為。北宋詩人黃庭堅說這首民歌的作者「倉卒之間，語奇如此，蓋率意道事實耳」（《山谷題跋》卷七）。詩歌所言，與當地的地理環境特點結合得很緊密。但值得思考的是，類似寫草原的民歌並不少見，為什麼這一首卻成了經典，在藝術上具有很高的成就？

因為，它在以下幾個方面顯示了難以超越的感覺和視野。

第一，它表現草原的遼闊，不是直接寫草原遼闊，而是先強調草原和天空的關係：說天在這裡如同一個帳篷，籠罩在四面。這就是說，從天頂到四面八方，無遮無掩，一覽無餘，雖然號稱「陰山下」，可是目光不受任何阻擋。在如此開闊的天空下，就是有山，也顯得微不足道。這是在任何其他地方所不可能有的景觀。

第二，更生動的是，這裡不僅表現了天空的又高又近，而且表現了草原的遼闊。只有在草原上，人才能這樣極目遠眺，一直看到天地的渾一。如果不是在草原上，在城市裡，在山嶺中，哪怕是在農村中，也不可能有這樣自由的視野。

第三，把天比作「穹廬」，比作帳篷，很有特點。首先是很有民族特點。因為是敕勒族的民歌，就用本民族最熟悉的帳篷來比喻。因為它最有親近感，也最能引起美好的感情。這在比喻中屬於近取譬。所謂近，是民族心理之近，生活經驗之近。否則就可能有隔膜。比如，在漢族人感覺中，帳篷是狹小的，是不透氣、不透光的，和天空的特點不相近，也就是和漢族的感覺不相近。但是在敕勒族人的感覺中，天空像帳篷一樣，就有家園的感覺，不是那麼高，不是那麼遙遠，而是觸手可及的。

這些還不是最為精彩的，最精彩的是下面這幾句：

　　　天蒼蒼，

　　　野茫茫，

　　　風吹草低見牛羊。

「天蒼蒼，野茫茫」，字面上是說「天」和「野」，實際上是指天和地。「野」就是天底下的地。空間巨大，高遠，一望無際，天地之間空無一物。「蒼蒼」、「茫茫」，就是上下前後都一樣，沒有變化，單一、單調，令人聯想到荒涼、荒野、荒漠、荒沙、荒原、荒草、荒蠻、洪荒……總之是沒有生命的痕跡。但最後一句，恰恰是生命的發現、生活的怡然自在。這不僅僅是牛羊生活的自在，而且是與牛羊聯繫在一起的牧人欣賞的目光。生命的活躍，變成了心靈的活躍。生命寧靜地存在著，只是被遮蔽了。這種遮蔽，正說明草之肥美。

　　從意脈上來說，這是一個對轉：從蒼茫荒涼，到水草豐美；從無人，到人的欣賞的目光和喜悅的心靈。

　　從結構上來說，這是雙重的反襯：一是廣闊無垠、大面積的空白，與微露的牛羊之間的對比；二是從蒼涼的空寂，到生命的喜悅。

　　整個畫面沒有人，只有微露的牛羊。但，發現這些微露的牛羊的，卻是一雙眼睛，一雙牧人的眼睛，一個讚美自己家園的草原人。這是一首草原的讚歌，發自內心，漫不經心，卻保持了千年的藝術青春。

〈春江花月夜〉：
突破宮體詩的意境

解讀焦點

　　「意境」是中國古典詩歌的基本範疇，從定義上做從概念到概念的辨析的學術性大文章甚多，可對於真切理解經典詩作卻並不一定切實有效。本文換一種思路，不從定義概念出發，而以經典個案分析為主，從〈春江花月夜〉意境形成的過程進行具體的歷史分析。必須提出的是，這裡所說「意境」和王國維的「境界」不同，王氏「境界」指情趣之高格調，多為句摘，比如宋祁的「紅杏枝頭春意鬧」，張先的「雲破月來花弄影」。而在李清照看來，二人「雖時時有妙語，而破碎何足成名家」。[1]此處所講「意境」不以句摘為務。

　　從〈春江花月夜〉中，可以看出意境有三大特點：一是與宮體詩的局部美相對，意境以整體性為生命，而局部之間則以主導特徵構成有機統一。二是用空白把局部交融成整體。「言有盡而意無窮」，在言盡處是空白，也就是雖「不著一字」，卻達到「意無窮」的效果。空白中無窮之情意使分散的意象成為有機群落。空白不空，情感在空白中，含而不露，比直接抒發更藝術，尤其是在結尾處的空白，追求的是不結束的餘韻。三是情感在空白和意象的張力中深化。四是用空白召喚讀者的經驗，使之從被動轉化為主動，在空白中自由體悟，和詩人共創共用，二者一起「盡得風流」。

1　胡仔編：《苕溪漁隱叢話後集》卷三十三（北京市：人民文學出版社，1962年），頁254。

〈春江花月夜〉

張若虛

春江潮水連海平，海上明月共潮生。

灩灩隨波千萬里，何處春江無月明？

江流宛轉繞芳甸，月照花林皆似霰。

空裡流霜不覺飛，汀上白沙看不見。

江天一色無纖塵，皎皎空中孤月輪。

江畔何人初見月？江月何年初照人？

人生代代無窮已，江月年年只相似。

不知江月照何人，但見長江送流水。

白雲一片去悠悠，青楓浦上不勝愁。

誰家今夜扁舟子？何處相思明月樓？

可憐樓上月徘徊，應照離人妝鏡臺。

玉戶簾中卷不去，擣衣砧上拂還來。

此時相望不相聞，願逐月華流照君。

鴻雁長飛光不度，魚龍潛躍水成文。

昨夜閒潭夢落花，可憐春半不還家。

江水流春去欲盡，江潭落月復西斜。

斜月沉沉藏海霧，碣石瀟湘無限路。

不知乘月幾人歸，落月搖情滿江樹。

　　在詩歌發展歷史中，淘汰是很無情的。乾隆皇帝詩作達數萬首，可沒有一首是富有真正的藝術生命能夠活在後代人的記憶中的。張若虛只留下兩首詩，其中一首就成為了千古傑作，被聞一多先生譽為「詩中的詩，頂峰上的頂峰」（〈宮體詩的自贖〉）[2]。但是，這個經典

2　《聞一多全集》（三）（北京市：三聯書店，1982年），頁21。

和其他許多經典不大相同，那就是從題目到立意，都不能說是原創
的，而是在古題的基礎上發展起來的。以古題作詩，在唐代是普遍的
作法，是一種方便，也有很大的難度。方便在，有現成的意象群落和
立意可以依傍，但是，對創新來說，現成的話語卻變成了難以突破的
障礙。滿足於師承，必然受其境界的局限，充其量只是模仿的贗品。
這首詩之所以成為傑作，就是因為既師承古意，又把宮體趣味和華麗
的片段變成了具有整體性的平民趣味，這裡的「意境」美就是整體之
美。

　　〈春江花月夜〉屬於宮體詩。一般說，這種詩由帝王宣導，以宮
廷為中心流傳，故而被稱為「宮體」，內容以豔情為主，風格浮華，
格調卑下。聞一多在〈宮體詩的自贖〉中說：「從前我們所知道的宮
體詩，自蕭氏君臣以下都是作者自身下流意識的口供。」[3]〈春江花
月夜〉樂曲為陳後主宮廷製作。在宋代郭茂倩所編的《樂府詩集》
中，此題下存詩四首。隋煬帝一首堪為代表：

　　　暮江平不動，春花滿正開。
　　　流波將月去，潮水帶星來。
　　　夜露含花氣，春潭養月暉。
　　　漢水逢遊女，湘川值兩妃。

　　「春江花月夜」由五個意象組成，這很能表現漢語詩歌意象浮動
的特殊性。英語或者俄語詩歌都不可能以五個名詞的並列作為詩題。
即便在漢語詩歌中，「春」、「江」、「花」、「月」和「夜」，作為詩，這
樣分散的並列，也和詩意的單純統一有矛盾。起碼要有一種意念，一
種情致，將此五者聯繫起來，統一為整體，才有可能轉化為詩。這個

3　《聞一多全集》（三）（北京市：三聯書店，1982年），頁20。

詩題產生於宮廷，以宮廷的意念來統一，是順理成章的。隋煬帝用宮體詩的傳統手法，施以穠麗的色彩，把五個意象組合成春天的畫面，「漢水逢遊女，湘川值兩妃」，構成了最高的貴族趣味。華彩的渲染，富於強烈的感性，使得這幅畫面具有一定的詩意，但是，並不深厚。原因就在於這些意象基本流於視覺上的滑行，完全沒有感情變動深化的自覺，這正是宮體詩的普遍局限。然而，宮體詩將五個意象統一成為一體，在藝術手法的積累上是有可取之處的。如利用對仗「流波將月去，潮水帶星來」把江和月統一起來，成為不可分割的有機體。但是，除此以外，「春」、「花」、「夜」的關係，不是游離就是交錯，都未能達到有機統一。如後面的「夜露含花氣」與前面的「春花滿正開」就是交叉的。又如，首聯已經有「暮江平不動」，頷聯又有「流波將月去」，「平不動」就是不動，而「流波」卻是在動，這就不統一了。到了頸聯「春潭養月暉」又脫離了「江」，二者缺乏內在的聯繫。至於尾聯「漢水」、「湘川」和前面的「江」產生了齟齬。前面的「江」是泛指，這裡突然變成了漢江和川江，一下子有了兩個具體所指，造成了不和諧。這是囿於宮體詩的慣性，對典故作純技術性濫用，造成了聯想的扞格。總體說來，這首詩的缺陷是：第一，宮廷趣味，耽於表面華彩的文字；第二，雖然從每一句來看，不能說沒有文采，從整體來說，五個要素組成的畫面表面上也可以相接，但其深層卻支離破碎，不能統一，由於缺乏內在的情意融通而達不到意和境整體性的交融；第三，從更高的要求看，情感缺乏變化，流於平板。

　　張若虛不但在題目上繼承了宮體詩，在技巧上，也不乏直接追隨宮體詩之處（這一點，下文細述）。但是，從根本上來說，張若虛卻顛覆了宮體詩，把「春江花月夜」融入統一而又起伏沉落的意脈之中，創造了整體和諧的意境。

　　從情感的性質來說，隋煬帝的宮廷趣味被張若虛消解為民間的思念。即便張子容在「分明石潭裡，宜照浣紗人」中所寫介於民間和貴

族之間的西施浣紗，也被張若虛改為遊子思婦的情意，從而統一了
「春江花月夜」的意象群落。

> 春江潮水連海平，海上明月共潮生。
> 灩灩隨波千萬里，何處春江無月明？

張若虛統一的魄力，表現在讓江海連成一片。在前述宮體詩作中，明
月只與江、與潮水聯繫，構成「流波將月」的景象。張若虛對之做了
變動：第一，明月不但與江而且與海連接起來，視野就大大開闊了，
視點提高了。第二，讓明月與海潮共生，平遠「不動」的「暮江」和
明月互動，獲得了「灩灩隨波千萬里」的宏大景觀。這就不僅僅是江
海相連的平衡靜態，而且隱含著微微的動態。這既是客觀可視的景
象，又是主觀可感的心態，二者的統一，蘊含著高視點、廣視野，這
不僅是視境，而且是意境。第三，讓月光普照，把春、江、花、月、
夜這五個平列的意象，變成由月光主導的意象群落。用月的特徵（光
華）來統一江、海、花的大視野。第四，用月光把這個廣闊的景觀透
明化。「空裡流霜不覺飛，汀上白沙看不見。江天一色無纖塵，皎皎
空中孤月輪。」一連四句都集中在透明的效果上，月光同化了整個世
界，不但江是透明的，而且天也是透明的（「江天一色無纖塵」）；不
但天空是透明的（「空裡流霜不覺飛」），而且江岸也是透明的（「汀上
白沙看不見」）。而花的意象，已經不是「夜露含花氣，春潭養月
暉」，而是「江流婉轉繞芳甸，月照花林皆似霰。」這裡強調的是，
月色不但同化了「江」，而且同化了「花」，花因月照而變得像冰珠一
樣透明。「春」、「江」、「花」、「月」、「夜」五個意象，外在性狀的區
別被淡化，而以月光的透明加以同化。這就構成意境的整體美。

　　意象群落的透明性是來自景觀的透明性嗎？顯然不是，這是情致
意念的、精神的透明性。以潛在的精神意念統一外在的意象景觀，使

之在性質和量度上高度嚴密統一。「意境」的美，不僅僅是外部景象統一之美，更是內的精神統一外部景象之美。王國維反對景語和情語之別，主張「一切景語皆情語也」[4]，道理就在這裡。但王國維的說法在這裡似乎還不太完美，應該補充一下，一切景語被情感同化，發生質變，才能轉化為情語，從而使現實環境昇華為情感世界，才可能構成「境界」的整體之美。沒有情感統一，不發生質變的意象群，構不成統一的「境界」。

　　在絕句或者律詩中，意境的整體性是單純的，意境的統一也是單純的。但是，〈春江花月夜〉和絕句、律詩不同，它屬於章無定句、句無定言的「古詩」，規模不限於現場即景的感性概括，有比較明顯的過程。〈春江花月夜〉中月的主導，就表現為意境脈絡，也就是意脈連續的過程。《古唐詩合解》做過很有意思的統計：「題目五字，環轉交錯，各自生趣」，「『春』字四見，『江』字十二見，『花』字只一見，『夜』字亦只二見」，「『月』字」最多，達「十五見」，並且用「『天』、『空』、『霰』、『霜』、『雲』、『樓』、『妝臺』、『簾』、『砧』、『魚』、『雁』、『海霧』等以為映」。[5]這就是說，以月為核心意象衍生出「『天』、『空』、『霰』、『霜』、『雲』、『樓』、『妝臺』、『簾』、『砧』、『魚』、『雁』、『海霧』」等意象背景。這還是說得比較機械的，實際上，「江」字十二見，都是月的陪襯，不外是「春江月明」、「江天」、「江畔見月」、「江潭落月」等，而且光「江月」就連續重複了三次：

　　　　江畔何人初見月？江月何年初照人？
　　　　人生代代無窮已，江月年年只相似。
　　　　不知江月照何人，但見長江送流水。

4　王國維：《人間詞話》（上海市：上海古籍出版社，1998年），頁34。
5　陳伯海主編：《唐詩彙評》（上）（杭州市：浙江教育出版社，1995年），頁263。

這樣的重複，一來是以大的密度貫穿，顯示其為意象群落的核心；二來是為了第六個意象——「人」的出現：何人見月，月照何人。這樣反反覆覆，是為了準備使「月」從意象核心讓位於「人」。「春」、「江」、「花」、「月」、「夜」五意象就此被突破，這時已經不是春江夜景的宮廷想象，而是人的感喟。以江水江月的年年不變和人生代代無窮相類比，表面上不變和無窮是平衡的，但是，在「初照人」中，卻孕育著隱憂。雖然人生代代無窮，與江月年年相似，但是，江月不變，而代代之人則不同，對於個人（所照之個人）來說，生命是有限的。這似乎可向劉希夷〈代悲白頭吟〉中「年年歲歲花相似，歲歲年年人不同」方面去發揮了，但是，張若虛顯然不屑追隨，他只強調月華年年之同，並沒有突出人之代代相異，他的抒情意脈不在人生苦短上衍生，而向另一個方面拓展：「白雲一片去悠悠，青楓浦上不勝愁。」這轉折，太有魄力了。第六意象——「人」，帶來了新的情感性質，白雲暗示著遊子（李白詩曰「浮雲遊子意」），青楓浦即送別之地，順理成章地引出遊子與思婦。

　　　　誰家今夜扁舟子？何處相思明月樓？

　　　這裡出現了第七個意象：樓。這個樓是「明月樓」，是從明月派生出來的，將貫穿到詩的結尾，成為待月之人的背景。從此，月光開始從屬於樓，因為人是在樓上的。實際上，到這裡，張若虛拿出了自己的構思，不再是古題的「春江花月夜」，而是「人在春江花月樓」。正是這個樓確定了新的主題，那就是平民的相思。雖然，就其環境（明月樓、玉戶簾）來說，有接近貴族之處，但其情感是平民共同的離愁別緒。但是，對於樓上的主人公的性別卻有不同的理解。聞一多在〈宮體詩的自贖〉中以為：「應照離人妝鏡臺」，是遊子的想象：「因為他想到她了，那『妝鏡臺』邊的『離人』。他分明聽見她的歎

喟。」這個論斷是可疑的。關鍵是在家的思婦是「離人」，還是遠離家鄉的遊子是「離人」？接下去，聞一多還推斷「此時相望不相聞，願逐月華流照君」是遊子的內心獨白：「他說自己很懊悔，這飄蕩的生涯究竟到幾時為止！」意思是這個遊子恨不得自己化為月光照在思婦身上。這也有違漢語中日為陽、月為陰的基本聯想機制。「昨夜閒潭夢落花，可憐春半不還家」也被當成是遊子的心思：「他在悵惘中，忽然記起飄蕩的許不只他一人，對此情景，大概旁人，也只得徒喚奈何罷？」[6]把抒情主人公定為男性，顯然與「閒潭夢落花」不相稱。只有女子以落花喻年華易逝，哪有男士自喻落花的？「玉戶簾中卷不去，擣衣砧上拂還來。」與其把玉戶簾卷、石上擣衣說成是遊子的想象，顯然不如把它看作是女主人公的內心獨白自然。「此時相望不相聞，願逐月華流照君」中的「君」字，應該是女性對男性的通稱。比如盧照鄰有：「山有桂兮桂有芳，心思君兮君不將。」李白有：「十四為君婦，羞顏尚不開。」白居易有：「妾在洛橋北，君在洛橋南。」李益有：「憶妾深閨裡，煙塵不曾識。嫁與長干人，沙頭候風色。五月南風興，思君下巴陵。八月西風起，想君發揚子。」再說，整首詩被月光同化的意象（春、江、花、夜）也更適用於思婦的柔情繾綣。「江畔何人初見月」的「人」就是為月光同化的、沉醉於相思的婦女，其情感寄託，已經不僅僅在月光的透明上，也體現在月光的衍生性質上：首先，無遠弗屆。超越空間的距離，可互相望見，但，沒有聲音（「不相聞」）。其次，月光可以照在對方身上，自己卻欲逐月華隨君而不可得。再次，月光無處不在，不可排解，月光就是相思，月光追隨，就是相思無計可避。身在房中，窗簾擋不住（「簾中卷不去」），人在擣衣，月光拂洗，直是徒勞。月光透明的意脈衍生為月光不可排解，是如此的自然，又如此的深化，可以與李白形容憂

6　《聞一多全集》（三）（北京市：三聯書店，1982年），頁21。

愁的「抽刀斷水水更流，舉杯消愁愁更愁」比美。（當然，李白句中「水」和「愁」的疊用，為張若虛所不及。）

　　張若虛對〈春江花月夜〉的發展，還在於對「花」的意象作出突破：「昨夜閒潭夢落花，可憐春半不還家。」這就回答了相思纏綿悱惻、不可排解的原因了。不說自己如花的容貌會凋謝，而說夢見落花。夢見落花正是擔憂花落。張若虛在「春」字上也有發展：「江水流春去欲盡，江潭落月複西斜。」江水流去隱含著春光流逝的憂鬱，透明的月光西斜提示著青春年華的消逝。意脈的衍生和自然景觀的推移是如此統一，自然景觀柔和的特徵與情感的纏綿，結合得水乳交融。

　　　　斜月沉沉藏海霧，碣石瀟湘無限路。

意脈於此又發生了轉折，月光從透明走向了反面，變得朦朧，相思也變得深沉，原因是空間距離之遙遠，從北方海隅到南方瀟湘，月光從明到暗，相思從顯到隱，表現出意脈的沉浮。

　　　　不知乘月幾人歸，落月搖情滿江樹。

本來結尾應該是意脈的高潮或結束，但「不知乘月幾人歸」，卻是一種不確定。在結束處，不是營造結束感，而是產生持續感。歸人乘月，是美好的期待，「不知」，卻是無從期待。其中的失落並不道破，全在「落月搖情滿江樹」之中，在沒有人的空白畫面之中蘊涵著深情。這有兩方面的緣由：一方面是正統詩歌的美學原則，所謂哀而不傷，怨而不怒，也就是溫情，而不是激情。另一方面，則恰恰是意境之另一特徵，即情語只能滲透在景語的空白之中，空白把情景交融成整體。所謂言有盡而意無窮，「不著一字，盡得風流」，是空白使意象成為有機群落。從讀者角度來看，空白有利於召喚讀者的經驗，使之

從被動變為主動，在空白中自由體悟，和詩人共創共用。意境之所以強調含而不露，最忌直接道破，道理就在整體、深化和讀者參與上。

　　當然，在這首詩中，也不是沒有道破的，如：「人生代代無窮已，江月年年只相似。」這是不得已的，也只能安排在詩的中段，絕對不能在結尾。所謂意境，常常在結尾處顯出功力。如果在結尾處道破了，就沒有餘韻了。張若虛的本事大就大在於白居易所說的「卒章顯其志」的地方，只提供一幅空鏡頭的畫面。他的意，沒有講出來，而是藏在「落月搖情滿江樹」的圖畫之中。圖畫是靜態的，然而，它「搖」了起來，從字面上是「搖情」（《詩經》〈黍離〉：「行邁靡靡，中心搖搖」），而在畫面上，給人搖樹的感覺。意在言外，在表現與掩飾之間，這正是「意境」優於抒發的地方。

　　當然，張若虛也不是十全十美，他既運用了宮體詩的技巧，就不能不受到誘惑，有時很難不把它的局限當作優越。例如：

> 此時相望不相聞，願逐月華流照君。
> 鴻雁長飛光不度，魚龍潛躍水成文。
> 昨夜閒潭夢落花，可憐春半不還家。

看起來文采風流，每一句都相當華彩，可是，如果把當中一聯刪除，變成：「此時相望不相聞，願逐月華流照君。昨夜閒潭夢落花，可憐春半不還家。」不是更好嗎？相思的纏綿不是更精煉地表達了嗎？可見這兩句並不是十分必要。「鴻雁長飛光不度」，可能是說月光不給鴻雁飛渡的方便罷，多少還屬於抒情意脈的延伸。可是「魚龍潛躍水成文」，水裡有魚龍，水上有浪花，和身在樓臺的女性的相思，有什麼關係呢？完全是游離的。為什麼要把這個沒有用處的句子放在詩中呢？無非就是因為這首詩句子的結構方式是兩兩相對的，需要一個與「鴻雁長飛光不度」相對仗的句子。用對仗的技巧寫出這樣的句子，

是很容易的，但是，意脈卻因之而偏離了，像鋼琴上出現了一個不響
的琴鍵。

　　這種現象出現在張若虛的作品中，並不奇怪，因為他生活在初
唐。他是宮體形式主義向盛唐成熟詩歌過渡的橋樑，他的感情還受到
形式的拘束，還達不到盛唐那樣筆參造化、驅遣龍蛇、驚風雨、泣鬼
神的自由境界。

〈蜀道難〉：
三個層次之「難」

解讀焦點

　　蜀道三難，關鍵在於，三難不同，然意脈貫通。一難不在自然條件之惡，而在美得古老而悲壯；二難在於環境與人事之「險」；三難在無言之「諮嗟」。

〈蜀道難〉

李白

噫籲，危乎高哉！

蜀道之難，難於上青天！

蠶叢及魚鳧，開國何茫然！

爾來四萬八千歲，不與秦塞通人煙。

西當太白有鳥道，可以橫絕峨眉巔。

地崩山摧壯士死，然後天梯石棧相鉤連。

上有六龍回日之高標，下有沖波逆折之回川。

黃鶴之飛尚不得過，猿猱欲度愁攀援。

青泥何盤盤，百步九折縈岩巒。

捫參曆井仰脅息，以手撫膺坐長歎。

問君西遊何時還？畏途巉岩不可攀。

但見悲鳥號古木，雄飛雌從繞林間。

又聞子規啼夜月，愁空山。

蜀道之難，難於上青天，使人聽此凋朱顏！

連峰去天不盈尺，枯松倒掛倚絕壁。

飛湍瀑流爭喧豗，砯崖轉石萬壑雷。

其險也如此，嗟爾遠道之人胡為乎來哉？

劍閣崢嶸而崔嵬，一夫當關，萬夫莫開。

所守或匪親，化為狼與豺。

朝避猛虎，夕避長蛇；磨牙吮血，殺人如麻。

錦城雖云樂，不如早還家。

蜀道之難，難於上青天，側身西望長咨嗟！

　　李白這首詩的關鍵語句，就是反覆提了三次的「蜀道之難」。要害在於「難」，難得很極端，難到比上天還難。唐朝時候，沒有飛機，「難於上青天」，不但是難得不能再難，而且難得很精彩、很豪放。這句詩至今仍然家喻戶曉，其原因，除了極化的情感以外，還有一句中連用了兩個「難」字。第一個「難」字，是名詞性的主語，第二個「難」字則是有動詞性質的謂語，聲音重複而意義構成了某種錯位，節奏和韻味就比較微妙，耐人尋味。

　　本來，「蜀道難」是樂府古題，屬相和歌辭，是個公共主題，南北朝時陰鏗有作：

王尊奉漢朝，靈關不憚遙。

高岷長有雪，陰棧屢經燒。

輪摧九折路，騎阻七星橋。

蜀道難如此，功名詎可要。

詩中形容蜀道艱難：高山積雪，陰棧屢燒，輪摧九折，騎阻星橋，蜀道難成為功名難的隱喻。唐朝張文琮的同題詩作，也無非是積石云

端，深谷絕嶺，棧道危巒，主題為「斯路難」，也就是自然環境之艱
難。當李白初到長安時，賀知章一看他的〈蜀道難〉就大為讚賞，說
他是「謫仙人」，從天上下放的人物。顯然，李白在這首詩的藝術追
求上下了很大的功夫。

李白的功夫下在哪裡呢？

他的「難」不是一個「蜀道之難」，而是重複了三次的「蜀道之
難」，每一個都和別人的「難」法不一樣。

陰鏗們的詩作中，「難」就是道路之難，自然條件和人作對之
「難」，價值是負面的，雖有形容渲染，但是，還沒有難到變成心靈
的享受，而李白則調動他的全部才能把三個「蜀道之難」美化起來，
難到激起了他的熱情和想象。

第一個「蜀道之難」，有多重美學內涵。首先，美得悠遠、神
秘，在幾千年的神話、歷史中遨遊：蠶叢魚鳧，四萬八千年，開國茫
然，縹緲迷離，但是，由於與「秦塞」（中原文化）隔絕，這裡是閉
塞、蒙昧的。這引發了征服閉塞的壯舉。於是，天梯石棧鉤連了，然
而，地崩山摧壯士死。這就不但美得悠遠，而且美得悲壯，並滲透到
蜀道的形象中：六龍回日、沖波逆折、百步九折、捫參曆井，這是悲
與壯的交融。

〈蜀道難〉之所以成為千古絕唱，其難能可貴，就在於突破了樂
府古題單純空間的誇張性鋪排，呈現出多維複合的意象系列和情致起
伏。在時間上，縱觀歷史，驅遣神話傳說；在空間上，橫絕雲嶺，驅
策回川；在意象上，橫空出世，天馬行空，色彩斑斕，糾結著怪與
奇；在情緒上，交織著驚與歎，贊與頌。

僅僅這第一個「蜀道之難」，內涵就這麼豐富多彩，把此前的
〈蜀道難〉都比下去了。

第二個「蜀道之難」，悲鳥號木，子規啼月，聽之凋顏，愁滿空
山。悲中有淒，淒中有厲：但是，這種淒厲，不是小家子氣的，不是

庭院式的，不是婉約輕柔的，而是滿山遍野的，上窮碧落，下達深壑。李白的悲淒，帶著雄渾的氣勢，蘊含著豪邁的聲響。

在此基礎上，李白引申出一個新的意念，那就是「險」。在這以前，是思緒在想象的奇境中迷離恍惚地遨遊，豪放不羈，想落天外，追求奇、異、怪。到了這裡，卻突然來了一個「險」，固然是奇、異、怪的自然引申，但句法上顯得突兀：由詩的吟詠句法，變成了散文句式──「其險也如此」。由抒情鋪陳，變成了意象和思緒的總結。這個「險」，不是環境的「險」，而是社會人事的「險」：

> 其險也如此，嗟爾遠道之人胡為乎來哉！
> 劍閣崢嶸而崔嵬，一夫當關，萬夫莫開。
> 所守或匪親，化為狼與豺，
> 朝避猛虎，夕避長蛇；磨牙吮血，殺人如麻。

第二個「蜀道之難」到此，不但意象轉折了，節奏也一連串地轉化為散文的議論句法，從地理位置的「險」的讚歎，變成了獨立王國潛在的兇險的預言以及可能產生軍閥割據的憂慮。

這就中止了對於蜀道壯、淒的意象的營造，不再是以自然環境的奇、怪、異、險為美，不再是難中難的興致高昂，心靈的享受，而是作反向的開拓，以社會的血腥（狼豺、猛虎、長蛇、磨牙吮血、殺人如麻）之惡為醜，情致轉入低沉。這就和前面的「蜀道難」，形成了一種壯美和醜惡、高亢和低迴的反襯，在情緒的節奏上，構成了一種張力。

第二個「蜀道之難」不但是情緒的，而且是思想的轉折。這裡似乎有某種政論的性質，但這個轉折，似乎是比較匆忙的，思想倒是鮮明了，情緒和意象卻不如前面飽和而酣暢。當代讀者對這樣的不平衡難免困惑。因為，四川當時的首府成都，也是個大都會，在後來的安

史之亂中，並未成為軍閥割據的巢穴，李白這種憂慮似屬架空。「形
勝之地，匪親勿居」，警惕戰亂的發生，也是襲用晉張載的，不能完
全算是他自己的思想。但是，在此基礎上，第三個「蜀道之難」的旋
律又排闥而來：

> 錦城雖雲樂，不如早還家。
> 蜀道之難，難於上青天，側身西望長諮嗟！

　　享受了酣暢淋漓的〈蜀道難〉的情致的讀者也許期待著李白在情
緒意象的華彩上更上一層樓，來一個思緒的高潮，然而卻來了一個
「錦城雖雲樂，不如早還家」這樣的結句，給人一種不了了之的感
覺。預期失落的感覺是免不了的。面對這種思想與藝術形象之間的不
平衡，一種作法是，老老實實承認，詩作到了這裡，有一點強弩之
末。二十世紀五十年代末何其芳先生就指出過：「『錦城雖雲樂，不如
早還家』這樣的思想」「不高明」。他說，這種抽象的思想並不重要，
重要的是詩歌中豐富、生動的形象，詩人正是以這些生動的形象「描
繪了雄壯奇異的自然美，並從而創造了莊嚴瑰麗的藝術美」。[1]何其芳
不否認在這樣的傑作中，也有些軟弱的詩句，但他認為這不重要，可
以忽略。最重要的是那些難得豪邁、壯闊的詩句，那才是詩歌的生
命，是「可以引起我們對祖國河山和祖國的文學藝術的熱愛的」。這
個說法帶著二十世紀五十年代主流意識形態的烙印。也許就是這句
話，使得一些人認為這首詩「充分顯示了詩人……熱愛祖國河山的感
情」。其實，這種說法和何其芳先生的說法，是有些差距的，何其芳
先生說的是，可以「引起」我們對祖國河山的熱愛，並不一定是就詩
歌文本本來意旨而言的，這種「熱愛」是那個年代某些讀者的感受。

1　何其芳：〈新詩話──李白〈蜀道難〉〉，《文學知識》1959年第3期。

雖然在文字上差異不大，但是，在思想方法上，卻混淆了作者主體和讀者主體的界限。

和何其芳相反的是，許多學者努力為這些軟弱的詩句尋找重要的社會政治含義。這就產生了好幾個說法：一說，杜甫、房琯在西蜀冒犯了劍南節度使嚴武，嚴武將對他們不利。一說，諷刺唐王朝的另一個節度使章仇兼瓊。一說，是為安祿山造反後，唐玄宗逃難到四川而作。這些講法，都有捕風捉影的性質，考證學者早已指出了其不合理處。另外一些學者則比較實事求是，如明人胡震亨和明清之際的顧炎武都說過，李白「自為蜀詠」，「別無寓意」。

正確的方法，還是從文本出發進行分析為上。在文本以外強加任何東西，都是對自己的誤導。從理論上來說，不管讀者主體多麼強勢，還是要尊重文本主體。

〈夢遊天姥吟留別〉：
遊仙中的人格創造

解讀焦點

　　關於夢的最現成的理論就是佛洛德的理論 —— 夢是潛意識的扭曲（distortion），但是，詩的分析不能是佛洛德理論的圖解，而應是對文本的特殊性的揭示。理論的深刻在於高度抽象的普遍性，概括的普遍性以犧牲特殊性為必要代價。夢的理論並不提供詩的特殊性，更不提供李白這首詩的特殊性。一切理論都有待通過具體分析把特殊性「還原」出來。李白這首詩的特殊性就是，表面上離奇恍惚，眼花繚亂，驚懼交替，神魂顛倒，實際上是以山水的優美、壯美和仙界的神秘美，疊印為隆重盛大的歡迎儀式。這就是被皇帝「賜金放還」的李白潛意識裡的最高理想。但是，在意識層面，他又不能不承認挫傷，故乃有「安能摧眉折腰事權貴」之憤激自勵。

〈夢遊天姥吟留別〉

李白

海客談瀛洲，煙濤微茫信難求；越人語天姥，雲霞明滅或可睹。天姥連天向天橫，勢拔五嶽掩赤城。天臺一萬八千丈，對此欲倒東南傾。

我欲因之夢吳越，一夜飛度鏡湖月。湖月照我影，送我至剡溪。謝公宿處今尚在，淥水蕩漾清猿啼。腳著謝公屐，身登青雲梯。半壁見海日，空中聞天雞。千岩萬轉路不定，迷花倚石忽已暝。熊咆龍吟殷岩泉，栗深林兮驚層巔。雲青青兮欲雨，

水澹澹兮生煙。列缺霹靂，丘巒崩摧。洞天石扉，訇然中開。
青冥浩蕩不見底，日月照耀金銀臺。霓為衣兮風為馬，雲之君
兮紛紛而來下。虎鼓瑟兮鸞回車，仙之人兮列如麻。忽魂悸以
魄動，恍驚起而長嗟。惟覺時之枕席，失向來之煙霞。
世間行樂亦如此，古來萬事東流水。別君去兮何時還？且放白
鹿青崖間，須行即騎訪名山。安能摧眉折腰事權貴，使我不得
開心顏！

　　在李白的經典之作中，這一首無疑屬於經典之經典。歷代詩評家
們甚為推崇，但是，得到最高評價的是末句「安能摧眉折腰事權貴，
使我不得開心顏」。顯然，這是激情的高潮和思想的光華。對於全詩
豐富的意象群落和到達情緒高潮曲折的過程，詩評家也有生動的感
受，如「縱橫變化，離奇光怪，吐句皆仙，著紙欲飛」（《網師園唐詩
箋》），「恍恍惚惚，奇奇幻幻」（《增定評注唐詩正聲》）。當然，在讚
歎中也隱含著某種保留。如「無首無尾，窈冥昏默」（胡應麟），「甚
晦」，「又甚晦」（《唐詩品彙》）。[1]這隱約流露出藝術感悟上的困惑。
可惜並未正面展開，但對深刻理解這首詩，卻是良好的切入點。
　　這是一首寫夢的詩。夢是虛幻的、無序的，因而在我國古典散文
中，很少全篇寫夢的，但在古典詩歌中，全篇寫夢的卻不罕見。這是
因為詩在超越現實的想象這一點上與夢相通。想象和夢一樣，可以超
越時間、空間，便於抒發親情、友情、戀情。夢中警句良多：「夢裡
不知身是客，一晌貪歡」（李煜〈浪淘沙〉），「可憐無定河邊骨，猶是
春閨夢裡人」（陳陶〈隴西行〉），「魂來楓葉青，魂返關塞黑」（杜甫
〈夢李白〉）。想象和夢一樣有一種釋放情緒的功能，潛意識受壓抑的

1　以上均見陳伯海主編：《唐詩彙評》（上）（杭州市：浙江教育出版社，1995年），頁
　　665。

意向在夢中以變異（distortion）的形態表現出來，成為感情的載體。
但是，〈夢遊天姥吟留別〉並不是寫懷念親友的，詩題一作〈別東魯
諸公〉，是向友人告別的。一般的告別都強調留戀之情，這裡卻根本
不涉及留戀，而是描述自己將要去的那個方向的美好，夢想自己遊山
玩水。據考訂，此詩作於被唐玄宗「賜金放還」離開長安之後。遠去
中央王朝是政治上的大失敗，從現實生活來說，他無可奈何，只能接
受命運的安排，在齊魯梁宋之間和高適、杜甫等詩友徜徉山水，「五
嶽尋仙不辭遠，一生好入名山遊」，在奇山異水中尋求心靈的安慰，
忘卻政治上的挫傷。但是，在夢中，他的潛在心態有什麼不同呢？值
得仔細辨析一番。

　　　　海客談瀛洲，煙濤微茫信難求；越人語天姥，雲霞明滅或可睹。

題目明明說夢遊名山（天姥），怡情山水，開篇卻提出了「瀛洲」，這
可是座仙山。這便不僅是人間的山水趣味，而是遊仙的境界。只是仙
山虛無縹緲（「煙濤微茫信難求」）不可捉摸，才為人間的山水之美吸
引。問題是，這個天姥山究竟美在什麼地方，值得向東魯諸公強調一
番呢？

　　　　天姥連天向天橫，勢拔五嶽掩赤城。
　　　　天臺一萬八千丈，對此欲倒東南傾。

美在天姥山無比的高大雄偉，中華五嶽都在它之下。這是雙重誇張，
天姥山比之中華五嶽實在是比較小的，而天臺山與天姥山相對，雙峰
峭崎，不相上下，本來也可構成對稱美，但李白顯然是著意誇張天姥
之獨雄，山之獨雄正是為了表現李白心之獨雄，情之孤高自豪。這種
美可以歸結為一種「壯美」。

　　「我欲因之夢吳越」，壯美的境界觸發了天姥吳越之夢。然而夢中的吳越，卻並不是天姥之崇山峻嶺，不是壯美，而是「一夜飛度鏡湖月」。湖和月亮構成了畫面。鏡湖，從語義的聯想來看，是如鏡的湖。水的透明加上月光的透明。但李白還不滿足，他接著說：「湖月照我影，送我至剡溪。」月光能把人的影子照在湖中，光影明暗反差，月光和湖光的透明就不言而喻了。在明淨的水光月色中，連黑影子也顯得透明，這樣空靈的境界，和崇山峻嶺的壯美相比，是另外一種風格，可以說是優美。從這裡，可以體悟到李白山水詩意的豐富：壯美與優美相交融。然而這還不是李白詩意的全部，接著下去又是另外一種美，「謝公宿處今尚在，淥水蕩漾清猿啼。腳著謝公屐，身登青雲梯。」壯美和優美的交融，固然精彩，但還限於自然景觀；夢中的李白，不僅神與景遊，而且神與人遊。在夢中，和這個政治上的失敗者神交的是前朝權威山水詩人。選擇謝靈運的宿處，謝靈運式的木屐，[2]目的是進入謝靈運的感覺，遺忘政治失意的壓力，享受精神的解脫。「千岩萬轉路不定，迷花倚石忽已暝」，效果強烈到遺忘了時間的推移，忽略了從曙色到暝色降臨。「迷花倚石」突出的是山水恍惚迷離的美，也是夢的變幻萬千的飄忽感。這樣，在天姥之夢的壯美和優美中，又添上了一層迷離漫漶的朦朧之美。自然景觀和歷史人文景觀交織的夢境不完全是夢境，實際上超越了夢境（自然和人文的山水）。《唐詩別裁》的作者沈德潛，畢竟是有藝術感覺的，是他第一個道破了這樣的境界，既是「夢境」又是「仙境」。[3]這就是說，這並不是單純的山水詩，而是一首遊仙詩。

　　天姥和「仙境」的聯想，這是從一開頭就埋伏下的意脈。

　　把「瀛洲」的仙境抬出來和人間的天姥相對，實際上，天姥並不

2　據《南史》〈謝靈運傳〉：「尋山陟嶺，必造幽峻，岩嶂數十重，莫不備盡。登躡常著木屐，上山則去其前齒，下山去其後齒。」

3　陳伯海主編：《唐詩彙評》（上），頁665。

完全是人世。天姥山就是因為傳說登山者聽聞仙人天姥的歌唱而得名。山水詩傑作，唐詩中比比皆是，而李白顯然要對山水人文的傳統主題進行突圍。在這方面，李白最大的優勢就是道家和道教的文化底蘊。他秉承道家觀念，甚至正面嘲笑過儒家聖人（「我本楚狂人，鳳歌笑孔丘」）。以道家意識，從山水現實向神仙境界過渡，對他可以說是駕輕就熟。在這裡，他從容遨遊於從魏晉以來就頗為盛行的遊仙境界：

> 熊咆龍吟殷岩泉，慄深林兮驚層巔。
> 雲青青兮欲雨，水澹澹兮生煙。
> 列缺霹靂，丘巒崩摧。
> 洞天石扉，訇然中開。

不過李白之所以為李白，就在於哪怕是寫俗了的題目，也有他的突破。一般的遊仙，不外超脫世俗，超越時間和空間，達到生命絕對自由境界，曹植的〈遊仙詩〉可為代表：

> 意欲奮六翮，排霧陵紫虛。
> 虛蛻同松喬，翻跡登鼎湖。
> 翱翔九天上，騁轡遠行遊。

曹植的遊仙，其實就是成仙，像仙人赤松子、王子喬一樣長生不老，不受生命的限制，不受空間的限制，自由翱翔九天，俯視四海。但是，這樣絕對不受主體和客觀世界任何限制的仙境，不管有多少優長，都迴避不了一個不足，那就是太過架空，絕對歡快，缺乏現實感。李白的創造在於，一方面把遊仙與現實的山水、與歷史人物緊密結合，另一方面又把極端歡快的美化和相對的「醜化」交織起來。這

裡所說的「醜化」，指的就是某種程度的外部景觀的可怕，「列缺霹靂，丘巒崩摧，洞天石扉，訇然中開」似乎是突發的地震。與此相應的是內心的驚懼「栗深林兮驚層巔」。《唐詩選脈會通評林》曰：「夢中危景，夢中奇景。」[4]恰恰是美在兇險，美在驚懼。李白以他藝術家的魄力把凶而險、怪而怕、驚而懼轉化為另一種美：驚險的美。貌似突兀，但是，又自然地從壯美、優美和神秘之美衍生出來。接下去，與怪怕、驚險之美相對照，又產生了富麗堂皇的神仙境界之美：

> 青冥浩蕩不見底，日月照耀金銀臺。
> 霓為衣兮風為馬，雲之君兮紛紛而來下。
> 虎鼓瑟兮鸞回車，仙之人兮列如麻。

這個境界的特點是：第一，色彩反差極大，在黑暗的極點（不見底的「青冥」）上出現了華美的光明（「日月照耀金銀臺」）。第二，意象群落變幻豐富，金銀之臺、風之馬、霓之衣、百獸鼓瑟、鸞鳳禦車、仙人列隊，應接不暇的豪華儀仗都集中在一點上──尊崇有加。意脈延伸到這裡，發生一個轉折，情緒上的恐怖、驚懼，變成了熱烈的歡欣。遊仙的仙境，從表面上看，迷離恍惚，沒頭沒尾，但是，意脈卻在深層貫通，從壯美和優美到人文景觀的恍惚迷離、驚恐之美，都是最後華貴之美的鋪墊，都是為了達到這個受到帝王一樣尊崇的精神高度。這個政治上的失敗者在夢境中釋放出了潛意識裡的凱歌。這個夢境太美好了，現實生活中的委屈在這裡一掃而光，完全可以在這種境界裡自由歌唱。但是，身處逆境的李白並沒有流連忘返，最後，他還是選擇了意識清醒代替潛意識的凱歌，這畢竟只是「夢遊」而已。

4　陳伯海主編：《唐詩彙評》（上），頁665。

> 忽魂悸以魄動，恍驚起而長嗟。惟覺時之枕席，失向來之煙
> 霞。

從情緒的節奏來說，則是一個轉折，從恍惚的持續，到倏忽的清醒。
情感在高潮上戛然而止。狂想的極致，伴隨著清醒的極致。

　　在唐詩中，像這樣把奇幻的夢境過程作全面的展示，其豐富和複
雜的程度，可能是絕無僅有的。故在詩評家常有「縱橫變化，離奇光
怪」（《網詩園唐詩箋》）的感受。但並不是一團混亂。事實是，在變
幻不定的夢境中，意脈通貫井然。有評論說：「奇離惝恍，似無門徑
可尋。細玩之首入夢不脫，後幅出夢不竭。極恣肆變幻之中，又極經
營慘淡之苦。」[5]在反覆變幻的過程中有序貫通，難度是很大的。從
內涵來說，外在美化和內心變化的交融，從壯美到優美，從迷離神秘
至驚懼之美，到歡樂、恍惚的持續，到倏忽的清醒：豐富複雜的變幻
和多到五個層次的轉折過程，統一用七言句式來表現，需要對語言有
超強的駕馭能力。五七言詩的句尾固定在「三字結構」上。拘守於三
字結尾的七言體，要寫出夢境的多層曲折，則不能不犧牲邏輯的連續
性。李賀的〈夢天〉就有這樣的不足：

> 老兔寒蟾泣天色，雲樓半開壁斜白。
> 玉輪軋露濕團光，鸞珮相逢桂香陌。
> 黃塵清水三山下，更變千年如走馬。
> 遙望齊州九點煙，一泓海水杯中瀉。

同樣是寫夢的過程，這可真是徹頭徹尾的迷離恍惚，無首無尾了。八
個詩句都是平行的，沒有過程，沒有邏輯的承接和過渡。詩人的追求

5　陳伯海主編：《唐詩彙評》（上），頁665。

就是把連續過程省略，每聯意象各自獨立，邏輯關係浮動。雖然也有一定的意象密度，能提高抒情強度，但是，大大限制了敘事功能。前面四句，意象在性質、量度上相近、相似，勉強作解，還可能說是詩人漫遊天宇所見。而第三聯，「黃塵清水三山下，更變千年如走馬」，邏輯就完全斷裂了。有論者強為之解，說是「層次分明，步步深入」。其實，李賀追求的恰恰就是層次不分明，只有平行，而無層次，在同一層面上，整體是一個意象群落的迷宮。某些解讀者設想它不再是連續的描繪而轉換為「寫詩人同仙女的談話」，這就有點類似猜謎了。李白和李賀不同，他的追求並不是把讀者引入迷宮，他遊刃有餘地展示了夢的過程和層次。過程的清晰，得力於句法的（節奏的）靈動，他並不拘守五七言固定的三字結尾，靈活地把五七言的三字結尾和雙言結尾結合起來。

> 千岩萬轉路不定，迷花倚石忽已暝。
> 熊咆龍吟殷岩泉，栗深林兮驚層巔。

「路不定」、「忽已暝」、「殷岩泉」、「驚層巔」，每句都是三字結尾、五七言的節奏，保證了統一的調性。如果把三字尾改成四字尾：「千岩萬轉雲路不定，迷花倚石日忽已暝。」以「雲路不定」、「日忽已暝」為句尾，就是另外一種調性了。李白在詩中，靈活地在這兩種基本句法中轉換，比如：「雲青青兮欲雨，水澹澹兮生煙。」以「欲雨」、「生煙」為句尾（「兮」為語助虛詞，古代讀音相當於現代漢語的「呵」，表示節奏的延長，可以略而不計），這就不是五七言詩的節奏了，雙言結尾和三言結尾自由交替，近乎楚辭的節奏。把楚辭節奏和五七言詩的節奏結合起來，使得詩的敘事功能大大提高。增加了一種句法節奏，就在抒發的功能中融進了某種敘事的功能，比如：「列缺霹靂，丘巒崩摧。洞天石扉，訇然中開。」有了這樣的節奏，就不

用像李賀那樣犧牲事件的過程，夢境從朦朧迷離變成恐怖的地震，過程就這樣展開了：

> 忽魂悸以魄動，恍驚起而長嗟。
> 惟覺時之枕席，失向來之煙霞。

從「魂悸」、「驚起」到「覺……枕席」、「失……煙霞」，有了向雙言結尾的自由轉換，句子之間就不是平行關係，而有了時間順序，先後承繼的邏輯也比較清晰。特別是下面的句子：

> 世間行樂亦如此，古來萬事東流水。

　　句法的自由，帶來的不僅僅是敘述的自由，而且是議論的自由。從方法來說，「世間行樂亦如此」，是突然的類比，是帶著推理性質的。前面那麼豐富迷離的描繪被果斷地納入簡潔的總結，接著而來的歸納（「古來萬事東流水」）就成了前提，得出「安能摧眉折腰事權貴，使我不得開心顏」的結論就順理成章了。這就不僅僅是句法和節奏的自由轉換，而且是從敘述向直接抒發的過渡。這樣的抒發，以議論的率真為特點。這個類比推理和前面迷離的描繪在節奏（速度）上，是很不相同的。迷離恍惚的意象群落是曲折緩慢的，而這個結論卻突如其來，有很強的衝擊力。節奏的對比強化了心潮起伏的幅度。沒有這樣的句法、節奏和推理、抒發的自由轉換，「安能摧眉折腰事權貴，使我不得開心顏」這樣激情的概括、向人格深度昇華的警句就不可能有如此衝擊力。但是，這似乎還不是全部理由，不能設想，如果把這樣兩句放在開頭，是否還會有同樣的震撼力。格言式的警句，以思想的警策動人，但思想本身是抽象的、缺乏感性的。這兩句之所以成為李白生命的象徵，就是因為前面的詩句提供了深厚的感性基礎。

　　這不僅僅是思想的勝利，而且是詩歌結構藝術的勝利，同時也是詩人在詩歌創作過程中人格創造的勝利。

　　詩歌並不像西方當代文論所說的那樣，僅僅是語言的「書寫」。詩歌不僅是語言的創造，而且是詩歌形式的創造；不但是詩歌形式的創造，而且是人格的創造。在創造的過程中，突破原生的語言、原生的形式，更主要的是，突破原生狀態的人，讓人格和詩格同步上升。要知道，在日常生活中，在實用性散文中，李白並不完全像詩歌中那樣以藐視權貴為榮，事實恰恰相反。他在著名的〈與韓荊州書〉中這樣自述：「白隴西布衣，流落楚、漢。十五好劍術，遍干諸侯；三十成文章，曆抵卿相。」對於諸多他干謁的權勢者，他不惜阿諛逢迎之詞。對這個韓荊州，李白是這樣奉承的：「君侯製作侔神明，德行動天地，筆參造化，學究天人。」[6]這類肉麻的詞語在其他實用性章表中（如〈上安州裴長史書〉、〈上安州李長史書〉）比比皆是。可以說在散文和詩歌中，有兩個李白。散文中的李白是個大俗人，而詩歌中的李白，則不食人間煙火。這是一個人的兩面，或者說得準確一點，是一個人的兩個層次。由於章表散文是實用性的，是李白以之作為求得飛黃騰達的手段，具有形而下的性質，故李白世俗的表層袒露無遺。我們不能像一些學究那樣，把李白絕對地崇高化，完全無視李白庸俗的這一層，當然也不能像一些偏激的老師那樣，輕浮地貶斥李白，把他的人格說得很卑微甚至卑污。兩個李白，都是真實的，只不過一個戴著世俗的、表層的角色面具，和當時的庸俗文士一樣，他不能不摧眉折腰，甚至奴顏婢膝。但李白之所以是李白，就在於他不滿足於這樣的庸俗，他的詩歌表現了一個潛在的、深層的李白，這個李白有藐視摧眉折腰、藐視奴顏婢膝的衝動。在詩中，他上天入地，追求超凡脫俗的自由人格。

6　《李太白全集》第三冊，卷二十六，十八（北京市：中華書局，1957年）。

　　不可忽略的是文體功能的分化。李白在詩歌中，生動地表現了自己在卑污潮流中忍受不了委屈，苦苦掙扎，追求形而上的解脫。詩的想象，為李白提供了超越現實的契機，李白清高的一面，天真的一面，風流瀟灑的一面，「天子呼來不上船，自稱臣是酒中仙」、「一醉累月輕王侯」的一面就這樣得到詩化的表現。當他干謁順利，得到權貴賞識，甚至得到中央王朝最高統治者接納時，他就馴服地承旨奉詔，寫出〈清平調〉，把皇帝寵妃奉承為天上仙女（「若非群玉山頭見，定向瑤臺月下逢」）。如果李白長此得到皇帝的寵愛，中國古典詩歌史上這顆最明亮的星星很可能就要隕落了。幸而，他的個性注定了他會在政治上碰壁。他反抗權勢的激情，他的清高，他的傲岸，他的放浪形骸、落拓不羈的自豪，和現存秩序的衝突終於尖銳起來，遊仙、山水賞玩，激發了他形而上的想象，〈夢遊天姥吟留別〉正是他的人格在詩的創造中得到淨化、得到純化的傑作。詩中的李白和現實中的李白雖不同，但並不絕對矛盾。李白的人格和詩格正是這樣在詩歌的創造中昇華的。

附錄

古典詩論中的「詩酒文飯」之說

　　詩與文的區別，或者說分工，在中國文學理論史上，相當受重視，在古典詩話詞話中長期眾說紛紜。但是在西方文論史上，卻沒有這樣受到關注。在古希臘、羅馬的修辭學經典中，這個問題似乎很少論及。這跟他們沒有我們這樣的散文觀念有關。他們的散文，在古希臘羅馬時期是演講和對話，後來則是隨筆，大體都是主智的，和今天我們心目中的審美抒情散文不盡相同。在英語國家的百科全書中，有詩的條目，卻沒有單獨的散文（prose）條目，只有和 prose 有關的文體，例如：alliterative prose（押頭韻的散文），prose poem（散文詩），nonfictional prose（非小說類/非虛構寫實散文），heroic prose（史詩散文），polyphonic prose（自由韻律散文）。在他們心目中，散文並不是一個特殊的文體，而是一種表達的手段，許多文體都可以用。亞里斯多德的《詩學》關注的不是詩與散文的關係，而是詩與哲學、歷史的關係：歷史是個別的事，而詩是普遍的、概括的，從這一點來說，詩和哲學更接近。他們的思路，和我們不同之處，還在方法上，他們是三分法。而我們則是詩與散文的二分法。

　　我們早期的觀念是詩言志、文載道，把詩與散文對舉。我們的二分法，一直延續到清代，甚至當代。雖然形式上二分，但在內容上，許多論者都強調統一。司馬光在〈趙朝議文稿序〉中，把〈詩大序〉的「在心為志，發言為詩」稍稍改動了一下，變成：「在心為志，發口為言。言之美者為文，文之美者為詩。」元好問則說：「詩與文，特言語之別稱耳。有所記述之謂文，吟詠情性之謂詩，其為言語則一

也。」(《元好問詩話》〈輯錄〉)這都是把詩與文對舉，承認詩與文的區別，但強調詩與文主要方面的統一。司馬光說的是，二者均美，只是程度不同；元好問說的是，表現方法有異，一為記事，一為吟詠而已。宋濂則更是直率：「詩文本出於一原，詩則領在樂官，故必定之以五聲，若其辭則未始有異也。如《易》、《書》之協韻者，非文之詩乎？《詩》之〈周頌〉，多無韻者，非詩之文乎？何嘗歧而二之！」(《宋濂詩話》)當然，這種掩蓋矛盾的說法頗為牽強，擋不住詩與文的差異成為詩詞理論家長期爭論不休的課題。不管怎麼說，誰也不能否認二者的區別，至少是程度上的不同。明《徐一夔詩話》說：「夫語言精者為文，詩之于文，又其精者也。」把二者的區別僅定位在精的程度上，立論甚為軟弱。因為詩與散文的區別不是量的，而是質的。這是明擺著的事實，可許多詩話和詞話家寧願模棱兩可。當然這也許和詩話詞話體制狹小，很難以理論形態正面展開有關，而結合具體作家作品的評判要方便得多。黃庭堅說：「詩文各有體，韓以文為詩，杜以詩為文，故不工爾。」(轉引自宋陳師道《後山詩話》)在理論上，正面把詩文最為根本的差異提出來，是需要時間和勇氣的。說得最為堅決的是明代的江盈科：「詩有詩體，文有文體，兩不相入。」「宋人無詩，非無詩也，蓋彼不以詩為詩，而以議論為詩，故為非詩。」「以文為詩，非詩也。」(《雪濤小書》〈詩評〉)

　　承認區別是容易的，但闡明區別則是艱難的。詩與文的區別一直在爭論不休，甚至到本世紀，仍然是一個嚴峻的課題。古人在這方面不乏某些天才的直覺，然而，即使要把起碼的直覺加以表達，也是要有一點才力的。明莊元臣值得稱道之處，就是把他的直覺表述得很清晰：「詩主自適，文主喻人。詩言憂愁愉佚，以舒己拂鬱之懷；文言是非得失，以覺人迷惑之志。」(《莊元臣詩話》)實際上，這就是說詩是抒情的(不過偏重於憂鬱)，文是「言是非得失」的，也就是說理的。這種把說理和抒情區分開來，至少在明代以前，應該有相當的

根據。但是，把話說絕了，因而還不夠深刻，不夠嚴密。清鄒祗謨在〈與陸蓋思〉中有所補正:「作詩之法，情勝於理;作文之法，理勝於情。乃詩未嘗不本理以緯夫情，文未嘗不因情以宣乎理，情理並至，此蓋詩與文所不能外也。」（轉引自清周亮工《尺牘新鈔》二集）應該說，「情理並至」至少在方法論上帶著哲學性的突破，不管在詩中還是文中，情與理並不是絕對分裂的，而是互相依存的，如經緯之交織，詩情中往往有理，文理中也不乏情致，情理互滲，互為底蘊。只是在文中，理為主導;在詩中，情為主導。這樣說，比較全面，比較深刻。在情理對立中，只因主導性的不同，產生了不同的性質，這樣精緻的哲學思辨方法，竟然出自這個不太知名的鄒祗謨，是有點令人驚異的。當然，他也還有局限，畢竟，還僅僅是推理，缺乏文本的實感。真正在理論意義上做出突破的，是吳喬。他在《圍爐詩話》中這樣寫:

> 問曰:「詩文之界如何?」答曰:「意豈有二?意同而所以用之者不同，是以詩文體制有異耳。文之詞達，詩之詞婉。文以道政事，故宜詞達;詩以道性情，故宜詞婉。意喻之米，飯與酒所同出。文喻之炊而為飯，詩喻之釀而為酒。文之措詞必副乎意，猶飯之不變米形，啖之則飽也。詩之措詞不必副乎意，猶酒之變盡米形，飲之則醉也。文為人事之實用，詔敕、書疏、案牘、記載、辨解，皆實用也。實則安可措詞不達，如飯之實用以養生盡年，不可矯揉而為糟也。詩為人事之虛用，永言、播樂，皆虛用也。……詩若直陳，〈凱風〉、〈小弁〉大詬父母矣。」（《圍爐詩話》卷一）

這可以說，真正深入到文體的核心了。鄒祗謨探索詩與文的區別，還拘於內涵（情與理），吳喬則把內涵與形式結合起來考慮。雖

然在一開頭，他認定詩文「意豈有二」，但是，他並沒有把二者的內涵完全混同，接下來，他馬上聲明文的內涵是「道政事」，而詩歌的內涵則是「道性情」，在形式上則是一個說理，一個抒情。他的可貴在於，指出由於內涵的不同導致了形式上巨大的差異：「文喻之炊而為飯，詩喻之釀而為酒。文之措詞必副乎意，猶飯之不變米形，啖之則飽也。詩之措詞不必副乎意，猶酒之變盡米形，飲之則醉也。」他把詩與文的關係比喻為米（原料）、飯和酒的關係，表現出一種天才的靈氣，散文由於是說理的，如米煮成飯，並不改變原生材料（米）的形狀；而詩是抒情的，感情使原生材料（米）「變盡米形」成了酒。在〈答萬季埜問〉中，他說得更徹底，不但形態變了，性質也變了（「酒形質盡變」）。這個說法，對千年來的詩文之辨是一大突破。

生活感受，在感情的衝擊下，發生種種「變異」是相當普遍的規律，「情人眼裡出西施」，「看自己，一朵花；看別人，豆腐渣」，抒情的詩歌形象正是從這「變異」的規律出發，進入了想象的假定的境界：「一日不見，如三秋兮」，「誰謂荼苦，其甘如薺」，「露從今夜白，月是故鄉明」，「回眸一笑百媚生，六宮粉黛無顏色」，這些就是以感知變異的結果提示情感強烈的原因。創作總是走在理論前面，落伍的理論使得我國古典詩論往往拘泥於〈詩大序〉「在心為志，發言為詩。情動於衷而形於言」的陳說，好像情感直接等於語言，有感情的語言就一定是詩，情感和語言、語言和詩之間沒有任何矛盾似的。其實，在情感和語言之間橫著一條相當複雜的曲折道路。語言符號，並不直接指稱事物，而是喚醒有關事物的感知經驗。而情感的衝擊使感知發生變異，語言符號的有限性以及詩歌傳統的遮蔽性，都可能使得情志為現成的、權威的、流行的語言所遮蔽。心中所有往往筆下所無。言不稱意，筆不稱言，手中之竹背叛胸中之竹，是普遍規律，正是因為這樣，詩歌創作才需要才華。司空圖似乎意識到了「遺形得似」的現象，可惜只是天才猜測，而限於簡單論斷，未有必要的闡釋。

　　吳喬明確地把詩歌形象的變異作為一種普遍規律，提上理論前沿，不僅是鑑賞論的，而且是創作論的前沿，在中國詩歌史上可謂空前。它突破了中國古典文論中形與神對立統一的思路，提出了形與形、形與質對立統一的範疇，這就觸動了詩歌形象的假定性。很可惜這個觀點，在他的《圍爐詩話》中並沒有得到更系統的論證。但紀昀在《紀文達公評蘇文忠公詩集》卷五、延君壽在《老生常談》中都曾加以發揮。當然，這些發揮今天看來還嫌不足。只抓住了變形變質之說，卻忽略了在變形變質的基礎上，還有詩文價值上的分化。吳喬強調讀文如吃飯，可以果腹，因為「文為人事之實用」，也就是「實用」價值；而讀詩如飲酒，酒可醉人，卻不能解決饑寒之困，旨在享受精神的解放，因為「詩為人事之虛用」，也就是審美價值。吳喬的理論意義不僅在變形變質，而且在「實用」和「虛用」。這在中國文藝理論史上，應該是超前的，他意識到詩的審美價值是不實用的，還為之命名曰「虛用」，這和康德在《判斷力批判》中所言審美的「非實用」異曲同工。當然，吳喬沒有康德那樣的思辨能力，也沒有西方建構宏大體系的演繹能力，他的見解只是吉光片羽。這不僅是吳喬的局限，而且是詩話詞話體裁的局限，也是我國傳統民族文化的局限。但是，這並不妨礙他的理論具有超前的性質。

　　吳喬之所以能揭示出詩與文之間的重大矛盾，一方面是他的才華，另一方面也不能不看到他心目中的散文，主要是他所說的「詔敕、書疏、案牘、記載、辨解」等，其實用性質是很明顯的。按姚鼐《古文辭類纂》，它是相對於詞賦類的，形式很豐富，有論辯類、序跋類、奏議類、書說類、贈序類、詔令類、傳狀類、碑誌類、雜記類、箴銘類等等。這些基本上都是實用類文體。在這樣的背景下觀察詩詞，進行邏輯劃分有顯而易見的方便，審美與實用的差異可以說是昭然若揭。這一點和西方有些相似，西方也沒有我們今天這種抒情審美散文的獨立文體，他們的散文大體是以議論為主展示智慧的隨筆

（essay）。從這個意義上說，吳喬的發現仍屬難能可貴。以理性思維見長的西方直到差不多一個世紀以後，才有雪萊的總結，「詩使它能觸及的一切變形」。在這方面英國浪漫主義詩歌理論家赫斯列特說得相當勇敢。他在《泛論詩歌》中說：「想象是這樣一種機能，它不按事物的本相表現事物，而是按照其他的思想情緒把事物糅成無窮的不同的形態和力量的綜合來表現它們。這種語言不因為與事實有出入而不忠於自然；如果它能傳達出事物在激情的影響下，在心靈中產生的印象，它便是更為忠實和自然的語言了。比如在激動或恐怖的心境中，感官覺察了事物——想象就會歪曲或誇大這些事物，使之成為最能助長恐怖的形狀，『我們的眼睛』被其他的官能『所愚弄』，這是想象的普遍規律。」[1]其實，赫氏這個觀念並非完全是自己的原創，很明顯，感官想象「歪曲」事物的說法就是來自莎士比亞《仲夏夜之夢》第五幕第一場中希波呂特的臺詞：「情人們和瘋子們都有發熱的頭腦和有聲有色的幻想，瘋子、情人和詩人，都是幻想的產兒：瘋子眼中所見的鬼，比地獄裡的還多；情人，同樣是那麼瘋狂，能從埃及人的黑臉上看見海倫；詩人的眼睛在神奇狂放的一轉中，便能從天上看到地下，從地下看到天上。想象會把虛無的東西用一種形式呈現出來，詩人的妙筆再使它們具有如實的形象，虛無縹緲也會有了住處和名字。強烈的想象往往具有這種本領，只要一領略到一些快樂，就會相信那種快樂的背後有一個賜予的人；夜間一轉到恐懼的念頭，一株灌木一下子便會變成一頭狗熊。」到西歐浪漫主義詩歌衰亡之後，馬拉美提出了「詩是舞蹈，散文是散步」的說法，與吳喬的詩酒文飯之說，有異曲同工之妙。

可惜的是，吳喬這個天才的直覺，在後來的詩詞賞析中沒有得到充分的運用。如果把他的理論貫徹到底，認真地以作品來檢驗的話，

1　《古典文藝理論譯叢》第一冊（北京市：人民文學出版社，1961年），頁60-61。

對權威的經典詩論可能有所顛覆。詩人就算如〈詩大序〉所說的那樣心裡有了志，口中便有了相應的言，然而口中之言是不足的，因而還不是詩，即使長言之，也還不是轉化的充分條件，至於手之舞之，足之蹈之，對於詩來說，只是白費勁，如果不加變形變質，也肯定不是詩。從語言到詩歌，並不那麼簡單，西方當代文論說那僅僅是語言的「書寫」。這種說法還不如二十世紀早期俄國形式主義者說的「陌生化」到位。當然俄國形式主義者並未意識到。詩的陌生化不但是感知的陌生化，而且還需要潛在的熟悉化作為底蘊。「紅杏枝頭春意鬧」是詩，「紅杏枝頭春意『吵』」就不是詩了。因「熱鬧」是熟悉的自動化聯想，而熱「吵」則不是。語義不但受到語境的塑造，而且在詩歌形式規範中獲得自由，因而它不但是詩歌風格的創造，而且是人格從實用向審美高度的昇華。並且在這昇華的過程中突破，突破原生狀態的實用性的人，讓人格和詩格同步向審美的形而上的境界昇華。

　　以吳喬的散文實用詩歌審美的觀念來分析李白的詩和散文，就可獲得雄辯的論據。在實用性散文中，李白陷於生存的需求，並不像詩歌中那樣以藐視權貴為榮。相反，他在著名的〈與韓荊州書〉中以「遍干諸侯」、「曆抵卿相」自誇，對於他所巴結的權勢者，不惜阿諛逢迎之詞。對這個韓荊州，李白是這樣奉承的：「君侯製作侔神明，德行動天地，筆參造化，學究天人。」[2]這類肉麻的詞語在其他實用性章表中（如〈上安州裴長史書〉、〈上安州李長史書〉）中不勝枚舉。可以說在散文和詩歌中，有兩個李白。散文中的李白，是個大俗人；而詩歌中的李白，則不食人間煙火。這是一個人的兩面，或者說得準確一點，是一個人的兩個層次。由於章表散文是實用性的，是李白以之作為求得飛黃騰達的手段，具有形而下的性質，故李白世俗實用心態袒露無遺。兩個李白，都是真實的，只是一個戴著世俗的、表

2　《李太白全集》第三冊，卷二十六，十八（北京市：中華書局，1957年）。

層的角色面具，和當時的庸俗文士一樣，不能不摧眉折腰，甚至奴顏
婢膝。但李白之所以是李白，就在於他不滿足於這樣的庸俗，他的詩
歌表現了一個潛在的、深層的李白，這個李白有藐視摧眉折腰、奴顏
婢膝的衝動，有上天入地追求超凡脫俗的自由人格。

　　人在文體中分化，這種情況在柳宗元的散文和詩中也表現得很突
出。在〈小石潭記〉中，柳宗元在偏僻的山裡發現潭石和水的美好，
這種美是很「幽邃」的，遠離塵世、超凡脫俗的，心靈得到深深的安
慰，甚至快慰。但是，又不能不指出「其境過清」，「寂寥無人，淒神
寒骨，悄愴幽邃」，欣賞則可，並不適合自己「久居」。這種美，是可
以陶醉而不可以實用的，這正是散文的某種形而下的屬性。這是柳宗
元性格的一個側面，比較執著於現實，不像他在詩歌裡表現出來的另
一面，那裡充滿了不食人間煙火的形而上的境界。如〈江雪〉：

　　　　千山鳥飛絕，萬徑人蹤滅。
　　　　孤舟蓑笠翁，獨釣寒江雪。

開頭兩句強調的是生命的「絕」和「滅」，與這相對比的不是塵世的
熙熙攘攘，而是一個漁翁孤獨的身影，雖然孤獨，卻微妙地消解了
「絕」和「滅」。在寒冷、冰封的江上，是「釣雪」，而不是釣魚，也
就是超越了任何功利，孤獨本身就是一種享受。這和〈小石潭記〉中
「寂寥無人，淒神寒骨，悄愴幽邃」、「其境過清，不可久居」的境界
大不相同。詩歌裡的柳宗元是不怕冷、不怕孤獨的，而在散文裡則相
反。在散文中，柳宗元還是不能忘情現實環境、居住條件，甚至國計
民生，乃至於政治，而詩歌則可以盡情發揮超現實的形而上的空寂的
理想，以無目的、無心的境界為最高境界。如他的〈漁翁〉一詩，可
謂達到物我兩忘的境界：

漁翁夜傍西巖宿，曉汲清湘燃楚竹。

煙銷日出不見人，欸乃一聲山水綠。

回看天際下中流，巖上無心雲相逐。

　　詩的境界中，「無心」的雲就是「無心」的人，超越一切功利，大自然和人達到高度的和諧和統一。這是詩的意境，而在散文中，這是作者可以欣賞而不想接受的。當然，蘇東坡說最後兩句是可以刪節的，自然有一定道理，但其中的「無心」，卻是詩的關鍵。從這個意義上來說，吳喬把詩與散文的內容看成沒有區別（意喻之米）是不夠全面的，詩的內容顯然比較形而上，比較概括，散文的內容比較形而下，比較著重於特殊具體的事物和人物。這是不能含糊的。

〈宣州謝朓樓餞別校書叔雲〉：
無理而妙，妙在一個「亂」字上

解讀焦點

　　詩是抒情的，更嚴密一些説，古典的、傳統詩歌是抒情的，這可以説已經取得共識。但是關於「情」的內涵，理解卻處於混沌狀態。日常語言「合情合理」的説法，被廣泛接受。似乎情與理只有統一，而無矛盾。這種對於抒情實在是一種遮蔽。諸多詩歌賞析不得要領，誤人子弟，原因就在忽略了情與理是一對矛盾，合情不一定合理，合理不一定合情。上個世紀八十年代，我在《文學創作論》中就引用過清代吳喬的「無理而妙」。就是説抒情看起來要「無理」，不合理才好。這個説法，在闡明抒情的特殊規律方面，比之西方許多詩人所説的「變形」要深刻得多。[1]李白的〈宣州謝朓樓餞別校書叔雲〉這首經典之作的「無理而妙」，關鍵就在一個「亂我心者」的「亂」字上。

〈宣州謝朓樓餞別校書叔雲〉

李白

棄我去者，昨日之日不可留。

亂我心者，今日之日多煩憂。

長風萬里送秋雁，對此可以酣高樓。

1　原文是「余友賀黃公（按，賀裳）曰：嚴滄浪謂詩有別趣，不關於理；而元次山〈舂陵行〉，孟東野〈遊子吟〉等直是六經鼓吹。理豈可廢乎？其無理而妙者，如：『早知潮有信，嫁與弄潮兒』，但是於理多一曲折耳。」《圍爐詩話》，頁11。

> 蓬萊文章建安骨，中間小謝又清發。
> 俱懷逸興壯思飛，欲上青天覽明月。
> 抽刀斷水水更流，舉杯消愁愁更愁。
> 人生在世不稱意，明朝散髮弄扁舟。

從詩題可以看出，這是一首送別詩，此等應酬常用近體詩，也就是有規格可循的絕句和律詩，這裡用的是歌行體（原題一作〈陪侍禦叔華登樓歌〉），與近體詩不同，章無定句，句無定言，沒有嚴格的平仄講究，可以說是唐代的「自由詩」。其自由，從開頭兩句，就顯示出來了。基本上是七言體，在七言的詩句前面加上了一個四言，成了十一言。「棄我去者」，「亂我心者」，光憑語感就能看出這兩個四言似乎不完全是詩的。從詞法上說，「者」是虛字，在詩句中一般是應該避免的。從句法上說，「者」字句，屬於判斷句式，甚至是下定義的模式，往往不帶感情。如「仁者，愛人也」。「詩者，志之所至也。」歐陽修在〈醉翁亭記〉中這樣寫：

> 望之蔚然而深秀者，琅琊也。山行六七里，漸聞水聲潺潺而瀉出兩峰之間者，釀泉也。峰迴路轉，有亭翼然臨於泉上者，醉翁亭也。作亭者誰？山之僧曰智仙也。名之者誰，太守自謂也。

這種「者」字句，帶著明顯的散文色彩。李白把它用到詩裡來，是很大膽的，也是很風險的。但是，李白很自如地駕馭了這種散文式的句法，使之帶上詩意。首先，第一句的第一個字「棄」，並不像歐陽修那樣是描繪，而是帶著獨特的感情。「棄」字的本義：是捨去，扔掉：如，拋棄。遺棄。棄權。棄置（不顧）。棄市（古代在鬧市執行死刑，並將屍體暴露街頭）。棄世（超出世俗或指去世）。棄養（父母死亡的婉辭）。其主體（或主語）都是有生命，有意志的人，人是主

動的。但是這裡的「棄」，主體（或主語）卻是無生命的時間（「昨日」），人（我）成了被棄者。不是我棄時間，而是時間棄我，時間沒有生命，沒有意志，我有意志，卻敵它不過，這是一種情緒化的語言，不是一般的情緒，情感憤激時的語言。從理性邏輯來看，這個憤激，來得是沒有原因的，可以說是無理的，然而從抒發情感來看，是有特點的。一般的抒情餞別之作即景導入抒情，這裡卻是橫空出世，來得很是突兀。《昭昧詹言》評論說它「發興無端」[2]，王闓運說它「起句破格」[3]《唐宋詩舉要》說它「破空而來」[4]說的就是這種被棄，無緣由的憤懣。這正表明詩的抒情，不是通常的由弱到強，而是一開始就是高潮，處於高強度的激烈狀態。其次，有了這個「棄」字，下面的「不可留」感情色彩就更濃烈了，因為被棄，挽留的欲望才顯得無奈。妙就妙在時間不可逆轉，就是往日不可挽回。往日是什麼樣的往日？就是指兩年前在長安一度接近中央王朝的日子。那樣的日子的確不是主體拋棄它，而是它拋棄我。再次，昨日就是昨日了，可是，卻說「昨日之日」，這種重複，違反修辭、詩歌簡潔之理。如果說，就是它的原型，《論語》中楚狂接輿的歌，本是很簡潔的：

> 往者不可諫，來者猶可追。

但，如果按照同樣的句型，改成：

> 棄我去者，昨日不可留；
> 亂我心者，今日多煩憂。

2　陳伯海主編：《唐詩彙評》上，頁682。
3　陳伯海主編：《唐詩彙評》上，頁682。
4　陳伯海主編：《唐詩彙評》上，頁683。

意思沒有多少變化，然而作為詩來說，無疑是大為遜色了。可見，所謂「無理而妙」，不但是情的妙，而且是詩歌節奏的妙。這個「昨日之日」「今日之日」關鍵字的重複，是一種強調，不僅是意念的強調，節奏核心強化，使詩句更具旋律感。

　　亂我心者，今日之日多煩憂。

節奏因對稱使旋律更統一。當然，旋律之妙離不開情緒之妙。語義的重複，節奏的強化，點明了「煩憂」的原因是心（情緒）被攪「亂」了，無序了。這個「亂」字正是情緒的特點。不理解這一點的盧仝後來模仿李白，在〈歎昨日〉中這樣寫：

　　昨日之日不可追，今日之日須臾期。
　　如此如此複如此，壯心死盡生鬢絲。
　　秋風落葉客腸斷，不辦門酒開愁眉。
　　賢名聖行甚辛苦，周公孔子徒自欺。
　　天下薄夫苦耽酒，玉川先生也耽酒。
　　薄夫有錢恣歡樂，先生無錢養恬漠。
　　有錢無錢俱可憐，百年驟過如流川。
　　……

缺乏詩意的原因很明顯，這樣的詩句，邏輯很完整，理路分明，推理清晰到有點囉嗦的程度，所缺乏的就是李白那樣情緒上的「亂」，邏輯上的不完整。李白的「亂」，也就是「無理」，在這裡還是開始，接下去是：

　　長風萬里送秋雁，對此可以酣高樓。

從字面上來看，邏輯似乎不連貫了。「昨日之日」和「今日之日」的「煩憂」，還沒有下落，卻跳到「長空萬里」。但是，表面上的確「亂」，無理，而在深層，卻是筆亂意順的。「送秋雁」就是送人（李雲），把送人直接寫出來，筆不亂了，意也連了，那就變成了散文，只寫雁不寫人，讓它有一點「亂」，才是詩。

從意脈的運行來說，這是第一層次的「亂」，呈現的就是感情激昂時思緒的跳躍。這種跳躍性，這種「亂」，正是情感與理性，也是詩歌和散文不相同的地方。越是跳躍，就越是有抒情的美。越是邏輯嚴密，越是不「亂」，就越是缺乏詩意。這一次的跳躍的幅度還不是很大的。接下去，是第二層次的「亂」：

　　　蓬萊文章建安骨，中間小謝又清發。
　　　俱懷逸興壯思飛，欲上青天攬明月。

這裡的跳躍的幅度就更大了，《王闓運手批唐詩》說「中四句不貫，以其無愁也。」[5]前面明明說，「煩憂」不可排解，可這裡卻沒有了一點影子，一下子變得相當歡快。「蓬萊文章」，是對李雲職務和文章的讚美，「小謝」「清發」是自比才華不凡。至於壯興思飛，青天攬月，則更是豪情滿懷。從開頭的煩憂不可解脫到這裡的歡快，如此矛盾竟是毫無過渡，邏輯上可以說是「亂」的可以了。但是，這裡的「亂」，卻不是絕對的，而是有著精緻的分寸感的。首先，前面有「對此可以酣高樓」的「酣」字，提示酒喝到「酣」的程度，煩憂就消解了，心情就大不一樣了。其次，人而思飛，這不是一般人的想象，而是帶著孩子氣的天真，這種天真與年已五旬的李白似乎並不相稱，但是句前有「小謝」自稱，聯想就不難契合了。

5　陳伯海主編：《唐詩彙評》上，頁682。

　　比思飛的率真更動人的是攬月想象。

　　月亮早在《詩經》就是姣好的意象，以其客體、環境的清淨構成精神環境的美好。經過了千百年的積澱，到唐代月亮意象的符號意味在思鄉的親情和友情上趨於穩定。這個意象具備了公共性。李白的貢獻就在於突破了這種想象的有限性。在李白現存詩作中，不算篇中出現的月亮意象，光是以月為題的就達二十餘首，令人驚歎的是，從月亮意象衍生出來的群落，其豐富程度超過了從初唐到盛唐的詩人。李白的生命賦予月亮以生命，李白生命的外延成了月亮意象的外延。「舉頭望明月，低頭思故鄉」，固然是鄉愁的共同載體，但卻是潛意識微妙的觸發。「明月出天山，滄茫雲海間，長風幾萬里，吹度玉門關。」秀麗的月亮帶上了邊塞軍旅的蒼涼而悲壯的色調。「長安一片月，萬戶擣衣聲，秋風吹不斷，總是玉關情」，思婦閨房的幽怨彌漫在萬里長空之中，優美帶上壯美色質。李白使月亮煥發出生機，改變了它作為觀賞對象的潛在成規，靜態的聯想機制被突破了，月亮和李白不可羈勒的情感一樣運動起來，隨著李白的情感變幻萬千。當他童稚未開，月亮就是「白玉盤」「瑤臺鏡」（小時不識月，呼作白玉盤。又疑瑤臺鏡，飛在青雲端。）當友人遠謫邊地，月光就化為他的感情形影不離地追隨（我寄愁心與明月，隨君直到夜郎西），月亮可以帶上他孤高的氣質（萬里浮雲卷碧山，青天中道流孤月），也可以成為豪情的載體在功成名後時供他賞玩（一振高名滿帝都，歸時還弄峨嵋月）。清夜望月可以作屈原式的質疑（白兔搗藥秋復春，嫦娥孤棲與誰鄰？）金樽對月意味著及時享受生命的歡樂（人生得意須盡歡，莫使金樽空對月），有月可比可賦，無月亦可起興（獨漉水中泥，水濁不見月。不見月尚可，水深行人沒。）把酒問月可以激發生命苦短的沉思（今人不見古時月，今月曾經照古人），抱琴弄月，可借無弦之琴進入陶淵明的境界。月不但可以醉想，視之為超越生命大限的人間（浩歌待明月，曲盡已忘情），而且可以邀，視之為自己孤獨中的朋

友（舉杯邀明月，對影成三人）。月之可人，在於其遙，不論是「問」是「邀」，均為心理距離的縮短，月之可以俯來就人，人的空間位置不變，而在這裡「欲上青天攬明月」，月竟然可以「攬」，是人飛起來去接近月亮，月的空間位置不變。攬月的精彩不但在想象，而且在於月帶著理想的冰清玉潔，有「青天」的空靈，有「明」的純淨，還有在率真的情致中交織著「逸」興和「壯」思。這個結合著清和淨，逸和壯的精神境界，被月光統一在透明宇宙之中，完全是李白精心結構的藝術境界，在他以前，甚至在他以後，沒有一個詩人，有這樣的才力營造這樣統一而又豐富的意境。雖然皎然也曾模仿過，寫出「吾將攬明月，照爾生死流」（〈雜寓興〉），只是借月光的物理性質，而不見其豐富情志。千年以後，毛澤東「可上九天攬月，可下五洋捉鱉」（〈水調歌頭〉〈重上井岡山〉）藝術上亦粗放，不能望其項背。

　　到此為止，李白已經借助月亮，從鬱悶的極端轉向歡樂的極端。從情緒的律動來說，顯示出李白式激情的迭蕩起伏，在李白這裡激情的特點，首先就是極端之情，其次就是大幅度的轉折。再次就是大幅度的轉折不是一次性的，而是多次性的。接著下去，又次轉折開始了：

　　　抽刀斷水水更流，舉杯消愁愁更愁。

極端的歡樂，一下子變成了極端的憂愁。不但程度上極端，而且在不可排解上也是極端。這是千古名句。原因在於多重的「無理」。第一，「抽刀斷水」是不現實的，明顯是不理性的動作，是「無理」的虛擬，但是，「妙」在以外部的極端的姿態表現內心的憤激，更「妙」在「水更流」，極端的姿態恰恰又造成了極端相反的效果。第二，有了這個精緻的類比，「舉杯消愁愁更愁」，走向自身願望的反面，就被雄辯地肯定下來，從無理變成有理，也就變得很妙了。這個妙不僅僅是在這個句子裡，而且在於和前面「對此可以酣高樓」的呼

應。「酤」高樓，就是為了消愁，酤就是醉，醉為了忘憂，然而還是忘不了憂愁。可見在這大幅度的跳躍中，內在情致意脈之綿密。

最後，還有一點，就是獨特的節奏。這個「抽刀斷水水更流」「舉杯消愁愁更愁」的節奏本來不是五七言詩歌的節奏，而是從早期楚辭體的〈越人歌〉那裡化用的：

> 山有木兮木有枝，心悅君兮君不知。⁶

李白一方面把楚辭體停頓性的語氣詞「兮」省略了，使這個本質上是六言的詩句，變成了七言。另一方面，把詩句的內涵深化了。本來是兩句構成矛盾（「有枝」和「不知」）變成兩句各有一個矛盾，也就是四重的矛盾（斷水水更流，消愁愁更愁）。意念的豐厚和節奏的豐富就這樣達到了高度的和諧。

在李白的詩作中，借酒消愁，解脫精神壓力，表現出情感獲得自由之美是反覆重構的母題。這方面有「會須一飲三百杯。」「與爾同消萬古愁」的豪邁，也有「清風朗月不用一錢買，玉山自倒非人推。舒州杓，力士鐺，李白與爾同死生」的不羈，更有「雲間連下塌，天上接行杯」的飄逸，都是借酒成功地消解了憂愁，但是，這裡卻是借酒加劇了憂愁。

全詩情緒悲歡起落的性質不同，但是，不管是起還是落，卻有一個共同點，那就是情緒都很緊張。以這樣緊張的最強音作為結尾，似乎不能排斥也是一種選擇。但是，李白卻不是這樣。

> 人生在世不稱意，明朝散髮弄扁舟。

6　見劉向《說苑》，全文是：「今夕何夕兮？搴舟中流；今日何日兮？得與王子同舟。蒙羞被好兮，不訾詬恥。心幾煩而不絕兮，知得王子。山有木兮木有枝，心悅君兮君不知。」

激憤的最高潮突然進入第三次轉折，從極端鬱悶轉入極端瀟灑，從極端緊張轉入極端放鬆，連用詞也極端輕鬆。「人生在世不稱意」，輕描淡寫得很，只是「不稱意」而已，「昨日」的「不可留」，「今日」的「多煩憂」，眼下的「愁更愁」，一下子變得不那麼嚴重了，不過是人生難免的小事一段。輕鬆的日子就在「明朝」。這裡的「散髮」，和束髮相對。遵循入世的禮儀，就要束髮，「散髮」就是不用管它那一套了。光是「散髮」還不夠瀟灑，還要「弄偏舟」。偏舟就是小舟，已經是比較隨意了。最為傳神的是「弄」，這個「弄」，意味非常豐富，並不僅僅是玩弄，而且有玩賞（如，弄月）的意思，還有彈奏的意味（弄琴、梅花三弄），不乏吟詠的意涵（吟風弄月），自得的心態（雲破月來花弄影），蘊含著無憂無慮姿態。前面所強調的鬱悶，一下子都給消解了。這不是無理嗎？然而，卻是很妙的。這樣的結尾不論在意念上，還是在節奏上要完整得多。李白不把最強音放在結尾，其匠心顯然避免結尾的一瀉無遺，把在意念和節奏上再一次放鬆，在結束處留下不結束感，好處就是留下餘韻，延長讀者的思緒，讓讀者在無言中享受回味。

　　統觀本詩的情緒，開頭是極度苦悶，突然跳躍式地變成極度歡樂，又從極度的歡樂轉向極端的苦悶，從一種激情連續兩次轉化為相反的激情，當中沒有任何過渡，把邏輯上的「無理」發揮到極致，可以把這樣極端的憂——樂——憂情緒畫出一條起落的曲線。情緒節奏的大幅度地起起落落，再加上關鍵字上的有意重複，造成節奏迭迭蕩蕩的特點。然而這種起落，這種迭蕩卻沒有導致意象的破碎，這是因為，在意象群落的空白間有嚴密的意脈貫通，也就是：多煩憂之愁到攬明月之歡，矛盾的轉化的條件是一個「酣」字，而到舉杯不能消愁，也就是不「酣」了，清醒了，就只能從緊張起落回到現實，只能在「弄偏舟」瀟灑地放鬆了。有了這個貫通的意脈，又把「無理而妙」的「妙」處，也發揮到極致。

〈望廬山瀑布〉：
遠近、動靜和徐疾的轉換

解讀焦點

有日照才可能有紫煙之美，不但有表層的因果關係，而且相互之間有有機聯想：「遙看」才可能把廬山的香爐峰縮微成香爐，隱含著靜態。而「飛流直下三千尺」，不但是近觀，而且直接承受著其強勁的動態衝擊。「疑是銀河落九天」，則是詩人迴避了直接驚歎，轉換到瞬間的幻覺。這個幻覺使景觀帶上了李白式的豪邁，淋漓地抒發了詩人在大自然之美面前的驚歎。

〈望廬山瀑布〉

李白

日照香爐生紫煙，

遙看瀑布掛前川。

飛流直下三千尺，

疑是銀河落九天。

「日照香爐生紫煙」，是寫實嗎？是寫出了廬山瀑布的特點嗎？似乎是。但是在文學作品裡，拘於寫實是不討好的，尤其是抒情詩歌裡，過分專注於刻畫對象，想象的翅膀就難以起飛，詩就可能顯得板滯。張九齡有〈湖口望廬山瀑布水〉：「萬丈紅泉落，迢迢半紫氛。奔飛下雜樹，灑落出重雲。日照虹霓似，天清風雨聞。靈山多秀色，空水共氤氳。」此詩明顯缺乏李白式的才氣，就是因為耽於對象美的描

述，力圖面面俱到，其結果是好似流水帳，情感被窒息。抒情離不開想象，而想象則是要超越現實、擺脫現實紛紜的特徵。李白之所以成功，就是善於從現實的一個特徵出發，與情感猝然遇合，擺脫紛繁的細節，營造出獨特的抒情境界。

從哪裡可以看出李白的感情呢？這要從語言上去分析。在古典詩歌中，詩人的感情，主要從對對象的美化中流露出來。開頭「日照」兩個字不可忽視。為什麼要「日照」？因為日照的瀑布，比較容易從光和色方面進行美化。「香爐」倒是寫實，盧山的確有個香爐峰。但是這裡的香爐，有雙重含義：既是地名，又是詩的意象。有了香爐，下面的「煙」字才有根據。煙固然有寫實的一面，水花飛濺，煙霧繚繞。但是李白這裡「煙」的聯想卻是雙重的，有暗喻的意義。水霧像從香爐裡冒出來的煙，聯想比較嚴密。還有一點要注意，這個煙，不是一般經驗中白色的、黑色的煙，而是在日光照耀下的，幻化出鮮豔色彩的煙。本來，色彩可能是紛繁的，例如紅色的、橙色的、金黃色的等等，為什麼是紫色的呢？因為紫色有特殊的意蘊：紫色作為雲氣，古人以為祥瑞。傳說老子過函谷關之前，關尹喜見有紫氣從東而來，知道將有聖人過關，果然老子騎著青牛而來。後來就將紫氣附會為吉祥的徵兆，引申為帝王、聖賢等出現的預兆（紫氣東來），有時則指寶物的光氣（紫氣排鬥牛）。李白受道家影響很深，挑中了紫色為美，絕非偶然。

從表面看來，這裡沒有直接抒情的句子，然而讀者卻在無意中受到了感染。抒情在這裡，就是美化景觀。抒情滲透在描繪之中，或者說，是在香爐和紫煙的意象之中，在意象組合的時候，不著痕跡地運用了漢語中對紫色的現成聯想，故有自然天成之妙。拿李白這句詩和張九齡的相比，就顯出高下來了：張九齡也把盧山瀑布放在日光的映照下來表現（「日照虹霓似」），也用了相當誇張的數量詞（「萬丈紅泉落」），也寫到了雲霧的紫氣（「迢迢半紫氛」）。但是，對於瀑布的頭

緒紛繁的美，他什麼都捨不得省略，什麼都想表現，結果是什麼都沒有表現透，意象之間缺乏有機的、嚴密的契合，給人東一榔頭西一棒子的感覺；而在李白那裡，意象被提煉得相當單純：日照、香爐和紫煙，不但有表層的因果關係，而且相互之間有潛在的、有機的聯繫。張九齡之作，意象紛繁游離，聯繫它們的，只有表層的空間關係；而李白之作雖然激情四溢，但從容不迫，層次井然，寫完第一印象，就點出了自我與瀑布之間的關係：「遙看瀑布掛前川」。「遙看」是遠看，和題目中的「望廬山瀑布」的「望」暗合。因為是遠望，才可能把廬山的香爐峰縮微成香爐，衍生出香爐上紫煙繚繞的意象。但他並沒有沿著香爐的意象繼續聯想，而是從暗喻走向現實，直接點出這是瀑布。這裡用了一個「掛」字，放在「前川」上，是掛在前面的「川」上，還是掛出了「前川」呢？從散文來說，「掛前川」，就是掛在前面的川上。然而這是詩，詩歌的聯想比較自由，讀者的想象參與了創造，「掛」和「前川」的關係，倒不必細究。把邏輯上的因果說得一清二楚，就變成散文了，詩裡的意象，還是懸浮、不確定一些比較好。

　　後面的兩句是全詩的靈魂，讓讀者突然領悟到，詩人的感覺到了這兩句，有一點微妙而又不可忽略的變化了。「飛流直下」，有強烈的動感，速度是非常快的，加之以長度「三千尺」，其迅猛流瀉和前面的意象有一種潛在的對比。第一句「生紫煙」，是緩緩飄升的，第二句「掛前川」，是視覺的欣賞。遙看，遠望，蘊涵著某種靜觀；而「飛流直下三千尺」，則是強勁的動態，用語十分誇張。看來李白追求的是讓讀者身臨其境的感覺。下面就是神來之筆了：「疑是銀河落九天」。這樣的想象，在李白的詩中是比較罕見的。在一般的詩歌中，李白寫到銀河的時候，大抵是天空的莊嚴的意象：「渭水清銀河，橫天流不息。」（〈雜曲歌辭〉〈君子有所思〉）即使在那首很浪漫的〈廬山謠寄盧侍御虛舟〉中，也就是：「廬山秀出南斗旁，屏風九

疊雲錦張，影落明湖青黛光。金闕前開二峰長，銀河倒掛三石樑。香爐瀑布遙相望，回崖逤嶂淩蒼蒼。」銀河倒掛，作為自然景觀的意象，和作者有相當大的空間距離，可以從容欣賞。但這裡，卻是銀河從天空中倒瀉了下來，把寧靜的天象，化作流瀉的星河，而且是從最高的九天瀉落下來。這樣的「動畫」應該是驚心動魄的，是浪漫的。但最為精彩的是，這裡有個情感的轉換，從遠距離的景觀，變成猝然逼近、當頂壓下的感覺。如果說，從日照香爐紫煙氤氳到飛流直下，是慢速向快速對轉的話，「疑是銀河落九天」，就是遠觀到迫近的對轉。正是這雙重對轉，構成了全詩的張力結構，使讀者心理在兩極轉化中受到了強烈的衝擊。

　　這首詩最動人之處，究竟寫了些什麼呢？無非是詩人一時的幻想。這是貼近了生活還是貼近了詩人自我呢？當然是貼近了詩人自我，貼近了詩人的感覺。這個感覺，甚至並不是對瀑布很準確的感覺，而是一種變異的、瞬間的幻覺。然而就在這種幻覺中，有一種詩人特殊的情感，那就是在大自然之美面前的驚歎。但詩人迴避了直接驚歎。而在另一首同題詩作中，他這樣寫道：「西登香爐峰，南見瀑布水。掛流三百丈，噴壑數十里。欻如飛電來，隱若白虹起。初驚河漢落，半灑雲天裡。」就明確點出了初見之「驚」。驚心動魄的美，詩人為自我的發現而驚歎。

　　這樣的詩得到蘇東坡的讚賞是自然的。清高宗弘曆敕編《唐宋詩醇》記載：「蘇軾曰：僕初入廬山，有陳令舉〈廬山記〉見示者，且行且讀，見其中有徐凝詩和李白詩，不覺失笑。開元寺主求詩，為作一絕，云：『帝遣銀河一派垂，古來惟有謫仙詞。飛流濺沫知多少，不為徐凝洗惡詩。』」徐凝的詩也是寫廬山的，其中有「千古長如白練飛，一條界破青山色」之句，據說白居易頗為欣賞，但是《韻語陽秋》的作者認為白居易「或許未見李白詩耳」。在對這兩首同題詩歌的評價上，白居易和蘇東坡大有不同。《韻語陽秋》的作者不同意白

居易的觀念，是有道理的，說他沒有見過李白的這首詩，當然是可能的，也許是有意為白居易掩飾其藝術欣賞上的失誤。徐凝的詩，充其量不過是寫廬山瀑布像一條白練，千古不變，在青色的山巒當中，劃出一道界限。這樣刻畫描寫景觀，不能說沒有特點，但是作者對瀑布欣賞的情致卻很淡。正是因為這樣，儒雅的蘇軾才將它定性為「惡詩」。當然，《韻語陽秋》的作者並不認為這就是極致了，無以復加了。他補充說：「以余觀之，銀河一派，猶涉比類，未若白前篇云：『海風吹不斷，江月照還空。』鑿空道出，為可喜也。」[1]在他看來，「銀河落九天」好是好，但還是不夠，因為還是屬於比喻範疇，專注於瀑布，多多少少有一點拘於描寫的意味，想象不夠自由，情感不夠靈動。而另外一首中的「海風吹不斷，江月照還空」，就超越了被動描寫，展開了卓越的想象。但他只是說出了直覺：「鑿空道出」。相對於被動描寫，應該是指想象。這種想象，好在擺脫了景觀的束縛。瀑布，本來是水，詩人如果把它當作水，川流不息，應該是「吹不息」；但詩人把它當作「布」，就是「吹不斷」的了。再說，廬山的地形，並不是平原，離海又那麼遙遠，風應該是「山風」才對，但李白卻說「海風」。至於月亮，本來也應該是山月，長江離廬山是很有一點距離的，可李白卻說「江月」。這樣一來，李白就營造了一個江海相通、水天相連、一望無垠的浩渺背景，好像沒有什麼山巒似的，有的只是純淨的境界，在風煙俱淨的天宇，只有月光照耀著，瀑布變得透明。這樣，背景純淨化了，意象單純化了，實際上是精神化了。李白式的胸襟，盡在其間。無我之境，物我交融，意境全出。

　　李白表現香爐瀑布，自如地駕馭兩種風格，創造兩種境界，運用兩種手法，可謂得心應手，遊刃有餘。把瀑布放在陽光映照下，處於紫煙氤氳之中，意象以燦爛取勝；把瀑布放在月光照耀之下，在江天

1　陳伯海主編：《唐詩彙評》（上）（杭州市：浙江教育出版社，1995年），頁696-697。

海風之中，以淡雅空靈的意境取勝。不管哪一首，比之徐凝的「千古
長如白練飛，一條界破青山色」，在意境上可謂天壤之別。徐凝點明
「千古」，讀者卻沒有千古的感覺；李白沒有說什麼千古，只是高度
概括了浩渺空間，卻有了時間的感覺。這是因為「海風吹不斷」的
「不斷」，蘊涵著長期吹拂的意味，時間永恆的感覺盡在其中。

——本文為孫彥君執筆，原刊於上海《語文學習》

2004年第6期。

〈早發白帝城〉：
絕句的結構和詩中的「動畫」

解讀焦點

　　本文分析李白，從他自由駕馭絕句結構入手，指出在三、四句以「流水」句式，變客體的描繪為主觀的抒情。接著分析詩歌中畫和詩的矛盾。詩中的畫，尤其是絕句中的畫，應是動畫、聲畫、情畫，心靈在動態中才能向縱向深層次潛入。

〈早發白帝城〉

李白

朝辭白帝彩雲間，千里江陵一日還。

兩岸猿聲啼不住，輕舟已過萬重山。

　　在品評唐詩藝術的最高成就時，李白、杜甫並稱，舉世公認，但是，在具體形式方面，歷代評家對二者的評價卻有懸殊。他們認為在絕句上，尤其是七言絕句，成就最高者為李白。高棅在《唐詩品彙》中說：「盛唐絕句，太白高於諸人，王少伯次之。」[1]胡應麟在《詩藪》中也說：「七言絕乙太白、江寧為主，參以王維之俊雅，岑參之濃麗，高適之渾雄，韓翃之高華，李益之神秀，益以弘、正之骨力，

1　高棅：《唐詩品彙》〈七言絕句敘目〉第二卷（上海市：上海古籍出版社，1981年據明汪宗尼校訂本影印），頁427下。

嘉、隆之氣運，集長捨短，足為大家。」[2]連韓翃、李益都數到了，卻沒有提到杜甫。不但如此，《詩藪》還這樣說：「自少陵以絕句對結，詩家率以半律譏之。」[3]許學夷《詩源辯體》引用王元美的話說：「子美七言絕變體，間為之可耳，不足多法也。」[4]當然，對於杜甫絕句，也不乏辯護者，如說杜甫的七絕是一種「變體」，「變巧為拙」，「拙中有巧」，對孟郊、江西派有影響等。但是，對李白在絕句方面成就最高，則是眾口一詞。不但沒有爭議，而且在品評絕句「壓卷」之作時，榜上有名。沈德潛在《唐詩別裁》中說：「必求壓卷，王維之『渭城』，李白之『白帝』，王昌齡之『奉帚平明』，王之渙之『黃河遠上』其庶幾乎！終唐之世，絕句無出四章之右者矣。」[5]當然，究竟哪些篇目能夠獲得「壓卷」的榮譽，諸家看法不免有所出入，但是，杜甫的絕句從來不被列入，則似乎是不約而同的。

　　李白的絕句，尤其是七絕，其藝術成就為什麼高於杜甫的絕句？高在何處？前人只是反覆申述觀感，並未嚴密地展開分析和論證。本文擬採取個案（亦即所謂「細胞形態」）細讀的方法，嘗試從感覺與情感的互動、感情以及句式、語法結構方面作出解釋，以期取得從一粒沙看世界，從一滴水看大海之效。

　　這個細胞就是被列入壓卷之作的〈早發白帝城〉。〈早發白帝城〉雖然只有四行，但其中包含著李白複雜的生命體驗和藝術創造的種種奧秘。

　　第一句，「彩雲間」，說的是高；第二句，「一日還」，說的是快。如此平常的句子，感染力卻不平常。表面上，朝辭暮達，只是時間上

2　胡應麟：《詩藪》內編卷六〈近體下〉〈絕句〉（上海市：上海古籍出版社，1979年），頁115。

3　胡應麟：《詩藪》內編卷六〈近體下〉〈絕句〉（上海市：上海古籍出版社，1979年），頁115。

4　許學夷：《詩源辯體》卷十九（北京市：人民文學出版社，1987年），頁220。

5　沈德潛：《唐詩別裁集》卷十九（北京市：中華書局，1975年），頁262上。

的連貫，實質上，則有邏輯上的因果，不過這種因果是隱性的。因為白帝河床高，所以速度快。如果僅僅是這樣，李白就只寫出了一種地理現象。但這種因果還是可疑的。事實上，有沒有那麼快呢？沒有。不一定非得做實地調查不可，光憑推理也可知一二。古人形容馬跑得快，「日行千里，夜行八百」，已經是誇張了；小木船，能趕得上千里馬嗎？沒有那麼快，卻為什麼偏偏要說那麼快？因為這是一首抒情詩，不是散文遊記，詩人抒發的是情感上的歸心似箭。

　　但是，歸心似箭的情感，是很難直接傳達的。越是微妙的情感，越是只可意會不可言傳。如果用語言直接表述，讀者是無從感受的。

　　從心理學角度說，感情是一種內在的肌體覺，是一種「黑暗的感覺」，與大腦語言區的聯繫不像感覺那麼確定，所以直接抒發感情，很有難度。西方古典詩歌，多用直接抒情，其缺陷在感性不足，過於抽象，但其妙在情理交融，故思想容量大。而中國古典詩歌，大多通過對景物和人物的感知來抒情，故多情景交融，但是缺乏像西方那樣的大規模的敘事詩、史詩。經過幾千年的平行發展，到了二十世紀初，美國人倒是比較謙虛，承認直接抒情容易導致抽象，就出現了學習中國通過五官可感的「意象」來表現詩意的流派，叫做「意象派」。其間的道理，從心理學上可以得到一些解釋。因為人類與外部世界的交流只有一個管道，那就是感知，此外無他。感知有一個特點，就是帶有相當的主觀性，受到情感的衝擊尤能發生「變異」，所以科學家寧願相信儀錶上的刻度，也不敢相信自己的耳朵、眼睛和軀體。「眼見為實」這一「定律」，在他們那裡是幼稚的。眼見不一定為實，才是科學真理。日常感知的主觀性與科學性相矛盾，而藝術感覺，卻以主體情感為生命。漢語「情感」一詞，透露了一點秘密：把「感」與「情」聯繫在一起，叫做感情，或者情感，都一樣，感與情不可分。一旦有了感情，特別是比較強烈的感情，感知受到衝擊，就發生「變異」，如「情人眼裡出西施」、「月是故鄉明」之類。不是白

髮真有「三千丈」，而是因為憂愁造成了這麼長的感知。這是人類感知的局限，也是人類生命的精彩。古典抒情詩人是多情善感的，不是一般的善感，而是善於「變感」，是通過「變異」了的感知來抒發感情，這就是中國古典文論所說的「立象以盡意」。

　　如果拘泥於科學理性，把李白日行千里的感知，改為日行數百里，可能比較實事求是，但是，讀者的感知受不到衝擊，難以受到詩人感情的感染，也就談不上藝術了。可是，就算是差不多有這麼快，卻又產生一個問題，越是快，越是不安全。當年三峽有礁石，尤其瞿塘峽，那裡的礁石相當兇險。關於三峽航行兇險的文獻真是太多了，如杜甫晚年的〈秋興〉：「白帝高為三峽鎮，瞿塘險過白牢關。」此外，還有古代歌謠：「灩澦大如馬，瞿塘不可下；灩澦大如猴，瞿塘不可遊；灩澦大如龜，瞿塘不可回；灩澦大如象，瞿塘不可上。」酈道元在《水經注》中提到三峽的黃牛灘曰：「江水又東，逕黃牛山下，有灘名曰『黃牛灘』。兩岸重嶺疊起，最外高崖間有石色，如人負刀牽牛，人黑牛黃，成就分明，既人跡所絕，莫得究焉。此岩既高，加以江湍紆回，雖途經信宿，猶望見此物。故行者謠曰：『朝發黃牛，暮宿黃牛，三朝三暮，黃牛如故。』言水路紆深，回望如一矣。」《水經注》所述均為順流，因為反覆有「又東」二字。東，就是向下游之確證。「信宿」，是兩夜之意，兩夜猶望見此物，言船在江上紆徐回轉。「三朝三暮」猶見「黃牛」，有些誇張，但是可以想見黃牛灘的紆回曲折。

　　劉白羽在二十世紀五十年代寫的《長江三日》裡說：「這灩澦堆指的是一堆黑色巨礁。它對準峽口，萬水奔騰一沖進峽口，直奔巨礁而來。你可想象得到那真是雷霆萬鈞，船如離弦之箭，稍差分厘，便撞得個粉碎。」[6]

6　《劉白羽散文選》（北京市：人民文學出版社，1978年），頁224。

　　由此可見，當時船行三峽並不是那麼直線式順流而下的，而是迂迴曲折的，而且相當險惡。可是在將近六十高齡的李白心目中，這一旅途不但快捷，而且安全，一切凶險居然不在眼下。這種感知，更說明李白當時是如何地歸心似箭了。

　　為什麼會歸心似箭到不顧安危呢？安史之亂中，李白犯了一個相當嚴重的政治錯誤，在「充軍」的途中得到赦書，政治上的壓力消失了，獲得解脫的情感，便通過輕快安全的感覺得到淋漓盡致的表達。在被俘以前，李白並沒有意識到他興奮無比地參與的永王李璘集團的政治性質，永王戰敗，李白成了罪犯。這種罪名，屬於大逆不道，連李璘都死於非命。對於李白來說，這不但是個政治問題，而且是個人的尊嚴問題。李白沒有想到他要付出的政治和道義上的代價，是這麼沉重。但不管他感到多麼冤屈，還是被判了個流放夜郎（今貴州桐梓一帶）。天才詩人早期自誇的「頗涉霸王略」、「將期軒冕榮」，此時完全成了反諷。這是李白一輩子最慘的時候，聲名狼藉，處境應該是相當孤立的。對於這一點，後世的讀者可能感覺比較淡漠，但是，他的朋友杜甫在〈不見〉中說得極其真切：「世人皆欲殺，吾意獨憐才。」不過，這樣破帽遮顏的狼狽，可能為時不長。一些學者考證，就在李白到達白帝城（或者附近）的時候，赦書到了，這就是李白自己所說的「中道遇赦」。此時再看「世人皆欲殺」的處境，可能就有一點後怕的感覺了。這時的李白，頓然感到輕鬆無比，不但政治壓力沒有了，而且可以和家人團聚了。李白畢竟是李白，年近花甲，青春煥發的感覺竟油然而生，根本不把三峽航道的凶險放在心上。

　　一個從政治災難中走出來的老詩人，居然能有這樣輕鬆的感覺，甚至讓後世一些研究他的學者狐疑，不可思議：如此充滿青春朝氣的詩作，竟然出自一個歷盡政治坎坷的垂暮老人之手。但是，李白的可愛、可敬、可笑、可恨，全在這裡。

　　兜了這麼大一個圈子，我們只是闡釋了歸心似箭的情感如何轉化

為迅速、安全的感知。

　　但是，問題仍然不可迴避，明明是心裡感覺到輕鬆，為什麼他不說「輕心已過萬重山」，而說「輕舟已過萬重山」？有人說，李白這首詩的詩眼是一個「輕」字。似乎還不太恰切，因為忽略了「輕舟」與「輕心」之間微妙的差異。

　　一字之異，詩人的感覺和俗人的感覺劃出了分水嶺。這裡，起作用的不僅是他的心情，還有他那永不衰退的藝術想象。

　　輕心，是一種感情，直接傳達這種感情，是吃力不討好的；而一旦把它轉化為感覺，在船上的詩人的感覺，由心輕變成舟輕，讀者就不難被感染了。藝術就是這樣奇妙，明明是心輕，卻不能說。三峽潮水奔流，舟越是輕，就越是不安全，但是在詩歌裡，偏偏要說輕舟才有安全感。

　　李白詩歌藝術之所以達到他人難以到達的境界，當然得力於他的藝術想象力。但是，作為詩人，哪個不是長於想象的呢？李白的想象，無疑是傑出的。他的名句，如「蜀道之難難於上青天」（〈蜀道難〉）、「燕山雪花大如席」（〈北風行〉）、「狂風吹我心，西掛咸陽樹」（〈金鄉送韋八之西京〉）、「舉杯邀明月，對影成三人」（〈月下獨酌〉）等，都可謂想落天外，筆參造化。這個特點，用西方浪漫主義詩人雪萊的話來說，就是「詩使它能觸及的一切變形」（英國浪漫主義詩歌理論家赫斯列特也持類似的觀念）。[7]這種想象變形的理論，和司空圖的「遺形得似」相通，但用來解釋「輕舟已過萬重山」，還是有些困難。因為這裡的「輕舟」，似乎沒有什麼變形的痕跡。而且「狂風吹我心，西掛咸陽樹」，變的也不僅僅是「形」，其功能、質地都變化了。在這一點上，倒是中國的吳喬所說的詩好像米釀成酒，「形質俱變」的理論更經得起經典文本的檢驗。[8]

7　參閱孫紹振：《文學創作論》（福州市：海峽文藝出版社，2004年），頁313。
8　王夫之：《清詩話》（上海市：上海古籍出版社，1978年），頁27。

　　這個文飯詩酒、「形質俱變」的理論，比之西方浪漫主義的想象變形的理論更有闡釋的有效性。事實上，「舉杯邀明月，對影成三人」變的不僅僅是形，而是月和影都變成了人；孤獨的人，變成了在朋友的包圍之中：二者都發生了質變。文飯詩酒，形質俱變，語言的「陌生化」很顯著，可以順利解讀中外更大量的經典詩歌文本，但是，並不能解讀一切，具體來說，就是李白這裡的「輕舟已過萬重山」，也還是不能得到順利的解釋。因為這裡的輕舟，並沒有發生形變或者質變。

　　可見，形質之變只是詩歌藝術想象之一類，其特點是變異的幅度相當顯著，如果要命名的話，可以暫且名之為「顯性」藝術想象。

　　但是，在詩歌中，除此之外，還有一種現象，我把它叫做「隱性」的藝術想象。表面看來，客觀對象是沒有明顯的變異的。就月亮而言，不但有李白式變異幅度很大的，也還有變異幅度不明顯的，如陶淵明有「晨興理荒穢，戴月荷鋤歸」（〈歸園田居〉），王維有「月出驚山鳥，時鳴春澗中」（〈鳥鳴澗〉），王昌齡有「撩亂邊愁聽不盡，高高秋月照長城」（〈從軍行〉）。就舟而言，王灣還有「客路青山外，行舟綠水前」（〈次北固山下〉）。這裡的「行舟」正如李白的「輕舟」一樣，表面上沒有大幅度的變形和變質，但「隱性」的變異卻是巨大的。在李白那裡，是從主觀心情的輕鬆轉化為船的輕快之感。在王灣這裡也一樣，從詩歌上下文中來看：「潮平兩岸闊，風正一帆懸。」表面上似乎是客觀的描述，沒有什麼明顯的形變，但這裡的潮的狀態（平而穩）和風的方向（正而微），明顯有一種「順心」的感覺，水的開闊，帆的平穩，都是被心的平靜安寧同化了。這種平靜安寧的情感，不僅僅在字面上，而且在字裡行間，構成一種情感的「場」。詩裡的「場」，是想象的世界，從字面到字裡行間，都是被主體感情同化了。不過，這種同化是「隱性」的。王灣主觀情感對行舟的同化，和李白輕心對輕舟的同化一樣，都是「隱性」的。隱性變異的特點，

第一，就是潛在的、默默的、滲透式的；第二，就是它的整體性，從外部看來，沒有變異的跡象，但是，從性質來看，在意象的有機組合的關係中卻生成一種和諧的情緒境界。這就是中國古典詩歌的「意境」，正因為是整體性的「場」，所以才「不著一字，盡得風流」。

正是因為這樣，我們要把絕句的奧秘揭示出來，孤立地分析一個意象（如輕舟、明月、行舟等等）是不夠的。既然這種想象是滲透在整體的「場」中的，就應該從整體的有機聯繫中，也就是從結構中，從句子與句子的內在觀照中去進行微觀的分析。

這種分析方法，對於絕句尤為重要，因為絕句比之律詩和古風來說篇幅短小，只有四句，結構整體性的功能對這種形式來說，有更深邃的奧秘。

光明白「輕舟」的感覺，還不能窮盡這首詩藝術的全部奧秘。如果沒有第三句「兩岸猿聲啼不住」作為鋪墊，前後構成飽含張力的機理，此詩肯定大為遜色。古典詩話論及絕句，非常強調第三句的重要性。元人楊載在《詩法家數》〈絕句〉中談到詩的起承轉合中的「轉」時說：「絕句之法，要……句絕意不絕，多以第三句為主，而第四句發之……承接之間，開與合相關，反與正相依，順與逆相應……大抵起承二句固難，然不過平直敘起為佳，從容承之為是。至如婉轉變化功夫，全在第三句，若於此轉變得好，則第四句如順流之舟矣。」[9]對於李白這首詩的第三句，古典詩話家自然不會放過，如清人桂馥在《札樸》中說此詩：「……妙在第三句，能使通首精神飛越。若無此句，將不得為才人之作矣。」[10]清人施補華《峴傭說詩》也有同樣的意思：「『千里江陵一日還』，如此迅捷，則輕舟之過萬山不待言矣，中間卻用『兩岸猿聲啼不住』一句墊之；無此句，則直而

9　何文煥：《歷代詩話》下冊（北京市：中華書局，1981年），頁732。

10　桂馥：《札樸》卷六（北京市：中華書局，1992年），頁233。

無味,有此句,走處仍留,急語仍緩。可悟用筆之妙。」[11]

　　第三句很好,是眾多詩話家的共識,但是好在哪裡,卻不容易闡釋到位。清人沈德潛《唐詩別裁》曰:「寫出瞬息千里,若有神助,入『猿聲』一句,文勢不傷於直,畫家佈景設色,每於此處用意。」[12]說此句有神助,是一種讚歎,是一種直覺。說到「畫家佈景設色」倒是有了作者的觀點,詩中有畫,佈景設色,都是視覺形象。這個觀點很有代表性。但是,細讀第三句,「兩岸猿聲啼不住」,只是聽覺感受,並沒有視覺畫面,也談不上「設色」和「佈景」。

　　事實上,在這首詩裡,李白的天才並不表現在景色的描摹上,而是在:第一,他雖然沿用了酈道元的「朝發白帝,暮到江陵」,但卻沒有追隨他去描繪三峽景色,「兩岸猿聲」與「佈景設色」根本扯不上邊。詩話家們不約而同地受「詩中有畫,畫中有詩」霸權話語的束縛(關於這一點,下文將全面論述),完全無視李白此時恰恰是把視覺關閉起來,讓聽覺獨享猿聲之美。第二,本來民歌唱道:「巴東三峽巫峽長,猿鳴三聲淚沾裳。」悲涼意味已經成為典故,相當穩定,一般詩人都以猿啼寄悲涼之情,就是杜甫,也遵循著典故的原意寫道:「聽猿實下三聲淚」(〈秋興〉)。但是,李白卻反其意而用之,悲涼的猿聲,在他的感覺中變異為輕快、安全、歡欣交融的感覺。於悲聲中見樂感,顯出了藝術家的魄力。第三,以上還是從內涵上分析的,而楊載所說「婉轉變化功夫,全在第三句」,講的是結構的「開與合相關,反與正相依,順與逆相應」。看來不從結構內部的對立和轉化去闡釋,就還是囫圇吞棗。

　　絕句的第三句要「變化」,所謂變化,就是和前面兩句有所不同。究竟如何不同,前人的直覺很精彩,卻沒有把直覺概括為觀念。

　　絕句第三句的變化,有幾種形式。第一種是句式上的變化。前兩

11　王夫之:《清詩話》(上海市:上海古籍出版社,1978年),頁998。

12　沈德潛:《唐詩別裁集》卷二十(北京市:中華書局,1975年),頁265下。

句是陳述性的肯定句，第三句（或者是第四句）如果仍然是陳述性的
肯定句，單純而不豐富，便難免單調，因而相當少見。詩人往往在第
三句轉換為疑問、否定、感歎等句式。如王之渙的〈涼州詞〉：「黃河
遠上白雲間，一片孤城萬仞山。羌笛何須怨楊柳，春風不度玉門
關。」前兩句是陳述的肯定句，第三句是感歎句，第四句則是否定
句。又如，賀知章〈詠柳〉：「碧玉妝成一樹高，萬條垂下綠絲條。不
知細葉誰裁出，二月春風似剪刀。」杜牧的〈泊秦淮〉：「煙籠寒水月
籠沙，夜泊秦淮近酒家，商女不知亡國恨，隔江猶唱後庭花。」這兩
首的前兩句都是肯定的陳述，第三句是否定句。沈德潛在《唐詩別
裁》中提到的另外兩首「壓卷」之作，王維之〈渭城〉、王昌齡之
〈奉帚平明〉，在句法上語氣上的轉換，均皆類此。

　　但是，細讀李白這首詩的第三句，在句式上並沒有這種變化，四
句都是陳述性的肯定句（「啼不住」，是持續的意思，不是句意的否
定）。這是因為，句式的變化還有另一種形式：如果前面兩句是相對
獨立的單句，後面兩句則為相互串聯的「流水」句式。例如上面所舉
的例子，第三句都是不能獨立的，「不知細葉誰裁出」離開了「二月
春風似剪刀」，「商女不知亡國恨」離開了「隔江猶唱後庭花」，句意
是不能完足的。「羌笛何須怨楊柳」離開了「春風不度玉門關」，是沒
有詩意的。「流水」句式的變化，既是技巧的變化，也表現了詩人心
靈的活躍。如果前面兩句是描繪性的畫面，後面兩句再描繪，就可能
顯得平板。而「流水」句式，使得詩人的主體更有超越客觀景象的能
量，更有利於表現詩人的感動、感慨、感歎、感喟。李白的絕句之所
以比杜甫有更高的歷史評價，就是因為他善於在第三、第四句上轉換
為「流水」句式。如李白的〈客中作〉：「蘭陵美酒鬱金香，玉碗盛來
琥珀光。但使主人能醉客，不知何處是他鄉。」其好處在於：首先，
第三句是假設語氣，第四句是否定句式、感歎語氣；其次，這兩句構
成「流水」句式，自然、自由地從第一、二句對客體的描繪中解脫出

來，轉化為主觀的抒情。〈早發白帝城〉這一首，第三句和第四句，也有這樣的特點。「兩岸猿聲啼不住」和「輕舟已過萬重山」結合為「流水」句式，就使得句式不但有變化，而且更加流暢。這也就是楊載所說「婉轉」的「變化功夫」。

在這一點上不清醒，就使一些唐詩專家對這首詩的好處處於茫然。如袁行霈說：「他一定想趁此機會飽覽三峽壯麗風光，可惜還沒有看夠，沒有聽夠，沒有來得及細細領略三峽的美，船已順流而過。在喜悅之中又帶著幾分惋惜和遺憾，似乎嫌船走得太快了。『啼不住』，是說猿啼的餘音未盡。雖然已經飛過了萬重山，但耳中仍留猿啼的餘音，還沉浸在從猿聲中穿過的那種感受之中。這情形就像坐了幾天火車，下車後仍覺得車輪隆隆在耳邊響個不停……究竟李白是希望船走得快一些呢，還是希望船行得慢一點呢？只好由讀者自己去體會了。」[13]

這種說法，有點混亂：「究竟李白是希望船走得快一些呢，還是希望船行得慢一點呢？」看來這位唐詩權威自己也糊塗。這裡的「千里江陵一日還」，一是排除了船行的緩慢（三天才能過黃牛灘），二是排除了長江航道的兇險（瞿塘、灩澦礁石），不就是為了強調舟行之輕快、神速而且安全嗎？若是如袁行霈想象的那樣，想讓船走得慢一點，又何必這樣誇張舟行速度呢？

更為重要的是，這裡有唐詩絕句的藝術機密，那就是感覺和情感的轉換，而且層次特別豐富。「婉轉變化」的句法結構，為李白心理婉轉地向縱深層次潛入提供了基礎。

前面兩句，「白帝」、「彩雲」、「千里江陵」都是畫面，都是視覺形象，第三句超越了視覺形象，轉化為聽覺。這種變化是感覺的交替。此為第一層次。聽覺中之猿聲，從悲轉變為美，顯示高度凝神，

---

13 裴斐主編：《李白詩歌賞析》（成都市：巴蜀書社，1988年），頁273。

以致因聽之聲而忽略視之景，由五官感覺深化為凝神觀照的美感。此為第二層次。第三句的聽覺凝神，特點是持續性（「啼不住」），到第四句轉化為突然終結，美妙的聽覺變為發現已到江陵的欣喜，轉入感情深處獲得解脫的安寧，安寧中有歡欣。此為第三層次。猿啼是有聲的，而欣喜是默默的，舟行是動的，視聽是應接不暇的，安寧是靜的，歡欣是持續不斷的，到達江陵是突然發現的：構成的張力是多重的。此為第四層次。這才深入到李白此時感情縱深的最底層。古典詩話注意到李白此詩寫舟之迅捷，但卻忽略了感覺和情感的層次的深化。迅捷、安全只是表層感覺，其深層中隱藏著無聲的喜悅。這種無聲的喜悅，是詩人從有聲的凝神中反襯出來的。通篇無一「喜」字，喜悅之情卻盡在感知、情緒的多重而又凝聚於瞬間的動態結構之中。

　　如果以上分析沒有大錯的話，那麼，現在便有條件來回答文章開頭提出來的問題，也就是杜甫的絕句，尤其是七言絕句，為什麼在歷代詩話中，得不到像李白七絕這樣高的評價。在杜甫的全部詩作中，絕句的比例不大，比起他的律詩和古風來說，可以說是很少的。但是，他和李白一首一首寫來不一樣，他似乎寫得很順手，常常同一個題目，一寫就是好幾首。如〈絕句漫興九首〉、〈江畔獨步尋花七絕句〉、〈夔州歌十絕句〉、〈戲為六絕句〉、〈絕句四首〉，水準參差不齊，當然也不乏相當精緻的作品。如〈江畔獨步尋花〉之一：「黃四娘家花滿蹊，千朵萬朵壓枝低。留連戲蝶時時舞，自在嬌鶯恰恰啼。」最後兩句屬對之工，從聲韻到意味，得到歷代不少詩評的讚賞。這是因為杜甫長於對偶，甚至在律詩〈登高〉中，四聯都對，而不見雕鑿痕跡，把他的優長發揮得淋漓盡致，甚至可以說登峰造極。但是，有時，他似乎對自己這方面的才華缺乏節制，過分地放任，就產生了〈絕句四首〉中的：

　　　　兩個黃鸝鳴翠柳，一行白鷺上青天。

　　　　窗含西嶺千秋雪，門泊東吳萬里船。

這首詩最顯著的特點是四句皆對，好像是把律詩當中的兩聯搬進了絕句。這當然也是一體，數詞相對，色彩相襯，動靜相映，詩中有畫，堪稱精緻。但是，許多詩評家仍然表示不滿，甚至不屑，「率以半律譏之」。[14]

　　　為什麼把律詩的一半，轉移到絕句中來，就要受到譏笑呢？這在理論上有什麼根據？楊慎說這四句「不相連屬」，[15]胡應麟則說「斷錦裂繒」。[16]就現有絕句的理論積累來衡量，杜甫可能是疏忽了「婉轉變化功夫，全在第三句」。第三句要求在第一、二句的基礎上承轉，那麼杜甫有沒有意識到第三句的承轉功能呢？似乎是意識到了。第一、二句，從「鳴翠柳」到「上青天」，視野越來越開闊，這裡的視覺形象是沒有邊框的，而到了第三句，則把它放在窗子的框架之中，使之真正變成了一幅詩中之畫，而由於對仗的規格，第四句仍然是一幅框架中的圖畫，只不過是以門框為邊界。這兩幅圖畫，承接有之，變化也不能說沒有，如門框裡泊著的是「東吳萬里船」，這就有一點主體的意向。但是，這個意向只是潛在的意向，還沒有能夠「動」起來，固然和「鳴翠柳」、「上青天」、「千秋雪」構成了畫幅，但是，聯繫東吳萬里的意象，是對此間美景的留戀呢，還是對東吳生活之嚮往呢？心靈似乎沒有為之所衝擊。與唐詩壓卷「開與合相關，反與正相依，順與逆相應」相比，便不能不說缺乏性靈的動感了。第一，這裡沒有

14　沈德潛：《唐詩別裁集》卷二十（北京市：中華書局，1975年），頁265下。

15　《升庵詩話》卷十一〈絕句四句皆對〉：「絕句四句皆對，杜工部『兩個黃鸝』是也，然不相連屬。」見丁福保輯：《歷代詩話續編》（北京市：中華書局，1983年），頁853。

16　《詩藪》內編卷六〈近體下〉〈絕句〉：「杜以律為絕，如『窗含西嶺千秋雪，門泊東吳萬里船』等句，本七言壯語，而以為絕句，則斷錦裂繒類也。」（上海市：上海古籍出版社，1979年），頁121。

句法上的變化，四句全是陳述的肯定語氣，兩聯都是對仗，結構上只有統一，缺乏變化，顯得呆板；第二，全詩限於視覺景觀，缺乏感覺和情感之間的互動，因而性情沒有被充分啟動。

　　杜甫的這首詩，好在詩中有畫，缺失也在詩中有畫。詩中有畫，為什麼又是缺點呢？因為詩中之畫，不同於畫中之畫。畫中之畫，是靜態的、剎那的，而詩以語言為媒介，是歷時的、持續的。自古中外都有「畫是無聲詩，詩是有聲畫」的說法，蘇東坡在〈書摩詰藍田煙雨圖〉中也說：「味摩詰之詩，詩中有畫。觀摩詰之畫，畫中有詩。詩曰：『藍溪白石出，玉川紅葉稀。山路元無雨，空翠濕人衣。』」[17]這裡突出強調的是詩與畫的共同性。本來這作為一種感情色彩很濃的讚美，很精闢，有其相對的正確性，但是作為一種理論，無疑有其片面性。因為其中忽略了不可忽略的差別。特別是這一段話經過長期傳誦，抽去具體所指的特殊對象，就變得膚淺了。詩和畫由於借助的工具不同，它們之間的區別是這樣大，然而卻這樣容易被人忽視，是很值得思考的。絕對地用畫的優越來讚美詩的優越是一種盲從。明朝人張岱直接對蘇東坡的這個議論提出異議：「若以有詩句之畫作畫，畫不能佳；以有畫意之詩為詩，詩必不妙。如李青蓮〈靜夜思〉：『舉頭望明月，低頭思故鄉』，有何可畫？王摩詰〈山路〉詩：『藍田白石出，玉川紅葉稀』，尚可入畫；『山路元無雨，空翠濕人衣』，則如何入畫？」[18]張岱的觀點接觸到藝術形式之間的矛盾，但卻沒能充分引起後人乃至今人的注意。不同藝術形式的不同規範在西方也同樣受到漠視，以致萊辛認為有必要寫一本專門的理論著作《拉奧孔》來闡明詩與畫的界限。萊辛發現同樣是以拉奧孔父子被毒蟒纏死為題材的作品，古希臘雕像與古羅馬維吉爾的史詩的表現有很大不同。在維吉爾的史詩中，拉奧孔發出「可怕的哀號」，「像一頭公牛受了傷」，「放聲

17 《蘇軾全集》下冊，文集卷七十（上海市：上海古籍出版社，2000年），頁2189。
18 張岱：《琅嬛文集》〈與包嚴介〉（長沙市：岳麓書社，1985年），頁152。

狂叫」，而在雕像中身體的痛苦沖淡了，「哀號化為輕微的歎息」，這是「因為哀號會使面孔扭曲，令人噁心」，而且遠看如一個黑洞。在雕像中，「激烈的形體扭曲與高度的美是不相容的」，而在史詩中，「維吉爾寫拉奧孔放聲號哭，讀者誰會想到號哭會張開大口，而張開大口就會顯得醜呢？」「寫拉奧孔放聲號哭那行詩只要聽起來好聽就夠了，看起來是否好看，就不用管。」[19] 應該說，萊辛比張岱更進了一步，提出即使肉眼可以感知的形體（而不是畫中不能表現的視覺以外的東西），在詩中和畫中也有不同的藝術標準。不同藝術形式的優越和局限的不同，是值得花一點工夫弄清的。

　　在我看來，關鍵還在於，畫中之畫是靜止的。而詩中之畫的優越性在於：第一，超越視覺的剎那，成為一種「動畫」，有了動感，才便於抒情。感情的本性，就是和「動」分不開的，故曰感動，曰觸動，曰動心，曰動情，曰情動於衷，反之則曰無動於衷。連英語的感動都是從「動」（move）引申出 to stir the emotions 的意味，甚至 moved to tears, to arouse, to excite or provoke to the expressions of an emotion。從心理學來說，感情就是一種激動，激而不動，就是沒有感情。仍以李白的月亮意象為例，「舉杯邀明月，對影成三人」（〈月下獨酌〉），「暮從碧山下，山月隨人歸」（〈下終南山過斛斯山人宿置酒〉），詩中畫面的持續性突出了剎那間才會顯出的情的動態。第二，詩中的畫，不但是「動畫」，而且往往是「聲畫」，其妙處全在聲音。「月出驚山鳥，時鳴春澗中」（王維〈鳥鳴澗〉），這是岑寂和鳴叫反襯的效果，由聽覺激起的微妙心動，視覺是無能為力的。第三，最主要的是，詩中的畫，不管是動畫還是聲畫，最根本的還是「情畫」，情不能在動畫之上直接表現，必然隱蔽在畫面之外。即使出現了靜態的畫面，也不僅僅是視覺在起作用，而是心在被感「動」。如王昌齡

---

19 朱光潛譯：《拉奧孔》（北京市：人民文學出版社，1979年），頁16、頁22。

〈從軍行〉：

> 琵琶起舞換新聲，總是關山舊別情。
> 撩亂邊愁聽不盡，高高秋月照長城。

第一、二句是聽覺，妙處在第三句，斷然轉折，為第四句從聽覺轉入視覺提供鋪墊。聽了一曲又一曲，心煩意亂，這是內心的「聲畫」，突然轉換為一幅寧靜的畫面：秋月高照長城，暗示著，聽得心煩變成看得發呆。詩中之畫，妙在以外在的視覺暗示內心微妙的、通常總是被忽略的微波。愁緒本為遠隔關山而起，月亮雖在眼前之長城，卻能跨越關山，遠達天涯。（試想，此前有張九齡〈望月懷遠〉的「天涯共此時」之感，此後，又有蘇東坡〈水調歌頭〉「千里共嬋娟」之歎。）這是在畫面的靜態中有心靈的動態。而杜甫的那首，恰恰是四幅靜態的畫面，詩中有畫不假，但是有畫而心不動。詩中有畫，全詩都是畫，並不是問題，問題在於，靜中有動。拿它和韋應物的〈滁州西澗〉比較一下可能更能說明問題：

> 獨憐幽草澗邊生，上有黃鸝深樹鳴。
> 春潮帶雨晚來急，野渡無人舟自橫。

這也是一幅畫，但是，其中內心的動勢很豐富。先是「幽」，也就是無聲、荒僻，打破「幽」的是「鳴」，第三句加強了聲音效果的是緊張的春潮和急雨，第四句，緩和了緊張的是「舟自橫」。一個「橫」字，在這裡有三重內心感應暗示：其一，橫，是和「急」對應的，雨不管多急，舟悠閒地橫在那裡。是為無人、自在、自如。其二，無人之舟，又是有特別的人欣賞（「獨憐」）的結果。其三，有人而不在的暗示和長久無人的空寂構成內在張力：幽而不幽，不幽而幽；無人而

有人憐，有人而無人景。內心和外物之間的多重互動，構成了情感的「場」，無聲地昇華為意境。

　　杜甫之失在於：第一，過分沉醉於視覺的美，而忽略了情感縱深的活躍。為什麼詩聖會有這樣的失誤呢？楊慎講到七絕時，這樣批評杜甫：「少陵雖號大家，不能兼善，一則拘於對偶，二則汩於典故。拘則未成之律詩而非絕體，汩則儒生之書袋而乏性情。」[20]說杜甫「乏性情」，是冤枉的。杜甫豈是乏性情之人。至於說他「拘於對偶」，卻是一語中的。杜甫對偶的功夫太強大了，技巧太熟練了，太得心應手了，寫起絕句來，有時給人以批量生產的感覺。當他得心應手，不假思索運用對偶的時候，第三句的轉折，第三、四句的流水句式，就和他的情懷一起，受到嚴重的抑制。

　　當然，杜甫寫七絕並不一味只用這種句式，畢竟他是大家。有時，也在第三、四句運用流水句式。如〈江南逢李龜年〉：「岐王宅裡尋常見，崔九堂前幾度聞。正是江南好風景，落花時節又逢君。」似乎是應酬之作，但是，真正感奮起來的時候，也是很深沉的。如〈絕句三首〉之一：

　　　　殿前兵馬雖驍雄，縱暴略與羌渾同。
　　　　聞道殺人漢水上，婦女多在官軍中。

寫這樣的詩時，杜甫在悲憤中，似乎忘記了他最拿手的技巧，居然沒有用對仗句，而全是流水句式，第三句還有一個委婉的轉折，比之「壓卷」之作，情采不亞，只是文采略遜，在七絕中寫出了他律詩的水準。可惜的是，杜甫的好詩太多，當他的七絕寫得出色的時候，理所當然；當他寫得不夠水準的時候，詩評家就有文章可做，議論紛紛了。

---

20 楊文生：《楊慎詩話校箋》〈詩話續補遺〉〈少陵絕句不能兼善〉（成都市：四川人民
　　出版社，1990年），頁425。

　　當然李白的絕句也並不是十全十美，就以〈早發白帝城〉而言，雖然才氣橫溢，但也有瑕疵，最明顯的就是第二句「千里江陵一日還」的「還」字。這個字可能給讀者兩種誤解：第一，好像朝辭白帝城，晚上又可以回來的樣子。第二，好像李白的家，就在江陵，一天就回到家了。事實是，李白並不是要說一天就能到江陵，他的家也並不在江陵。他這樣用字，一來是囿於「朝發白帝，暮到江陵」的成說。詩中的數字，是不能以數學觀念看待的。除了「兩岸」也許是寫實以外，「千里」、「一日」、「萬重」，正如「白髮三千丈」一樣，都是詩人想象中感覺變異之詞，拘泥不得。二來詩人是為了和「間」、「山」押韻。從這個角度來看，天才詩人畢竟還有凡俗的一面，雖然詩歌不俗，但還是不能完全超越世俗文字之累。這樣說，好像是對偉大詩人有點不敬，但是，李白這首詩也許是乘興之作，筆落驚風，不可羈勒，字句不一定推敲得很精細，也不是沒有可能。

〈楓橋夜泊〉：
出世的鐘聲對落第者的撫慰

解讀焦點

鐘聲為全詩的靈魂，不是一般的寫實，而是象徵。意脈在此一轉，打破的不僅僅是沉寂，而且是入世的夢。

〈楓橋夜泊〉

張繼

月落烏啼霜滿天，江楓漁火對愁眠。

姑蘇城外寒山寺，夜半鐘聲到客船。

這首詩不但在中國膾炙人口，而且據說在日本「婦孺皆知」。（陳衍《石遺室詩話》）其最後一句中的「夜半鐘聲」四個字，從宋朝爭論到清朝，持續了一千多年。不是中國人對詩特別執著，特別呆氣，而是因為其中涉及詩歌意象的「虛」和「實」以及「興」和「象」，還有「情」與「境」的和諧統一等根本理論觀念。

論爭長期聚焦在「夜半鐘聲」是不是存在的問題上。

歐陽修在《六一詩話》中帶頭說沒有。堅持說有的，分別引用白居易、溫庭筠、皇甫冉詩中的「半夜鐘」，還有人直接調查得知有「分夜鐘」之事，更有引《南史》「齊武帝景陽樓有三更五更鐘」的。雙方看似相持不下，但是，其理論出發點卻是一樣的：夜半鐘聲存在與否，關係到此詩的真實性，如果不是確確實實的事實，則此詩

的藝術價值至少要大打折扣。

　　從理論上來說，這樣的論爭是比較膚淺的。

　　對詩歌來說，其區別於散文的特點，至少是其在想象境界中的虛實相生，拘於寫實則無詩。聞一多說過「絕對的寫實主義是藝術的破產」。從閱讀效果來看，「夜半鐘聲」為實抑或為虛，並不影響其感染力。清人馬位《秋窗隨筆》說得乾脆：「即不打鐘，不害詩之佳也。」可惜，這僅僅是感覺，尚未上升到理論的普遍高度。由於理論上的不自覺，從歐陽修到陸游，都有點過分咬文嚼字。倒是元朝的一個和尚園至在《箋注唐賢絕句三體詩法》卷一中觸及了要害：「說詩者不以文害辭，不以辭害意。」也就是說不能在字句上死摳。但是，這個說法還是不夠到位，直到胡應麟，在《詩藪》外編卷四才說到要害：「詩流借景立言，惟在聲律之調，興象之合，區區事實，彼豈暇計？無論夜半是非，即鐘聲聞否，未可知也。」胡氏這樣的觀點打破了古典詩話中不正視想象、虛擬的機械真實論。在詩話家為機械真實論所困之際，胡氏表現出了難得的理論魄力：詩人是不是聽到了鐘聲，是弄不清楚的（「未可知也」）也是不需要弄清楚的，是實在的還是虛構的，根本不用費工夫去計較，「區區事實，彼豈暇計」。原因是什麼呢？這是「興象之合」。只要詩的主體的感興與客觀物象契合，是不是事實，就是區區小事，詩人是不屑斤斤計較的（「彼豈暇計」）。

　　「興象之合」，感興與景觀的和諧，這是中國古典詩學特有的境界。關鍵在於這個「合」字。近千年來，詩話家對之似乎關注得不夠。

　　元朝的園至和尚似乎對這一點有所意識。他對「夜半鐘聲」，不從客觀存在來研究，而是從詩人主觀感悟上來解讀，提出鐘聲的功能是突出了愁怨之情：「霜夜客中愁寂，故怨鐘聲之太早也。夜半者，狀其太早而甚怨之辭。」這個「愁怨之情」的說法，贊成者不乏其人。唐汝詢《唐詩解》卷二十八說：「月落，烏啼矣，而楓間漁火依

然對『我』之愁眠，目未交睫也，何鐘聲之遽至乎？夜半，恨其早
也。」這裡的「恨其早也」的「恨」其實是由詩中「對愁眠」的
「愁」所引起。這「愁」不是一般的愁，而是「客中愁寂」（張繼是
湖北襄樊人）。主觀的「愁怨」和客觀的「寂寞」結合在一起，無聲
無息，「興象之合」的第一個特點就是二者高度統一，渾然一體。「對
愁眠」，提示抒情主體處於睡眠狀態，因而，這主體的「愁」就是一
種持續的壓抑心態。「興象之合」的第二個特點是愁怨與孤寂是持續
的。然而，這統一和諧並不是絕對的，而是相對的，這個處於睡眠狀
態的人，睡著了沒有呢？沒有。對著「江楓漁火」，說明他的眼睛是
睜著的。也就是說，這是一個失眠的人。在一片岑寂的夜半，愁而不
眠的眼睛，望著夜色反襯著的漁火，靜而不甯，寧靜的表層下掩蓋著
不寧靜，這可說是「興象之合」的第三個特點。有關資料告訴我們，
詩人因為科舉落第，只好孤獨地面對他鄉的靜寂，在失眠中體驗失
落，這種失落是默默的。在無聲無息的境界中，忽然聽到寒山寺的鐘
聲悠悠地傳來。正如唐汝詢所說：「何鐘聲之遽至乎？夜半，恨其早
也。」怎麼已經半夜了？這鐘聲不是打破了靜寂的意境了嗎？是的，
但不過是心頭微微觸動了一下，並不是某種衝擊。畢竟它來自寺廟，
來自佛家出世的梵音。這聲響如「鳥鳴山更幽」一樣，將靜寂反襯得
更加岑寂。對於因入世遭到挫折而失眠的他，對於正默默體悟著受傷
的心靈，悠揚的鐘聲更多的是一種撫慰。「興象之合」的第四個特點
就在無聲的靜寂中。鐘聲的微妙撫慰，使得整個境界更加精緻。第五
個特點是，這是佛門的鐘聲，提示著香客半夜起來，營造著出世的氛
圍。並不是所有的「夜半鐘聲」都與張繼的心靈相「合」。有世俗
的、入世的「夜半鐘」，如彭乘在他的《詩話》中所說：「人之始死
者，則必鳴鐘，多至數百千下，不復有晝夜之拘。俗號『無常
鐘』。」王直方在《詩話》中說白居易詩中有：「新秋松影下，半夜鐘
聲後。」溫庭筠詩中有：「悠然逆旅頻回首，無復松窗半夜鐘。」朱

弁《風月堂詩話》卷下提出:「齊宗室讀書,常以中宵鐘鳴為限。前代自有半夜鐘⋯⋯江浙間至今有之。」范溫《潛溪詩眼》又考證出「齊武帝景陽樓有三更五更鐘」,所有這些都是塵世的鐘聲,如果是這樣的鐘聲,對這個因入世而受傷的心,可能是個刺激,主客觀的和諧可能被打破,興象之間可能不「合」。網上有人考證說:「寺院撞鐘的傳統源自立志修行的梁武帝。他曾向高僧寶志請教:『怎樣才能擺脫地獄之苦?』寶志的回答是:『人的苦痛不能一時消失,但是如果聽到鐘聲敲響,苦痛就會暫時停歇。』(這在心理和生理上看的確有其道理。)梁武帝便下詔寺院撞鐘,『夜半鐘聲到客船』的寒山寺,就是梁武帝敕命賜建。」這樣的鐘聲,對於落第的張繼來說,應該隱含著某種從痛苦中超脫的韻味。

　　離開了詩中營造的這種從入世的感傷到出世的安撫的微妙境界,去考證鐘聲的有無,把塵世的鐘聲和超越塵世的鐘聲混為一談,對解讀這首不朽的詩篇只能造成混亂。

　　這還不是詩的全部。還有一些環節是不能忽略的,那就是鐘聲的韻味和「寒山寺」的關係。王士禎《漁洋詩話》卷中記載,有人說,這首詩好在準確地表現了蘇州的地域特點(「詩與地肖故爾」),如果改成「『南山門外報恩寺』豈不可笑耶」?王士禎用反證法說,如果將「流將春夢過杭州」,改成「流將春夢過幽州」,將「白日澹幽州」,改成「白日澹蘇州」,並不影響詩的韻味,同樣令人「絕倒」。他很機智地反駁了「詩與地肖故爾」的說法,但顯然留下了不足,那就是沒有正面回答,為什麼「寒山寺」比之「報恩寺」更經得起玩味呢?黃生在《唐詩摘抄》卷四中正面回答了這個問題:「只『寒山』二字雅於『報恩』二字也。」這話說到了點子上。此寺建於六朝時期的梁代天監年間,原名「妙利普明塔院」。一百多年後,唐貞觀年間,傳說當時的名僧寒山和拾得曾由天臺山來此住持,改名「寒山寺」。梁武帝建寺的典故,加上歷代詩、文、畫中積澱著的文人超越

世俗的高雅趣味（如「遠上寒山石徑斜」），再加上寒山這個貞觀年代的名僧比張繼生活的時代早了一百多年，時間的距離，更加提高了審美價值，而「報恩」二字，卻充滿了實用功利，缺乏審美的超越性。

　　一些認識到鐘響心愈靜的詩話家，還把開頭的「月落」解讀為「欲曙之時」，四更天快亮的時分。但這樣一來，就得硬說這是倒敘，把最後一句「夜半鐘聲」放到第一句「月落烏啼」的前頭，亦即四更後的回憶中去。這就有點穿鑿了。最為生硬的是徐增：「在寒山寺，實是早起鐘聲，張繼愁眠聽去，疑其是夜半也。」其實，月落不一定要等到四更以後，要看月初還是月末，月亮在夜半落下去也是常見的事。詩話家們唯一遺漏了的是「烏啼」，沒有任何解讀。其實，「烏啼」和「月落」，都在「對愁眠」之前，對一個落第者來說，「烏啼」正是命運不祥之兆，提示「對愁」而失眠的一個原因。

〈長恨歌〉：從美女的頌歌到超越帝妃身份的絕對的愛的悲歌

解讀焦點

　　文本分析無效，原因往往就在把文本當作一個平面，其實，文本是一個立體結構。從文字上直接感知的是文本的表層，也就是文本的顯性結構：包括人物感知、行為和語言的描述、時間空間的轉移等等。表層話語往往和文本的傾向錯位元。在表層以下的中層，有著和表層話語不盡相同的「意脈」。而意脈是潛在的、隱性的，不能直接感知的，但恰恰是貫穿文本的血脈，比之表層感知更具感染力。在意脈以下，則為深層，是作家對形式規範的駕馭和突圍，也就是風格的獨創。文本中人物的感知、語言、行為，並不完全由人物和作家的觀念決定，同時也由形式規範決定，三者的調節決定著作品思想藝術風貌。敘事形式的複雜性和抒情形式的單純性相互矛盾，在〈長恨歌〉中，白居易以抒情性的「長恨」強制同化了敘事的過程，使得〈長恨歌〉成為中國古典愛情詩的藝術高峰。

〈長恨歌〉

白居易

漢皇重色思傾國，御宇多年求不得。

楊家有女初長成，養在深閨人未識。

天生麗質難自棄，一朝選在君王側。

回眸一笑百媚生，六宮粉黛無顏色。

春寒賜浴華清池，溫泉水滑洗凝脂。
侍兒扶起嬌無力，始是新承恩澤時。
雲鬢花顏金步搖，芙蓉帳暖度春宵。
春宵苦短日高起，從此君王不早朝。
承歡侍宴無閒暇，春從春遊夜專夜。
後宮佳麗三千人，三千寵愛在一身。
金屋妝成嬌侍夜，玉樓宴罷醉和春。
姊妹弟兄皆列土，可憐光彩生門戶。
遂令天下父母心，不重生男重生女。
驪宮高處入青雲，仙樂風飄處處聞。
緩歌慢舞凝絲竹，盡日君王看不足。
漁陽鼙鼓動地來，驚破霓裳羽衣曲。
九重城闕煙塵生，千乘萬騎西南行。
翠華搖搖行復止，西出都門百餘里。
六軍不發無奈何，婉轉蛾眉馬前死。
花鈿委地無人收，翠翹金雀玉搔頭。
君王掩面救不得，回看血淚相和流。
黃埃散漫風蕭索，雲棧縈紆登劍閣。
峨嵋山下少人行，旌旗無光日色薄。
蜀江水碧蜀山青，聖主朝朝暮暮情。
行宮見月傷心色，夜雨聞鈴腸斷聲。
天旋地轉回龍馭，到此躊躇不能去。
馬嵬坡下泥土中，不見玉顏空死處。
君臣相顧盡沾衣，東望都門信馬歸。
歸來池苑皆依舊，太液芙蓉未央柳。
芙蓉如面柳如眉，對此如何不淚垂。
春風桃李花開日，秋雨梧桐葉落時。

西宮南內多秋草，落葉滿階紅不掃。
梨園弟子白髮新，椒房阿監青娥老。
夕殿螢飛思悄然，孤燈挑盡未成眠。
遲遲鐘鼓初長夜，耿耿星河欲曙天。
鴛鴦瓦冷霜華重，翡翠衾寒誰與共。
悠悠生死別經年，魂魄不曾來入夢。
臨邛道士鴻都客，能以精誠致魂魄。
為感君王輾轉思，遂教方士殷勤覓。
排空馭氣奔如電，升天入地求之遍。
上窮碧落下黃泉，兩處茫茫皆不見。
忽聞海上有仙山，山在虛無縹緲間。
樓閣玲瓏五雲起，其中綽約多仙子。
中有一人字太真，雪膚花貌參差是。
金闕西廂叩玉扃，轉教小玉報雙成。
聞道漢家天子使，九華帳裡夢魂驚。
攬衣推枕起徘徊，珠箔銀屏迤邐開。
雲鬢半偏新睡覺，花冠不整下堂來。
風吹仙袂飄飄舉，猶似霓裳羽衣舞。
玉容寂寞淚闌干，梨花一枝春帶雨。
含情凝睇謝君王，一別音容兩渺茫。
昭陽殿裡恩愛絕，蓬萊宮中日月長。
回頭下望人寰處，不見長安見塵霧。
唯將舊物表深情，鈿合金釵寄將去。
釵留一股合一扇，釵擘黃金合分鈿。
但教心似金鈿堅，天上人間會相見。
臨別殷勤重寄詞，詞中有誓兩心知。
七月七日長生殿，夜半無人私語時。

在天願作比翼鳥，在地願為連理枝。

天長地久有時盡，此恨綿綿無絕期。

〈長恨歌〉的生命力經受了千百年的歷史檢驗，至今仍然家喻戶曉，膾炙人口，但是對於它的主題，也就是它要告訴讀者什麼，卻眾說紛紜。作者和用小說形式寫了這個題材的陳鴻發出了互相矛盾的資訊。陳鴻在《長恨歌傳》中提出「懲尤物，窒亂階」，開闢了後來所謂的「諷喻說」的源頭。但白居易被貶江州編纂自己的詩集時，並未把它編入「諷喻詩」，而是收在「閒適詩」中。他在〈編集拙詩成一十五卷因題卷末戲贈元九、李二十〉中說：「一篇長恨有風情，十首秦吟近正聲。」「風情」似乎與「閒適」不相類。近年王運熙先生提出愛情與諷喻「雙重主題說」，不過是兩說的調和。至於俞平伯先生的「隱事說」，黃永年先生的「無主題思想說」則是逃避兩說的矛盾。種種說法雖然各執一詞，但都只是拘泥於一望而知的表層話語作各取所需的論證。「諷喻說」往往舉楊貴妃慘死以前的詩句為證（「漢皇重色思傾國，御宇多年求不得。」「春宵苦短日高起，從此君王不早朝。」「緩歌慢舞凝絲竹，盡日君王看不足。」），用「愛情說」不難反駁：如果主旨全在諷喻，為什麼抒寫李、楊相戀到楊死只用了三十八句，而唐玄宗思念楊貴妃卻用了八十二句？就算是諷喻，白居易也和陳鴻有所不同。陳鴻並沒有迴避「得弘農楊玄琰女于壽邸」這齣父親霸了兒媳婦的醜劇，而白居易則以「楊家有女初長成，養在深閨人未識」把它掩蓋了起來，委婉到了歪曲的程度，還能算是「諷喻」嗎？就算白居易對沉迷聲色有所批判，也只集中在荒廢朝政（「春宵苦短日高起，從此君王不早朝」）和楊家兄妹權勢膨脹（「姊妹弟兄皆列土，可憐光彩生門戶」）上。不可忽略的是，所有這一切，都是側面交代，並沒有多少渲染。而唐明皇為楊貴妃美色所迷卻是大筆濃墨、正面鋪張：

　　回眸一笑百媚生，六宮粉黛無顏色。

根本情調是對楊貴妃的美的讚頌，很難說有多少諷喻意味。在所有歌頌性的描述中，這是最精彩的一筆，比起那些正面寫外貌之美的詩句（如「雲鬢花顏金步搖」）更藝術，因為它不寫美本身，而寫美在對方心理上的強烈效果。一見楊玉環，皇宮佳麗（「後宮佳麗三千人」）一個個就面色蒼白了，以效果的強烈來暗示美貌的震撼，這在中國古典詩歌藝術中是很經典的。而接下來：「春寒賜浴華清池，溫泉水滑洗凝脂。」敢於寫到肉體，強調肌膚之美，是很大膽的。「侍兒扶起嬌無力，始是新承恩澤時。雲鬢花顏金步搖，芙蓉帳暖度春宵。」這四句把女性局限於肌膚的美豔和體態的嬌弱，但即便「芙蓉帳暖度春宵」也很難說是諷喻。不過正是因為這四句引發後世詩評家的非議：「樂天云，『一篇長恨有風情』，此自贊其詩也。今讀其詞，格極卑庸，詞頗嬌豔。」（《唐詩選脈會通評林》）[1]白居易讚賞女性體膚的詩句頗多，也許有格調不高的敗筆，[2]但這裡是由當時李隆基的「重色」決定的，這是貴族男性的審美觀念，不能籠統貶之為「格極卑庸」。

　　從〈長恨歌〉的意脈發展來看，起初，李隆基重色的傾向很明顯，楊貴妃以色擊敗了三千多後宮佳麗，「新承恩澤」，詩人強調的是莫大的榮幸。細讀文本，不能不感到所謂「愛情說」的弱點。這樣的情感能夠籠統用「愛情」來概括嗎？皇帝與妃子之間的情感，不可能是平等的，一方「施恩」是自由任意的，另一方「承恩」是別無選擇的。白居易和陳鴻都把當時李、楊二人的年齡差距（一個六十一，一

1　陳伯海主編：《唐詩彙評》（中）（杭州市：浙江教育出版社，1995年），頁2104。

2　如歌頌自己的小妾「櫻桃樊素口，楊柳小蠻腰。」在這方面，白居易可算是有些勇氣的，李商隱和他比起來要含蓄得多，即使寫到性事，也是隱約的：「別館覺來雲雨夢，後門歸去蕙蘭叢。」

個二十出頭）掩蓋起來了。即使年齡差距達到四十歲，花甲老人的恩寵對於青春少女，還是一種榮幸，是皇權使年齡的差異不成為差異，從這個意義上來說，用現代愛情觀念來概括李、楊情感不可能不是牽強的。白居易對李、楊歡樂情景的渲染是無保留的，讚美之情溢於言表：「驪宮高處入青雲，仙樂風飄處處聞。」也許在諷喻說者來看，這可能是在揭露宮廷生活的奢靡，但「仙樂風飄處處聞」難道不是美化？這裡的音樂之美和人的美是統一的，只有君王和貴妃才配有這樣天上人間的境界：「緩歌慢舞凝絲竹，盡日君王看不足。」飄飄欲仙的舞樂是美的，更重要的是君王的目光，君王的審美心情。這裡有愛，但是，這是君王對妃子的「寵愛」。「三千寵愛在一身」，把它置換成「三千愛情在一身」是滑稽的。寵愛和當代詞語「愛情」最大的差異就是：第一，寵愛是單方面恩賜的；第二，受寵者只能「承恩」，別無選擇；第三，這種榮幸，不僅是自身的，而且能為家族帶來榮華富貴；第四，皇帝的絕對權力帶來的幸運並不是絕對的，與之相隨的是災難，國家的動亂使受寵者付出生命的代價：

> 漁陽鼙鼓動地來，驚破霓裳羽衣曲。
> 九重城闕煙塵生，千乘萬騎西南行。
> 翠華搖搖行復止，西出都門百餘裡。
> 六軍不發無奈何，婉轉蛾眉馬前死。

從「一朝選在君王側」到「婉轉蛾眉馬前死」，情節邏輯不是很清楚，其中的因果關係被省略了。陳鴻的《長恨歌傳》大致遵照歷史，將其間邏輯說得很清楚：

> 天寶末，兄國忠盜丞相位，愚弄國柄。及安祿山引兵向闕，以討楊氏為辭。潼關不守，翠華南幸。出咸陽道，次馬嵬亭，六

軍徘徊持戟不進。從官郎吏伏上馬前，請誅晁錯以謝天下。國
忠奉氂纓盤水死於道周。左右之意未愜，上問之，當時敢言者
請以貴妃塞天下之怒。上知不免，而不忍見其死，反袂掩面使
牽而去之。倉皇輾轉竟就絕於尺組之下。

嚴峻的歷史衝突，需要一個寵妃付出生命的代價才得到緩和。在陳鴻
看來，這是天經地義的。楊貴妃之所以要死，是因為：第一，她是專
權的奸臣的妹妹；第二，她是犯了錯誤的皇帝的寵妃。而她之所以成
為寵妃，則是因為她是個「尤物」，這個罕見的、迷人的、特別漂亮
的女人，注定要成為王政混亂、國家危亡的原因（「亂階」）。為了王
朝的穩定，嚴屬地懲治絕對必要。這種美女禍水論似乎是許多詩人的
共識，在白居易的朋友元稹那裡表現得更是直率：「開元之末姚宋
死，朝廷漸漸由妃子。祿山宮裡養作兒，虢國門前鬧如市。弄權宰相
不記名，依稀憶得楊與李。」（〈連昌宮詞〉，《全唐詩》卷四一九）白
居易的另一個朋友劉禹錫，不算是太保守的人物，他對楊貴妃的態度
更加嚴屬：「軍家誅戚族，天子舍妖姬。群吏伏門屏，貴人牽帝衣。
低回轉美目，風日為無暉。」（〈馬嵬行〉，《全唐詩》卷三五四）處死
楊貴妃，理所當然，將軍是在嚴峻執法，天子也大義捨棄，楊貴妃連
「尤物」都不是，而是「妖姬」。馬嵬即興在中唐以後成為熱門題
材，張祜、李商隱、劉禹錫、李遠、鄭畋、賈島、高駢、于濆、羅
隱、黃滔、崔道融、蘇承、唐求等都有詩作，大抵是政治上的悼古傷
今，充其量也只是在感傷中偶爾流露出微微的同情。只有李商隱〈馬
嵬〉是例外：

　　海外徒聞更九州，他生未卜此生休。
　　空聞虎旅鳴宵柝，無復雞人報曉籌。
　　此日六軍同駐馬，當時七夕笑牽牛。

如何四紀為天子，不及盧家有莫愁？

李商隱的卓爾不群就在於，他超越了政治性的感傷，把王權和普通人作對比，肯定了個體幸福超越王權。李商隱把人的感情價值提到這樣的高度，是相當大膽的，但是，他的表達很委婉，從側面著筆，而白居易則從正面，以大筆濃墨抒寫：

花鈿委地無人收，翠翹金雀玉搔頭。君王掩面救不得，回看血淚相和流。

白居易強調的，一方面是絕世的美麗猝然死亡；一方面是權力至上的君王無可奈何地血淚交流。白居易的同情顯然在李、楊身上。「尤物」注定「亂階」的邏輯正是現實正統政治觀念的表現，但是，在〈長恨歌〉中，這種政治邏輯被顛覆了。白居易和李商隱一樣感歎美女和君王的不幸。白居易給美女的定性是「天生麗質」，美是天生的，況且她和亂政的蘇妲己、褒姒不一樣，她沒有殘害忠良。她的受寵，她的升騰，她的幸運，她的走向死亡，就是因為她天生麗質而得到的寵幸。但她是被「選」的，是身不由己的。在白居易的情節邏輯中美女的情感價值最重要，政治身份可以略而不計，美女就是美女。美女因為太美而成為犧牲品，這是很不公平的，這是美女的大「恨」。把美女叫做「尤物」，意思是不但是美麗的，而且是稀罕的，在稀罕這一點上，白居易和陳鴻是一樣的。但是，在白居易看來，正因為稀罕，才更應該珍惜。故在〈長恨歌〉一開頭，就是一曲美女幸運的讚歌。而在陳鴻那裡，正因為稀罕，才具有政治危險性，因而遭到殺戮是理所當然的。而在白居易心目中，罕見的美女，正如在〈琵琶行〉中演奏技藝高超的女藝人，是值得讚美的。這個罕見個體，雖然造成君王沉迷，導致裙帶性質的腐敗，甚至與王朝的危局有脫不了

的干係，與嚴重的政治危機有關聯，但是美女罕見的美還是值得珍惜的，值得用最美好的語言來歌頌。因為美女是稀罕的，所以美女身不由己捲入政局而死亡，美被毀滅，就是莫大的憾「恨」，這不但是美女的憾「恨」，而且對人生來說，也是無限的遺「恨」。

　　白居易把詩題定為「長恨歌」，用意是很深的。關鍵字是「恨」，貫穿長詩意脈的首尾。「恨」的內涵很豐富，白居易沒有取怨恨、仇恨、憤恨之意，而取其不能如願，後果不能改變而痛苦之意（如憾恨、悔恨、遺恨）。這個「恨」，還不是一般程度的「恨」，而是「長恨」；這個「長」還不是一般的時間長度，而且「抱恨終天」，永遠不可挽回，死也不甘心的遺「恨」。這就是〈長恨歌〉意脈的核心。在前半部分，從受寵到慘死，「恨」的內涵大體是對犧牲品的同情，無可奈何的遺憾。從同情這一點看，甚至包括唐明皇，即使有所諷喻，也是最低限度的。但是，對於楊貴妃，讚美完全淹沒了諷喻。至於「愛情」就比較複雜，須要作過細的具體分析。

　　我的學生張秀娟運用我的文本層次理念和矛盾分析方法，在碩士課程期末考卷中指出：所謂「愛情」深藏在文本的第二層次之中，「體現的是人類自身的情感與理智的衝突，在詩中具體表現為『愛情』與政治的矛盾與統一」。她從三個階段加以說明：

> 第一、二個階段，主要是「性愛」，「權與色的組合」，一旦發生矛盾，愛情則是「蒼白無力」的：第一個階段是治世時期的李、楊的「愛情」，當然要說這一時期他們的感情能夠稱得上真正的愛情是有點牽強的，應該說性愛的成分更多一些。李、楊「愛情」形成於政治，依附於政治，是權與色的組合……在治世的政治背景下，即使沒有感情基礎，只要有權力與美色，依然能夠走到一起，享受驕奢淫逸的生活。第二個階段是亂世時期，這時「愛情」與政治的尖銳矛盾便呈現出來。在「六軍

　　不發無奈何」之際只能讓她「婉轉蛾眉馬前死」。此刻,「愛情」在政治面前顯得不堪一擊。曾經的山盟海誓顯得蒼白無力。

這個分析挺有才氣,就深度來說,似乎對〈長恨歌〉研究水準有所突破。好在不是在愛情或者諷喻的抽象觀念中盤旋,而是把權力與美色作為一對矛盾,在矛盾發展過程中,具體分析其轉化和造成轉化的條件。

　　楊貴妃的死亡對於〈長恨歌〉來說,僅僅是個序曲而已。這個序曲和一般的序曲不太相同,一般序曲只是正曲的起興,而這個序曲則為意脈奠定了情緒貫通的基調:這就是「恨」而且是「長恨」,永恆的「恨」。張秀娟的試卷接下去這樣寫:

　　　　不過也正是經歷過這樣一次亂世,李、楊愛情才發生了質的變化,由以性愛為主的感情發展到真正的情感。第三個階段是由亂世到新的治世時期的李、楊愛情。李、楊的愛情最終超越了政治,即使是陰陽兩個世界,他們都可以穿越時空的限制,靈魂相伴。「在天願作比翼鳥,在地願為連理枝。」集中表現了愛情與政治的融合,然而「比翼鳥」、「連理枝」的願望雖然美好,此生卻難以實現,作者筆鋒一轉,「天長地久有時盡,此恨綿綿無絕期」,愛情與政治的矛盾並沒有真正地化解,在這裡,刻骨的相思變成了不絕的「長恨」。

這個分析很辯證,也很深刻,揭示出從權色關係到超越權色的愛情轉化,轉化的條件就是政治形勢的由亂到治。當然,這樣的分析,也有不足之處,就是比較生硬,白居易對楊貴妃的態度從「同情」到「憾恨」再到「長恨」,從脈頭到脈尾的微妙變化沒有全面梳理。

　　從文本潛在的意脈來說,貴妃死後開始了新的階段,讚美的對象

從美女的美轉向帝王感情的美。這時美女肉體已經死亡,「重色」的
君王,已經無色可重。權力對於死亡無可奈何。如果寵愛僅僅是出於
色,只能宣告終結,然而,帝王的憾「恨」,卻超越了死亡。這就顯
示出恨不是短「恨」,遺「恨」持續不斷意味著:第一,這種「長
恨」,並不因遠離死亡現場,距離死亡的時間漸行漸遠而淡化。第
二,「聖主朝朝暮暮情」,表明在性質上有了改變,造成朝朝暮暮「長
恨」的原因是「情」,這就超越了「芙蓉帳暖度春宵」,不再是色欲,
「重色」變成了重「情」。「長恨」不僅僅是在時間上的朝朝暮暮,更
體現在刻骨銘心的狀態上,這是一種無可奈何的、無限纏綿的、不可
磨滅的情感,最關鍵的還是一種不可挽回的永恆的遺恨。第三,這種
遺恨是無限的,無所不在,它衝擊著漸行漸遠的環境和景物,令一切
生命感覺發生「變異」。[3]陽光變得淡白,旗幟失去顏色,皎潔的月光
令人傷心,雨中的鈴聲則更是令人斷腸。這裡的「變異」,不僅僅是
「形變」,而且是「質變」。變異的幅度之大,反差之巨,正是感情被
深度衝擊的結果,比之「溫泉水滑洗凝脂」,這裡上升到超越肌膚、
超越功利的審美層次,在性質上具備了戀情、愛情的特徵。對於意脈
來說,則進入了一個新的高度。這已經不是初始的寵倖,愛情不但超
越了色欲,而且超越了不可排解,進入了不可更換、不可代替的境
界。在重返長安以後,李隆基並沒有把色欲轉移到另外的美女身上
去。帝王施恩的任意性權力,並不能排解李隆基的「長恨」。這就不
僅僅是感情的深摯,而且是愛情的忠貞。任意的施恩權力在愛情的不
可改變面前變得無能為力,這樣,憾恨就帶上〈長恨歌〉中愛情理想
化的特點:絕對性。

3　參閱孫紹振:《文學性講演錄》第十一講(桂林市:廣西師大出版社,2006年),頁
　　121。又見孫紹振《論變異》第四章(廣州市:花城出版社,1986年),頁71-85。

　　　　歸來池苑皆依舊，太液芙蓉未央柳。
　　　　芙蓉如面柳如眉，對此如何不淚垂。

愛的絕對在「恨」的絕對中得到體現，在逃亡途中，一切景觀皆因貴妃未能共用而悲涼，由於所愛不在場而「恨」，歸來以後，則是物是人非的反差，環境越是美好，越是引發悲痛。對美的悼念變成了絕對的憾「恨」：

　　　　春風桃李花開日，秋雨梧桐葉落時。
　　　　西宮南內多秋草，落葉滿階紅不掃。

這裡的「恨」是絕對不變的：一是，不因春秋季節的推移而消失。二是，不因樂景（「春風桃李花開」）和悲景（「秋雨梧桐葉落」）而變化，樂景和悲景一樣引起悲痛。三是，悲痛造成了宮廷環境的荒涼（「落葉滿階紅不掃」），今日的荒涼和往日的繁華形成對比而顯得怵目驚心。四是，這種遺恨最集中的特點是孤獨，孤獨就是無伴，伴的唯一、不可替代感使抒情達到了高潮：

　　　　夕殿螢飛思悄然，孤燈挑盡未成眠。
　　　　遲遲鐘鼓初長夜，耿耿星河欲曙天。
　　　　鴛鴦瓦冷霜華重，翡翠衾寒誰與共。

這是以夜晚的失眠表現「長恨」的心理效果，不再單純運用變異的意象，而以極其精緻的細節構成有機的、無聲的圖景，暗示時間的默默推移（從「遲遲鐘鼓」到「星河欲曙」），把失眠的痛苦從視覺的「夕殿螢飛」到聽覺的「遲遲鐘鼓」再到觸覺的「翡翠衾寒」，統一起來作多元感知的呈現。這裡宮殿環境固然是帝王獨有的，但是，失眠的

心理卻超越了帝王，「孤燈挑盡未成眠」，似乎帶上了平民的色彩。[4]
很難設想，太上皇南內宮殿的燈會是「孤燈」，更難設想太上皇要親
自去挑它的燈芯，白居易在這裡有意無意地把失眠的情景融入了平民
生活，對忠貞不二的愛情來說，身份似乎並不重要，超越身份才更有
絕對性。

　　事實上，這樣絕對的愛情在人間是不可能存在的，即使道士排雲
馭電，升天入地，也只能是「兩處茫茫皆不見」。陳鴻在《長恨歌
傳》中這樣描述楊玉環的訴說：「昔天寶十年侍輦避暑驪山宮，秋七
月，牽牛織女相見之夕……時夜始半，休侍衛於東西廂，獨侍上，上
憑肩而立，因仰天感牛女事。密相誓，心願世世為夫婦。言畢執手各
嗚咽。」白居易把現世的記憶轉化為「虛無縹緲間」的「海上仙
山」，為絕對愛情找到絕對自由的環境。在這「虛無縹緲」的環境
中，絕對愛情就是絕對理想化：第一，對象是絕對唯一的，不可替代
的；第二，感情是絕對不變的，生者是不變的，死者也是不變的；第
三，死者因為感情不變而成了仙子，比活著更美。活著的時候，不過
是「宮高入雲」、「仙樂風飄」，死亡之後卻變成了「綽約仙子」、「雪
膚花貌」、「仙袂飄舉」。但是，即使成仙，也並不因此而歡樂，相
反，仍然陷於「長恨」之中，憾恨不是一般的美化而是仙化。這裡的
美，不僅僅是麗質而歡樂的美，而且是堅貞而悲涼的美（「梨花一枝
春帶雨」）。

　　理想愛情的美，在任何極端條件下，都是絕對不變的：

　　　　在天願作比翼鳥，在地願為連理枝。

這裡隱含著「世世代代為夫婦」的理想，似乎得力於對〈孔雀東南

4　施補華：《峴傭說詩》：「『孤燈挑盡未成眠』，似寒士光景，南內淒涼，亦不至此。」
　　見陳伯海主編：《唐詩彙評》（中）（杭州市：浙江教育出版社，1995年），頁2106。

飛〉結尾處意象的轉化：把松柏、梧桐的「枝枝覆蓋」、「葉葉交通」，轉化為「連理枝」；把飛鳴其間的「雙飛鳥」轉化為「比翼鳥」；把超越生命大限的理想愛情，提煉成詩化的哲理格言。在天，在地，說的是愛情不但不受生死限制，也不受空間限制，不論是在天上，還是在人間，都是絕對不變的。天長，地久，說的是，不但生死不能改變，即便是與天地共存在的時間也不能改變，愛情（遺恨）甚至比宇宙更為無限。但是，白居易並不滿足於這種形而上學的絕對永恆，他堅定地把它變為現實的抒情。永恆的愛情，在現實中，只能是永恆的憾「恨」，永恆的悲痛，絕對的「長恨」。

　　　天長地久有時盡，此恨綿綿無絕期。

「長恨」綿綿無盡，從意脈來說，正是白居易自己說過的「卒章顯志」，成為意脈的脈尾，全詩的構思達到了有機的統一。

　　到此為止，縱覽意脈全程，才到達文本的第二個層次。要充分闡釋經典之作的不朽，不能不向文本的第三層次，也就是形式風格的層次進軍。〈長恨歌〉之所以經受得住千年的時間考驗，根本原因就在於它不是一般的詩，而是傑出的敘事詩。和敘事作品《長恨歌傳》相比，它在敘事上要成功得多。原因在於敘事的過程中有和諧抒情。敘事和抒情從根本上是矛盾的。敘事就是敘述情節的連續性，抒情如果陷於追隨情節的過程，情緒的跳躍和自由轉移就受到限制。駕馭這樣的矛盾，使之統一和諧是很有難度的。白居易對敘事有強大的駕馭能力，在〈秦中吟〉中就把敘事控制在樸質的過程之中，他的實用意圖（「唯歌生民病，願得天子知」），決定了他並不追求抒情與敘事水乳交融的和諧。元稹的〈連昌宮詞〉之所以不如〈長恨歌〉，就是因為拘泥於抒情。長達九十句的詩作，從頭到尾全都是抒情，雖然以一個「宮邊老翁」的陳述展開，但是並沒有個人生離死別的情節。抒情缺

乏敘事的框架，終淪為景象的鋪排，系統的對比也不能挽救單調。在
語言上，除個別句子具有感歎和直接抒發的意味，絕大多數詩句為描
述語氣，造成意象密度過大的窒息。白居易對李、楊故事的處理則不
然，至少在兩個方面不同於元稹：第一，不是拘於正統政治觀念，而
是把情感作為價值準則，把李隆基和楊玉環當作人，把個體的人的感
情的精彩放在主導地位，即使政治上有錯誤，甚至罪過，兩人間超越
生死的、不可替代的感情也是精彩的。第二，不拘於抒情，把敘事與
抒情結合起來。〈長恨歌〉大起大落的情節，其曲折性大大超過琵琶
女的遭遇。白居易沒有陷於被動的敘事，他營造了另外一種風格，以
抒情的脈絡，化解敘事。從楊貴妃得寵到安史之亂發生，再到李隆基
倉皇出逃，其間曲折變動，在史家司馬光筆下是很複雜的，光是戰事
就勝敗互見，唐兵雖屢敗，但李光弼、郭子儀亦時有勝績。潼關主帥
哥舒翰堅守策略不得行，楊國忠對其心懷恐懼，宦官監軍，強制出戰
的結果是唐兵崩潰。《資治通鑑》描述李隆基出逃這一天「百官朝者
十無一二」，是非常狼狽的：

> 上移仗北內，既夕，命龍武大將軍陳玄禮整比六軍，厚賜錢
> 帛。選閑廄馬九百余匹，外人皆莫之知。乙未，黎明，上獨與
> 貴妃姊妹、皇子、妃、主、皇孫、楊國忠、韋見素、魏方進、
> 陳玄禮及親近宦官、宮人出延秋門，妃、主、皇孫之外者皆委
> 之而去。[5]

　　而〈長恨歌〉對這樣複雜的歷史過程，四兩撥千斤，只簡單用了
兩句話：

5　司馬光：《資治通鑑》卷第218，唐紀34（北京市：中華書局，1956年），頁6970-
　　6971。

　　漁陽鼙鼓動地來，驚破霓裳羽衣曲。

這完全是神來之筆：第一，在無限豐富的生活細節系統中，瀟灑自如
地精選了兩個意象，一個是「漁陽鼙鼓」作為戰亂的意象，一個是
「霓裳羽衣曲」作為宮廷奢靡的意象；第二，更精緻的是，對「漁陽
鼙鼓」只選定了一個屬性：「動地」，以之「驚破霓裳羽衣曲」。詩歌
的想象跨越了空間千百里的過程，把二者以一條因果直線連接在一
起。這種「意象因果」表現出來的不僅是歷史概括的魄力，也是詩家
想象的精緻。不但他的朋友元稹的〈連昌宮詞〉不能望其項背，就是
白居易自己也不是常常能夠達到這樣的境地。當然，白居易的才華並
不限於「意象因果」這一手，在描述李隆基逃往四川的時候，他用的
是另外一手：

　　黃埃散漫風蕭索，雲棧縈紆登劍閣。
　　峨嵋山下少人行，旌旗無光日色薄。
　　蜀江水碧蜀山青，聖主朝朝暮暮情。
　　行宮見月傷心色，夜雨聞鈴腸斷聲。

幾乎都以主人公的感官為中心，所見所聞，全部意象的組合，從「登
劍閣」、「峨嵋山」到「行宮見月」隱含了由陝入川，從逃亡到安定的
過程。這些意象又都以情感的淒涼性質定性、滲透。時間的推移就這
樣沉浮於意象群落之中，過程則成為若斷若續的脈絡。在這種「意象
群落」中，過程的連續性被最大限度地隱藏，就是為了意象的任情跳
躍和自由組合。「歸來池苑皆依舊，太液芙蓉未央柳。芙蓉如面柳如
眉，對此如何不淚垂。春風桃李花開日，秋雨梧桐葉落時。」「遲遲
鐘鼓初長夜，耿耿星河欲曙天。」都是以意象的斷續對舉代替時間
（「歸來」對「依舊」；「春風」對「秋雨」；「長夜」對「欲曙」）的連

續。「悠悠生死別經年，魂魄不曾來入夢。」把「經年」的過程，隱藏在抒情（不曾入夢）的感歎之中，這樣，過程的推移就轉化為抒情。

　　當然，這種以意象隱藏時間連續性的辦法不是絕對的，當複雜的過程有礙於抒情的單純時，過程是要隱約的，當過程並不太複雜時，白居易也並不迴避時間的連續：

> 漢皇重色思傾國，御宇多年求不得。
> 楊家有女初長成，養在深閨人未識。
> 天生麗質難自棄，一朝選在君王側。

本來，從「養在深閨人未識」到「一朝選在君王側」，敘事的連續性已經完足，「天生麗質難自棄」並非敘述的必要成分，多餘的交代是敘述的大忌，但在這裡卻是不可省略的，原因在於插入了詩人的評斷，為從「養在深閨」到「選在君王側」提供一個原因，這其實不是客觀的，而是詩人的主觀讚美，也就是抒情。

> 聞道漢家天子使，九華帳裡夢魂驚。
> 攬衣推枕起徘徊，珠箔銀屏迤邐開。
> 雲鬢半偏新睡覺，花冠不整下堂來。
> 風吹仙袂飄飄舉，猶似霓裳羽衣舞。
> 玉容寂寞淚闌干，梨花一枝春帶雨。
> 含情凝睇謝君王，一別音容兩渺茫。
> 昭陽殿裡恩愛絕，蓬萊宮中日月長。
> 回頭下望人寰處，不見長安見塵霧。
> 唯將舊物表深情，鈿合金釵寄將去。
> 釵留一股合一扇，釵擘黃金合分鈿。
> 但教心似金鈿堅，天上人間會相見。

　　　　臨別殷勤重寄詞，詞中有誓兩心知。

　　這是楊貴妃的正面出場，是全詩的高潮。從敘事的過程來看，這裡有五要素：一、聞道天子來使，二、攬衣推枕下堂，三、含情凝睇作答，四、出示舊物，五、臨別寄詞。如果光是這些要素的連續，即使敷衍成七言節奏，也只可能成為〈秦中吟〉那樣的「淺直」。但是這裡連續的動作之中的主體情感層次相當豐富，令人讚歎的是，這裡不僅寫到仙家的環境美（「九華帳」、「珠箔銀屏」、「仙袂飄飄」、「霓裳羽衣」），其靈魂也在潛在的情采之中。連貫性動作之下有情感層次若隱若現。楊貴妃不像開頭那樣是被欣賞的形象，而是作為情感主體來展示，仙境只是陪襯。「九華帳」的動人，是為了陪襯「夢魂驚」。「攬衣推枕」是為了表現其「起徘徊」的心境。「珠箔銀屏迤邐開」，不僅是排場的緩緩展開，而且與「夢魂驚」的內心動作相對比，是外部動作的從容儀態，而「雲髻半偏」、「花冠不整」卻流露了出場的急迫。出場動作層次和內心層次交織，動作層次中充足的情感含量，使得敘事具有抒情的功能。在這一點上，和琵琶女的出場異曲同工。[6]以顯性的敘事過程，隱含曲折的意脈，在敘事中飽含情感潛在量，是白居易的拿手好戲。在楊貴妃出場中表現得更為精緻。「風吹仙袂飄

6　在〈琵琶行〉中，對於敘事的過程一絲不苟，情節連續的前因後果，恰恰是抒情的契機：「潯陽江頭夜送客，楓葉荻花秋瑟瑟。主人下馬客在船，舉酒欲飲無管弦。醉不成歡慘將別，別時茫茫江浸月。忽聞水上琵琶聲，主人忘歸客不發。尋聲暗問彈者誰，琵琶聲停欲語遲。移船相近邀相見，添酒回燈重開宴。千呼萬喚始出來，猶抱琵琶半遮面。」從舉酒無樂，到「忽聞琵琶」，再到「尋聲暗問」、「移船相邀」、「千呼萬喚」終於到「琵琶遮面」，可謂環環緊扣。如此單純的空間場景，過程卻如此細緻曲折，充分顯示敘事之妙，但是，並沒有淹沒情感，相反，敘事連貫承載感情的起伏：舉杯無樂是慘別，初聽琵琶令主客「忘歸」，「忘歸」就是忘了「慘別」。音樂之美的效果如此強烈，詢問的心情急迫，而回答卻是遲疑的。移船相近，添酒重宴的歡樂是快速的，而女主人公的出現，卻是延宕的：出現了，也還是半遮著面孔。情節的曲折，轉化為感情的默默變化：期待、抑制和釋放。

飄舉，猶似霓裳羽衣舞」，已經是理想化到超凡脫俗的仙化程度了，層次分明的敘事過程已經統一為形象，但是這還只是生時人間美的延續，白居易並不滿足，堅決把敘事的節奏停頓下來，對天上仙界的美作正面的概括：

> 玉容寂寞淚闌干，梨花一枝春帶雨。

這樣就把動態的情感進一步凝聚在靜態的意象上，同時也把仙境的美轉化為人間的美，仙子變成愛情悲鬱的女人。這個形象和生時的熱烈相反，玉容帶淚，梨花帶雨，是冷色調有機統一，悲涼的美顯得冰清玉潔。敘事和抒情反覆互滲，使得楊貴妃的美具有多重色彩：一是得寵時的美豔而熱烈，二是想念中的悲涼而深沉，三是幻境中的仙氣而平民。三者統一起來，不管與歷史人物有多大的區別，楊貴妃成為永恆愛情美的象徵，在中國古典愛情不朽的理想母題序列中，上承民間文學〈孔雀東南飛〉，提升到形而上的境界，下開〈梁山伯與祝英臺〉，讓情感戰勝死亡而起飛，一脈相承。這就決定了〈長恨歌〉不但成為白居易藝術不朽的證明，而且成為中國古典愛情境界高峰的標誌。

〈琵琶行〉：
長調中的停頓之美

解讀焦點

　　中國詩論中有詩中有畫的學說，強調詩與畫的統一。但這是問題的一個方面，詩與畫的矛盾是問題的另一個方面。〈琵琶行〉是寫音樂的，音樂可聽而不可見，以文字寫音樂，矛盾也很大。在詩中，一般也是以無聲的圖畫的可見性來代替樂曲的可聽性。〈琵琶行〉在這方面取得了成就。但是，樂曲在時間上的延續性與圖畫的瞬間性的矛盾是更大的難點。〈琵琶行〉超越前人的地方在於：一、以圖畫的變幻表現了樂曲的持續和突發的變幻之美；二、正面表現樂曲的無聲、停頓，情緒的延續深化，使無聲之美勝於有聲。這是〈琵琶行〉達到的最高藝術成就。

〈琵琶行〉

白居易

潯陽江頭夜送客，楓葉荻花秋瑟瑟。

主人下馬客在船，舉酒欲飲無管弦。

醉不成歡慘將別，別時茫茫江浸月。

忽聞水上琵琶聲，主人忘歸客不發。

尋聲暗問彈者誰？琵琶聲停欲語遲。

移船相近邀相見，添酒回燈重開宴。

千呼萬喚始出來，猶抱琵琶半遮面。

轉軸撥弦三兩聲，未成曲調先有情。

弦弦掩抑聲聲思，似訴平生不得志。
低眉信手續續彈，說盡心中無限事。
輕攏慢撚抹復挑，初為霓裳後六么。
大弦嘈嘈如急雨，小弦切切如私語。
嘈嘈切切錯雜彈，大珠小珠落玉盤。
間關鶯語花底滑，幽咽泉流冰下難。
冰泉冷澀弦凝絕，凝絕不通聲暫歇。
別有幽愁暗恨生，此時無聲勝有聲。
銀瓶乍破水漿迸，鐵騎突出刀槍鳴。
曲終收撥當心畫，四弦一聲如裂帛。
東船西舫悄無言，唯見江心秋月白。
沉吟放撥插弦中，整頓衣裳起斂容。
自言本是京城女，家在蝦蟆陵下住。
十三學得琵琶成，名屬教坊第一部。
曲罷曾教善才服，妝成每被秋娘妒。
五陵年少爭纏頭，一曲紅綃不知數。
鈿頭銀篦擊節碎，血色羅裙翻酒汙。
今年歡笑複明年，秋月春風等閒度。
弟走從軍阿姨死，暮去朝來顏色故。
門前冷落鞍馬稀，老大嫁作商人婦。
商人重利輕別離，前月浮梁買茶去。
去來江口守空船，繞船月明江水寒。
夜深忽夢少年事，夢啼妝淚紅闌干。
我聞琵琶已歎息，又聞此語重唧唧。
同是天涯淪落人，相逢何必曾相識！
我從去年辭帝京，謫居臥病潯陽城。
潯陽地僻無音樂，終歲不聞絲竹聲。

住近湓江地低濕，黃蘆苦竹繞宅生。

其間旦暮聞何物？杜鵑啼血猿哀鳴。

春江花朝秋月夜，往往取酒還獨傾。

豈無山歌與村笛，嘔啞嘲哳難為聽。

今夜聞君琵琶語，如聽仙樂耳暫明。

莫辭更坐彈一曲，為君翻作琵琶行。

感我此言良久立，卻坐促弦弦轉急。

淒淒不似向前聲，滿座重聞皆掩泣。

座中泣下誰最多？江州司馬青衫濕。

　　在唐詩中，以詩表現其他藝術形式並取得很高成就的作品不少。如表現繪畫的，就有杜甫的〈奉先劉少府新畫山水障歌〉：「堂上不合生楓樹，怪底江山起煙霧……悄然坐我天姥下，耳邊已似聞清猿……元氣淋漓障猶濕，真宰上訴天應泣。」〈丹青引贈曹將軍霸〉：「良相頭上進賢冠，猛將腰間大羽箭。褒公鄂公毛發動，英姿颯爽來酣戰。」杜甫所追求的藝術效果，是用動態的語言表現靜態的視覺形象，達到逼真的效果：

先帝御馬玉花驄……迴立閶闔生長風。詔謂將軍拂絹素，意匠慘澹經營中。斯須九重真龍出，一洗萬古凡馬空。玉花卻在御榻上，榻上庭前屹相向……弟子韓幹早入室，亦能畫馬窮殊相。幹惟畫肉不畫骨，忍使驊騮氣凋喪。

從逼真到亂真、「窮殊相」的追求，表明詩人對詩與畫的統一性有著充分的理解。也許正是因為這樣，到宋代，就產生了蘇東坡「詩中有畫，畫中有詩」的見解。雖然有些忽略了詩與畫的重大區別，但詩人用語言表現繪畫，追求一種「再現」的效果，功力還是不凡的。可是

要把這種追求逼真甚至亂真的原則，用到表現音樂上去，困難就比較大了。

用詩的視覺意象提供畫面的符號，可以在某種意義上達到一定程度再現的效果。而要以語言來提示音樂的節奏和旋律，就不可能有任何再現的效果。正因為語言符號不能記錄音樂的旋律，人類才發明樂譜。詩人要在詩歌中表現音樂，就必須為音樂旋律尋找詩的語言。

我們來看白居易是怎樣承擔起這個艱鉅的任務的：

> 潯陽江頭夜送客，楓葉荻花秋瑟瑟。
> 主人下馬客在船，舉酒欲飲無管弦。

這是一筆反襯，在動了感情的地方，卻沒有音樂。如果只有這樣的反襯，還是比較平淡的，因為這只是一般的敘述。接下去，就透露出白居易式的才情：

> 醉不成歡慘將別，別時茫茫江浸月。

前面一句用了一個情感比較強烈的「慘」字，和「歡」字構成對比。酒喝醉了，卻沒有一點歡愉之感，這倒也罷了，居然還產生了一種「慘」的感覺。但是，僅一個「慘」字，畢竟不夠具體。為了把這個「慘」具體化，白居易採取的辦法不是直接表現詩人的心理，而是提供一幅圖畫，一個空鏡頭：茫茫的江水，浸潤著月亮（或者月色、月光）。無聲的畫面，寡白的色調，提示出畫外有一雙失神的眼睛。

> 忽聞水上琵琶聲，主人忘歸客不發。

這是音樂的效果：驚異。初聞，即如此強烈，改變了心情，「醉」和

「慘」的迷濛都消失了，甚至還改變了主人和客人原定的行動程式，當然也就改變了那畫外失神的眼睛。

　　　　尋聲暗問彈者誰？琵琶聲停欲語遲。

如此急切地追問，回答卻有些賣關子。這是敘事延宕的技巧，是戲劇性敘事的技巧。這個技巧不但用了，而且是加碼地用：

　　　　千呼萬喚始出來，猶抱琵琶半遮面。

這兩句成為千古名句，原因在於創造性地運用了延宕，把延宕的效果做足。「千呼萬喚」，是時間的延宕，也是期待的積累；「琵琶半遮」，是時間和人情延宕的二度積累，這一積累由於其意外性更強，故效果更強。正是因為這樣，這個詩句的生命力不但經歷了千年的考驗，而且在不同的語境中，召喚、同化不同讀者的心理，甚至脫離文本語境，成為獨立的諺語、格言。

　　所有這一切，不過是音樂形象出現之前的背景，為音樂形象的出現醞釀氛圍。

　　值得一談的是，這裡用了相當多的敘事手法，主要是事和事的連續性。這對於本詩無疑是必要的。本詩的立意就帶著強烈的敘事性。在敘事成分方面，中國和西方不同。在中國古典詩歌裡，獨立的敘事是沒有地位的，因此敘事往往為抒情所同化、瓦解。同化和瓦解的特點，就是以抒情詩的想象和跳躍超越敘事的連續性。例如，在〈長恨歌〉裡，唐明皇對楊貴妃的沉迷導致了安祿山的反叛，唐軍兵敗，潼關失守，唐明皇倉皇出逃。這麼曲折的、連續性過程，到了〈長恨歌〉裡，就只有兩句：「漁陽鼙鼓動地來，驚破霓裳羽衣曲。」安祿山的戰鼓一下子震停了長安宮廷的歌舞，把超越空間的鼓聲變成舞曲

停止的直接原因。這不是現實的描寫，而是抒情詩歌想象的跳躍，把
敘事的連續過程，其間複雜的因果，幾乎全部省略了。但是，〈琵琶
行〉不能像〈長恨歌〉這樣處理。因為〈長恨歌〉所寫的是歷史人
物，其本事人所共知，而〈琵琶行〉寫的卻是平凡人物，其故事情節
不能用這樣大幅度的跳躍性想象。這就給白居易增加了難度，既要有
故事情節的連續性，又不能讓這種過程、連貫妨礙了抒情。從上面的
引文，我們可以看到，白居易主要是把故事的連續性和人物內在情感
的曲折變化結合起來，以內心的動作來調和敘事和抒情之間的矛盾。
一旦進入樂曲本身的描述，故事暫停了，白居易面臨的任務就是把曲
調和演奏者本人的情感結合起來：

> 轉軸撥弦三兩聲，未成曲調先有情。

詩人寫調弦，但又不能停留在曲調上，未成旋律（未成曲調），已經
有動情之處。什麼情？是彈奏者的情感，這是全詩的主線。要注意，
相對於這條主線，曲調本身居於次要地位。

> 弦弦掩抑聲聲思，似訴平生不得志。
> 低眉信手續續彈，說盡心中無限事。

居於主導地位的是演奏者的內心。這是一種簡單化的說法。詩人聽到
的，是否完全是琵琶女的感情呢？好像又不完全是。詩人從曲調中領
悟到演奏者的情感：悲抑。這種情感，不僅是演奏者的，也是詩人
的，至少是被詩人自己的「不得志」所同化了的。這已經夠精彩了。
但如果僅限於此，還是有所不足，畢竟沒有把曲調、旋律之美寫透。
詩歌當然要以情感人，但如果沒有足夠的曲調意象，在寫曲調旋律上
沒有超越前人的表現力，則動人的情感可能缺乏載體。

　　用語言寫曲調和旋律，正是難點，即使是唐詩，在這方面的積累也很有限。李白有一系列寫到聽樂曲的詩，如〈與史郎中欽聽黃鶴樓上吹笛〉：

> 一為遷客去長沙，西望長安不見家。
> 黃鶴樓中吹玉笛，江城五月落梅花。

還有〈春夜洛城聞笛〉：

> 誰家玉笛暗飛聲，散入春風滿洛城。
> 此夜曲中聞折柳，何人不起故園情。

這只是寫聽到曲調在內心引起的美好效果和情緒，是一種審美感應。因為用語言表現音樂，難度太大，一般的詩人，都善於討巧，大抵取間接的審美感應來表現；就是很有才華的詩人，也很少直接表現音樂。比如岑參〈和王七玉門關聽吹笛〉（一作〈塞上聞笛〉）：

> 胡人吹笛戍樓間，樓上蕭條海月閒。
> 借問落梅凡幾曲，從風一夜滿關山。

李益〈夜上西城聽梁州曲〉第二首：

> 鴻雁新從北地來，聞聲一半卻飛回。
> 金河戍客腸應斷，更在秋風百尺臺。

這首尤其著重於在效果上表現曲調：連大雁都受到了感動，何況征戍之士？至於曲調本身究竟如何，詩人大抵是巧妙迴避的。天才如李

白，也只能從心理效果方面略作敷衍。如〈聽蜀僧濬彈琴〉：

> 蜀僧抱綠綺，西下峨眉峰。
> 為我一揮手，如聽萬壑松。
> 客心洗流水，餘響入霜鐘。
> 不覺碧山暮，秋雲暗幾重。

正面寫樂曲，顯然是個難題，就是白居易本人，也不是每一首都能寫出水準。同樣是寫琵琶樂曲的作品，白居易寫過好幾首。如〈聽李士良琵琶〉：

> 聲似胡兒彈舌語，愁如塞月恨邊雲。
> 閒人暫聽猶眉斂，可使和蕃公主聞。

這一首的構思很有代表性。頭一句，倒是說到了琵琶的顫音，如胡人捲舌音。到了第二句，說憂愁如塞月，這是對任何樂器都適用的，琵琶樂曲不過是感興的緣由而已。〈聽琵琶〉就更明顯了：

> 欲寫明妃萬里情，紫槽紅撥夜丁丁。
> 胡沙望盡漢宮遠，月落天山聞一聲。

這樣的構思，在絕句中已經成為一種套路了。從正面寫出功夫來的，也許可以提到〈春聽琵琶兼簡長孫司戶〉：

> 四弦不似琵琶聲，亂寫真珠細撼鈴。
> 指底商風悲颯颯，舌頭胡語苦醒醒。
> 如言都尉思京國，似訴明妃厭虜庭。
> 遷客共君相勸諫，春腸易斷不須聽。

這裡寫出了琵琶的弦，寫到了彈奏的手指，當然還有聽覺的美好聯想和想象。但是，和大多數的琵琶主題一樣，都與征戍和邊塞之鄉思聯繫在一起。不僅聯想，連主題都陷於某種模式。正面集中地寫曲調旋律，難度太大，因而很是罕見。李頎的〈聽安萬善吹觱篥〉可能值得一提：

> 世人解聽不解賞，長飆風中自來往。
> 枯桑老柏寒颼颼，九雛鳴鳳亂啾啾。
> 龍吟虎嘯一時發，萬籟百泉相與秋。
> 忽然更作漁陽摻，黃雲蕭條白日暗。
> 變調如聞楊柳春，上林繁花照眼新。
> 歲夜高堂列明燭，美酒一杯聲一曲。

用了這麼多比喻，卻大多比較陳舊，已經有堆砌之感，但對樂曲本身的描寫，還是比較概括。李頎〈聽董大彈胡笳聲兼寄語弄房給事〉中的「先拂商弦後角羽，四郊秋葉驚摵摵」，算是寫到樂曲演奏本身了，話語也比較豐富：

> 空山百鳥散還合，萬里浮雲陰且晴。
> 嘶酸雛雁失群夜，斷絕胡兒戀母聲。
> 川為淨其波，鳥亦罷其鳴。
> 烏孫部落家鄉遠，邏娑沙塵哀怨生。
> 幽音變調忽飄灑，長風吹林雨墮瓦。
> 迸泉颯颯飛木末，野鹿呦呦走堂下……

很明顯，這裡用的是賦體，以大幅度的鋪排形容來強化樂曲的形象。但是，鋪排的賦體，是平列的、靜態的，缺乏連貫的過程。而作為樂

曲，一種時間的藝術，其生命就在於持續性的高低強弱、快慢緩停的變幻，寓變化於規律性的統一。在〈琵琶行〉中，白居易第一次用詩的語言，以空前的，甚至可以說絕後的氣魄，正面集中描寫了琵琶樂曲旋律起伏變幻的過程，包括演奏樂曲的動作和曲調的程式：

> 輕攏慢撚抹復挑，初為〈霓裳〉後〈六么〉。

詩句已經具體到演奏的動作，連曲調的名稱都出現了，這好像是冒著往敘事方面靠攏的風險。但接下來，更是冒險，居然以賦體的平行句來展開：

> 大弦嘈嘈如急雨，小弦切切如私語。
> 嘈嘈切切錯雜彈，大珠小珠落玉盤。
> 間關鶯語花底滑，幽咽泉流冰下難。
> 冰泉冷澀弦凝絕，凝絕不通聲暫歇。
> 別有幽愁暗恨生，此時無聲勝有聲。

單從形式上來說，大弦、小弦、大珠、小珠四句，好像是平行的。但如果真是這樣，就真成賦體了。白居易的成就在於對賦體節制性的運用，適當的對稱，又伴之以錯綜。實際上，只有前面兩句的句法是對稱平行的；到了第三、四句，句式就變化了，不再用對稱的句式，而是有連貫性的「流水」句式，不再作平面的滑行，而是略帶錯綜的句式。下面四句，也有類比的考究。兩句用對稱（「間關鶯語花底滑，幽咽泉流冰下難」），接著的兩句（「冰泉冷澀弦凝絕，凝絕不通聲暫歇」）又打破了對稱。於是，這八句，一致卻不單調，處於錯綜的變化中。

　　從意象上說，前四句，大珠、小珠、玉盤，以物質的貴重，引發

聲音美妙的聯想。當然，這只是詩的想象的美好。實際上，珠落玉
盤，並不一定產生樂音；嘈嘈、切切這樣的閉塞摩擦音，本身可能並
不能產生美好的感覺。但是，和「急雨」、「私語」聯繫在一起，就比
較有情感的含量。「私語」沒有問題，有人的心情在內；「急雨」和
「私語」對應起來，也不難勾起對應的情致聯想。白居易在開頭的
「序」中，就交代了婦女的命運：「本長安倡女，嘗學琵琶於穆曹二
善才。年長色衰，委身為賈人婦」，「自敘少小時歡樂事」。這樣的樂
曲和這樣的語音（塞擦音交替錯綜重現）自然有利於構成悲鬱滄桑的
氛圍。接下去是：「間關鶯語花底滑，幽咽泉流冰下難。冰泉冷澀弦
凝絕，凝絕不通聲暫歇。」錯綜不僅僅在句法形式上，而且在聲畫交
替上。前四句以聽覺的美為主，而後四句是視覺圖畫（花底流鶯、冰
下泉流）和聽覺聲音（鶯語、幽咽）交織的美。二十世紀八十年代初
期唐弢先生曾經撰文說，這四句美在聲韻上的雙聲和疊韻（間關、幽
咽）。此說似乎太拘泥。詩歌藝術的美，和音樂的美不同，只是一種
想象聯想的美的情致，不能坐實為實際上的聲音之美。如果真的把珍
珠倒入玉盤，把流鶯之聲和水流之聲用答錄機錄下來，可能並不成為
樂音。然而這裡的珠玉之聲、鶯鳥之語、花底冰泉，種種意象疊加起
來，詩意得以強化。

　　白居易驚人的筆力不但在於用意象疊加寫出了樂曲之美，而且充
分強調了過程。過程，是音樂與繪畫的重大區別。在這一點上的成
功，是「詩中有畫，畫中有詩」這樣簡單的理論難以解釋的。最為突
出的是，樂曲的停頓，既無聲音又無圖畫，卻恰恰反映出旋律抑揚頓
挫的趣味。令人驚歎的正是這樣的句子：

　　　　冰泉冷澀弦凝絕，凝絕不通聲暫歇。
　　　　別有幽愁暗恨生，此時無聲勝有聲。

　　前面白居易寫音樂，珠玉之聲、鶯鳥之語、花底之泉一類，均為美好的聲音，引發美好的詩意，這是唐詩共同的傾向。白居易的突破在於：第一，從「冷澀」這種聽起來不美的聲音中發現了詩意，這當然也是為主人公和詩人的感情特點找到了恰當的話語。第二，從「凝絕不通」的旋律空白中發現了音樂美。這是聲音漸漸停息的境界。從音樂來說是停頓，是音符的空白，但並不是情緒的空檔，相反卻是感情的高度凝聚；是聲音的漸細漸微，同時又是凝神傾聽。外部的凝神，必然導致對內在情緒細微的導引，外部聲音的細微，化為內部自我體驗的精緻。白居易發現，內心深處的情致，是以「幽」（愁）和「暗」（恨）為特點的，是捉摸不定的、難以言傳的，在通常情況下，是被忽略的，自發地沉入潛意識的。而在這種漸漸停息的微妙的聆聽中，卻構成了一種從外部聆聽，轉入內心凝神的體悟：聲音的停息，不是情感的靜止，而是「幽愁」、「暗恨」的發現和體悟。正因為這樣，「此時無聲勝有聲」才成了千古佳句。

　　沒有聲音為什麼比有聲音更為動人？因為內心的體驗更精彩，更難得。在千百年的流傳中，無聲勝有聲，成了家喻戶曉的格言。這不但是詩，而且是哲理的勝利。停頓之所以有力，是它和前面的音響的強烈反差所致。一般說，如果停頓安排在結尾，是很平常的，但白居易把這個停頓安排在當中，在兩個緊張的旋律之間。在戲劇化的停頓之後，又接著緊張的旋律：

　　　銀瓶乍破水漿迸，鐵騎突出刀槍鳴。

詩人強調有聲旋律出現的突然性（乍破、突出），增加戲劇性的衝擊力。這是由兩幅鮮明的圖畫帶來的——金屬破裂和冷兵器撞擊——在兩個極點上的張力。這也不是「詩中有畫」所能解釋的。一般圖畫是靜態的、剎那間的，而這裡的圖畫，卻是「動畫」，具有強烈的動作

性。白居易超越前人和自己的地方，主要是用語言圖畫的動態，使旋律和節奏的動態得到充分的表現。這種動態，不但表現為旋律的變動，而且表現為驟然的停頓和突然再度掀起的衝擊力。這種突然停止和驟然的掀起，不是孤立的，而是旋律的呈示和再現，因而就是再次出現也不會有重複感：

曲終收撥當心畫，四弦一聲如裂帛。

這是第二次休止停頓，不但是響亮的，而且是破裂性的。把這種破裂和絲織品的「裂」結合在一起，其聲音和第一次「冷澀」、「凝絕」的幽暗不同，既不是突然的，也不是漸次的，而是高亢淒厲的。在此背景上，第二次休止出現了：

東船西舫悄無言，唯見江心秋月白。

這已經不僅是樂曲的停頓，而且是停頓造成的心理凝聚效果。聽眾的心被感染的程度並未減弱，依舊沉浸在那還沒有結束的結束感之中。這種寧靜的延長感，詩人用一幅圖畫來顯現，這是一個空鏡頭，無聲的，又是靜止的。江中秋月，這是第二次出現。這是不是重複呢？《唐詩選脈會通評林》引唐汝詢曰：「一篇之中，『月』字五見，『秋月』三用，各自有情，何嘗厭重！」[1]此人認為不重複，原因在於，秋月重見，各有不同的情感。第一次，「醉不成歡慘將別，別時茫茫江浸月」，寫的是分別時的茫然和遺憾。而這裡的「東船西舫悄無言，唯見江心秋月白」，則是另一種韻味，寫眾多的聽者仍然沉浸在樂曲的境界裡。這個境界的特點就是寧靜，除了這種寧靜，什麼感覺

1　陳伯海主編：《唐詩彙評》（中）（杭州市：浙江教育出版社，1995年），頁2108。

都沒有。就連唯一可見的茫茫江月，也是寧靜的。但這恰恰向讀者提示了一雙出神的眼睛。

白居易這首詩，妙在把樂曲寫得文采華贍，情韻交織，波瀾起伏，抑揚頓挫，於無聲中盡顯有聲之美，於長歌中間穿插短促之停頓，於畫圖中有繁複之音響，的確超凡脫俗，空前絕後。兩用「江心秋月」，雖然情韻有別，但相異之情，用相同之景，畢竟非上策。尤其是五用「江月」，都是秋月，且又都把秋月和江水聯繫在一起，畢竟顯得侷促。白璧微瑕，然亦不可為尊者諱也。

〈憫農〉：
為什麼是「誰知」，而不是「須知」

解讀焦點

結論是「辛苦」，這很平常，妙處全在「汗滴」、「粒粒」的聯想之間。明明是已知，卻說「誰知」。

〈憫農〉

李紳

鋤禾日當午，汗滴禾下土。

誰知盤中餐，粒粒皆辛苦。

分析不是解讀作品的唯一法門，其理論根據是：可以在整體感悟的基礎上理解。但是，整體感悟有深淺之別。感覺到的，不一定能夠理解，理解了的，才能更好地感覺。所以不能單純依靠感受，在生活中也不能絕對地跟著感覺走。感受是需要深化、準確化的，不能不建立在理解的基礎上。理解要深化，只能通過分析。分析作為哲學方法，是普遍有效的，篇幅再小，也不例外。不過，篇幅比較小的要用微觀的分析方法。

從方法論來說，分析的層次遞進是無限的。莊子說：「一尺之棰，日取其半，萬世不竭。」宇宙萬物，大千世界，可以分析到微觀的分子，到原子，到原子核，到質子、中子、介子、夸克，至今還沒有完結，何況，這首詩的篇幅並不是最小，還沒有達到感知不可及的程度。

全詩四句，形象統一完整，天衣無縫，水乳交融，要找到分析的切入口，用我所提倡的還原法，不難。作者要說的是，糧食（「盤中餐」）是人生之必需，人們雖然熟視無睹，但是，不能忘卻全係農民辛苦勞作所得。詩的核心思緒、亮點就是「辛苦」。直接講出來，沒有形象的可感性。詩人通過「汗滴」，把抽象思緒轉化為可感的形象。

但是，這汗珠不是一般情況下的「汗滴」，而是特殊情景下的。

在農民一年四季的辛苦勞作中，詩人選取了很有特點的一個場面，就是夏天在烈日下鋤禾。那麼，春種秋收的場面呢？省略了，讓讀者用想象去補充。為什麼？因為，夏日鋤禾的場面很有特點，對想象的衝擊和召喚的效果比較強大。當然並不是說，這是唯一的選擇。同樣是李紳，在寫另外一首詩的時候，就選擇了春種秋收的場面：「春種一粒粟，秋收萬顆籽。四海無閒田，農夫猶餓死。」這就把夏日鋤禾省略了。其對情感的衝擊效果，也是很強的，因為其中的「一粒」和「萬顆」有強烈的對比。

回到這首詩上來，它的第二個好處在於語言的精緻和諧。

全詩的關鍵字是汗「滴」和穀「粒」，就是汗珠變成了穀粒。這裡的用詞是很見功夫的。二者本是不同的東西，一個液體，一個固體。詩人想象的高明，就在把二者的不同隱藏起來，使其間的相似性突出為整體。這兩個關鍵字語用得很精緻，不但完成了表意的功能，而且在相關句中有聯想和呼應。詩語裡潛藏著「汗滴禾下土」的「滴」和「粒粒皆辛苦」的「粒」之間暢通無阻的管道。「滴」，從字面上來看，它表達的是，汗水往下落，但又不僅僅是往下落，還隱含著「粒」的聯想和意蘊。如果改成：

鋤禾日當午，汗「落」禾下土。誰知盤中餐，粒粒皆辛苦。

詩人的感情，也可以領會，但是，比之「汗『滴』禾下土」，效果如

何呢？其中微妙的不同，是不可忽略的。問題就在，「滴」字和後面
的「粒」字在讀者想象中，比之「落」字的聯想，更為自然順暢。從
心理上來說，一方面，從汗珠到穀粒的想象是大跨度的飛躍，另一方
面，倚仗的是相似、相近的聯想的軌道，構成天衣無縫的效果。首
先，「滴」引起的聯想，是液體的下落，而「落」引起的聯想，則包
含著固體；其次，「滴」引起的聯想，只能是橢圓形的，而「落」，則
隱含著任何形狀；第三，「滴」引發的聯想，是小而細微的，而
「落」則不排除體積比較大的；第四，「滴」引發的聯想，是連續
的，而「落」則可能是一次性的。這四者就決定了「汗滴」和「粒
粒」之間高度的相似，而汗「落」則缺乏這樣的程度上的相似性。

　　「滴」與「粒」的四重隱性聯想，構成了潛在意蘊的高度和諧。

　　再次，還可以分析的是第三句「誰知盤中餐」中的「誰」。

　　盤中之餐，粒粒皆來自農民辛苦，明明是作者已知，為什麼要說
「誰知」？

　　這是偶然的嗎？不是。在四句式的古風和絕句中，像第三句「誰
知」這樣的疑問句式，並不是偶然的。請看高適〈送兵到薊北〉：

> 積雪與天迴，屯軍連塞愁。
> 誰知此行邁，不為覓封侯。

白居易〈晝臥〉：

> 抱枕無言語，空房獨悄然。
> 誰知盡日臥，非病亦非眠。

白居易〈閨怨詞〉：

朝憎鶯百囀，夜妒燕雙棲。
不慣經春別，誰知到曉啼。

白居易〈初見劉二十八郎中有感〉：

欲話毗陵君反袂，欲言夏口我沾衣。
誰知臨老相逢日，悲歎聲多語笑稀。

錢起〈藍田溪雜詠二十二首〉〈石上苔〉：

淨與溪色連，幽宜松雨滴。
誰知古石上，不染世人跡。

張繼〈讀嶧山碑〉：

六國平來四海家，相君當代擅才華。
誰知頌德山頭石，卻與他人戒後車。

這麼多詩作，在最後一聯居然都有共同的句式，應該是一種必然的追求。五七言詩在節奏上高度統一，不但在顯性形象上，而且在隱性的聯想上都統一了；但統一得太單純了，太絕對了，就難免單調。為了抑制這種單調，詩人就在句法上作些調整，讓它有些變化。故在前面都是陳述句的情況下，把第三或第四句改為疑問或感歎句式。有了這個「誰知」引起的疑問句式，在統一的陳述語氣中，就有了一點變化，韻味就比較豐富。如果不是這樣，不用疑問語氣，而繼續用陳述語氣，就只能是這樣：

鋤禾日當午，汗滴禾下土。

須知盤中餐，粒粒皆辛苦。

整個詩句變成教訓式的，韻味就差很多。不但句式單調，情感也缺乏轉折和變化。正是因為這樣，這種以「誰知」表現情緒轉折的句式，成為收尾的一種結構方式，一種套路，被普遍運用，並不限於四句式的結構。如李端〈與苗員外山行〉：

古人留路去，今日共君行。

若待青山盡，應逢白髮生。

誰知到蘭若，流落一書名。

這種句式在律詩中也用得很多。如杜甫〈寄邛州崔錄事〉：

邛州崔錄事，聞在果園坊。久待無消息，終朝有底忙。

應愁江樹遠，怯見野亭荒。浩蕩風塵外，誰知酒熟香。

劉長卿〈送李員外使還蘇州，兼呈前袁州李使君，賦得〉：

別離共成怨，衰老更難忘。夜月留同舍，秋風在遠鄉。

未弦徐向燭，白髮強臨觴。歸獻西陵作，誰知此路長。

孟浩然〈贈道士參寥〉：

蜀琴久不弄，玉匣細塵生。絲脆弦將斷，金徽色尚榮。

知音徒自惜，聲俗本相輕。不遇鍾期聽，誰知鸞鳳聲。

張籍〈春日李舍人宅見兩省諸公唱和，因書情即事〉：

> 又見帝城裡，東風天氣和。官閒人事少，年長道情多。
> 紫掖發章句，青闈更詠歌。誰知餘寂寞，終日斷經過。

　　這些語句上的變化，看來是很不起眼的，但是，唐詩的精緻，其統一與豐富的奧妙，就在這些微妙之處。

〈題李凝幽居〉：
推敲的局部美和整體美

解讀焦點

　　就著名的這兩句而言，「推」、「敲」分別為視覺和聽覺資訊，視覺無聲，構成「靜」界，聽覺有聲，構成反襯，「靜」境更靜。故「『敲』字佳」。但就整首詩而言，則可能恰恰相反。

〈題李凝幽居〉
賈島
閒居少鄰並，草徑入荒園。
鳥宿池邊樹，僧敲月下門。
過橋分野色，移石動雲根。
暫去還來此，幽期不負言。

　　中國詩話傳統講究煉字，為一個字的優劣，打上近千年的筆墨官司，這在西方是不可想象的。但在中國，這卻是司空見慣的。最有名的要算賈島的〈題李凝幽居〉，為了其中「推」字好，還是「敲」字好，至今爭論不休，「推敲」甚至成為現代漢語中的常用詞。和中國小說的評點相比較，這也提示了中國文學理論與西方文學理論的某種不同：西方重概念演繹，而中國更重語言的歸納，具有某種創作論的特色。此事最早見於唐劉禹錫〈劉賓客嘉話錄〉：

島初赴舉京師，一日於驢上得句云：「鳥宿池邊樹，僧敲月下門。」始欲著「推」字，又欲著「敲」字，練之未定，遂於驢上吟哦，時時引手作推敲之勢。時韓愈吏部權京兆，島不覺沖至第三節，左右擁之尹前，島具對所得詩句云云。韓立馬良久，謂島曰：「作『敲』字佳矣！」遂與並轡而歸，留連論詩，與為布衣之交。自此名著。

以後，五代何光遠《鑒誡錄》等書，輾轉抄錄。據陳一琴《聚訟詩話詞話輯評》，此則又見宋阮閱《詩話總龜》前集卷十一引錄《唐宋遺史》、黃朝英《緗素雜記》、計有功《唐詩紀事》卷四十、黃徹《溪詩話》卷四、元辛文房《唐才子傳》卷五，文字有增減，本事則類。

一千多年來，推敲的典故，膾炙人口。韓愈當時是京兆尹，也就是首都的行政長官，他又是大詩人、大散文家，他的說法，很權威，日後幾乎成了定論。但是為什麼「敲」字就一定比「推」字好呢？卻沒有多少史料是從理論上加以說明的。但是，朱光潛在《談文學》〈咬文嚼字〉中提出異議：認為從寧靜的意境的和諧統一上看，倒應該是「推」字比較好一點：

古今人也都讚賞「敲」字比「推」字下得好。其實這不僅是文字上的分別，同時也是意境上的分別。「推」固然顯得魯莽一點，但是它表示孤僧步月歸寺，門原來是他自己掩的，於今他「推」。他須自掩自推，足見寺裡只有他孤零零的一個和尚。在這冷寂的場合，他有興致出來步月，興盡而返，獨往獨來，自在無礙，他也自有一副胸襟氣度。「敲」就顯得他拘禮些，也就顯得寺裡有人應門。他仿佛是乘月夜訪友，他自己不甘寂寞，那寺裡如果不是熱鬧場合，至少也有一些溫暖的人情。比較起來，「敲」的空氣沒有「推」的那麼冷寂。就上句「鳥宿

池邊樹」看來，「推」似乎比「敲」要調和些。「推」可以無聲，「敲」就不免剝啄有聲，驚起了宿鳥，打破了岑寂，也似乎平添了攪擾。所以我很懷疑韓愈的修改是否真如古今所稱賞的那麼妥當。究竟哪一種意境是賈島當時在心裡玩索而要表現的，只有他自己知道。如果他想到「推」而下「敲」字，或是想到「敲」而下「推」字，我認為那是不可能的事。所以問題不在「推」字和「敲」字哪一個比較恰當，而在哪一種境界是他當時所要說的而且與全詩調和的。在文字上推敲，骨子裡實在是在思想感情上「推敲」。[1]

我在《文學創作論》中曾經說到過這個現象：

朱光潛在一篇文章中提及，似乎「推」字更好。但是為什麼呢？朱氏仍用傳統的批評方法，雖然在觀點上有新見，但在方法上仍然是估測性強於分析性。其實以感覺要素的結構功能來解釋，應該是「敲」字比較好。因為「鳥宿池邊樹，僧推月下門」，二者都屬於視覺，而改成「僧敲月下門」，後者就成為視覺和聽覺要素的結構。一般來說，在感覺的內在構成中，如果其他條件相同，異類的要素結構會產生更大的功能。從實際鑑賞過程來看，如果用「推」字，可能是本寺和尚歸來，與鳥宿樹上的暗示大體契合。如果用「敲」則肯定是外來的行腳僧，於意境上也是契合的。「敲」字勝過「推」字的好處在於它強調了一種聽覺資訊，由視覺資訊和聽覺資訊形成的結構的功能更大。兩句詩所營造的氛圍，是無聲的、靜寂的，如果是「推」，則寧靜到極點，可能有點單調。「敲」字的好處在於在

1　《朱光潛美學文集》第二卷（上海市：上海文藝出版社，1982年），頁298。

　　　　這個靜寂的境界裡敲出了一點聲音，用精緻的聽覺（輕輕地
　　　　敲，而不是擂）打破了一點靜寂，反襯出這個境界更靜。[2]

這種詩的境界，其實質是想象性的提純，而不是散文那樣寫實的。有
些讀解者，忽略了這一點，提出一些可以說是「外行」的問題。例如：

　　　　這兩句詩，粗看有些費解，難道詩人連夜晚宿在池邊的樹上的
　　　　鳥都能看到嗎？其實，這正見出詩人構思之巧，用心之苦。正
　　　　由於月光皎潔，萬籟俱寂，因此老僧（或許即指作者）一陣輕
　　　　微的敲門之聲，就驚動了宿鳥，或是引起鳥兒一陣不安的躁
　　　　動，或是鳥從窩中飛出轉了個圈，又棲宿巢中了。作者抓住了
　　　　這一瞬即逝的現象，來刻畫環境之幽靜，響中寓靜，有出人意
　　　　料之勝。倘用「推」字，當然沒有這樣的藝術效果了。[3]

　　　作者的感覺（以有聲襯托無聲）雖然不無道理，但是，理論上卻
混淆了散文和詩歌的區別。散文是寫實的，具體到有時間、地點、條
件、人稱。而詩中所寫景象（鳥宿）並不一定為作者所見，可能是想
象的，概括的，沒有人稱的。至於是有人看到的，還是作者想到的
（用臺灣詩人所說的，就是靈視），在詩歌中，是沒有必要交代的。
交代了，反而煞風景。「僧敲月下門」，究竟是什麼僧，是老僧還是年
輕的僧，是作者自謂，還是即興描述，把想象的空間留給讀者是詩的
審美規範之一。但是，讀者的想象，又不能完全脫離詩人提供的文
本。不能因為詩中有「鳥宿」二字，就自由地想象，鳥不但宿了，睡
了，而且飛了，不但飛了，而且叫了，因為有這種叫聲才襯托出幽居
的靜。這其實是多此一舉。因為詩中本來就有「敲」字製造音響效

2　參見孫紹振：《文學創作論》，頁270。
3　《唐詩鑑賞辭典》（上海市：上海辭書出版社，1983年），頁962。

果，反襯出幽居的寧靜，不用憑空再捏造出宿鳥驚飛而鳴的景象來。詩的想象，只能是由文本中整體的提示激發的，超越文本的添枝加葉，只能是畫蛇添足。

其實，這與王維的〈鳥鳴澗〉「月出驚山鳥，時鳴春澗中」是同樣的意境。整個大山，一片寂靜，寂靜到只有一隻鳥在山谷裡鳴叫都聽得很真切。而且這隻鳥之所以叫起來，通常應該是被聲音驚醒的，而在這裡卻不是，是被月光的變化驚醒的。月光的變化是沒有聲音的，光和影的變化居然能把鳥驚醒，說明是多麼地寧靜；而且這無聲的寧靜又統一了視覺和聽覺的整體有機感，把視覺和聽覺水乳交融地結合起來，成為和諧的整體。每一個元素，都相互補充，相互滲透，相互不可缺少。一如前面的「人閒桂花落」，桂花落下來，這是視覺形象，同時也是靜的聽覺。因為，桂花很小，心靈不寧靜，是不會感覺得到的。這裡的靜就不僅僅是聽覺的表層的靜，而且是心理的深層的寧。只有這樣寧靜的內心，才能感受到月光變化和小鳥的驚叫的因果關係。

表面上，寫的是客觀的景物的特點，實質上，表現的是內心的寧靜統一了外部世界的寧靜，這樣內外統一，就是意境的表現。

這裡的意境，就是同時駕馭兩種以上的感覺交流的效果，把兩種或兩種以上的感覺交織起來就形成了一種感覺「場」，這種「場」，不是字面上的，權德輿和劉禹錫有「境在象外」之說，翻譯成我的話，就是場在言外。

毛澤東的〈憶秦娥・婁山關〉也是這樣，不過略有不同。上片主要是以模糊的視覺襯出清晰的聽覺：「長空雁叫霜晨月」，看得見的，只有發光的月亮和月光照著的霜，其他的一概略而不計；聽覺卻能清晰地感受到天上大雁的叫聲，聽覺清晰和視覺朦朧之間的反襯，表現出進攻前陣地上是多麼寧靜，而在進攻的過程中視覺幾乎完全關閉了，只有聽覺在起作用：「馬蹄聲碎，喇叭聲咽。」只寫聲音，不寫

形狀，視覺一概省略。而到了寫勝利時，則相反，不寫聲音，只寫形狀：「蒼山如海，殘陽如血。」所有的聽覺一律關閉。和「推敲」故事中的視覺和聽覺滲透構成交融不同，這裡是視覺和聽覺的交替，形成了一種「場」（境）的效果，同樣是有機的、水乳交融的，不可分割的兩種感覺的結構，或者叫做視覺和聽覺「場」。「場」的功能，也就是「境」的結構功能，不僅補充了被省略的，而且深化了情志：戰爭雖然是殘酷的，但又是壯美的。

說了這麼多，只是說明一個道理，因為「敲」構成了視聽的交融，所以比「推」字好。儘管如此，這裡仍然潛藏著矛盾。我們用來說明「敲」字比「推」字好的理論，是整體的有機性，朱光潛也說「與全詩調和」。而這裡的「整體」卻僅僅是一首詩中的兩句，把它當作一個獨立的單位，從整體中分離出來，是可以的。但是，這只是一個次整體，或者亞整體。從整首詩來說，這兩句只是一個局部，它的結構它的場，是不是融入了更大的整體、更大的結構呢？如果是，則這首詩還有更高的意境，有待分析；如果不是，則這首詩從整體來說，並不完美，是有缺陷的，只是局部的句子精彩而已。

這樣，就不能不回過頭來重新分析整首詩作。賈島原詩的題目是「題李凝幽居」。「幽居」，作為動詞，就是隱居；作為名詞，就是隱居之所。第一聯，從視覺上寫幽居的特點是沒有鄰居，似乎不算精彩。全詩沒有點到「幽」字上去。但是，第一聯中有兩點值得注意。第一個是「閒」。一般寫幽，從視覺著眼，寫其遠（幽遠）；從聽覺上來說，是靜（幽靜）。這些都是五官可感的，比較容易構成意象。但是，這裡的第一句卻用了一個五官不可感的字：「閒」（幽閒，悠閒）。這個「閒」字和「幽」字的關係，不可放過。因為它和後面的意境、感覺的場有關係。

第二是把「幽」和「閒」的特點感覺化了：「草徑入荒園」。這個「草」，是路面的「草」，還是路邊的「草」？如果在散文裡，這是很

值得推敲的，但是，在詩歌裡，想象的彈性比較大，不必拘泥，詩作只是大致提供了一種荒草之路的意象。這是既「幽」又「閒」的結果。因為「幽」，故少人跡；因為「閒」，故幽居者並不在意「鄰並」之少，「草徑」之荒。如果，把這個幽中之「閒」作為全詩意境的核心，則對於「推」、「敲」二字的優劣可以進入更深層次的分析。「僧敲月下門」，可能是外來的和尚，「敲」門的確襯托出幽靜，但是，不見得「閒」。若是本寺的和尚，當然可能是「推」。但「月下」是兩個不可忽略的字眼。回來晚了，也不著急，沒有猛搖，不管「敲」還是「推」，都是很平常的心情。以「閒」的意脈而論，把前後兩聯統一起來看，而不是單單從兩句來看，韓愈的「敲字佳矣」，似乎不一定是定論，還有討論的餘地。

關鍵是，下面的「過橋分野色，移石動雲根」究竟是什麼意思呢？這是不可迴避的。有詩話家認為這兩句更為精彩。比如明胡應麟《詩藪》內編卷四說：

> 晚唐有一首之中，世共傳其一聯，而其所不傳反過之者。……
> 如賈島「鳥宿池邊樹，僧敲月下門」，雖幽奇，氣格故不如
> 「過橋分野色，移石動雲根」也。

這個見解很獨特，但是，千年來，這兩句的含義，還沒有十分確切的解釋。當代出版的《唐詩鑑賞辭典》說：「是寫回歸路上所見。過橋是色彩斑斕的原野。」[4]但是從原詩中（「分野色」）似乎看不出任何「斑斕」的色彩。問題出在「分野」這兩個字究竟該怎麼解釋。光從字面上來摳，是比較費解的。從上下文來看，應該是描述地形地物的，現代辭書上說是「江河分水嶺位於同一水系的兩條河流之間的較

4　《唐詩鑑賞辭典》（上海市：上海辭書出版社，1983年），頁962。

高的陸地區域」。簡單說，就是河之間的地區。從上下文來看，「分野」和「過橋」聯繫在一起，像是河之間的意思。「過橋分野色」當是過了橋就更顯出不同的山野之色。這好像沒有寫出什麼特別的精彩來。至於「移石動雲根」，石為雲之根，盡顯其幽居之幽，但是，「移」字沒有來由，為什麼為一個朋友的別墅題詩要寫到移動石頭上去？殊不可解。幸而這並不是唯一的解釋，在王維的〈終南山〉中有另外一個意思：

> 太乙近天都，連山到海隅。
> 白雲回望合，青靄入看無。
> 分野中峰變，陰晴眾壑殊。
> 欲投人處宿，隔水問樵夫。

這裡的「分野」是星象學上的名詞。鄭康成《周禮》〈保章氏〉注：「古謂王者分國，上應列宿之位。九州諸國之分域，於星有分。」「分野」即有國界的意思。聯繫上下文，當是過了橋，或者是橋那邊，就是另一種分野，另一種星宿君臨之境界了。接下去「移石動雲根」。「雲根」兩字，很是險僻，顯示出苦吟派詩人煉字的功夫。石頭成了雲的「根」，則雲當為石的枝葉。但是，整句卻有點費解。可能是移雲動石根之意。說的是，雲霧濛漫飄移，好像石頭的根部都浮動起來似的。這是極寫視野之遼闊，環境之幽遠空靈。對於這一句，歷代詩評家是有爭議的。《唐詩選脈會通評林》說：「『僧敲』句因退之而傳，終不若第三聯（按：即此兩句）幽活。」而《唐律消夏錄》卻說：「可惜五六呆寫閒景。」一個說「幽活」，比千古佳句「推敲」還要「活」；一個說它「呆」。[5] 究竟如何來理解呢？

5　陳伯海主編：《唐詩彙評》（下），頁2588。

　　從全詩統一的意境來看,「分野」寫遼闊,在天空覆蓋之下,四周像天空一樣遼闊。「雲根」寫遼遠。雲和石成為枝葉和根的關係,肯定不是近景,而是遠景。二者是比較和諧的。但是,與推敲句中的「月下門」與「鳥宿」暗含的夜深光暗,有相矛盾之處。既然是月下,何來遼遠之視野?就是時間和空間轉換了,也和前面寧靜、幽靜的意境不能交融。用古典詩話的話語來說,則是與上一聯缺乏「照應」。再加上,「移石」與「動雲根」之間的關係顯得生硬。苦吟派詩人專注於煉字:「二句三年得,一吟雙淚流」,「吟安一個字,撚斷數莖須」,其失在於,專注於煉字功夫,卻不善於營造整體意境。故此兩句,「幽」則「幽」矣,「活」,則未必。

　　最後兩句「暫去還來此,幽期不負言」,則是直接抒情,極言幽居之吸引力。自家只是暫時離去,改日當重來。把話說得這麼清楚是直接抒情,從範疇上來說已經不屬意境。詩的題目是「題李凝幽居」,應該不是一般的詩作,也許是應主人之請而作,也許是題寫在幽居的牆壁上的。說自己還要來的,把自己的意圖說得這麼清楚,一覽無遺,和孟浩然的「待到重陽日,還來就菊花」相比,就太坐實了,甚至給人以場面上客套話的感覺。事實上,賈島早年出家為僧,號無本。元和五年(810)冬,至長安,見到張籍。次年春,至洛陽,始謁韓愈。後還俗,屢舉進士不第。文宗時,因誹謗,貶為長江(今四川蓬溪)主簿。開成五年(840),遷普州司倉參軍。武宗會昌三年(843),在普州去逝。從他的經歷來看,這可能是一句不準備兌現的客套話。因為是客套話,就不是很真誠,因而也就軟弱無力。

　　如果這個論斷沒有太大的錯誤,那麼,韓愈的說法可靠性有限,而且只是限於兩句之間。一旦拿到整首詩歌中去,就不能說是絕對可信的,因為這首詩歌本身的缺點就是沒有能夠構成統一的、貫穿全篇的意境。

〈李憑箜篌引〉：
突破和諧的詭譎之美

解讀焦點

　　白居易的〈琵琶行〉集中書寫音樂之優美，表現高雅的感傷。李賀這首詩的追求不以優雅為務，而是營造一種邪正、雅俗、詭譎、迷離恍惚、突破和諧、不在乎統一的美。

〈李憑箜篌引〉

李賀

吳絲蜀桐張高秋，空山凝雲頹不流。
江娥啼竹素女愁，李憑中國彈箜篌。
崑山玉碎鳳凰叫，芙蓉泣露香蘭笑。
十二門前融冷光，二十三絲動紫皇。
女媧煉石補天處，石破天驚逗秋雨。
夢入神山教神嫗，老魚跳波瘦蛟舞。
吳質不眠倚桂樹，露腳斜飛濕寒兔。

　　「引」和「行」一樣，是一種比較自由的詩歌體裁，章無定句，句無定言。據考證，李賀這首詩寫在西元八一一年，當時李賀在長安任奉禮郎。詩中所歌頌的李憑屬梨園子弟，箜篌彈得很出名，「天子一日一回見，王侯將相立馬迎」，在當年是個當紅的明星。李賀的讚頌當不是虛言。

　　第一句「吳絲蜀桐」，吳之絲，蜀之桐，當是名品。這裡不僅是說材質精良，而且有一定的文化意味。《詩經》裡說：「鳳皇鳴矣，于彼高崗；梧桐生矣，于彼朝陽。」梧桐是和鳳凰聯繫在一起的，因而有高貴、高雅的聯想。莊子用鳳凰比自己，說：「宛雛發於南海而飛於北海，非梧桐不止，非練食不食，非醴泉不飲。」「張高秋」，「張」字語義頗豐，大體可以理解為彈奏的意思，但是這個意思是引申出來的，其引申過程不可忽略。「張」的本義是開張、張開，也就是張開雙手、張開雙臂的「張」，令人聯想到姿態和胸襟的開放。「張」也是緊張的「張」，既然是琴弦，當然是要繃緊的。但不管怎麼「張」，總是要張在人面前，張在人的手中。在白居易的〈琵琶行〉中，旋律之美，在人的心與手之間，在人與人之間感情的交流和默契中。但這裡卻說，張在高秋之間，好像沒有人似的。把琴和天空，而且是秋高氣爽的天空聯繫起來。這就構成了一種異常空曠的背景。在天宇之下，什麼也沒有，只有箜篌，箜篌的形象和意蘊就變得宏大了。有了這樣宏大的背景，下面的「空山凝雲」就有著落了。看來，李賀的構思就是盡可能讓空間宏偉到天宇上去。而同時，天宇之下，則盡可能空白，連山都是「空山」。人事和自然，為什麼都要被省略？因為要讓箜篌之聲佔領全部空間，不受任何影響。相反，高空中唯一存在的雲，要被箜篌之聲影響到衰頹，甚至不能、不敢飄動的程度。

　　這裡可以看出李賀想象的概括功力。

　　如果光是在空間宏大上做文章，也只是一般的豪邁而已，充其量只是詩仙李白的追隨者。而李賀之所以成為李賀，就是他有不同於李白的想象。他把箜篌的音響效果進一步向神話歷史境界延伸：「江娥啼竹素女愁」，用了悲劇性的神話歷史的典故。李賀用倒裝句式點明李憑在首都彈奏箜篌之時，激起的情感，並將其定性為宏大的超越時間空間的憂「愁」。這是音樂形象的第一次情感定性。如果這一次定

性就貫穿到底，李賀就和其他詩人差不多了。李賀畢竟是李賀，他筆下創造的箜篌的樂感，追求詭譎。他筆下憂愁的音樂並不僅僅是憂愁，還滲透著其他成分：

> 崑山玉碎鳳凰叫，芙蓉泣露香蘭笑。

箜篌的音響效果太強烈了，連崑山之玉都被震盪得碎了。有一種理解，說這是形容箜篌音調之尖銳，可備一說。至於「鳳凰叫」，來得有點突兀。有人提出：

> 詩人使用那個幾乎絲毫沒有詩意的「叫」字。古典詩詞中詩人通常用透著一種典雅的「鳴」來指稱鳳凰的鳴叫以與人們心目中鳳凰高貴雍容相配。而這裡詩人卻選用了這樣一個口語化的斬截而短促的入聲音……正是這樣一個入聲音讓我們似乎可以聽到箜篌在高亢淒厲處的響過行雲。[1]

應該說，對於不用「鳴」字，而用「叫」字，其分析是有一定道理的。當然，說「叫」是個入聲字，恐不確。據《廣韻》、《集韻》、《韻會》等，其聲古吊切，去聲，嘯韻。但是，在象聲方面，李賀好像沒有什麼刻意的追求。在象聲方面有追求的是韓愈，他在〈聽穎師彈琴〉中就頗有聲韻的講究，為評家所稱道。李賀的長處在詞義，主要是意象之間的組合和呼應。音響效果如此：崑山之玉可以碎，鳳凰可以叫，芙蓉可以泣，香蘭可以笑。四者皆貴重之物，而引發之聲，卻不完全統一，且不以典雅為務，有碎，有叫，有哭，有笑。正是在統一中兼顧反差，在情感性質上，超越了傳統的套路，不一味典雅地悲

1　王先霈、王耀輝主編：《文學欣賞導引》（北京市：高等教育出版社，2005年），頁63。

愁，也不限於淒厲，也有興奮和歡樂。詩人追求的效果，是悲歡、邪正、雅俗、文野的複合趣味。這種複合的情趣，在接下來的意象中，則以現實和神話的交織為特點：

> 十二門前融冷光，二十三絲動紫皇。
> 女媧煉石補天處，石破天驚逗秋雨。

「十二門」是皇家宮闕的景觀；而「紫皇」，則是道家的神仙之宗；「女媧」，又是神話人物。三者雜處，意在構成一種錯綜的複合和意象的群體。有人闡釋女媧一句，說樂聲傳到天上，正在補天的女媧，聽得入了迷，竟然忘了自己的職守，結果石破天驚，秋雨直瀉。[2]這樣跳躍的想象，這樣多元的意象，在通常情況下，是有點冒險的，可能會造成蕪雜，但在李賀這裡，卻構成一種迷離恍惚的夢幻景觀。在這種景觀中，現實退隱了，甚至連李憑、箜篌都消失了，留下的只有為音樂所激動的神話人物和動物：

> 夢入神山教神嫗，老魚跳波瘦蛟舞。

李賀的用詞詭怪奇崛：神女以嫗為怪，魚以老為奇，蛟以瘦為異，皆足以顯示詩人語不驚人死不休、追求話語突圍之志。清人方扶南說：「白香山『江上琵琶』、韓退之『穎師琴』、李長吉〈李憑箜篌引〉皆摹寫聲音至文。韓足以驚天，李足以泣鬼，白足以移人。」[3]當為至論。至於最後兩句，本當為結束語，然而卻無明顯的結束感可言：

> 吳質不眠倚桂樹，露腳斜飛濕寒兔。

2　朱世英文，見《唐詩鑑賞辭典》（上海市：上海辭書出版社，1983年），頁992。
3　陳伯海主編：《唐詩彙評》（中），頁1941。

這就是說，箜篌之樂音，使吳剛都忘了自己千年不息的勞作，而轉入
沉吟，一任斜飛的露霧濕了月兔，說的是沉吟之專注、沉吟之久。這
一幅圖畫和前面夢入神山、老魚跳波、瘦蛟起舞的動態，甚至更前面
崑山玉碎、香蘭泣露的紛紜飛躍相比，是相對靜止的圖畫。就在這種
相對靜止的圖畫中，動盪的意象組合構成了張力，留給讀者以意味深
長的沉吟。

〈錦瑟〉：
絕望的纏綿，纏綿的絕望

解讀焦點

　　學術研究有兩種方法，一種是，將前人的説法加以梳理，找出尚未解決的問題，進行分析、比較、論證，得出自己的結論。這是目前最為流行的。所謂學術規範，就是對歷史的資源盡可能詳盡地佔有。但是，前人提出的問題並不絕對全面，歷史的遺漏不可避免。因而就產生了第二種方法，直接從文本出發提出問題，適當參考歷史資源，提出前人從未提出的問題。這種方法的好處是不受前人視野的束縛，缺點是難度大，直接從現象進行第一手概括，需要一定的原創性。本文對〈錦瑟〉意境的分析，力求將二者結合起來：先梳理歷代評論，尋求問題的關鍵；然後直接面對文本，進行系統分析，揭示出首聯和尾聯直接抒發的哲理概括與頷聯和頸聯的感性意象群落之間形成的張力。

〈錦瑟〉

李商隱

錦瑟無端五十弦，一弦一柱思華年。

莊生曉夢迷蝴蝶，望帝春心托杜鵑。

滄海月明珠有淚，藍田日暖玉生煙。

此情可待成追憶，只是當時已惘然。

　　李商隱的〈錦瑟〉屬於唐詩中的「朦朧詩」，雖然有題曰「錦

瑟」，然而實際上取其首詞為題，等於「無題」，和他的以「無題」為名的組詩相比，其主旨之飄忽，全面把握之艱巨，可能是位於前列的。但，這並未使讀者望而卻步，相反，自宋元以來詩評家們眾說紛紜，所持見解之懸殊，在李商隱的詩歌中可能是首屈一指的。歸納起來，大致有如下幾種：第一，把它當成一般的「詠物」詩，也就是歌詠「錦瑟」的。代表人物是蘇東坡，他這樣說：「此出《古今樂志》，云：『錦瑟之為器也，其弦五十，其柱如之，其聲也適、怨、清、和。』案李詩『莊生曉夢迷蝴蝶』，適也；『望帝春心托杜鵑』，怨也；『滄海月明珠有淚』，清也；『藍田日暖玉生煙』，和也。一篇之中，曲盡其意。」[1]這個說法得到一些詩評家的認同，然亦有困惑不已者：「中二聯是麗語，作『適、怨、清、和』解甚通，然不解則涉無謂，既解則意味都盡。以此知此詩之難也。」（《藝苑卮言》）這個懷疑很深刻：用語言去圖解樂曲，還有什麼詩意呢？以蘇東坡這樣的高才，居然忽略了詩的藝術價值，足見此詩解讀之難。第二，推測其「為國祚興衰而作」（桐城吳先生評點《唐詩鼓吹》），今人岑仲勉在《隋唐史》中也「頗疑此詩是傷唐室之殘破」。兩說雖然不同，但著眼於客觀之物或社會生活，迴避從作者生平索解，則異曲同工。岑仲勉甚至明確指出「與戀愛無關」。[2]

和上述二者思路相反的，則是從作者生平中尋求理解的線索，產生了第三種說法：「細味此詩，起句說『無端』，結句說『惘然』，分明是義山自悔其少年場中風流搖盪，到今始知其有情皆幻，有色皆空也。」（《龍性堂詩話》）[3]持這種色空觀念佛家說法的比較少。一些詩評家聯繫李商隱的經歷，於是又有了第四種說法：「閨情」。將此詩的迷離惝恍與妻子的早亡聯繫起來，因而產生第五種說法，認定其是

1　陳伯海主編：《唐詩彙評》（下），頁2410-2412。

2　陳伯海主編：《唐詩彙評》（下），頁2410-2412。

3　陳伯海主編：《唐詩彙評》（下），頁2410-2412。

「悼亡詩」，朱彝尊說：「意亡者善彈此，故睹物思人，因而托物起興也。瑟本二十五弦，一斷而為五十弦矣，故曰『無端』也，取斷弦之意也。一弦一柱而接『思華年』三字，意其人年二十五而歿也。蝴蝶，杜鵑言已化去也。『珠有淚』，哭之也。『玉生煙』，葬之也。猶言埋香玉也。此情豈待今日『追憶』乎？只是當時生存之日，已常憂其至此，而預為之『惘然』，意其人必然婉然多病，故云然也。」[4] 這個說法雖然比較系統，但其間牽強附會之處很明顯，對斷定其妻年二十五早歿沒有多少論證，對為什麼「玉生煙」是埋葬也沒有任何闡釋，穿鑿無疑過甚。其實如果要悼亡妻，完全不用這麼吞吞吐吐。第六種說法則強調，之所以隱晦如此，是有具體所指的女性，且是令狐楚家的青衣之名。這不無可能，但僅僅是猜測而已。第七種說法是：「乃自傷之詞，騷人所謂美人遲暮也，『莊生』句言付之夢寐，『望帝』句言待之來世，『滄海』『藍田』言埋而不得自見，『明月』『日暖』言則清時而獨為不遇之人，尤為可悲也。」[5]

對於同一首詩的解讀如此之紛紜，如果按照西方讀者主體論，一千個讀者有一千個哈姆雷特，則皆有其合理性。但是，事實並非如此，所有這些說法都有同樣的毛病，那就是都只是論者的印象，並未對全詩作全面整體的細緻的分析；另外，並未揭示出為什麼這首在內涵上撲朔迷離的詩直到千餘年之後，仍然膾炙人口，保持其不朽的藝術生命力。

歷史文獻中的學術資源，並不能揭開這個謎底。唯一的辦法只能是直接面對文本作第一手的直接的分析。

　　錦瑟無端五十弦，一弦一柱思華年。

4　陳伯海主編：《唐詩彙評》（下），頁2410-2412。

5　陳伯海主編：《唐詩彙評》（下），頁2410-2412。

撇開古人所有的猜測，從文本出發理解，似乎並不太神秘。對於五十
弦，許多注家「多有誤會」，周汝昌先生以為，據此「判明此篇作時，
詩人已『行年五十』，或『年近五十』，故爾云云。其實不然。『無
端』，猶言『沒來由地』、『平白無故地』。此詩人之癡語也。錦瑟本來
就有那麼多弦，這並無『不是』或『過錯』；詩人卻硬來埋怨它：錦
瑟呀，你幹什麼要有這麼多條弦？瑟，到底原有多少條弦，到李商隱
時代又實有多少條弦，其實都不必『考證』，詩人不過藉以遣詞見意
而已。據記載，古瑟五十弦，所以玉谿寫瑟，常用『五十』之數，如
『雨打湘靈五十弦』，『因令五十絲，中道分宮徵』，都可證明，此在
詩人原無特殊用意」。[6]周汝昌先生說得很有見地。琴瑟本來是美的，
飾錦的琴瑟更美，繁複的曲調也是美的，美好的樂曲令人想起美好
「華年」，這不是雙倍的美好嗎？然而，美好的樂曲卻引出相反的心
情，這就提示了原因：美好的年華一去不復返。本來沉澱在內心的鬱
悶還是平靜的，可是和當年美好的心情一對比，就有一種不堪回首的
感覺了。這裡抒情邏輯的深邃在於：第一，曲調相同，心情卻截然相
反。第二，本來奏樂逗引鬱悶，應該怪彈奏的人，可是，不，卻怪琴
瑟「無端」，沒有道理。為什麼要有這麼多弦，要有這麼豐富的曲調
呢？因為一弦一柱都觸動美好的記憶。弦、柱越多，越是令人傷心。
第三，如果光是一去不復返，也還不算強烈，李商隱所強調的是「莊
生曉夢迷蝴蝶」，往日像莊子夢見蝴蝶一樣，不知道是蝴蝶夢見莊
周，還是莊周夢見蝴蝶，也就是，不知是真是假。這意味著往日的歡
樂如果是真的，和今天對比起來是令人傷心的，往事如夢，美好的年
華如果是假的，更是令人傷心的。要把「望帝春心托杜鵑」在意脈上
貫通，對典故的含義就要加以選擇。一般說，這個典故的意思是：蜀
國君主望帝讓帝位於臣子，死去化為杜鵑鳥。這個典故和「一弦一柱

6　《唐詩鑑賞辭典》，頁1127。

思華年」有什麼關係呢？一般注解是，杜鵑鳥暮春啼鳴，其聲哀淒，傷感春去。[7]用在這裡，可以說，悲悼青春年華的逝去。

　　滄海月明，鮫人織絲，泣淚成珠：將珠淚置於滄海明月之下，以幾近透明的背景顯示某種純淨的悲淒。周汝昌先生分析前句與此句的關係說：「看來，玉谿的『春心托杜鵑』，以冤禽托寫恨懷；海月、淚珠和錦瑟是否也有什麼關聯可以尋味呢？錢起的詠瑟名句不是早就說『二十五弦彈夜月，不勝清怨卻飛來』嗎？所以，瑟宜月夜，清怨尤深。如此，滄海月明之境，與瑟之關聯，不是可以窺探的嗎？」周先生說得比較含蓄，他的意思就是望帝春心的性質就是一種「清怨」。實際上，也就是一種「複雜難言的悵惘之懷」。[8]這種「清怨」的特點就是：第一，隱藏得很密，是說不出來的。從性質上來說，和白居易的〈長恨歌〉是一樣的。藏得密，就是因為恨得深。這裡的恨不是仇恨，而是憾恨，是「還君明珠雙垂淚，恨不相逢未嫁時」的那種「恨」。第二，因其不可挽回，不能改變而恨。第三，為什麼要藏得那麼密？就是因為不能說，說不出。用「藍田日暖玉生煙」，一者，從字面上講，日照玉器而生氣，氣之暖驟遇玉之寒乃生霧氣，如煙如縷。二者，這個比喻在詩學上很有名：語出詩歌理論家司空圖〈與極浦書〉：「戴容州云：詩家之景，如藍田日暖，良玉生煙，可望而不可置於眉睫之前也。」實際上就是可以遠觀，卻不可近察。也就是朦朦朧朧地感覺，它確乎存在，然而細緻觀察，卻可能無可探尋。[9]這種境界，和李清照的「尋尋覓覓，冷冷清清，淒淒慘慘戚戚」，似乎失落了什麼，而又不知道失落了什麼，似乎在尋找什麼，又不在乎找到沒有的境界是

7　語文版高中《語文》必修課本（2）和人教版高中《語文》必修課本（3），就持這個看法。

8　《唐詩鑑賞辭典》，頁1127。

9　這個比喻很有名，後來反覆為詩家所引。語出司空圖〈與極浦書〉，除所引「戴容州云：詩家之景，如藍田日暖良玉生煙，可望而不可置於眉睫之前也」之外，下面還有「象外之象，景外之景，豈容易可談哉。」後者常為引者所忽略。

相似的。作為詩來說，司空圖可能是在強調「不著一字，盡得風流」，然而李商隱在這裡，卻是那種可意會不可言傳的情感境界。

最後一聯「此情可待成追憶，只是當時已惘然」裡的潛在話語是很矛盾的。先是說「此情可待」，可以等待，就是眼下不行，日後有希望，但是，又說「成追憶」，那就是只有追憶的份。長期以為可待，但是等待的結果變成了回憶。等待之久，才知希望之虛。雖然如此，應該還有「當時」，但是，「當時」就已經（知道）是「惘然」的。沒有希望的希望，一直希望了很久，最後剩下的只有「追憶」。把感情上的纏綿寫得這樣絕望，在唐詩中，可能是李商隱獨有的境界，李商隱顯然善於把這種絕望纏綿概括成格言式的詩句：「海外徒聞更九州，他生未卜此生休。」「相見時難別亦難，東風無力百花殘。」「來是空言去絕蹤，月斜樓上五更鐘。」不論是他生還是此生，不論是相見還是相別，不論是來還是去，都是絕望的。把情感放在兩個極端的對立之中，這就使得李商隱這些詩句有了某種哲理的色彩。但是，這種對立引出的並不是二者統一於希望，而是絕望：「春蠶到死絲方盡，蠟炬成灰淚始乾。」而生命就是在希望中消耗、發光、燃燒，直到熄滅：「春心莫共花爭發，一寸相思一寸灰。」春心如花，結果是所有相思都化為灰燼。這樣極端的邏輯，不是理性的，而是情感的，故李商隱的哲理還是抒情的哲理。這樣的絕望，不是太令人窒息了嗎？李商隱把它放在回憶中，把情感放到回憶中，拉開時間空間的距離，拉開實用理性的距離，讓情感獲得更大的自由。李商隱在這方面得心應手。[10]

是什麼樣的感情能達到這樣刻骨銘心的狀態呢？不能不想到愛情。前面提到許多論者把「望帝春心托杜鵑」的「春心」，解為傷春

---

10 在這裡是「此情可待成追憶」，在〈無題〉是「昨夜星辰昨夜風，畫樓西畔桂堂東」。其實更重要的是另外兩句「扇裁月魄羞難掩，車走雷聲語未通」，則是採取女主人公深夜追思往事的方式。

歸去。當然不無道理。但在唐詩中，「春心」只有描述自然景觀時才與春天有關。在描述心情時，則是特指男女感情。「憶昔嬌小日，春心亦自持」（李白〈江夏行〉），「賣眼擲春心，折花調行客」（李白〈越女詞〉），「鏡裡紅顏不自禁，陌頭香騎動春心」（權德輿〈妾薄命〉），「春心莫共花爭發，一寸相思一寸灰」（李商隱〈無題〉），都是與戀情有關的。正是因為這樣，許多詩評家讀〈錦瑟〉才不約而同地聯想到私情，甚至具體到「令狐楚家青衣」。這個典故有許多版本，被許多注家忽略了的是《子規蔵器》引揚雄《蜀王本紀》「蜀王望帝，淫其相臣鱉靈妻亡去，一說，以慚死」，[11]化為子規鳥，滴血為杜鵑花。杜鵑啼血染花隱含著說不出口的、絕望的、不可公開的愛情。「以慚死」是關鍵，是見不得人的，慚愧得要命的。[12]「望帝春心托杜鵑」的「春心」應該是秘密的戀情的悲痛。只有這樣，才有「滄海月明珠有淚」的「清怨」和「藍田日暖玉生煙」的可望而不可即，特別是最後一聯的以為此情可待，而反覆落空，只留下回憶，眼下、過去和當時都是絕望，只有一點惘然的回憶值得反覆體悟，而在體悟中，又無端怪罪錦瑟的多弦，弦弦柱柱都逗引起「思華年」的清怨。清怨從何而來呢？以為此情可待。其實當時已經感到「惘然」。而當中兩聯所寫的就是這個明知「惘然」卻偏偏要說「可待」的悲痛。自己明明是很「無端」的，不合邏輯的，可是又偏偏怪罪錦瑟「無端」。

　　從這個意義上說，這裡有兩個「無端」，一個「無端」，用直接抒情的邏輯寫出來，即對錦瑟無端責難，一個「無端」是明知不可待而待。這是一種不合邏輯的邏輯，但越是不合邏輯，情感就越是獨特。如果光有這樣的直接抒發，對詩來說，形象的感性是不夠豐滿的：

11　《四庫全書》，〈子部〉，〈雜家類〉，〈雜考之屬〉，〈通雅〉，卷四十五。
12　自清初即有與王屋山女道士相戀之說。上世紀又有蘇雪林作〈李義山戀愛事迹考〉，將義山愛情分為四類：女道士乙、宮人丙、妻丁、娼妓。雖學界頗有爭訟，然可作參考。

> 錦瑟無端五十弦，一弦一柱思華年。
> 此情可待成追憶，只是當時已惘然。

甚至可以說是單薄的。原因在於，對「此情」的「情」，讀者沒有感覺，因而當中兩聯的任務就是，第一，把形象從內涵上充實起來，從感知上豐滿起來：

> 莊生曉夢迷蝴蝶，望帝春心托杜鵑。
> 滄海月明珠有淚，藍田日暖玉生煙。

這裡的莊子和望帝，在時間和空間上是兩個八竿子打不著的典故，李商隱借助對仗，不但在形式上將他們整齊地結合起來，而且在意脈上把二者連續起來，上承「思華年」的弦柱，下開「珠有淚」的清怨，在邏輯的大幅度空白中隱沒其內涵。其撲朔迷離的程度，在唐詩中，可謂開闢了新風。值得注意的是，這兩聯的手法和首尾兩聯不同，不是直抒胸臆，而是「立象盡意」，所立的意象，不是單獨的，各個意象之間隱含著和諧的聯繫。蝴蝶和杜鵑，莊生和望帝，屬同類，通過「曉夢」、「春心」將之深化到夢中和心中，就不是一般的，而是心靈的畫圖。同樣，滄海月明、藍田日暖，在時間上是一早一晚，在空間上是一海一陸。在色彩上冷暖交融，而在情調上則是珠淚之悲和如遇寒而霧，這是聯想的統一。而且此聯表面上與前聯不相屬，但在意脈上滲入了「可望而不可即」的性質。照應了首聯的「思華年」，又為「成追憶」作了鋪墊。這樣，就以靜態的畫圖溝通了首尾兩聯意脈的律動。使得全詩不但統一和諧起來，而且將意象和抒情、視覺和心像、靜態和動態豐富統一在圓融的意境之中。

附錄
古典詩話中的情理矛盾和「無理而妙」的範疇

　　詩中情與理的矛盾、詩話中引發的爭訟可能要從宋代嚴羽開始說起。當然，在嚴羽以前，歐陽修、嚴有翼對這個問題已經有所接觸。歐陽修批評詩人「貪求好句而理有不通」，提示的是，好詩與理的矛盾，好句「好」，好在哪裡？並不十分明確。嚴有翼說得更明白一些：「作豪句」要防止有「畔於理」。豪就是豪情，也就是豪情與理有矛盾。這實際上是說，感情越強烈越容易與理發生衝突。到了嚴羽，二者的矛盾才充分揭開：詩有「別才」、「別趣」，也就是特殊的才華和趣味。特殊在哪裡呢？第一，詩與理的矛盾極端到毫不相干的程度（非關理也）。第二，詩是「吟詠性情」的。「性情」與「理」有不可調和的矛盾。第三，矛盾在哪裡呢？詩的興趣「不涉理路」，也就是不遵循理性邏輯。第四，詩「不落言筌」，「言有盡意無窮」，也就是直接用語言表達出來是有限的，而詩的意味是無限的。詩的意蘊，不在言之內，而在其外，可意會不可言傳，不可捉摸到「無跡可求」的地步，但是可以感受得到。第五，這種才能與讀書明理是不相干的，但是不讀書不「窮理」，又不能達到其最高層次。這裡的「窮理」，很值得注意，不是一般的明理，而是要把道理「窮」盡了，真正弄通了，才能達到「極其致」的最高境界。從這個意義上來說，詩又不是與「理」無關，「理」是它的最初根源，也是它的最高境界。

　　嚴羽這裡的「理」，有多重意涵，最表層的「理」，就是他在下文

中指出的「近代諸公」「以文字為詩，以才學為詩，以議論為詩」，流於「末流者，叫噪怒張」甚至「罵詈為詩」。從這個意義上說，嚴羽針對的是宋朝的詩風。鍾秀觀《我生齋詩話》卷一引嚴儀卿的話說，「滄浪斯言亦為宋人以議論為詩者對症發藥」。[1]但是，嚴羽的「理」的意涵，並不局限於此。他顯然還把「理」作為詩歌的歷史發展過程中一個重要因素加以考量。從這個意義上說，「理」在詩中，並不絕對是消極因素，其積極性與消極性是隨史沉浮的。他在〈詩評〉一章中這樣說：「詩有詞理意興。南朝人尚詞而病於理；本朝人尚理而病於意興；唐人尚意興而理在其中；漢魏之詩，詞理意興，無跡可求。」很顯然，他認為不能獨立地研究「理」，要把它放在和「詞」（文采）、「意興」（情致激發）的關係中來具體分析。光有「詞」（華彩的語言），而沒有「理」，成為南朝詩人的一大缺陷；光有「理」，而沒有「意興」，則是本朝人的毛病。只有把「理」融入「意興」（情致激發）之中，才能達到唐詩那樣「詞理意興」的高度統一，更高的典範則是漢魏古詩，語言、情致和「理」水乳交融到沒有分別的程度。

嚴羽把這個「理」的多重意涵，說得太感性，在概念上又有些交叉，帶著禪宗的直覺主義，並未把問題說得很透徹，但是，他的直覺很獨到、很深刻，因而情與理的關係就成為日後眾說紛紜的一大課題。

原因在於，一方面是理與情的矛盾，被嚴羽說得很絕；另一方面，理與情的統一，又說得很肯定。至於怎麼統一，則含含糊糊。嚴羽說，第一，只要把理窮盡了就行。第二，把理與情融合起來就行。第三，如果不融合，理就成為詩的障礙了。嚴羽的這個說法中還包含著方法論，這個問題不能孤立地研究，只有從情和理的矛盾來分析。「無理而妙」，清賀裳在《載酒園詩話》中也提出這個命題。吳喬在《圍爐詩話》中加以發揮：「理豈可廢乎？其無理而妙者，妙在『早

1　郭紹虞：《滄浪詩話校釋》（北京市：人民文學出版社，1993年），頁27。

知潮有信，嫁與弄潮兒」，但是於理多一曲折耳。」後來方貞觀也舉例支持。後世支持嚴羽的一派，把嚴羽的思想簡單化了，賀裳甚至極端到把元結的〈舂陵行〉、孟郊的〈遊子吟〉當作「六經鼓吹」來說明「理原不足以礙詩之妙」，詩與理之間沒有障礙。這就把矛盾全部迴避了。而李夢陽則認為理與情矛盾，問題出在「作理語」，純粹說理，只是個表達問題。胡應麟等則認為「理」是個內容問題：「程邵好談理，為理縛，理障也。」但是李夢陽畢竟是李夢陽，他漫不經心地點到了體裁：「詩何嘗無理，若專作理語，何不作文而詩為邪！」詩是不能沒有理的，但是，一味說理，還不如作散文來得痛快。這一點靈氣就是反對嚴羽的詩話家也並不缺乏，不僅僅從情與理的矛盾中著眼，而且從理本身的內涵與體裁的關係來分析。明郝敬《藝圃傖談》卷一，力主情理統一，反對「詩有別趣，非關理也」：「天下無理外之文字。」但是，他說並不是只有一種「詩家之理」，「謂詩家自有詩家之理則可，謂詩全不關理，則謬矣」。可惜的是，他只承認「詩家之理」，並沒有涉及非詩的文體，也沒有分析非詩之理。明張時為《張時為詩話》有了一些發展，他把詩人之理與儒者之理對立起來分析：「詩有詩人之詩，有儒者之詩。詩人之詩，主於適情……儒者之詩，主於明理。」又說，「詩人之詩」「取料之法中有幻旨」：「本為理所未有，自我約略舉似焉，而若或以為然，執而言之，則固有所不通，譚子所謂『不通得妙』。」這就涉及詩中之理最根本的特點，就是，按非詩之觀念來看，是「不通」的，然而，「不通才得妙」。不通，是按邏輯來說的，可是按詩來說，則是「適情」的極致。按著適情的思路，就衍生出另一個情感的範疇：「癡」。明鄧雲霄《冷邸小言》：「詩語有入癡境。」明鍾惺、譚元春《唐詩歸》卷十三譚批語：「情癡」，「不癡不可為情」。清賀裳《載酒園詩話》卷一：「情癡語也。情不癡不深。」但是，這個「癡」還是很感性的語言，缺乏具體的理性內涵。

　　問題到了王夫之的《薑齋詩話》卷四才有所進展:「非謂無理有詩,正不得以名理之言相求耳。」這可能是在中國詩話史上第一次將「理」的範疇加以分化,正面提出詩中之理與「名言」之理的矛盾。所謂「名言」之理,戴鴻森在《薑齋詩話箋注》中說,就是「道學先生的倫理公式」。這確是嚴羽所指的「近代諸公」,並沒有太多新意,但是,王夫之進一步正面提出:「經生之理,不關詩理。」(同書卷五)這個「經生之理」是很深刻的,實際上已經接近了實用理性不同於審美抒情的邊緣,很可惜這個天才的感覺沒有發揮下去,但是,多少對理作了具有基本範疇性質的矛盾分析。當然,這僅僅是從反面說,經生之理不是詩理,然而,詩家之理究竟是什麼樣子的呢?王夫之並沒有意識到要正面確定其內涵。

　　把這個問題說得比較透徹的是葉燮,他在《原詩》內篇下中這樣說:

　　　　然子但知可言可執之理之為理,而抑知名言所絕之理之為至理乎?子但知有是事之為事,而抑知無是事之為凡事之所出乎?可言之理,人人能言之,又安在詩人之言之!可徵之事,人人能述之,又安在詩人之述之!必有不可言之理,不可述之事,遇之於默會意象之表,而理與事無不燦然於前者也。

他把理分為「可言可執之理」和「名言所絕之理」,並認定後者才是詩家之理。他舉杜甫的「碧瓦初寒外」、「星臨萬戶動,月傍九霄多」、「晨鐘雲外濕」、「高城秋自落」為例說:「若以俗儒之眼觀之:以言乎理,理於何通?以言乎事,事於何有?」的確,按世俗之理,這些詩句全部於「理」不通。「星臨萬戶」本為靜止景象,何可見「動」?「月傍」隨處,均不加多,何獨於九霄為多?晨鐘不可見,所聞者為聲,遠在雲外,何能變濕?城高與秋色皆不變,不可能有下

降的意志。然而，這種不合世俗之理，恰恰是「妙於事理」的。這種於世俗看來不通的「理」之所以動人，因為是「情至之語」。中國古典詩話在情與理的矛盾上一直難以突破的問題，在葉燮這裡，又一次有了突破的希望。第一，無理的、不通的，之所以妙於事理，也就是因為「情至」，因為感情強烈。如果說這一點還不算特別警策的話，真正的突破，乃是下文：「情得然後理真，情理交至。」他和嚴羽等最大的不同是，在分析情與理的矛盾時，引進了一個新範疇，那就是「真」。這個真，情真，就成了不通之理轉化為「妙」理的條件。從世俗之理看來不合理的，但只要感情是真的，就是「妙」的。而那些一看就覺得很通的，用很明白的語言表達的，不難理解的，所謂「寫理事情，可以言言，可以解解」，倒反是「俗儒之作」。如果光是講情「真」為無理轉化為「妙」理的條件，還不能算很大的理論突破的話，那接下來的論述就有點不同凡響了。他說詩歌中往往表達某種「不可名言之理，不可施見之事，不可徑達之情」，從不可言到可言，從不施見到可見，從不可徑達到撼人心魄，條件是什麼呢？他的答案是：

> 幽渺以為理，想象以為事，惝恍以為情，方為理至事至情至之語。

他在詩學上提出三分法，一是理，二是事，三是情。三者是分離的，唯一可以將之統一起來的，是一個新的範疇「想象」，正是這種「想象」的「事」把「幽渺」的變成有「理」、「惝恍」的，把不可感知的「情」變得生動。情與事的矛盾，情與理的矛盾，是要通過想象的途徑來解決的，想象能把事情理三者結合起來。為了充分說明這一點，他還舉出李白的「蜀道之難，難於上青天」，李益的「似將海水添宮漏」，王之渙的「春風不度玉門關」，李賀的「天若有情天亦老」，王

昌齡的「玉顏不及寒鴉色」等句為例。的確，於事理而言，四川的道路不管多麼艱難，也不可能比憑空上天更難，這不過是李白對於艱難環境的一種豪邁的情感；宮娥在寂寞等待，不管多麼漫長，也不可能像把大海的水都添到計時的「宮漏」中那樣，這不過是強調那種永遠沒有盡頭難以忍受的等待；玉門關外絕對不是沒有春天的風，這不過是思鄉的詩人對異鄉的感知變異；大自然是無情的，不會像人一樣逐年老去，李賀所表現的是人世滄桑變幻，而大自然卻永恆不變；宮女之所以有不及寒鴉的感覺，就是羨慕它身上的朝陽象徵著皇帝的寵幸。這些都是不合理的、不真實的，但卻是合情的。這樣的表現之所以是「妙」的，因為是想象的，情感本來是「幽渺」、「惝恍」的，不可言表的，但是通過想象卻能得到強烈的表現。葉燮不像一般詩話作者那樣，拘泥於描述性的事理，舉些依附於景物的詩句，把不合事理的，似乎是不真的形象，叫做不合事理。他的魄力表現在舉出直接抒情的詩句，其想象境界與現實境界有著比較大的距離。這種距離不是情與事的差異，而是情感與事理在邏輯上的距離。

這就涉及理的根本內涵，這可是一個世界性的課題。直到二十世紀中葉，英、美的新批評，在這方面有若干有學術價值的論斷。

在新批評看來，抒情是危險的。艾略特說得很清楚：「詩不是放縱感情而是逃避感情，不是表現個性而是逃避個性。」[2]蘭色姆則更是直率地宣稱：「藝術是一種高度思想性或認知性的活動，說藝術如何有效地表現某種情感，根本就是張冠李戴。」[3]這種反抒情的主張顯然與浪漫主義者華茲華斯力主的「強烈感情的自然流瀉」背道而

---

2 艾略特這個說法是很極端的。其中包含著兩層意思：一是反對浪漫主義的濫情主義；二是詩人的個性其實並不是孤立的，而是整個文化傳統所塑造的。因而，個性和感情只是作品的形式：「我的意思是詩人沒有什麼個性可以表現，只有一個特殊的工具，那只是工具，不是個性。」

3 蘭色姆著，王臘寶等譯：《新批評》，頁11。

馳。新批評把價值的焦點定位在智性上，理查茲還提出了詩歌「邏輯的非關聯性」，[4]布魯克斯提出了「非邏輯性」，[5]只要向前邁出一步就不難發現，情感邏輯與抒情邏輯的不同。但，由於他們對抒情的厭惡，始終不能直面情感邏輯和理性邏輯的矛盾。

理性邏輯，遵守邏輯的同一律，以下定義來保持內涵和外延的確定。情感邏輯則不遵守形式邏輯同一律（排中律、矛盾律，是為了保證同一律），以變異、含混、朦朧為上。蘇東坡和章質夫同詠楊花，章質夫把楊花寫得曲盡其妙，還不及蘇東坡的「似花還似非花」，「細看來不是楊花，點點是離人淚」。從形式邏輯來說，這是違反同一律和矛盾律的。閨中仕女在思念丈夫的情感（閨怨）衝擊下，對楊花的感知發生了變異。變異是情感的效果，變異造成的錯位元幅度越大，感情越是強烈。

抒情還超越充足理由律，以「無端」為務。無端就是無理。玄學派詩人鄧恩（Donne）〈無端的淚〉（Tears Iddle Tesrs）就是一例。對於詩來說，有理，完全合乎理性邏輯，可就是無情感，很乾巴，而無理（無端）才可能有詩的感染力。在這方面，我國古典詩話有相當深厚的積累。賀裳《載酒園詩話》卷一併《皺水軒詞筌》，吳喬《圍爐詩話》卷一提出的「無理而妙」的重大理論命題，不但早於雪萊所提出的「詩使其觸及的一切變形」，且比艾略特的「扭斷邏輯的脖子」早好幾個世紀，而且不像艾略特那樣片面，把「無理」和「有理」的關係揭示得很辯證。

當然，古人的道理還有發揮的餘地。

無理就是違反充足理由律。比如李清照的〈聲聲慢〉：「尋尋覓

4　蘭色姆著，王臘寶等譯：《新批評》，頁8。

5　布魯克斯說：「鄧恩在運用『邏輯』的地方，常常是用來證明其不合邏輯的立場。他運用邏輯的目的是要推翻一種傳統的立場，或者『證實』一種基本上不合邏輯的立場。」見於《精緻的甕》，頁196。

覓，冷冷清清，淒淒慘慘戚戚。」首先，尋尋覓覓，是沒來由的，尋什麼呢？模模糊糊，沒有原因才好。妙處就在某種失落感，不知道失去了什麼。其次，從因果邏輯來說，結果怎樣呢？尋到沒有呢？也沒有下文。可妙處就是不在意結果，不在乎尋到了沒有。沒有原因，也沒有結果，才能表現出一種飄飄忽忽、斷斷續續、若有若無的失落感。

　　無理就是可以自相矛盾。布魯克斯說：「如果詩人忠於他的詩，他必須既非是二，亦非是一：悖論是他唯一的解決方式。」[6]但是，即使是悖論，也不僅僅是修辭的特點，而且是情感的特點。陸游的〈示兒〉：「死去原知萬事空，但悲不見九州同。王師北定中原日，家祭無忘告乃翁。」明知「萬事空」，看破一切，卻還要家祭告捷，在這一點上不空，不能看破。從理性來說，應該是否定了「萬事空」。但全詩的好處就在這個自相矛盾。

　　但是，在中國古典詩歌中，這樣的直接抒情並非神品。神品大都在藝術感知的矛盾中。如「蟬噪林逾靜，鳥鳴山更幽」，把強烈的矛盾（噪和靜，鳴和幽）正面展示，卻能顯示出噪中之靜，鳴中之幽。新批評把一切歸諸修辭，其實，修辭不過是用來表達情感的手段。千百年來，眾說紛紜的李商隱的〈錦瑟〉在神秘而晦澀的表層之下，掩藏著情感的癡迷。「此情可待成追憶，只是當時已惘然」，是很矛盾的。「此情可待」，說感情可以等待，未來有希望，只是眼下不行，但是又說「成追憶」，等來的只是對過去的追憶。長期以為可待，可等待越久，希望越空，沒有未來。雖然如此，起初還有「當時」幸福的回憶，但是，就是「當時」也已明知是「惘然」的。矛盾是雙重的，眼下、過去和當時都是絕望，明知不可待而待。自相矛盾的層次越是豐富，就越顯得情感癡迷。

　　無理不僅是形式邏輯的突破，而且是辯證邏輯的突破。辯證邏輯

6　布魯克斯：《精緻的甕》（上海市：上海人民出版社，2008年），頁21。

的要義是全面性，至少是正面反面、矛盾的雙方的互相聯繫，互相制約，最忌片面化、極端化、絕對化，而強烈的詩情邏輯恰恰是以片面性和極端化為上。就以新批評派推崇的玄學派詩人鄧恩的《成聖》而言，詩中那些生生死死，為愛而死，為愛而生，為愛死而復生，從生的極端到死的極端，在辯證的理性邏輯來看，恰是大忌，但是這種極端，恰恰是情感強烈的效果，是愛的絕對造成這邏輯的極端。這和白居易〈長恨歌〉中的「在天願作比翼鳥，在地願為連理枝。天長地久有時盡，此恨綿綿無絕期」一樣，不管空間如何，不管時間如何，愛情都是絕對地不可改變的，超越了生死不算，還要超越時間和空間。有了邏輯的極端才能充分表現感情的絕對。中國古典詩歌成熟期，以情景交融為主，較少採用直接抒情方式，故白居易此等詩句比較罕見，倒是在民歌中相當常見。如漢樂府中的〈上邪〉：「上邪！我欲與君相知，長命無絕衰。山無陵，江水為竭，冬雷震震，夏雨雪，天地合，乃敢與君絕！」這種愛到世界末日的誓言在世界愛情詩史上並非絕無僅有，蘇格蘭詩人彭斯 "To see her is to love her, and love but her for ever" 愛到「海枯乾」、「石頭熔化」：

> Till a' the seas gang dry, my dear,
> And the rocks melt wi' the sun:
> I will love thee still, my dear,
> While the sands o' life shall run.

這和〈上邪〉的「山無陵」、「江水為竭」、「天地合」異曲同工：都是世界末日也擋不住愛情。這種絕對的愛情，和白居易的超越空間和時間的愛情在絕對性上是一樣的。

〈山園小梅〉：從「竹影」到「疏影」，從「桂香」到「暗香」[1]

解讀焦點

　　對這首詩的解讀，許多專家滿足於印象式的判斷。如「疏影」寫「水邊梅花之姿態」，「暗香」寫「梅花之風韻」，表現了「高潔、溫潤」、「遺世獨立」的精神。這樣的「賞析」，囿於客觀反映論，不成其為「分析」。本文用歷史還原法，提出「疏影」一聯從前人「竹影橫斜水清淺，桂香浮動月黃昏」中脫胎而成為千古絕唱，其間隱含著深邃的藝術密碼。毋庸諱言的是，全詩的其他語句，皆平庸。

〈山園小梅〉
林逋

眾芳搖落獨暄妍，占盡風情向小園。
疏影橫斜水清淺，暗香浮動月黃昏。
霜禽欲下先偷眼，粉蝶如知合斷魂。
幸有微吟可相狎，不須檀板共金樽。

　　經得起千百年閱讀的經典藝術作品的蘊涵是很深邃的，又是很通俗的，一般智商的讀者僅憑直覺就能感受到。但是，感覺到了的，並不一定能夠理解，還可能包含錯誤；理解了的，才能更深刻地感覺，

1　本文所引文獻，近半由陳一琴先生《聚訟詩話詞話輯評》提供，特此鳴謝。

從而糾正感受中的謬誤。賞析文章本來的任務，就是將感性昇華為理性。《名作欣賞》二〇一〇年第五期載文，分析林逋的〈山園小梅〉說：「首聯讚歎梅花與眾不同的品質：在眾芳凋零的嚴寒時節，只有梅花傲然綻放，鮮妍明麗，在小園中獨領風騷。梅花以其凌寒獨開的天然秉性受到文人雅士賞愛，並被視為孤傲高潔的人格象徵。」這樣的文章似乎並未完成賞析的任務。在開頭，作者提出問題：「梅花之美究竟在何處？」答案是：「讚歎梅花與眾不同的品質。」這樣的提法，隱含著一種預設，這首詩讚美的對象是「梅花的品質」，而「梅花的美」來自梅花這種客體。但是作者又強調說梅花是「高潔人格的象徵」，這就隱含著另一種前提，梅花的美並不來自客體，而來自主體的人格。前者是有某種美學理論根據的，那就是美是客體的真實，而作為人格的象徵，美來自主體的精神表現。作者提出問題時，隱含著理論前提；而其結論「神清骨秀」、「高潔、溫潤」、「遺世獨立」，卻並未把二者的矛盾提出來加以分析，因而其結論，帶著直覺感受的性質。這就是說，作者的理論和感受是存在矛盾的。這個矛盾在分析首聯的時候還是潛在的，而到了分析最為關鍵的頷聯的時候，就比較突出了：「『疏影橫斜水清淺，暗香浮動月黃昏。』上句寫水邊梅花之姿態，下句寫梅花之風韻。」這樣的分析並未充分論證這兩句詩為什麼成了千古絕唱。「高潔、溫潤」、「遺世獨立」的結論並不是理性的，而是印象式的。

　　原因在於，作者對後世影響甚大的關鍵字「疏影」和「暗香」缺乏必要的歷史文獻的資源，又缺乏具體分析。

　　為什麼是「疏影」，而不是繁枝？繁花滿枝不是也很美嗎？但那代表生命旺盛，是生氣蓬勃的美，而「疏」，則是稀疏，是生命在嚴酷的逆境中抗衡的美。在「眾芳搖落」之時，「疏影」被表現為一種「暄妍」，一種鮮明。如果把梅花寫得繁茂，便不但失去了環境寒冷的特點，而且失去了與嚴寒抗衡的風骨，更重要的是，忽略了以外在

的弱顯示內在的強的藝術內涵。其次是「影」。為什麼是「影」？為什麼要影影綽綽？要淡一點才雅，淡和雅聯繫在一起。而雅往往又與高聯繫在一起，故有高雅之說。讓它鮮明一點不好嗎？林和靖另有〈梅花〉詩曰：「人憐紅豔多應俗，天與清香似有私。」太鮮豔、太強烈，就可能不雅了，變得俗了，只有清香才是俗的反面。

雅不但在「影」，而且在「疏」，這裡滲透著中國古典詩歌與逆境抗衡的美學品格。

要把「疏影」兩字建構得這樣精緻和諧並不容易。詩句原來並不是林逋的原創，而是五代南唐詩人江為的。清顧嗣立《寒廳詩話》轉引明李日華《紫桃軒雜綴》：「『竹影橫斜水清淺，桂香浮動月黃昏。』林君復改二字為『疏影』、『暗香』以詠梅，遂成千古絕調。」只改動了兩個字，兩句詩就有了不朽的生命，這種文學史的奇蹟，很值得研究。[2]

原因大概可從兩個方面來考察。

第一，江為的原作有瑕疵。他把竹寫成「橫斜」，與竹的直立相矛盾，而與梅的曲折虯枝相符，從這個意義上來說，林和靖抓住了客體的特徵。但這並不是最重要的，因為橫斜的並不只有梅花。據《王直方詩話》二十八記載：

> 王君卿在揚州，同孫巨源、蘇子瞻適相會。君卿置酒曰：「『疏影橫斜水清淺，暗香浮動月黃昏。』此林和靖〈梅花〉詩。然詠杏與桃李皆可用也。」東坡曰：「可則可，只是杏李花不敢承擔。」一座大笑。[3]

朋友說「疏影橫斜」和「暗香浮動」也可以用來形容杏與李花，蘇東

2　當係五代南唐江為佚詩斷句，《全唐詩》江為卷無此二句。

3　吳文治主編：《宋詩話全編》（南京市：江蘇教育出版社，1998年）第二冊，頁1147。

坡說，「杏李花不敢承擔」。從植物學的觀念來說，這僅僅是玩笑而已，但從審美來說，這裡有嚴肅的道理。「疏影橫斜」和「暗香浮動」寫的已經不純粹是植物，詩人把自己淡雅高貴的氣質賦予它，成為詩人高雅氣質的載體。正因為這樣，《陳輔之詩話》第七則「體物賦情」中也議論到這個頗為尖端的問題：

> 林和靖〈梅花〉詩「疏影橫斜水清淺，暗香浮動月黃昏」，近
> 似野薔薇也。[4]

而王楙在《野客叢談》卷二十二中則反駁他：

> 野薔薇安得有此標緻？[5]

從植物的形態來說，野薔薇的虬枝也是曲折的，用來形容野薔薇很難說有什麼不合適，因為野薔薇不但有屈曲的虬枝，而且有淡淡的香味，和梅花是沒有什麼區別的，但是從詩人個體的審美感知特徵來說，野薔薇沒有這樣高雅。原因就是，梅花作為一種庭院花卉，對於文人有「近取譬」的性質，而野薔薇則沒有這樣的條件。加之在長期積澱的歷史過程中，特別是經過林和靖的加工，其高雅性質變得穩定了。如果某一古典詩人因為野薔薇和梅花在形態上有類似的特徵，就將之作為自我形象的象徵，就可能變得不倫，乃至滑稽。

　　當然，這還要看句中的其他字眼。不可忽略的是把「疏影橫斜」安放在「水清淺」之上，這是野薔薇所不具備的。這並不是簡單提供一個空間「背景」。為什麼水一定要清而淺？「清」已經是透明了，「淺」，就更透明（深就不可能透明了）。「疏影」已經是很淡雅了，

4　吳文治主編：《宋詩話全編》第一冊，1798年，頁333。
5　同上，第七冊，頁7468。

再讓它橫斜到清淺透明的水面上來，環境和意象就更為統一和諧了。
要注意這個「影」字的內涵是比較豐富的。它可能是橫斜的梅枝本
身，更可能是落在水面上的影子。有了這個黑影，雖然是淡淡的，但
是水的透明，就更顯然了。宋費袞《梁溪漫志》卷七：「陳輔之云：
林和靖『疏影橫斜水清淺，暗香浮動月黃昏』，殆似野薔薇。是未為
知詩者。予嘗踏月水邊，見梅影在地，疏瘦清絕，熟味此詩，真能與
梅傳神也。」此說法不無牽強，但亦可作意象組合達到如此和諧，構
成「高潔」的風格的旁證。

　　第二，王君卿提出的問題很機智，但是他說得並不準確，因為杏
李花並沒有梅花所特有的香氣，林和靖把「桂香」改為「暗香」表現
出更大的才氣。對於這一點，王君卿忽略了。那位學者籠統地說「下
句寫梅花之風韻」，是不到位的。「暗香」寫的主要不是梅花這一客體
的「風韻」。對這個「暗香」作具體分析是不能迴避的。首先，桂香
是強烈的，而梅花的香氣則是微妙的。其次，和梅花的「疏影」、「橫
斜」為視覺可感不同，「暗香」是視覺不可感的。「暗香」的神韻就在
「暗」，它是看不見的，但又不是絕對不可感的，妙在另外一種感官
（嗅覺）的調動，其特點是「浮動」，也就是不太強烈的，是隱隱約
約的，若有若無的。再加上「月黃昏」，提示了視覺的朦朧，反襯出
嗅覺的精緻。這就提示了，梅花的淡雅高貴不是一望而知的，而是在
視覺之外，只有嗅覺被調動出來才能感知的。「遺世獨立」的人格象
徵，並不是憑空而來的，而是意象群落層次遞進的功能。這裡視覺和
嗅覺的交替，並不是西方象徵派的「通感」（不同感官的重合溝通），
恰恰相反，強調的是感知不是直接貫通的，而是先後默默遞進的。

　　林和靖改動了兩個字，把本來不相隸屬的、只是由外部對仗形式
而並列的竹和桂變成了梅的統一有機的意脈，可以說是中國詩歌史上
典型的「脫胎換骨」。

　　賦予不可見的香氣以高雅品格的屬性，是一種創造，似乎成為一

種歷史的發現，被後世不斷重複。早在唐詩中就不乏對梅的讚美，李白、杜牧、崔道融、羅隱等均有詠梅之詩作，甚至也有提及其「香」者，但均未賦予不可見的「暗香」和飄飄忽忽的「浮動」的氣質。李嶠的〈梅〉：「雪含朝暝色，風引去來香。」鄭谷的〈梅〉：「素豔照尊桃莫比，孤香黏袖李須饒。」，「香」的嗅覺是和視覺並列的，都是對客體的感知。林逋把「暗香」和視覺分離開來，梅就有了脫俗的品格。宋代王淇的〈梅〉說：「不受塵埃半點侵，竹籬茅舍自甘心。只因誤識林和靖，惹得詩人說到今。」後於林逋數十年的王安石的「牆角數枝梅，凌寒獨自開。遙知不是雪，為有暗香來」，就表現了從視覺到嗅覺感知遞進過程的微妙。後來陸游的〈卜算子〉把這一點發展到了極致：「驛外斷橋邊，寂寞開無主。已是黃昏獨自愁，更著風和雨。無意苦爭春，一任群芳妒。零落成泥碾作塵，只有香如故。」哪怕是可見的花「零落成泥」了，作為品格象徵的香氣仍然不改。

　　那位學者接下去分析「霜禽欲下先偷眼，粉蝶如知合斷魂」：「梅花的開放為寒冬增添了一抹亮色，這不僅令詩人欣喜萬分，連禽鳥也被吸引過來。它們翩翩飛來，未曾落下就迫切地偷眼先看。禽尚且如此，倘若那些愛花如命的粉蝶們看了，真不知如何銷魂！可惜粉蝶要到春天才有，無緣得見梅花。上句實寫梅花，下句虛寫粉蝶，極力渲染天地眾生對梅花的喜愛。」讀到這樣的贊詞，令人特別困惑。明明這兩句在藝術品質上和前面那兩句不可同日而語，作者卻給予同樣的讚美。嚴格地說，這一聯在全詩中，顯得突兀，不和諧。前面反覆強調的梅花的淡雅高貴，是含蓄的，是不能輕易覺察的，營造了一種意在象外的氛圍。而這兩句卻強調梅花的美是一望而知的，禽鳥和粉蝶的感知都顯示了一種強烈的效果。隱約的美的意脈到這裡突然中斷。從手法上說，在律詩中用這樣的對句，完全是一種程式化的俗套，顯出一種匠氣。這一聯的情調不但與前面的意境不合，而且與尾聯也有衝突：「幸有微吟可相狎，不須檀板共金樽。」「微吟」是低聲的，面

向內心的，「相狎」是無聲的、脈脈的，「檀板」和「金樽」之所以「不須」，是因為太響亮，太不樸素，與心領神會的基調不合，雖然尾聯在藝術品質上，與「疏影」、「暗香」一聯相比要遜色得多，但是，在意蘊上大體還是一脈相承的。「霜禽」、「粉蝶」一聯顯然是個敗筆，這一點早就有人提出質疑。宋蔡居厚《蔡寬夫詩話》曰：「林和靖〈梅花詩〉：『疏影橫斜水清淺，暗香浮動月黃昏』，誠為警絕；然其下聯乃云：『霜禽欲下先偷眼，粉蝶如知合斷魂』，則與上聯氣格全不相類，若出兩人。乃知詩全篇佳者誠難得。」明王世貞《藝苑卮言》卷四認為：「霜禽」、「粉蝶」的水準「直五尺童耳」。明謝肇淛《小草齋詩話》卷二外編上：「〈梅花〉詩，『暗香』、『疏影』兩語自是擅場，所微乏者氣格耳。」

　　從這裡，可以總結出一點閱讀經典的規律：歷史的成就積澱在經典中，它經得起時間無情的淘汰。從某種意義上來說，它不但是歷史的不朽的豐碑，而且是當代不可企及的典範。正是因為這樣，經典崇拜是理所當然的，但是，要防止崇拜變成迷信。世界上並不存在什麼十全十美的經典，不論什麼樣的經典都有歷史的和個人的局限。對經典不加分析，只能造成舒舒服服的自我蒙蔽。忠於藝術的讀者應該保持清醒的頭腦，不為經典的聲名所蔽，不為一切權威所拘，把經典的每一細節，當作從未被讚美過的初作來檢驗。最忌的是，為了成全經典的權威性，不惜對顯而易見的不足曲為之贊。明明看出了「粉蝶」在季節上與梅花不合，卻以「虛寫」強為之辯，就是一例。

　　藝術經典閱讀應該把讚歎和推敲結合起來。重新審視一切，才能讀懂經典。在中國古典詩話中，推敲就是把生命奉獻給閱讀，經典是不朽的，奉獻也是無止境的。說不盡的莎士比亞，說不盡的魯迅，說不盡的唐詩宋詞，經典無異於歷史祭壇，每一代讀者都把最高的智慧奉獻到祭壇上去燃燒。哪怕要一星火花，也要有一點執著，一點瘋狂，就是推敲達到挑剔的程度，也無所畏懼。認真挑剔起來，這首詩

的瑕疵，還不止上述兩句，至少開頭一句「眾芳搖落獨暄妍」中的「暄妍」，色彩太強烈，與「疏影」、「暗香」這樣淡雅高貴的意境不甚相合。「占盡風情向小園」中的「占盡」把美強調到無以復加的程度，也就很難高雅了。故古典詩話作者往往有直率的保留。明胡應麟《藝林學山》曰：「『疏影橫斜』於水波清淺之處，『暗香浮動』於月色黃昏之時。二語於梅之真趣，頗自曲盡，故宋人一代尚之。然其格卑，其調澀，其語苦，未是大方也。」這樣的評價，雖然缺乏更具體的論證，但藝術感覺還是相當精到的。清吳喬《圍爐詩話》卷五說得更為全面：「和靖『疏影橫斜水清淺』一聯善矣，而起聯云『眾芳搖落獨暄妍，占盡風情向小園』，太殺凡近，後四句亦無高致。」清紀昀《瀛奎律髓刊誤》卷二十：「馮（馮班）云『首句非梅』，不知次句『占盡風情』四字亦不似梅。三、四及前一聯皆名句，然全篇俱不稱，前人已言之。五、六淺近，結亦滑調。」

　　如此說來，這首詩最精緻的其實只有「疏影」、「暗香」一聯。而這一聯又不完全是林逋的原創，但把「竹影」改為「疏影」，把「桂香」改為「暗香」，使之成為千古絕唱，卻是他的才氣，也是他的幸運；而原創者江為則為兩字之失，為歷史所遺忘。在那不講究版權的時代，如果說這是不公的話，那是歷史的不公，還是個人的不幸？後世讀者不管對藝術有多麼虔誠，也不能改變藝術祭壇上的這個歷史記錄了。

〈念奴嬌‧赤壁懷古〉：蘇軾的赤壁豪傑風流和智者風流之夢

解讀焦點

　　本文分析的重點為「風流」和「夢」，略帶文化考古性質。從「風流」中分析出對立而又統一的「豪傑風流」和「智者風流」，揭示蘇軾筆下的周瑜本當是「豪傑風流」，而蘇軾代之以「智者風流」，「小喬初嫁」被推遲十年，「羽扇綸巾」屬於諸葛亮，在宋以前早已是共識，而蘇軾卻將之轉屬周瑜。被貶謫的蘇軾借此參透「人生」大限，把豪傑和智者統一於瀟灑之「夢」。

〈念奴嬌‧赤壁懷古〉

蘇軾

　　大江東去，浪淘盡、千古風流人物。故壘西邊，人道是、三國周郎赤壁。亂石穿空，驚濤拍岸，卷起千堆雪。江山如畫，一時多少豪傑！

　　遙想公瑾當年，小喬初嫁了，雄姿英發。羽扇綸巾，談笑間、檣櫓灰飛煙滅。故國神遊，多情應笑我，早生華髮。人生如夢，一尊還酹江月。

　　這首詞被歷來的詞評家們稱譽為「真千古絕唱」[1]、「樂府絕

1　胡仔：《苕溪漁隱叢話前集》（北京市：人民文學出版社，1962年），頁411。

唱」，[2]被奉為詞藝的最高峰，千百年來幾乎沒有任何爭議。但是，其藝術上究竟如何「絕」，則很少得到深切的闡明。歷代詞評家們論述的水準，與東坡達到的高度極不相稱。就連二十世紀詞學權威唐圭璋的解讀也很不到位。唐先生在《唐宋詞選釋》中這樣說：「上片即景寫實，下片因景生情。」[3]由於唐先生的權威，這種說法遮蔽性甚大，在一般讀者中造成成見，好像是上片只寫實，不抒情，下片則只抒情，不寫景。這在理論上是講不通的。首先，「即景寫實」，與抒情完全游離，不要說是在詩詞中，就是在散文中也很難成立。王國維在《人間詞話》中早就有過總結：「昔人論詩詞，有景語情語之別，不知一切景語皆情語也。」[4]當然，論者完全有權拒絕這樣的共識，然而，吾人對必要論證的期待卻落了空。其次，這樣的論斷與事實不符。蘇東坡於黃州遊赤壁曾四為詩文。第一次，見《東坡志林》卷四〈赤壁洞穴〉，其文曰：

　　黃州守居之數百步為赤壁，或言即周瑜破曹公處，不知果是否。斷崖壁立，江水深碧，二鶴巢其上，有二蛇或見之。遇風

2　元好問：〈題閒閒書〈赤壁賦〉後〉，收入姚奠中、李正民主編：《元好問全集》（增訂本）（太原市：山西古籍出版社，2004年），下，頁843。

3　吳熊和主編：《唐宋詞彙評》（杭州市：浙江教育出版社，2004年），兩宋卷，第一冊，頁426。這個說法影響很大，至今一線教師仍然奉為圭臬。網上一篇賞析文章，一開頭就是這樣的論調：「〈念奴嬌·赤壁懷古〉上闋集中寫景。開頭一句『大江東去』寫出了長江水浩浩蕩蕩，滔滔不絕，東奔大海。場面宏大，氣勢奔放。接著集中寫赤壁古戰場之景。先寫亂石，突兀參差，陡峭奇拔，氣勢飛動，高聳入雲──仰視所見；次寫驚濤，水勢激蕩，撞擊江岸，聲若驚雷，勢若奔馬──俯視所睹；再寫浪花，由遠而近，層層疊疊，如玉似雪，奔湧而來──極目遠眺。作者大筆似椽，濃墨似潑，觀景華物，氣勢宏大，境界壯闊，飛動豪邁，雄奇壯麗，盡顯豪放派的風格。為下文英雄人物周瑜的出場作了鋪墊，起了極好的渲染襯托作用。」

4　王國維：《人間詞話》，頁34。其實王氏此言亦非首創。李漁在《窺詞管見》中早就說過：「情為主，景是客，說景即是說情。」吳喬在《圍爐詩話》卷一中也說：「寄情於景，融景入情，無施不可。」

浪静，輒乘小艇其下，舍舟登岸，入徐公洞，非有洞穴也，但
山崦深邃耳。[5]

　　什麼叫做「即景寫實」？這就是「即景寫實」。而〈赤壁懷古〉一
開頭「大江東去，浪淘盡、千古風流人物」，與其說是實寫，不如說
是虛寫。第一，在古典詩歌話語中，大江不等於長江。把「大江東
去」，當作即景寫實，從字面上理解成「長江滾滾向東流去」，就不但
遮蔽了視覺高度，而且抹殺了詩語的深長意味。這種東望大江，隱含
著登高望遠，長江一覽無遺的雄姿。李白詩曰：「登高壯觀天地間，
大江茫茫去不還。」只有身處天地之間的高大，才有大江茫茫不還的
視野。而〈赤壁洞穴〉所記：「斷崖壁立，江水深碧，二鵲巢其上，有
二蛇或見之。」則是由平視轉仰視的景觀。至於「遇風浪靜，輒乘小
艇其下，舍舟登岸，入徐公洞，非有洞穴也，但山崦深邃耳」，則從平
視轉為探身尋視。按〈赤壁洞穴〉所記，蘇軾並沒有上到「斷崖壁立」
的頂峰。「大江東去」，一望無餘的眼界，顯然是心界，是虛擬性的想
象，是主觀精神性的、抒情性的。此文更接近寫實的則是范成大：

　　　　庚寅，發三江口。辰時，過赤壁，泊黄州臨臯亭下。赤壁，小
　　　　赤山也。未見所謂「亂石穿空」及「蒙茸」、「巉岩」之境，東
　　　　坡詞賦微誇焉。[6]

　　藝術想象把〈赤壁洞穴〉中寫實的自我，提升到精神制高點上
去。第二，光從生理性的視覺去看，無論如何也不可能看到「千古風
流人物」。臺灣詩人喜歡把審美想象視角叫做「靈視」，其藝術奧秘就

5　曾棗莊、舒大剛主編：《三蘇全書》第五冊（北京市：語文出版社，2001年），頁
　　149。

6　范成大：《吳船錄》卷下。

在於超越了即景寫實，把空間的遙遠轉化為時間的無限。第三，把無數的英雄盡收眼底，使之紛紛消逝於腳下，就是為了反襯出主人公雄視千古的高度。正是因為這樣，「大江東去」為後世反覆借用，先後出現在張孝祥（「平楚南來，大江東去，處處風波惡」）、文天祥（「大江東去日夜白」）、劉辰翁（「看取大江東去，把酒淒然北望」）、黃升（「大江東去日西墜」）、張可久（「懶唱大江東去」），甚至出現在青年周恩來的詩作中（「大江歌罷掉頭東」）。以空間之高向時間之遠自然拓展，使之成為精神宏大的載體，這從盛唐以來，就是詩家想象的重要法門。陳子昂登上幽州臺，看到的如果只是遙遠的空間，那就沒有「前不見古人，後不見來者」那樣視隱千載的悲愴了。恰恰是為看不到時間的渺遠，激發出「念天地之悠悠」，情懷深沉就在無限的時間之中。不可忽略的是，悲哀不僅僅是為了看不見燕昭王的黃金臺，而且是「後不見來者」，悲愴來自時間無限與生命渺小的反差。「故壘西邊，人道是、三國周郎赤壁」，更不是寫實。蘇東坡在〈赤壁洞穴〉中明明說「或言即周瑜破曹公處，不知果是否」，而後人也證明黃州赤壁乃當地「赤鼻」之誤（張侃《拙軒詞話》），[7]「亂石穿空，驚濤拍岸，卷起千堆雪」，也是想象之詞。前〈赤壁賦〉具記遊性質，有接近於寫實的描述：

> 蘇子與客泛舟遊於赤壁之下。清風徐來，水波不興……白露橫江，水光接天。

其中根本就沒有一點「亂石穿空，驚濤拍岸，卷起千堆雪」的影子。後來不足百年，范成大遊赤壁未見所謂「亂石穿空」的景觀，認為是「東坡詞賦微誇焉」。（《吳船錄》卷下）更為關鍵的是，蘇軾所說的

7　張侃：《拙軒詞話》，頁4。

「風流」人物，聚焦於周瑜。而時人對周瑜的概括形象完全是一個雄武勇毅的將軍：「銜命出征，身當矢石，盡節用命，視死如歸。」[8]蘇軾用「風流」來概括這個將軍，不但是話語的創新，而且是理解的獨特。

「風流」，本來有穩定而且豐富的內涵：或指文采風流（詞采華茂，婉麗風流），或指藝術效果（不著一字，盡得風流），或指才智超凡，品格卓爾不群（魏晉風流），或指高雅正派，風格溫文（風流儒雅，風流蘊藉），或與瀟灑對稱（風流謝安石，瀟灑陶淵明），實際是互文見義，合二而一。所指雖然豐富，但大體是指稱才華出眾，不拘禮法，我行我素，放誕不羈，當然也包括在與異性情感方面不受世俗約束。可以用「是真名士自風流」來概括。風流總是和名士，也就是落拓不羈的文化精英互為表裡。「風流」作為一個範疇，是古代中國精英知識份子特有的理想精神範疇。西方美學的崇高與優美兩個方面都可以納入其中，但又不同，那就是把深邃和從容、艱鉅和輕鬆、高雅和放任結合在一起。在西方只有騎士精神可能與之相對稱，但騎士獻身國王和美女，缺乏智性的深邃，更無名士的高雅。這個範疇本來就相當複雜，而到了蘇軾這裡，又對固定的內涵進行了突圍：從根本上說，風流主要是在野的風流，而〈赤壁懷古〉所懷的卻是在朝建功立業的宏圖。

「赤壁懷古」，懷的並不是沒有任何社會責任的名士，而是當權的、創造歷史的豪傑，是叱吒風雲的英雄。蘇東坡把「風流」用之於「豪傑」，其妙處不但在使這個已經有點僵化的詞語煥發了新的生命，而且用在野的嚮往去同化了周瑜，一開頭的「千古風流人物」就為後半片周瑜的儒雅化埋下了伏筆。這個詞語的內涵更新地如此成功，以至近千年後，毛澤東在〈沁園春・雪〉中禁不住用「風流人

8　陳壽：《三國志》〈吳書〉（北京市：中華書局，2005年），〈周瑜傳〉，頁937。

物」來概括他理想的革命英雄。

「風流人物」的內涵這樣大幅度的更新，層次是十分細緻的，在開頭還是一種暗示，一種在聯想上潛隱性的準備。

在蘇軾心中，有兩個赤壁，兩種「風流」：一個是〈念奴嬌·赤壁懷古〉中壯麗的、豪傑的赤壁，一個是前〈赤壁賦〉中「清風徐來，水波不興」、「白露橫江，水光接天」、婉約優雅的、智者的赤壁。兩種境界都可以用「風流」來概括，但這是兩種不同的「風流」，這種不同不完全由自然景觀決定，而是詩人不同心態的選擇。時在元豐五年（1082），蘇軾先作了〈赤壁賦〉，又作〈赤壁懷古〉，[9]顯然是表現了一種風流，卻意猶未盡，還想讓自己靈魂深處的豪傑「風流」得到正面的表現。不再採用賦體，而用詞這種形式，無非是因為它更具超越寫實的、想象的自由。

在前〈赤壁賦〉中，寫到曹操是「一世之雄」，但是，詩人借朋友（客）之口提出了一個否定性的質疑：

> 客曰：「『月明星稀，烏鵲南飛』，此非曹孟德之詩乎？西望夏口，東望武昌。山川相繆，鬱乎蒼蒼，此非孟德之困於周郎者乎？方其破荊州，下江陵，順流而東也，舳艫千里，旌旗蔽空。釃酒臨江，橫槊賦詩，固一世之雄也，而今安在哉？」

「舳艫千里，旌旗蔽空」的霸氣，「釃酒臨江，橫槊賦詩」的豪情，固然雄邁，但是，只能是「一世之雄」，在智者眼中，終究逃不脫生命的大限。這個生命苦短的母題，早在《古詩十九首》中就形成了。曹操在〈短歌行〉中把《古詩十九首》的及時行樂提升到政治上、道德上的「天下歸心」的理想境界。但是，這個母題在蘇東坡這裡，還

9　關於〈赤壁懷古〉作於〈赤壁賦〉之後的考證，見孔凡禮：《蘇軾年譜》中（北京市：中華書局，1998年），頁545。

有質疑的餘地，也就是不夠「風流」。他借朋友[10]之口提出來，隨即在
自答中，把這個母題提升到哲學上：

> 蘇子曰：「客亦知夫水與月乎？逝者如斯，而未嘗往也。盈虛
> 者如彼，而卒莫消長也。蓋將自其變者而觀之，則天地曾不能
> 以一瞬；自其不變者而觀之，則物與我皆無盡也，而又何羨
> 乎！且夫天地之間，物各有主，苟非吾之所有，雖一毫而莫
> 取。惟江上之清風，與山間之明月，耳得之而為聲，目遇之而
> 成色，取之無禁，用之不竭，是造物者之無盡藏也，而吾與子
> 之所共適。」

這裡有莊子的相對論，宇宙可以是一瞬的事，生命也可以是無窮的，
其間的轉化條件，是思辨方法是否靈活到從絕對矛盾中看到其間的轉
化和統一。自其變者而觀之，則生命是短暫的，自其不變者而觀之，
則生命與物質世界皆是不朽的。這裡還有佛家的哲學，七情六慾隨緣
生色：「耳得之而為聲，目遇之而成色，取之無禁，用之不竭。」宇
宙空間和時間的無限，就變成生命的無限，這就是蘇軾此時嚮往的通
脫豁達的智境界。在蘇軾這裡，這個境界是可以列入「風流」（瀟
灑）範疇的。

　　這種隨緣自得哲學之所以被青睞，和他當時的生存狀態有關。在
烏臺詩案中，他遭到的迫害是嚴酷的，這個不乏少年狂氣的壯年人，
不但受到政治的打擊，而且受到精神的摧殘，在被拘之初心情是很絕
望的，「自期必死」，曾經和妻子訣別，安排後事。[11]在牢獄中，死亡

10　這個「客」實有其人，是一個道士，叫楊世昌，是蘇軾的朋友，曾經在蘇軾黃州府
　　上住過一年。見孔凡禮《蘇軾年譜》中，頁543、頁545。

11　〈杭州召還乞郡狀〉，《蘇軾文集》（中華書局版點校本）卷32，收入孔凡禮：《蘇軾
　　年譜》上（北京市：中華書局，1998年），頁451。

的恐懼又折磨了他好幾個月。而親朋遠避，更使他感到世態炎涼，人情之澆薄。貶到黃州以後，物質生活向來優裕的詩人，遭遇貧困，有時竟弄到餓肚子的程度。他在〈晚香堂書帖〉中，借書寫陶淵明的詩述及自己的窘境：「流寓黃州二年，適值艱歲，往往乏食，無田可耕，蓋欲為陶彭澤而不可得者。」[12]這一切使這個生性豪放，激情和溫情俱富的詩人受到嚴重的精神創傷。在如此嚴酷的逆境中，以詩獲罪的詩人，不得不尋求自我保護，表現出對貶謫無怨無尤、隨遇而安的樣子，但是他又豈能滿足於庸庸碌碌、苟且偷生？因而，在生活態度上，創造出一種超越禮法，對人生世事豁達淡定、放浪形骸的姿態。《東坡樂府》卷上〈西江月〉自序說：「春夜行蘄州水中，過酒家，飲酒醉，乘月到一溪橋上，解鞍，曲肱醉臥少休，及覺已曉，亂山攢擁，流水鏗然，疑非塵世也，書此語橋柱上。」[13]這樣的姿態，和他的朋友柳永的「今宵酒醒何處？楊柳岸，曉風殘月」，有一脈相通之處。醉臥溪橋的自由浪跡、從容豁達，就成為此時期詞作中名士「風流」的主題。

　　這個主題，從根本上來說，是一種出世的想象。這種出世的想象，並不完全是僧侶式的苦行，從正面說，是從大自然中尋求安慰；從反面說，是對自己的精英身份漫不經心。宛委山堂《說郛》言蘇軾初謫黃州，「布衣芒履，出入阡陌，多挾彈擊江水，與客為娛樂。每數日必一泛舟江上，聽其所往，乘興入旁郡界，經宿不返」。[14]貶官的第三年，在〈定風波〉前言中這樣自敘：「沙湖道中遇雨。雨具先去，同行皆狼狽，余獨不覺。已而遂晴，故作此。」他把這種姿態詩化為一種平民的瀟灑：「竹杖芒鞋輕勝馬，誰怕？一蓑煙雨任平生。料峭春風吹酒醒，微冷，山頭斜照卻相迎。」

---

12 孔凡禮：《蘇軾年譜》中，頁537。
13 孔凡禮：《蘇軾年譜》中，頁537。
14 孔凡禮：《蘇軾年譜》上，頁496。

　　但是，這種不拘禮法，這種放浪，畢竟和柳永有所不同：其一，這裡有他的哲學和美學基礎，因而，他的風流不僅僅是名士之風流，而且是智者的風流。正是因為這樣，在前〈赤壁賦〉中，不但詩化了江山之美，而且將之納入宇宙無限和生命有涯的矛盾之中，把立意提升到生命和偉業的矛盾高度。其二，正因為是智者，他的不拘禮法，是很自然的，很平靜的，很通脫的。因而，長江在他筆下，寧靜而且清淨：「清風徐來，水波不興」、「白露橫江，水光接天」，這正是他坦然脫俗的心境。在這種心境的感性境界中，融入了形而上的思索，就成了〈赤壁賦〉中蘇軾的心靈圖景。

　　如果這一切就是蘇東坡內心的全部，那他就沒有必要接著又寫〈念奴嬌‧赤壁懷古〉了。張侃《拙軒詞話》說：「蘇文忠〈赤壁賦〉不盡語，裁成『大江東去』詞。」[15]「不盡語」，是什麼語呢？〈赤壁賦〉中的心靈圖景雖然深邃，但畢竟是以智者的通脫寧靜為基調的，而蘇東坡不僅僅是個智者，內心還有一股英氣豪情，不能不探尋另一種風流。

　　正是因為這樣，在〈念奴嬌‧赤壁懷古〉中，讀者看到的是另一個赤壁。〈赤壁賦〉中天光水色纖塵不染的長江，到了〈念奴嬌‧赤壁懷古〉中變成了波瀾壯闊、撼山動嶽、激情不可羈勒的怒潮。這當然不僅僅是自然景觀的特點，其間湧動著蘇東坡壓抑不住的豪情。但是，光有豪情，還算不上風流。〈赤壁懷古〉的任務，就是要把豪情和風流結合起來。

　　「江山如畫，一時多少豪傑！」「如畫」是上半片的結語。但這「畫」，不僅僅是長江的自然景觀，而且有「千古風流」、「一時多少豪傑」的人文景觀為之作注。自然景觀雄奇的偉績，正是他內心深處政治和人格的理想的意象。作為上片和下片之間意脈的紐結，這裡是

---

15 張侃：《拙軒詞話》，頁4。

一個極其精緻的轉折:「千古風流」轉換成「一時豪傑」。意脈的密合就在從英雄的多數,凝聚到唯一的英雄周瑜身上。

此句承上啟下,功力非凡,以至近千年後,毛澤東在〈沁園春·雪〉中,從上片轉向下片,從詠自然景觀的雪轉向詠無數歷代英雄人物,幾乎是用了同樣的句法:「江山如此多嬌,引無數英雄競折腰。」

前〈赤壁賦〉中主角是曹操,而〈赤壁懷古〉的主角則是周瑜。曹操從「一世之雄」變成了「灰飛煙滅」。很顯然,在成敗生滅的矛盾中,周瑜成為頌歌的最強音。當然,這並不完全是歌頌周瑜,同時也有蘇東坡的自我期許在內,元好問說:「東坡赤壁詞,殆戲以周郎自況也。」[16]

可惜的是,元好問對自己的論點沒有切實的論證。其實,蘇東坡在詞的下半片,對歷史上的周瑜進行了昇華。表面上,越是把周瑜理想化,就越是遠離蘇軾;實質上,按照自己的氣質重塑周郎,越是理想化,就越是接近蘇軾靈魂,越是帶上蘇東坡的情志色彩。

首先是把以弱搏強的、充滿了兇險的、血腥的赤壁之戰,詩化為周瑜「談笑間」便使「檣櫓灰飛煙滅」。「談笑間」,應該是從李白〈永王東巡歌〉「但用東山謝安石,與君談笑淨胡沙」中脫胎而來,表現取勝之自如而輕鬆。這種指揮若定、決勝千里、輕鬆瀟灑的形象,正是從一開頭「千古風流」的基調中演繹出來的。

其次,這種理想化的「風流」還蘊涵在「雄姿英發」的命意之中。蘇軾對曹操的想象是「一世之雄」,定位在一個「雄」字上。而對於周瑜,如果要在「雄」字上做文章,筆墨馳騁的餘地是很大的。那個「破荊州,下江陵」、「釃酒臨江,橫槊賦詩」的曹操就是被周瑜打得「灰飛煙滅」的。但是,如果一味在「雄」的方面發揮才思,那

---

16 元好問:〈題閒閒書〈赤壁賦〉後〉,收入姚奠中、李正民主編:《元好問全集》增訂本,下,頁843。

就可能遠離「風流」了，蘇軾的思路陡然一轉，向「英發」的方面馳
騁筆力，讓周瑜在豪氣中滲透著秀氣。「羽扇綸巾」，完全是蘇東坡自
我期許的同化。把一個「銜命出征，身當矢石，盡節用命，視死如
歸」的英雄變成手拿羽毛扇的軍師、頭戴綸巾的儒生智者。從詩意的
營造上看，光是斬將拔旗的武夫，是談不上「風流」的，帶上儒生智
者的從容，甚至漫不經心，才具備「風流」的屬性。從中不但可以看
出蘇東坡的政治理想，而且可以感受蘇東坡的人生美學。一方面，在
正史傳記中，謀士的價值是遠遠高於猛士的。漢滅項羽後，論功行
賞。蕭何位列第一，而曹參雖然攻城奪寨，論武功第一，但是位列蕭
何之後。劉邦這樣解釋：「夫獵，追殺獸兔者，狗也，而發蹤指示獸
處者，人也。今諸君徒能得走獸耳，功狗也。至如蕭何，發蹤指示，
功人也。」[17]（《史記》〈蕭相國世家〉）故張良的軍功被司馬遷總結為
「運籌帷幄之中，決勝千里之外」。另一方面，蘇東坡不是范仲淹，他
沒有親率鐵騎克敵制勝的實踐，他理想中的英雄，只能是充滿謀士、
軍師氣質的英才。故黃蘇《蓼園詞評》說：「題是懷古，意謂自己消
磨壯心殆盡也。總而言之，題是赤壁，心實為己而發。周郎是賓，自
己是主。借賓定主，寓主於賓，是主是賓，離奇變幻。」[18]不可忽略
的是，蘇東坡舉重若輕，筆走龍蛇，僅僅用了四、五個意象（羽扇、
綸巾、談笑、灰飛煙滅），就把豪傑風流和智者的風流統一起來。

　　當然，也有論者提出這裡的「羽扇綸巾」，不是周瑜，而是諸葛
亮。俞陛雲《唐五代兩宋詞選釋》說：「題為『赤壁懷古』，故下闋追
懷瑜亮英姿，笑談摧敵。」[19]劉永濟《唐五代兩宋詞簡析》也以為：
「後半闋更從『多少豪傑』中，獨提出最典型之周瑜及諸葛亮二人，

17　司馬遷：《史記》〈蕭相國世家〉（北京市：中華書局，1982年），頁2015。

18　黃蘇：《蓼園詞評》，收入唐圭璋編：《詞話叢編》第四冊（北京市：中華書局，
　　1986年），頁3077。

19　俞陛雲：《唐五代兩宋詞選釋》（上海市：上海古籍出版社，1985年），頁196。

而以強虜包括曹操。」[20]此說，似無根據。從歷史事實來看，赤壁之戰的主力是孫吳，劉備只是配角而已。北魏酈道元的《水經注》中，赤壁戰場的主角也是周瑜，「江水左徑百人山南，右徑赤壁山北，昔周瑜與黃蓋詐魏武大軍處所也。」[21]因而，在唐詩中，赤壁只與周郎聯繫在一起。李白〈赤壁歌送別〉中有：「二龍爭戰決雌雄，赤壁樓船掃地空。烈火張天照雲海，周瑜於此破曹公。」杜牧〈赤壁〉：「東風不與周郎便，銅雀春深鎖二喬。」胡曾《詠史詩》〈赤壁〉：「烈火西焚魏帝旗，周郎開國虎爭時。交兵不假揮長劍，已挫英雄百萬師。」杜甫〈八陣圖〉：「功蓋三分國，名成八陣圖。」述諸葛亮的功績不及赤壁。洪邁在《容齋隨筆》中說〈赤壁懷古〉有蘇東坡的朋友黃魯直（庭堅）的手寫稿，並不是「周郎赤壁」，而是「孫吳赤壁」。[22]就是「人道是，三國周郎赤壁」，也有人指出，「三國」在後來的版本中，蘇東坡已經改成了「當日」。[23]這說明，在蘇軾同時代人心目中，赤壁主戰場和諸葛亮幾乎沒有關係。魯迅在《古小說鉤沉》中引晉裴啟〈裴子語林〉中「諸葛武侯」條：

> 諸葛武侯與宣王在渭濱，將戰，宣王戎服蒞事；使人觀武侯。乘素輿，著葛巾，持白羽扇，指麾三軍。眾軍皆隨其進止，宣王聞而歎曰：「可謂名士矣。」[24]

20　劉永濟：《唐五代兩宋詞簡析》（上海市：上海古籍出版社，1981年），頁48。

21　《四庫全書》，〈史部〉，〈地理類〉，〈河渠之屬〉，《水經注》卷35。

22　洪邁：《容齋隨筆》〈續筆〉〈詩詞改字〉（北京市：崑崙出版社，2001年），頁513。

23　曾季貍：《艇齋詩話》，收入吳熊和主編：《唐宋詞彙評》（兩宋卷）第一冊（杭州市：浙江教育出版社，2004年），頁424。

24　魯迅：《古小說鉤沉》（北京市：人民文學出版社，1955年），頁7。這段佚文有小字注曰：「《書鈔》一百八十，又一百三十四，又一百四十；《類聚》六十七；《御覽》三百七，又七百二，又七百七十四。」可知這段文字出自《北堂書鈔》、《藝文類聚》、《太平御覽》等書。而且「持白羽扇」後還有小字注「亦見《初學記》二十五、《六帖》十四、《事類賦注》十五」。按《裴子語林》為東晉裴啟作，後《世說新語》多取材於此。

諸葛亮「乘素輿，著葛巾，持白羽扇，指麾三軍」的形象見於裴啟以後、蘇東坡以前之許多書籍，[25]可見是某種共識。其實，蘇東坡是明知這一點的，前文所引〈赤壁洞穴〉就明明說「黃州守居之數百步為赤壁，或言即周瑜破曹公處」，把原來屬於諸葛亮的形象，轉嫁給了周瑜，這是很有氣魄的。這可能與蘇軾對諸葛亮的評價有保留有關係。他在〈諸葛亮論〉中這樣說：「取之以仁義，守之以仁義者，周也。取之以詐力，守以詐力者，秦也。以秦之所以取取之，以周之所以守守之，漢也。仁義詐力雜用以取天下者，此孔明之所以失也……劉璋以好逆之，至蜀不數月，扼其吭，拊其背，而奪之國，此其與曹操異者幾希矣。」[26]把諸葛亮看成和曹操差不多，當然就不用「著葛巾，持白羽扇，指麾三軍」來美化他，而在赤壁這個具體場景，最方便的轉移就是周瑜了。把赤壁之戰和諸葛亮的主導作用固定下來的應該是《三國演義》。羅貫中把理想化的周瑜「羽扇綸巾」的風流造型轉化為諸葛亮的形象，完全是出於劉家王朝正統觀念。[27]

再次，周瑜形象的理想化，還帶上了蘇東坡式的「風流」。在一開頭，蘇軾把「千古」英雄人物，用「風流」來概括，漸漸演化為把「豪傑風流」和「智者風流」相結合，但是，蘇軾意猶未盡，進一步按自己的生命理想去同化周瑜。在這位毫不掩飾對異性愛好的詩人的感覺中（甚至敢於帶著妓女去見和尚），光有政治上的雄才大略，興致還不夠淋漓，還要加上紅袖添香才過癮。正是因為這樣，「小喬初

25　《北堂書鈔》，唐初虞世南輯；《藝文類聚》，歐陽詢主編，武德七年（624）成書；《初學記》，徐堅撰；《六帖》，白居易撰。《太平御覽》，宋太宗命李昉等編，成於太平興國八年（983）；《事類賦注》，宋初吳淑撰。這些書，都在蘇東坡以前，可以看出，諸葛亮這樣的形象幾乎可以說是某種共識。

26　《四庫全書》，〈集部〉，〈別集類〉，北宋建隆至靖康，《東坡全集》卷四十三。

27　《三國演義》中，這種理想化的藝術掉包現象很多，例如，把孫權在須濡口視察曹操軍營，一側被射傾歪，乃命以另一側迎之而脫險的故事，也改頭換面轉移到諸葛亮的草船借箭中去。

嫁」,才被他推遲了十年,放在赤壁之戰的前夕。其實,這個小喬初嫁,從歷史上來說,並沒有多少浪漫色彩。孫策指揮周瑜攻下了皖城,大喬小喬不過是兩個戰利品,孫策和周瑜平分,一人一個。《三國志》〈吳書〉這樣說:「策欲取荊州,以瑜為中護軍,領江夏太守,從攻皖,拔之,時得喬公兩女,皆國色也。策自納大喬,瑜納小喬。〈江表傳〉曰:『策從容戲瑜曰:喬公二女雖流離,得吾二人作婿亦足為歡。』」[28]蘇東坡把身處「流離」的小喬,轉化為周瑜的紅顏知己,英雄滅敵,紅袖添香。在豪傑風流、智者風流之中,再摻入一點名士風流的意味,就把嚴峻的政治軍事功業和人生幸福結合起來。從這裡,讀者不難看到蘇軾與他的朋友柳永有相通之處,而且可以看到蘇軾比柳永高貴之處。這不僅是個人的相通,而且是宋詞豪放與婉約的交叉。

這種交叉的深刻性在於,蘇東坡的赤壁詩賦中,不但出現了兩個赤壁,而且出現了兩個蘇東坡。一個是出世的智者,在逆境中放浪山水,作宇宙人生哲學思考,享受生命的歡樂;一個是入世的英才,明知生命短暫,仍然珍惜著建功立業的豪情。兩個蘇東坡,在他內心輪流值班,似乎相安無事,但又不無矛盾。就是把這兩個靈魂分別安置在兩篇作品中,矛盾仍然不能迴避。

英才的業績是如此輕鬆地建立,陣前的殘敵和帳後的佳人都是成功的陪襯,在「故國神遊」之際,英雄氣概迅速達到高潮,所有的矛盾,似乎杳然隱退,但是,有一點無法迴避,那就是短暫的生命。「早生華髮」,周瑜三十四歲就建功立業了,而自己四十八歲卻滯留貶所,遠離中央王朝。這就引發了「多情應笑我」。這是生命對理想的嘲弄,英雄偉業那麼精彩,自己卻遙不可及。這是很難達到瀟灑「風流」境界的。不管蘇軾多麼豁達,也不能不發出「哀吾生之須

28　周瑜娶小喬是建安三年(198)攻取皖城勝利之時,十年後,才有赤壁之戰。見陳壽《三國志》〈吳書〉〈周瑜傳〉(北京市:中華書局,2005年),頁932。

臾，羨長江之無窮」的喟歎。但是，蘇軾的魄力在於，即使在這種局限中，也能進入瀟灑「風流」的境界。

關鍵在「一尊還酹江月」。

雖然自己年華虛度，但古人的英雄業績還是值得讚美，值得神往的。不能和周瑜一樣談笑滅敵，但卻可以和曹操一樣「醞酒臨江」，這也是一種「風流」，但是，達不到智者的最高層次。從結構上講，「一尊還酹江月」，醞酒奠古，和題目「赤壁懷古」是首尾呼應。但如果僅僅是這樣，只是散文式的呼應。從詩的意脈來說，這裡還潛藏著更為深邃豐富的密碼。詩眼在「江月」，特別是「江」字，在結構上，是意脈的深邃的紐結。

第一，開頭是「大江東去」，結尾回到「江」字上來，不但是意象的呼應，而且是字眼的密合。第二，所要祭奠的古人，開頭已經表明，不管是曹操還是周瑜，都被大江的浪花「淘盡」了，看不見了，看得見的只有月亮。但是，光是月亮，沒有時間感。一定要是江中的月亮，大江是時間的「江」，把英雄淘盡的浪花是歷史的浪花，「江」是在不斷消逝的，可是月亮，「江」中的「月」，卻是不變的，當年的「月」超越了時間，今天仍然可見。「江」之變與「月」之不變，是消逝與永恆的統一。在這裡，蘇東坡是有意為之的。〈赤壁賦〉有言：「客亦知夫水與月乎？逝者如斯，而未嘗往也。盈虛者如彼，而卒莫消長也。」時間不可見，流水可見，逝者已逝，月亮未逝。所以才有「挾飛仙以遨遊，抱明月而長終」。明月是「長終」——不朽的象徵。但是，這一切，並不能解決「哀吾生之須臾，羨長江之無窮」的矛盾。水中的月亮，雖然是可見的、不變的，但是，畢竟不同於直接可捉摸的實體。按照佛家「六根隨緣生滅說」，江上的明月、山間的清風是無窮的，但仍然要有耳和目去得它。但是，耳和目卻不是永恆的，如果耳和目不存在了，這個無窮就變成有限了。所以人生局限一如耳目之暫短。這就不能不產生「人間如夢」（一作「如寄」）的感

歎。如果一味悲歎，就「風流」瀟灑不起來了。蘇東坡的「夢」並不悲哀。他是一個入世的人，他的「夢」不是佛家所說的夢幻泡影，妄執無明。他說「人間如夢」，意在強調人生是短暫的，也並不如佛家那樣要求六根清淨，相反，他倒是強調五官開放，盡情享受大自然和歷史文化的美好、藝術的美好。這種美好的信念使得蘇軾得到了如此之慰藉，主人與客人乃率性享樂：「洗盞更酌。肴核既盡，杯盤狼藉。相與枕藉乎舟中，不知東方之既白。」

　　就是在人生如夢的陰影下，蘇軾也還是可以瀟灑風流起來的。

　　就算是「夢」吧，在世俗生活中，「夢」並不一定是美好的，烏臺詩案就是一場噩夢。但是，噩夢畢竟過去了，就是在厄運中，人生之「夢」還是美好的。究竟美到何種程度，這在〈念奴嬌·赤壁懷古〉中還是比較抽象的。也許這樣複雜的思想，這樣自由的境界，在短小的詞章中，實在容納不了。於是，在幾個月以後的〈後赤壁賦〉中出現了正面描寫的美夢：

> 時夜將半，四顧寂寥。適有孤鶴，橫江東來。翅如車輪，玄裳縞衣，戛然長鳴，掠予舟而西也。須臾客去，予亦就睡。夢一道士，羽衣蹁躚，過臨皋之下，揖予而言曰：「赤壁之遊樂乎？」問其姓名，俯而不答。「嗚呼！噫嘻！我知之矣。疇昔之夜，飛鳴而過我者，非子也邪？」道士顧笑，予亦驚寤。開戶視之，不見其處。

這個「夢」比之現實要美好得多了。為什麼美好？因為自由得多了，也就是「風流」瀟灑得多了。這裡是出世的境界，詩的境界，是神秘的境界，是孤鶴、道士的世界，究竟是孤鶴化為道士，還是道士化為孤鶴，類似的命題，連莊子都沒有細究，不管如何，同樣美妙。現實的嚴酷是不能改變的，忘卻卻能顯示精神超越的魄力，只有美好的忘

卻，才有超越現實的自由。只有風流瀟灑的名士，才能享受這樣似真似幻的「夢」。

這裡出現第三個蘇東坡，把豪傑風流的豪放、名士風流和智者風流的婉約結合起來的蘇東坡。

傳統詞評對於詞風常常作豪放、婉約機械的劃分，知其區分而忘卻其聯繫，唯具體分析能破除此弊。

俞文豹《吹劍錄》說：「東坡在玉堂，有幕士善謳，因問：『我詞比柳七何如？』對曰：『柳郎中詞，只合十七八女孩兒執紅牙板歌『楊柳岸，曉風殘月』，學士詞須關西大漢，執鐵板唱『大江東去』。」[29]這個說法，由於把豪放和婉約兩派的風格，說得很感性、很生動，因而影響很大，但由此而生的遮蔽也很大。本來，豪放和婉約都是相對的。任何區分都不可能絕對，劃分界限是問題的一個方面，而相互之間的聯繫和轉化，則是另一方面。從詞人的全部作品來說，豪放和婉約的交叉和錯位，則更常見。東坡〈赤壁懷古〉中的「大江東去」，以妙齡女郎吟哦，不能曲盡其妙，而其詞中的自由浪跡，醉臥溪橋，由關西大漢來吟唱，也可能不倫不類。這一點之所以值得一提，是因為蘇氏詞賦中的曠世傑作，還有既難以列入豪放，亦難以劃歸婉約的風格，比如赤壁二賦，似乎既不適合關西大漢慷慨高歌，又不適合妙齡女郎淺斟低唱。詩人為之設計的是，清風徐來，水波不興，白露橫江，水光接天，扁舟一葉，順流而下，縱一葦之所如，凌萬頃之茫然，洞簫婉轉，如泣如訴，如慕如怨，與客作宇宙無限、生命有限之答問。這個洞簫遺響無窮中的「夢」，正是從〈赤壁懷古〉中衍生而來的。可以說，是對〈赤壁懷古〉「人間如夢」的準確演繹。這個「夢」正是蘇軾的人生之「夢」，是詩人的哲學之「夢」，也是智者的詩性之「夢」。在這個「夢」中融入了豪放的英氣、婉約的

29　曾棗莊：《蘇詞彙評》（成都市：四川文藝出版社，2000年），頁43。

柔情和智者的深邃，英才的、情人的、智者的風範在這裡得到高度的統一。這個「夢」不是虛無的，而是理想化的、藝術化的，是值得盡情地、率性地、放浪形骸地享受的。也許在蘇軾看來，能夠進入這個境界的，才是最深邃的瀟灑，最高層次的「風流」。

附錄
古典詩話情景矛盾中的賓主、有無、虛實、真假

　　古典詩歌欣賞不約而同地集中在情景上，以之作為核心範疇，很有中國特色，英語、俄語詩歌理論罕見把情景看得這麼關鍵的。這可能是由於西方詩歌的基本表現手段並不是觸景生情，而是直接抒情。他們遇到的是抒情與理性的矛盾，理性過甚會扼殺抒情，玄學派詩人和浪漫主義詩人長於激情（passion），邏輯越極端越片面，表現感情的效果越強烈，是故其經典之作以情理交融取勝。他們的詩學理論中幾乎沒有情景（特別是自然風景）交融的觀念。我們古典詩論重視情景的關係，從表面上看，是由於詩歌往往作為現場交往的手段，自然人文景觀和人事關係都在現場引發，現場感決定了觸景生情和即景抒情；再往深處探索，這裡似乎還有和中國繪畫一樣的美學原則，那就是把重點放在人與自然和諧的關係上，在情景交融深厚的基礎上才產生出「意境」這樣的詩學範疇來。「意境」的特點是意在境中，以意會，不以言直接傳達，如果純用直接抒情，就以情感的邏輯變異直接抒發，不用間接意會了。

　　當然，中國詩歌的歷史發展是豐富多元的，直接抒情在中國古典詩歌傳統中也是源遠流長的，《詩經》中如「誰謂荼苦，其甘如薺」、「稱彼兕觥，萬壽無疆」等，比比皆是，但淹沒在了現場情景互動的詩歌之中。直接抒情的詩歌到了屈原時代可以說已經獨立發展起來，〈離騷〉就是一首直接抒情的長篇政治詩。這個傳統到了漢魏建安仍然很強大。《古詩十九首》和曹操的傑作基本上也是直接抒情的。從

歷史淵源來說，比之觸景生情的詩歌，直接抒情的詩歌有更為深厚的經典傳統。即景生情的詩似乎是從賦中演化而來，伴隨著絕句、律詩的定型，構成完整的抒情模式，爾後還決定了詞別無選擇的追隨。但是，直接抒情的傳統並未因而斷絕，即使在絕句、律詩成熟以後，直接抒情的詩仍然在古風歌行中蓬勃發展，並出現大量的經典之作。詩評家往往對之不惜給予比近體詩更高的評價。雖然如此，絕大部分的詩話和詞話所論及的卻大都是律詩、絕句和詞，也許律詩和絕句更接近漢語古典詩歌藝術最顯著的特質──自然景觀和人文景觀的現場感。

　　現場感的「感」，一方面所感的對象是景觀，另一方面所感的主體是人情。漢語的「情感」一詞比之英語的 feeling 和 emotion 內涵都要深邃，feeling 偏於表層感知，emotion 偏於情緒，二者互不相干。而情感則不但相連，而且隱含著因情而感，因感生情，感與情互動而互生。情感這個詞由於反覆使用，習以為常，聯想陷於自動化而變得老化，情感互動的意味埋藏到潛意識裡，造成對情感互動意味的麻木，感而不覺其情了。不但一般人如此，就是很有學問的人士也不能免俗。唐劉知幾曰：「今俗文士，謂鳥鳴為啼，花發為笑。花之與鳥，安有啼笑之情哉？必以人無喜怒，不知哀樂，便云其智不如花，花猶善笑，其智不如鳥，鳥猶善啼，可謂之讜言者哉？」「花之與鳥，安有啼笑之情哉？」（《史通》〈雜說上〉）這個在史學的敘述語言上很有修養、很有見地的歷史學家，太拘守於史家的實錄精神，以至於對「鳥啼」、「花笑」都不能理解。這種把情與感絕對割裂開來的觀念並非史家外行所獨有，比如宋詩話家范晞文，雖也承認有時「情景相觸而莫分也」，但卻否認其為規律性現象，到具體分析文本時，又往往把律詩對句的情景機械分割為「上聯景，下聯情」、「上聯情，下聯景」之類（《對床夜語》卷二）。

　　箇中原因，可能在於中國傳統的詩學理念中片面強調真和實，便不免將之推向極端。元陳繹曾說《古詩十九首》的好處就在一個「真」字上。「情真，景真，事真，意真。澄至清，發至情。」陶淵明的詩就好在「情真景真，事真意真」(《詩譜》)。用這樣簡單的觀念闡釋無比複雜的詩歌，牽強附會是必然的。至於機械地把「真」和「實」聯繫在一起，就更加僵化了。在這一點上，連王夫之也不能免俗。他在頗具經典性的《薑齋詩話》中雖然也承認了情對景的重要性，但是，卻把景釘死在「實」，也就是現場感上：「身之所歷，目之所見，是鐵門限。即極寫大景，如：『陰晴眾壑殊』、『乾坤日夜浮』，亦必不逾此限。非按輿地圖便可云『平野入青徐』也，抑登樓所得見者耳。隔垣聽演雜劇，可聞其歌，不見其舞，更遠則但聞鼓聲，而可雲所演何出乎？」這就把景觀的「真」變成現場親歷的「實」。這種簡單的、機械的真實觀造成了麗采競繁、極鏤藻繪之工的風氣，遂使宮體詩的卑格和詠物詩的匠氣陰魂千年不散。對這個理論上的偏頗，詩評家們長期含而混之，與之和平共處。清朝黃生在《一木堂詩麈》〈詩家淺說〉中說：「詩家寫有景之景不難，所難者寫無景之景。此亦唯老杜饒為之，如『河漢不改色，關山空自寒』，寫初月易落之景……寫花事既罷之景，偏從無月無花處著筆，後人正難措手耳。」黃生提出的「無景之景」非常警策，在理論上可說是橫空出世。有景之景，寫五官直接感知，因情緒而產生變異感，這是常規現象，而黃生提出「河漢不改色，關山空自寒」顯示的不是變異感，而是持續性的不變之感。更雄辯的是，他說寫有景之景，寫花、寫月不難著筆，然而，從無花無月處寫，亦可以產生感人的效果。可惜的是，無景之景在理論上的重大價值卻被他糟糕的例子淹沒了。其實只要舉陳子昂的〈登幽州臺歌〉就足夠說明無景之景：「前不見古人，後不見來者。念天地之悠悠，獨愴然而涕下。」登臨之常格往往求情景交融，所感依於所見，但是，出格的登臨卻以無景之景見長，所感依於不

見。把立意的焦點定在「不見」上，並非偶然，樂府雜曲歌辭中有「獨不見」為題者，歌行中有「君不見」為起興者，無景之景乃不見之見，變不見為見者，情也。情不可見，以可見之景而顯，卻不如不見之更深。陳子昂不見古人黃金臺，怨也，不見來者，時不待人，迫於生命之大限，怨之極乃愴然涕下。如實見黃金臺，怨不至極，何至於淚下？李白「桃今百餘尺，花落成枯枝。終然獨不見，流淚空自知」（〈獨不見〉），歐陽修「不見去年人，淚滿春衫袖」（〈生查子〉）均因不見而泣，見了就不會哭了。「孤帆遠影碧空盡」、「山迴路轉不見君」、「春在溪頭薺菜花」，妙在見中有所不見。詩家所視，臺灣詩人稱為靈視，心有多靈，視就有多活。具體表現為隨時間、空間而變。「會當淩絕頂，一覽眾山小」，妙在此時不見，設想來日之見；「何當倚虛幌，雙照淚痕幹」、「何當共剪西窗燭，卻話巴山夜雨時」，妙在當時之不見，預想他日之相見。把靈視預存入回憶是大詩人的專利，在李商隱最為得心應手：「昨夜星辰昨夜風」，不見之見，見之不見，因時空而互變互生。見與不見有限，而所變之情趣無窮也。其間道理於聽覺亦同。「曲終人不見，江上數峰青」，從所聽之靜，轉入所見之空；「繚亂邊愁聽不盡，高高秋月掛長城」，從聽得心煩，變為看得發呆。「此時無聲勝有聲」，比之「銀瓶乍破」、「鐵騎突出」之有聲更有千古絕唱的藝術高度。擴而大之為人的感知，知與不知相互轉化，不知常常勝於有知。李後主「夢裡不知身是客」，比之清醒的「多少事，昨夜夢魂中」要深厚，「雲深不知處」比之「遙指杏花村」更為高格，明明已知細葉為二月春風所裁出，偏偏說「不知細葉誰裁出」，明明已知盤中餐，粒粒皆辛苦，還要說「誰知盤中餐」如此這般，皆以否定、疑問，更為有情而婉轉也。

　　從哲學範疇而言，有無之辨最為深邃，但是曲高和寡，不如賓主之分直觀。故賓主之說，比較流行。李漁反對「即景詠物之說」，堅定地指出：「詞雖不出情景二字，然二字亦分主賓。情為主，景是

客，說景即是說情。」（〈窺詞管見〉）吳喬更是指出律詩「兩聯言情，兩聯敘景，是為死法」，「蓋景多則浮泛，情多則虛薄也」，只有「順逆在境，哀樂在心，能寄情於景，融景入情，無施不可，是為活法」。故「情為主，景為賓也」（《圍爐詩話》卷一）。

　　詩話詞話之爭訟往往流於感性，清喬億於此可算是佼佼者。王夫之說，宏大景觀，也是登高所見，喬億則把屈原、李白拿出來，特別是把明顯不是現場目接的「天上十二樓」（李白）全是幻想的景觀亮出來，這就從感性上取得優勢。此論出於感性，但不乏機智，其可貴在於理論上提出了一個與王夫之的「目接」相反的範疇：「神遇」，可以說為黃生的「無景之景」尋到了原因。「景有神遇，有目接。神遇者，虛擬以成辭……目接則語貴徵實。」（《劍溪說詩》卷下）這個與「目接」相對立的範疇「神遇」，顯得很有理論深度。這個「神」隱含著詩的虛擬、想象，由情而感的自由。

　　但是理論問題的解決，光憑這一點機智是不夠的。「目接」是真實的，「神遇」則是想象的，不是真的，不是實的，有可能是虛假的，其感染力從何而來呢？早在明朝，謝榛就提出與寫實相對的「寫虛」：「寫景述事，宜實而不泥乎實。」「有實用而害於詩者」與「有虛用而無害於詩者」，詩人的功夫就是在虛實之間「權衡」。實際上就是寫實與寫虛的對立並不是僵化凝固的，而是可以相互轉化的。他舉出貫休的詩，「『庭花濛濛水泠泠，小兒啼索樹上鶯。』景實而無趣。」而李白的「『燕山雪花大如席，片片吹落軒轅臺。』景虛而有味。」（《四溟詩話》卷一）

　　在漢語中，實和真是天然地聯繫在一起的，而虛則和假聯繫在一起。怎樣才能避免由虛而假，達到由虛而真呢？元好問曾經提出，虛不要緊，只要虛得誠就是根本。「何謂本？誠是也。……故由心而誠，由誠而言，由言而詩也。」（《元好問詩話》）「由心而誠」，還是不到位。詩人無不自以為是誠心而發，可是事實上，假詩還是滔滔者

天下皆是也。喬億在回答這個問題時，有了突破。這個突破首先在理論範疇上。一般詩話詞話，大都從鑑賞學出發，將詩詞作為成品來欣賞，而喬億卻從創作論出發，把問題回歸到創作過程的矛盾中去：「景物萬狀，前人鉤致無遺，稱詩於今日大難。」喬億的傑出就在從創作過程、從難度的克服來展開論述：景觀萬象已經給前人寫光了，「無遺」了。經典的、權威的、流行的詩語，已經充滿了心理空間。怎樣才能虛而不假、虛而入誠呢？喬億的深刻之處在於提出「同題而異趣」，也就是同景而異趣。「節序同，景物同」，景觀相同，是有風險的。如果以景之真為準，則千人一面；如果以權威、流行之誠為準，則於人為真誠，於我為虛偽。真誠不是公共的，因為「人心故自不同」。他提出：「唯句中有我在，斯同題而異趣矣。」自我是私有的。人心不同，各如其面，找到自我就是找到與他人之心的不同，「以不同接所同，斯同亦不同，而詩文之用無窮焉」（《劍溪說詩》卷下）。只要找到自我之心與人之「不同」，即使面對節序景物之「同」，矛盾也能轉化，「斯同亦不同」，詩文才有無窮的不同。

　　詩詞創作論傾向最可貴的進展，就是不把感官功能局限在對外部資訊的被動接受上，而是強調主體（自我、人心）對外部景觀的同化和變異。劉勰早在《文心雕龍》中就說「目既往還，心亦吐納。情往似贈，興來如答」。人的感官並不完全是被動接受外部資訊，同時也激發出情感作用於感知。在實用性散文中，主觀情感作用是要抑制的，而在詩歌中，這種情感作用則是要自覺地給以自由飛翔的天地。對這主客體在創作過程中的交互作用，清朱庭珍的說法把創作論的優勢發揮到了極致。他反對當時流行的一些教條式的操作法程，如：「某聯宜實，某聯宜虛，何處寫景，何處言情，虛實情景，各自為對之常格恒法。」他說：「夫律詩千態百變，誠不外情景虛實二端。然在大作手，則一以貫之，無情景虛實之可執也。」他所說的「大作手」不但是主體情致對景觀的驅遣，而且是對自我情感的駕馭，更是

對形式規範的控制。他的指導思想，是以情為主，「為主」就是駕
馭，選擇、同化、變形、變質，固然不可脫離外物，但不為外物所
役，固然不能沒有法度，但不為法度所制。他引用禪宗六祖慧能語
曰：「人轉《法華》，勿為《法華》所轉。」他的境界是「寫景，或情
在景中，或情在言外。寫情，或情中有景，或景從情生。斷未有無情
之景，無景之情也。又或不必言情而情更深，不必寫景而景畢現，相
生相融，化成一片。情即是景，景即是情」。而「虛實」更是「無一
定」之法，全在「妙悟」，以「不著跡最上乘功用」。這裡，除了「斷
未有無情之景，無景之情也」有些脫離創作實踐以外，他對主客之真
誠、情景的虛實、形式法度的有意無意、不著痕跡、自由和諧等，是
很精深的：「使情景虛實各得其真可也，使各逞其變可也，使互相為
用可也，使失其本意而反從吾意所用，亦可也。」（《筱園詩話》卷
一）這裡強調的是，對法度的不拘一格，各逞其變，真是出神入化，
得心應手，透徹玲瓏，神與法遊，法我兩忘。其精微之妙達到嚴羽理
想中那種沒有形可分跡的境界。

　　超越了鑑賞論，進入了創作論，他的闡釋不但深邃，而且生動。
即使後來王國維很權威的一些說法，如「一切景語皆情語」說、「境
界」說、「隔」和「不隔」之說，亦不乏有可比之處。

　　二十世紀早期朱光潛在《文藝心理學》第三章說到景觀與人的矛
盾和轉化，歸結為西方文藝心理學上的「移情」：「大地山河以及風雲
星斗原來都是死板的東西，我們往往覺得它們有情感，有生命，有動
作，這都是移情作用的結果。……詩文的妙處往往都從移情作用得
來。例如『天寒猶有傲霜枝』句的『傲』，『雲破月來花弄影』句的
『弄』，『數峰清苦，商略黃昏雨』句的『清苦』和『商略』……都是
原文的精彩所在，也都是移情作用的實例。在聚精會神的觀照中，我
的情趣和物的情趣往復回流。有時物的情趣隨我的情趣而定，例如自
己在歡喜時，大地山河都隨著揚眉帶笑，自己在悲傷時，風雲花鳥都

隨著黯淡愁苦。……物我交感，人的生命和宇宙的生命互相回還震盪，全賴移情作用。」在漫長的欣賞和創作的歷史過程中，情景論衍生出：賓主、有景無景、虛實、真誠與虛偽、我與非我等成套的觀念，和這麼豐厚的系統比起來，立普斯的移情說，充其量不過是說明了情主導景而已，不能不顯得貧困。而朱光潛先生雖然有開山之功，然拘於「傲」、「弄」、「商略」等詞語，不能不給人以單薄之感。蓋其原因就在於文藝心理學、鑑賞論，總是滿足於對現成作品的解釋，而未能進入創作論之深層也。

第二章
古典詩詞常見主題分析

邊塞詩：苦寒美、動靜制宜美、語氣參差美、視聽交替美

一　苦寒美

〈白雪歌送武判官歸京〉

岑參

北風卷地白草折，胡天八月即飛雪。

忽如一夜春風來，千樹萬樹梨花開。

散入珠簾濕羅幕，狐裘不暖錦衾薄。

將軍角弓不得控，都護鐵衣冷難著。

瀚海闌干百丈冰，愁雲慘澹萬里凝。

中軍置酒飲歸客，胡琴琵琶與羌笛。

紛紛暮雪下轅門，風掣紅旗凍不翻。

輪臺東門送君去，去時雪滿天山路。

山迴路轉不見君，雪上空留馬行處。

「北風卷地白草折」，這一句可以說是白描，抓住了特點，很有震撼力。第一，草在一般讀者印象中，不是黃的就是綠的，而這裡卻是白的。為什麼？據《漢書》〈西域傳〉顏師古注，白草乃西北一種草名；王先謙補注，謂其性至堅韌，經霜草脆，故能折斷。這種說法也許有根據，但是其中有矛盾：既然很堅韌，就不易折斷。至於經霜草脆，則不是西北草的特點。草枯則黃，枯久則朽，朽則發白。這是

北方普遍的現象，並不是某一種草的特有現象。為什麼古代學者要這麼引經據典考證西北實有其物呢？因為有個潛在的信條：既然是生動的，一定是寫實的。其實，這不是寫實的，而是想象的。詩中還特別點出了「八月」（陰曆），在中原地區還是仲秋，而「胡天」卻下起雪來了，這都是說明天氣寒冷的特點。第二，在一般情況下，草是很矮小的，而且是柔軟的，風一吹，最多就是望風披靡而已。俗語說，牆頭草，風吹兩面倒。倒而不折，是草的一般特點，而這裡卻「折」了，那是非常乾寒，枯得發脆了。岑參在另一首詩〈胡笳歌送顏真卿使赴河隴〉中就寫過「北風吹斷天山草」。「天山草」，明顯是泛指的。岑參很會抓住事物的特點，尤其是抓住細節特點，以激發讀者全面的聯想。在〈走馬川行〉中，他這樣寫風：「輪臺九月風夜吼，一川碎石大如鬥，隨風滿地石亂走。」連石頭都給吹得亂動起來，可見得風有多麼兇猛。又如「馬毛帶雪汗氣蒸，五花連錢旋作冰」，天氣之寒冷，冷到馬毛上都蒸發著汗氣，這是在寒冷中激戰的效果。這已經很有特點了，但更有特點的是，剛剛冒出來的汗水，又結成了冰。在這一點上，岑參是很有魄力的。

　　這首詩的第二個特點是善於運用比喻。「忽如一夜春風來，千樹萬樹梨花開」，這是千古名句。為什麼有這麼強的生命力呢？就是因為，這種比喻不是一般的比喻，一般的比喻大抵都是近取譬。而把雪花比作梨花，在聯想上是遠取譬。第一，雪花是冬天的景象，而梨花則是春天的景物，和冬天在時間上相差比較遠。漢語中「雪花」這個詞語，是很有特點的。因為在英語中，雪花是 flake，只是扁而薄的小小一片或一層，連木頭屑也屬這一類：a small piece; a bit（一小片）；a small crystalline bit of snow（一片小而透明的雪片），和花可以說是毫無關係。但是漢語中，雪花的聯想意義已經固定了，自動化了，缺乏新鮮感了。因此有才華的詩人很少用花來作比喻。《世說新語》載，一天下大雪，謝安問他的子侄如何形容。侄兒說「撒鹽空中

差可擬」，把它比作鹽。謝安的侄女謝道韞（後來成為著名的才女）說「未若柳絮因風起」。顯然，柳絮的比喻比較好。當時就沒有人往花上想。李白著名的比喻是「燕山雪花大如席」。前面已經說是「燕山雪花」了，但他還是不屑在「花」上打主意，而寧願比作蓆子。杜甫的〈對雪〉更是有意不和花沾邊：「北雪犯長沙，胡雲冷萬家。隨風且間葉，帶雨不成花。」說它根本就不像花，比說它像花更新異。

　　當然，用花來比喻雪，也還是有的，但是往往不直接用「花」字，而是用「花」的原字「華」字。因為「華」往往和「麗」、「貴」、「彩」等相關聯。和雪比較近的聯想是梅花，唐太宗的宮體詩中形容雪：「泛柳飛飛絮，妝梅片片花」和柳絮、梅花相聯繫，這就像俄國形式主義者所說的「自動化」的聯想。李白的宮詞中有「寒雪梅中盡」。雪花和梅花的時間距離比較小，是近取譬，因為梅花在冬天的雪中開放，直到毛澤東的〈詠梅〉也還是如此。而梨花，要到早春才開放。岑參在這裡，在聯想時間的距離上作出了突破，就有了俄國形式主義者所說的「陌生化」的效果。這裡不是一般的陌生化，而是強烈的陌生化。因為：第一，不是很微觀的雪花和梨花，而是很宏觀的大背景上的「千樹萬樹」。第二，一般的梨花，是陸續開放的，有一個過程；而岑參詩中的梨花，則是突然的，「忽如一夜春風來」，有眼前猛然一亮之感。這是心靈驚異的一種發現，其動人之處，不僅僅是雪花如梨花一樣美，而且是心靈和感官為之一新的感覺。這種一剎那的感覺，如果不是詩人抓住，不當作珍貴的發現，一般人很快就會把它遺忘了。

　　這首詩是一首古風，但不像一般古風那樣用樂府古題（如〈戰城南〉、〈關山月〉、〈折楊柳〉、〈北風行〉、〈長相思〉等）。因為用古題，往往要因循古意，而岑參喜歡自己命題，不但在內容上相當自由，而且在形式上，在句子的多少和長短上，都比較隨意。這可以說是一種古典的「自由詩」，有時叫做「歌」，如岑參就有〈白雪歌〉、

〈火山雲歌〉、〈輪臺歌〉，白居易有〈長恨歌〉；有時叫做「行」，岑參寫過〈走馬川行〉、〈熱海行〉，白居易有〈琵琶行〉。文學史上叫做「歌行體」。

　　名叫「白雪歌」，就是要集中寫雪。詩中直接點到「雪」的有四處，以上是第一次，當然是表現雪之美。

　　岑參的詩對唐詩中的雪的美感有所發展。

　　在盛唐前的詩歌中，風花雪月是傳統主題。有打油詩曰：「春遊芳草地，夏賞綠荷池。秋飲黃花酒，冬吟白雪詩。」有詩話說，不准在詩中用「風花雪月」等語詞，詩人就不會寫詩了。把雪作為冬天的景觀來欣賞，已成了俗套。從皇帝到王公大臣、文人學士，都以雪為美，以「對雪」、「喜雪」、「賞雪」為題者甚多，還有不少奉命與皇帝唱和（奉和）來讚美雪景之美，帶著強烈的貴族和士大夫氣息。雪在他們筆下，是一種美麗的景觀，雪不會帶來寒的感覺、凍的感覺，相反倒是增添了溫暖的詩意。連李白也是這樣，他的〈秋浦清溪雪夜對酒〉中有這樣的句子：

　　　披君貂襜褕，對君白玉壺。雪花酒上滅，頓覺夜寒無。

最多不過像杜甫〈對雪〉那樣，想到了「戰哭多新鬼，愁吟獨老翁。亂雲低薄暮，急雪舞回風。瓢棄樽無綠，爐存火似紅。數州消息斷，愁坐正書空」，雪不再是美妙的風景，反令人想起遠方戰場上的犧牲者，不由得悲痛。從悲壯的、犧牲的角度來感受雪，表現了難能可貴的平民意識，即使「急雪舞回風」，也沒有多少美妙的曲線，而是引發悲鬱的感覺。不從士大夫的角度來看，平民意識使詩人覺得雪不是那麼浪漫，而是和生命的苦難有聯繫的。

　　而岑參，從戰爭的現場寫邊疆將士感覺中的雪，雪仍然是美的，但不是李白式的浪漫的溫暖，他並沒有迴避寒冷的感覺，但也沒有杜

甫那樣的悲苦之感，而是一種以苦寒為美的豪邁的感覺。這可以說是岑參對唐詩中苦寒美感的一種開拓。

接下來的苦寒之美，不在大自然的廣闊視野中，而是到了將軍的帳幕中。這樣的空間跳躍性是很強的，但很自然，只用了兩個意象——「珠簾」和「羅幕」，就過渡到將軍們的感覺中。一個「濕」字，點出這裡的溫度稍高，但還是寒冷的，貴至將軍也不能免：「狐裘不暖錦衾薄。」這一句尚不能算是特別出格，只是一般生活上的寒冷，和中原的寒冷沒有本質上的差異。「將軍角弓不得控，都護鐵衣冷難著」，只用兩個細節，一個是「角弓」，一個是「鐵衣」，寫出了苦寒之美的第二個方面，這和前面千樹萬樹的梨花相比，是另外一種境界。冷到武功都很難正常施展，但卻沒有苦的感覺，只有雄豪的感覺。在「瀚海闌干百丈冰」的背景下，將軍們的情緒如何呢？「愁雲慘淡萬里凝。」雲的性質是沉鬱的，而且籠罩著、凝固著一切（萬里凝）。這可真是和杜甫所想像的雪的愁苦有一點相近。但接下來，卻是一片歡樂的美景：「中軍置酒飲歸客，胡琴琵琶與羌笛。」環境是嚴酷的，但是，生活的樂趣帶著地方色彩，戰地自有戰地的歡樂情調。這種歡樂，又和高適的「戰士軍前半死生，美人帳下猶歌舞」不同，沒有上層下層苦樂的對比，而是歡送回到中原者的聯歡，三種樂器並列（而不是只點到一種，把其他留給讀者想像），連形容詞都沒有，就增加了歡騰、熱鬧的氛圍。這時的情緒，已經從「鐵衣」和「角弓」的艱難中轉化為輕鬆了。意脈的變化，至少可以避免單調。緊接著就點明嚴峻的寒冷環境：「紛紛暮雪下轅門，風掣紅旗凍不翻。」這裡又一次點到了雪。

詩的題目是雪，到這裡已經三次點到雪。第一次，開頭是滿天飛雪，在大自然的廣袤空間中。接著是珠簾、羅幕之間的雪，轉移到帳幕內，是置酒歡送的場面。第三次是轅門、紅旗上的飛雪，過渡到送別的場面。三次點到雪，表面上是靜態的雪，實質上是觀感的空間轉

移，省略一系列過程，保證了抒情不受複雜的敘事干擾。如此的精煉，得力於細節選得精粹。雪下在轅門，難道別的地方就沒有雪嗎？當然有，但不在送別現場，不在心靈關注的焦點，就省略了。轅門外寒冷到什麼程度，只要在旗幟上表現就夠了。旗幟的特點是飄揚的，但是，這裡卻飄不起來，氣候的嚴酷不言而喻。從這裡，可以又一次體會到岑參選擇細節的功力。第四次點到雪：「山迴路轉不見君，雪上空留馬行處。」連送者和被送者的場面，送別的過程和語言，也全部留在空白中，只突出雪上的馬蹄印痕。這第四次點到雪，同時也是第四次空間轉移。

古風歌行往往是直接抒情，但這裡沒有直接的抒情，詩人的匠心是用無聲的畫面來提示不可直觀的感情。感情不在畫面本身，而在畫面之外那凝神的眼睛，在友人消失之後仍然悵然凝視。而追隨著友人身影的目光被省略了，這才使馬蹄印痕的靜態，表現出心緒中微妙的、難以覺察的微波。這種手法在唐詩中比較常見，如李白的〈送孟浩然之廣陵〉：「孤帆遠影碧空盡，惟見長江天際流。」李白直接寫了目送孤帆遠影，直到消失，仍然凝望著流往天際的流水，暗示詩人為別離而悵然。李白強調的是「惟見」，岑參強調的是「不見」，雪上的馬蹄是空的，但是情感卻不空。這個「空」字，蘊含著藝術的匠心。

以無聲的畫面來抒情，在小說、散文中，是常見的，而在現代電影中，則用得更多，所謂「空鏡頭」，其功能常常就是抒情。

與李白相比，在運用空白畫面來抒情方面，岑參有過之而無不及。

古典詩話多以岑參與高適比，好像成了一種思維定式。其實，比較只需一點相通，四面八方，無不可比。故本文有意與李白、杜甫，甚至李世民相比，以顯示「比較」作為方法，貴在不拘一格。

二　靜態構圖美

〈使至塞上〉

王維

單車欲問邊，屬國過居延。

征蓬出漢塞，歸雁入胡天。

大漠孤煙直，長河落日圓。

蕭關逢候騎，都護在燕然。

　　開元二十五年（737），河西節度副大使戰勝吐蕃，唐玄宗命王維以監察御史的身份出塞宣慰。監察御史是御史臺的察院屬下的官，正八品上，品秩很低。因此這一任命，在政治上算不得重用，但是對於三十多歲的詩人王維來說，卻是一個開拓感覺、想象、體驗、欣賞境界和精神生活的大好機遇。習慣於安富尊榮的京城生活，第一次遠離中原繁華之地，深入北方荒涼甚至不毛之地，他能夠感受到另一種美的境界嗎？如果他的美學感受有足夠的開放性，用什麼樣的形式來表現才好呢？他在表現英雄主義的豪邁氣概時，用過比較自由的歌行體，如〈老將行〉：「少年十五二十時，步行奪得胡馬騎。射殺中山白額虎，肯數鄴下黃須兒。一身轉戰三千里，一劍曾當百萬師。」他的〈少年行〉中有「新豐美酒鬥十千，咸陽遊俠多少年。……漢家君臣歡宴終，高議雲臺論戰功。……出身仕漢羽林郎，初隨驃騎戰漁陽。孰知不向邊庭苦，縱死猶聞俠骨香」等，但是，那些基本上只是想象，只是豪言壯語而已，文采風流，卻缺少嚴峻的實感。這一次是真的上前線了，強烈的實感，是不是還能那麼浪漫呢？

　　開頭兩句，平淡得有點像平鋪直敘，好像只是交代了一下，遠去邊疆，目的地很遙遠，如此而已。如果不是五言句式，不是平仄交

替，似乎可以說不太像詩。但其中韻味，是有一點講究的。王維原官右拾遺（從八品上），這次的監察禦史，也不過高了一品。官雖不大，但畢竟是皇帝任命慰勞西部邊陲大獲全勝的將士的特派大員，應該是有相當的排場的吧？但是沒有。其中有一個字很值得注意，那就是「單車欲問邊」中的「單」字。這個中央大員，出巡邊疆，居然是「單車」，應該是很不得志，有學者認為這是有關當局有意借此「將王維排擠出朝廷」。[1]其心情之沉悶，從這個「單」字中略見端倪。接下去說：「屬國過居延。」「屬國」是「典屬國」的簡稱，[2]這裡是指自己。典屬國是秦漢時的官名，管理小國（歸附的少數民族）事務的。據宋徐天麟《西漢會要》載，其俸祿二千石，與太子太傅（太子的老師）、京兆尹（掌治京師，相當於如今的北京市市長）等官拿一樣的工資，[3]按理薪俸是不低了，但可能實際地位不高，所以王維在〈隴頭吟〉中就提到過「蘇武才為典屬國，節旄空盡海西頭」。王維在這裡自稱「屬國」，不是自謙，而是牢騷。

　　有的文章，在賞析這首詩開頭兩句的時候，這樣寫：「『單車欲問邊』，輕車前往，向哪裡去呢？『屬國過居延』，居延在今甘肅張掖縣西北邊塞。」[4]這叫鑑賞嗎？對於詩中的奧妙，一點感覺都沒有。還有一種文風，就是古典詩話中流行的——只說個感覺，例如《唐詩直解》：「此等詩，才情雖乏，神韻有餘。」才情乏在哪裡，神韻又餘在哪裡，都是印象，不講道理。為什麼呢？他們沒有把王維當成一個大活人，沒有把王維還原到當時的文化政治環境中去，因而也就只能停留在字面上，用一些常識來搪塞讀者。

1　《唐詩鑑賞辭典》（上海市：上海辭書出版社，1983年），頁162。

2　有人認為，「屬國過居延」，是「過居延屬國」的倒裝，「屬國」指歸附的小國。據《後漢書》〈郡國志〉，涼州有張掖、居延屬國。

3　見該書卷三十七《職官七》〈秩祿〉。

4　《唐詩鑑賞辭典》（上海市：上海辭書出版社，1983年），頁162。

　　懂得王維身為大員又無排場的原因，才能懂得為什麼國家軍隊很爭氣，打了大勝仗，而一個中央大員，王命在身，前往慶功，卻一點興奮感、自豪感都沒有。把自己比喻為征蓬，王維身上的貴族氣蕩然無存，好像身不由己的平民，不能駕馭自己的命運，隨風飄蕩，沿途那麼多景觀，他都沒有感覺，卻只看見「歸雁」往「胡天」「歸」去。這當然與自己離別中原家國有關，因情取景，情因景發。但是，嚴格說來，用這樣的景，表達這樣的情，不能算是很有創造性。飛蓬、歸雁，在唐詩中早成俗套了。可能就是這個原因，給一些粗心的詩評家以「才情」有點「乏」的感覺。但是，從總體上來說，王維在唐代詩人中，是比較全面的，《歲寒堂詩話》以為他的律詩可與杜甫比美，而古體可與李白比美，歷代詩話家都對他評價很高。[5]從藝術成就的全面性來說，他僅次於李白、杜甫，而高於白居易、杜牧、李商隱。可是，即使是一個天才詩人，也不可能每一句都寫得很傑出，免不了有些弱筆，甚至敗筆。王維這一聯，應該是比較弱的。如果一直這樣弱下去，那麼這首詩的水準就可能平平了。但是，王維畢竟是王維，下面突然來了一聯神來之筆：

　　　　大漠孤煙直，長河落日圓。

這無疑是千古名句，得到歷代詩話家的一致稱讚。《而庵說唐詩》：「『大漠』『長河』聯，獨絕千古。」《良賢清雅集》：「『直』『圓』字，十二分力量。」[6]

　　眾口一詞都說好，但是好在什麼地方，一千多年來，那麼多詩話家，卻幾乎沒有人能夠說清楚。《唐詩評選》說：「用景寫意，景顯意

5　詳見陳伯海主編：《唐詩彙評》（上），頁227。

6　詳見陳伯海主編：《唐詩彙評》（上），頁322。

微，作者之極致也。」《聞鶴軒初盛唐近體讀本》說，這兩句「寫景如生，是其自然本色中最警亮者」。《峴齋詩談》說：「邊景如畫，工力相敵。」說來說去，觀念是一樣的，就是詩人寫景寫得真實。但是有人又提出疑問，說這景好像不太真實。《唐詩廣評》引蔣仲舒曰：「曠遠之界，孤煙如何得直，須要理會。」這個「理會」是什麼意思？這位蔣先生說得含糊，幾乎沒有人能夠回答，只有《唐詩解》回答說：「夫理會何難，骨力罕敵。」但「骨力」是什麼？在哪裡？還是含糊不清，一般讀者沒有辦法「理會」。概念缺乏嚴密的內涵，是中國傳統詩話的一個弱點。就是曹雪芹，對這個問題，也只能借助人物之口談談感覺。《紅樓夢》第四十八回：「『大漠孤煙直，長河落日圓』，想來煙如何直？日自然是圓。這『直』字似無理，『圓』字似太俗。合上書一想，倒像是見了這景的。要說再找兩個字換這兩個，竟再找不出兩個字來。」曹雪芹畢竟是曹雪芹，他不太理會什麼寫景，乾脆說，如果光用寫景來衡量，可能是「無理」的。這裡有一個關鍵字「無理」。藝術是心靈在形式的審美規範挾持下進行的創造，是不能單單用理性去比照的。詩人的視覺是超越理性和感覺的原初狀態的。

　　「大漠孤煙直」之所以生動感人，當然與寫實有關，但並不是說，只要超越寫實，就不藝術、不美了。詩的形式特徵決定了它必須想象和虛擬。這首詩是抒情的，不完全是以寫實感人，而是以情感人。即使表面上是寫實，其中必然是經過情感同化。「直」和「圓」構造出的畫面，有一種無限開闊的空間，一種蒼涼宏大的視野。征蓬、歸雁，都帶著悲涼，但是都隱含著。因為征蓬、歸雁帶來的空間感，不是文人狹小庭院式的悲哀，而是充滿在廣闊天宇之中，須要仰視才能充分感受的。到了大漠孤煙、長河落日，空闊從天空轉向地面，天地連在一起。煙之直，其實也不一定要用當年的狼煙的物理性

能來作證，[7]詩人完全有權在想象中創造。

王維不但是個詩人，而且是個畫家。他老是覺得自己繪畫的才能超越了寫詩，他自己說過「宿世謬詞客，前身應畫師」（〈偶然作六首之一〉）。蘇東坡說他詩中有畫，畫中有詩。所以詩話家說他「邊景如畫」。但是，畫和詩是有矛盾的，張岱就說過，好詩不一定就是好畫，好畫不一定就是好詩。萊辛在《拉奧孔》中也專門論述過詩與畫的矛盾。

但是這裡，王維經營了一幅美好的畫面，恰恰又是好詩，詩和畫達到了統一。因為這裡的孤煙是一條垂直線，長河是一條水準線。在繪畫上，垂直景觀屬於靜態穩定性質的構圖。這種靜態構圖，提煉得如此單純，連征蓬、歸雁都消失了，連白雲、黃沙也視而不見，留給讀者的，就是一個空闊的宇宙，靜態的畫面。一縱（孤煙）一橫（長河），本來寧靜得有點單調，但再加上落日圓弧，就比較豐富了。這種豐富，不僅僅是形式上的，而且包含著內容上的。孤煙，是狼煙，是戰爭的烽火，是警報，緊張的警報，卻用靜態的垂直構圖表現，就構成了一種張力。畫面的穩定感和形勢的緊張感結合，形成了一種緊張與寧靜交融的境界。這種境界不完全是自然風光，而是詩人內心對戰爭形勢感受的淨化。從征蓬的無歸宿感，變成了蒼涼的美感，是詩人少年豪邁之氣向中年蒼涼之氣的拓展。不從藝術家風格的發展和豐富去考慮，單純從烽煙是否能直去衡量，是不得要領的。在這裡，分析這首詩至少要考慮四個因素：一、外部景物之特性；二、內心蒼涼之氣的外溢；三、天才畫家以靜態構圖和緊張的戰爭氛圍拉開審美距

7　〔清〕趙殿成注曰：「或謂邊外多回風，其風迅急，嫋煙沙而直上。親見其景者，始知『直』字之佳。」（《王右丞集箋注》）朱東潤先生主編的《歷代文學作品選》注曰：「內蒙接近河套一帶，從初秋到春末，經常為高氣壓中心盤踞之地，晴朗無風，近地面溫度特高，向上則急劇下降。煙在由高溫到低溫的空氣中愈飄愈輕，又無風力攪亂，故凝聚不散，直上如縷。」等。說法不同，但都是以地理氣候原理來解釋。

離;四、詩歌對仗技巧對「直」和「圓」的活用。這四者的猝然遇合構成了藝術的美的創造。

最後兩句,表面看比較平靜,但暗含著一個突然的意脈的轉折。前面不但畫面是寧靜的,而且詩人的心態也是凝神的。可是偵察兵(候騎)來了,得知距離目的地還很遠,而那裡正是歷史上英雄建功立業的疆場。詩人的心情為之一振。

從整首詩歌來看,全詩意脈經歷了三個層次的變化:第一層次,單車之孤獨感。第二層次,宏大蒼涼的寧靜感。第三層次,寧靜凝神被中止,對軍旅的前瞻、孤獨的失落淡化,中央王朝大員的心靈為職務角色的感覺所充溢。

三　語氣參差美

〈涼州詞〉

王之渙

黃河遠上白雲間,一片孤城萬仞山。

羌笛何須怨楊柳,春風不度玉門關。

這一首絕句,在歷代詩話中有極高的評價,有的甚至將之列入「壓卷」之作。沈德潛《唐詩別裁》說:「李于鱗推王昌齡『秦時明月』為壓卷,王元美推王翰『葡萄美酒』為壓卷。王漁洋則曰:必求壓卷,王維之『渭城』、李白之『白帝』、王昌齡之『奉帚平明』、王之渙之『黃河遠上』,其庶幾乎!而終唐之世,絕句亦無四章之右者矣。」[8]壓卷,就是最好。說此詩為唐詩壓卷,有點絕對化,如果排除了絕對因素,說它是唐詩絕句中第一流的作品,應該是肯定的。

8　見陳伯海主編:《唐詩彙評》(中),頁1355。

　　這首詩從寫成以來，不但詩評家們一致叫好，連民間也大為盛行，廣為傳唱。《集異記》中有這樣一個有趣的故事：

　　開元中，詩人王昌齡、高適、王之渙齊名。時風塵未偶，而遊處略同。一日，天寒微雪，三詩人共詣旗亭，貰酒小飲。忽有梨園伶官十數人登樓會宴，三詩人因避席隈映，擁爐火以觀焉。俄有妙妓四輩，尋續而至，奢華豔曳，都冶頗極，旋則奏樂，皆當時名部也。昌齡等私相約曰：「我輩各擅詩名，每不自定其甲乙，今者可以密觀諸伶所謳，若詩入歌詞之多者，則為優矣。」俄而一伶拊節而唱，乃曰：「寒雨連江夜入吳……」昌齡則引手畫壁曰：「一絕句。」尋又一伶謳之曰：「開篋淚沾臆……」適則引手畫壁。曰：「奉帚平明金殿開……」昌齡又引手畫壁曰：「二絕句。」之渙自以得名已久，因謂諸人曰：「此輩皆潦倒樂官，所唱皆巴人下俚之詞耳。豈陽春白雪之曲，俗物敢近哉！」因指諸妓之中最佳者曰：「待此子所唱，如非我詩，吾即終身不敢與子爭衡矣。脫是吾詩，子等當須列拜床下，奉吾為師。」因歡笑而俟之。須臾，次至雙鬟發聲，則曰：「黃沙遠上白雲間……」之渙即揶揄二子曰：「田舍奴，我豈妄哉！」因大諧笑。諸伶不喻其故，皆起詣曰：「不知諸郎君何此歡噱？」昌齡等因話其事。諸伶競拜曰：「俗眼不識神仙，乞降清重，俯就筵席。」三子從之，飲醉竟日。[9]

　　一首詩能由當時不同階層的讀者所欣賞，又經過上千年的評論家評論，其藝術上的成功，從理論上說，應該是能夠說得清楚的。但事

9　見陳伯海主編：《唐詩彙評》（中），頁1355。

實並非如此，有時甚至恰恰相反，感覺上，雖然越來越清楚，大家都覺得這首詩無疑是傑作，但從道理上講起來，卻是迷迷糊糊。

《萬首唐人絕句》的編者提出：「此詩各本皆作『黃河遠上』，惟計有功《唐詩紀事》作『黃沙直上』。按玉門在敦煌，離黃河流域甚遠，作『河』非也。且首句寫關外之景，但見無際黃沙直與白雲相連，已令人生荒遠之感。再加第二句寫其空曠寥廓，愈覺難堪。乃於此等境界之中，忽聞羌笛吹〈折楊柳〉曲，不能不有『春風不度玉門關』之怨詞。」[10]

表面上是一字之爭，實質是關於詩的寫實性還是想象虛擬性質的分歧。《唐詩紀事》的作者的意思是，詩歌寫的是玉門，而玉門離黃河很遠，所以首句說「黃河」是不對的，應當是「黃沙」，才真實，符合「關外之景」。而真實的，才是美的。但是，千年以來多數版本為「黃河」，讀者並沒有因為這種不「真實」而感到遺憾。當然，改成「黃沙」，實寫「關外之景」，黃沙直上白雲，天地一片渾濁，「荒遠」之感相當真切，也不能說不好。但這個寫關外之景的標準，是以作者生理視覺為限的。如果以這個標準去衡量「一片孤城萬仞山」，萬仞山中一片孤城，在漫天黃沙之中，如何能看見呢？而「關外之景」與「黃河」，以生理的視覺，的確不可能見得，但是以詩的想象和虛擬，則天經地義。詩歌感人的力量並不僅僅來自寫實的畫面，作為一種藝術形式，它比其他任何藝術形式，更加依賴假定、想象來超越現實，如果拘泥於寫實，詩人的感情就難以滲透在景觀之中而得到自由發揮了。只有在假定的、虛擬的情景中，主觀的情感才能滲透在客觀的情景中，得到比較自由的發揮。「黃河遠上」，雖然可能不是寫實的，但卻是詩人心靈的視覺，凌空蹈虛的想象。相比起來，「黃河遠上」可能比之「黃沙直上」心境要更為開闊一些。正如李白寫廬山

---

10 見陳伯海主編：《唐詩彙評》（中），頁1355。

瀑布「海風吹不斷，江月照還空」不是寫實一樣（盧山下臨鄱陽湖，離東海和長江還遠得很呢）。要說真實，徐凝的「虛空落泉千仞直，雷奔入江不暫息。今古長如白練飛，一條界破青山色」，應該是寫實得很了，但是，與李白的詩相比，在想象力上，在意境、格調、胸襟上，則不可同日而語。這就說明，詩歌的藝術準則，不是寫實與否，而是情感與景觀的猝然遇合、交融，虛擬的自由，意境的創造。

　　從絕句的結構來說，最重要的，還不是第一、第二句，而是第三、第四句。前面兩句是寫景，下面兩句如果再寫景就呆板了。前面兩句是陳述句，下面兩句如果再陳述，情感的自由就可能受到影響。所以，比較傑出的絕句，第三句、第四句往往在句式上有所變化，從陳述句變成疑問、感歎、否定、條件複句的比較多。[11]這是因為，這種句式，主觀情感色彩比較強烈。如前面所引的所謂唐詩「壓卷」之作如：

　　王昌齡〈出塞〉：

　　　　秦時明月漢時關，萬里長征人未還。
　　　　但使龍城飛將在，不教胡馬度陰山。

第三句是條件句，第四句是否定句。

　　王翰〈涼州詞〉：

　　　　葡萄美酒夜光杯，欲飲琵琶馬上催。
　　　　醉臥沙場君莫笑，古來征戰幾人回。

第三句是否定句，第四句是感歎句。

---

11 參閱孫紹振：《審美價值結構與情感邏輯》（武漢市：華中師大出版社，2000年），頁281-297。

王維〈渭城曲〉（一作〈送元二使安西〉）：

渭城朝雨浥輕塵，客舍青青柳色新。
勸君更盡一杯酒，西出陽關無故人。

第三句是祈使句，第四句是否定句。

李白〈早發白帝城〉（一作〈白帝下江陵〉）：

朝辭白帝彩雲間，千里江陵一日還。
兩岸猿聲啼不住，輕舟已過萬重山。

第三句也不完全是否定句，但是「流水句」。

王昌齡〈長信秋詞〉（其三）：

奉帚平明金殿開，且將團扇共徘徊。
玉顏不及寒鴉色，猶帶昭陽日影來。

第三句是否定句。

而王之渙這首，第三句是感歎句，第四句是否定句。

這不是偶然的，因為絕句只有四句，如果都是陳述的肯定句，那便單調而無起承轉合的豐富變化。更主要的是，一味陳述，就可能成為被動描繪，主觀的感情很難得到激發。《唐詩摘抄》拿來和李益〈夜上受降城聞笛〉相比的王昌齡〈從軍行（之一）〉是這樣的：

烽火城西百尺樓，黃昏獨坐海風秋。
更吹羌笛關山月，無那金閨萬里愁。

李益〈夜上受降城聞笛〉則是：

> 回樂峰前沙似雪，受降城外月如霜。
> 不知何處吹蘆管，一夜征人盡望鄉。

這兩首傑作，句法變化很明顯：王昌齡的第四句是否定句，李益的第三句是否定句。感情色彩就是從這裡開始轉折的。

這是一種規律，許多傑出的絕句都合乎此一規律。《唐詩別裁》的作者沈德潛認為：這兩首和王之渙的相比，「然不及此作，以其含蓄深永，只用『何須』二字略略見意故爾」。王之渙的這一首要好一些，是因為用了「何須」。作者的藝術感覺是相當準確的，因為有了這「何須」二字，這首絕句就從描繪圖景，轉為抒情。詩人聽到了〈折楊柳〉這樣的流行曲子，如果下面就直說它引起了戰士的鄉愁：羌笛忽聞怨楊柳，春風不度玉門關，似乎也可以說是「並同一意」，但是，絕句的意境和韻味就差得多。「何須」，是反問，是何必的意思。詩人的這個問題是沒有道理的，也不想有人回答，完全是詩人內心無可奈何的感慨。這是一。

其次，「楊柳」是雙關語，既是音樂的曲調，又是現實的楊柳。「怨」和「楊柳」聯繫在一起，既是〈折楊柳〉的曲子中有哀怨（本來是離別的哀怨，因為「柳」與「留」諧音，引申為思鄉的哀怨），又是埋怨楊柳不發青。如果光是由折柳引起鄉思，不算是多大的創造，因為用〈折楊柳〉引發思鄉的情感，在唐詩中，是比較通用的意象。如李白〈春夜洛城聞笛〉：

> 誰家玉笛暗飛聲，散入春風滿洛城。
> 此夜曲中聞折柳，何人不起故園情！

唐詩中，以折柳為題的，大都是送別主題，李白把它轉化為思鄉（故園情）。王之渙這一首的好處是，語義不像一般的鄉情那樣單純，既從折楊柳引發鄉情，又埋怨楊柳不發綠，雙關之妙，妙在意義複合。再加上「何須」也是意義複合，既是對大自然的無可奈何，又是對自己征戍命運的無可奈何。最後一句「春風不度玉門關」，顯然不是客觀事實，玉門關外也有春夏秋冬，但是在戍邊戰士的感覺中，這個荒寒的地方是沒有春天的。這是一句感情色彩極濃的話，實際上是一句直接抒情。沒有前面的「何須」，後面的這句說春風永遠不會來，就可能顯得突兀。

四　視聽交替美

〈從軍行〉

王昌齡

青海長雲暗雪山，孤城遙望玉門關。
黃沙百戰穿金甲，不破樓蘭終不還。

　　王昌齡的〈從軍行〉是組詩，一共七首。從藝術上來說，這首與前面王之渙的那首有同樣的優點，尤其是其中第二首：

琵琶起舞換新聲，總是關山舊別情。
撩亂邊愁聽不盡，高高秋月照長城。

這是唐詩中的上乘之作，邊疆戰士的邊愁，從聽覺的變動（換新聲），到凝望秋月的視覺靜止的圖畫，從撩亂到凝望，也就是從聽得心煩，到看得發呆，在微妙的對比中，充滿精緻的感覺。至於第一首：

烽火城西百尺樓，黃昏獨坐海風秋。

更吹羌笛關山月，無那金閨萬里愁。

和王之渙的一樣，也用音樂曲調，甚至也是羌笛，但用的是〈關山月〉。這也是雙關的，既有「高高秋月」懸掛於關山之上的遼闊視覺，也有音樂高亢的聽覺。不過這裡的思鄉，具體到了閨情上。而其他各首，都是比較豪邁的。如：

關城榆葉早疏黃，日暮雲沙古戰場。

表請回軍掩塵骨，莫教兵士哭龍荒。

這類詩，正面寫犧牲，但不寫屍骨遍野，而寫申請「回軍」（重新回來）掩埋，說不能讓活著的兵哭，實際上迴避了部隊已經哭過的正面描寫。真可謂壯中有悲，相當渾厚。

　　與這首相反，本文開頭所引第一首，有一種豪邁的英雄氣概。這在唐詩中，當然並不是個別的，但也比較難得。詩人並沒有盲目樂觀，對於形勢的危急寫得很充分：一方面，背景是昏暗的。長雲，是一種什麼樣子的雲呢？橫在天際的雲。長到什麼程度呢？把雪山都遮蔽了，因而天色就比較昏暗。就在這樣的背景上，戰士所在的地方，又是孤城，是被圍困的，不但遠離中原，而且遠離玉門關，可見其形勢是如何兇險了。但是，戰士們一點也不悲觀，甚至連犧牲都沒有想到，即使金甲破了也不改其志，意志如此堅定，把浴血奮戰的悲壯都隱藏在幕後，把昏暗的背景放在前臺，甚至還強調突出了孤軍奮戰的困境，但他們仍然這樣樂觀堅定。這是唐代所特有的英雄主義的崇高格調，是很值得珍視的。當然，具有同樣崇高格調的不止這一首，如前面提到的〈出塞〉：

　　　　秦時明月漢時關，萬里長征人未還。

　　　　但使龍城飛將在，不教胡馬度陰山。

但相比起來，在格調上可能稍遜。漢代飛將軍李廣當年威鎮匈奴，其實名聲很大，但豐功偉績老是輪不到他，故王維在〈老將行〉中就說過：「衛青不敗由天幸，李廣無功緣數奇。」匈奴雖然怕他，可他運氣很差（當然也有漢代制度的問題），功勞都給別人立去了。這樣的用典，多多少少是有一點遺憾的。這是一個比較精緻的藝術感覺問題，特以專文論述附後。

附錄

讀王昌齡〈出塞〉

〈出塞〉

王昌齡

秦時明月漢時關，萬里長征人未還。

但使龍城飛將在，不教胡馬度陰山。

　　要把詩歌的好處分析出來，就要把它當作詩，不要以散文的眼光看待。然而，把詩當作散文的說法很多，有的還很權威。例如，對開頭兩句「秦時明月漢時關，萬里長征人未還」，目前非常流行的解釋是這樣的：「秦時明月漢時關」不能理解為秦代的明月、漢代的關。這裡是「秦」、「漢」、「關」、「月」四字交錯使用，在修辭上叫「互文見義」，意思是秦漢時的明月，秦漢時的關。這個說法非常權威，沈德潛在《說詩晬語》中說：「『秦時明月』一章，前人推獎之而未言其妙。防邊築城，超於秦漢，明月屬秦，關屬漢。詩中互文。」

　　本來分析就要分析現實與詩歌之間的矛盾。「秦時明月漢時關」，矛盾是很清晰的。難道秦時就沒有關塞，漢時就沒有明月了嗎？在散文中，這是不通的。這個矛盾，隱含著解讀詩意的密碼。而這種所謂「互文見義」的傳統說法，卻把矛盾掩蓋起來了。好像詩就是以生活真實的全部照抄見長似的。其實，這種說法是很經不起推敲的。王昌齡並不是漢朝人，而是距漢幾百年後的唐朝人，難道從漢到唐就既沒有關塞，也沒有明月了嗎？詩人不僅省略了秦時的關塞、漢時的明月，也省略了從漢到唐的關塞和明月。其實，「漢時關」就是「唐時

關」。唐人常以漢代唐，如〈長恨歌〉把唐明皇稱為「漢皇」、「漢家天子」。唐詩人不以唐自稱，正如漢詩人不以漢自稱。唐人以漢稱，一為借其神武也，二為含蓄也。詩意的密碼就隱含在矛盾裡，把矛盾掩蓋起來，就只能聽憑自發的散文意識去理解了。

　　這樣大幅度的省略，並不僅僅是因為要簡練，更重要的是意脈的綿密。

　　第一，這裡隱含著一種英雄豪邁的追懷。作為唐人，如果直接歌頌當代的英雄主義，也未嘗不可。王昌齡自己就有〈從軍行〉多首，就是直接寫當代的戰鬥豪情。但是在這首詩中，他換了一個角度，把當代的精神與歷史的輝煌結合起來，拉開時間的距離，更見風姿。第二，是最主要的，「秦時明月漢時關」是以萬里長征關塞上不能回家的戰士的眼光來選擇的，選擇就是排除，排除的準則就是關切度。「漢時關」，是他們駐守的現場，「秦時明月」是「人未還」的情緒載體。正是關塞的月亮，才引發了他們「人未還」的思緒。在唐詩中，月亮早已成為鄉思的符號，可以說是公共話語。王昌齡的〈從軍行〉中就有傑作：

　　　　琵琶起舞換新聲，總是關山舊別情。
　　　　撩亂邊愁聽不盡，高高秋月照長城。

　　在這裡，「秋月」就是「邊愁」、「別情」的象徵。在〈出塞〉中，只寫鄉愁，故也只看到明月。望遠，為空間，而言及秦，則為時間。故〈出塞〉中言「秦時明月」而不言漢時明月。一如陳子昂登幽州臺。本為登高望遠，卻為登高望古，視通萬里不難，思接千載亦不難，視及千載，就是詩人的想象魄力了。詩人想象之靈視，舉遠可以包含近者，極言之，盡顯自秦以來鄉愁不改。而「漢時關」，不言及秦時者，乃為與下面「但使龍城飛將在」呼應。飛將軍李廣正是漢

將，不是秦時蒙恬。意脈遠伏近應，綿密非同小可。

　　王昌齡的絕句，後代評論甚高，高棅在《唐詩品彙》中說：「盛唐絕句，太白高於諸人，王少伯次之。」[1]胡應麟在《詩藪》中也說：「七言絕乙太白、江寧為主。」[2]明代詩人李攀龍曾經推崇這首〈出塞〉為唐詩七絕的「壓卷」之作。《唐詩絕句類選》也說「『秦時明月』一首」「為唐詩第一」。《藝苑卮言》亦贊成這個意見。但是也有人「不服」。不僅是感想，而且能說出道理來的，是胡震亨《唐音癸籤》：「發端雖奇，而後勁尚屬中駟。」意思是後面兩句是發議論，不如前面兩句傑出，只能是中等水準。當然，這種說法也有爭議，《唐詩摘抄》說「中晚唐絕句涉議論便不佳，此詩亦涉議論，而未嘗不佳」。[3]不少評點家都以為此詩不足以列入唐詩壓卷之列。沈德潛說：「必求壓卷，王維之『渭城』，李白之『白帝』，王昌齡之『奉帚平明』，王之渙之『黃河遠上』，其庶幾乎！終唐之世，絕句無出四章之右者矣。」[4]此外提名的還有王翰的「葡萄美酒夜光杯」等等。

　　在我看來，這一首硬要列入唐絕句第一，是很勉強的。原因就在這後面兩句。前人說到「議論」，並沒有觸及要害。議論要看是什麼樣的議論。「仰天大笑出門去，我輩豈是蓬蒿人。」（李白）「安能摧眉折腰事權貴，使我不得開心顏。」（李白）「科頭箕踞長松下，白眼看他世上人。」（王維）「莫道前路無知己，天下誰人不識君。」（高適）「安得廣廈千萬間，大庇天下寒士俱歡顏。」（杜甫）這樣的議論，在全詩中不但不是弱句，而且是思想藝術的焦點。因為這種議論其實不是議論而是抒情。抒情與議論的區別就在，議論是理性邏輯，

1　高棅：《唐詩品彙》〈七言絕句敘目〉第二卷（上海市：上海古籍出版社，1981年據明汪宗尼校訂本影印版），頁427下。

2　胡應麟：《詩藪》內編卷六〈近體下〉〈絕句〉（上海市：上海古籍出版社，1979年），頁115。

3　均見陳伯海主編：《唐詩彙評》（上），頁437。

4　沈德潛：《唐詩別裁集》卷十九（北京市：中華書局，1975年），頁262上。

而抒情則是情感邏輯。同樣是杜甫，有時也不免理性過度：「人生幾
何春已夏，不放香醪如蜜甜。」「神靈漢代中興主，功業汾陽異姓
王。」「英雄割據非天意，霸主併吞在物情。」而王昌齡的議論「但
使龍城飛將在，不教胡馬度陰山」雖然不無情感，但畢竟比較單薄，
多少有些理性成分。王昌齡號稱「詩家天子」，絕句的造詣在盛唐堪
稱獨步，但有時也難免有弱筆，比如：「黃沙百戰穿金甲，不破樓蘭
終不還。」一味作英雄語，容易陷入窠臼，成為套語，充其量是豪言
而已。

　　其實，王昌齡《出塞》有兩首，此為「其一」。歷來詩話家贊之
者其多，鮮有提及「其二」者：

　　　驄馬新跨白玉鞍，戰罷沙場月色寒。
　　　城頭鐵鼓聲猶震，匣裡金刀血未乾。

　　至少在兩點上勝過「其一」：1.不正面表現英雄浴血苦戰之英
勇，其凜然氣慨隱於字裡行間；2.英雄於「戰罷」稍息之時發現未
罷，瞬間情緒轉換，充分體現了唐人絕句的優越。本書頁五○九將詳
加論述。

田園詩：
沒有外物負擔和心靈負擔的境界

〈飲酒〉（其五）

陶淵明

結廬在人境，而無車馬喧。

問君何能爾，心遠地自偏。

采菊東籬下，悠然見南山。

山氣日夕佳，飛鳥相與還。

此中有真意，欲辨已忘言。

　　要真正品出陶詩的純真韻味來，有一點要明確：他的詩雖然屬於抒情詩，但與一般抒情詩，與我們熟悉的抒情詩不太一樣。一般的抒情詩所抒發的感情，往往是強烈的感情，也就是所謂激情。李白的〈早發白帝城〉、杜甫的〈登高〉、王之渙的〈涼州詞〉都是把話說得很極端的，「羌笛何須怨楊柳，春風不度玉門關」。王昌齡的〈出塞〉也一樣：「但使龍城飛將在，不教胡馬度陰山。」王翰的〈涼州詞〉更是徹底，連生死都無所謂，只要把酒喝個痛快：「醉臥沙場君莫笑，古來征戰幾人回。」王維的〈送元二使安西〉則宣稱，喝吧，這是朋友的最後一杯酒了：「勸君更盡一杯酒，西出陽關無故人。」這些情感都是激動得非常鮮明而強烈。而陶淵明的詩，則不太相同，好像沒有什麼激情似的：

　　結廬在人境，而無車馬喧。

　　詩人一點也不激動，對生活中的一切，他都沒有什麼感覺。沒有感覺，似乎是沒有感動。沒有感動的詩怎麼能動人呢？這就有陶淵明的特點了。這種特點，還表現在另一個方面，那就是他的語言，不像一般詩作那樣詞采華麗，而是相當樸素。中國《詩經》的傳統，是講究比興的，而這裡既沒有比喻，也沒有什麼起興的手法，幾乎就是平靜的陳述：

　　問君何能爾，心遠地自偏。

　　這是從心理效果上來表現心靈的寧靜，為什麼把房子建築在人境，卻感受不到車馬之喧呢？因為身軀雖然在，心靈卻已經和現實拉開了距離。難得的是，這種心理效果本來有相當不同凡俗的一面，但詩人卻表現得非常平靜。和這種與現實拉開距離的情況相反的是王勃的「海內存知己，天涯若比鄰」。因為心靈溝通，所以地理距離再遠，也不在話下。但是，王勃所抒發的感情是強烈的：

　　海內存知己，天涯若比鄰。
　　無為在歧路，兒女共沾巾。

　　「與君離別意，同是宦遊人。」他們同病相憐，本來感動得很，但強忍住了眼淚。這裡，詩意來自激情。但並不是只有激情才有詩。另外一種類型的感情，不太激動，不太強烈，也是詩。陶淵明的詩情好就好在刻意營造一種安寧的詩意。這就是陶淵明對中國詩歌史的貢獻。這一點朱光潛先生特別欣賞，他甚至認為，「藝術的最高境界都不在熱烈」，古希臘人「把和平靜穆看作詩的極境」。當然魯迅不太同

意。但是，過分執著於熱烈的情感，是可能導致自我蒙蔽的。

　　陶淵明不當官，覺得農村的環境令人心情舒暢，但這並不意味著一定要回到農村去，雖然「結廬在人境」，把房子建在鬧市區，哪怕是南京路、王府井，他也聽不到汽車的聲音。

　　讀這首詩比較容易忽略的是，幾個關鍵字語之間都有相互照應的關係，形成一種有機的，但是潛在的、隱性的意脈。如「廬」，一般的注解就是住宅。如果滿足於這樣的解釋，就不太懂詩了。這個字，可以意會為簡陋的居所，往往和茅草屋頂聯繫在一起。這個「廬」字和後面的「車馬」，是對立的。車馬，在當時，是很有錢的、地位很高的人家才有的。這裡潛在的意味，不是一般的把房子建築在鬧市。它還有一層意思，即雖然「我」的住所很簡陋，但是不管多麼華貴的車馬，「我」都沒有感覺。因為，「我」心離得很遠。「心遠」不是人遠，事實上，詩裡顯示的是，人是很近的（就在同樣的「人境」）。正是由於人近，才顯出心遠的反襯效果，構成一種非常悠然、飄然、超然的境界。

　　　　采菊東籬下，悠然見南山。

　　這是千古名句，品位極高，後世沒有爭議。但是，好在哪裡，卻說得並不很到位，還有一些爭論：「悠然見南山」的「見」，在《文選》、《藝文類聚》本中曾作「望」，《東坡題跋》對這個「望」字嚴加批判曰：「神氣索然矣。」「望南山」和「見南山」，一字之差，為什麼有這樣大的反差？在我看來，「見南山」是無意的，它暗示詩人悠然、怡然的自由心態。「望南山」就差一點，因為「望」字隱含著主體尋覓的動機。陶詩的特點，隨意自如，有了目的，就不瀟灑了，不自由了。

　　要注意的，還有兩個意象，一個是「籬」（東籬），一個是「菊」

（采菊）。「籬」和「廬」相呼應，簡陋的居所和樸素的環境，是統一的、和諧的；但是樸素中有美，這就是菊花。這個意象，有著超越字面的內涵，那就是清高。這種清高，沒有自我感覺，沒有自我炫耀的意味，而是悠然、淡然、怡然、自然的存在。在陶淵明所處的年代，詩壇上盛行的是華貴之美，華彩的詞章配上強烈的感情是一時風氣。但是，陶詩開拓的是簡樸之美。越是簡樸，就越是高雅；相反，越是華彩，越是熱烈，就越是低俗。在這裡，越是無意，越是自由，也就越是淡泊；而越是有意，感情就越可能強烈、華美，就越可能陷入俗套。

　　聯繫到陶氏的〈桃花源記〉，那麼美好的一個地方，無意中被人發現了，留下了驚人的美感，但是，有意去尋找，卻沒有結果。這就是說，超凡脫俗之美、樸素之美，不能有意尋找。無意的發現，不是有心的追尋，順帶的、瞬間即逝的、飄然的感覺，卻是美好的。然而，正是這種轉瞬即逝的感覺，一般人沒有感覺的感覺，被詩人發現了。這種無意中的體悟深刻化了，情感就高雅化了，這就是陶淵明的意境。

　　　　山氣日夕佳，飛鳥相與還。

「佳」字，如果在一般詩歌中，可能顯得缺乏力度，但是，好就好在這種字不吃力，與前面無意的、恬淡的情感，比較統一，比較和諧。如果不是這樣，換用有強烈情感的詞語，例如，豔、麗、朗（山氣日夕麗，山氣日夕朗，山氣日夕豔），就不和諧了，對悠然的意境就有破壞性了。「佳」字，雖然是個不太強烈的字眼，但是，其構成的詞語，意味卻比較雋永。例如佳句、佳作、佳音、佳節、佳境、佳期、佳人、佳麗，內蘊都比較含蓄，有著比字面更優雅的意味。

　　這首詩一共十句，都有敘述的性質，談不上描寫，連個比喻都沒有。而傳統詩歌向來是講究比興的，偏偏陶淵明有這樣的氣魄，進行

一種樸素美感、樸素美文的冒險探索。

　　樸素，本身並不一定就是美的，從字面上孤立來看，是很平淡的。但平淡之所以能夠轉化為深沉，主要靠整體結構，各關鍵語詞之間，有一種內在關聯和照應。字裡行間，默默地互相補充、互相滲透，構成有機的情感程度上統一的「場」（境）。太強烈的字眼，和前面悠然的、飄然的心態不和諧，形不成關聯的場（境），甚至還可能破壞相互關聯的場或者意境。這裡所說的意境是內在的、微妙的、若有若無的，它不在語言表層之上，而在話語以下，又在話語之中。

　　「飛鳥相與還」，也是很平靜的、慣常的景象。它之所以好，就是因為和詩人一樣，是沒有特別的動機。不誇張，不誇耀，不在乎是否有欣賞的目光，甚至不關注是否值得自我欣賞。「此中有真意」，關鍵字是一個「真」字。世界只有在這樣的自然境界裡才是真的，人心也只有在這樣自由、瀟灑的意態中才是真的。不是這樣，就是假的。這種境界，妙在是一種全身心的體驗，「欲辨已忘言」，可意會，不可言傳，語言很難直接表述出來。一旦想用語言來表達，就是有意，就破壞了自然、自由、自如的心態，其結果，這種有意本身和自己的本性就是矛盾的，故剛剛想說明，卻馬上把話語全部忘記了。這說明，詩人無心的自由是多麼的強大，即使自己都不能戰勝。

　　這種「真」就是人的本真，就是不但沒有外在壓力，而且更重要的是，沒有自我心理負擔，甚至沒有語言表現的壓力。

　　進入這種沒有自我心理負擔的境界，人就真正輕鬆了，自由了。

　　所以王國維說，「悠然見南山」屬於「無我之境也」。其特點是「以物觀物，不知何者為我，何者為物。……無我之境，人唯於靜中得之」。而朱光潛不同意：

　　　　他的「無我之境」的實例為「采菊東籬下，悠然見南山」，「寒波淡淡起，白鳥悠悠下」，都是詩人在冷靜中所回味出來的妙

境（所謂「於靜中得之」），沒有經過移情作用，所以實是「有我之境」。[1]

實際上，關鍵不在「有我」還是「無我」（當代西方文藝理論強調「無我」，「作者退出作品」是不可能的），而是這個「我」處在什麼樣的狀態下，心裡有沒有欲望。欲望就是內心最大的負擔，這是關鍵，沒有自己加給自己的心理負擔，就算是「有我」也是「無我」。擺脫不了自己加給自己的負擔，就是「無我」也是「有我」。

不能擺脫心理負擔，就不是「真意」了，就是不自由，就是假「我」。

這首詩，屬於〈飲酒〉組詩二十首之五，陶淵明自己在前面有個小序，說：

> 余閒居寡歡，兼比夜已長，偶有名酒，無夕不飲。顧影獨盡，忽焉復醉。既醉之後，輒題數句自娛。紙墨遂多，辭無詮次。聊命故人書之，以為歡笑爾。

這就是說，這些詩都是酒醉以後所作。「既醉之後」應該是不清醒的，可是這裡，沒有任何不清醒的感覺。其飲酒的寓意應該是：一、酒後吐真言；二、孤獨，取屈原「眾人皆醉吾獨醒」之語，反其意而用之。在他看來，人生日常的清醒意識，畢竟是一種束縛，不但是束縛，而且像坐牢。這是不是有點誇張？是不是太強烈？

這一點，要到〈歸園田居〉中才能得到解答。

---

1 《朱光潛美學文集》第二卷（上海市：上海文藝出版社，1982年），頁59。

〈歸園田居〉（其一）

陶淵明

少無適俗韻，性本愛丘山。誤落塵網中，一去三十年。
羈鳥戀舊林，池魚思故淵。開荒南野際，守拙歸園田。
方宅十餘畝，草屋八九間。榆柳蔭後簷，桃李羅堂前。
曖曖遠人村，依依墟裡煙。狗吠深巷中，雞鳴桑樹顛。
戶庭無塵雜，虛室有餘閒。久在樊籠裡，復得返自然。

　　〈歸園田居〉其一和〈飲酒〉其五，都是陶氏的代表作，風格也近似，大體都是直陳，不刻意描寫和渲染，都以平靜、淡然、飄然、怡然的情致動人。但有一點不同，那就是直接表述自己的思想情致的句子比較多。〈飲酒〉其五中，開頭兩句還是有意象的（結廬、車馬），第三、四句，可以說是直接抒情（問君何能，心遠地偏）。接著的四句，都是借助景觀意象（采菊東籬，悠然南山，山氣日夕、飛鳥與還），最後一句，就全是直接抒情（此中真意，欲辨忘言）。而〈歸園田居〉則不同，借助意象，或者說借助自然景觀的句子也是有的，但是更加樸素（這一點，下文細講）。它們最大的不同是，〈歸園田居〉中直接抒情的句子比較多。

　　少無適俗韻，性本愛丘山。

　　這話說得很直接，甚至有點直白之嫌。直截了當地說，自己和世俗之人不合拍。但是，這樣的直白，又沒有成為散文。原因在於一個「韻」字，這個「韻」字用得很奇。「適俗韻」，明顯自相矛盾。既然是適俗了，還有什麼韻味可言呢？韻，令人聯想到詩，聯想到高雅之品位，聯想到氣韻、風度（charm，poise），想到風雅的事——韻事。這裡的「韻」，因為超越了世俗，應讀作「少無適俗——韻」，其間才

有一點比字面更深長的意味。下面這一句，「性本愛丘山」，說得更直
白，好像在說大白話。以丘山來代替大自然，以自然和世俗相對。下
面的語言照舊平白，但是，平白中，情感的份量加重了：

　　誤落塵網中，一去三十年

　　情感重點在兩重矛盾：第一重，明明沒有世俗的功利心，但是，
卻混跡於世俗之中。這就和自己高雅的心境形成反差。第二重，把這
種自誤的處境比作一張網。陶淵明很少濫用比喻，並不以比興為能
事。就這個暗喻而言，它的好處在，暗示束縛無處不在，一旦落入，
就難以掙脫。他這種網，叫做「塵網」。塵，是浮塵、灰塵、塵芥、
塵沙，均有貶義，喻庸俗骯髒。這是極寫自己的精神負擔，掙不脫的
假日子，違背自己的心願，真生命在假日子中，居然忍受了「三十
年」。統計數字在詩歌中，往往算不得數，但在這裡，卻是確實的。
表現這麼長期的精神重負，用的卻是平靜的語氣，「三十年」，三個
字，就這麼輕鬆。直到這裡，還沒有形容，看不出渲染。接下去，出
現了陶淵明詩歌中很少見到的渲染：

　　羈鳥戀舊林，池魚思故淵。

　　一連兩個暗喻，第一個暗喻把自己比作羈鳥，受束縛的鳥；第二
個比作池魚，離開了原本生活的深水區域，被弄到小池子裡來。這
裡，沒有明顯的憤慨，仍然是平靜的訴說。因為這種訴說不是針對外
在環境的，不是針對他人的，而是針對自己的，對自己的內心說話，
自家人說自家事，用不著誇張的姿態和話語，是自己造成的。接下來
的話語，就更加平靜了。

開荒南野際，守拙歸園田。

這是點題了。題目就是「歸園田居」。值得注意的是，「開荒」。直接寫體力勞動，這可真是有點大膽了。在他以前，似乎還沒有詩人能夠把開荒這樣的實用功利行為審美化，上升為詩。他一沒有用修辭手法把開荒美化，只是敘述而已；二沒有形容自己懷著什麼樣的高雅心態。相反，他說自己不行，資質不高，有點笨，因而只能「守拙」而已。下面這兩句，就更出格了：

方宅十餘畝，草屋八九間。

特別是後面的：

狗吠深巷中，雞鳴桑樹顛。

前面兩句簡直是流水帳，統計數字，本來是最沒有感情的。後面兩句，把雞鳴狗叫，都寫到詩裡來（又不是《詩經》裡面「風雨如晦，雞鳴不已」那樣，有矛盾衝突的，有寓意的），不是很煞風景嗎？但是，在這裡，有一種面對貧寒的安寧感，面對簡樸生活的自在感。這就有點詩意了。特別是這一句：

曖曖遠人村，依依墟裡煙。

這兩句，感覺不明朗，有點模糊，字眼用得很平淡，但卻成了千古佳句。因為這裡，滲透著更加自然的情致。朦朦朧朧的是遠方的村子，輕輕柔柔的是村落裡上升的炊煙。這裡透露出一種不明晰、不緊張的心態，對無牽掛的生活的專注。這種專注是微妙的，不強烈的，最容

易被人忽略，一旦被詩人表現出來，就能觸動、喚醒人們許多忽略、淡忘了的記憶，那沒有意味的立刻就變得有韻味起來。即使韻味被發現了，被喚醒了，詩人的專注也仍然是從容的。下面的關鍵句是「虛室有餘閒」。因為有餘暇，所以才從容。

全詩的傑出之處，在以感情極盡誇張、文詞競為華麗的時代，他卻獨闢蹊徑，發現了另外一種話語的美，哪怕是對美的發現和欣賞，也是從容不迫的。

「久在樊籠裡」不是直接道出了牢籠嗎？這不是很難受嗎？要逃脫這種牢籠，不是需要反抗嗎？不是需要鬥爭嗎？這樣不是強烈的情緒嗎？不。這個牢籠不是外部的，而是內心的；不是物質的，而是精神（欲望）的；不是他人的，而是自己的。這就是他在〈歸去來兮辭〉中所說的「心為形役」，心是自己的，而形也是自己的，所以，牢籠就在自身，這就不用逃脫，而是超越，自己解放自己，因而是不難的。「復得返自然」，只要恢復自我本性，「自然」的境界就達到了，自我解放就成功了。

〈飲酒〉之五，開頭就說，哪怕住在鬧市也無所謂，只要「心遠」就成。不一定遠離鬧市，即便在鬧市也可以獲得解放，只要遠離自己的世俗欲念，就能返璞歸真。不但世俗之念，就是不俗的「真」意，也不要勞神去解說。這就是「此中有真意，欲辨已忘言」的深意所在。為這種意境去尋找語言，去費勁，去動腦筋，就不自然了。一種不為任何外部動機，也不為自身內在動機所役的，不強烈的、有意無意的自由情致，滲透在全部細節、全部意象之中。這種「意」和「象」是看得見、摸得著的，但構成了看不見的「場」。古代人沒有「場」的概念，現代人的「場」的概念是物理的，而古代的類似「場」的概念則是心理的。他們把這種心理的「場」叫做「意境」。

全詩有一系列意象：塵網、丘山、羈鳥、舊林、池魚、故淵、南野、園田、方宅、草屋、榆柳、桃李、遠人村、墟裡煙、狗吠、深

巷、雞鳴、桑樹、戶庭、樊籠。這些都很平常，表面上是客觀羅列，但實質上卻是主觀的，被「意」同化、統一在一種精神境界中。這種同化是不著痕跡的同化，統一在詩人無意的、從容的、不為任何外部動機，也不為自身內在欲望所役的一種心境裡。這裡的大自然平靜安然，順其自然才是真正的自然。真正動人的意境，用語言是無法描述的，這就叫「不著一字，盡得風流」，「場」或「境」統一著一切。但它以不用語言直接表達出來為上，連詩人的技巧都不能留下痕跡，這樣品位才高，才是神品。在看似平淡的、不顯眼的、沒有什麼詩意的對象上，詩人感覺到一種享受，這種享受的特點，好像是沒有享受。多少年來，一直沒有人感到，他卻感到了，而且用他自己從容不迫的、寧靜致遠的風格表現出來了。這就是偉大。

〈過故人莊〉

孟浩然

故人具雞黍，邀我至田家。

綠樹村邊合，青山郭外斜。

開軒面場圃，把酒話桑麻。

待到重陽日，還來就菊花。

　　這也是一首感情不強烈、以平淡取勝的詩。聞一多說它「淡到看不見詩」。有個朋友拿出一隻雞、一點小米，邀「我」去他家。如按照強烈感情自然流露的準則，這是缺乏詩意的。但它和陶淵明的「狗吠深巷中，雞鳴桑樹顛」，有類似的趣味。表面上看是雞毛蒜皮，但卻情致自如。故人，老朋友，「老」不是年齡，而是相知之深，深到不拘形跡。沒有什麼好東西，也可以請客。隨意中有一種親切。這是其一。其二，請客請到哪裡去呢？又不是什麼華貴的地方，而是「田家」。普普通通的農夫家裡，吃，沒有什麼佳餚，住，沒有什麼華

貴。那還享受什麼呢？

　　首先是風景。風景也沒有什麼特別。四面都是樹，斜斜的青山在城郭外。這應該是一般的景象。雖然景象一般，但是，朋友有興致，自己也樂意追隨。那麼到了農家，有什麼精彩的事情呢？好像也沒有什麼精彩的。打開窗戶，外面是打穀場，舉杯飲酒，說說今年的收成。就這樣很平淡的事情，似乎並沒有什麼特別的美；甚至，也沒有說到什麼特別的友情，沒有什麼好玩的事。感情也不強烈，一點不激動，一點不像華茲華斯所說的感情要 powerful（強烈）。吃完了，人家並沒有邀請，自己就說了：

　　　　待到重陽日，還來就菊花。

到明年重陽節「我」再來。這樣的結尾，是孟浩然的拿手好戲。他在〈秋登萬山寄張五〉中也有類似的結尾：

　　　　何當載酒來，共醉重陽節。

然而，相比起來，這個結尾可能要比「待到重陽日，還來就菊花」略遜一籌。因為，「何當」，還存在一點保留，明年來不來，還不十分肯定。還有一點世俗的禮節和客套。而〈過故人莊〉的結尾，則完全不拘形跡，根本沒有去想人家歡迎不歡迎。人與人之間的關係，就是這樣平靜、自然，好像沒有什麼物欲的障礙，沒有什麼心理障礙，更沒有心靈的隔閡。這裡和陶淵明一樣，追求一種沒有外界牽掛，也沒有內心負擔的境界。

　　最後一句，「還來就菊花」，一個「就」字，用得很是精彩。歷代詩話多有稱讚。對粗心的讀者來說，這個字的好處，可能看不出來。《升庵詩話》說：

孟集有「等到重陽日，還來就菊花」之句。刻本脫一「就」字，有擬補者，或作「醉」，或作「賞」，或作「泛」，或作「對」，皆不同。後得善本，是「就」字，乃知其妙。[2]

這個「就」字，好在什麼地方？好在，比「醉」不強烈，「醉」字，與全詩情調不夠統一。比「賞」含蓄，「賞」字把話說得沒有想象餘地了。比「泛」更確切，「泛」，沒來由，又沒有水，怎麼「泛」？「對」，當然比「賞」、比「醉」，好一些。但是，還有坐實之嫌，方向固定，就是面對面。「就」，就自由得多，只要靠近，哪一個方向、任一種姿態都成。這一筆，不僅是寫未來，而且是寫當下，令人懷戀的不僅僅是「把酒」、「桑麻」，還有今天眼前的菊花。

　　請注意，沒有內心負擔是中國古典山水詩歌特有的一種境界。這是一種自然、自由、自在，其極致是感覺不強烈，甚至被忽略了的自在，這是最高的自在。

　　這種平靜、不激動的情致，可能是中國詩和西方詩最大的不同，也是中國詩歌最大的創造。這首詩是寫對自然的生活和自然的心情的一種體驗和享受。從一個個詞語來說，沒有什麼特別，巧妙全在字與字之間的「場」。漢語中有個詞語，叫做「字眼」，很可以說明這個特點。在中國古典詩話中，有「詩眼」之說。詩眼是以「字眼」表現的，它和「字面」是相對的。字眼，有多重意蘊：一、像眼睛一樣是靈魂的焦點；二、眼，就是洞，就是空白。意境，場，不在字面上。用中國古典詩話的說法，就是「不可句摘」。但整首詩的意象，綠樹、村莊、青山、城郭、場圃、桑麻、菊花，構成一幅畫圖。但是，光有畫面，是不能成為好詩的。圖畫，充其量不過是一個框架，而情致，則在畫面的空白之中，在「故人」、「雞黍」、「把酒」、「桑麻」、

2　陳伯海主編：《唐詩彙評》（上），頁539。《增訂唐詩摘抄》說：「『就』字百思不到，若用『看』字，便無味矣。」道理更加明顯。

「重陽」、「再來」的隨意和默契之中。二者匯合，構成一個非常和諧
的情與景、內心與外物、意與境相互交融的「場」。出現在詩裡的系
列意象，表面上很自然，如李白所說，「清水出芙蓉，天然去雕飾」，
實際上已被加工過、創造過，與原始的生活狀態有質的不同。誠如
「采菊東籬下，悠然見南山」，表面上是對自然生活的自然摹寫，但
菊花的美，菊花的高潔、自然、不受污染，都已經變成精神的符號。
它妙就妙在不讓你意識到這究竟是外物還是內心，兩者渾然一體，所
謂「鏡中之花，水中之月」、「羚羊掛角，無跡可求」。如果有痕跡，
就沒有「場」了，用王國維的話來說，就是「隔」了，也就是不和
諧、不統一，構不成意境。

鄉愁詩：隱曲情思

〈逢入京使〉

岑參

故園東望路漫漫，雙袖龍鍾淚不乾。

馬上相逢無紙筆，憑君傳語報平安。

　　讀這首詩，有兩點值得注意。第一，這時岑參遠赴西域，身分是安西節度使高仙芝的幕府書記。雖然是文職，但也有相當高的級別。第一次離別在長安的家人和妻子，豪情滿懷，「功名只向馬上取，真是英雄一丈夫」（〈送李副使赴磧西官軍〉）。在以後的日子裡，他寫出一系列英雄主義的詩篇。但英雄人物的內心是豐富的，他也有溫情婉約的一面。這首詩，寫的就是這個英雄人物在遠離長安回望漫漫來路時，思家之情居然強烈到「雙袖龍鍾淚不乾」的程度，把自己哭鼻子的形象這樣坦然地表現出來，顯示了英雄內心軟弱的一面。

　　接下去強調的是「馬上相逢」。為什麼要突出馬上相逢？難道兩個人相逢，就不能下馬交談嗎？不能。為什麼不能？來不及。怎麼看出來不及？「憑君傳語報平安。」本來最可靠的辦法是寫一封平安家書，但是沒有。這就暗示時間緊迫。雖然緊迫，但還是要傳報平安。身在邊疆，不但自己思念親人，也深知家人同樣思念自己。這樣的思念就形成意脈的轉換，從「東望路漫漫」的持續期盼，到「報平安」的草草，從「淚不乾」的強烈到「傳語」的無奈，情感在二重對比中顯出瞬間的深沉。

　　岑參是盛唐邊塞詩的代表作家，他的軍旅詩作，以男子漢的壯美見長。但是，他壯美中的柔美之作，也是不可忽視的。和這首詩類似的，還有〈磧中作〉：

　　　　走馬西來欲到天，辭家見月兩回圓。
　　　　今夜未知何處宿，平沙莽莽絕人煙。

　　從「欲到天」的極遙遠到「絕人煙」的極荒涼，這是意脈的遞增結構，與前面的轉折結構有所不同。

〈渡漢江〉

宋之問

嶺外音書斷，經冬複曆春。

近鄉情更怯，不敢問來人。

　　開頭兩句，寫的是兩個方面：一是寫空間遙遠。嶺外，就是嶺南；題目又點明是「渡漢江」。從嶺南到漢江，空間距離是相當大的。當時交通不發達，自然地理的距離就因心理而更加延長了。二是音書斷絕的時間很長，經冬歷春。時間越長，思念之情就越深。

　　第三句是說，空間距離縮短了，幾乎快要等於零。此時，本該是情感的負擔減輕了。然而，這首詩的靈魂就在於詩人發現了一種矛盾的心理：越是近鄉，越是心理緊張，越是膽怯。「不敢問來人」，這就揭示另一層次的矛盾。問來人的願望來自及早得知親人的資訊；而不敢問，則是唯恐很快得知親人不幸的資訊。畢竟是那麼長時間沒有音信了。

　　最後兩句是意脈反向轉折。從迫切欲知到不敢就知，特點是帶著戲劇性的轉折，與岑參的弱化轉換有所不同。這是一種心理的轉化。

強烈的感情，卻用默默的無聲來表現。這種克制的表現，恰恰是動人的表現。當然，這裡有作者流放嶺外，潛回故土的一段經歷可以為此詩作注。

〈夜雨寄北〉

李商隱

君問歸期未有期，巴山夜雨漲秋池。

何當共剪西窗燭，卻話巴山夜雨時。

這首詩的題目是「寄北」，在有的版本上叫做「夜雨寄內」，有人爭論說：語淺情深，是寄內也。這就意味著是給他妻子的。然集中寄內詩皆不明標題，故仍當作寄「北」為宜。（《玉溪生詩集箋注》）好在這位權威的注家比較開通，不管是「寄內」還是「寄北」，他承認內容一樣是親情。又有人考證，這首詩是寫在他妻子王氏死後，應該是寫給在北方長安的朋友。雖然如此，霍松林先生仍然認為當作「寄內」解更為確切。[1]

中國詩論號稱「緣情」，但是把自己私人的心扉向公眾敞開的大都是友情；愛情，對妻子的親情，是比較少的。《全唐詩》中以「寄內」為題的，只有十三首，其中李白占了四首。四首之中，有兩首又是身陷囹圄之時。亂離之時，想念朋友是堂而皇之的，想念妻子，就要隱蔽一點。杜甫那首很著名的想念妻子的詩，把肉體都寫到了：「香霧雲鬟濕，清輝玉臂寒。」但是題目不叫「寄內」，叫做「月夜」。李商隱善於寫愛情，而且寫得纏綿悱惻，題目卻叫做「無題」，至今令學者猜測不定。

這首詩的內涵究竟是表現和妻子的親情，還是表現朋友的友情

1　《唐詩鑑賞辭典》（上海市：上海辭書出版社，1983年），頁1139。

呢？我想，不必深究，反正是一種很深的感情。就是友情，也不是一般的，而是相當深厚的。

　　開頭第一句的「君」字，在現代漢語中，通常指男性。在古代，大多也用於男性，其義包含地位品格高貴，有時也用於女性，也有在夫婦之間用以互相稱謂。用「君」來稱女人，就意味著對她的品格的尊重，是很客氣、正式的，不是很親昵、很隨意的語境裡能夠使用的。

　　作為近體的絕句，這首詩的第一句就有犯規之嫌：兩個「期」字，重複了。因為絕句一共就四句，每句五字或七字，因此每一個字都要有用處，甚至規定都是實詞，在一般情況下，不能像在古體詩中那樣可以使用虛詞（語氣詞、連接詞等等）。因為虛詞詞彙意義比較抽象，本身的獨立含義是不太具體的。不太具體卻占了一個字，就有點浪費了，同一個字重複就更是浪費。一句裡如果有純係重複的字，則當是缺陷。但是，千年以來，再苛刻的詩評家，也沒有挑剔這兩個「期」。本來要迴避這種重複很容易，把「期」改為「時」：「君問歸期未有時」，也不是不可以，但這樣可能有些潛在意味的損失。因為第二個「期」，強調一種失望的感覺。對方的「期」，是日期，更重要的是期待，二者通通沒有，不但是近日沒有行期，不能馬上回來，就是未來何期，也未確定。日期和期待，雙重意味，表面上是日期，深層的是期待，是思念。兩個「期」字，表明詩人不想用委婉語，而用直率語氣正面衝擊對方的心理。

　　第二句有點奇怪，沒有確定的日期，是什麼道理呢？沒有道理，卻只有一幅圖畫：「巴山夜雨漲秋池」。這是不是詩人不能及時歸來的原因呢？巴山，是一種阻隔嗎？在中國古典詩歌中，夫婦思念大都以空間距離為主要原因。比如《古詩十九首》中有：「行行重行行，與君生別離。相去萬餘里，各在天一涯。道路阻且長，會面安可知？胡馬依北風，越鳥巢南枝。相去日已遠，衣帶日已緩。浮雲蔽白日，遊子不顧返。思君令人老，歲月忽已晚。棄捐勿復道，努力加餐飯。」

如果是這樣，下半句應該加強巴山道路險阻之感，但是，接著來了夜雨，也可能是增加行程之困吧。但是夜雨的結果是「漲秋池」，這和回家有什麼關係？秋水漲滿池塘，又不是大水滔滔氾濫。何況從四川到北方好像也不走水路。「巴山夜雨漲秋池」，不是歸不得的原因，而是詩人眼前即景，中心意象不是巴山，而是夜雨，巴山只是點明詩人的居所。「夜雨秋池」這樣的圖畫、景觀之外，有一雙眼睛在看，看著夜雨漲上秋天的池塘。這裡應該有一個漲的過程，不是一下子就漲得那麼滿吧？那麼是詩人眼看它漲得越來越滿的吧？這一雙眼睛是長久不動的吧？是無言的吧？是沒有明確的目的吧？是無奈的吧？這種無奈，是你也能從這幅圖畫中領悟到的吧？有些學者在解讀到這裡的時候，說其中有「羈旅之愁與不得歸之苦」，[2]其實是太坐實了。與其說是明確的愁苦，還不如說是無言的悵惘。

　　第三句，是絕句詩藝的靈魂所在，意脈突然轉折。原來是一幅圖畫，一雙凝神的眼睛，一個靜止的空間，突然變成一個空間和時間的大幅度轉換，到了另一種情境之中。「何當」是一個設想，是一個想象的跳躍：什麼時候共剪西窗燭。蠟燭燒的時間長了，中間未燼的燭芯就會影響燭光的亮度，必須剪掉，因此用一起剪燭來代替徹夜長談。用圖畫代替抒情，是中國古典詩歌的拿手好戲。如果直說，什麼時候你我能相會，徹夜長談，就沒有詩意了。

　　第四句，談得那麼久，談些什麼呢？就談今天巴山夜雨之時，互相思念的情境。這裡在技巧上，又出現了一個問題。前面的兩個「期」，已經重複，現在兩個「巴山夜雨」，重複得更為嚴重。這回就有人批評了，《增定評注唐詩正聲》引一位評論家的話說：「兩疊『巴山夜雨』，無聊之極。」當然也有人為之辯護，《古唐詩合解》說：「此詩內複用『巴山夜雨』，一實一虛。」這就是說，前一個「巴山

2　《唐詩鑑賞辭典》（上海市：上海辭書出版社，1983年），頁1139。

夜雨」，是實寫眼前景觀；而後一個巴山夜雨，是想象中的情境。二
者不能算重複，而是虛實相應，相應就是相生，由此產生了更深更廣
的意味。這種意味，是一種情感的意味，而情感的意味主要由詩的想
象建構。在這首詩中，情感主要是依賴空間和時間雙重跳躍轉換得到
充分表達的。《札樸》說：「眼前景反作日後懷想，意最婉曲。」[3] 從
此時的「巴山夜雨」，到彼時彼地的「共剪西窗燭」，是空間和時間的
第一度跳躍，給對方一個深切的安慰（總有一天會見面的，會長時間
談心的），這對讀者具有想象的衝擊性。這種畫面的想象，用來表達
思念親人，是詩人們常用的。例如，杜甫在戰亂中思念自己的夫人，
最後也是歸結到將來相見的情境：「何時倚虛幌，雙照淚痕乾」，杜甫
在愛情方面可能是比較老實，除了激動得流淚以外，沒有什麼別的花
樣。而李商隱就不同了，他對異日相見的情景的想象就要比杜甫多一
點浪漫的才子氣。他想象相見不是無聲的眼淚，而是有說不完的話，
這是一。其次，他沒有停留在這個才子氣的畫面上，在第四句，他
說，我們那時所談的內容就是我眼前面對巴山夜雨的情境。從意脈上
來說，時間和空間上又來了一重轉換，彼時彼地所談與此時此地之情
境重合。如此複雜的想象，表達如此深切的感情，語言上又如此簡
潔。前面一個「何當」，是拉開距離的想象；後面一個「卻話」，是一
個大拐彎。合二而一，把空間、時間上的大幅度跳躍輕鬆地連接起
來。都是平常詞語，天衣無縫，構成一種曲折而又婉轉的意脈，也就
是「未有期」的失落和「漲秋池」的悵惘，都轉化為會心的喜悅。以
時間空間的轉換，表現情感的轉折，就這一點來說，是中外詩歌不約
而同的：眼下的一切會成為未來的回憶，而回憶可能使不幸轉化為美
好的欣慰。如普希金著名的詩〈假如生活欺騙了你〉就這樣寫道：

3　陳伯海主編：《唐詩彙評》（下），頁2421。

假如生活欺騙了你，

不要憂鬱，也不要憤慨！

不順心時暫且克制自己，

相信吧，快樂之日就會到來。

我們的心兒憧憬著未來，

現今總是令人悲哀：

一切都是暫時的，轉瞬即逝，

而那逝去的將變為可愛。

這個翻譯其實不太準確，還有一種翻譯，是戈寶權先生翻譯的：「一切都是瞬息，／一切都將會過去；／而那過去了的，就會成為親切的懷戀。」這樣可能更準確。在心理上，回憶，也就是時間轉換，會使不幸變為喜悅，在這一點上，李商隱和普希金差別不太大；但是在表現上，卻有巨大的差異。李商隱作為中國古典詩人，用圖畫來抒情；而普希金作為西方浪漫主義詩人，則直接抒情。

送別詩：離情惜別

〈送杜少府之任蜀州〉

王勃

城闕輔三秦，風煙望五津。

與君離別意，同是宦遊人。

海內存知己，天涯若比鄰。

無為在歧路，兒女共沾巾。

　　這首詩八句，第一聯是對仗的。「城闕」對「風煙」，「輔三秦」對「望五津」，對仗是比較工整的。第二聯，突然不描寫景觀了，而是發議論。但大體也是對仗，「與君」對「同是」，對仗不太工整；「離別意」對「宦遊人」，勉強可以說是寬對。從平仄上來看，也有一些不夠嚴密的地方。這可能是因為，律詩在王勃創造力最旺盛的時代，還沒有成熟，詩人還不太講究工穩。第三聯也對仗，「海內」對「天涯」，「存知己」對「若比鄰」。這一聯很有功力，不是一般的平行對仗，而是「流水對」，前一句「海內存知己」，是後一句「天涯若比鄰」的原因，前後因果相連。對仗而不讓讀者感到玩弄技巧，這是相當高的境界。

　　開頭寫的出發地點的景觀，不是一般的微觀細描，而具有宏大的視野。「城闕輔三秦」，把眼前的「城闕」，和背後的王朝政權中心聯繫起來，並不是眼睛所能直接看到的，而是用詩人聯想渲染這個地方的莊嚴氣象。接著就寫到了四川。題目就點明是送朋友去四川上任

的，所以詩人就從陝西望到了四川。這當然是詩的想象，超越肉眼所及的空間。為什麼沒有顯得絲毫的突兀？這是因為，對仗句法的緊密關聯，把空間的跳躍掩蓋了。

第二聯，寫得比較平淡，不太像律詩，有一點古風的味道。

第三聯，是本詩的靈魂。本來「海內」是距離相當遙遠的，可卻變成了比鄰。其轉化的條件是：知己。只要心靈貼近，空間距離再大，也不在話下。這和陶淵明的「結廬在人境，而無車馬喧。問君何能爾，心遠地自偏」，在心理上，在情感衝擊、感知變異上，是同樣的道理。因為心遠，所以地理位置的相近也變成了遙遠。而王勃這裡恰恰相反，因為心近，地理位置的遙遠就轉化為相近。

最後一聯是收尾，直接抒發情感，並不追求文采，有古風的味道。

故此詩的趣味，介於古風與律詩之間。

〈送元二使安西〉

王維

渭城朝雨浥輕塵，客舍青青柳色新。

勸君更盡一杯酒，西出陽關無故人。

這首詩是送別的，但沒有直接寫惜別之情，而是先寫送別場所的景觀。第一句寫空氣清新，剛剛有小雨淨化了輕塵。為什麼要寫輕塵？因為輕塵是車馬遠去的結果。第二句寫客舍，寫柳色，這有什麼必要？客舍，正是即將遠去的朋友暫居之所，而柳色則是唐人送別場景中慣常的背景。因為「柳」諧音「留」。留之不住，故有惜別之意。但是，這裡的惜別，不在留，而在送。怎麼在送中透露出自己的情意來？這是詩的生命。王維在這裡，集中突出了一點：再來一杯罷。這裡至少有幾重意思：第一，再來一杯，就是時間的拖延，這就是留了。第二，這樣的留太短暫了。但這短暫的時間，卻有不平常的

意義。西出陽關，就沒有老朋友了，這是老朋友的最後一杯酒。第三，這一杯酒從離別來說，應該是苦酒，可老朋友的最後一杯酒，卻是瞬間的享受，這從意脈來說，是轉折的開始。第四，為什麼是享受呢？因為自己就是對方唯一在場的朋友。正因為如此，別離的長久痛苦，才會變成短暫的享受。意脈到此完成轉折。

〈別董大〉
高適
千里黃雲白日曛，北風吹雁雪紛紛。
莫愁前路無知己，天下誰人不識君？

一般地說，送別詩都有一點離愁別緒，言離別之苦，應該是天經地義。但這一首卻不同。這個董大，據考證，應該是唐玄宗時代的一個琴客，音樂家。高適和他相別，一共寫了兩首。另一首說：

六翮飄颻私自憐，一離京洛十餘年。
丈夫貧賤應未足，今日相逢無酒錢。

高適在盛唐詩人中，是仕途最為亨通的，但在此時可能還是比較落魄的。懂得這一點，可能對領悟全詩的含意有所幫助。和朋友相別，偏偏不提自己的憂愁，也不提朋友的憂愁，更不強調留戀之意，反倒說沒有什麼可憂愁，普天之下可能成為你朋友的人多得很。這頗有點和傳統友誼觀念唱反調的性質。在中國傳統觀念中，友誼是極其可貴的，俞伯牙因為鍾子期亡故而碎琴的典故就說明這一點。知己是唯一的，不可重複的，知音是終生難得的。正是因為這樣，王維才說「西出陽關無故人」。而這裡卻說「天下誰人不識君」，朋友和可能成為朋友的人士不可勝計。惜別的憂愁母題，難捨的情緒，在這裡發生

了變化，變成了一種豁達，不是為朋友的遠離而遺憾，而是說朋友多得很。這好像是無情，但從另一個角度來說，「天下誰人不識君」，是對朋友名聲之大的誇張，是對朋友的讚美。用讚美來代替惜別，是高適這首詩的獨創。

春季的古典詩情：
喜春、惜春和傷春

〈玉樓春〉

宋祁

東城漸覺風光好，縠縐波紋迎客棹。綠楊煙外曉寒輕，紅杏枝
頭春意鬧。　　　浮生長恨歡娛少，肯愛千金輕一笑。為君持酒
勸斜陽，且向花間留晚照。

　　宋祁〈玉樓春〉表現春天城市的遊樂生活，有明顯的商業市井色
彩。這從「縠縐波紋迎客棹」的「客棹」中可以看出，船是租來在水
上划著玩的。作者也很注意表現春光的美好，突出氣候的特點：一方
面曉寒還在，一方面綠楊已經籠煙。作者精心地把這種乍暖還寒的風
物，組織成一幅圖畫，把曉寒放在綠楊之外，加上一點霧氣（煙），
讓畫面有層次感。想來，這一句費了作者不少心力，但是並沒有在後
世讀者心目中留下多麼驚喜的印象，倒是下面一句「紅杏枝頭春意
鬧」，轟動一時，作者也因此被譽為「紅杏尚書」。其實，這句最精彩
的也就是一個「鬧」字。因為是紅杏，所以用「鬧」字，顯得生動而
警策；如果是白杏呢？就「鬧」不起來了。但李漁不以為然：「若紅
杏之在枝頭，忽然加一『鬧』字，此語殊難著解。爭鬥之聲謂之鬧。
桃李爭春則有之，紅杏鬧春，予實未見之也。『鬧』字可用，則
『吵』字、『鬥』字、『打』字皆可用矣。……予謂『鬧』字極粗俗，
且聽不入耳。非但不可加於此句，並不當見之詩句。」（李漁《窺詞

管見》）[1]

　　李漁的擡槓是沒有什麼道理的。因為在漢語詞語裡，存在著一種潛在的、自動化的聯想機制，熱和鬧、冷和靜，天然地聯繫在一起，說「熱」很容易想到「鬧」，而說「冷」也很容易聯想到「靜」。紅杏枝頭的紅色花朵，作為色彩本來是無聲的，但在漢語裡，「紅」和「火」自然地聯繫在一起，如「紅火」。「火」又和「熱」聯繫在一起，如「火熱」。「熱」又和「鬧」聯繫在一起，如「熱鬧」。所以紅杏春意可以「鬧」。這個「鬧」，既是一種自由的、陌生化的（新穎的）突破，又是對漢語潛在「自動化」聯想的發現。正是因為這樣的語言藝術創造，作者獲得了「紅杏尚書」的雅號。故王國維《人間詞話》說：「『紅杏枝頭春意鬧』，著一『鬧』字，而境界全出。」為什麼不可以說，紅杏枝頭春意「打」，或者春意「鬥」呢？打和鬥雖然也是一種陌生的突破，但卻不在漢語潛在的、自動化的聯想機制之內，「紅」和「鬥」、和「打」沒有現成的自動化的聯繫，沒有「熱打」和「熱鬥」的現成說法。正如，「二月春風似剪刀」，春寒料峭，有尖利之感，可以用剪刀來形容，但不可以用菜刀來形容，原因就在前面一句「不知細葉誰裁出」的「裁」，「裁」和「剪」是漢語自動化的聯想。

　　詞語之間的聯想機制是千百年來積累下來的潛意識，是非常穩定的，不是一下子能夠改變的。雖然現代科學有了進展，有了「白熱」的說法，但在漢語裡，仍然沒有「白鬧」的固定聯想。這是因為「白熱」這一詞語形成的時間太短了，還不足以影響民族共同語聯想機制的穩定性。

　　《苕溪漁隱叢話》的作者胡仔認為韓愈寫櫻桃的詩「香隨翠籠擎偏重，色照銀盤瀉未停」，不太真實。他說：「櫻桃初無香，退之以香

1　王兆鵬編：《唐宋詞彙評》〈唐五代卷〉（杭州市：浙江教育出版社，2004年），頁180。

言，亦是一語病。」清人吳景旭在《歷代詩話》卷四之十九〈香〉中則認為他說得沒有道理。他反駁胡仔說：「竹初無香，杜甫有『雨洗涓涓靜，風吹細細香』之句；雪初無香，李白有『瑤臺雪花數千點，片片吹落春風香』之句；雨初無香，李賀有『依微香雨氣氤氳』之句；雲初無香，盧象有『雲氣香流水』。妙在不香說香，使本色之外，筆補造化。」吳景旭見識頗高，他體會到詩的感覺的妙處在「本色之外」，寫出「造化」之所無才好。但是感覺挪移要求一種比較細緻的過渡層次，稍有生硬，便會使效果受損，關鍵在聯想、過渡層次之間相近、相似的程度是否足夠。如說竹香還比較順，因為畢竟竹葉有某種清香，說雲香、雨香、雪香就不太順，因為雲、雨、雪與香缺乏足夠程度的共同性。此外，還要看感覺處在什麼樣的語境之中，有時孤立的一個感覺很難挪移，但是處在某種感覺結構之中，也許就可以挪移，這是因為其他感覺與之產生共鳴、呼應和契合，它就能比較流暢地挪移了。感覺挪移，或者可以叫做感覺的動態變異，幾種感覺可以交替變異，各種感覺器官不同的性能暫時地溝通。上述「雲香」、「雨香」、「雪香」均屬此類，不過稍嫌生硬。宋祁的「紅杏枝頭春意鬧」不過是其中最為精緻者之一。

　　值得注意的是，藝術語言的提煉太艱難了，個人的天才，離開了歷史的積累，發揮的餘地就比較有限。宋祁的這一句可能不是憑空而來，而是對歷史積澱的師承和突破。清人王士禛《花草蒙拾》說，「『紅杏枝頭春意鬧』尚書，當時傳為美談」，「以為卓絕千古」。其實是從前人花間派「暖覺杏梢紅」中轉化來的，不過是青出於藍而勝於藍而已。原詞是五代後晉和凝〈菩薩蠻〉中的詞句：「暖覺杏梢紅，遊絲狂惹風。」（見五代後蜀趙崇祚編《花間集》）。王士禛的藝術感覺是比較精緻的，「紅杏枝頭春意鬧」比之「暖覺杏梢紅」要高出許多。原詩表現杏花之紅，給人一種暖的感覺，而「紅杏枝頭春意鬧」則不但暖，而且有一種喧鬧的聯想。多了一個層次的翻越，在藝術上

便不可同日而語了。

對於這個問題，說得比較深邃的是錢鍾書，他說「鬧」字「形容其杏之紅」，還不夠確切；應當說「形容其花之盛（繁）」。「鬧」字是把事物無聲的姿態說成好像有聲音的波動，仿佛在視覺裡獲得聽覺的感受。用心理學或語言學的術語來說，這是「通感」（synaesthesia）或「感覺挪移」的例子。（《七綴集》〈通感〉）

錢鍾書先生的說法，可能與法國象徵派的詩學主張有關係，象徵派追求感覺的「契合」（correspondence）或譯「應和」：第一，是多維感覺結構，其功能大於部分之和的總體感知效果，幾種平常的感覺交織起來就有了任何一種感覺都沒有的那種衝擊感，視、聽、嗅、顏色、芳香、聲音的呼應有豐富和深沉之感；第二，這種「契合」、「應和」或交響不僅表現為幾種穩定的感覺之間的交響，而且表現為一種感覺向另外一種感覺的挪移，象徵派的鼻祖波特賴爾在他著名的詩〈應和〉裡展示了「芳香」的感覺，戴望舒的翻譯是這樣的：

> 有的香味新鮮如兒童的肌膚，
> 柔和有如洞簫，翠綠有如草場

寫的是嗅覺，用的是視覺可見的「兒童的肌膚」和「翠綠有如草地」，還有可聽的「洞簫」。從嗅覺挪移到視覺和聽覺，這就是「通感」；第三，所有這一切都不僅僅停留在感官之上，而是為了向心靈深入，是為了表現「心靈與官能的熱狂」。

受到法國浪漫主義詩歌理念影響的戴望舒，在他著名的〈雨巷〉裡就用了「通感」的方法。詩人寫他想象中的女郎的情感有「丁香一樣的憂愁」，如果僅僅是這樣，那還是一般的比喻，以可感的丁香把不可感的「憂愁」具體化。但是，這沒有什麼創造，接下來的：

　　　　丁香一樣的顏色，

　　　　丁香一樣的芬芳

　　就以視覺的「顏色」和嗅覺的「芬芳」，又加上聽覺「太息一般的眼光」，構成了非常豐富而又新穎的感覺「契合」和「應和」。不管是感覺「契合」還是感覺「挪移」，其規律是相通的，都是一種呼應、一種共鳴、一種交響，相異的感覺有一種向丁香一樣淡雅氣質上凝聚的趨勢。正因為這樣，感覺的挪移不是無條件的，從一種感覺向另外一種感覺轉化，要有自然、流暢的過渡層次，層次之間要有相似、相近、相通之點。這種過渡經過細緻的同化性聯想，與一般聯想又有不同，一般相近聯想可以有一定程度的跳躍，甚至還有相反聯想。而在這裡，如果相反就很難挪移。波特賴爾用「兒童的肌膚」、翠綠的「草地」和「洞簫」來形容「香」，也就是用視覺聽覺的美來表現嗅覺的美，其中過渡的關鍵就在於種種感覺都是清新、柔美的，因而是和諧的。

　　詩的感覺雖然比生活中的感覺多了一點自由挪移的可能，但是要挪移得自然也不那麼容易。這一點在中外現代詩歌中已經有人將經驗上升為自覺的理論。因而在詩作中，是比較自覺的。艾青詩曰：「太陽有轟響的光彩」，是因為陽光有一種瀑布瀉落之感，視覺因而挪向聽覺。蔡其矯寫女聲二重唱是兩棵並肩的樹，兩朵互相追逐的雲，和在天邊告別的太陽和月亮，是因為二重唱本身就有不可分離的統一之感，不過這種不可分離之感從聽覺轉移到了並肩、追逐、告別的視覺對象上而已。臺灣詩人余光中說他走入大廳「掌聲必如四起的鴿群」，這是因為掌聲本身就有「騰起」之感，余光中的成功就在於把不可見的聲音變成了可見的鴿群。美國詩人桑德堡說有一種「低聲道別的夕陽」，顏色形狀之所以能變成聲音，聲音又有了形狀是因為夕陽本身就有週期消失的特徵。

　　雖有如此之多的權威對宋祁讚歎不已，但有所保留的並非個別，今人馮振《詩詞雜話》說：「宋子京詞云：紅杏枝頭春意鬧。張子野詞云：雲破月來花弄影。雖膾炙一時，互標警策，然『鬧』字、『弄』字，究太傷雕刻，未免有斧鑿痕。」意思是不夠自然，煉字煉到有痕跡，就不好。這顯然苛刻，不懂得前面所說的聯想過渡的有序層次。然可備一說。

　　這首詞的下半闋，流露出商業娛樂場裡的情緒：「浮生長恨歡娛少，肯愛千金輕一笑。」把生命當作「浮生」，意思是生命的價值是縹緲的，生命是短暫的，相比起來，歡樂總是不夠，為了博得（女性）一笑，就是拋擲一千金，哪裡會吝惜！這是從反面襯托生命短暫。最後兩句：「為君持酒勸斜陽，且向花間留晚照。」為什麼要勸酒斜陽？斜陽就是夕陽，晚照也是夕陽，都有晚年的意思。此句意為年華瞬息即逝，還是及時行樂吧。

　　即使在春天，美好的春天，紅杏鬧春的季節，作者也會產生這樣的情緒，他還是個官員，一個大知識份子，和歐陽修一起撰寫過官史的人。一方面，我們可以感到，這個官員不算虛偽；另一方面，他多多少少有一點浪蕩吧。他居然可以這樣浪蕩而自得，而且將之詩化，這也許是要一點勇氣（包括道德和藝術的）。

〈鷓鴣天·代人賦〉

辛棄疾

　　陌上柔桑破嫩芽，東鄰蠶種已生些。平岡細草鳴黃犢，斜日寒林點暮鴉。　　山遠近，路橫斜，青旗沽酒有人家。城中桃李愁風雨，春在溪頭薺菜花。

　　辛氏這首詞，也是表現春天的美好的，但和宋祁的很不一樣。從一開始就可以看出來，辛氏強調的不是宋祁式的市井繁華和歡樂享

受，而是農村的樸素和自得。

作者對農村的感情，和傳統的山水田園詩有點相近，但又有很明顯的不同。他不是遊山玩水，也不是欣賞自然風光，他在農村中安身，對農事和農時，有更細緻的關注：「陌上柔桑破嫩芽，東鄰蠶種已生些。」從某種意義上來說，農事和農時是實用的，不一定有士大夫的詩意，但辛氏對農事和農時的種種現象，用一種隱含著欣賞的眼睛去觀察，使這些本來平淡的細節被一種默默的喜悅統一起來。陌上桑芽，鄰家蠶種，本來很瑣碎，更像是散文意象，將它們轉化為詩，應該是不容易的。桑芽還比較好說，蠶種，在辛氏以前，可能還不曾進入過詩歌。至於牛犢，在前人的「農家樂」主題裡是有過的，但是讓它叫起來，叫得有詩意，並且和蠶種之類統一起來，恐怕不但得有一點勇氣，還得有點才氣。關鍵是，詩人先用了一個「破」字，和桑芽的「嫩」聯繫在一起。這在聯想上似乎有矛盾：「嫩」怎能「破」？但是，這正是早春的特點所在，也隱約表現了詩人的關注和發現。至於「蠶種生些」，說的不是蠶種，而是從蠶種開始蠕動起來的小蠶蟻，也是初生的、少量的，雖然很不起眼，詩人卻為之注目。這裡有詩人默默的體察和喜悅。

下面的「斜日寒林點暮鴉」中，「寒林暮鴉」本來是有很濃的文人山水田園格調的，但這裡沒有落入俗套，就好在這個「點」字，用得很有韻外之致。點者，小也，遠景也，在斜日寒林的空曠背景上，有了一個「點」字，遙遠的視覺不但不粗疏，反而成了精緻的細節。對於大自然的美好的專注，是傳統文人山水詩的趣味；而牛犢的鳴叫和蠶種的生息，則屬於一種農家田園趣味。作者不是作為文人去欣賞農家之樂，而是以欣賞農事的眼光來體味家園之美。

辛氏這首詞有一個突出的特點，就是交織著兩種情趣：一是大自然山水畫之美，一是人間家園之美。這裡的家園和一般山水田園詩中的田園又有一點區別，更多的是安居生息之地。它不是暫時的、客居

的，而是屬於自己心靈的家園。

這首詞還有一個特點長期被讀者忽略，那就是，本來全詞都是抒情的，但在語言上，卻大體都是敘述，甚至充滿了白描。「山遠近」、「路橫斜」、「青旗」、「沽酒」、「人家」，和杜牧〈江南春〉中「水村山郭酒旗風」是同樣的意境和手法，但辛氏和杜牧不大相同，他不是以城市人的眼光來欣賞山水田園，而是把田園當作家園，並且表示，田園和家園比城市要精彩得多：

　　城中桃李愁風雨，春在溪頭薺菜花。

　　城市中的春天當然也是美好的，但那裡的春天和美豔的桃李花聯繫在一起，那裡的春天也像桃李花一樣短暫，經不起風吹雨打。詩人用一個「愁」字點出他的傾向。時尚是一種潮流，能得到最廣泛的認同，但時尚又是瞬息萬變的，桃李花會因處於時尚之中，而免不了為不可避免的淘汰而憂愁。田園和家園裡的春天，不應該有城市中的春天那樣美豔，因為它和農村田野的花聯繫在一起。李白在宮廷供職的時候，曾寫〈宮中行樂詞八首〉，選擇將柳和春天相聯繫：

　　寒雪梅中盡，春從柳上歸。

這些詩意都是現成的，而辛棄疾的選擇就偏要與桃、李、柳等拉開距離，而且要與之有對比。這就意味著不是現成的。這對辛棄疾是一個嚴峻的考驗。最後他選擇農村中最不起眼的薺菜花。而且把話說得很徹底：「春在溪頭薺菜花。」好像在薺菜以外，就沒有春天的景象了似的。正是這種高度聚焦的想象，才使得薺菜花的詩意中隱含著發現和驚喜。這一方面表現了田園和家園的樸素，另一方面又顛覆了對它長期被漠視的這樣一種陳規。

歷史證明，這個選擇，是詩境成功的開拓：

首先，它的成功在對比上。在色彩上，和桃李是鮮明的對比；在受欣賞和被漠視方面，二者的對比也是很鮮明。

其次，它的成功還在想象和觀念的更新上。桃李雖然鮮豔而且備受矚目，但生命卻很脆弱；薺菜花從色彩到形態都不及桃李，但是它不以世俗的欣賞為意，有更自在的生命。

再次，它的成功更重要的是在想象的開拓上。在辛棄疾寫出這首詞以前，春天的美好從來都是和鮮豔的花聯繫在一起的，這種聯繫已經成為一種潛在的陳規，好像在鮮豔的花朵以外，再也沒有什麼新的可能似的。辛棄疾以他的創造顯示，春天的美好還可以從最樸素、最不起眼的薺菜花開拓出新的想象天地。桃李花的美，已經因重複而變得有點俗氣，而薺菜花的美卻經歷了近千年的歷史考驗。

另外，這首詞，在用詞方面非常大膽。一般說，詞比詩更接近口語，更有世俗的情趣。這裡的「青旗沽酒有人家」的「有」，「春在溪頭薺菜花」的「在」，都是律詩絕句盡可能迴避的，但用在這裡既很口語化，又對應了平民家園的心態，同樣也是一種詩意。

看來，辛棄疾對這個薺菜花很有點得意，在〈鷓鴣天·遊鵝湖醉書酒家壁〉中，他又用了一次，但詩化的程度卻明顯遜色：

　　春日平原薺菜花，新耕雨後落群鴉。多情白髮春無奈，晚日青簾酒易賒。　　閒意態，細生涯，牛欄西畔有桑麻。青裙縞袂誰家女，去趁蠶生看外家。

〈錢塘湖春行〉

白居易

孤山寺北賈亭西，水面初平雲腳低。

幾處早鶯爭暖樹，誰家新燕啄春泥。

亂花漸欲迷人眼，淺草才能沒馬蹄。

最愛湖東行不足，綠楊陰裡白沙堤。

白居易作為詩人，常常遵循把感情強化和極端化的抒情原則。他對杭州的早春充滿了熱愛。不過他熱愛的方面比較多。

這首詩開頭第一句起得很從容，並不想一鳴驚人。他用了平和的敘述語氣，交代了景點的準確位置：在孤山之北，在賈亭之西。第二句，水準就比較高了，強調的是江南平原的特點，「水面初平」。這句是說，春水充盈，關鍵在「平」字，這是江浙平原特有的。如果是在山區，水越充足，就越是洶湧澎湃，滔滔滾滾了。這裡不但突出了地勢的平坦，而且突出了水面的平靜。「雲腳低」的「低」，說明平原上視野開闊，極目遠眺，天上的雲彩和地上的水面在地平線和水準線上連接在一起。

下面寫的都是唐代詩歌裡充分認同了的景觀，不過，寫鶯啼沒有杜牧那樣大膽誇張，他不說「千里鶯啼」，而只說「幾處早鶯」，這是比較婉約的境界，也能給人「到處」的感受。「爭暖樹」，「爭」字，更含蓄地表現了鳥語的喧鬧；「暖」，看來也很有匠心，留下的想象餘地比較大，是樹和天氣一起暖了起來，使黃鶯在樹上感覺到了暖氣，還是黃鶯的爭鳴造成了樹林間「暖」的氛圍呢？都有可能。「誰家新燕啄春泥」，對仗很工細，「幾處」和「誰家」，把句子語氣變成了感歎和疑問，避開了一味用肯定和陳述句可能產生的單調。看來，技巧是很嫻熟的，都是按規範寫作，但是沒有多少獨特的發明，就是到了頸聯的第一句，「亂花漸欲迷人眼」，也還是平平，情緒上、感覺上都太常規。苛刻的讀者可能覺得，這樣寫下去，難免要陷入套話，有危機了。幸而，接著一句神來之筆，把詩的境界提高了一個層次：

淺草才能沒馬蹄。

這也是通過青草來寫早春的，但是和韓愈的「草色遙看近卻無」不同，他有自己的發現。在通常情況下，是春草先發，春花後繁，但這裡，雖是「早春」卻不同尋常，春花已經茂密，春草才淺淺地淹沒馬蹄。這當然是有特點的，但光是這樣的特點，還僅僅是物候的特點，沒有人的感受。而「沒馬蹄」，就把人的感受和發現帶出來了。寫馬，不寫全部，只寫馬蹄。這在唐詩中已經是通用的技巧了，比如孟郊〈登科後〉：

　　　春風得意馬蹄疾，一日看盡長安花。

再比如王維〈觀獵〉：

　　　草枯鷹眼疾，雪盡馬蹄輕。

有馬蹄就有馬，這不言而喻；更為精彩的是，不但有馬，讀者心目中，還隱約出現那個在馬背上的人。「亂花迷眼」本當是春深，而「淺草馬蹄」應該是早春，詩人的心靈為之一顫。詩人體驗到的早春的特點，不是別人早已習慣的，這不是任意一看，也不是認真的觀察，而是一種不經意的發現：馬蹄沒有被完全淹沒呢。這個現象，也許常人也能發現，但是沒有人感到這裡有詩意，就忽略過去了。白居易的功勞就在於，發現了自己往往忽略過去的感覺，傳達出一種內心的微微的激動。這首詩的價值在很大程度上，就是由這個句子決定的。但是白居易好像沒有十分在意這一點。他在尾聯，沒有抓住自己的發現再強化一下，而是寫到別的地方去：

　　　最愛湖東行不足，綠楊陰裡白沙堤。

「淺草才能沒馬蹄」，本來最有個性、最有心靈含量和藝術創新的力量，可是白居易覺得還有比之更美好的，就是到白沙堤上步行。在這樣的步行中，可以看到水面和雲腳，聽到黃鶯的鳴叫，可以讓花來迷自己的眼睛。這樣當然有詩意，但這種詩意幾乎是唐代比較有水準的詩人都能表現的，白居易在這裡，不過把詩人們早已認同了的形象和境界組裝一番。「最愛」步行，也許是在強調自己不把騎馬當一回事，也許步行更具平民色彩吧？但是，這種平民色彩卻有一個最大的缺陷，就是心靈發現略略平淡了一些。

〈祝英臺近‧晚春〉
辛棄疾

寶釵分，桃葉渡。煙柳暗南浦。怕上層樓，十日九風雨。斷腸片片飛紅，都無人管，更誰勸、啼鶯聲住？　　　鬢邊覷。試把花卜歸期，才簪又重數。羅帳燈昏，哽咽夢中語：「是他春帶愁來，春歸何處？卻不解、帶將愁去！」

辛棄疾在宋朝詞人中，應該列入豪放派，金戈鐵馬，壯志淩雲，但是，人的內心和語言風格是豐富的，他也有紅巾翠袖的一面。他常常把金戈鐵馬和紅巾翠袖交織起來，這給他的詩詞帶來獨異的風貌。

這一首，如果光從字面上看，從頭到尾都是閨情，甚至有豔情之嫌。一上來就是寶釵分為兩股，暗示夫婦或者情人的離別。這種離別之情，被當作一種美好的感情來強調，帶著詩意。首先是現場有傳統、古典的詩境，用了一些表現離愁別緒的意象（桃葉渡、南浦），其次是眼前的景色有詩意，煙柳、高樓、飛紅。高樓便於遠望，飛紅觸發春光飛逝的情思。值得研究的是，面對如此美好的春天，辛棄疾卻不像杜甫、韓愈、杜牧、葉紹翁那樣表現出喜悅，也不像他自己在〈鷓鴣天〉中那樣，因為在平凡的薺菜花上發現春天的美好而怡然自得，

他感到的是害怕——眺望新春美景卻觸發恐懼，這是值得注意的。

> 怕上層樓，十日九風雨。斷腸片片飛紅，都無人管，更誰勸、
> 啼鶯聲住？

　　如果換一個人，讓他站在高樓上，極目遠眺，平湖煙雨，落花飛舞，會有什麼樣的感覺？也許是心曠神怡，覺得這種春色是很精彩的。但作者在這裡營造的是一種悲鬱的情境，為花朵在風煙中消逝而憂愁，這是中國古典詩歌中一個普遍的主題——「惜春」，或者叫「傷春」。要知道，惜春、傷春，並不是為了春天，為了季節的變化。春天去了，沒有什麼可惜的，因為明年還會再來。惜春是惜春光，傷春是傷春華，為自己的年華如春光一去不復返而傷感。但是，如果詩人直白地把自己的情感說出來，就沒有詩意了。詩人明明憐惜自己年華消逝，字面上卻只說是對春色的消逝無可奈何：花飛落了，「無人管」；「啼鶯」聲停住了，誰能留住它呢？這好像有點傻氣、孩子氣。誰都知道，時間是不可能因為情感而改變流逝的速度。但這是一種詩的邏輯——抒情邏輯，為擋不住時光而憂鬱，這說明詩人為自己虛度年華而痛苦。為了形容這種痛苦，作者用了一個既俗套又新異的詞語：「斷腸」。說它俗套，是因為這個詞語本來常用於女性的相思；說它新異是因為從上下文來看，到這裡，還搞不清主人公是男性還是女性。作者肯定是叱吒風雲的將軍，但是，詩中的情感和動作，卻是女性化的：

> 鬢邊覷。試把花卜歸期，才簪又重數。

「覷」是細看，斜視。斜看鬢邊的花兒，拿下來數花片以卜歸期（大概是數花瓣吧，這和現代歐洲人以「勿忘我」（forget me not）的花瓣

卜愛或不愛有點相似），這與其說是迷信，不如說是天真。才卜完了，插上頭去，又忘了，取下來重數一遍。是男性替女性拿下來，還是女性自己拿下來？作者似乎有意含糊其詞。但是，以花卜歸期，似乎是女性的行為，特別是「才簪又重數」，看來是女性。這麼說，這應該是一首愛情詞，非常纏綿。「纏綿」表現在哪裡？第一，表現在反覆，顛顛倒倒，剛剛卜過了，又重新來，這說明多情，總是不放心，把情感看得很寶貴，不能容忍任何不確定。第二，表現在沉湎，白天不能擺脫憂愁，夜間做夢還在念叨：

　　　羅帳燈昏，哽咽夢中語：

念叨什麼呢？

　　　「是他春帶愁來，春歸何處？卻不解、帶將愁去！」

最後幾句是這首詞最精彩的。為什麼呢？因為，你的憂愁，可以說，與春天沒有關係，本來不是春天造成的，而是自己太纏綿、太沉湎、不瀟灑。春天來了，你要憂愁；春天去了，你也要憂愁。你擺脫不了憂愁，要怪誰呢？當然應該怪自己。但是，主人公卻不怪自己，反而怪春天──為什麼春天把憂愁帶給了我？春天離開了，卻為什麼不把憂愁帶走呢？都怪春天不好。這不是不講理嗎？但正是因為不講理，才顯出感情的執著，「無理而妙」，在邏輯上這麼偏執，才有詩意。如果不是這樣，而是說，傷春、惜春，其實都怪自己多愁善感，就太理性，太有理就沒有感情了。讀到這個份上，應該可以確定，這是一首愛情詞，詞中的抒情主人公是女性。

　　但作者明明是個男性，男子漢，他的胸襟，他的性格，似乎和詞中的女性身份、女性的纏綿悱惻有些不合。這一點，早有人意識到

了，黃蓼園在《蓼園詞選》中說：「此閨怨詞也。」但是，他又感覺到以辛棄疾這樣的人才，如果把他當成一個兒女情長的才子，免不了「為之惜」。故他推測，此詞「必有所托，而借閨怨以抒其志乎」！這就是說，表面是愛情，實際上是政治抱負，以愛情的纏綿悱惻來暗示對君王的期待。黃蓼園還找出了具體史實：「史稱葉衡入相，薦棄疾有大略，召見提刑江西，平劇盜，兼湖南安撫，盜起湖、湘，棄疾悉平之。後奏請於湖南設飛虎軍，詔委以規劃。時樞府有不樂者，數阻撓之，議者以聚斂聞，降御前金字牌停住。棄疾開陳本末，繪圖繳進，上乃釋然。詞或作於此時乎？」[2]

　　這樣的推測是有道理的。第一，以男女之情影射君臣之間的關係，在屈原的〈離騷〉中就有。這樣的寫法，後來逐漸成為傳統母題。第二，在辛氏詞作中，以男女之情暗示君臣際遇並非偶然。如〈摸魚兒〉，也是表現惜春的，作者自注：「淳熙己亥，自湖北漕移湖南，同官王正之置酒小山亭，為賦。」

　　　　更能消幾番風雨，匆匆春又歸去。惜春長怕花開早，何況落紅無數！春且住。見說道、天涯芳草無歸路。怨春不語。算只有殷勤，畫簷蛛網，盡日惹飛絮。　　　長門事，准擬佳期又誤。蛾眉曾有人妒。千金縱買相如賦，脈脈此情誰訴？君莫舞。君不見、玉環飛燕皆塵土！閒愁最苦。休去倚危欄，斜陽正在，煙柳斷腸處。

　　有人認為，這裡的「畫簷蛛網，盡日惹飛絮」喻小人誤國。「長門」寫的是漢武帝的陳皇后失寵住在長門宮，曾送黃金百斤給司馬相如，請他代寫一篇賦送給漢武帝，陳皇后因而重新得寵。後世把「長

2　轉引自吳熊和主編：《唐宋詞彙評》〈兩宋卷〉（3）（杭州市：浙江教育出版社，2004年），頁2393。

門」作為失寵後妃居處的專用典故。這裡顯然有自況的意味。詩人得不到皇帝的信任，不能施展才華，恢復中原的壯志不得實現，因此自比失寵的嬪妃。這在今天的青年讀者看來，有點不倫不類，但在當時，卻有怨而不怒的分寸感。唐圭璋在《唐宋詞簡釋》中說：「王壬秋謂：畫簷蛛網，指張俊、秦檜一流人。」「長門」兩句，「言再幸無望，而所以無望者，則因有人妒也」。[3]問題不在於妒，而在於蹉跎歲月，壯志難酬，故有春天去了，憂愁不去之怨也。

3　唐圭璋：《唐宋詞簡釋》（上海市：上海古籍出版社，1981年），頁175。

秋日的古典詩情：悲秋和頌秋

　　讀作品，要真正讀懂，最起碼（基本）的就是要讀出個性來，讀出它的與眾不同。讀過之後，感覺不到經典文本的獨特，就是沒有真正讀懂。孤立地欣賞經典文本，可能造成對作者和讀者兩方面個性的蒙蔽。為了剖析經典文本的個性，一個最方便、起碼（基本）的方法，就是同類經典文本共組，提供現成可比性，幫助讀者從被動接受進入主動分析和評價。比較是分析的前提，分析建立在可比性上。一般情況下，作品不同類，缺乏可比性，須要相當高的抽象力才能在更高的層次上找到可比性。而題材同類的作品有現成的可比性，這就為進入分析提供了有利條件。

　　如果僅僅把杜牧的〈山行〉拿來分析，未嘗不可，但很可能，讀者只能感到這首詩不錯，而不能感覺到杜牧這首詩的個性。這不能完全怪讀者水準低。

　　沒有參照系，孤立地考察任何事物，都是很難討好的。

　　最簡單的比較，就是同類比較。

　　同樣寫秋天，你這樣寫，我也這樣寫，叫做落入套路；你這樣寫，我偏不這樣寫，叫做別具一格。這個格，也許是人格，也許是作品的風格，不管是人格還是風格，都是突破，都是出格。

　　我們這裡，選擇不同時代、不同作者，同樣寫秋天的詩詞，把現成的差異和矛盾擺在面前，這有利於激發感悟、思考。正是因為同中有異，才顯出個性的多彩、心靈的豐富、語言運用的出奇制勝。

〈山行〉

杜牧

遠上寒山石徑斜，白雲深處有人家。

停車坐愛楓林晚，霜葉紅於二月花。

　　杜牧這首詩的可貴就在於：一、打破了從來都是天經地義的想象機制。在一般的認知中，花肯定比葉子美好，而杜牧卻說，葉子比花更美。在一般人看來，秋天肯定不如春天美好，而杜牧卻說，秋天比春天美好，不但比一般春天的景色鮮明，而且比春天最鮮豔的花朵還要鮮豔。這表現了一個詩人精神的活躍，不為常規所拘，這是藝術想象的突破。二、這首詩的靈魂，全在最後一句，以一個比喻而使這首詩經受了千年的考驗，保持住了鮮活的藝術生命力。這個比喻的生命的奧秘在於，它是一種「遠取譬」。

　　比喻分為近取譬和遠取譬。所謂遠取譬，是從空間距離來說的，為了求新，不在人身近處，而是在人身的遠處，在人的想象遙遠的、為流行的、傳統的想象所忽略的空間展開。遠取和近取，一般都從朱自清《中國新文學大系》〈詩集導言〉說起，實際上，是許慎第一個在《說文解字》〈敘目〉中提出的。但是，許慎說的不是比喻，而是傳說中文字的創造，近取諸身，遠取諸大自然。

　　實際上，從文學，尤其從詩的角度來看，這不是一個空間概念，而是一個心理觀念。有時從空間而言並不遠，但是，從心理來說，卻處於被遺忘的地位。杜牧把秋天的葉子比作春天的花就是一例。從秋天想到春天，從時間的角度來說，是遠取譬，但是，從葉子想到花卻是近取。我們之所以覺得它新異，是從心理、從想象和聯繫的角度來說的，這是被忽略了的，因而是出奇制勝的，是突破性的，個性特別突出，是很有創造性的。

　　為了說明這一點，我們不能不從根本上來研究比喻的特殊規律。

　　比喻的矛盾是：第一，它發生在兩個事物（秋天的葉子和春天的花朵）之間。用修辭學的術語說，是本體（葉子）和喻體（花）。所以朱熹對比喻下過一個定義，說是「以彼物比此物也」（朱熹《詩集傳》）。這話說對了一半。並不是任何兩個不相同的東西放在一起，都能聯繫得起來。要成為比喻，還得有一個條件，那就是，讓這兩個事物，在共有的特點（紅）上聯繫起來。這是從正面來說的，從反面來說，要構成比喻就得有一種魄力，除了這相通的一點以外，其他的一切性狀都暫時略而不計。在這裡就是，不管葉子和花的區別有多大，都放在一邊，而把「紅」當作全部。第二，從表面上來說，這是很有點粗暴的，但是，從深層來說，又是很精緻的。這個聯繫必須是很精確的，不但表層的性質要相同，而且隱含的聯想意味也要相近。據《世說新語》記載，有一天下大雪，謝安和他的侄兒侄女聚會。謝安說，下這樣大的雪，如何來形容它好呢？一個侄兒就說了：「撒鹽空中差可擬。」但是，謝安的侄女謝道韞卻說：「未若柳絮因風起。」謝安贊成謝道韞的說法。這是因為，雖然鹽和雪在「白」這一點上是相通的，但鹽所引起的聯想和雪花引起的卻不太相同。鹽有一定的重量，是直線下降的，速度也比較快，而柳絮比較輕，下降的速度不但比較慢，而且線路飄飄揚揚，方向不固定。故鹽不如柳絮更似雪花。就霜葉和二月鮮花而言，它們在「紅」這一點上，不但相通，而且在「紅」所引起的聯想上——紅得鮮豔，紅得旺盛，紅得熱烈，紅得有生命力——也有共通之處。

　　通過對紅色的強調，杜牧表達了從秋天的葉子感受到生機勃勃的情致，這表現出詩人的內心迥異於其他詩人的特點。從這裡，我們至少可以感受到詩人對大自然的欣賞，對生命中哪怕是走向衰敗的過程，都充滿了熱情，以美好的語言加以讚美。

　　從這裡可以得到啟發，要把作品寫出個性來，不能只靠觀察生活、貼近生活，而要通過貼近生活來調動自己內心深處的情感、經

驗、記憶和思想。這個過程與其說是貼近生活，不如說是貼近自己，貼近自己心靈深處的情思。也許有人感到這是一句怪話，一句廢話，自己就在身邊，不是已經很貼近了嗎，還要貼近什麼呢？不然。這恰恰是人類的一個弱點，越是自己內心的、屬於自己的、有個性的東西，越是難以接近。這是因為，每個人都會被一些現成的套話包裹住，一開口，一寫文章，這些套話就自動冒出來，因為它很現成，不費勁。因為不費勁，所以它有一種自動化的、自發的傾向。正是因為這樣，在寫作過程中，如果不排除現成的（別人的）套話，自己的個性就不能順利表現出來。從這個意義上來說，個性得以表現是排除現成套話的結果，同時又是自覺調動自己被套話淹沒的深層情思的結果。會寫文章就是，善於調動自己內心深處的儲存，能超越感覺的近處，從感覺的遠處找到自己的話語。

杜牧這首詩之所以動人，當然，不僅僅是因為這樣一個為讀者讚歎了千年的比喻，還因為詩的結構很有層次。詩人並沒有把這個比喻放在意脈的第一層次的前景位置上，而是把它安排在意脈的第二層次的位置上。在第一層次，他先引誘讀者和他一起欣賞寒冷山坡上的石路。一個「斜」字，有很大的潛在量，不但寫出了山的陡（不陡，就不用「斜」，而用「橫」了），也表現了「人家」的高，居然在雲端裡。這樣的人家，有詩的味道，是因為它很遙遠，有的版本上是在白雲「深」處，有的則是在白雲「生」處。從某種意義上來說，好像白雲「生」處，更有遐想的空間，更縹緲。對於讀者，它更能引起超越世俗的神往。

如果作者滿足於這樣的美景，就很可能使有修養的讀者產生一種缺乏個性、沒有特殊心靈感悟的印象，雖然在文字上（構圖上）不能說沒有功夫，但是，對詩來說，心靈感悟的特殊性好像不夠。如果寫到這裡為止，就不能不令人產生比較平庸的感覺。在唐詩中，有許多這樣的詩，文字可以說無可挑剔，但因為缺乏心靈微妙的感興，而只

能處在很普通的水準。

　　這首詩的傑出在於，用目光欣賞著自然的美好景色的時候，意脈上突然來了一個轉折。寒山石徑、白雲人家是如此美好，詩人越來越被遠方美景吸引，一任車子按常規行進著。但突然，車子停了下來，原因是近處的楓葉竟美麗到如此程度，需要停下來慢慢品味，讓視覺更充分地享受。這首詩之所以動人的奧妙就在於用突然停車的動作，表達他內心對美的瞬間驚異和發現。從意脈上說，這不是單層次的直線發展，而是以第二層次的提升來強調心理的轉折。而這種情緒的轉折正是絕句結構的靈魂。（參見本書〈唐人絕句何詩最優〉）從這個意義上說，白雲「深處」，不如白雲「生處」。因為「深處」，只是為遠處、超凡脫俗之境所吸引，而白雲「生處」，則是深而又深的境界，這種吸引，有一種凝神的感覺。這個凝神的感覺，有一點靜止的暫停，和後面突然發現的觸動，是一個對比。多少人對霜葉司空見慣而無動於衷，或有動於衷而不能表現這種心靈深處的突然悸動。而詩人抓住了這突如其來的、無聲的、只有自己才體驗得到的欣喜，把它表達了出來。「霜葉紅於二月花」之所以經受住了千年以上的歷史考驗，不僅由於這句詩本身，還應該歸功於前面的鋪墊，沒有這個鋪墊，就沒有意脈轉折的精彩了。

　　景色的美好固然動人，然而，人的驚異，對美的頓悟卻更加動人。

　　文學形象憑什麼感動人？當然要靠所表現的對象的特點，但是比之對象的特點更加重要的，是人的特點，人的心靈特點，哪怕這特點是無聲的、暫態的觸動，潛藏在無意識中的。如果不加表現，它也許就像流星一樣，永遠消逝。一旦藝術家把它用獨特的語言表現出來了，就可能像這首詩一樣，有千年的，甚至像一些人說的那樣獲得了永恆的生命。值得注意的是，這是一個藝術家在想象和語言上的成功，這種成功是不可重複的。後世的詩人滿足於把它當作典範，是沒有出息的。也許是杜牧把楓葉的想象（心靈的顫動）水準提得太高

了，從杜牧以後，拿楓葉做文章，似乎很少有傑出的。可能唯一的例外，就是王實甫。他在《西廂記》〈長亭送別〉中，讓他的女主人公崔鶯鶯送別自己的心上人時，又一次勇敢地把楓葉放在了她的面前，崔鶯鶯的唱詞就成了千古絕唱：

> 曉來誰染霜林醉，總是離人淚！

這不僅是楓葉特徵和女主人公情感一次成功的遇合，而且是一次成功的想象突圍。同樣的楓葉，不再從美好的、花一樣的春色方面去想象，而從悲痛方面去開拓，從「紅」聯想到的不是花的豔紅，而是「醉」的酡紅，再聯想到醉的原因不是酒，而是送別愛人遠行的女主人公的眼淚，這和「紅」聯繫在一起的「淚」，就自然轉向「血」了。霜葉為血淚所染，就紅得很自然了。千古絕唱就這樣產生了。

〈漁家傲〉
范仲淹

塞下秋來風景異，衡陽雁去無留意。四面邊聲連角起。千嶂裡，長煙落日孤城閉。

濁酒一杯家萬里，燕然未勒歸無計。羌管悠悠霜滿地。人不寐，將軍白髮征夫淚。

我們對這首詞的著眼點，不應該僅僅是秋天的景象，而是范仲淹通過秋天的景象，調動出了自己怎樣獨特的心靈儲存。從〈漁家傲〉裡，我們看到了什麼樣的儲存呢？

第一，突出了秋天的景象，當然不是一般的秋天的景色，而是有特點的。什麼特點？要注意「風景異」，異者，不同也，就是和其他地方不同的地域特色。首先是與家鄉的距離感（范是蘇州人）。這不

是隨便說說的套話，而是全詩的著眼點。「衡陽雁去無留意」（湖南衡陽縣南有回雁峰，相傳雁至此不再南飛。見王象之《輿地紀勝》卷五十五），用秋天的大雁來表現空間的距離遙遠。雁去的方向是南方，很遙遠。而這些雁對這邊塞竟一點也沒有留戀之意，這一點特別使詩人感慨。雁都沒有留戀此地的意思，「我」卻留在這裡。「濁酒一杯家萬里」，不是一個句子，而是兩個並列的意象，在數量詞中有對比，一方面是「一杯」，一方面是「萬里」。一杯，一個人喝酒，暗示孤獨；萬里，是遙遠。渲染的仍然是邊塞和家鄉的空間距離非同尋常。與此相呼應的是地理環境的特點——「千嶂裡」（像屏障一樣並列的山峰），在崇山峻嶺之中。「孤城閉」，「閉」用得多麼精煉。為什麼要閉？因為「四面邊聲」（主要是指軍中號角之聲），突出了「孤城」的氛圍，在敵人包圍之中。這更襯托出歸家的遙遙無期。

　　據研究這可能是寫實，而不一定是詩人的想象。一〇三八年西夏元昊稱帝後，連年侵宋。由於積貧積弱，邊防空虛，宋軍一敗於延州，再敗於好水川，三敗於定川寨。一〇四〇年，范仲淹自越州改任陝西經略副使兼知延州（今陝西延安）。延州是西夏出入關的要衝，戰後城寨焚掠殆盡，戍兵皆無壁壘，散處城中。此詞可能作於范仲淹知延州時。

　　應該注意的是，「四面邊聲連角起」。本來似乎應該是：「四面邊角連聲起」，但是，那樣一來，第二和第四個字都是仄聲，就不是仄仄平平平仄仄了，不協調了。而漢語詩歌的語詞順序，是比較自由的，所以作者作了調整。而且「邊聲」，可能典出李陵〈答蘇武書〉：「涼秋九月，塞外草衰。夜不能寐，側耳遠聽，胡笳互動，牧馬悲鳴，吟嘯成群，邊聲四起。」「邊聲」應包含許多內涵。

　　第二，這首詩的最動人處，主要不在地理環境的特殊，而是通過這空間距離的悠遠，來調動詩人內心深處的感情。這種情感必須是有特點的。但是，一說到秋，就寫悲愁，特點可能就被淹沒了。不可迴

避的是「四面邊聲連角起」具有「悲」的意味，軍號都是悲的，「將軍白髮征夫淚」，悲到連眼淚都寫出來了，不是落入悲秋的俗套了嗎？沒有。原因在於，這裡字面上雖然是悲的，但並不完全給讀者以淒涼的感覺，而是悲中有壯。壯在哪裡呢？壯在心態，壯在志氣。雖然外在的景色悲涼，內心卻懷著豪情──「燕然未勒歸無計」。（燕然：今蒙古境內之杭愛山。勒：刻石記功。東漢竇憲追擊北匈奴，出塞三千餘里，至燕然山刻石記功而還。）還沒為捍衛疆土立下蓋世的功勳，就更沒有理由回家。家和國，這是一對矛盾，詩人就是處在嚴酷的國家命運、個人志向和鄉愁之間，矛盾不得解脫，才借酒澆愁。濁酒，不是清酒，越發顯出鄉愁的沉重。這種鄉愁，不是一般的憂愁，而是使人失眠的憂愁（「人不寐」）。襯托這種憂愁的，又不是灰暗的背景，而是「羌管悠悠霜滿地」，明亮月色中高昂的樂曲。這是一種反襯，使這種悲涼有一種明亮的而不是灰暗的感覺：聽著異鄉異族的樂曲（「羌管」），看著月光照出的霜華，想到自己雖然年華消逝（「將軍白髮」），卻仍然要堅守在遙遠的邊陲。

　　從歷史角度找尋其時代特點，這是一首宋人寫的軍旅詞，和唐人的邊塞詩屬於同一母題。但是，相比起來，沒有唐人豪邁、開朗的英雄主義。只要和岑參〈白雪歌送武判官歸京〉中的「中軍置酒飲歸客，胡琴琵琶與羌笛」、「紛紛暮雪下轅門，風掣紅旗凍不翻」相比，就可以看得很清楚，唐人寫邊塞之苦寒，其中有自豪深厚之氣，而宋人則心氣偏弱。這是因為宋朝在軍事上一直比較弱，對異族往往只有招架之功，而無還手之力。宋朝的大詩人即使有時作英雄語，也往往難以擺脫無奈的悲劇感。這可以從「歸無計」和「人不寐」中感受到。

　　范仲淹在邊防上是有作為的。他到延州後，選將練卒，招撫流亡，增設城堡，聯絡諸羌，深為西夏畏憚，稱「小范老子腹中有數萬甲兵」。故其詞慷慨，悲而不慘，悲中有壯，一掃花間派柔靡詞風，可視為「蘇辛」豪放詞的前奏。

　　欣賞作品主要應從語言中感受，尤其是詩歌，主要應從詩句中感受。如果一味說，英雄語中有無奈之感，當然沒有錯，但是，要從具體的詞句中找到根據，才是真有感受，真有理解。

〈蘇幕遮〉
范仲淹

　　碧雲天，黃葉地。秋色連波，波上寒煙翠。山映斜陽天接水。
　　芳草無情，更在斜陽外。
　　黯鄉魂，追旅思。夜夜除非、好夢留人睡。明月樓高休獨倚。
　　酒入愁腸，化作相思淚。

　　這一首和上一首有兩個共同點：一、都是寫秋天；二、都是寫鄉愁。

　　唐圭璋先生在《唐宋詞簡釋》（上海古籍出版社一九八一年版）中說：此首，上片寫景，下片抒情。上片，寫天連水，水連山，山連芳草；天帶碧雲，水帶寒煙，山帶斜陽。自上及下，自近及遠，純是一片空靈境界，即畫亦難到。下片，觸景生情。「黯鄉魂」四句，寫在外淹滯之久與思鄉之深。「明月」一句陡提，「酒入」兩句拍合。「樓高」點明上片之景為樓上所見。酒入腸化淚亦新。……足見公之真情流露也。

　　唐先生的這種說法至少有兩個方面的不足。一是，把上片說成純粹寫景，下片說成純粹抒情，在理論上是不周全的。清朱庭珍早就在《筱園詩話》卷一中說過：「斷未有無情之景」，「情中有景」，「景從情生」。後來被王國維總結為：「一切景語皆情語。」二是，孤立談一首詞，很難洞察其深層特點，最好的辦法就是和前面一首〈漁家傲〉相比較。

　　外部景色的地域特點與前面一首相比，有所不同，憑藉幾個細

節，給人留下很明媚的印象，並沒有悲涼的感覺。上片一開頭就強調色彩：「碧雲天」，「雲」怎麼是「碧」的？如果貼近客觀真實，雲應該是白的，不可能有碧綠的雲。其實這是美化，因為在色彩上要和下面的「黃葉地」相對，在音節上對稱，在色彩上也對稱。這兩句雖然看起來並不十分出色，但是，幾百年後，卻被王實甫在《西廂記》崔鶯鶯送別張生一折裡襲用了。

　　這裡的色彩雖然鮮豔，但並不雜亂，因為它單純，給人一種明淨之感。「秋色連波」，秋天的景色和水波連在一起，一片空靈，如果不是空靈到水一樣透明，就不可能和水連成一片。「波上寒煙翠」，水波是透明的，而水上的寒煙，其實是水上的霧氣，本來應該是朦朧的，但是，作者用了一個「翠」字，便增加了透明感。碧、黃、翠這樣豐富的色彩，不僅不互相干擾，而且在明淨這一點上高度統一了起來，構成了意境——連黃葉的枯敗也被透明感同化。

　　這明顯不是塞外風光，而是東南或者中南地區了。

　　和〈漁家傲〉一樣，詞中也有山，可是，「山映斜陽」，色彩也還是明亮的。而且這裡的山，並不像〈漁家傲〉那樣，都是屏障一樣的重重高峰，相反，可以看到「天接水」，說明這是在平原上，山很小，又不多，沒有擋住視線，可以一望無際，視野開闊。這句寫出平原的特點，而且不是一般的平原，是有河流的平原的特點。這樣開闊的圖畫所展示的，不僅僅是大自然的風物，而且是作者極目遠眺的心胸和情致。和「秋色連波，波上寒煙翠」連在一起，許多明淨的意象組合起來，完全淹沒了前面作為秋天象徵的黃葉引起的聯想，幾乎沒有多少秋天的感覺。

　　這僅僅是地域特點嗎？地域特點一旦得到表現，就不再是客觀的，因為這特點是經過作者情感的選擇、同化後，轉換、生成的。地域特點和作者的心理特點是水乳交融的，實際上是作者心靈特點的反射，這可以從下面一句「芳草無情，更在斜陽外」得到證明。芳草，

不屬於「黃葉地」的範疇，不是眼睛能直接看到的。「在斜陽外」，也就是更加遙遠的地方。那更是不為黃葉所覆蓋的地方。關鍵字語是「無情」。為什麼無情？因為芳草遠遠地在斜陽以外，在目力所及之外，不理會我的鄉愁。芳草的無情，正反襯出詩人的多情。

　　詩人的情懷和故鄉的關係，到了下片才點明。「黯鄉魂，追旅思」，用了一個短短的對句，說的是懷鄉。在這以前，用的都是借景的辦法，比較含蓄，到了這裡，繼續借景抒情，當然不是不可以，但是，如果駕馭不好，就可能太單調，也可能停留在景物的層面上，不利於深化情感。所以許多詞家到了詞的下片，就轉為直接抒情，把感情直接傾訴出來。想想毛澤東的〈沁園春‧雪〉，為什麼前面都寫雪景，到了後面卻突然大發議論起來呢？一是為避免單調，二是為避免在視覺層次上深入不下去。毛澤東借助直接抒情，從描述雪景上升到評議歷史人物，表達自己的雄心壯志。范仲淹用的也是這種範式，直接把自己對家鄉的懷念抒發出來。他強調這種鄉思的特點是，在清醒的時候不可排解，只有在做夢的時候才是例外。他甚至希望，夜夜都做好夢。因為「好夢留人」。一個「好」字，說得比較空靈；一個「留」字，暗示無限留戀，反襯出他並不能夜夜好夢，也就是說是他的鄉思使他失眠了。這本來和〈漁家傲〉的「人不寐」，說的是一樣的意思。但是，「人不寐」把一切都講出來了，然後再用「將軍白髮征夫淚」這樣的意象來支撐；而這裡是用留有餘地的辦法把失眠暗示出來。下面一句，「明月樓高休獨倚」，暗示性更強。為什麼不能一個人靜靜地賞月呢？因為月亮彎彎照九州，光華能超越空間的距離、關山的阻隔，征人卻不能和親人溝通。所以，還不如不要去觸動這敏感的聯想。「休」字很見功力，是正話反說。字面上是「休」，不要獨倚，但又把它寫得這麼詩意盎然，本為避免惆悵，卻又留戀惆悵之美。下面這一句，就更見才情了：

　　　　酒入愁腸，化作相思淚。

　　這是很大膽的想象。酒本來不是眼淚，在這裡卻變成了眼淚，用科學的眼光來看，這是不真實的，但這是寫詩，詩的抒情，需要想象才能充分表達。詩的想象的特點之一，就是賀裳、吳喬所說的「形質俱變」，也就是虛擬的變異，酒變成了眼淚，不但形態變了，而且質地也變化了。這很像俄國形式主義者的「陌生化」，但又不是絕對的。因為兩者在聯想上還是有相通之處、有熟悉的過渡管道，酒和淚都是液體，讀者聯想就有了相近、相似的過渡管道，陌生而熟悉，非常自然。如果不是這樣，說酒化作芳草，化作斜陽，就只有陌生，而失去熟悉的支撐，讀者的聯想有可能被擾亂，產生一種抗拒感，詩就失敗了。把酒和眼淚聯繫起來，變異幅度很大，聯想卻沒有阻力，可以說水乳交融。正是因為變異的幅度大，又有熟悉的過渡，思鄉的情感被強化：為了消愁，才去喝酒；喝酒，本來為了麻醉自己思鄉的痛苦，卻適得其反，消愁的酒更轉化為自己思鄉的痛苦。這和李白的「舉杯消愁愁更愁」是一樣的意思。但是，范氏的傑出就在於發明了自己的獨創話語──酒和淚轉化，這和蘇東坡把楊花轉化為「離人淚」同樣是變異的陌生化和熟悉的相近性的統一。這種經典用賀裳、吳喬的「形質俱變」闡釋，順理成章，而用俄國形式主義的「陌生化」來解釋就很片面。

　　同樣是通過秋天的景色來抒發自己思念家鄉的感情，這一首和〈漁家傲〉不同。〈漁家傲〉寫思鄉和衛國之間的矛盾，有一點沉鬱、豪邁的氣魄，情調上悲而且壯。而這一首情緒上是悲的，但是悲中無壯，沒有把思鄉的情感與衛國的壯志聯繫起來。而且在意象上，「碧雲天」、「黃葉地」、「寒煙翠」、「明月樓」，色彩也較明淨，悲而清澈。但是，又不像李清照那樣淒涼，沒有淒涼之感。

　　詩人面對大自然，用意並不在完全客觀的自然景象，而在激發自

我內心深沉的情致。如果同一個人，每一次調動起來的都一樣，就不能說他有豐富的個性了。詩人的功力就在於，每一次調動起來的都不一樣，顯示了他內心和藝術表現力的多彩。閱讀同一作者的作品，一方面要注意他貫穿在每一篇作品中的個性；另一方面更要注意，個性中各不相同的側面。如果看不出不同來，就不能真正欣賞每一首詩的特點，也就不能真正理解作者個性的豐富。

〈天淨沙・秋思〉

馬致遠

枯藤老樹昏鴉，小橋流水人家，古道西風瘦馬。

夕陽西下，斷腸人在天涯。

　　這首經典之作選自《全元散曲》（中華書局一九六四年版），全文沒有一個字提到秋，但恰恰寫出經典的秋天景象，其感受也是傳統的憂愁，閱讀者關注的核心應該是：這裡的憂愁，和前面幾篇有什麼不同？全文只有五句，一眼望去就可感到其特點首先在句法上，前面三句都是名詞（意象）的並列，沒有謂語。但是，讀者不會因為沒有謂語而感到不可理解。

　　第一句，枯藤、老樹、昏鴉，這三者，雖然沒有通常的謂語和介詞等成分，但它們之間的關係並不因此而混亂。它調動著讀者的想象，構成了完整的視覺圖景。三者在音節上是等量的，在詞性上是對稱的，「枯」、「老」、「昏」在情調的悲涼上是一致的，所引起的聯想在性質上是相當的。小橋、流水、人家，也一樣，只是在性質上不特別具備憂愁的感覺。（有人解釋，這是詩人看到別人家的生活，是反襯。）後面一句，古道、西風、瘦馬，三個意象，互相之間沒有確定的聯繫，但與前面的枯藤、老樹、昏鴉在性質上、情調上有精緻的統一性，不但相呼應，而且引導著讀者的想象進一步延伸出一幅靜止的

圖畫。這時，在靜止的圖景上，出現了行人和馬。如果是俄語、德語或者法語，就不能這麼簡潔，人家的語言要求明確性、數、格。昏鴉是一隻還是數隻，瘦馬是一匹還是多匹，而且還得交代：鴉和馬，乃至風和樹，是陰性還是陽性；「斷腸人」是男人還是女人。本來，騎馬可以引起生氣勃勃的感覺，但卻是瘦馬，反加深了遠離家鄉（漂泊天涯）之感。這種感觸，又是在西風中。在中國古典詩歌中，西風，就是秋風，秋風肅殺的聯想已經固定。所以作者沒有正面說肅殺，而是把聯想空間留給讀者。古道，是古老的或從古以來的道路，和西風、瘦馬組合在一起，在感情的性質上，在程度上，非常統一、和諧。

　　也許有讀者會提出疑問，這樣的句子是「破句」，為什麼有這麼多好處呢？因為這是漢語抒情詩。詩比之散文，能給讀者留下更多的想象空間，讓讀者的想象參與形象的創造，參與越自然，越沒有難度，詩歌的感染力越強。比如，古道、西風、瘦馬，這匹馬是騎著的，還是牽著的，如果交代得清清楚楚，反而煞風景。這就產生了一個現象，在散文裡看來是不完整、不夠通順的句法，在詩歌裡卻為讀者留下了想象的空間，促使讀者和作者共同創造。這正是漢語古典詩歌一個很大的特點，也是很大的優點：前面范仲淹詞中的「濁酒一杯家萬里」也遵循著同樣的規律。這種手法，在講究對仗的律詩中，得到了充分的發展，在唐朝已經十分普及，精彩的例子唾手可得。比如：

　　　　雞聲茅店月，人跡板橋霜。

這是溫庭筠〈商山早行〉中的一聯。雖然構不成完整的句子，但上聯提供的三個意象，卻能刺激讀者的想象，構成完整的畫面，雞聲和月亮足夠說明，這不是一般的早晨，月亮還沒有落下——這是黎明。茅店，更加提醒讀者回想起詩題——「早行」，是提早出行的旅客的視覺。下聯的「人跡」和「霜」聯繫在一起，互為因果，進一步強化早

行的季節和氣候特點，雖然自己已經是早行了，但是還有更早的呢。
而「板橋」，則是作者聰明的選擇，只有在板橋上，霜跡才能看得清
楚，如果是一般的泥土路上，恐怕很難有這樣鮮明的感覺。

　　西方詩歌，語法和詞法的規律與漢語不同，很講究語法和詞法的
統一性。西方詩歌中，像〈天淨沙〉這樣的句法可以說是十分罕見
的，即使有個別句子，也是十分偶然的。正是因為這樣，我們的詩歌
語言，在二十世紀初，受到了美國一些詩人的特別欣賞，他們把我們
這種辦法叫做「意象並列」，並由此發展出一個流派來，叫做「意象
派」。這個流派的大師龐德，還用這種辦法寫了好多相當經典的詩。
其中最著名的是〈地鐵車站〉，原文是這樣的：

The apparition of these faces in the crowd;
Petals on a wet, black bough.

有人把它翻譯成這樣：

人群中這些面孔驟然顯現
濕漉漉的樹枝上紛繁的花瓣

原文顯然是學習了漢語詩歌意象疊加的辦法。有人不滿意這樣的譯
法，改譯成：

在這擁擠的人群中，這些美麗的突現
一如花瓣在潮濕中，如暗淡的樹枝

香港詩評家璧華認為前者是「不朽的」，後者是「平庸的」。他看重詩
歌中意象間的空白，這對讀者想象的調動，是十分關鍵的。

　　從寫作實踐上來說，以這樣的並列，以不完整的句法來表現詩人的直覺，最大的好處，就是留給讀者的想象比較自由。第二種譯文把本來留在想象中的詞語補充出來，反而窒息了詩的想象。同樣的道理，如果把「古道西風瘦馬」補充為「在古老的驛道上，西風緊吹，來了一匹瘦馬」，詩意就可能損失殆盡，變成散文了。

　　當然，如果一味這樣並列下去，五個句子全是並列的名詞（或者意象），就太單調了。所以到了第四句，句法突然變化了，「夕陽西下」，謂語動詞出現在名詞之後，有了一個完整的句子。但是，其他方面並沒有變化，仍然是視覺感受。後面如果繼續寫風景，哪怕句法有變化，卻因為一味在視覺的感官上滑行，也難免給人膚淺之感。故作者不再滿足於在視覺感官上滑行，而向情感更深處突進，不再描繪風物，而是直接抒發感情——「斷腸人在天涯」。這裡點出了秋思的情緒特點，不是一般的憂愁，而是憂愁到「斷腸」的程度。這就不僅僅是淒涼，而且有一點淒苦的感覺了。人在天涯，也就是遠離家鄉。被秋天的景象調動起來的馬致遠的心靈和范仲淹是何等不同，他對大自然的欣賞只限於淒苦，不涉及國家的責任，故悲而不壯。對家鄉的懷戀，倒是相近的，雖然沒有明淨的圖景，但並不妨礙動人，詩人個性化的生命就在這不同之中。這首小令幸虧有這最後一句，使它有了一定的深度，在情感的表達上也有了層次，避免了單調。

　　相比之下，白樸、張可久和無名氏同樣曲牌的作品，大抵都顯得淺。白樸的作品，五句都在描繪風景，停留在視覺感官上：「孤村落日殘霞，輕煙老樹寒鴉，一點飛鴻影下，青山綠水，白草紅葉黃花。」尤其是最後兩句，完全在玩弄色彩（青、綠、白、紅、黃），甚至給人以為色彩而色彩的感覺。這裡看不出作者情緒的主要特點，是馬致遠式的憂愁，還是杜牧式對秋景的讚歎？讀者很難感覺到情緒是悲涼的還是明快的。如果說是明快的，為什麼在明快的景色中夾入「老樹寒鴉」呢？如果要強調老樹寒鴉，為什麼不貫穿到底，也讓山

水帶上和老樹寒鴉相近的性質呢？而且，五句都屬視覺感知，沒有在視覺感知飽和的時候，深入到情緒層面。文字的色彩脫離了人的情感，就難免空洞了。

〈秋詞〉

劉禹錫

自古逢秋悲寂寥，我言秋日勝春朝。

晴空一鶴排雲上，便引詩情到碧霄。

　　選出這首絕句來欣賞，並不是因為它在藝術上特別有成就，而是因為它在立意上有特點。我國古典詩歌在楚辭時代確立了悲秋的母題（屈原〈九歌〉〈湘夫人〉：「嫋嫋兮秋風，洞庭波兮木葉下」，宋玉〈九辯〉：「悲哉，秋之為氣也，蕭瑟兮草木搖落而變衰。」），成為一種傳統（在《詩經》裡如〈蒹葭〉就不是這樣的）。一般人很少有意識去打破這個多少有點封閉、凝固的套路。當然，這也並不能說，所有表達秋愁的詩歌都是公式化的套語，至少有許多以秋天引起的悲愁，是有真切內涵的。例如李白的〈子夜吳歌〉〈秋歌〉：

長安一片月，萬戶擣衣聲。

秋風吹不盡，總是玉關情。

何日平胡虜，良人罷遠征？

這種秋愁，與大眾的疾苦有關，想象的空間那麼遼闊（從玉門關到長安），戰士妻子的綿綿思緒那麼深沉，但是，又不那麼張揚，沒有多少誇張之語，寫得相當從容。其藝術價值是很高的。

　　關鍵並不在於悲秋是不是有一種套路，而在於詩人的創造要打破這種套路，是不容易的。因為套路在一段時間裡擁有權威性，顯得神

聖不可侵犯，一般作者不敢去觸犯它，或者要觸犯它，卻缺乏足夠的才華。大凡能夠突破的作品就說明有某種藝術的才氣。

　　這些作品雖然不見有多大的社會意義，但就算詩人沒有什麼壯志，在秋天來臨的時候，他感到一種和大自然的契合，發現秋天的清新和人生的美好，同樣也能寫出好詩來。像王維的〈山居秋暝〉：

　　　　空山新雨後，天氣晚來秋。
　　　　明月松間照，清泉石上流。
　　　　竹喧歸浣女，蓮動下漁舟。
　　　　隨意春芳歇，王孫自可留。

　　王維發現了秋天美的另一種表現。一切看來是平常的，面對山間平常而又美好的景象，詩人的心情是欣然而又恬淡。這說明秋天並不是命中注定要帶來憂愁，而且也不注定要引起人的異常激動。

　　劉禹錫的可貴就在於，他對秋愁套路唱了反調，不是自發的，而是自覺的；不是一般地唱唱而已，而是把對立面提出來，加以批評。哪怕自古以來就是這樣的，他也不買帳。這首詩的可貴還在於他不但反對悲秋，反對逢秋便悲，而且提出秋天比春天更美好（「秋日勝春朝」）。這種堅持自己個性的勇氣在詩歌創作上是難能可貴的。正是在反潮流的思緒這一點上，這首詩有了不朽的價值，雖然在藝術上，這首詩很難列為唐詩中最傑出的作品。

　　二十世紀六、七十年代，主流意識形態強調樂觀向上，反對悲哀，因為樂觀昂揚的意氣和集體主義有聯繫，而悲苦之哀歎則和個人主義有瓜葛。劉禹錫的這首詩，因為反對悲秋而得到崇高的評價。在今天看來，喜怒哀樂都是人的心靈的一部分，只是對創業者而言，樂觀可能特別難能可貴吧。

　　這首詩的核心意象是「晴空一鶴排雲上」，以這一點支撐「秋日

勝春朝」的感興。這個意象，有兩點值得分析：第一，把鶴的形象放在秋日「晴空」中，用秋高氣爽、萬里無雲的背景來襯托（在人們的印象中秋天的晴空是蔚藍的，而鶴是白的）。這就意味著，天空裡一切其他的東西都被省略了。什麼風雨啊，紅霞啊，日月星辰啊，都從讀者的想象裡排除了。只讓白色的鶴的翅膀突出在讀者的視野中。有這一點對比就夠了。如果是在英語、俄語或德語中就要追究，是一隻白鶴，還是一排白鶴，但在漢語中，卻不必。因為從生活的真實來看，從地面望上去，一隻白鶴在天空中，可能根本就看不見。但漢語名詞不講究數量的變化，加之詩的視覺是想象的，和現實的視覺有很大的不同。在想象中，一隻白鶴和藍天的對比，就能夠形成鮮明的感覺，而在現實中，一隻白鶴在天空可能會變成一個黑點。但這不是詩人要考慮的問題。第二，這個鶴的運動方向，不是通常的大雁南飛，而是詩人設計的，詩人不說「向上」，而說「排雲」，這就比向上還要有力量的感覺，力爭飛到雲層的上方去，這便有了象徵意義。

　　劉禹錫的〈秋詞〉一共兩首，另外一首如下：

　　山明水淨夜來霜，數樹深紅出淺黃。
　　試上高樓清入骨，豈如春色嗾人狂。

這一首的立意和前一首是相似的，也要把秋天和春天相比，表現秋天自有秋天的美，自有春天比不上的特點。這一首不像上一首只是籠統地反對悲秋，提出「秋日勝春朝」，而是進一步指出秋日也有不亞於春天的鮮豔色彩，它勝過春朝的地方是，給人一種「清入骨」的感覺。這個「清」的內涵很豐富，可以令人想到清靜，也可以想到清淨，甚至可以想到清高。雖然不如春天那麼鮮明、一望而知，但是細細體味，卻雋永、含蓄，更經得起欣賞，更深刻。詩人欣賞秋天的清，還有一點不能忽略，他把欣賞的地點放在高樓上，要從高處欣賞

秋天的「清」，這就不單純是物理的高度，而且有開闊的視野，精神的高度，正是這樣，他才覺得，秋色不像春色那樣浮躁，那樣誇張（「嗾人狂」），那樣張揚。

　　這一首寫得也很有個性，但是，一般讀本都選前一首，因為前一首的核心句「一鶴排雲」比較單純，比較形象，而後一首的核心句「清入骨」在形象的直接可感性上略遜一籌。

一種秋天的當代詩意

〈採桑子・重陽〉

毛澤東

人生易老天難老，歲歲重陽。

今又重陽，戰地黃花分外香。

一年一度秋風勁，不似春光。

勝似春光，寥廓江天萬里霜。

比起劉禹錫來，毛澤東更是自覺地和秋愁唱反調。

但是，毛澤東在面對秋天的景象、面對秋天的傳統母題，調動起來的感興，和劉禹錫、范仲淹、馬致遠大不相同。

重陽季節在他內心激發起來的不但不是憂愁，反是一派革命樂觀主義的豪情。詞中「人生易老天難老」，化用李賀〈金銅仙人辭漢歌〉，原詩如下：

茂陵劉郎秋風客，夜聞馬嘶曉無跡。

畫欄桂樹懸秋香，三十六宮土花碧。

魏官牽車指千里，東關酸風射眸子。

空將漢月出宮門，憶君清淚如鉛水。

衰蘭送客咸陽道，天若有情天亦老。

攜盤獨出月荒涼，渭城已遠波聲小。

　　李賀的意思是，金銅仙人從漢家宮殿裡被搬出去，對漢宮是十分留戀的，內心是很悲哀的，悲哀到不要說人間，就是老天如果有感情的話，也會因為悲哀而衰老的。但毛澤東這裡完全沒有悲哀的意思，因為重陽節是每年都要過的，似乎沒有什麼變化。節令無限迴圈，大自然（天）不會有什麼變化，但人生卻是很短暫的，人會變老，生命會衰亡。今天又到了重陽節，令人感慨。但是毛澤東的感慨並沒有停留在人生短暫上，很快就回到了眼前的現實鬥爭中。

　　戰爭本來讓人忘記大自然季節的變幻，忘記花的美好，然而，毛澤東卻相反，他覺得在戰爭環境中，反格外能顯出菊花的芬芳。這就是毛澤東的個性。同樣是戰地菊花，換一個人，哪怕是左聯的文學家，可能也寫不出這樣的詩句來。只有作為統帥的毛澤東才會感受到戰爭的美。在〈菩薩蠻·大柏地〉中，他甚至覺得連戰爭中留在村莊牆壁上的彈洞，都是好看的：

　　　　當年鏖戰急，彈洞前村壁。
　　　　裝點此關山，今朝更好看。

　　從這裡，我們可以看到，同樣的景象在不同的詩人心靈中引起的感覺是多麼不同。同樣是菊花，在陶淵明流傳下來的傳統中，代表文人的高潔嫻雅，而在毛澤東那裡，則因為戰事而特別芬芳。

　　正是因為這樣，毛澤東覺得，雖然是秋天，卻比春天更美好：「不似春光」，「勝似春光」。這裡可能有劉禹錫的影響，劉詩中有「我言秋日勝春朝」。但是，毛澤東運用了複沓的句法：兩個句子，結構是平行的，詞語有一半相同，意思卻相反。這個句法結構是毛澤東發明的，不是詞牌裡現成的。它的精彩還在於，它和前面一個相同的句組「歲歲重陽」、「今又重陽」，在章法上是對稱的。這種對稱使這兩句不但在思想感情上，而且在結構上都成為焦點。

　　到這裡，主題似乎已經完成了。但是，按詞牌的規定，最後還得有一個七言的句子。在初稿上，句子是這樣的：

　　　　但看黃花不用傷。

從表面上看，說的是不用傷，但還是有點傷感在內的。這與毛澤東當時不順遂的處境有關。一九二九年六月二十二日在閩西龍岩召開了紅四軍第七次代表大會，會上毛澤東被批評搞「家長制」，未被選為前敵委員會書記。毛澤東隨即離開部隊，到上杭指導地方工作，差點死於瘧疾。從這裡可以看出，毛澤東是在自我鼓勵，但這畢竟不能充分表現毛澤東的頑強和樂觀，所以到定稿的時候，他終於改成了：

　　　　寥廓江天萬里霜。

　　比起原稿中的「但看黃花不用傷」，不但在思想上，而且在藝術上都提高了一個層次。原稿雖然思想是積極的，但未免有強弩之末、思想太露之感，對詩來說，尤其是結尾，一般以收斂為上。毛澤東的修改，充分表現了他的才氣。他避開了大發議論，甚至也沒有在思緒上作含蓄收斂的表達，他什麼也不說，只寫了一句自然風光。看上去好像是思想中斷了，因為他只提供了一個非常廣闊的視覺空間。這裡有霜，而且是萬里霜，有江和天空，是寥廓的，但這些都不是革命精神的直接表現。這種「萬里霜」的大地，「寥廓」的江天，也許有點傳統的蕭瑟之感，但從另外一方面卻顯示出一個主觀的身影面對寥廓的天地在凝神，在欣賞，在體驗這秋色之美、戰場上的秋色之美。在這樣遼闊的背景上，詩人的感情不能不是深沉的，背影不能不是高大的。這種深沉高大，比之豪言壯語精彩多了。

兩種不同的冬天的美：嚴酷美感

〈卜算子・詠梅〉

毛澤東

風雨送春歸，飛雪迎春到。

已是懸崖百丈冰，猶有花枝俏。

俏也不爭春，只把春來報。

待到山花爛漫時，她在叢中笑。

　　要真正讀懂毛澤東的詩詞，不能不讀〈沁園春・雪〉；要讀懂〈沁園春・雪〉，不能不先讀〈卜算子・詠梅〉。

　　梅花在中國傳統文化中，和松、竹一起被稱為「歲寒三友」，它們因為在嚴寒節令中保持生機，而成為逆境中精神氣節的象徵。尤其是梅花，因為於風雪嚴寒中，不但不凋零，反開出花朵，而成為傳統詩文中氣節堅貞的意象。梅花最初還只是一般的風景，因為和桃李相比，經得起霜雪的摧折，後來逐漸積澱、演化，具有了孤芳自賞，雖不為世俗理解卻不改其志的意味。這意味在唐朝已經有了，如李群玉〈山驛梅花〉：

生在幽崖獨無主，溪蘿澗鳥為儔侶。

行人陌上不留情，愁香空謝深山雨。

　　這正是陸游〈卜算子・詠梅〉中「寂寞開無主」的源頭。但是，

一首詩的價值並不在因襲母題，貴在繼承這種無主之感時有所突破。陸游的創造在於，在孤獨之外，又增加了悲劇性。這種悲劇氛圍從多方面得到強調：

　　驛外斷橋邊，寂寞開無主。已是黃昏獨自愁，更著風和雨。

　　無意苦爭春，一任群芳妒。零落成泥碾作塵，只有香如故。

　　第一，在孤獨和寂寞中，堅守心靈的恬定。孤獨：在驛站之外，無人之處，一也；斷橋，無路可通，二也；無主，既無人培育、呵護，也沒有欣賞的目光，三也；黃昏暗淡的光線，加深孤獨的寂寞，四也；風雨摧折，境遇更悲，五也。上片所寫皆梅花，所喻皆超越梅花，「寂寞」、「獨自愁」，皆為人情，有梅花所不能具之品性，但這並不構成聯想阻礙，妙就妙在物我交融，景情渾一；至「苦爭春」，「群芳妒」，均明顯帶人之意志，非物所能自知，但欣賞者早已心領神會，陸游以梅花自況，無須辨何處為梅花之質，何句為陸游之情。

　　第二，面臨悲劇性的消亡，矢志不移。「零落成泥碾作塵」，已經成泥，而複言成塵者，喻反覆摧折消亡而矢志不移，品格之高，極難表達，此處只以一個「香」字道出，從梅花的多種感覺（色形等）中取其一種引申出悲劇的崇高境界，奇崛而警策。

　　陸游於南宋時期，身處逆境，報國無門，不改恢復壯志，為詩骨氣奇高，難能可貴。而毛澤東處於國際局勢的逆境中，對陸游的格調有所不滿，「反其意而用之」，唱反調，反在什麼地方呢？

　　首先，反在對局勢的估計。毛澤東在詞中，並不迴避形勢的險惡，不但不迴避，而且誇張地強調「百丈冰」，令人想到岑參的「瀚海闌干百丈冰」，而且毛澤東還要把它放在「懸崖」的背景上。這就說明，毛澤東清醒地意識到逆境的嚴峻。但是，這並不妨礙毛澤東藐視它，這使他的詞充滿樂觀、昂揚的格調。

　　有一個字的意思要弄清楚，就是「風雨送春歸」的「歸」。本來有兩種可能的解釋，一是歸來，二是歸去。歸來，就是風雨把春天送回來了；歸去，就是風雨把春天送回去了。如果是後者，風雨（有「風風雨雨」的聯想意味），就是曲曲折折，把春天送走了，接著而來的夏天並沒有多少可以悲觀的。如果是前者，風風雨雨，也可以聯想為反反覆覆，把春天送回來了，則更是春光明媚的季節，沒有任何悲苦的理由。「飛雪迎春」和「風雨送春」一樣，隱含著矛盾和轉化。飛雪意味著嚴寒，迎春則意味著溫暖，然而，春日的大地昭蘇則以飛雪為前導。這裡有毛澤東式的哲學和詩學。從哲學上講，毛澤東不承認事物有任何固定、停滯、不變的性質，徹底的辯證法是無所畏懼的，不承認任何神聖不變的東西，一切都在向反面轉化的過程中，壞事總是要轉化為好事，逆境總要轉化為順境。從詩學上來說，詩人有權利想象，在自己的感覺中，一年四季不存在冬天。不論是風雨，還是飛雪，都是為送春和迎春而存在，不過是春天的前奏和尾聲。

　　其次，毛澤東不滿意陸游的孤獨感。毛澤東的哲學是，即使孤立也不能陷於孤獨，所以在未定稿中有「獨有花枝俏」，在定稿中則改「獨」為「猶」，不但迴避了孤獨感，而且強調了自得、自如、自在之態。

　　毛澤東筆下的梅花遭遇的逆境要比陸游的嚴峻多了，但卻沒有陸游那樣的孤獨和寂寞，他也沒有用斷橋的意象表達沒有出路的感覺。

　　毛澤東的理想人格美是拒絕孤獨、與悲痛絕緣。他對悲觀失望是藐視、瞧不起的，同樣以梅花為意象，他抒發過這樣的豪情：

　　　梅花歡喜漫天雪，凍死蒼蠅未足奇。

　　毛澤東強悍的精神在〈詠梅〉中一以貫之。我們可以這樣概括：在毛澤東的詩學中，有一種「嚴酷美感」的追求。

正是因為這樣，他不客氣地對陸游「無意苦爭春」中的「苦」字表示不屑，代之以「猶有花枝俏」。「苦」變成了「俏」。這個「俏」字在本詞中得到了重用。未定稿上原本是「梅也不爭春」。「梅」改成了「俏」，才顯得原來的「梅」多餘，而一再強調「俏」，雖犧牲一點文字上的講究，卻平添獨特的美感。本來，「俏」是用來形容女性體貌姣好的。俊俏，為女性專用，有一種陰柔的屬性，不大適用於男性。在本詞中，梅花也明確地被賦予女性色彩（「她在叢中笑」）。這裡的「俏」字，雖有陰性之美，卻並不柔弱，實際上有一種峭拔的格調，不無陽剛之氣。這主要是形象主體梅花和佔盡優勢的嚴寒的對抗，使它具有了某種「剛性」。正是因為這樣，在毛澤東以雄豪為特色的詞風中，難得地出現了一種剛柔相濟的風格。

再次，毛澤東不同意陸游的悲劇感。陸游的詞中，梅花化作塵土，只留下香氣，事業可以失敗，精神卻是不朽的。而毛澤東不以此為滿足，他的精神即使在逆境占盡優勢的時候也沒有失敗過，自信自豪是一貫的，只是它並「不爭春」，也就是不爭一日之長短。（魯歌在《毛澤東詩詞簡析》中認為，在「不爭春」這一點上，他沒有直接反陸游的詩意，但是在內涵上，有本質的區別：「群芳，其實是反語。」陸游作為抗金的主戰派，不能與主和的苟且偷安的當權派爭，而毛澤東則是不屑反駁赫魯雪夫所謂的「爭奪共產主義領導權」的攻擊。）毛澤東強調的是，即便是逆境，不管多麼嚴酷，也是順境的前兆。不爭春，是因為歷史是最嚴峻的裁判官。梅花的任務，只在報春，只在預言，只在歷史的遠見，而不能滿足於當一個單純的潔身自好的悲劇人物。

「詠梅」，屬於古代詠物詩一類。此類詩，雖然為一格，但在藝術上容易陷於被動描繪，主體精神很難不受有限形態性狀和固定象徵意義的局限，故此類作品甚多，然極品、神品罕見。陸游之作已是上品，但難入神品之列。而毛澤東詞在精神上獨闢蹊徑，從一開始就超越了

描繪梅之性狀的框架，而以主體情感為意脈。陸游雖然也以抒情為主，但主體意脈只有「無意苦爭春」一點。毛詞則一開始就把梅與春的關係定格在一系列的矛盾消長之中：起初是送春、迎春；接著是爭春；最後是報春。抒情意脈貫穿，首尾呼應，在統一的意脈中從容遞進，越發顯出主體精神的強勁。在自然界「山花爛漫」之時，梅花早已凋謝，而在詩人心目中，卻是「她在叢中笑」。這就是詩人的浪漫之處。此與早年（1931）的〈採桑子‧重陽〉「不似春光。勝似春光」，在逆境中不屈不撓的精神如出一轍，而在理念上，似乎更有力度。但是，當年鏖戰，中年之時，已有「人生易老天難老」之感喟，而晚年亦曾有過「多少事，從來急；天地轉，光陰迫。一萬年太久，只爭朝夕」的感喟，而此時卻有不計時日，只待「山花爛漫」的樂觀和浪漫，詩格與人生感受之間並不簡單同步，其間複雜的矛盾有待分析。

〈沁園春‧雪〉

毛澤東

北國風光，千里冰封，萬里雪飄。望長城內外，惟餘莽莽；大河上下，頓失滔滔。山舞銀蛇，原馳蠟象，欲與天公試比高。須晴日，看紅裝素裹，分外妖嬈。　　江山如此多嬌，引無數英雄競折腰。惜秦皇漢武，略輸文采；唐宗宋祖，稍遜風騷。一代天驕，成吉思汗，只識彎弓射大雕。俱往矣，數風流人物，還看今朝。

在〈卜算子‧詠梅〉中，我們看到毛澤東的詩風中有一種追求「嚴酷美感」的傾向，在〈沁園春‧雪〉中，似乎有類似的風格。至少在把大地寫得「千里冰封」這一點上和〈卜算子‧詠梅〉的「懸崖百丈冰」是十分相似的，而想象中晴好的天氣「紅裝素裹」和「山花爛漫」，也是相通的。

　　但是，這只是表面的相似，實質上有根本的不同。

　　首先，〈沁園春‧雪〉中的「雪」和〈卜算子‧詠梅〉中的「冰」，在意象的情感價值上是不一樣的。〈卜算子‧詠梅〉中的「冰」，是逆境嚴酷環境的象徵，與花枝的俏麗是對立的，而爛漫山花的想象，是戰勝了嚴酷冰雪的預期。〈沁園春‧雪〉中的「雪」是不是這樣呢？從最初幾行詩句來看，好像格調相近：「千里冰封，萬里雪飄」，其中的「封」字，至少給人某種貶義，但是，下面「萬里雪飄」的「飄」字，似乎並沒有在貶義上延伸下去。「望長城內外，惟餘莽莽；大河上下，頓失滔滔。」貶義顯然在淡化，壯美的感覺油然而生。

　　這是很奇特的。嚴酷的冰封作為一種逆境的意象，與對嚴寒抗爭的情致聯繫在一起，早在唐詩中就有傑出的經典，比如岑參的〈白雪歌送武判官歸京〉：「北風卷地白草折，胡天八月即飛雪。忽如一夜春風來，千樹萬樹梨花開。」邊塞詩人把嚴酷的自然條件當作一種美好感情的寄託，詩人感情豪邁，以對抗酷寒為美。「將軍角弓不得控，都護鐵衣冷難著」，冰雪，畢竟是與苦、寒聯繫在一起的。可是在毛澤東這裡，冰雪卻沒有寒的感覺，也沒有苦的感覺。冰封和雪飄，本身就是美的。

　　面對千里冰封、萬里雪飄，卻沒有苦寒，沒有嚴酷的感覺，這才是理解這首詞的關鍵。不僅沒有苦寒、嚴酷之感，相反，眼界為之一開，心境為之一振，充滿了歡悅、豪邁的感覺。在冰雪的意象中把寒冷的感覺淡化，把精神振奮的感覺強化，創造出一種壯美的境界，發出讚美，這是一種頌歌，在頌歌中，有一種壓抑不住的鼓舞和衝動。這在中國詩歌史上，乃至世界革命文學史上，都可能是空前的。以自然景物作為革命頌歌的對象，在俄國有高爾基的〈海燕〉和〈鷹之歌〉，以鷹和海燕的雄強象徵革命者大無畏的精神，但是鷹和海燕本身並不意味著嚴酷，而是與嚴酷的暴風雨作搏鬥；戰勝嚴酷才是英

雄。把嚴酷的冰雪作為英雄主義的讚頌的意象（載體），只有在毛澤東的想象中才有。

　　冰封雪飄並不是一下子就引發激情爆發，其間有一個過程，先是一種極目無垠的眺望感。點明眺望感的是「望長城內外」的「望」字。前面的「千里冰封，萬里雪飄」，當然也是眺望，不望不可能有這樣廣闊的視野，但是那種遼闊的感覺是潛在的，而且，普通人的目力是不可能看到千里萬里的。這就涉及詩的感覺的虛擬性。從現代詩學來說，抒情詩不同於散文的最大特點，就是它的想象性和虛擬性，強烈的感情，不能直接噴發出來，只有通過想象的假定，才能獲得自由抒發的空間。當毛澤東寫千里萬里的時候，早已超越散文，進入詩的想象境界，超越生理視覺局限，因而是自由的。自由，不僅在視覺，而且隱含著胸襟。望得那麼遠，是一種結果，原因應該是站得非常高。開頭幾句，表面是描繪風物，深層則是靜悄悄的想象延伸，從視野的開闊過渡到視點的高度。這種開闊，不單是視野的開闊，而且是胸襟的開闊，這種高度，不單是身軀的高度，而且是精神的高度。當我們讀到「山舞銀蛇，原馳蠟象」的時候，「舞」和「馳」令人感到，登高望遠的圖像不是靜止的，而是有生命的。這種生命，當然不是客觀自然界的反映，而是詩人心靈的激動。這種激動，不是一般的激動，而是異常的激動，不激動到相當的程度，不可能冒出這樣的詩句來：

　　　欲與天公試比高。

這是大地要與老天比高的寫實嗎？當然不是。這是詩人突然冒出來的一種壯志得酬、心比天高的感覺。這裡沒有任何逆境的感覺，不是老天爺作梗而不得不應付的狀態，而是掌握了自己的命運，鴻圖大展，主動挑戰。於是，更美好、更壯麗的預期溢於言表：

　　須晴日，看紅裝素裹，分外妖嬈。

把雪寫得如此壯麗，如此美好，還不是最理想的，更加精彩的未來就在眼前，是不是意味著大展鴻圖的衝動？

　　「江山如此多嬌」，是對上片景物的總結，也是毛澤東對上片的美學總結。冰雪無垠，居然是「如此多嬌」，有誰曾經把千里萬里的冰雪和「嬌」字聯繫起來過呢？它創造了一種什麼樣的美的範疇呢？

　　「嬌」，是個關鍵字。

　　為什麼要用女字偏旁的「嬌」？他寫到自己的妻子楊開慧的時候，用的可不是這個「嬌」字，而是另一個字——「驕」。這個「嬌」和紅日照耀白雪，好像不相契合。但是，這正透露了毛澤東的詩學追求——顛覆傳統的古典話語，賦予其嶄新的時代內涵。將自然之美、女性之美賦予政治內涵，又用陰柔之美來表現政治宏圖的陽剛之美。冰封雪飄的嚴酷、豔陽高照，都應該是陽剛的，毛澤東卻用「妖嬈」、「多嬌」這樣陰柔之語飾之，讓外在的色調與內在的情致有一點反差，使其豐富。（值得深思的是：如果把「嬌」，改為「驕」，則外部感覺和內在情致未免單調。如果寫成「我失『嬌』楊」，把楊開慧界定為「嬌」，則難免有淺俗之嫌。）憑著這個「嬌」字，從自然轉向人事，同時，從寫視覺空間之美，上升到了一個時間的層次，這個境界和前面有什麼區別呢？

　　引無數英雄競折腰。

關鍵字是「折腰」。冰雪覆蓋大地山河之美，美到這種程度，英雄都要折腰、朝覲、崇拜了。在中國文學中，折腰本為否定意義，陶淵明不為五斗米向鄉里小兒折腰，是一種不受羈勒的傲岸個性。毛澤東的折腰卻有肯定的意義，是心甘情願地謙恭、崇拜。這裡，又一次將古

典話語作了現代轉化。這個轉化是詩意的轉化，又是詩的話語向政治話語的轉化。

非常強烈的對比來得非常突兀：前面是高大偉岸的抒情主人公，到這裡，居然謙卑起來，不惜降低自己的高度。但這恰恰是一種自我勉勵，是為了登上新的高度。這種高度，不是自然地理的空間高度，而是中國歷史的時間高度。上片，在空間上眺望千里萬里；下片，時間上的回顧，歷數百年千年。空間盡收眼底，產生了一種豪邁的視覺圖景；時間歷歷在目，構成一種雄渾的心潮圖像。這不但是胸襟的開拓，而且是詩人想象的開拓。空間的展示，皆為可視，而時間的回溯，則不可視，好在詩人有概括的魄力。本來是「無數」英雄競折腰，但真正歷數起來，卻只剩下了秦皇、漢武、唐宗、宋祖和成吉思汗五個。其他的，不言而喻，都不在眼下。

把自己提升到與這些歷史人物並列的高度上去，已經有了大氣魄，這時，詩人不再謙卑了，不再折腰了，用一個「惜」字，把自己提升到了歷史人物之上，還更進一步對這些人物的輝煌業績加以批評、裁判，而且所評沒有讚美，均為不足。最後，毛澤東直截了當地宣稱，不管他們如何英雄蓋世，都只能是「俱往矣」，過去了，真正的「風流人物」要看今朝了。這是作者的自許，還是對一代新人的期望？這曾經引起過討論。當這首詞在重慶第一次發表時，曾經有人攻擊說，其中有「帝王思想」。作者自注說：「反封建主義，批判二千年封建主義的一個反動側面。文采、風騷、大雕，只能如是，須知這是寫詩啊！難道可以罵他們嗎？」[1]這當然有道理，站在新的歷史高度上，從新時代的政治理念出發，俯視一系列歷史人物，理所當然。聯繫到四個月前，長征勝利結束，作者在〈清平樂‧六盤山〉中頗為自得地寫過「今日長纓在手」，在〈念奴嬌‧崑崙〉中說過「千秋功

1　吳雄選編，陳一琴審訂：《毛澤東詩詞集解》（石家莊市：河北人民出版社，1998年），頁209。

罪，誰人曾與評說」。歷盡艱辛、幾經挫折的作者此時的心境，應該是溢滿了宏大的政治抱負。但是，如果把這種抱負直接講出來，就沒有詩意可言了。這裡面臨一個艱巨的任務，就是把古典詩學話語進行當代轉換。

　　一九五七年，毛澤東在給臧克家的信中曾經說過，舊詩不宜提倡，因為「束縛思想」。[2]這種束縛表現在古典詩歌話語有穩定的歷史內涵，與當代政治話語之間有矛盾。當代政治話語的直接搬用，是缺乏古典詩意的。而用古典話語表達當代政治內涵，難度很大。當代政治話語的內涵和古典詩學話語並不對稱，不可能兩全其美，當代觀念必然要有所犧牲。硬搬政治話語，可能造成生硬，當代政治觀念進入古典詩學話語，政治內涵可能被朦朧化，甚至可能被淹沒。「略輸文采」、「稍遜風騷」、「只識彎弓射大雕」，從古典詩意的和諧統一上，是雋永的，但這是以政治內涵的含混為代價的。文采和風騷，古典話語所指本是文學藝術的成就，很難涉及政治文化的創造。話語本身並不能充分傳達當代政治理念，讀者只能從話語以外，從毛澤東的政治實踐中去附會。相比起來，「只識彎弓射大雕」，不但形象躍然紙上，而且意念指向也比較確定，政治觀念和藝術形象之間的矛盾得到了和緩。最後的「風流人物」，堪稱精彩。這從蘇軾〈赤壁懷古〉中繼承來的「風流」的內涵，在人物的才情和精神風格上，更新為當代政治人物的境界，應該說是比較自然的。

2　《詩刊》，1957年創刊號。

第三章
古典詩詞常見意象分析

月：超越時空的悲歡離合和生命的短暫與孤獨

〈把酒問月〉

李白

青天有月來幾時？我今停杯一問之。

人攀明月不可得，月行卻與人相隨。

皎如飛鏡臨丹闕，綠煙滅盡清輝發。

但見宵從海上來，寧知曉向雲間沒？

白兔擣藥秋復春，嫦娥孤棲與誰鄰？

今人不見古時月，今月曾經照古人。

古人今人若流水，共看明月皆如此。

唯願當歌對酒時，月光長照金樽裡。

　　月亮在中國古典詩歌中，是一個傳統母題。在對月亮的天體性質缺乏科學認識的時代，月亮和太陽一樣很容易觸發詩人的想象和聯想。太陽，最初在詩人心目中，比較自由，不但有讚美的，也有咒罵的。（《書》〈湯誓〉：「時日曷喪，予及汝偕亡。」）但在遠古農業社會，太陽對農作物畢竟是太重要了，這就決定了歌頌性的意味在太陽上凝聚起來。扶桑、若木的神話典故，駕蒼龍、馳赤羽的意象，最後竟成了至尊所獨享，日為君象的性質就固定下來，而詩人與太陽的關係，除了葵藿傾心的忠貞以外，竟沒有任何餘地。讚美太陽，就得貶低自

己，自己跪下來，君王才顯得偉大。但是，月亮卻不同，在中國古典詩歌裡，它比較平民化，比較人性化，和人的親情、愛情、骨肉之間的悲歡離合緊密相連。讚美月亮不但不意味著一定要貶低自己，相反，往往是展示自我，美化自我。張若虛的〈春江花月夜〉，以美化月亮開始（「江天一色無纖塵，皎皎空中孤月輪」），但這不過是為詩人展示自己內心的樂章提供前奏。接下去，就是抒情主人公情感上的自我美化了（「江畔何人初見月，江月何年初照人……玉戶簾中卷不去，擣衣砧上拂還來。此時相望不相聞，願逐月華流照君」）。在那交通不發達的古代，月亮的意象和遊子思鄉、閨怨結合為一體，似乎已經成了想象的定式。但是，李白在這首古詩（古風）中，卻對月亮的固定母題進行了一次突圍。突圍的關鍵，就在題目中的一個「問」字。

為什麼會「問」起來呢？

在這首詩題目下面，李白自己提供了一個小注「故人賈淳令予問之」。這個賈淳是什麼樣的人士，暫時可以不管。但是，他居然「令」李白問月，這裡就有兩點值得分析：一是，他與李白的交情不一般；二是，這位賈淳先生對當時詩中關於月亮的流行寫法有看法。一般寫月亮的題目大抵是描述性的，如〈春江花月夜〉，或者〈月夜〉、〈關山月〉，最老實的就是一個字：「月」。後來就有了：〈詠月〉，到了〈拜月〉、〈步月〉、〈玩月〉，就已經挺大膽的了。在《全唐詩》中，光是以「望月」為題者，就有五十首。可能是這位賈淳先生對如此單調的姿態有點厭倦了，所以才敢於「令」李白來一首「問」月。李白之所以接受這樣的命令，可能也是受這個「問」的姿態所衝擊，激發出了靈感。要知道，向一個無生命的天體，一種司空見慣的自然現象發出詩意的問話，是需要才情和氣魄的。在唐詩中，同樣是傳統母題「雪」，也有對雪、喜雪、望雪、詠雪、玩雪，但是，就是沒有問雪。在賈淳那裡，「問」就是一種對話的姿態；而到了李白這裡，則又不是一般的問，而是「把酒問」：

　　青天有月來幾時？我今停杯一問之。

這是李白式的問。停杯，是把飲酒停下來，手裡的杯子並沒有放下。如果是把酒杯放下來，就和題目上的「把酒問月」自相矛盾了。這種姿態和中國文學史上屈原〈天問〉的問法是不太相同的：

　　天何所遝？十二焉分？
　　日月安屬？列星安陳？
　　出自湯谷，次於蒙汜。
　　自明及晦，所行幾裡？
　　夜光何德，死則又育？

屈原在這裡更多的是對天體現象的追問：老天怎麼安排天宇的秩序，為什麼分成十二等分，太陽、月亮、星星是怎麼陳列的，太陽從早到晚走了多少里，而月亮的夜光消失了怎麼會重新放光，憑著什麼德行等等。這是人類幼稚時代的困惑，系列性的疑問中混淆著神話和現實。屈原的姿態是比較天真的。李白的時代，已經進化到不難將現實和神話加以區別。所以李白要把酒而問，姿態是很詩意、瀟灑的。酒，令人興奮，也令人迷糊。酒能興奮神經，又能麻醉神經。酒在詩中的功能，就是讓神經從實用規範中解脫出來，使想象和情感得以自由釋放。因此在詩中，尤其是在李白的詩中，「把酒」是一種進入想象空間盡情浪漫的姿態：

　　人攀明月不可得，月行卻與人相隨。

「人攀明月不可得」，說的是十分遙遠；而月亮與人相隨，說的是十分貼近。這就構成了一種似乎是很嚴肅的矛盾。但這完全是想象的，

並非現實的，因而是詩意的矛盾。人攀明月，本身就是不現實的。月行卻與人相隨，關鍵字是「相隨」，也是不現實的。月亮對人，無所謂相隨不相隨。相隨不相隨，是人的主觀感受，是人的情感體驗。這種情感的特點是什麼呢？月亮對人既遙遠，又親近到緊密追隨。這種矛盾的感覺，把讀者帶進了一個超越現實的、天真的、浪漫的境界中去。接下去，並沒有在邏輯上連貫地發展下去，而是一下子跳躍到月亮本身的美好上：

> 皎如飛鏡臨丹闕，綠煙滅盡清輝發。

這兩句換了韻腳，同時也是換了想象的角度。前面一句的關鍵字是「皎」，比潔白更多一層純淨的意味。有了這一點，詩人可能覺得不夠過癮，又以「丹闕」來反襯。純淨的月光照在宮殿之上。這裡的「丹」，原意是紅色，皎潔的月亮照在紅色的宮殿之上。「丹闕」，似乎不一定在色彩上拘泥原意，可直接解作「皇宮」。古代五行說以五色配五方，南方屬火，火色丹，故稱南方當日之地為丹；丹又引申為有關帝王的事物，如：丹詔（皇帝的詔書）、丹蹕（帝王的車駕）、丹書鐵券（皇帝頒給功臣使其世代享受免罪特權的詔書）等，但這些不一定都是紅的。「丹闕」就是帝王的居所。下面一句，則寫月之雲霧。不說雲霧迷濛，而說是「綠煙」。「綠」的聯想是從什麼地方生發的呢？我想應該是從「飛鏡」來。今天我們用的鏡子是玻璃的，沒有綠的感覺，而當時的鏡子是青銅的，青銅的鏽是綠色的，叫做銅綠。有了綠煙，不是不明亮了嗎？但是這裡的銅綠，是被滅盡了的，一旦滅盡了，就發光了。但是不說發光，而說「清輝」煥發。清有透明的意味，輝也不像光那樣耀眼，有一點輕淡的光華。從「飛鏡」到「綠煙」到「清輝」，構成統一互補的聯想肌理。這是一幅靜態的圖畫。接下去再靜態，就可能單調，所以李白讓月亮動起來：

　　　　但見宵從海上來，寧知曉向雲間沒？

這個動態的特點是：第一，幅度大。從空間上說，是「從海上來」，到「雲間沒」；從時間上說，從「宵」到「曉」，從夜晚到清晨。第二，從活生生的「來」，到神秘的「沒」。這裡，語氣既可以說是疑問，又可以說是感歎。這是本詩許多句子的特點。詩人雖然是問月，但並不指望有什麼回答。只是表達自我對自然現象的挑戰和驚訝。倒是下面的句子真格地問起來了：

　　　　白兔搗藥秋復春，嫦娥孤棲與誰鄰？

好像是對神話的發問，也並不在乎有什麼回答，只是詩人的感興。他在〈朗月行〉中也曾經發出過「白兔搗藥成，問言與誰餐」之問。白兔搗藥，老是搗個沒完，和誰一起享用呢？這好像不過是問著玩玩而已，但其深意隱約可感。關鍵是句中那個「孤」字。白兔是不是有伴？嫦娥是不是有鄰？孤獨感，正是詩人反覆強調的意脈。接下去，跳躍性就更大了：

　　　　今人不見古時月，今月曾經照古人。

這種孤獨感從哪裡來呢？從生命的感覺中來。第一，生命在自己的感覺中，並不是太短暫，而是相當漫長。然而，和月亮相比照，就不一樣了。「今月曾經照古人」，古月和今月是同一個月亮，今人中卻沒有古人，古人都消失了，生命之短暫就顯現出來了。第二，「今人不見古時月」。本來月亮只有一個，今古之間，月亮的變化可以略而不計，不存在古月和今月的問題。但是，李白作為詩人，卻把「古時月」和「今月」作了區分。這是一個想象的對比，同一個月亮，因為

古人和今人看了，就有了古月和今月之分。有了古今月亮的區別，古人和今人的區別就很明顯。由於古人已經逝去，他們感覺中的月亮已經不可能重現。把古月、今月對立起來，不過是為了強調古人和今人的不同。雖然古人、今人是不同的，但是，他們在看月亮的時候，命運又是相同的：

> 古人今人若流水，共看明月皆如此。

這就是我們所說的第三點。古人、今人雖是不同的人，然而生命像流水一樣過去這點是一樣的。和明月的永恆相比，在生命的短暫這一點上，古人、今人毫無例外。這似乎有點悲觀，有點宿命。但全詩給讀者留下的印象並不如此，反倒是相當開懷。李白對於生命苦短，看得很達觀，他用這樣的話來作結：

> 唯願當歌對酒時，月光長照金樽裡。

「當歌對酒」，其中的「當」，與「對」同義，並不是「應當」的「當」。這是用了曹操詩歌中的典故。（〈短歌行〉：「對酒當歌，人生幾何。」）曹操是直接抒發「人生幾何」的苦悶，而李白則用了一幅圖畫。這幅圖畫由兩個要素構成：一個是月光，一個是金樽。本來月光是普照大地的，但如果那樣，就沒有意味。只讓月光照在酒樽裡，也就是把其他空間的月光全部省略，月光和金樽的意味是雙重的，月光代表永恆，金樽代表生命的短暫，然而二者統一為一個意象。短暫的生命由於有了月光，意味就變得歡快。永恆不永恆的問題被置之腦後，就更加顯得詩人瀟灑。

　　這幾句詩在中國古典詩歌中，屬於千古絕唱一類。除了因為表現出當時士人對生命的覺醒之外，還因為其思緒非常特殊。在自然現象

的漫長與生命的短暫、人世多變與自然相對穩定不變的對比中,顯示出一種哲理的深刻。

李白沒有辜負老朋友賈淳命意的期望,這首詩成為神品,對後世許多詩人產生巨大影響。如蘇東坡的〈水調歌頭〉(「明月幾時有」),辛棄疾的〈太常引〉(「一輪秋引轉金波」)、〈木蘭花慢〉(「可憐今夜月」),等等。王夫之在《唐詩評選》卷一中說這首詩:「於古今為創調,乃歌行必以此為質,然後得施其體制。」[1]此話在年輕的讀者來看,可能有點隔閡。關鍵字是「歌行」,歌行體是李白時代的「古詩」。這種古詩與律詩、絕句不同,不講究平仄對仗,句法比較自由,句間連貫性比較強,古人、今人、古月、今月,作相互連綿的生發,明明是抒情詩,卻又在推理,用的不是律詩的對仗,而是流水句式,意脈顯得尤為起伏跌宕。

〈月下獨酌〉

李白

花間一壺酒,獨酌無相親。

舉杯邀明月,對影成三人。

月既不解飲,影徒隨我身。

暫伴月將影,行樂須及春。

我歌月徘徊,我舞影淩亂。

醒時同交歡,醉後各分散。

永結無情遊,相期邈雲漢。

這一首,又是以月光和酒為主體意象的,但從根本上說與上一首是不相同的。上面一首,把酒問月的姿態已經夠浪漫了;這一首雖然

1　張忠綱主編:《唐詩大辭典》(北京市:語文出版社,2000年),頁161。

仍然是舉著酒杯的姿態，但沒有把月亮當成被問的對象，而是把它當作有生命的大活人。

　　在內涵上，這一首也和上面一首不太相同。從標題上看就很清楚：「月下獨酌」。關鍵字是一個「獨」字，也就是孤獨。上面一首，還有一個朋友在邊上攛掇他問月；而這一首的詩意，就從沒有朋友的感覺中激發出來，一開頭就是：

　　　　花間一壺酒，獨酌無相親。

很孤獨，只有自己一個人，沒有一個親朋，話說得很直白，屬於直接抒情的手法。孤獨比之群居更受詩人青睞。在唐詩中，以獨坐、獨立、獨遊、獨往、獨酌、獨泛、獨飲、獨宿、獨愁為題者甚多。李白有許多以孤獨為主題的詩，似乎對獨酌之美很有體悟，光是以「獨酌」為題的詩，他就寫了七首。這一首是從〈月下獨酌〉四首中選出。其他幾首也很精彩。如〈其三〉中說：「一樽齊死生，萬事固難審。醉後失天地，兀然就孤枕。不知有吾身，此樂最為甚。」在醉意中可以忘卻生死、榮辱等等。正因為這樣，酒才是超越聖賢、神仙的自由象徵：「天若不愛酒，酒星不在天。地若不愛酒，地應無酒泉。天地既愛酒，愛酒不愧天。已聞清比聖，復道濁如賢。賢聖既已飲，何必求神仙。三杯通大道，一鬥合自然。但得酒中趣，勿為醒者傳。」這顯示出孤獨之飲並不是痛苦的，而是高傲的；孤獨是寂寞的，然而又是自由的，不為世俗所拘，達到自由的精神境界。當然，所有上述詩歌，都是一種豁達的人生之悟。這種豁達，是一種直接激情的表白，以痛快淋漓、極端化、不留餘地為特點。而我們面前的這一首，則是想象境界的描繪：

　　　　舉杯邀明月，對影成三人。

本來是獨酌，沒有親人。而本詩的立意就是要打破孤獨，舉杯邀月，把月亮當成朋友，這是意脈的第一層次。對影成三人，這是意脈的第二層次。層次的上升，強化了歡樂的氛圍，但同時也增添了孤獨的色彩。本來，在中國詩文中形影相弔是孤獨的表現，李密在〈陳情表〉中創造了這種經典的意象。李白反其意而用之，卻又沒有絕對反其意，而是把它與自己生命的特殊體悟結合起來。李白所強調的是，畢竟月亮和影子並不是人，把月亮和影子當成朋友，恰恰是沒有朋友的結果。這裡的意脈就不是單線的，而是複合的，一方面是想象中的解脫自由，另一方面則是現實的孤獨壓力，其間交織著歡樂和悲涼。這一點到了下面，意脈就醞釀著轉折：

> 月既不解飲，影徒隨我身。

畢竟月亮和影子的友情，缺乏人的特點。「不解飲」，也就是不能解愁。影子隨身則更是徒然，對影成三人，就完全是空。這不是把想象境界徹底解構了嗎？不然：

> 暫伴月將影，行樂須及春。
> 我歌月徘徊，我舞影凌亂。

雖然月亮和影子是沒有生命的，但是不能因此而陷於孤獨的痛苦之中，還是要趕緊行樂，享受生命的歡樂。只要「我」進入歡樂的境界，月亮和影子的「徘徊」、「凌亂」，就有了生命的動態。但是，這種動態並不是生活的真實，多多少少有點醉時的幻覺，意脈由低沉轉向高昂。

> 醒時同交歡，醉後各分散。

哪怕是暫時的歡樂，也是應該盡情享受的。一旦真正醉了，沒有感覺了，分散了，也就沒有悲觀的理由。為什麼呢？這裡隱含著詩人在人世孤獨的悲涼。

　　　　永結無情遊，相期邈雲漢。

在天上，在銀河之上，會有相逢的日子。這當然是一種自我安慰，安慰中有沉重無奈，但是，更多的是對孤獨的反抗。

　　這首詩發揮了古風自由體的特色，不以傳統的比興取勝，更不屬於成為套路的情景交融，而完全是直接抒發，但又不是一般的直接獨白，而是在想象中層層推進。其想象之奇特，之精緻，是其成功之道。而其想象之所以奇，又由於其想象邏輯之曲折。首先，其曲折的特點是一再向相反方面轉折。第一次反向轉折是，舉杯邀月，使孤獨感減少，進一步轉折，則是對影成三人，使孤獨感變成了歡聚感。第二次反向轉折是，月不解飲，影徒隨身，於是復歸孤獨。第三次轉折則是，堅持反抗孤獨，「行樂須及春」。這種及時行樂的母題，在《古詩十九首》中早就確立，不過寫得天真直白，而李白的傑出就在於將之美化。美化的關鍵是，借著月色和醉意，進入幻想的歡樂境界，「我歌月徘徊，我舞影零亂」。在這樣的境界中，反抗孤獨就達到高潮。第四次轉折，宣告「醒時同交歡，醉後各分散」，意識到自己只是醉中，反抗勝利是暫時的。第五次轉折，即「永結無情遊，相期邈雲漢」。歡樂的友情是有未來的，在那遙遠的雲漢之間，還可約會。這樣的想象完全符合清代詩話家賀裳和吳喬提出來的詩歌的邏輯「無理而妙」的規律。而這一首特別之妙處在於，遵循著反向邏輯，而且反向轉折不是一度，而是五度。每增一度，就增一奇，起伏五度，乃成五奇疊加的效果，如果用音樂來打比方，則為五重奏。李白對古風這種形式的駕馭可謂出神入化。

〈月夜〉

杜甫

今夜鄜州月，閨中只獨看。

遙憐小兒女，未解憶長安。

香霧雲鬢濕，清輝玉臂寒。

何時倚虛幌，雙照淚痕乾？

　　讀詩，可以不管作者生平、時代背景，直接從文本體悟欣賞，這是美國新批評學派的主張。這有道理，因為一般讀者根本就沒有可能先弄清作家生平再進行欣賞，就是根本不瞭解時代背景，也不妨礙讀者對文本深入感悟。但是，這樣的說法，多少有點絕對化。有時，有些作家十分經典，關於他的生平資料並不難得，參照了時代和生平，對於理解文本，有顯而易見的好處，又何樂而不為呢？

　　讀杜甫，聯繫其生平，就十分必要而且可行。因為杜詩號稱「詩史」，他的個人生活和國家命運緊密相連。掌握時代和生平的資源，對於分析杜甫的詩大有好處。例如這首〈月夜〉，寫作時間是天寶十五載（756），安史叛軍攻進潼關，杜甫帶著妻子和兒子逃到鄜州（今陝西富縣），寄居羌村。一個月後，肅宗即位於靈武（今屬寧夏）。八月，杜甫離家北上延州（今延安），意在前往靈武，投奔中央王朝。但不久就被叛軍俘虜，送到淪陷中的長安。杜甫望月思家，寫下這首名作。

　　杜甫一生漂泊，常常有思念親人的詩作，思念的痛苦大都是對全家的，如：「感時花濺淚，恨別鳥驚心。烽火連三月，家書抵萬金。」（〈春望〉）具體到人，堂而皇之的，則往往是兄弟，如：「有弟皆分散，無家問死生。」（〈月夜懷舍弟〉）對月懷友，理直氣壯，差不多每一個詩人都有大量的作品。涉及閨情的，戍客、遊子思鄉，閨中懷遠，早在《古詩十九首》中就是很集中的母題。後來這方面的作品，

大都採用樂府古題。但是詩中所懷念的女士往往沒有人稱，是概括的，所表現的是普遍的人情，而不是個人的。有一個相當奇異的現像是，直接訴說思念妻子，是很少的。檢索《全唐詩》，公開以「寄內」為題的，也就是完全是為自己的妻子而抒情的，只有十二首，李白就占了四首，其中兩首是在李白身陷囹圄之時所作。在杜甫的千餘首詩作中，贈給朋友的詩作蔚為大觀，光是題目上冠有李白的名字，為李白而作的就有十首之多。而寫到自己妻子，正面寫自己對妻子的懷念，這首可能是唯一的，恰恰也是身陷囹圄之時。這也許是巧合。李白〈南流夜郎寄內〉中這樣說：

> 夜郎天外怨離居，明月樓中音信疏。
> 北雁春歸看欲盡，南來不得豫章書。

這裡也寫到了明月，而且是高樓上的明月，苦盼妻子的音信，看得大雁都飛盡了，卻還是得不到。像李白這樣的詩人，寫到想念自己妻子的時候，居然離不開普遍運用的「大雁」這樣的意象，所表達的感情，其實也比較一般，沒有多少自己遭逢苦難的複雜情緒。

　　同樣是身陷囹圄，杜甫作為俘虜，想念自己的妻子，則是比較別緻的。唐詩研究專家霍松林先生在賞析這首詩的時候說：

> 題為「月夜」，作者看到的是長安月。如果從自己方面落墨，一入手應該寫「今夜長安月，客中只獨看」。但他更焦心的不是自己失掉自由、生死未卜的處境，而是妻子對自己的處境如何焦心。所以悄焉動容，神馳千里，直寫「今夜鄜州月，閨中只獨看」。這已經透過一層。自己隻身在外，當然是獨自看月。妻子尚有兒女在旁，為什麼也「獨看」呢？「遙憐小兒女，未解憶長安」一聯作了回答。妻子看月，並不是欣賞自然

風光，而是「憶長安」，而小兒女未諳世事，還不懂得「憶長安」啊！用小兒女的「不解憶」反襯妻子的「憶」，突出了那個「獨」字，又進一層。[2]

因為對杜甫的生平有細緻的瞭解，所以說得細緻入微。當然，霍氏此說並非完全獨創，而是從文獻引發。《瀛奎律髓匯評》引紀昀的話說：「言兒女不解憶，正言閨人相憶耳。」又引許印芳曰：「對面著筆，不言我思家人，卻言家人思我。又不直言思我，反言小兒女不解思我，而思我者之苦衷已在言外。」[3]杜甫表現對妻子的感情，不像李白那樣從自我的角度來寫其思戀之苦，而是寫妻子和自己一樣望月。其內心之感觸如何，並無一字直接表述，只用「獨看」兩個字暗示。獨看，就是孤單對月之時，不是兩人共看。獨看，一為自身孤獨之感，二為思念遠方之夫，三為暗示內心深處的回憶。回憶什麼呢？杜甫不說回憶共看，而說，小兒女並不理解母親在「憶長安」。這裡的「憶長安」有點蹊蹺。小孩子不懂得回憶家在長安的情景，有什麼好「憐」的？其實小兒女所不懂的是「母親在回憶」。回憶是無形的，無聲的，看不出來的，小孩子一點不懂得母親在那裡想父親，這才顯得天真爛漫，可愛。杜甫在這裡，拐了三個彎：第一個彎，是自己在望月，思念妻子，卻寫妻子在望月，思念自己；第二個彎，不說是妻子在回憶夫妻二人共看情景，卻說小孩子不懂得母親回憶的內涵；第三個彎，這種回憶應該是比較甜蜜的，正是往日的甜蜜，才襯托出此時的憂愁，這種憂愁是妻子的，也是自己的，這種憂愁當然是苦的，但也是甜蜜的。

　　杜甫在這裡，曲曲折折地表現出了對妻子隱秘的溫情。這種溫情，不但在杜甫的詩中，即使在李白的詩中，都是很少見的。如果這

2　《唐詩鑑賞辭典》（上海市：上海辭書出版社，1983年），頁450。
3　陳伯海主編：《唐詩彙評》（上），頁1092。

裡還不是很明顯的話，接下去就清楚了。

　　香霧雲鬟濕。

這當然是寫妻子的美，但這種美，不是一般的美，而是女性的軀體之美。香霧，是寫對妻子頭髮的嗅覺，這是極其親近的人才會有的。「雲鬟濕」，一方面是寫妻子對月的時間很久，以至於頭髮都被霧打濕了。另一方面，濕是看不出來的，只有對妻子的頭髮有觸摸，才有感覺，這就更為親近了，不但是情感的親近，也是軀體上的親近。杜甫越把妻子的美深化，同時也是向自己的男性的潛在感覺深入，在香和濕的嗅覺和觸覺中，寫出了男性的潛在意識。下面這一句，就更為大膽了：

　　清輝玉臂寒。

這是進一步寫到觸覺。寫女性的美，一般寫頭髮，通常是視覺，因為看可以是遠距離的，故為詩歌美化女性的共同法門。但頭髮以外，寫到軀體，寫到手臂，寫到手臂上的溫度，這就到了詩與非詩的臨界點了。如果寫的這種溫度是由一個男性感覺出來的，那就有點危險了。然而，杜甫是有分寸的，對於玉臂的溫度及其感覺主體，他含糊其詞。「清輝玉臂寒」，是月光照射的結果。但「寒」是人的感覺，月光怎麼會有寒冷的感覺呢？也許是妻子自己的感覺吧，也許是杜甫的感覺吧，這就不必細究，留給讀者去想象罷。可以說，這兩句是杜甫對女性之美，從純精神的思念到軀體的觸覺的一次勇敢的突圍。

　　最後兩句：「何時倚虛幌，雙照淚痕乾？」不說今天如何思念，而說異日相逢，在幃帳之前，讓月光照耀著兩個人的眼淚。其實，這裡暗示的是二人共看明月。既然今日不能共看，那就異日共看。明月

的光華本來是照著兩個人的全部身軀，杜甫卻說，僅僅照著兩個人的淚痕。月亮的光是沒有熱度的，卻居然把淚痕照乾了。可見他們共看共憶，無言時間很長，否則不足以把淚痕照乾。為什麼會有眼淚呢？為什麼不替妻子把眼淚擦乾呢？這就是說，讓它默默地流，讓它慢慢地乾。為什麼呢？因為回憶，回憶今日的獨看。今日獨看之苦，不是言語所能表達的。什麼話也不用說，只要無言地相對，就能深深地體悟。可見今日之苦，何其深也。

　　拿這一首懷念妻子的詩，和李商隱的〈夜雨寄北〉相比，是很有意思的。

　　　君問歸期未有期，巴山夜雨漲秋池。

　　　何當共剪西窗燭，卻話巴山夜雨時。

李商隱的構思強調的是，今日的思念是無言的，只有一幅圖畫：巴山夜雨，漫漫地淹沒秋天的池塘。而異日相見，則是有聲的，回憶起今日的景象，有說不完的話。和杜甫的〈月夜〉有相似之處，都是擁有共同的回憶。但是，一個有聲、一個無聲，兩者各自曲盡其妙。

〈水調歌頭〉

蘇軾

丙辰中秋，歡飲達旦。大醉，作此篇。兼懷子由。

明月幾時有？把酒問青天。不知天上宮闕，今夕是何年。我欲乘風歸去，又恐瓊樓玉宇，高處不勝寒。起舞弄清影，何似在人間！　　轉朱閣，低綺戶，照無眠。不應有恨，何事長向別時圓？人有悲歡離合，月有陰晴圓缺，此事古難全。但願人長久，千里共嬋娟。

　　這首詞明顯受到李白的影響，李白的「青天有月來幾時？我今停杯一問之」，被蘇東坡轉化為「明月幾時有，把酒問青天」。這好像基本上是抄襲，沒有什麼新意。但若果真如此，蘇東坡的詞就沒有必要寫了。幸而，蘇氏的整個命意與李白不同。李白的主題是人的生命與大自然相比是短暫的，雖然短暫，但仍然要瀟灑地歡度；而蘇軾卻不是（詳見下文）。李白筆下的月亮是沒有具體時間的，蘇東坡面對的是中秋的月亮。李白的月亮，固然引起了戍客的鄉愁和思婦的懷遠，但並不是指具體的個人，而是一般概括，富於哲理性；而蘇東坡的想象，則是很有個人色彩的觀感和對親人的懷念。

　　題目下詩人的小序說得很明白：時間是中秋節，（據說是在密州一個叫做「超然臺」的地方）詩人對著月亮非常快樂地喝酒，喝到通宵而且大醉，醒來後，寫作此詞抒發想念自己弟弟的情緒。蘇軾因為政治上和王安石不合，失意，就自己請求離開中央，下放到杭州。本來這是個好地方，可是因為弟弟當時在齊州（今山東濟南），他便要求調任，到了高密（今屬山東），後來又到密州（今山東諸城）。從密州到齊州，大約二百多公里。地理上的距離是縮短了，可他還是覺得兄弟不能相親，是個極大的遺憾。到密州三個月後，恰逢中秋，想到弟弟就在不遠處，卻相見無由。（當年十月，蘇轍罷齊州任回京，十二月，蘇軾調任山西，他們兄弟始終未能相會。）說是「歡飲達旦」，可是從全詞的語言來看，好像並不完全是歡樂，其中肯定有親人離散的憂愁。準確地說，這首詞的好處可能在於悲歡交集。為什麼「歡」呢？因為酒使他帶上了仙氣，有點飄飄欲仙之感。

　　飲酒，盡情地飲，當然是痛快的，可是為什麼要喝這麼多呢？心中有事，需要解脫。問明月幾時有，向天發問，就是等明月等得有點焦急了。明月出現了，不是不用問了嗎？可是還要問，問什麼？天上宮闕，是豪華的瓊樓玉宇，是想象中的仙境，仙境當然令人感覺很美妙，自己的感受也因此變化，「我欲乘風歸去」，好像體重都沒有了。

「乘風」這兩個字，用得太瀟灑，毫不費力就可以上天，而且是「歸去」，似乎本來家就在天上。這可真是飄飄欲仙。這時，蘇東坡雖然受到一些挫折，但比之後來所受的打擊，還是很輕微的。故此時的他，很容易進入浪漫的想象境界。有一條記載說明瞭這一點。蔡絛的《鐵圍山叢談》中說：

> 東坡昔與客遊金山，適中秋夕，天宇四垂，一碧無際，加江流傾湧，俄月色如畫，遂共登金山山頂之妙高臺，命（袁）綯歌其〈水調歌頭〉，曰：「明月幾時有，把酒問青天。」歌罷，坡為起舞，而顧問曰：「此便是神仙矣。」[4]

從這一點來看，蘇軾應該是飄飄有神仙之感，精神上相當放鬆。但是，蘇軾畢竟不像李白那樣一旦幻想起來，就忘了現實而遊仙起來。他是很現實的，天上固然美好，但是「高處不勝寒」，不一定適合人居。那麼不去天上，就是在人間，「起舞弄清影」，不是也挺美好的嗎？這個「起舞弄清影」，關鍵在於一個「弄」字，就是玩，也就是遊戲，「弄」還有彈奏的意思。這樣的詩意，是從李白「對影成三人」那裡轉化出來的，但是並不像李白那樣為了表現孤獨，而是為了表現自身的瀟灑。就這樣，蘇軾營造了一種似人間又非人間的意境，一種又醉又清醒的感覺，徘徊於現實與理想、人間與非人間之間，矛盾又統一。有矛盾，有彷徨，才有特點，才精彩。正是因為太精彩，後世就有人模仿。李冶的《敬齋古今黈》卷八中說：

> 東坡〈水調歌頭〉：「我欲乘風歸去，又恐瓊樓玉宇，高處不勝寒。起舞弄清影，何似在人間？」一時詞手，多用此格，如魯

4　吳熊和主編：《唐宋詞彙評》（兩宋卷）第二冊（杭州市：浙江教育出版社，2004年），頁416。

直（按黃庭堅）云：「我欲穿花尋路，直入白雲深處，浩氣展
虹霓。只恐花深裡，紅露濕人衣。」蓋效東坡語也。近世闌闌
老人亦云：「我欲騎鯨歸去，只恐神仙官府，嫌我醉時真。笑
拍群仙手，幾度夢中身。」

應該說，這些模仿並不高明。模仿要得法，需脫胎換骨，得其神髓，
而不落痕跡。黃庭堅那首，連句法（「我欲」）都一樣，對自己的要求
太低。想象的思路，也追隨蘇東坡，想要到天上去。只是看重了蘇東
坡想象的終點，而沒有看到蘇東坡想象的層次。蘇東坡要上天，有一
個條件，是自己有身體輕盈的感覺：「我欲乘風歸去」。而黃庭堅卻直
接「穿花尋路」，就到了「白雲深處」。壞就壞在這個「路」字上。由
「路」不能自如過渡到天上去。再說「紅露濕人衣」，並不像「高處
不勝寒」那樣可慮。故其想象欲飛，而聯想卻十分生硬。差之毫釐，
謬以千里。至於闌闌老人，則更是粗俗，他所擔心的竟然是到了天
上，「神仙官府」嫌他「醉時真」。這個「真」是什麼意思呢，是本真
嗎？神仙境界拒絕本真，有什麼聯想的根據呢？「笑拍群仙手」不是
很開心嗎？為什麼卻成為擔憂的理由呢？整個聯想過程無序，給人一
種混亂的感覺。

　　到了下片，蘇軾從天外幻覺中轉向人間，用人間的目光來看月
亮。「轉朱閣，低綺戶，照無眠。」月亮是美好的，所照耀的建築也
是華貴的「朱閣」和「綺戶」。有詞話說，「低綺戶」的「低」應該是
「窺」（胡仔《苕溪漁隱叢話前集》卷五十九）。[5]這是有道理的。這
是對現實中月亮的描述。「轉」、「窺」、「照」三個字，並不是全面寫
月亮的運動，而是揀與人物有關的居所來寫，特別點出人物的「無
眠」。中秋的月亮本來是很光明的，普照大地；可是在蘇東坡筆下，

5　吳熊和主編：《唐宋詞彙評》（兩宋卷）第二冊（杭州市：浙江教育出版社，2004
　　年），頁417。

卻專門找失眠的人作對。失眠是一種結果，思鄉、思親才是原因。

　　接下去的「不應有恨，何事長向別時圓」就不是描述，而是抒情。這是從思親的角度還是從一般的失眠者的角度，不必細究。唐圭璋《唐宋詞簡釋》中說：「『不應』兩句，寫月圓人不圓，頗有惱月之意。『人有』三句一轉，言人月無常，從古皆然，又有替月分解之意。」[6]這是說得很精到的。親人不得團聚，原因本不在月，卻先歸咎於月。

　　這裡的關鍵字是「圓」。其中包含著雙重意味，第一重，是月亮形狀之圓；第二重，是漢語裡由月亮形狀之圓而引申出來的親人之團圓。正是因為月圓與團圓的雙關，詩人的聯想才自如地從物的圓轉移到人的不團圓上來。這種轉移，使得詩人惱月有了根據，同時也顯示情感邏輯與理性邏輯之不同，可見情感之強烈。後又為月解說，悲歡離合、陰晴圓缺，是免不了的，不可能正好是同步相稱。這是自我安慰，但是這種自我安慰，並不完全是理性的，仍然是把人情的「悲歡離合」和自然現象的「陰晴圓缺」對稱起來，按正相關的規律來看待。這種正相關，仍然不完全是理性，而是情感邏輯的。

　　這是議論，是抒情，最後把抒情歸結到意象上來：

　　　　但願人長久，千里共嬋娟。

既然不能兩全，就只能豁達一點，只要感情長久，即使不能相聚，只要能同時望月也已經很美。這就表現了情感的收斂。從惱月的強烈，到望月的共用，情感不是一味強烈，而是一張一弛，節奏起伏有致。

　　蘇軾對弟弟蘇轍很有感情。這個弟弟，也真是一個不簡單的弟弟。後來，當蘇軾因為「烏臺詩案」受難，「獄司必欲置之死地，鍛

6　吳熊和主編：《唐宋詞彙評》（兩宋卷）第二冊（杭州市：浙江教育出版社，2004年），頁418。

煉久之不決」時，就是這個弟弟蘇轍，主動提出把皇上所賜爵祿拿出來為哥哥贖罪，感動了皇上，改為下放黃州。

（蘇軾寫月在他的文中也有成就，特附對〈記承天寺夜遊〉的解讀於本節之後，供參考。）

〈關山月〉

李白

明月出天山，蒼茫雲海間。

長風幾萬里，吹度玉門關。

漢下白登道，胡窺青海灣。

由來征戰地，不見有人還。

戍客望邊色，思婦多苦顏。

高樓當此夜，歎息未應閒。

這是一首樂府古題，所謂古題，就是不像〈把酒問月〉、〈月下獨酌〉那樣是作者自己擬題，而是有現成的題目。《樂府古題要解》說：「關山月，傷別離也。」主題和基本情調已經確定。就這個題目而言，在李白以前，已有盧照鄰、沈佺期等人寫過；在李白以後，還有王建、張籍、李端等人再寫。很顯然，這是一種練習題，詩人通過此等現成題目，在已經得到共識的意象和主題中展開想象。要完成這樣的詩應該是不太難，而要在公共話語中，寫出自己的新意來，則比較困難。試看盧照鄰的〈橫吹曲辭〉〈關山月〉：

塞垣通碣石，虜障抵祁連。

相思在萬里，明月正孤懸。

影移金岫北，光斷玉門前。

寄書謝中婦，時看鴻雁天。

構思和想象的空間是從西北邊塞，中經玉門，到中原大地。抒情主人公是征戍之士和他思念的「中婦」。以這一首和李白那一首相比較，就戍客和思婦之間的思念之情來看，二者區別不太大。但是，李白的一首是千古名作，而盧照鄰這一首卻是平庸之作。這是為什麼呢？

　　「塞垣通碣石，虜障抵祁連。」這兩句指的是從祁連到長城邊塞戰線漫長，征戍之士和思婦之間的距離也極其遙遠（「萬里」）。空間的距離首先由於對仗的句法而聯繫起來。緊接著是：「相思在萬里，明月正孤懸。」把這樣的空間聯繫起來的還有孤懸的明月。應該說，這兩句把本來比較鬆散的意象，統一為一個有機的整體，是頗具筆力的。而李白〈關山月〉則是：

　　　明月出天山，蒼茫雲海間。

這一句曾經有人發出過疑問：天山在西部，月亮應該是落天山，而不是出天山。但是，下面的雲海，可以補足這樣的想象。雲海，提供海的感覺，明月浮現在雲海之間，是比較符合讀者想象程式的。明月從天山浮現，在蒼茫雲海之間，字面上與盧照鄰的「相思在萬里，明月正孤懸」有許多相近之處，但在氣魄上，有很大的不同。首先，盧的境界是遼遠的，而不是遼闊的，是透明的，而不是蒼涼的。其次，從天山到玉門關內，用明月相連已經成為俗套了。李白畢竟是李白，他不用明月這樣可視的意象來聯繫，而是：

　　　長風幾萬里，吹度玉門關。

用「幾萬里」的「長風」把關外和關內遙遠的空間統一起來。其想象和情緒與盧照鄰有什麼不同呢？從表面上看，風好像不如月，不具備可視性。但是，「萬里吹度」卻提供了一種宏大的視野，長驅直入的

動勢，透露出豪邁的胸襟。無形的風，從有形的明月和雲海這樣的意象上吹過，也就帶上了意象的滲透。意象融合於宏大的空間，反襯得氣魄就宏大了。

　　盧照鄰接下去的兩句：「影移金岫北，光斷玉門前。」前面已經表明相思萬里，明月孤懸了，這兩句，雖然有具體的意象，但都是地名的典故，仍然是月亮在萬里空間上的「影」和「光」，並沒有多少情緒的拓展，嚴格說來，是詩人的意脈徘徊。為什麼詩人要寫這樣的句子呢？大概是因為當時對仗手法比較方便，信手拈來，毫不費力。和李白一比就不難顯出高下來了：

　　　　漢下白登道，胡窺青海灣。

雖然也是以對仗的句法運用典故，但是從空間的遼闊，變成了時間的遠溯。歷史上邊塞曾有過兇險的記錄，連漢高祖都曾經被匈奴圍困在白登（山西大同附近）。青海，則是唐軍與吐蕃連年征戰之地。民族矛盾常常是迫在眉睫，在這種情況下，戰爭是不可避免的現實：

　　　　由來征戰地，不見有人還。

犧牲是慘烈的，又是別無選擇的。這樣詩人的情緒就變得很複雜了。同樣是戍邊的將士與思婦，在盧照鄰那裡，就只是：「寄書謝中婦，時看鴻雁天。」「謝中婦」的「謝」，不是感謝，在古代漢語中有「道歉」的意思，非常抱歉，害得妻子時見大雁南歸而丈夫不歸，引發憂愁。這兩句和前面的「相思在萬里，明月正孤懸」呼應，構思還是完整的。但是從內涵上來說，明月和大雁，所引發的是限於現實的思念之苦。而李白卻寫出了歷史與現實的矛盾。

　　這裡有兩個層次，第一個層次是：

　　　　戍客望邊色，思婦多苦顏。

在如此慘烈的背景上，又用了一聯對句。既是歷史的又是現實的，征戍之士和思念丈夫的妻子，精神上都是很痛苦的。對於征戍之士的稱謂，唐詩創造了一個很別緻的詞：「戍客」。戍，是戰士，從人，從戈，意為戍守。而客，卻是客居，突出了遠離家鄉的意味。但是，李白在這裡的用詞似乎比較節制。戍客和思婦，本來應該是很痛苦的，但是只用了「望邊色」和「多苦顏」，顯得很含蓄。

　　第二個層次則是：

　　　　高樓當此夜，歎息未應閒。

這裡的「當」，就是「對」，對什麼呢？對著月亮，就是開頭從天山上出現的月亮。想象妻子正面對明月。思念妻子，向來在精神上都很痛苦。但是，這裡的意思只是歎息，不斷地歎息，情緒並不是很強烈。這就是古詩與律詩、絕句在情緒上有所不同的地方。強烈的感情和不強烈的感情都可以是明亮的，後者有時甚至比前者更雋永深沉。這也就是嚴羽把漢魏古詩的境界置於唐詩之上的原因吧。

〈夜上受降城聞笛〉

李益

回樂峰前沙似雪，受降城外月如霜。

不知何處吹蘆管，一夜征人盡望鄉。

　　古代詞話在欣賞蘇東坡的〈水調歌頭·中秋〉時往往要提到最後一句「千里共嬋娟」。這可能是由謝莊的〈月賦〉「隔千里兮共明月」中化出來的，但到了蘇東坡時代，從月亮想到家鄉已經成為傳統母題

的共用想象途徑。這個聯想途徑，早在唐朝就廣為運用。本篇就是一個例子。

　　不過，由於這已經成為套路，所以對比較有追求的詩人來說，光是以月亮的共賞來引發思鄉的愁緒，就嫌有點單薄。那麼李益的這首詩，是不是增加了一些什麼東西呢？

　　首先是地方的特點。這不是在中原，不是在東部，而是在西部沙漠地帶。第一句就寫沙漠上月光的特點：

　　　回樂峰前沙似雪。

這是強調荒涼的沙漠上月亮反光之強烈。第二句：

　　　受降城外月如霜。

這就是說，不管是沙還是月光，都是統一的霜雪色調——一望無垠的銀白色。這樣就構成了一片空闊的境界，除了白色一無所有的空曠畫面。在這樣視覺毫無障礙的畫面上，想到千里之外的家鄉，不是很自然嗎？但是詩人可能覺得這樣太落套路，於是就在空曠的天地之間增加一個元素：

　　　不知何處吹蘆管。

蘆管，就是胡笳，胡人卷蘆葉而吹。用聽覺喚醒視覺，提醒戰士身在異鄉。這種喚醒使心情從寧靜的眺望突然一下轉變為思鄉的憂愁。第三句這一意脈的轉折很是「婉轉」，成為全詩的亮點。這麼空曠的天地，月光普照，直視無礙，故征人望鄉，不是隨意一望，而是望了「一夜」。這裡也寫失眠，卻不是明寫，而用一個更為含蓄的字眼

「望鄉」。這當然是一夜失眠的原因，也是一夜失眠的結果。

〈鳥鳴澗〉

王維

人閒桂花落，夜靜春山空。

月出驚山鳥，時鳴春澗中。

這首也是寫月光的，但並不寫思鄉，而是寫月光的明淨寧靜。

人閒桂花落。

這第一句好像是敘述，沒有什麼功夫。其實不然，這一句中暗含著一個因果關係。桂花落下來，是很輕盈的，沒有聲音的，一般來說，人是不會有感覺的，但是居然被感覺到了。這就說明這個人是多麼地閒、多麼地寧靜。第二句：

夜靜春山空。

也好像是敘述，沒有什麼特別。但這裡的「空」，不僅是春山的「空」，也是這個人心靈的「空」。寧靜到極端，意味著極其空靈。這種空靈，在第二句還只是一種狀態，讀者可能還沒有感受。到了第三、四句才給讀者的感覺以充分的享受：

月出驚山鳥，時鳴春澗中。

這個「驚」字用得很險。月亮出現，並沒有什麼聲音，怎麼會把山裡的鳥給驚醒了呢？這裡表現的是山裡真是太寧靜了，哪怕是月光稍微

有所變化——也許是從山峰上升起，也許是月光從雲端裡溢出，這種
無聲的、只是光和影的微小變動——居然也能驚醒已經熟睡的山鳥，
可見山野之靜。這裡值得注意的是：「時鳴春澗中。」這個「時」，也
就是不時的、斷斷續續的意思。那麼大的一座山，一隻鳥叫了幾聲，
居然就被感受得這樣強烈。以輕微的聲響襯托寧靜，是古典詩歌裡常
用的手法。南北朝王籍有「鳥鳴山更幽」(〈入若耶溪〉)，杜甫有「伐
木丁丁山更幽」(〈題張氏隱居〉)。其意境之妙，不但在山的寧靜，更
在反襯詩人內心的空靈。忽略了這一點的詩人，就粗淺了。如李嶠的
「荒阡下樵客，野猿驚山鳥」(〈早發古竹館〉)，就完全沒有靜的境
界。連桂花下落都能感受得到的心境，是一種虛靜空寂的心境。沒有
這種心境，而只作客觀景觀的描繪，就不是主客交融的意境。

附錄一
〈記承天寺夜遊〉：美景與閒心的遇合

〈記承天寺夜遊〉

蘇軾

元豐六年十月十二日夜，解衣欲睡，月色入戶，欣然起行。念無與為樂者，遂至承天寺尋張懷民，懷民亦未寢，相與步於中庭。

庭下如積水空明，水中藻荇交橫，蓋竹柏影也。

何夜無月？何處無竹柏？但少閒人如吾兩人者耳。

作者注明，寫作時間是元豐六年（1083），這時蘇軾因「烏臺詩案」被貶至黃州為團練副使已經四年，這年他四十四歲。總的來說，這時他的心情是比較沉鬱的，但是蘇東坡畢竟有他自己的個性——不像范仲淹，永遠是憂愁，進亦憂，退亦憂，在朝憂其民，在野憂其君。蘇東坡當然也有憂愁，可是，他並不因此而沒有歡樂。這一篇寫的就是在政治上十分艱難的歲月裡，他仍然有自己的歡樂。

這一篇小品式的文章所表現的蘇東坡的個性是十分豐富、非常自由的。他非常重視自己的心情，享受難得的歡樂。本來到了夜裡，解衣欲睡了，僅僅因為月色入戶，就欣然起行。不睡了，沒有倦意了。興致來了，日常生活的習慣就不在話下。為什麼呢？因為自然景觀觸動了他，覺得很應該快樂一下。自己快樂就快樂吧，不夠，還要找一個朋友來一起快樂，就跑到承天寺裡去找朋友張懷民，一起享受這大自然的恩賜。

本來，此刻的月色已經足夠使蘇東坡興奮了，可是沒有想到張懷

民那裡——承天寺的天井裡，月色更是精彩。

這篇文章的精華，就在於對月色的描繪。

首先，文本的主體是月色，但是沒有直接提到月。蘇東坡的筆力集中在月色的明亮，但又不提月色明亮，只說「積水空明」，這是一種視覺效果：月光照著庭院，給人一種滿院子都是水的感覺；而且不是一般的水，是透明的水；不是一般的透明，是透明得好像什麼也沒有一樣。「積水」和「空明」，這兩個片語結合在一起，很精煉，也很傳神，給讀者很多聯想。這是一方面，強調的是月色的透明。

第二方面，從透明的反面做文章。「水中藻荇交橫，蓋竹柏影也」。竹柏的影子很黑，黑得像水中藻荇一樣。這個暗喻的好處不但在於黑白對比，更在於，它和前面的把月光比作水，是連貫的。前面的水引出後面的藻荇，在聯想上是從屬衍生性的。

這裡動人的當然是自然景觀。但是，整篇文章的動人又不完全是自然景觀，是對自然景觀的發現。文章寫夜月到處都是，竹柏影子也普遍存在，但是美景要有一種心情去欣賞。這種心情，就是一種閒適的心情。沒有閒適的心情，對美景就沒有感覺。故最後一句說，天下美景甚多，之所以沒有得到表現，是因為沒有我這樣的閒適心情。

歸根到底，這篇文章的主題，就是美景與閒心的遇合。閒心就是超越世俗功利之心。蘇東坡正是以這樣的閒心對待逆境。即使在逆境中，也以平常心處之，這樣的人才是一個內心豐富成熟的人。

附錄二
圍繞著月亮的想象競賽

　　關於月亮，我們這裡講的都是中國古典詩歌的意象和想象，當然並不是全世界詩人都是這樣想的。飛白先生在〈比月亮——詩海遊蹤之二〉指出：「詩人代表著民族的眼睛，據我的統計，圓月在中國詩中（另外還有日本詩中）出現的頻率遠遠高於世界其他地區，因此完全可以概括地說『中國的月亮比外國圓』。這證明我們見到的月亮，不是月亮的物象，天上的月亮同是一個，但是我們見到的月亮是不同語言的格式塔，中國月亮的格式塔是圓月（按：因為有團圓的聯想），法國和中東月亮的格式塔是新月，法國和中東甚至在民族特色食品上也有體現。你們知道，中國月餅是圓的，而著名的法國『月餅』croissant，直譯詞義就是新『月』，形狀也是新月形的。（按：這就是所謂的羊角包。）」飛白先生還指出，在法國人的想象中，新月意和鐮刀聯繫在一起，意謂著「豐收」、「光輝的前景」、「善」、「吉祥」和「完成」。這一點和中東人的想象有相近之處，不過在阿拉伯人的想象中，新月的顏色是綠的。他們的曆法是根據月亮的盈虧來計算的，「新月是人事和朝觀的計時，齋月的開齋和封齋也是看新月。為了迎接新月，專用白銀製作祭祀法器。作為牧民，他們的原始圖騰是一對公羊角，彎成弧形，構成的正是一對新月的形狀」。故中東和法國詩歌中，多有歌新月而不是圓月之作。

　　月亮不管是圓月還是新月，在古典詩歌中引發的想象都是美好的。但是，這並不是詩歌想象的全部。在現代派詩歌中，這種想象變得複雜起來。

　　余光中在〈月光光〉這首詩中，把「月光」比作「冰過的砒
霜」。這和傳統意義上，月光與思念親人的親情和溫情的聯想機制可
以說是背道而馳，「舉頭望明月，低頭思故鄉」，「月兒彎彎照九州，
幾家歡樂幾家愁」，「但願人長久，千里共嬋娟」，即使是憂愁，也是
美好的，甜蜜的。而余光中則進行了徹底的顛覆，月光帶給人的不是
溫馨甜蜜的感覺，而是有毒的感覺，這是一種陌生化，但它是合理
的，與自動化的漢語聯想機制是有聯繫的。「月是冰過的砒霜」，在表
層是陌生化，而在深層則是自動化。這個自動化與余光中特別的感情
經歷有關。如果一點關係都沒有，那就不是藝術了，任何一個沒有藝
術修養的人，就都可以亂寫了，例如，「月光光，月光是泥巴」行不
行？不行。這倒是陌生化了，但沒有深層的自動化的漢語聯想機制的
支持。余光中則不然：

　　　　月光光，月是冰過的砒霜，
　　　　月如砒，月如霜，
　　　　落在誰的傷口上？

　　關鍵是這個「傷口」。為什麼月光照在身上有落在傷口上的感
覺？「傷口」這個詞語本來是生理方面的，但這裡顯然是心理方面
的。逗引詩人思鄉的月光居然變成了落在傷口上的砒霜，這肯定是思
鄉而不得回鄉的結果。聯繫余光中二十多年不得回鄉的經歷，不難明
白，這裡是這位臺灣詩人心靈深處的隱痛。
　　他看到月光就害怕，已經成為一種病；他看到月光又非常喜歡，
已經達到愛戀的程度。「月光」的語義被衍生、顛覆、陌生化了還不
算，他還要在顛覆的基礎上再顛覆，在陌生化的基礎上再陌生化，使
之互相矛盾：既有「恐月症」，又是「戀月狂」。
　　這個「戀月狂」中，隱藏著很複雜的學問。

　　它之所以成立，不但因為詩人的經歷而合理，而且因為文化上的中西合璧而精彩。飛白先生分析柯勒律治的詩中的月亮是瘋狂的（lunatic）。「其詞根是拉丁文的月亮（luna），把二者結合起來，lunatic 就是月狂。」為什麼月要狂呢？因為月亮女神的名字叫做「luna」，她看到一個美少年就吻了他一下，為了不讓這個少年變老，就讓他長睡不醒。每逢她經過就給他一個吻。你看這個女神是不是有點瘋狂？這個故事寫在濟慈的長詩〈恩底彌斯〉。[1]

　　以上所述還只是關於月亮的極小部分例證，為了說明讀者打開眼界，請允許我把二十世紀八十年代的一篇書評〈圍繞著月亮的一百種想象〉附在這裡。

〈圍繞著月亮的一百種想象〉

　　有一個很平常然而又是很有啟發性的現象往往被許多藝術奧秘的探索者忽略了，那就是在外國的，主要是西歐、北美、俄羅斯的詩歌中，很少寫到月亮，而在中國詩歌中月亮的意象出現的頻率卻很高，不僅中國古典詩歌中如此，就是在中國現代新詩，甚至中國當代詩歌中也是如此。這樣一個引人深思的現象是香港詩人盼耕（陳藩耕）發現的，他編了一本《一百個怪月亮》，其中收集了一百首中外詩人，主要是現代當代詩人寫到月亮的詩，除了雪萊和惠特曼兩首以外，作者全都是龍的傳人，包括臺灣詩人、香港詩人和大陸詩人。盼耕故意沒有收錄中國古典詩人的作品，原因顯然是數量太多了，據他統計，在中國古典詩歌中有籍可查的詠月詩就有五千多首，僅李白一人詩篇中涉及月亮的就多達二百五十餘首，而李白現存的詩篇連那些被懷疑是後人偽託之作在內的不過九百餘首。

1　飛白：〈比月亮——詩海遊蹤之旅〉，《名作欣賞》2010年第10期。

這是一個很令人深思的現象，如果習慣於用亞里斯多德的「模仿自然」說，或者用車爾尼雪夫斯基的「美是生活」的說法解釋，恐怕是要枉費心力的。為什麼月亮慷慨地給了中國詩人那麼多的靈感而對西歐詩人卻那麼吝嗇呢？盼耕在編這本詩選的時候當然是心中有了明確的答案的，他的書名叫做「一百個怪月亮」，強調的不是一個月亮，而是多至一百而且怪。怪者，異常也，一個與一個不相同也。為藝術愛好者提供鑑賞材料的書，在中國大陸多如牛毛，但這本書的特點是把欣賞的題材集中到同一個對象上來，給讀者以對比不同的詩人不同的創造的便利。僅僅在目錄的標題上就可以看出他的良苦用心，試看：「月亮是鏗然作響的空罐頭」、「月亮是可口的飲料」、「月亮是恐怖的毒藥」、「月亮是說謊的孩子」、「月亮是偷情的女人」、「月亮是驚恐的逃犯」、「月亮是有乳香的洗澡水」、「憩舐血跡的月光」、「使朱門開出菊花的月光」、「月來時有馬蹄涉水聲」。用這樣尖銳的與月亮本身的形態與性質相悖的意象和詩句作一百首詩（或詩節）的標題，編者的意圖是很明顯的，那就是告訴讀者在詩的世界裡，月亮已經不是天體物理學中的那個客體，而是一種心理現象，一種創造性的想象，它的動人之處已經不取決於它與大自然中的月球的相似或相近，而是與之拉開了距離的詩人的感覺和知覺的無窮變異。正因為這樣，盼耕才選了那麼多在通常看來如同瘋子的囈語的詩句，比如「月亮是烤焦的月餅」、「月如濾水的礬」、「月球有銅銹，是頭皮的製造者」。細心的讀者可以明顯地感到盼耕對非古典詩意的強烈愛好。在中國古典詩歌和西歐古典詩歌中，月亮自然很少以它的自然形態出現在詩中，它在詩中也是變了形、變了質的，但是它的變異往往與美好的珍貴的性質相聯繫，中國古典詩歌中用以代替月亮的典故無一不是華彩的，與詩人的錦心繡口相

適應。自然，到了現代和當代詩歌中，這種美化的想象導向仍然占著很大的比重。然而盼耕在每一首詩後所附的簡短賞析文字中都流露出對非美化的變異的意象有更深的理解。

盼耕本身就是一個當代詩人，又生活在香港那樣的文化和物質生活環境之中，他的詩的趣味和賞鑒的趣味都表現了某種從古典美走向現代美的趨向。他引用了余光中的詩〈月光光〉，解釋了何以在余光中的感覺世界中「月亮是有毒的」。他特別重視余光中的以下一節詩：「我也忙了一整夜，把月光／掬在掌，注在瓶／分析化學的成分／分析回憶，分析悲傷／恐月症和戀月狂。」他指出，欣賞的關鍵不在月亮本身有沒有毒，而在於詩人的經驗和記憶中有沒有毒。他說：「同一個月亮在他眼中，有時是可以飲的，帶有薄荷味的流體物質；有時又變成劇毒的砒霜。」因而恐月症（月光下痛心疾首的經驗）和戀月狂（月光下羅曼第克的經驗）對現代詩人來說同樣是重要的。這樣，把月亮變醜和把月亮變美，或者把月亮變得既不醜也不美就為現代（包括當代）詩人拓開了更廣闊的想象天地。

盼耕的功績在於他想出了這樣好的一個主意，把一百個變得不像月亮的月亮集中起來，讓讀者在他這本並不太厚的小書中大開眼界。如果讀者曾為古典詩歌的想象導向所限，他就會驚異於月亮原來不與「白玉盤」、「蟾宮」、「桂魄」、「瓊樓玉宇」聯繫在一起也可以變得很妙。它可以不單在視覺領域中展示出神奇的出人意表的形態，也可以在聽覺中突現出那樣特別的性態。月亮是一隻剛吃光的鳳梨罐頭，在屋頂上被踢起來，居然還鏗然作響。怪是怪到了極點。如果拘泥於古典詩藝，簡直是不可思議，然而妙也妙在把視覺的透明變成了聽覺的鏗鏘，這是一種拉開距離感知變異，是一種探險。然而這並不是任意的，其間有非常精緻準確的聯想的過渡，如果罐頭不是空的，

又不是在屋頂上，那發出來的聲音就絕不會那樣清脆，也無法使讀者從聲音的清脆順利過渡到光的清澈。盼耕對現代詩歌意象的感知變異的大膽給了很高的評價，同時又對極精緻的聯想過渡作了充分的分析，要做到這一點比較難。對於那些美的意象，比如把視覺的光變成味覺的涼的想象，月亮是有點薄荷味的、涼涼的可以用乾淨的麥管吸的，懂得「通感」的讀者在一陣驚歎之後是不難找到理論說明的。難點在於對「月亮是烤焦的月餅」這樣變醜的意象，並不是所有的讀者都能順利追隨詩人的聯想過渡環節的。盼耕的另一個貢獻就在這裡突出地表現了出來，那就是他往往能於細微處見功夫。他比通常的賞鑒文章更細緻地為讀者接續那被詩人故意切斷的聯想軌跡。他說：「大概在詩人的記憶中，有著被烤焦的故事，所以月亮在他眼中也是被烤焦的記憶，烤焦的月餅並不美麗光潔，但它也是一顆赤誠的鄉心。」這就通過月餅的特徵把月亮的陰影和思鄉的焦灼之間的聯想過渡環節揭示出來了。對於另一首詩中的「月來時有馬蹄涉水聲」這樣一種用聲音來表現光的想象，盼耕的分析更是具體入微，他說：「大概是詩人側臥海旁，看著月亮從大海中升起而想到了月亮會『涉水』……自然會有『涉水聲』，而且『月光是濕了，我摸得出來。」然後他指出這樣寫的好處是「兼具視覺、聽覺和觸覺之美」。類似的精緻分析在這本書中比比皆是，特別是對「你讀月光似的讀我的嘴唇」、「中秋月是打碎的算命鑼」、「月如濾水的礬」、「新月是銀勺子」、「上弦月是覆舟」等都有極精彩的分析。分外令人感到滿足的是他在分析中還提出一系列新鮮的概念，諸如意念和意象之間的「移位」，感知變異中的「功能變異」，「意象的演繹」以及時間空間的「擴張與推展」，「文字的音響性和意象的擴張性」，這就使書中一些內行的賞析文字由經驗層次上升到某種

程度的理論層次。正因為這樣，在絕大多數的賞析中，盼耕都追求對詩人創造性的想象追索其充足理由。他有這種雄心，也有相應的理論武器，除了在少數場合他不自覺地停留在傳統的印象式和感受式評論上以外，他都順利地發揮出某種理性的說明。當然，由於詩本身就有許多為理性所不能充分說明的地方，他有時也不免顯得困惑，這時，他的感覺，或者說直覺就顯得比他的理性更為活躍。可是，有時他又不滿足這種直覺的評論，於是便會求助於某種直覺的理論，這最明顯地表現在他對〈壺底湧起的月光〉的分析中：「『壺底湧出的月光』……似乎壺就是月亮，但是詩的首句『我是壺』又顯示壺是詩人自己，這兩個意念互不協調……互為反差，詩中的『我』，可以是月亮，可以是詩人自己……這是臺灣詩壇中曾經流行過的『無我』的詩風留下的一個痕跡。」這就有點牽強了，詩藝無論如何新異總不能以不協調不統一為目標。每當盼耕感到他的理論不足以解釋他所選擇的詩時，往往就出現某種困惑，這本是目前許多幫助讀者欣賞藝術品的文章中常見的現象，原因乃是就目前我們所擁有的理論而言，還不能充分地為許多藝術品找到理由，我們對盼耕不可能苛求到要他對一百首詩每首都解釋得十分圓滿。這是目前我國詩的闡釋學的局限，而不是盼耕的局限。我們對於盼耕這本書略感不滿的是，他為了湊足一百首之數選了一些並不見精彩，甚至可以說屬於敗筆的詩作，而且又出於某種熱情對這些敗筆（例如說月球有銅銹，是頭皮的製造者）也給了很高的評價，這就給讀者一種十分勉強的感覺，而且留下了某種困惑感乃至不信任感。其實，盼耕本該大膽一些，一百首月亮詩中當然並不可能都是好的。好的就說為什麼好；不好的就說為什麼不好。那樣不是主動些而且自由些嗎？

不過，不管怎麼說，讀者仍然會感謝盼耕的，因為他讓讀者看到一場詩人圍繞著月亮的想象的競賽，而且對這場競賽進行了那麼生動的解說。

——本文原刊於《羊城晚報》一九九〇年五月一日，

後轉載於香港《當代詩壇》

花：心靈滲透、超越物象

〈採蓮曲〉

王昌齡

荷葉羅裙一色裁，芙蓉向臉兩邊開。

亂入池中看不見，聞歌始覺有人來。

　　這一首詩是以荷花為表現對象。此類古典詩歌是抒情的，但又不是作者的自我抒發，而是歌頌美好的景物和人物，當然，這種景物和人物，是作者眼中看出來的，是作者感覺中的。

　　題目叫做「採蓮曲」，滿篇寫的都是蓮花之美，之所以要寫蓮花之美，目的是為了寫採蓮女郎之美。女郎的美是很豐富的，可以說是無法寫盡的，從何寫起呢？詩人選擇了兩個方面：羅裙之綠和臉頰之紅。羅裙和荷葉一樣是綠色的，臉頰和荷花一樣是紅潤的。只用紅綠兩種顏色來形容女郎的美，這不是太冒險了嗎？大紅大綠，是很俗氣的呀。但是，《批點唐音》說：「此篇纖媚如晚唐，但不俗。」[2]為什麼並沒有感到俗豔呢？這個問題提出來已經幾百年了，還沒有人從理性上回答過。

　　在我看來，這是因為：第一，只寫兩種顏色，是因為荷花、荷葉只有這兩種顏色。用荷花、荷葉的兩種顏色來概括女郎之美，以荷葉、荷花之美來覆蓋、同化女郎之美，省去具體的描繪。第二，在於

2　陳伯海主編：《唐詩彙評》（上），頁438。

語言。首句在「荷葉羅裙一色」後面來了一個「裁」字，這就有了人文的意味。這個「裁」字，並不是隨意的，而是有著「裁剪」的潛在意味。荷葉是自然生長的，羅裙才是有意設計的。這就用羅裙同化荷葉的美。「芙蓉向臉兩邊」後面來一個「開」字。本來，只有荷花才能開放，而在這裡，暗暗地用芙蓉開放同化女郎的容貌。兩個動詞具有很強的相互同化性，把本來鮮豔的色彩沖淡。

　　接下來「亂入池中看不見」，說的還是同樣一個意思，女郎像荷花一樣美，二者幾乎分不開來。這一句之所以有味道，還因為對上面一句來說，這是一個延續，一種強調。因為二者一致，所以很容易混同。但如果僅僅是這樣，這一句就浪費了，因為沒有在上一句的基礎上提供新的資訊。絕句的第三句，在情感上、節奏上，需要轉折一下。元朝人楊載，把這個意思說得很徹底，說是「婉轉變化工夫，全在第三句」。王昌齡號稱「七絕聖手」、「詩家天子」，在絕句第三句的處理上，修養是很高的。這裡，他默默地安排了一個「亂」字，提示不是一個女郎，而是一群女郎；不是靜態的，而是活躍得很，活躍到給人以「亂」的感覺。本來應該是十分顯眼的，怎麼會看不見？這個「亂」字，和「看不見」是一對矛盾，也是一個轉折，一個層遞的進展。既然是亂，就應該看得很分明。但是，還是看不見，這就說明女郎和荷花之美是如何的交融。看不見了，美得和荷花一樣，文章已經做到極點上，還有什麼可說的？「聞歌始覺有人來。」好處何在？

　　《唐詩歸》說：「從『亂』字，『看』字，『聞』字，『覺』字，耳、目、心三處說出情來。若直作衣服容貌誇示，則失之遠矣。」[3]但這只是一種感覺，還談不上理性的闡釋，還需要發展一下。從視覺來說，看不見，是因為二者美得分辨不清。第四句，妙處在分不清的美，又為另一種美所轉換，那就是歌聲，聽覺的、看不見的美。這種聽覺之美比之視覺之美，更富於想象性，更具有延續性。荷花是不會

3　陳伯海主編：《唐詩彙評》（上），頁438。

唱歌的，但從美好的聲音中，卻能想象美好的人。在結束句中，構成一種不結束之感。

〈曉出淨慈寺送林子方〉

楊萬里

畢竟西湖六月中，風光不與四時同；

接天蓮葉無窮碧，映日荷花別樣紅。

　　這首絕句和王昌齡〈採蓮曲〉一樣，核心意象也集中在蓮花荷葉上面，但是與王昌齡的那首有兩點不同：第一，王昌齡的〈採蓮曲〉是借荷花蓮葉襯托美人，而這裡卻單純是寫景色之美好。第二，王昌齡的〈採蓮曲〉，在感覺、情緒上有多重曲折，而這一首則單純得多，就整首來說，就是一個畫面。只是在引出這個畫面之前，先用一個強調句式，來引起讀者的關注。陳志明先生在分析這首詩的時候這樣說：「如果按一般語序，這十四字當為『西湖六月中風光，畢竟不與四時同』。詩人將『畢竟』提前，一是為了協調平仄；但主要的還是為了借助『畢竟』二字強調『風光不與四時同』的特定地點（『西湖』）與時間（『六月中』），同時由於修飾詞（『畢竟』）遠離被修飾詞（『不同』），又便於造成一氣貫穿的語勢，恰恰符合觸目興歎、即興吟成的口語化的特點。」[4]

　　這個說法是很到位的，因為這兩句所面臨的任務是，在提供美好畫面之前，先作一番情感的提示，作情緒的動員。既然這樣，這兩句就不宜作視覺形象的描繪，否則，四句都是視覺形象的畫面，是很難討好的，因此這開頭兩句被詩人安排為直接抒發情緒的句式。又因為是直接抒情，所抒發的又不是一般的感情，而是強烈的感情。感情的

4　《宋詩鑑賞辭典》（上海市：上海辭書出版社，1987年），頁1088-1089。

力度，決定了句式的強調。「畢竟」是一個強調語詞，還要在語序上再強化一下，於是「畢竟」就被調到前面一句的開頭。

陳先生還提出，「風光不與四時同」中，「六月屬夏，『六月中』的風光只能與春秋冬三時有異，豈能與四時不同」？因此他以為：「這正如『四季如春』的成語一樣，是一種約定俗成的說法，不可拘泥於字面。『四時』，在這裡只是泛指其他季節。」這個說法，似乎還有商討的餘地。首先，「風光不與四時同」，說六月的風光與春夏秋冬均不同，這在邏輯上有瑕疵，其中隱含著六月風光與六月不同的意思，這在邏輯上違反了同一律（A 就是 A）；如果六月與六月不同，又違反了排中律（A 是 A，不是非 A）。而「四季如春」卻並沒有違反同一律，四季包含著春天，夏秋冬如春天，春天亦如春，並沒有違反同一律（A 就是 A）的公式。只是「春天如春天」的說法，違反的是下定義的規律。下定義不能「同語反覆」。下定義，要提供新意義，因此主項與謂項不能相同，否則就沒有說出什麼東西來。比如說：花是花，葉是葉，這在邏輯上沒有提供新意義，是沒有意思的。但這是邏輯的規律，與話語交流的規律不盡相同。在邏輯上不通的，在話語交流中，往往有特殊意韻。許多同語反覆的句子，都有特殊的情感意蘊。如，西方諺語云：「驢就是驢，用黃金裝飾也白搭。」又如漢語日常口語中常有這樣的說法：「人就是人嘛。」「女人就是女人嘛。」其中特殊的情緒色彩，是對話雙方心照不宣、心領神會的。但是如果說，人不是人，驢不是驢，對方就可能莫名其妙。這只是一般的交流規律，但在詩歌中，卻往往超越這個規律。如蘇東坡的〈水龍吟‧詠楊花〉，一開頭就是「似花還似非花」，這是不合邏輯的，但卻是非常詩化的。這是詩歌為了表達主觀情感而營造的一種想象的、虛擬的世界，而不是現實的世界，因此這種境界是相當主觀的，以超越客觀為特色的。

這句話的好處，不在約定俗成，特別不是日常口語的約定俗成，

而是一種特定的強調，它所強調的不完全是陳先生所說的「畢竟」，
而是「不……同」。不但與春秋冬不同，而且與夏、與六月（不是西
湖的六月）也不同。從這個意義上來說，語言當然是一種約定，但這
樣說法的好處，卻恰恰在不俗成。

　　有了這兩句作為鋪墊，下面的畫面就順理成章了。陳先生說：
「蓮葉接天，荷花當然也是接天的；荷花映日，蓮葉當然也是映日
的。同樣的道理，蓮葉既無窮又別樣，蓮花也別樣又無窮。」他提出
其中的「互文關係」，是有見地的。陳先生還指出，互文，「是古代漢
語中常見的一種修辭格式」。

<h3 style="text-align:center">〈蘇幕遮〉</h3>

周邦彥

　　燎沉香，消溽暑。鳥雀呼晴，侵曉窺簷語。葉上初陽乾宿雨，
水面清圓，一一風荷舉。
　　故鄉遙，何日去？家住吳門，久作長安旅。五月漁郎相憶否？
小楫輕舟，夢入芙蓉浦。

　　這一首詞，所寫的也是蓮塘景象，也是以蓮葉和蓮花為核心意象
的。但是，既不同於王昌齡的〈採蓮曲〉以歌頌少女為主，又和楊萬
里讚美西湖景色異趣。這首詞的主題，是身在異鄉見荷塘之景，而生
思鄉之情。錢仲聯先生分析此詞時說：「提起寫荷花，風裳、水佩、
冷香、綠雲、紅衣等字面，往往搖筆即來，而荷花的形象，卻在這些
詞兒的掩蔽下模糊了。……這首〈蘇幕遮〉之所以為寫荷絕唱，正是
在於它能洗盡脂粉，為凌波微步的仙子作了出色的傳神。」[5]錢先生
的意思是，周邦彥的詞向來以濃豔著稱，追求詞語的雕琢是他的一貫

5　《唐宋詞鑑賞辭典》（上海市：上海辭書出版社，2003年），頁1006-1007。

作風。但是，這首詞卻例外，整首寫得自然、從容，很少明顯的雕琢痕跡。王國維在《人間詞話》中說：「此直能得荷花之神理者，覺白石之〈念奴嬌〉、〈惜紅衣〉二詞，猶有隔霧看花之恨。」[6]

　　從文本來看，這首詞的開頭寫得並不十分精彩。如果用王國維的話語來說，就是有點「隔」。全詩寫的是見荷而思鄉。開頭兩句，室內香氣氤氳，暑氣因之而消減。這個意思到後面沒有了著落，和主題不相干。接下來，鳥雀侵曉窺簷呼晴，又是兩句，才把注意力轉移到荷塘上。這個過程，是不是有點散文式的複雜，是不是對這首詞的主體意象（荷塘）和情致的特點（思鄉）有干擾？這是可以商討的。

　　到了「葉上初陽乾宿雨」，才進入主體核心意象。從語言上來看，值得注意的，一個是「初陽」，一個是「宿雨」。為什麼是「初陽」？因為前面說鳥雀「侵曉窺簷」，只能是「朝陽」，但是如果說「朝陽」，就太俗了。因為這個詞，用得比較多，光是《全宋詞》中，直接用到「朝陽」的就有二十八首，作者包括歐陽修、晏殊、張孝祥等大家。而用到「初陽」的，只有六首，其中兩首是周邦彥的，兩首中之一，就是這一首。所以在宋代詞人感覺中，「朝陽」無疑比較平常，比較缺乏新鮮感（或者用俄國形式主義者的話來說，就是不夠「陌生化」），把「朝陽」說成是「初陽」，就把俗常的感覺隱藏起來了。接下來說「宿雨」。從詞義上來說，「宿雨」就是昨夜的雨，因為有了「夜雨」，才使荷葉更為生機勃勃。但不說「夜雨」而說「宿雨」是有講究的。在《全宋詞》中，用到「夜雨」的有一百零五首，而用到「宿雨」的，只有十九首。可見，「宿雨」比之「夜雨」更具新意。為什麼呢？因為，夜雨就是夜裡下的雨，但夜雨不過是說了一個現象，和詩人自己的感覺沒有太密切的關係；「宿雨」當然也是夜

6　吳熊和主編：《唐宋詞彙評》（兩宋卷）第二卷（杭州市：浙江教育出版社，2004年），頁944。

裡下的，但宿雨的「宿」，提示的是，主體原本不知夜裡下過雨，是第二天才發現、勾起了回憶。從感性來說，「宿雨」要豐富一些。這種辦法，似乎成了一種技巧，詩人為了增加詩意，不知不覺就把新鮮的感覺放到「回憶」中去。最有名的就是孟浩然的「春眠不覺曉，處處聞啼鳥。夜來風雨聲，花落知多少！」鳥語春光，是很美好，但詩意不足。突然回憶到風雨花落，詩意就濃了。如果在下雨時，就想象到落花了，當然也可以抒情，但和放在回憶中相比，思緒的深度不太相同。所以李商隱總是把纏綿的感情放在回憶中（「昨夜星辰昨夜風」），李後主也一樣，總是回憶往日，甚至回憶剛剛做的夢（「夢裡不知身是客」）。回憶可以增加審美情趣，不但是中國詩人抒情的訣竅，也是外國詩人的法寶。普希金有云：「那過去了的一切，必將成為親切的懷戀。」在現實世界是痛苦的，到了回憶中，由於拉開了距離，價值就發生了變化。實用的負價值就變成了審美的正價值。

　　下面這一句「水面清圓，一一風荷舉」是這首詞的名句，也許還是這首詞得以流傳的關鍵。好在哪裡？「水面清圓」，用字很平實，好像是白描，本身並不十分精緻，但好在它和下面的「一一風荷舉」結合起來，成為一個整體，成為「一一風荷舉」的原因。正是因為它清而圓，而且貼在、懸浮在水面上，它被風吹起來的時候，就和一般的草木有所不同。一般的草木被風吹動的時候，是被壓低的，是一起運動的，而荷葉卻不同。第一，葉子翻飛，有一種被抬高的感覺，一個「舉」字，用得非常大膽。第二，這個過程，又不是一下子的，而是一片葉子被吹動了，平復了，另一片葉子又被吹動了，又平復了。第三，這個層遞的過程，不但寫出荷葉的特點，而且寫出了池塘上的風的特點，這種風是很優雅的，很從容、溫柔的。第四，如果光是這樣，不過寫出了事物的特點，還算不得好詞，關鍵還在於，這裡暗含著詞人的感覺、詞人的心情，荷葉運動的層遞的性質和詞人的感覺一樣是層層擴展的，欣賞的心情是默默的，是從容體悟的。

　　對荷塘的美好感受，使得身在汴京的詞人想起了自己的江南故鄉，又一次進入了回憶之中，就是又一重詩意的衍生。「五月漁郎相憶否？」明明是自己回憶起來了，卻用了疑問的句式。這也是詞家（詩家）的一種技巧，疑問句總是比陳述句更帶感情色彩。這一點我們在講述絕句的第三句的時候，已經講過了，此處不贅。而且在這裡的上下文中，從「長安旅」想到「吳門」，空間距離比較大，用疑問句有一點過渡性，更加委婉些。想到家鄉，可以回憶的東西很多。但是，詞的篇幅有限，要求構思要高度集中，所以回憶的只能是荷塘。當然，此時可以寫家鄉的荷塘更美，把風景再度描繪一番，但如果這樣，情感就可能局限在平面上滑行，詞境就俗了。詞人聰明地避開了直接描繪，進入回憶，更進入比一般回憶更加美好的境界——夢，為抽象的，看不見、摸不著的夢，提供了一幅畫圖。「小楫輕舟，夢入芙蓉浦。」說的是，小楫輕舟之美。但要掛到荷花荷葉上去，這裡又有一個難度，因為如果再提荷、蓮，可能在語言上顯得重複。「芙蓉」是荷花的別稱，把小楫輕舟放到了「芙蓉浦」中去，就使得意象集中到一個焦點上，而且和前面意象結合得更為有機。

　　有一個字值得體悟，那就是「夢」。從上下文來說，前面是設問「五月漁郎相憶否」，從詞意來看，如果只是問漁郎是不是想起了當年的「小楫輕舟」，這是沒有問題的。但現在是問人家是不是記得當年一起在「小楫輕舟」上做到芙蓉浦去的夢，這個問題可就有點不到位了。既然已經有了舟楫，到芙蓉浦，就不該是夢想了。不可實現，才做夢；明明實現不難，還要停在輕舟上做夢，是不是有點傻啊？可見這裡的「夢入芙蓉浦」，應該還有一重含義，那就是，是作者自己夢見自己曾經「小楫輕舟」。這個「夢」字，好就好在用得非常朦朧、模糊，又非常精彩。因為，它把情感的強度寫到家了。一想到家鄉，自己就神思飛越，做起夢來了。

　　一般地說，孤立地研究一篇作品，總是不能充分、透徹地揭示出

妙處的，只有在比較中，特別是同類比較中，才能彌補這個局限。為此，我們選同一詞牌，同樣是寫採蓮（采菱）的詞作附錄於下，以供參考。

〈蘇幕遮〉

方千里

扇留風，冰卻暑。夏木陰陰，相對黃鸝語。薄晚輕陰，還閣雨。遠岸煙深，仿佛菱歌舉。

燕歸來，花落去。幾度逢迎，幾度傷羈旅。油壁西陵人識否？好約追涼，小艤蒹葭浦。

這首詞的意象群和前面那首相去無幾：暑氣、鳥聲、采菱、閣雨、羈旅，詢問當年記憶，想象當年同遊，表現傷羈旅、思故鄉之情。而且，最後詢問故人，是否還記得當年，一同駕小舟到蒹葭浦去旅遊。方千里這一首和上面周邦彥那一首，從意象到思路有許多相似之處，但從藝術成就上講，比周邦彥的顯然略遜一籌。為什麼呢？

第一，意象缺乏一個集中的焦點，不像周邦彥，有一個核心意象，其他意象都歸結在它的周圍，而這個核心意象品質又比較高（「水面清圓，一一風荷舉」），其他的意象大多與之有一種暗示的關連，如「初陽」、「宿雨」、「小楫」、「輕舟」、「芙蓉浦」等。

第二，周邦彥之作，情感脈絡精緻，從「風荷舉」，聯繫到「故鄉」、「長安」、「吳門」、「漁郎」、「輕舟」、「相憶」、「夢」、「芙蓉浦」，意脈、情脈都是有機的。因為有機，意象就比較統一，意脈也綿密，通體水乳交融。而方千里之作，由於不夠統一，意象分散，就多多少少有些蕪雜（「薄晚輕陰，還閣雨」），還有些多餘的成分（「幾度逢迎，燕歸來，花落去」），有些相互干擾的語言（開頭的「菱歌」，結尾變成了「蒹葭」）。儘管這些語言，孤立起來看是很「美」

的，但是，詩詞貴在意境，意境之美貴在整體有機，貴在主體與客
體、意象與意脈之間水乳交融。

附錄

蘇軾〈水龍吟〉和章質夫〈水龍吟〉：變形、變質和陌生化、自動化

　　詩和散文從形式上看最大的不同，就是詩更帶想象的虛擬性，更具鮮明的假定性。西方浪漫主義詩歌是很注意這一點的，雪萊就說過：「詩使它觸及的一切變形。」（〈為詩一辯〉）

　　古希臘有一個叫希羅多德的歷史學家，他在其史書上記載過希臘人抵抗波斯人的入侵。有一個關口，叫托莫庇萊關口，是波斯人入侵的必經之地，當時有三百名勇士守衛，結果全部陣亡了。為了紀念這次壯烈犧牲的勇士，詩人西門尼德斯寫了一篇墓誌銘文。他沒有像鏡子一樣去反映當時壯烈的場景，或歌頌英勇犧牲的精神，而是用一種變異的語言、陌生化的語言、想象的語言來表現他們並沒有死亡。

> 過路人，請傳句話給斯巴達人
>
> 為了聽他們的囑咐
>
> 我們躺在這裡

　　這好像不忠於現實，明明人已經死了，詩人卻說他們還有聽覺，等待傾聽囑咐，好像他們沒有死。這似乎是俄國形式主義者所說的「陌生化」，卻不是絕對「陌生化」，因為陌生中有熟悉的聯想，詩人只能說他們是「躺在這裡」，而不能說他們在跑步前進。躺，是生和死在形態上的交叉點，也是「陌生化」和「自動化」的交叉點。從生

來說，可以聯想到永生；從死來說，可以是僅僅剩下了聽覺。這個交叉點上就發生了一種變異，怎麼變異呢？一方面是躺在那裡，一方面是活著。兩者交叉起來怎麼樣？睡眠，躺在那裡，暫時躺在那裡睡眠，生命還存在。這裡有生活的因素，也有感情的因素，匯合起來就不完全是客觀的風貌，也不全是主觀的狂想，而是一種詩的想象。這裡，死亡的特徵──「躺著」，也有了永生的意味，感覺仍然在起作用，睡眠而且能夠聽。一般睡著了是不能聽的，但詩人說「為了聽他們的囑咐，我們躺在這裡」。這就是詩，詩有這樣的自由。

這一點在中國古典詩論裡也可得到印證，司空圖在他的《詩品》裡講過：「離形得似，庶幾斯人。」「離形」就是把形狀丟掉，丟掉原來的外部形狀（這首詩裡是指死的形狀），反而更加神似；「神」就是感情（這首詩裡指西門尼德斯的感情）。

詩人不按照原來的樣子，而是按照情感和思想來加以變異。

對此，我國古代詩話早有論述。清代詩評家吳喬在〈答萬季埜詩問〉中記載了這樣一段問答：「或問：『詩與文之辨？』答曰：『二者意豈有異，唯是體制詞語不同耳。意喻之米，文喻之炊而為飯，詩喻之釀而為酒；飯不變米形，酒形質盡變。』」[7]

拿吳喬的理論闡釋我國古典詩歌，例如「二月春風似剪刀」，或古希臘西門尼德斯紀念烈士的詩，無疑比變形論要深邃得多，全面得多。

俄國的形式主義理論，當然有我國傳統理論所不及的優點，但並不是十全十美，並不是一切都比我們的「老古董」強。比如，斯克洛夫斯基認為，各種藝術形象都要靠變形獲得，主要是語義上違反正常的語義。雅各森認為，詩歌是對普通語言有組織的變形，要獲得表現力，就要學會運用違反常規的詞。這的確能闡釋一部分現象，比如，明明是死了卻說是睡眠，明明是睡眠，卻還能聽到別人的囑咐。這是

7　《清詩話》（北京市：中華書局，1981年），頁27。

違反正常語義的，但寄託著感情。這有一定道理，但我總覺得它有一些缺點，不全面，有一些不如我們「老古董」的地方。

有了這樣的理論準備，就不難比較分析蘇軾的〈水龍吟〉和章質夫的〈水龍吟〉了。

〈水龍吟〉
章質夫

燕忙鶯懶芳殘，正堤上柳花飄墜。輕飛亂舞，點畫青林、全無才思。閒趁遊絲，靜臨深院，日長門閉。傍珠簾散漫，垂垂欲下，依前被、風扶起。　　蘭帳玉人睡覺，怪春衣、雪沾瓊綴。繡床漸滿，香球無數，才圓卻碎。時見蜂兒，仰沾輕粉，魚吞池水。望章臺路杳，金鞍遊蕩，有盈盈淚。

〈水龍吟·次韻章質夫楊花詞〉
蘇軾

似花還似非花，也無人惜從教墜。拋家傍路，思量卻是、無情有思。縈損柔腸，困酣嬌眼，欲開還閉。夢隨風萬里，尋郎去處，又還被、鶯呼起。　　不恨此花飛盡，恨西園、落紅難綴。曉來雨過，遺蹤何在？一池萍碎。春色三分：二分塵土，一分流水。細看來，不是楊花點點，是離人淚。

同一個詞牌〈水龍吟〉，同樣的題目「楊花」，蘇東坡的朋友章質夫寫得非常精緻。「鶯忙燕懶芳殘」，楊花飄落了，意味著已是暮春；「輕飛亂舞」，楊花細如蘆葦的小白花，輕飄飄的；「點畫青林、全無才思。閒趁遊絲，靜臨深院」，從青林起飛，沒什麼固定目標，一直飛到哪裡呢？飛到大戶人家的庭院裡；「日長門閉」，白天顯得太長，過得無聊，門關著；「傍珠簾散漫，垂垂欲下」，掛著珠簾，一看就知

這是有錢人家、貴族人家，大概是女孩子住的地方，「散漫」就是慢吞吞的、稀稀拉拉的；「依前被、風扶起」，剛剛掉下來，又被風吹起，說明楊花很輕，沒有方向，不由自主；「蘭帳玉人睡覺」，由寫院子、門、簾子寫到房間裡面，再寫房間裡有一個人睡醒了，「蘭帳」意指那是女孩子了；「怪春衣、雪沾瓊綴」，怎麼？衣服上都是雪白的楊花，「雪」，指楊花白，「瓊」，指楊花貴；「繡床漸滿」，連繡床都鋪滿了楊花；「香球無數，才圓卻碎」，滾成一球，剛剛吹圓了，又被吹破了。這樣的描繪是很細緻的，以精準見長。這是有一點才氣的，才氣表現在分寸感上。細緻固然好，但有風險，在詩裡把客觀對象寫得太細，就容易煩瑣，變成平面羅列。平面羅列，不要說是寫詩，就是寫散文、小說，也是大忌。但章質夫這麼細而不煩，原因在於這些細節都有極強的啟發性，中間有許多空白，跳躍性很大，讓讀者的想象不至於被動。「時見蜂兒，仰粘輕粉」，以為是花裡有粉，其實沒有；「魚吞池水」，它掉在池塘上，魚以為是吃的東西，結果又是誤會。就是說，這種花只是飄飄忽忽地運動，而沒有花的常見屬性。這時候女主人公「望章臺路杳」，「章臺」在京都，是知識份子聚會的地方，是進京尋求功名的地方；「金鞍遊蕩，有盈盈淚」，想到自己的丈夫在那裡過著奢華的生活（金鞍），尋歡作樂，而自己卻獨守空房，眼看著青春如春天的楊花一樣逝去，心裡非常失落，流下了眼淚。

　　章質夫寫的楊花，其形態、性狀、動感、質感、量感，可謂曲盡其妙。他強調楊花飄飄忽忽，才扶起來又倒下去的特點，也是古典仕女的美學特徵。女人以體質的柔弱為美。這使人想到楊貴妃「侍兒扶起嬌無力」的姿態。章質夫的這首詞也是有質變和形變的特點的，應該說，是一首好詞。

　　但同樣是質變和形變，卻有水準高下的區別。

　　蘇東坡用章質夫的韻、章質夫的題目，和了一首。用人家的題目做文章，已經是很不容易的了，還要用人家用過的詞牌（規定每一句

的音節、平仄），用人家的韻腳，這就有極大的難度。真有點「戴著鐐銬跳舞」的味道了。蘇東坡跳得相當精彩，他的想象，他在質變、形變的幅度上，表現出了更大的勇氣、更高的才氣。

　　章質夫的詞把楊花的主要特徵寫得惟妙惟肖，而且有一定的質變和形變的技巧——把楊花和仕女的特點對應起來。這說明他的想象力是相當不錯的。但在蘇東坡看來，這還不夠大膽。

　　蘇東坡一開頭就寫「似花還似非花」，楊花是花又不是花，這就從章質夫的想象圈子中跳了出來。在章氏那裡，花是花，人是人；在蘇東坡這裡，花是花，又不是花，那是什麼呢？下面我們會看到，花就是人。如果光說花是人，並不是太出格的想象，可他說花是人最有特點的部分。究竟是哪部分？這會兒，我先賣個關子，不說。

　　「也無人惜從教墜」，沒人覺得它可惜。「拋家傍路」，就是離開了家，在路旁。「思量卻是、無情有思」，想起來，好像是無情的感覺，但是有一種思念。越是矛盾，越是具有情感的特點。「縈損柔腸，困酣嬌眼」，這就寫到女人，有種擺脫不了的受傷感覺，但又不是很強烈，只是暗暗的、潛在的、說不清楚的。在半夢半醒之間，女人非常困，非常嬌弱。「欲開還閉」，半張開眼睛，迷迷糊糊。為什麼呢？「夢隨風萬里」，剛剛做了個夢，跟著飄飄的楊花飛到萬里之外，「尋郎去處」。這已經不是寫楊花，而是寫夢，尋其丈夫的所在。「又還被、鶯呼起」，剛剛迷迷糊糊地在夢中歡會，卻又被黃鶯叫醒。

　　「不恨此花飛盡，恨西園、落紅難綴」，這種楊花飛落盡了，和我沒有關係，但是花園裡的落紅再也無法重新回到花萼上。這是暗示青春的消逝。「曉來雨過，遺蹤何在？一池萍碎。春色三分：二分塵土，一分流水。細看來，不是楊花點點，是離人淚。」下了很大的雨，花被打落了，春色如果有三分的話，二分變塵土，一分變流水，意味著青春消逝了；再看這個楊花，就不是楊花了，而是離人的眼淚。開頭說的「似花還似非花」，只是說它不是什麼，現在終於點明

了，花不是花，而是離別了丈夫的妻子的眼淚。

章質夫寫楊花，楊花就是楊花，楊花讓一個女人想起自己的丈夫，女人還是女人。楊花吹圓了以後又碎了，然後傍珠簾，垂垂欲下，又還被風扶起。花和女人的關係是喻體和本體，兩者不是同一的，分別得很清楚。在蘇東坡那裡，花是女人的客觀對應物，二者很難分開，「似花還似非花」。寫到最後，「細看來，不是楊花點點，是離人淚」，花變成女主人公了。如果光這樣寫的話，也不算特別有才氣，才氣表現在花變成了眼淚。這樣的變異就有氣魄了，不是楊花，是妻子思念遠離的丈夫的眼淚。為什麼呢？這種變異有情感的深度——青春一去不返。如果可能返回的話，就沒有這麼多幽怨了。春色如果有三分的話，二分變成塵土，一分成為流水。蘇東坡的想象多麼自由，連詩歌中素來迴避的量化數字都動員起來，變異（變形變質）得如此自由，表現的情感就比較豐富複雜。

章質夫詞中的女士只有幽怨，蘇東坡詞中的女士不但有幽怨，而且有矛盾，既說「無情」，卻又「有思」。「無情」就引出了「恨」（「不恨此花飛盡，恨西園、落紅難綴」），不但有「恨」，而且有無奈，有「嬌」（嗔）。無緣無故地怪罪黃鶯，把嬌嗔寫活了。這當然是從唐人的詩意中化出來的，金昌緒有〈春怨〉曰：「打起黃鶯兒，莫叫枝上啼。啼時驚妾夢，不得到遼西。」這裡暗用其意，用得相當有節制，點到為止，不著痕跡。

我國古典詩話和詞話中，很講究「詩眼」。「詩眼」是指詩裡用得特別精彩的詞。這裡的「恨」和「嬌」、「三分」和「二分」、「是離人淚」，都是不能大而化之地忽略掉的。現代西方話語學說也強調詞語的分析，但許多學人在引進人家觀念的時候，卻忽略了人家的方法，更沒能把人家的方法和我們的傳統方法結合起來。

當然，並不是所有的變異都有同樣的水準，也不是所有的變異會同樣的精彩，有些變異是莫名其妙的。這裡有兩個極端：一是不敢變

異，或者變異的氣魄不大，用俄國形式主義者的話來說就是「陌生化」不夠，自然會影響藝術感染力；二是變異過了頭，給人一種瘋子的感覺。這一點恰恰是俄國的「陌生化」忽略了的地方。其實「陌生化」和熟悉化（「自動化」）是矛盾而統一的。「二月春風似剪刀」是「陌生化」，「二月春風似菜刀」也是「陌生化」。為什麼「似菜刀」就不行，而「似剪刀」就是千古絕唱呢？因為前面一句「不知細葉誰裁出」的「裁」字和「剪」字是「自動化」的聯想。「自動化」為「陌生化」提供聯想的平臺。當然，不能光從變異論變異，還要與當時的歷史語境結合起來研究。這在我們讀現代派、後現代派的詩時，會有更多的體悟。

岳陽樓和洞庭湖：
沉鬱之美與豪放之美的載體

〈登岳陽樓〉

杜甫

昔聞洞庭水，今上岳陽樓。

吳楚東南坼，乾坤日夜浮。

親朋無一字，老病有孤舟。

戎馬關山北，憑軒涕泗流。

　　第一聯：「昔聞洞庭水，今上岳陽樓。」昔聞，意思大概是久聞其名，接著說今日終於來到。這好像是大白話，沒有什麼特別的詩意，有點煞風景。這在杜甫的詩中，好像不是個別現象。杜甫號稱「詩聖」，但往往不講究開頭。〈春夜喜雨〉的開頭是：「好雨知時節，當春乃發生。」〈望嶽〉的開頭是：「岱宗夫如何？齊魯青未了。」都是很平淡的文字。律詩一共八句。一般說，每一句都不能輕易放過。但這裡卻基本上是敘述，沒有形容，沒有誇張，沒有抒情。當然，一開頭就激動，杜甫不是不會，可是，總不能每一首都一樣激動。以平靜的感情、樸素的文字開頭是不是也自有其魅力呢？杜甫對此好像有點偏愛。又如〈春宿左省〉：

花隱掖垣暮，啾啾棲鳥過。星臨萬戶動，月傍九霄多。

　　不寢聽金鑰，因風想玉珂。明朝有封事，數問夜如何。

再看〈登兗州城樓〉：

　　東郡趨庭日，南樓縱目初。浮雲連海岳，平野入青徐。
　　孤嶂秦碑在，荒城魯殿餘。從來多古意，臨眺獨躊躇。

又如〈別房太尉墓（在閬州）〉：

　　他鄉復行役，駐馬別孤墳。近淚無乾土，低空有斷雲。
　　對棋陪謝傅，把劍覓徐君。唯見林花落，鶯啼送客聞。

　　開頭都是很平靜的，並不是很激動的樣子。值得注意的是，這些詩的體裁都是五律。這可能不是偶然的。為什麼同樣是杜甫的律詩，七律就很少是這樣的？如〈登高〉，一開頭就是很高亢的調子：「風急天高猿嘯哀，渚清沙白鳥飛回。」五言詩雖然只比七言詩少兩個音節，但是，就其多數而言，風格比七言的要高雅古樸得多。這表現在文字上是樸素無華，在情感上則是內斂，不事張揚。不輕易激動，更不輕易以文彩取勝。故有下面的句子：

　　吳楚東南坼，乾坤日夜浮。

本來登岳陽樓的人，目力所及是無法窺吳楚大地全貌的，可是，杜甫在這裡卻誇張地說，吳楚被洞庭分成東南兩片，而天地就在這片水面上日日夜夜地沉浮。一個「浮」，不著痕跡地把蒼茫大地變輕了，也把洞庭湖反襯得空間無垠而且時間（日夜）相融。這一句可能是受到曹操〈步出夏門行・觀滄海〉的影響。曹操的原文是：

秋風蕭瑟，洪波湧起。日月之行，若出其中；星漢燦爛，若出
其裡。

不過曹操說得比較樸素，用了兩個「若」，是明喻。而杜甫，乾脆就
把假定性從字面上省略了。從修辭上來說，直接用了「坼」和
「浮」，是暗喻。這個「浮」字，可能是唐朝詩人十分欣賞的。如王
維〈漢江臨泛〉：

郡邑浮前浦，波瀾動遠空。

這還只是波瀾的湧起，造成城市（郡邑）浮動的感覺；而杜甫卻用了
「乾坤日夜」——大地、天空和日日夜夜不斷的時間，把「浮動」主
體化，想象的氣魄更為博大。這不僅是湖面的浩渺起伏，也是精神空
間的宏偉和起伏。在登高的場景中，把自己的情緒放在盡可能宏大的
空間中，使感情顯得宏大。這是杜甫的拿手好戲。這一聯，得到歷代
詩評家的喝彩。《唐詩品彙》引一劉姓評家稱讚這一聯「氣壓百代，
為一方雄渾之絕」。[1]但是，杜甫又不完全停留在高亢的音調上，常常
是由高而低，由歷史到個人：

親朋無一字，老病有孤舟。
戎馬關山北，憑軒涕泗流。

明明是個人的痛苦，有關親朋離異的，有關自己健康惡化的，這可能
是小痛苦，但是，杜甫卻把它放在空間（「乾坤」）和時間的運動
（「日夜浮」）之中，這個氣魄，就博大而深沉了。當然，這並不完全

1　陳伯海：《唐詩彙評》（中），頁1270。

是技巧問題，詩人總是把個人命運（「親朋」離散、「老病」異鄉）和
戰亂（「戎馬關山」）中國家的命運聯繫在一起。這種境界是宏大的，
但是，他隨即又轉向了個人命運，而且為親朋資訊杳然和自己的老病
而涕泗橫流起來。這不但不顯得小家子氣，反而以深沉的情緒起伏強
化了他的意脈的節奏。《杜詩說》的作者說這首詩：「前半景如此闊
大，五六自敘，如此落寞。詩境闊狹頓異。」這種「闊狹頓異」，也
就是情緒的大幅度起伏變換，事實上也就是杜甫本人所說的「沉鬱頓
挫」（《新唐書》卷二百一）。在〈登樓〉中，則是：

> 花近高樓傷客心，萬方多難此登臨。
> 錦江春色來天地，玉壘浮動變古今。

他個人的「傷心」總和「萬方多難」的戰亂結合在一起，這就令他的
悲痛有了社會廣度。為了強化這社會性的悲痛，他又從「天地」宏大
的空間和「古今」悠遠的時間兩個方面對其深度加以充實。杜甫的氣
魄，杜甫的深度，就是由這種社會歷史感、宏大的空間感和悠遠的時
間感三維一體構成的。哪怕他並不是寫登高，他也不由自主地以宏大
的空間來展開他的感情，例如〈秋興八首（之一）〉：

> 玉露凋傷楓樹林，巫山巫峽氣蕭森。
> 江間波浪兼天湧，塞上風雲接地陰。

借助「兼天」、「接地」的境界，杜甫表現了他宏大深沉的藝術格調。
換一個人，即使有了登高的機遇，也不一定能表現出宏大深沉的精神
力量來。但是，在注意杜甫精神空間的博大時，我們不能忽略七言的
〈登樓〉、〈秋興八首〉（之一）和五言的〈登岳陽樓〉的明顯不同：
前者比較富於文采，比較富於激情；而〈登岳陽樓〉的語言則是比較

樸素的，情感是比較內斂的。「親朋無一字，老病有孤舟。」除了孤
舟的「孤」以外，連一個形容詞都沒有。「戎馬關山北」似乎只是敘
述，「憑軒涕泗流」，有點實話實說。文字的平實和內在情感的深沉起
伏恰成對照。這種特點，不是偶然的，聯繫〈望嶽〉（「岱宗夫如
何」），可以肯定，這與杜甫駕馭「五言律詩」這樣一種特殊的形式有
密切關係。

　　在唐五言律詩中，杜甫成就最高。不僅和七言律詩相比，就是和
五言絕句相比，五言律詩也以語言樸素，「忠厚纏綿」（《四庫全書總
目》卷一百七十三）見長。杜甫此首詩作古樸而渾厚，實乃唐詩上乘
之作。胡應麟在《詩藪》〈內篇〉卷四中認為：唐代五律，經過陳子
昂、杜審言、沈佺期、宋之問的「典麗精工」，到王維、孟浩然、儲
光羲、韋應物的「清空閒遠」，又經過高適、岑參，「雖自成趣，終非
大手」。除了李白以外，只有杜甫，「氣象巍峨，規模宏遠，當其神來
境詣，錯綜幻化，不可端倪。千古以還，一人而已」。而且特別指
出，五律之「宏大」者，以此為代表。[2]這個評價，也許有點絕對
化，但由此可以想象杜甫的五言律詩在權威詩評家心目中無可匹敵的
地位。

〈陪侍郎叔游洞庭湖醉後〉（其三）

李白

剗卻君山好，平鋪湘水流。

巴陵無限酒，醉殺洞庭秋。

　　這首詩從一組遊洞庭湖的詩中選來。組詩是李白流放遇赦以後，
赴親友的筵席後所作。有親戚招待，又可遊山玩水，這時的李白，心

2　仇兆鰲：《杜少陵集詳注》（一）（北京市：文學古籍刊行社，1955年），頁4。

情是比較輕鬆的。前面兩首是這樣的：

> 今日竹林宴，我家賢侍郎。
> 三杯容小阮，醉後發清狂。
>
> 船上齊橈樂，湖心泛月歸。
> 白鷗閒不去，爭拂酒筵飛。

從藝術水準來說，這兩首都屬一般。第一首第一句是把此番參與的人士都稱讚為「竹林」賢士。第二句，奉承族叔賢良。第三、四句是自我表現。這個自我的特點，用「清狂」二字出之，顯得太抽象。第二首，以白鷗的拂筵而飛表現詩人卸卻精神負擔，與環境和諧相處、怡然自得的心情。但，都不及這第三首。

要在藝術上讀懂這首詩，光是抓字面上的關鍵字是不夠的，其中隱藏的關鍵字更為重要。這首詩的藝術構思和前面兩首表面上是同一情景，但在藝術上卻是兩個路子。前二者基本上是即景抒發，頗多即景成分，而這一首卻完全是虛擬的、想象的。「剗卻君山好」，實際的意思是，「剗卻君山」才「好」，這是一個假定句。完整的語法結構是：如果能把君山「剗卻」多好。下面同樣也隱藏著一個關鍵字：（如果）讓湘水無阻礙地橫流，（那麼）巴陵（也就是岳陽）的洞庭湖水，就全部是酒了。這樣的話，洞庭的秋色就全都要醉死（人）了。

李白沒有直接抒發從政治上到生活上全方位獲得解放的興奮之情，而是用詩人對洞庭湖的感覺來體現。李白遭遇的災難比杜甫不知要嚴酷多少倍，他獲得解脫後的心情也比杜甫不知要輕鬆多少倍。一方面，他的個性如此；另一方面，他的人緣似乎也比較好。遭難之時，他是很孤立的，弄到「世人皆欲殺」的程度，可是一旦解脫，所到之處又宴請不斷，甚受地方官和親友的歡迎。他不像杜甫那樣，時

時為國家命運而陷於痛苦，有時甚至連生計都很難維持。傳說杜甫長期饑餓，有朋友贈送牛肉，竟死於大啖。李白卻不一樣，他總是對酒當歌，豪情滿懷。同樣面對洞庭湖，他不像杜甫那樣痛苦，似乎戰亂、親人離散、政治上的災難、自己身家性命和道德形象的危機均不存在，他把一切都拋在腦後，只顧眼前的歡樂。全詩只寫一個「醉」字。這個「醉」字，第一次點明，是在題目上。他不像一般詩人那樣，儘量迴避在題目上出現過的字，相反，他在最後一句第二次又點了這個字。不過不是直接表現自己的醉態，而是寫自己的醉想。什麼樣的醉想呢？醉得還不夠過癮，醉得不夠精彩。要怎樣才過癮，才夠精彩呢？這是個難度很高的課題。因為自己醉的姿態，已經寫過很多，許多名句，早已經膾炙人口。如〈將進酒〉：

> 人生得意須盡歡，莫使金樽空對月。……烹羊宰牛且為樂，會須一飲三百杯。……鐘鼓饌玉不足貴，但願長醉不復醒。……五花馬，千金裘，呼兒將出換美酒，與爾同銷萬古愁。

還有〈襄陽歌〉：

> 清風朗月不用一錢買，玉山自倒非人推。舒州杓，力士鐺，李白與爾同死生。

醉到這種程度，其姿態之浪漫、之超凡脫俗，可能是無以復加了。如今又來寫醉，該從何處出新呢？李白畢竟是李白，雖然已經年近六十，他的想象、他的豪情，仍然不減當年。他的想象從人轉化到酒上，又從酒轉化到眼前的洞庭湖水上。詩人神思飛越，讓洞庭湖裡的水都變成酒。這樣，感情夠極端了罷。但，還不夠極端。要讓感情更強烈，就要讓酒更加無限。眼前的君山，佔據了湖面，這畢竟是個遺

憾。那就把君山給剷除掉。酒不是就更加無限了嗎？這就是第二層次的極端。這個極端是李白在〈襄陽歌〉中曾經想象過的：

> 遙看漢水鴨頭綠，恰似葡萄初醱醅。
> 此江若變作春酒，壘曲便築糟丘臺。

按〈將進酒〉和〈襄陽歌〉的想象，接下去應該是，詩人豪情滿懷地痛飲了。但是，這樣寫，就是想象的重複了。這是李白不屑的。他的想象來了一個急轉彎，他不喝了，他不醉了，他的第三層次的極端是：

> 巴陵無限酒，醉殺洞庭秋。

讓洞庭湖水都變成了酒，結果醉死的不是自己，而是洞庭湖的秋色。《唐詩摘抄》說：「放言無理，在詩家轉有奇趣。」[3]從實用價值來說，這的確是無理的。但從審美情趣來說，卻是有趣、有情的。詩人的審美情趣從實用理性中解放了出來，不講理了，就「無理而妙」了（賀裳《載酒園詩話》、吳喬《圍爐詩話》）。妙在無理中不但有情，而且有情感的邏輯。為什麼是洞庭「醉殺」了呢？因為，這裡的景色、這裡的氛圍、這裡的友情和親情醉人。但李白不說友情和親情，而說是秋天。因為，這裡的君山、湘水、巴陵、洞庭的美結合在一起，最能代表其美的，乃是洞庭秋色。文字上是洞庭秋色為酒所醉殺，實際上詩人把自己醉殺，同時也讓洞庭的秋色醉殺了。在這種秋色中，水之滔滔，乃酒之滔滔；酒之滔滔，乃情之滔滔。洞庭之酒，秋色之醉，乃詩人之醉。秋為酒醉殺，實寫；人為秋色醉殺，虛寫。

3　陳伯海：《唐詩彙評》（上）（杭州市：浙江教育出版社，1995年），頁690。

「醉後發清狂」之意，在第一首中沒有完成，到這第三首，終於把狂態寫了出來。弄到洞庭與「我」同醉，分不清是洞庭之醉還是「我」之醉的程度，還不夠狂嗎？狂得還不夠精彩嗎？

　　這首詩把李白激情澎湃的一面，表現得淋漓盡致。當然，這只是李白藝術個性的一個方面。同樣是在洞庭湖岳陽樓上，李白還有一首〈與夏十二登岳陽樓〉，也是很經典的：

> 樓觀岳陽盡，川迥洞庭開。
> 雁引愁心去，山銜好月來。
> 雲間連下榻，天上接行杯。
> 醉後涼風起，吹人舞袖回。

　　如果說前面一首抒寫的是激情，以強烈的、極端的感情取勝，而這一首，則以瀟灑的感情見長。「樓觀岳陽盡」，是不是說，沒有比岳陽樓更精彩的了？「川迥洞庭開」，站在岳陽樓上，洞庭湖很開闊，並沒有「劃卻君山」才好讓湘水平鋪而流動的衝動，相反在天水一片的境界中，目送大雁遠去，令人把憂愁忘卻了，山頭的明月，美好得像是山專門奉獻給自己的一樣，雲如天上下榻，人如喝醉了酒，一任涼風把衣袖吹得飄舞起來。和前面的那首相比，這是一種很輕鬆自如的境界，大雁、明月、雲間、天上、下榻、行杯、涼風、舞袖，表面上都沒有將世界作大幅度的變形。但其性質是變異的，「雁引愁心去」，主要功能是變異的，無心之飛變成消愁之「引」，「山銜好月來」，一則為關係變異，二則為目的變異，其消愁行樂之意均為隱性的。前面那首，強烈的激情撞擊著詩人的感覺，使之發生了顯性的形變與質變。這一首抒發的則不是強烈的感情，而是一種瀟灑的感情。

〈望洞庭湖贈張丞相〉

孟浩然

八月湖水平，涵虛混太清。

氣蒸雲夢澤，波撼岳陽城。

欲濟無舟楫，端居恥聖明。

坐觀垂釣者，徒有羨魚情。

　　這首詩的題目是「望洞庭湖贈張丞相」，聯繫到詩的後面兩聯「欲濟無舟楫，端居恥聖明。坐觀垂釣者，徒有羨魚情」，顯然詩人此詩意在要這位權貴對自己加以提拔。這樣的寫作目的，說起來，有點煞風景。但千年來的讀者，很少對之苛求，詩話中讚賞有加者比比皆是。原因是孟浩然巧妙地把自己的意圖和觀賞洞庭湖的風景交融在了一起。前兩聯完全是自然景觀的描繪：「八月湖水平」，這個「平」字起得從容不迫。平，就是水很滿，很充盈，同時視野很遼闊，一望無際。寫到這裡，還只是自然景觀的特點，沒有顯出很渾厚的精神內涵來。「涵虛混太清」，太清，是天空。把水面和天空連成一片，結成一體，空間無垠，氣魄就比較宏偉了。天連水，水連天。這裡有幾個字，是很有內涵的。一個是「虛」，就是沒有具體的形，上下天光，煙波浩渺。還有一個字「混」，這個「混」和前面的「涵」結合起來，和現代漢語中的「含而混之」有點接近，互相滲透，互相融通，沒有邊界，「至道之精，窈窈冥冥」（《莊子》〈在宥篇〉）。人的目光，人的身影，融入這樣的宏偉氣象之中，人的精神也就不由得不超越，不由得不宏大起來。這兩句，一般讀者可能並不覺得特別精彩，但是，明朝的詩評家楊慎在《升庵詩話》中說：「『八月湖水平，涵虛混太清。』雖律也，而含古意。皆起句之妙，可為法。」[4] 這就是說，

4　陳伯海：《唐詩彙評》（上）（杭州市：浙江教育出版社，1995年），頁528。

這首詩雖然是近體的律詩，卻有古詩的意蘊。什麼叫做古詩的意蘊？就是不講平仄，不講格律，文字比較古樸，情感比較收斂。平平靜靜，卻有渾厚的意境。這應該是有一定道理的。聯繫到杜甫〈登高〉的開頭「岱宗夫如何？齊魯青未了」，還有杜甫〈登岳陽樓〉的開頭「昔聞洞庭水，今上岳陽樓」，都是五律，同樣是很平靜的情調，很樸素的語言。五言律詩和七言律詩往往有所不同。七言律不論是感情還是文字，都可能是比較華彩的。

接下去「氣蒸雲夢澤，波撼岳陽城」是千古名句。和前面的詩一樣，也是寫洞庭湖的波瀾的。不過不是從岳陽樓，不是從湖南這一邊看洞庭湖，而是從另一邊，從湖北看洞庭湖。看起來也是煙波浩渺、氣象萬千的。「氣蒸雲夢澤」，說的是，煙波之氣蒸發到長江中游兩岸雲夢澤。「雲夢澤」，不是當時的地名，而是古代的地名。這樣寫，有一點古典意味。這當然是想象，氣魄的豪邁來自想象空間的宏大。「波撼岳陽城」本來是一種錯覺。洞庭湖的波瀾真的要撼動岳陽城的話，就是一種災難了，這裡強調的是洞庭湖波瀾起伏。如此宏大，好像岳陽城在起伏一樣。這一聯之所以成為千古名句，就是因為，氣蒸雲夢的空間感和波撼岳陽的運動感二者相結合，不但宏大，而且驚心動魄。這兩句詩和杜甫的「吳楚東南坼，乾坤日夜浮」齊名。但一般詩話家，以為不如杜甫。可能是因為杜甫不但有空間感而且有時間感（乾坤日夜）。

當然，更大的可能是，杜甫內心的悲歡總是和戰亂民生緊密地聯繫在一起，而孟浩然則往往只限於自己個人的命運。接下去四句，孟浩然不得不把自己的意圖表露出來：「欲濟無舟楫，端居恥聖明。」要過河吧，沒有舟楫，乾脆坐著不動（端居）吧，又對不起英明的皇帝。當然，比喻是比較巧妙的，把自己的願望說得盡可能含蓄，又盡可能明白。這個被李白稱讚為「紅顏棄軒冕，白首臥松雲」，甚至「迷花不事君」，只愛喝酒、不想當官的孟夫子，把入世心態說得已

經夠清楚了，接著還要再說：「坐觀垂釣者，徒有羨魚情。」雖然從聯想上來說，垂釣、羨魚和舟楫，如古代詩評家所說，「鉤鎖」相連，還是相當緊密統一的，但不論是從詩歌思緒層次的深化來說，還是從希望被人家提拔的角度來說，前面都已經表述充分了。這一聯反覆申述，難免畫蛇添足。歷代詩評家中，雖然有人認為這首是孟氏的壓卷之作，但也有不止一個詩評家說這首詩的前半部分和後半部分不相稱。《詩辯坻》的作者甚至因為不喜歡他的後面四句，索性連前面四句都否定掉，說這首詩：「起句平平，三四句雄。而『蒸』、『撼』，語勢太矜，句無餘力；『欲濟無舟楫』二語感懷已盡，更增結語，居然蛇足，無複深味。又上截過壯，下截不稱。世目同賞，予不敢謂之然也。」[5]此議雖有點矯枉過正，但對後四句的批評無疑是有道理的。

5　陳伯海：《唐詩彙評》（上）（杭州市：浙江教育出版社，1995年），頁528。

附錄
散文家筆下的洞庭湖

〈岳陽樓記〉

范仲淹

慶曆四年春，滕子京謫守巴陵郡。越明年，政通人和，百廢具
興。乃重修岳陽樓，增其舊制，刻唐賢今人詩賦於其上。屬予
作文以記之。

予觀夫巴陵勝狀，在洞庭一湖。銜遠山，吞長江，浩浩湯湯，
橫無際涯；朝暉夕陰，氣象萬千。此則岳陽樓之大觀也，前人
之述備矣。然則北通巫峽，南極瀟湘，遷客騷人，多會於此，
覽物之情，得無異乎？

若夫淫雨霏霏，連月不開，陰風怒號，濁浪排空；日星隱曜，
山嶽潛形；商旅不行，檣傾楫摧；薄暮冥冥，虎嘯猿啼。登斯
樓也，則有去國懷鄉，憂讒畏譏，滿目蕭然，感極而悲者矣。

至若春和景明，波瀾不驚，上下天光，一碧萬頃；沙鷗翔集，
錦鱗游泳；岸芷汀蘭，鬱鬱青青。而或長煙一空，皓月千里，
浮光躍金，靜影沉璧，漁歌互答，此樂何極！登斯樓也，則有
心曠神怡，寵辱偕忘，把酒臨風，其喜洋洋者矣。

嗟夫！予嘗求古仁人之心，或異二者之為，何哉？不以物喜，
不以己悲；居廟堂之高則憂其民；處江湖之遠則憂其君。是進
亦憂，退亦憂。然則何時而樂耶？其必曰「先天下之憂而憂，
後天下之樂而樂」乎。噫！微斯人，吾誰與歸？

時六年九月十五日。

　　杜甫的〈登岳陽樓〉寫的是登上岳陽樓的感興，范仲淹的〈登岳陽樓〉寫的是想象自己登上岳陽樓，激發出自己人格理想的最高境界。

　　對范仲淹的〈登岳陽樓〉，一般論者，往往以為如此雄文，體察入微，通篇都是寫實，必然身臨其境。其實不然。當年，他的朋友滕子京囑他為文時，他還在陝西，為軍中主帥，過了一年，下放河南鄧州，根本沒有可能為一篇文章擅離職守，遠赴岳陽。據岳陽樓現存資料，當時滕子京只隨信附一幅「巴陵勝景圖」。范仲淹一年之後於鄧州寫就這篇千古名篇。而身臨其境的滕子京寫到岳陽樓的景觀，卻用筆甚拙：

　　　　東南之國富山水，惟洞庭於江湖名最大。環占五湖，均視八百
　　　　里；據湖面勢，惟巴陵最勝。頻岸風物，日有萬態，雖漁樵雲
　　　　鳥，樓隱出沒同一光影中，惟岳陽樓最絕。[1]

至於他描繪岳陽樓的詞〈臨江仙〉，就更簡陋了：

　　　　湖水連天天連水，秋來分外澄清。君山自是小蓬瀛。氣蒸雲夢
　　　　澤，波撼岳陽城。　　　帝子有靈能鼓瑟，淒然依舊傷情。微聞
　　　　蘭芷動芳聲。曲終人不見，江上數峰青。

八百里洞庭在他筆下，竟然只是「天連水，水連天」，「分外澄清」，剩下就是孟浩然「氣蒸雲夢澤，波撼岳陽城」和錢起「曲終人不見，江上數峰青」的襲用。這位很熱愛詩文的滕子京，並不是盲人，而是缺乏自己獨特的感受和表達這種感受的語詞。而能不能寫出東西來，不僅僅要看眼睛看到了多少，更重要的是，心裡有多少：

1　方華偉編：《岳陽樓詩文》（吉林市：吉林攝影出版社，2004年），頁8。

> 予觀夫巴陵勝狀，在洞庭一湖。銜遠山，吞長江，浩浩湯湯，
> 橫無際涯；朝暉夕陰，氣象萬千。

滕子京也說到了洞庭湖的「勝狀」，據五湖之廣，八百里之雄，但范仲淹把洞庭湖和長江、遠山的關係，用「銜」字和「吞」字來說明，這裡暗含一個隱喻（口），使長江和君山都在洞庭湖的吞吐之間。滕子京的「日有萬態」、「漁樵雲鳥」、「出沒光影」，用筆不可謂不細。然而，比起「朝暉夕陰，氣象萬千」，卻顯得薄弱。水準的差異，不能僅僅用思想境界來解釋（滕子京和范仲淹一樣，也是抗擊強敵入侵的將軍，又同為遭受打擊的志士），更不可忽略的是藝術修養的層次。文章是客觀的反映，同時又是主體精神的表現。主體精神和客觀對象本來是分離的，文學形象構成的關鍵就是把客觀的（山水的）特點和主體的（情志）特點結合起來。光有觀察力是不夠的，最關鍵的是以想象力構成虛擬的境界，以主體的情感、志氣對客觀景觀加以同化，進行變異。這就需要化被動的反映為主動的想象，想象的自由取決於主體審美的優勢。和范仲淹相比，滕子京缺乏的正是這種審美主體的優勢。

　　這從〈岳陽樓記〉的開頭幾句，就可以看得很清楚。但是，這一點審美主體的優勢，對范仲淹來說不過是小兒科，不值得留戀。對於氣勢如此宏大的自然景觀，他只輕輕一筆，「前人之述備矣」，就擱在一邊了。他審美主體的優勢，不但凌駕於現實的山河，而且凌駕於氣魄宏大的話語之上。其實，他所輕視的「前人之述備矣」，並不太俗套。至少目光遠大，視野開闊，氣魄雄豪。但為什麼在他看來卻不屑一顧呢？因為，在范仲淹看來，以豪邁、誇張的語言把精神聚焦在人物風物上，是此類序記體文章的慣例。長江四大名樓的記敘銘文中最早的〈滕王閣序〉就是這樣的：

　　　　星分翼軫，地接衡廬，襟三江而帶五湖，控蠻荊而引甌越。

站在地理位置的制高點上，雄視八方，歷數人文，以華彩的筆墨，盡顯地理形勢和人文傳統的優越，其基本精神，不外是一首頌歌。王勃以風流的文采，華贍的詞章，調動錦心繡口，帶出滄桑感喟，少不得還要對囑文主人恭維一番。范仲淹顯然以自己的審美優勢，從這樣的話語模式中進行了一次勝利的突圍，他氣勢淩厲地提出：

　　　　北通巫峽，南極瀟湘，遷客騷人，多會於此。覽物之情，得無異乎？

這一聯句組，乾淨利索地從地理形勝轉入到人情的「異」上來。第一，不是一般的人，而是「遷客騷人」，是政治上失意的、有才華的人士面臨此境感喟（作者在這裡，是不是有點自況？）；第二，不是一般的感情：「得無異乎？」是有異于常、有特點的感情，而非模式化的感情。

　　文章的立意之高，關鍵就在這個「異」字上，就在這異乎尋常的思想高度上，在這樣宏大的景觀面前不屑於作模式化的頌歌，不屑於作應酬的恭維，而是展開情感和志向的抒寫。關鍵字「異」，不是單層次的，而是多層次的。作者從容不迫地、一層一層地揭示「異」所包含的情志內涵。

　　第一層次的「異」，有三點值得注意。第一，在悲涼的景色面前，岳陽樓上文人的情感：

　　　　登斯樓也，則有去國懷鄉，憂讒畏譏，滿目蕭然，感極而悲者矣。

　　觸目傷懷，登高望鄉，壯志難酬，懷才不遇，憂讒畏譏，悲不自勝，從王粲的〈登樓賦〉以來就確立了這樣的母題，其思想境界，並不完全限於個人的哀樂，多少與民生國運相關。這種情感以悲涼、孤獨、無望為特點：

　　　　風蕭瑟而並興兮，天慘慘而無色。獸狂顧以求群兮，鳥相鳴而舉翼。原野闃其無人兮，征夫行而未息。

但在范仲淹這裡，境界卻不一樣：

　　　　淫雨霏霏，連月不開，陰風怒號，濁浪排空；日星隱曜，山嶽潛形；商旅不行，檣傾楫摧；薄暮冥冥，虎嘯猿啼。

把悲涼的情感與這麼宏大的視野、壯闊的波瀾相結合，是很有點特「異」氣魄的，把傳統「猿啼」的悲涼和「虎嘯」的雄豪結合起來，是只有范仲淹這樣有過馳騁疆場經歷的人才能有的氣魄。但是，就是這樣的特異胸襟，范仲淹也只一筆帶過。

　　第二點，寫的是春和景明的季節，卻產生了另外一種特異的，和前面完全相反的感情：

　　　　登斯樓也，則有心曠神怡，寵辱偕忘，把酒臨風，其喜洋洋者矣。

在春光明朗的現場，享受大自然的美好，心情和景色合二為一，情感與大自然融為一體，生氣勃勃，神思飛越。在中國文學史上，寫悲涼的傑作比比皆是，而寫歡樂感情的，卻寥寥無幾。難得的是，范仲淹把歡樂寫得氣魄宏大，文采華贍：「把酒臨風」的瀟灑完全可與李白

「把酒問月」、蘇軾「把酒問天」的詩化想象比美。臨風、對月，只有中國經典文人才將之昇華為審美情操的姿態，歐美詩人很少有這樣的興會。范仲淹以為這樣的喜和前面所表述的悲，都不是理想的境界。他提出，還有一種「或異二者之為」的境界。這種境界「異」在什麼地方呢？范仲淹總結出來，正是我們要注意的第三個特點：

　　不以物喜，不以己悲。

不以物喜，就是不以客觀景觀美好而歡樂；不以己悲，就是不以自己的境遇而悲哀。以一己之感受為基礎的悲歡是不值得誇耀的。值得誇耀的應該是：「居廟堂之高則憂其民；處江湖之遠則憂其君。是進亦憂，退亦憂。」不管政治上得意還是失意，都是憂慮的。這種憂慮，第一，是崇高化了的，不是為君主而憂慮，就是為老百姓而憂慮。第二，是理想化了的，人不能為一己之憂而憂，為一己之樂而樂。在廟堂，在黎民百姓未能解憂、未能安樂之前，就不能有自己的喜怒哀樂。不管是進是退，不管在悲景還是樂景面前，都不能歡樂。這種理想化的情感，不是太嚴酷了嗎？甚至，這樣高的標準，不要說是一般文人不能達到，就連范仲淹自己，也是做不到的。他自己就寫過一系列為景物而喜、為一己而悲的詩詞。比較著名的如〈送韓瀆殿院出守岳陽〉：

　　仕宦自飄零，君恩豈欲偏。
　　才歸劍門道，忽上洞庭船。
　　墜絮傷春道，春濤廢夜眠。
　　岳陽樓上月，清賞浩無邊。

　　這裡的送別，強自安慰朋友不要埋怨君恩之「偏」，但對見柳絮

而傷春、聽夜濤而失眠的朋友，卻也沒有反對。再比如更為有名的篇什如〈蘇幕遮〉：

> 碧雲天，黃葉地，秋色連波，波上寒煙翠。山映斜陽天接水，芳草無情，更在斜陽外。　　黯鄉魂，追旅思。夜夜除非、好夢留人睡。明月樓高休獨倚。酒入愁腸，化作相思淚。

這不是因秋日的景物而引起鄉愁，引發一己之悲嗎？而且不是一般的悲涼，而是沉浸於悲抑的情緒。作為一個叱吒風雲的將軍，鄉愁如此之重，不敢高樓獨倚，卻追求做夢的解脫，甚至連借酒消愁都觸發了眼淚。值得注意的是，這裡並沒有特別交代說，他的憂愁是為君為民的。這是言行不一嗎？是虛偽嗎？從近千年的閱讀史來看，這首詞肯定沒有留給讀者虛偽的感覺，相反，讀者幾乎無一例外，為其鄉愁所感動。為什麼呢？

第一，這時范仲淹自己也處於被貶的地位，他是在勉勵自己，對自己的思想境界提出了比平時更為嚴苛的要求。當位於中央王朝時要為民而憂，當遭到不當的處置處於江湖之野時，要憂其君。

第二，從文體上獲得解釋。在范仲淹那個時代，詩和文是有分工的。詩言志，「志」是獨特的情感世界，個人的感情，甚至兒女私情，甚至像周邦彥、柳永那樣離經叛道的感情，都可以在詩中充分抒發；文載道，文章的社會功能，比詩歌嚴肅得多，也沉重得多。「道」不是個人的，而是主流的、道德化的，甚至是政治化、規範化的意識形態。故在散文中，人格往往帶有理想化的色彩。一方面，理念化或者概念化，是不講感情的。故范仲淹覺得，除了為廟堂、為百姓就不能有個人的悲歡。從另一方面看，這種理想化，是絕對化的，不留任何餘地，連一點個人歡樂的餘地都沒有。這麼不全面、絕對化，又不理性的特點，恰恰是感情化、抒情化的特點。如果這一點在

上述的話語中還不夠明顯的話，到了下面這句就很值得玩味了：

其必曰「先天下之憂而憂，後天下之樂而樂」乎。

這好像比較全面了，好像是更講理了，更有哲理了：不是不應該有自己的憂和樂，而是個人的憂和樂，只能在天下人的憂和樂之後。這就構成了高度純粹的人生哲理。個人的憂和樂本來沒有合法性，在一定條件下——「先天下」和「後天下」——就有了合法性。這是對立面在一定條件下的統一和轉化構成的基本哲學命題。個人不能以環境的美好而歡樂，也不能只為自己的坎坷而悲哀。但是，有一個條件可以使之轉化，那就是，在天下人還沒有感到憂愁的時候，你就提前感到憂愁；在天下人已經感到快樂以後，你才有權感到快樂。從悲哀和歡樂在一定條件下走向反面轉化來說，這是正反兩面都兼顧到了，是不絕對的，具備了哲理的全面性的。但是，這只是形式上的。從內容來說，它仍然是很絕對的，很感情用事的。什麼時候才能確定天下人感到快樂了呢？誰能確定這一點呢？缺乏這樣的確定性，就意味著永遠也不可能快樂。至於天下人還沒有感到憂愁時，就應該提前感到憂愁，倒是永無限制的。從這個意義上來說，實際上，先天下之憂是永恆的憂，後天下之樂是絕對的不樂。這不像是哲理的全面性，而是抒情特有的絕對化。不過這種志道互滲，和通常所說的情景交融不同，而是情理交融。實際上，這個道，並不純粹是主流的意識形態，其中滲透著范仲淹對情感理想的追求，是道與志的高度統一。

范仲淹的這個觀念（道），並不完全是他自己的憑空創造，而是孟子思想的繼承和發揚。《孟子》〈梁惠王下〉有云：

樂民之樂者，民亦樂其樂；憂民之憂者，民亦憂其憂。樂以天下，憂以天下，然而不王者，未之有也。

這是孟子對寶貴民本思想的總結。但是，從文章來說這裡沒有感情，只有純粹的「道」，純粹的政治哲理：民和王在憂和樂兩個方面本來是對立的，但是，王若以民之憂為憂，以民之樂為樂，則民亦以王之憂為憂，以王之樂為樂。王之憂就轉化為民之憂，王之樂也轉化為民之樂。孟子的這段表述完全是哲理，簡潔明快，推理富有邏輯力量。雖然，范仲淹的名言完全來自孟子，卻為什麼比孟子的更為家喻戶曉？第一，從理念上來說范仲淹說得更為徹底，不是同樂同憂，而是先民而憂，後民而樂。第二，孟子以邏輯的演繹見長，所說的完全是道；而范氏以情與志的交融見長。第三，「樂以天下，憂以天下」，句法比較簡單，句子結構相同，只有開頭的詞在語義上是對立的。范仲淹的句子不僅在結構上是對稱的，在語義的對立上更是雙重的：第一重是「先天下」和「後天下」，第二重是「憂」和「樂」，意味更為豐富。第四，「先天下而憂，後天下而樂。」「憂」和「樂」從語義上看，似乎沒有多少差異，但是，「先天下之憂而憂，後天下之樂而樂。」「憂」和「樂」在句子裡，以語音而言，是重複了；但在語義上卻不是完全的重複，第一個「憂」和「樂」是名詞，而第二個「憂」和「樂」，則是謂語動詞。「憂」和「樂」語音上的全同，和語義上微妙而重要的差異，造成一種短距離的同與不同的錯位，在兩句之間，又構成一種對稱效果，用語音和語義的相關性和相異性，強化了情理交融，情志互滲，構成了本文的最亮點、最強音。一唱三歎的抒情韻味因這種結構而強化。

除此之外，本文還有一點值得注意，在節奏上特別鏗鏘。本文雖為古文，但沒有排斥駢文的優長，反而吸收了駢文對仗的手段：

街遠山，吞長江，

陰風怒號，濁浪排空；

日星隱曜，山嶽潛形；

> 沙鷗翔集，錦鱗游泳；
>
> 長煙一空，皓月千里；
>
> 浮光躍金，靜影沉璧。

十分精緻的對仗，有利於對景觀作跨越時空的自由概括，使文章顯示出雄渾的氣勢。范仲淹畢竟是古文大家，對駢文一味屬對可能造成的呆板十分警惕。在他以前，〈滕王閣序〉那樣的經典曾經連續不斷地對仗：

> 星分翼軫，地接衡廬。襟三江而帶五湖，控蠻荊而引甌越。
>
> 物華天寶，龍光射牛鬥之墟；人傑地靈，徐孺下陳蕃之榻。
>
> 雄州霧列，俊采星馳。臺隍枕夷夏之交，賓主盡東南之美。
>
> 都督閻公之雅望，棨戟遙臨；宇文新州之懿範；襜帷暫駐。
>
> 十旬休暇，勝友如雲；千里逢迎，高朋滿座。
>
> 騰蛟起鳳，孟學士之詞宗；紫電清霜，王將軍之武庫。
>
> 家君作宰，路出名區；童子何知，躬逢盛餞。
>
> 時維九月，序屬三秋……

整篇文章，就這樣對個沒完，不但在手法上單純到產生單調之感，在情感上也因為平行結構而難以深化。這樣的文風是初唐的時髦，受到韓愈古文運動的批判，韓柳古文往往盡可能迴避對仗。但是，歷史的發展還是顯示出對仗的合理功能不可抹殺。作為古文大師，范仲淹並沒有像韓愈那樣拒絕駢文，他在古文的自由句式中適當用駢文句法來調節。例如開頭，他在「銜遠山，吞長江」之後，沒有再繼續對仗下去，改為散文句法：「浩浩湯湯，橫無際涯；朝暉夕陰，氣象萬千。」又如在「長煙一空，皓月千里，浮光躍金，靜影沉璧」以後就沒有再對下去，而換為：「漁歌互答，此樂何極！登斯樓也，則有心

曠神怡，寵辱皆忘，把酒臨風，其喜洋洋者矣。」對仗句式，長於對自然景觀的概括性描繪，但過分密集的對仗，會造成在感覺的平面上滑行的後果；而古文的散句，表面看來比較自由，實際上其難度比之駢體更甚，因為沒有固定程式，沒有現成技巧可操作。故其內涵，其情采，比之對仗的文采更難能可貴。范仲淹以兩種句法自由交替，顯得情緒活躍，使情采和文采交融，自如瀟灑。「春和景明」一段，只有六個句子是對仗的（「沙鷗翔集，錦鱗游泳；長煙一空，皓月千里；浮光躍金，靜影沉璧」），其餘是自由的散文句法。全部句子，每句都是四字和六字參差錯落，而在駢文中四六是有規律地交替，這裡把駢文節奏上的呆板和散文節奏上的自由結合了起來，達到了情理交融的高度。

〈游岳陽樓記〉
袁中道

洞庭為沅湘等九水之委。當其涸時，如匹練耳；及春夏間，九水發而後有湖。然九水發，巴江之水亦發，九水方奔騰浩渺，以趨潯陽；而巴江之水，卷雪轟雷，自天上來。竭此水方張之勢，不足以當巴江旁溢之波。九水始若屏息斂衽，而不敢與之爭。九水愈退，巴江愈進，向來之坎竇，隘不能受，始漫衍為青草，為赤沙，為雲夢，澄鮮宇宙，搖盪乾坤者八九百里。而岳陽樓峙於江湖交會之間，朝朝暮暮，以窮其吞吐之變態，此其所以奇也。樓之前，為君山，如一雀尾爐，排當水面，林木可數。蓋從君山酒香、朗吟亭上望，洞庭得水最多，故直以千里一壑，粘天沃日為奇。此樓得水稍詘，前見北岸，政須君山妖蒨，以文其陋。況江湖於此會，而無一山以屯蓄之，莽莽洪流，亦復何致。故樓之觀，得水而壯，得山而妍也。

遊之日，風日清和，湖平於熨，時有小舫往來，如蠅頭細字，

著鵝溪練上。取酒共酌，意致閒淡，亭午風漸勁，湖水汨汨有聲。千帆結陣而來，亦甚雄快。日暮，炮車雲生，猛風大起，湖浪奔騰，雪山洶湧，震撼城郭。予始四望慘澹，投箸而起，愀然以悲，泫然不能自已也。昔滕子京以慶帥左遷此地，鬱鬱不得志，增城樓為岳陽樓。既成，賓僚請大合樂落之，子京曰：「直須憑欄大哭一番乃快！」范公「先憂後樂」之語，蓋亦有為而發。夫定州之役，子京增堞籍兵，慰死犒生，邊垂以安，而文法吏以耗國議其後。朝廷用人如此，誠不能無慨於心。第以束髮登朝，入為名諫議，出為名將帥，已稍稍展布其才；而又有范公為知己，不久報政最矣，有何可哭？至若予者，為毛錐子所窘，一往四十餘年，不得備國家一亭一障之用。玄鬢已皤，壯心日灰。近來又遭知己骨肉之變，寒雁一影，飄零天末，是則真可哭也，真可哭也！

范仲淹的〈岳陽樓記〉、杜甫的〈登岳陽樓〉、李白的〈陪侍郎叔游洞庭醉後〉、孟浩然的〈望洞庭湖贈張丞相〉寫的都是洞庭湖。李白、杜甫、孟浩然寫的是詩歌，是概括的寫法，借助想象和虛擬，主體形象是抒情的，取岳陽樓和洞庭湖的某一特點，加以變異，藉以為感情的載體。詩和散文的不同就在於，詩不是照抄現實，而是把現實的某一特點加以變異。清朝詩評家吳喬在《圍爐詩話》中這樣說：

> 或問「詩與文之辨」。答曰：「二者意豈有異，唯是體制、辭語不同耳。意喻之米，文喻之炊而為飯，詩喻之釀而為酒。飯不變米形，酒形質盡變。」

意思是，詩歌與散文的「意」，也就是內容，沒有什麼區別，不過是形式不同。如果內容是米，散文就是把米煮成飯，詩歌就是把米釀成

酒。飯沒有改變米的形狀，而酒把米的形狀和質地都改變了。這個理論有不夠精確的地方，散文和詩歌的內容不能說是沒有區別的，其實詩的內容比較概括，比較形而上，而散文的內容則比較特殊，比較形而下。但是總的說來，吳喬的理論相當有啟發性。說詩歌是想象的、變異的，散文比較接近寫實，就這一點來說，是比較到位的。也許我們僅僅讀杜甫、李白、孟浩然的詩歌還不夠清楚，如果把他們的詩作和袁中道的散文一比，其間差異就十分明顯了。

在杜甫和孟浩然筆下，洞庭湖是煙波浩渺的：

> 吳楚東南坼，乾坤日夜浮。（杜甫）
> 氣蒸雲夢澤，波撼岳陽城。（孟浩然）

在李白筆下，這樣的波瀾還嫌不夠過癮，還要讓它變成酒：「巴陵無限酒，醉殺洞庭秋。」可是在袁中道的筆下，就沒有這麼浪漫：

> 洞庭為沅湘等九水之委。當其涸時，如匹練耳；及春夏間，九水發而後有湖。

這和李白、杜甫、孟浩然說的，太不一樣了。在李、杜、孟的筆下，如果把湖水寫成「匹練耳」，是沒有詩意的，至少是沒有古典詩意的。李白、孟浩然、杜甫不約而同地選擇了洞庭湖一個時間段的特點，且不提只在春夏之間而把它當成洞庭湖全部時間的特點。這種以偏概全的想象，忽略了時段的不同情況，就叫概括性的想象。這種想象，是詩的優長。而散文，則以寫實為優長。寫實就得把具體的差異強調出來。當然，散文也有寫得比較概括的，如范仲淹的〈岳陽樓記〉：

> 淫雨霏霏，連月不開；陰風怒號，濁浪排空；日星隱曜，山岳潛形；商旅不行，檣傾楫摧；薄暮冥冥，虎嘯猿啼。

還有：

> 至若春和景明，波瀾不驚，上下天光，一碧萬頃；沙鷗翔集，
> 錦鱗游泳；岸芷汀蘭，鬱鬱青青。而或長煙一空，皓月千里；
> 浮光躍金，靜影沉璧；漁歌互答，此樂何極！

雖然是散文，卻沒有強調不同季節的不同景況，而是把大水季節的盛況當成了全部。這樣的概括，就有了詩的特點。這樣的散文，盡可能淡化散文的意味，強化詩意，構成了詩化的抒情風格。而袁中道的散文，明確點出在枯水季節，洞庭湖並不怎樣宏偉，不過像一匹綢緞而已。這不是有點煞風景嗎？是的。煞風景是沒有詩意的，但是，有散文的味道，即散文的寫實性趣味，散文的知識性趣味。

人的趣味是無限豐富的，詩的抒情不過是其中一種，那就是情趣。散文雖然可以缺少浪漫的情趣，但其知識性卻有另外一種趣味，也就是智趣，甚至理趣。

智趣的特點，和情趣有所不同。

情趣，特別是抒情的、強烈感情的趣味，它的變異性決定了它的概括性，是不太講究細節的具體性的。如在詩裡寫洞庭湖的水，煙波浩淼，都是一樣的。抒情詩，把水的浩大聲勢，往感情方面去拓展，把它變異成分坼吳楚，蘊涵乾坤，氤氳雲夢，撼動岳陽，使其化為醇酒，致秋色醉殺。但散文裡，如果光是有這樣的情感，還缺少散文的優長。要有散文的優越，那就得來一點智慧：這樣的浩淼宏大的水，什麼是其「所以奇也」的原因？回答這個問題，是需要知識的；而知識需要客觀的、準確的智慧，才可能是有智趣的，而不能是主觀的想象。袁中道文章的功力在於，他準確地回答了如此盛大的水勢是由幾種原因造成的。

第一，是「九水」，九條江的水彙集，才有湖的規模。

第二，是長江的水奔騰而來。

第三，二者相遇，九水不能抵擋長江的水勢。水面擴大了，才有「澄鮮宇宙，搖盪乾坤者八九百里」。

第四，岳陽樓正好在「江湖交會之間」，因而才能「朝朝暮暮」看到「吞吐之變態」。

第五，樓前有君山，在君山上觀景，「得水最多」，「以千里一壑，粘天沃日為奇」。

第六，在岳陽樓上看水比較少一點，但有「君山妖蒨」彌補了 缺陷。

第七，如果沒有君山，「莽莽洪流」一覽無餘，比較單調。有了君山，就富於變化了。

結論是：岳陽樓的景觀之美，就在於「得水而壯，得山而妍也」。

從這裡可以看出，此類散文的趣味和詩歌的趣味不同之處在於，詩是比較主觀的，重感情的；而此類散文則是比較客觀、重智慧的。

當然，這不是說，散文就不能抒情。散文中，尤其是明清性靈散文小品，其生命就在重個人感情。但關鍵在於，散文的抒情，首先是建立在現實性描繪基礎之上的，而且這感情不是單一的，而是有過程，有動態變化的：

> 遊之日，風日清和，湖平於熨，時有小舫往來，如蠅頭細字，著鵝溪練上。

散文的描繪，功力在於有具體的時間氣候（「風日清和」），有特殊的船隻（「小舫」），有特殊的視覺效果（「如蠅頭細字」），不像李白、杜甫、孟浩然那樣概括。特別是人物的情感，也是隨著具體的景色而不斷變化的。起先是「亦甚雄快」，後來風雲變幻「湖浪奔騰，

雪山洶湧，震撼城郭」。作者感情也是起先「雄快」，而後「四望慘
澹，投箸而起，愀然以悲，泫然不能自已」。作者居然因為風景變幻
而哭將起來。此處不但感情容易激動，而且相當放任。在封建道學自
矜自持、喜怒不形於色蔚為風氣的時代，這種敢哭敢笑、敢於表述自
由性靈的特點，正是其可愛可貴之處。

　　從這裡開始，作者要表現的重點，已經不是洞庭湖的特點，而是
自己的感興了。

　　作者乘機用修建岳陽樓的滕子京因在官場上受到打擊而在賓客間
大哭的典故大發感慨，說滕子京不應該哭。因為他已經在中央朝廷為
著名的諫議，在地方也是著名的將帥，又有范仲淹這樣的知己，到了
岳陽這個地方，用不了多久，就該有政績可報，處於如此境遇，「有
何可哭？」而像自己這個樣子，四十多歲了，頭髮都白了，還沒有為
保衛國家作出什麼貢獻。遭逢兄長病故，如「寒雁一影」，飄零異
鄉，這樣的遭遇，「是則真可哭也，真可哭也」！

　　從這裡可以看出，袁中道在散文創作上放任個性的追求，從他的
地位和所處的社會環境來看，都是有點不怕駭世驚俗的勇氣的。

　　但是，猛風四起、湖浪奔騰，本是自然現象，袁中道在和水波很
貼近的情況下，不像杜甫、范仲淹那樣，以登高遠眺的姿態來引發感
覺，而是把為自然現象而哭，和為個人政治遭遇而哭聯繫起來，是不
是有點生硬，是值得考慮的。用這樣生硬的聯想，來表現自己敢哭敢
笑，是不是不夠真誠，更是值得考慮的。

　　就中國古典詩歌和散文而言，重情趣與重理趣的區別是明顯的。
當然，到了現代派，情況有所改變，詩歌變得「逃避抒情」了，與散
文同樣追求理趣。但在以感性為出發點上，現代派詩歌仍然與現代派
散文常常從理念出發不同。對這個問題有興趣的讀者可參閱本書的
〈序二〉。

漁父：瀟灑自如的風度和天人合一的生存狀態

　　「漁父」是中國古典詩歌中的傳統母題。最早的漁父形象出現在屈原的〈漁父〉中，是個和屈原相對的形象。屈原因為「舉世皆濁我獨清，眾人皆醉吾獨醒」，而「顏色憔悴，形容枯槁」，遭到放逐。而漁父覺得沒有必要。提出「聖人不凝滯於物」，應該「與世推移」。「凝滯」，本來是停止流動的意思，這裡大致是拘泥的意思，也就是不要那麼認真，那麼堅持原則。如果舉世皆濁，大家都稀里糊塗，那就把泥水攪得更加渾濁；眾人皆醉了，就和他們一起「餔其糟而歠其醨」。但屈原堅持不能同流合污，終於自投於江。漁父則「莞爾而笑，鼓枻而去，乃歌曰：滄浪之水清兮，可以濯吾纓。滄浪之水濁兮，可以濯吾足。」也就是說，不管水清水濁，都無所謂，順其自然而已。由於屈原作品的經典性，漁父的形象內涵，就以一種典故的形式固定了下來。阮籍、張衡都有所作。其意旨皆不在堅持獨醒，而是與世沉浮。屈原筆下的那種漁父到了唐時，已經逐漸淡化，杜牧在〈贈漁父〉中說：

　　　　蘆花深澤靜垂綸，月夕煙朝幾十春。
　　　　自說孤舟寒水畔，不曾逢著獨醒人。

漁父那種在混亂的政治形勢中與世沉浮的心態，漸漸被在大自然的風

雨中瀟灑自如的風度所代替。到了張志和筆下，這個漁父的形象發生了更大的變化，已經不是屈原筆下那種和獨醒者對話的人物，而是自由自在不食人間煙火的人物。

〈漁父〉

張志和

西塞山前白鷺飛，桃花流水鱖魚肥。

青箬笠，綠蓑衣，斜風細雨不須歸。

　　這裡的自然景觀是美好的。山水、白鷺、桃花、鱖魚，說明環境與人之間不僅沒有嚴峻的衝突，而且環境為人的生存提供了豐饒的物質條件和賞心悅目的景觀。魚米之鄉的風物歷歷如在目前。自然界的風雨，並不是粗暴的，而是溫和的。這大自然的風輕到什麼程度呢？說它是斜的。風是看不見的，怎麼可以說它是斜的呢？這可能是詩人感覺到的，也可能是他從細雨的歪斜中看出來的。只能是斜風，唯此意象才能與細雨構成和諧的統一。這裡的用詞是相當精緻的，微風吹拂與心靈的安詳相符，只能用斜風，而不能用歪風。歪風另有一種貶義的聯想，與細雨構不成統一的、和諧的意象群。這個意象群中所提示的自然風雨，非但不構成生存的挑戰，反倒變成了享受的景觀。那斜風細雨，只須簡樸的箬笠、蓑衣就可抵禦，其姿態不緊張。特別是「不須歸」，就更顯瀟灑。一般的風雨有一種逼迫力，讓人想到歸家，但是，這種風雨，為什麼沒有這種壓迫感呢？這為本就很美好的自然景觀增添了情趣，在微弱的風雨面前，詩人把眼前的山水看成另一番情趣，另一番色彩，體悟出另一番心境。這首詩，是從詩人的一個組歌中選出來的，又名「漁父歌」。原詩有好幾首，其他幾首是這樣的：

　　　釣臺漁父褐為裘，兩兩三三舴艋舟。
　　　能縱棹，慣乘流，長江白浪不曾憂。

　　　霅溪灣裡釣漁翁，舴艋為家西復東。
　　　江上雪，浦邊風，笑著荷衣不歎窮。

　　　松江蟹舍主人歡，菰飲蓴羹亦共餐。
　　　楓葉落，荻花乾，醉宿漁舟不覺寒。

　　　青草湖中月正圓，巴陵漁父棹歌連。
　　　釣車子，橛頭船，樂在風波不用仙。

　　可以看出，這幾首都不及前一首。前面一首的關鍵是「不須歸」，在風雨中很從容、很悠然地欣賞自然，體悟自我。後面的幾首，關鍵也在最後的否定句：「長江白浪不曾憂」、「笑著荷衣不歎窮」、「醉宿漁舟不覺寒」、「樂在風波不用仙」。但除了「醉宿漁舟不覺寒」，藝術感覺還算過得去，其餘幾首，都是比較直白的議論，顯得淺薄。這種漁父的主題，貴在真情。張志和是真的歸隱，後來即使再有機會，他也不當真了，不幹了，自稱「煙波釣徒」，以自己的生命來作為自己的詩歌。但是，由於這類主題的影響巨大，成了一種傳統主題，也就成了套路，越寫越虛了。連李煜身為皇帝，都有〈漁父〉（亦名〈漁歌子〉）兩首：

　　　浪花有意千里雪，桃花無言一隊春。
　　　一壺酒，一竿身，世上如儂有幾人。

　　　一棹春風一葉舟，一綸繭縷一輕鉤。
　　　花滿渚，酒滿甌，萬頃波中得自由。

詩寫得不怎麼樣，其中的感覺也有點輕鬆得過頭，「萬頃波中得自由」，什麼才是「自由」？看來李後主是沒有實感的。

　　但這樣的主題到了柳宗元手裡，卻是另外一種景象，可以真正稱得上別開生面了。

〈漁翁〉

柳宗元

漁翁夜傍西岩宿，曉汲清湘燃楚竹。

煙銷日出不見人，欸乃一聲山水綠。

回看天際下中流，岩上無心雲相逐。

　　明人謝榛《四溟詩話》卷二提出：「詩有四格：曰興，曰趣，曰意，曰理。太白〈贈汪倫〉曰：『桃花潭水深千尺，不及汪倫送我情。』此興也。陸龜蒙〈詠白蓮〉曰：『無情有恨何人見，月曉風清欲墮時。』此趣也。王建〈宮詞〉曰：『自是桃花貪結子，錯教人恨五更風。』此意也。李涉〈上於襄陽〉曰：『下馬獨來尋故事，逢人惟說峴山碑。』此理也。悟者得之，庸心以求，或失之矣。」此說表面上似為中國古典詩話、詞話中難得之系統化。但，興、趣、意、理四大範疇並不全面，還缺乏「情」這個重要範疇。且所舉例句與得出之結論間的關係是或然性大於必然性，如李白「桃花潭水深千尺，不及汪倫送我情」可定性為「興也」，但也可以劃入「趣」和「意」的範疇。興、趣、意、理四者之間缺乏統一的劃分標準，故有交錯，如趣與意，興與理，皆屬交叉概念。這樣的隨意性，表現出中國某些詩話詞話帶著直覺思維的局限。

　　把問題提得比較深邃、具有理論價值的是蘇東坡「反常合道」的命題。東坡的這個命題，是從柳宗元的〈漁翁〉中提出來的，似乎就詩句論詩句，但是由此引起的千年爭訟，涉及詩的情與趣、趣與理之

間的關係，很有理論價值。

「漁翁夜傍西岩宿，曉汲清湘燃楚竹。」為什麼要突出漁翁夜間宿在山崖邊上？他的生活所需，取之於山水，暗示的是和大自然融為一體。不過，不是一般的一體，而是詩性的一體。故取水，不叫取，而叫「汲」，不叫汲湘江之水，而叫「汲清湘」。省略一個「水」字，就不是從湘江中分其一勺，而是和湘江整體相聯。不說點火為炊，不是燃幾根竹，而說「燃楚竹」，與「汲清湘」對仗，更加顯示其環境的整體和人的統一依存關係。這是一種靠山吃山，靠水吃水的自然生存狀態。接下去：

　　　煙銷日出不見人，欸乃一聲山水綠。

這一句很有名，可以說是千古「絕唱」。蘇東坡評論說：「以奇趣為宗，以反常合道為趣。」這話很有道理，但是，並未細說究竟如何「反常」，又如何「合道」。本來，燃楚竹，並不一定是枯竹，竹作為燃料，其特點是不一定要是枯的，即便新竹，也是可以燒的。如果是枯竹，燒起來，就不會有煙了，新竹，不乾，燒起來才有煙，當然可能還有自然之霧與煙融為一體。「煙銷日出不見人」，人就在煙霧之中，看不見了是正常，「煙銷」了，本來應該看得出人，又加上「日出」，更應該看得出，然而卻是「不見人」。把讀者帶進一種剎那間三個層次的感覺「反常」轉換之中。第一層次的反常，點燃楚竹之火，煙霧使人和自然統一，煙霧散去了，人卻不見了；第二層次的「反常」，在面對視覺的空白之際，「欸乃一聲山水綠」，傳來了聽覺的「欸乃」，突然從視覺轉變成了聽覺。這就帶來視聽轉換的微妙感悟，聲音是人造成的，應該是有人了吧，但是只有人造成的聲音的效果，卻還是「不見人」，只可以聽到人活動造成的聲音。第三層次的「反常」是循著聲音看去，卻仍然是「不見人」，只有一片開闊的

「山水綠」的空鏡頭。三個層次「不見人」，連續三個層次的「反常」，不是太不合邏輯了嗎？然而，所有這一切卻又是「合道」的。「煙銷日出不見人」和「欸乃一聲山水綠」結合在一起，突出的首先是漁人的輕捷，悠然而逝、不著痕跡，轉瞬之間就隱沒在青山綠水之中。其次，「山水綠」，留下的是一片色彩單純的美景，同時也暗示著觀察者面對空白鏡頭的遐想。不是沒有人，而是人遠去了，令人神往。正如「山迴路轉不見君，雪上空留馬行處」、「孤帆遠影碧空盡，唯見長江天際流」一樣，空白越大，畫外視覺持續的時間越長。三個層次的「反常」，又是三個層次的「合道」。這個「道」不是一般的道理，而是視聽交替和畫外視角的效果，這種手法，在唐詩中運用得很普遍而且很熟練（如錢起〈省試湘靈鼓瑟〉：「曲終人不見，江上數峰青」）。所以，這個「道」是詩歌感覺的想象交替之「道」。

　　這裡的「反常」，可以理解為知覺的「反常」，超越常規。俄國形式主義把它叫做「陌生化」，英語有翻譯成 defamiliarization 的，意思是反熟悉化。從表面上看，和「反常」異曲同工，都是為了給讀者感覺以一種衝擊。但「陌生化」是片面的。因為並不是一切「陌生化」的感知和詞語都是富有詩意的，只有那些「陌生」而又「熟悉」的，才是詩意的。「二月春風似剪刀」，為什麼是藝術的？因為前面還有一句「不知細葉誰裁出」。「裁」字為後面「剪刀」的「剪」字埋下了伏筆，「裁剪」是漢語中天然「熟悉」的聯想，也就是「反常」而「合道」的，「陌生」而「熟悉」的。而二月春風似「菜刀」，則是反藝術的。因為只有「陌生」，只有「反常」，而沒有「熟悉」，沒有「合道」。

　　僅僅從語言的角度來分析這個問題，是不夠的。我國古典詩詞強調「情趣」。故不可忽略從情感和趣味的方面來探討。阮閱《詩話總龜前集》卷九載蘇東坡欣賞陶詩：「初看若散緩，熟讀有奇趣。」趣味之奇，由於情感之奇。奇在「散緩」，也就是不奇，不顯著，情感

不強烈，需細讀慢悟，才覺出奇在不奇之中。蘇東坡認為這樣「才高
意遠」。「意遠」相對於意「近」。「近」就是一望而知，就是情感比較
顯露。而「遠」則比較含蓄，比較寧靜。常態抒情是情感處於激動狀
態，情感激動，便與理拉開了距離，甚至悖理，故有趣。在吳喬那
裡，叫做「無理而妙」。而這種反常態的無理，卻並未與理拉開顯著
的距離，然而有趣，故為「奇趣」。「曖曖遠人村，依依墟里煙。犬吠
深巷中，雞鳴桑樹巔。」表面上像是流水帳，平靜地對待日常化的生
活，這就與常態的抒情大不相同。常態抒情，從內容來說，是對社會
的不平、抗爭，對自我情感的強化，對自然的精心美化。因而，情感
是強烈的，波瀾起伏的。情感的強化、起伏，與趣味的生成成正比，
在常態的詩中，語言是要錘煉加工的。這就是中外古典詩歌中常見的
浪漫風格，英國浪漫主義詩人華茲華斯將之總結為「強烈的感情自然
流瀉」。而美國新批評的理論家布魯克斯引用華茲華斯的話說，他總
是把平常的現象寫得不平常，這是詩歌之所以成為詩歌的根本原因。
但是，這樣的總結是片面的。蘇東坡稱讚的中國古典詩歌風格與之恰
恰相反。不是把平常的事與情寫得不平常，而是把平常的事與情寫得
平平常常。其情感的特點是：第一，不事強化的、不強烈的、不激動
的；第二，沒有波瀾起伏的；第三，平靜的心態的持續性，非轉折
性。這與讀詩的心理預期相反，這叫「反常」。然而，這種「反常」
有風險，可能使詩失去感染力，變成散文。吳喬《圍爐詩話》卷一：
「無奇趣何以為詩？反常而不合道，是謂亂談；不反常而合道，則文
章也。」這裡的「文章」是指當時的實用文體，包括奏摺、公文之
類。但是，「合道」並不是合「理」。黃生《一木堂詩麈》卷一：「出
常理之外，此之謂詩趣。……詩趣之靈。」但是，並不是一切超越常
理的都有詩意，它和「理」的關係，既不是重合，也不是分裂。謝肇
淛《小草齋詩話》卷一〈內編〉說：「太奇者病理……牽理者趣
失。」用我的話說，情、趣與理三者乃是「錯位」的關係。重合了，

就沒有趣味，完全脫離，也沒有趣味。只有「錯位元」，部分重合，部分拉開距離，才有趣味，「錯位元」的幅度大了，就有了「奇趣」。「奇」在哪裡？吳喬沒有回答。應該是「奇」在深刻，深合於「道」。在陶淵明的詩中，是一種心靈的超越境界，不但沒有外在的社會壓力，而且沒有內心欲望的壓力，甚至沒有傳統詩的語言壓力，完全處於一種「自然」的，也就是無功利的、不操心的心理狀態。這種不事渲染，毫無加工痕跡的原生的、自然語言，之所以給詩話家以「造語精到」之感，就是因為它是最為真誠的、本真的，杜絕了一切偽飾的原生語言。這樣的語言的趣味，釋惠洪說是「天趣」，因為它是最自然的語言。事實上，這是陶淵明開拓的常態的非常態，反常態中的「合道」的境界。

對於詩的最後兩句，「回看天際下中流，岩上無心雲相逐」，蘇東坡認為：「雖不必亦可。」由於蘇東坡的權威，此言既出，就引發了近千年的爭論。南宋嚴羽，明胡應麟，清王士禎、沈德潛同意東坡，認為此二句刪節為上。而宋劉辰翁，明李東陽、王世貞則認為不刪節更好。

其實，這最後兩句「回看天際下中流，岩上無心雲相逐」是不可少的。很明顯，這是從漁翁的角度，寫漁舟之輕捷。「天際」，寫的是江流之遠而快，也顯示了舟行之飄逸。「下中流」，「下」字，更點出了江流來處之高，自天而降，舟行輕捷而不險，越發顯得漁翁悠然自在。回頭看從天而降的江流，有沒有感到驚心動魄呢？沒有。「岩上無心雲相逐」。感到的只是，高高的山崖上，雲在飄飛。這種「相逐」的動態是不是有某種亂雲飛渡的感覺呢？沒有。雖然「相逐」，可能是運動速度很快。但卻是「無心」，也就是無目的的，無功利的。因而也就是不緊張的。

可以說，這兩句中，「無心」是全詩思想的焦點。但是，李東陽說：「若止用前四句，與晚唐何異？」劉辰翁也認為，如果刪節了，

就有點像晚唐的詩了。晚唐詩有什麼不好？一種解釋就是一味追求趣味之「奇」，而忽略了心靈的深度內涵。而蘇東坡認為刪節了最後兩句，就有奇趣，加上這兩句，反沒有了奇趣。但，這種把晚唐僅僅歸結為奇趣的說法顯然比較偏頗。今人周嘯天說：

> 晚唐詩固然有獵奇太過不如初盛者，亦有出奇制勝而發初盛所未發者，豈能一概抹煞？如此詩之奇趣，有助於表現詩情，正是優點，雖「落晚唐」何妨？「詩必盛唐」，不正是明詩衰弱的病根之一麼？[1]

　　這顯然是很有見地的，但是，只說出了人家的偏頗，並未說明留下這兩句有什麼好處。在我看來，最後一聯的關鍵字，也就是詩眼，就是這個「無心」。這個無心，是全詩意境的精神所在。「煙銷日出不見人，欸乃一聲山水綠」，心情之美，意境之美，就美在「無心」。自然，自由，自在，自如。在「無心」之中有一種悠然、飄然。這個「無心」，典出陶淵明的〈歸去來兮辭〉：「雲無心以出岫，鳥倦飛而知返。」這種「無心」的，也就是無目的的、不緊張的心態，最明顯地表現在「悠然見南山」中的「悠然」上。「悠然」，就是「無心」，也就是超越「心為形役」的世俗功利目的。而這裡的「無心」的雲，就是由「無心」的人眼中看出來的。如果有心，看出來的雲就不是「無心」的了。這種「無心」的雲，表現了陶淵明的輕鬆、自若和飄逸。以後，「無心」的雲就成了一種傳統意象。李白在〈送韓准、裴政、孔巢父還山〉中說：「時時或乘興，往往雲無心。」李商隱〈七絕〉中說：「孤鶴不睡雲無心，衲衣筇杖來西林。」辛棄疾〈賀新郎·題傅岩叟悠然閣〉在寫到陶淵明的時候，也說：「鳥倦飛還平林去，

1　《唐詩鑑賞辭典》（上海市：上海辭書出版社，1983年），頁934。

雲自無心出岫。」這是詩的意脈的點睛之處，如果把它刪節了，當然不無趣味，可能還會有一種餘味無窮的感覺。讓我們再來體會一下：

> 漁翁夜傍西岩宿，曉汲清湘燃楚竹。
> 煙銷日出不見人，欸乃一聲山水綠。

感覺的多層次轉換運動之後，突然變成一片開闊而寧靜的山水。動靜之間，「山水綠」作為結果，的確有觸發回想的意象交疊，於結束處，留下不結束的持續回味的感覺。但是，這種回味只是回到聲音與光景的轉換的趣味，趣味的背後還有什麼東西呢？就只能通過「無心」去體悟了。這個「無心」，是意境的靈魂，把意境大大深化了，對於理解這首詩的靈境，是至關緊要的。

第四章
古典詩詞常見主體情感體驗分析

享受孤獨

〈獨坐敬亭山〉

李白

眾鳥高飛盡，孤雲獨去閒。

相看兩不厭，只有敬亭山。

要真正理解這首詩的好處，要抓住幾個關鍵字。第一個是題目上的「獨」，就是孤獨。全詩意境獨特之處就是把孤獨的感覺、孤獨的特點、孤獨的詩意，做得很足。

第一句，抓住「盡」。孤獨到什麼程度，沒有什麼人是不用說的了，連鳥都飛光了。

第二句，要抓住「獨」和「閒」。不但人是孤獨的，連雲也是孤獨的。這比上句又進了一層。上句的鳥還是「眾鳥」，許多鳥，引起詩人凝神，一直到全部從視野裡消失為止。而第二句卻只有一片孤獨的雲，可是它的姿態，卻和鳥的「飛盡」不同，它的離去，是很悠閒、從容的。這個悠閒的「閒」，很重要。在孤獨中，有人可能會焦慮，李白是不是如此呢？這個「閒」字，留下了一點暗示，孤雲是悠閒的，這完全是客觀的嗎？好像不是，這是由一隻悠閒的眼睛看出來的，這裡，暗示了孤獨的悠閒心態。

開頭兩句，一方面把孤獨感強調到極端：有生命的鳥消失了，沒有生命的雲也在離去，整個世界，就剩下詩人一個。另一方面又暗示，詩人面對這種絕對的孤獨，不但不太在意，反倒還有一種情致，

去欣賞孤雲的姿態。這種情致的特點就是：「閒」（悠閒）。這無疑和極端的孤獨隱隱構成了矛盾。

第三、四句：「相看兩不厭，只有敬亭山。」要抓住「兩」、「不」和「厭」。

詩人是孤獨的，為什麼孤獨？因為沒有人交流，不但沒有人，連鳥，連雲，都消失了，因而產生孤獨感。和孤獨聯繫在一起的，是寂寞、苦悶、煩厭。這對於人來說，有一種否定的性質，詩人完全可以借此宣洩他的苦悶和煩厭。但如果真是這樣的話就俗了，就沒有李白的特點了。

李白的特點，全在後面兩句之中，隱含著一種對前面兩句所營造的孤獨感的反撥。

沒有人可以交流，鳥、雲都消失了，在這無生命的世界中，只有敬亭山可看。山不像鳥，它不會飛，也不會叫；山不像雲，它不會飄移。面對這無聲、不變的大山，應該說，更加寂寞，更加容易煩悶厭倦了。但是，就在這樣的極端孤寂之中，詩的意脈卻發生了一次倒轉。面對無聲的敬亭山，不但沒有感到煩厭，相反倒是感到「不厭」。這不是無理嗎？不，這裡隱含著詩的情感的邏輯特點。最孤獨、最煩厭的境遇，變成了最不煩厭、最有味道的境界。這是一百八十度的大對轉。但這並不是絕對無理的，它在無理中，又有自己的道理。這就是賀裳、吳喬所說的「無理而妙」。在這種對轉中，對轉的反差越大，越是顯出「無理」的姿態；越是不合常理，感情的衝擊力越強，讀者的驚異感也就越強。但是，太突然，完全無理，也可能導致絕對的荒謬，使讀者感到被愚弄。這裡，李白的妙處在於，既突然，而又不太突然。

首先，有「閒」（孤雲之閒）在前面作了鋪墊。

其次，更主要的是，這種不厭，不是單方面的，而是雙向的。不僅僅是李白看敬亭山，敬亭山也在看著李白；不僅是李白不厭，敬亭

山也不厭。這是詩的傑出的想象自由，由於遵循著聯想機制的相近軌
道：把山的不動，變成相視，把不動的相視變成不厭，自然而然地轉
化為詩人情感的理性根據：在人間，是絕對寂寞的、煩厭的，但是，
無語的、寧靜的自然界，卻能與之默默地凝神相對，在相對中感到某
種交流，獲得心靈的寧靜。無一字言及人世間的無情，然而人間的無
情，躍然紙上。

　　這種詩的邏輯，和〈月下獨酌〉異曲同工：

　　　　花間一壺酒，獨酌無相親。
　　　　舉杯邀明月，對影成三人。

本來是極端孤獨的，沒有相親相愛的人，只有月亮。但是，一旦把月
亮當作人，舉杯相邀，月亮也就是可以相親的朋友；而且由於月光，
身邊有了影子，這樣，就可以把它想象成為另一個朋友。這樣，沒有
朋友變成了多個朋友，而這多個朋友只是想象中的朋友，又更加反襯
出人世間的孤獨。從現實世界來說，這是無理的，因為月亮和影子不
是朋友。但是，從詩的想象邏輯來說，又是有理的：從內涵上說，人
在大自然中，比在人世間更能獲得感應；從形態上說，把月亮當成朋
友，早就有過許多傑作了，而把影子當成朋友，則是李白的創造。影
子有人的輪廓，像朋友，但是，這恰恰說明詩人的孤獨，沒有朋友。

　　敬亭山在安徽宣城，李白一生七遊宣城。據學者考訂，李白這首
詩寫於天寶十四載（755）。十年前（745），他從政失敗，被唐玄宗
「賜金放還」，心情應該是很寂寞、很苦悶的。這種苦悶，在這裡被
詩化，沉醉於大自然的靜穆之中，營造了一種毫無世俗之念的境界。

　　全詩的功力在於把自己提升到超越現實的想象境界中。在這種境
界裡，詩人的情感獲得了比現實中更大的自由。全詩只有二十個字，
前兩句採用對仗句式，屬對工整；後兩句則以倒裝句式（按照散文的

句式，應該是「只有敬亭山」，才能「相看兩不厭」)，突出了「兩不厭」。

對於這首詩的含意，古代詩評家中，有人認為「『眾鳥』，喻名利之輩，『高飛盡』，言得意去。『盡』為『獨』字寫照。『孤雲』，喻世間高隱一流，『獨去閒』，言雖與世相忘，而尚有往來之跡」。這是不是有點過分坐實了呢？這樣坐實的解讀，本是好心，力圖提高詩的思想內涵，但卻窒息了詩的概括力和想象的空間。

關於這首詩的語言，在歷代詩話中，一般都稱讚，但也有詩評家提出異議。胡應麟在《詩藪》中說：「詩最貴含蓄，青蓮『相看兩不厭，只有敬亭山』亦太分曉。」其實，這是有點誤解了詩的含蓄。這兩句話雖然表面上看來，意思明明白白，但這只是其表層的意義，敬亭山和「我」相看不厭，是一個結果，其原因，在於深層，在於對人間的隔膜不抱希望。這種言外之意，是雋永含蓄的。

〈江雪〉

柳宗元

千山鳥飛絕，萬徑人蹤滅。

孤舟蓑笠翁，獨釣寒江雪。

這也是一首以圖畫來抒情的傑作，歷代詩評家一致給予了極高的評價，但是，大多數是印象式的論斷，並沒有把道理講出來。就是蘇東坡這樣的大家，也不能免俗。他對這首詩的評論是：「殆天所賦，不可及也已。」《對床夜話》則說：「唐人五言四句，除柳子厚〈釣雪〉之外，絕少佳者。」應該如何來欣賞它的好處呢？千百年來，在理論上，還沒有一個準確的說法。一些詩話家認為，這首詩的好處，是以描繪景色取勝。《批點唐詩正聲》說：「絕唱，雪景如在目前。」《增定評注唐詩正聲》說：「好雪景，名句妙。」《唐詩摘抄》說：

「此等作真是詩中有畫,不必更作寒江雪釣圖也。」《詩法易簡錄》
說:「前二句不著一雪字,而確是雪景。」眾多說法不盡相同,但是
從觀念上來看,卻是一致的,那就是,此詩好在提供了美好的視覺圖
畫,具體來說,就是「詩中有畫」。這是有權威根據的。自古中外都
有「畫是無聲詩,詩是有聲畫」的說法,蘇東坡在〈書摩詰藍田煙雨
圖〉中也說:「味摩詰之詩,詩中有畫;觀摩詰之畫,畫中有詩。詩
曰:『藍溪白石出,玉川紅葉稀。山路元無雨,空翠濕人衣。』」[1]這
裡突出強調的是詩與畫的共同性。作為一種感情色彩很濃的讚美,很
精闢,有其相對的正確性;但是作為一種理論,無疑有其片面性,因
為忽略了不可忽略的詩與畫的差別。特別是這一段話經過長期傳誦,
抽去了具體所指的特殊對象,就越來越變得膚淺了。詩和畫借助的工
具不同,區別是這樣大,又這樣容易被人忽視,很值得思考。絕對地
用畫的優越來讚美詩的優越,是一種盲從。明朝人張岱直接對蘇東坡
的這個議論提出過異議,他的觀點接觸到了藝術形式之間的矛盾,但
沒有充分引起後人乃至今人的注意。不同藝術形式間的不同規範,在
西方也同樣受到漠視,以致萊辛認為有必要寫一本專門的理論著作
《拉奧孔》來闡明詩與畫的界限。(請參閱本書關於李白〈早發白帝
城〉中詩畫關係的論說。)應該說,萊辛比張岱更進了一步,即使肉
眼可以感知的形體(而不是畫中不能表現的視覺以外的東西),在詩
中和在畫中也有不同的藝術準則。

　　既然從理論上來說,詩中有畫,純粹是視覺畫圖,並不一定能保
證詩歌美妙,那麼是什麼使得這首詩動人呢?退一步說,並不是一切
圖畫都是動人的,只有優秀的圖畫才能打動讀者。作為一幅圖畫,其
優越性何在?作為一幅包含著詩意的畫,其傑出之處是什麼呢?這就
是古人印象式的話語所不能充分概括的。

1　《蘇軾全集》下冊(文集卷七十),(上海市:上海古籍出版社,2000年),頁2189。

　　我們還是來看作品。開頭兩句：

　　　　千山鳥飛絕，萬徑人蹤滅。

題目是「江雪」，那就是說，寫江上之雪的特點，不是一般的雪，而是大雪。這裡的「千山」，指的是整個外部世界，縱目所及，一片純淨的空白。在這樣一個宏大的背景上，連極其細微的飛鳥都絕跡了。「萬徑人蹤滅」更是如此，生命的一切蹤跡，不光是腳印，還有其他痕跡（如炊煙、茅舍、阡陌等），一概消失。眼前的一切，就是一片雪白，由空白構成的全部畫面，是很有特點的。但是更有特點的是，這樣的空白，被下面的孤舟獨釣，也就是微小的人跡打破了。廣闊無垠的空白和微末的存在之間，構成了一種強烈的對比。

　　　如果要說「好雪景」，好就好在這種廣闊無垠的「空」和微妙的「有」的內在張力。正是因為這樣，一些詩評家不滿足於表面的視覺，不滿足於摹寫客觀的景物，而從表現詩人的情致方面進行探討。俞陛雲《詩境淺說續編》說：「空江風雪中，遠望則鳥飛不到，近視則四無人蹤，而獨有扁舟漁父，一竿在手，悠然于嚴風盛雪間。其襟懷之淡定，風趣之靜峭，子厚以短歌為之寫照，志和〈漁父詞〉所未道之境也。」這就不僅僅是從描繪客觀景物著眼，而是從主體感受出發，接觸到詩人的情致特色了。這裡有兩個片語是不可忽略的：「襟懷之淡定」、「風趣之靜峭」。這樣的「襟懷」和「風趣」，是圖畫畫不出、視覺不能見的。而這一切正是理解柳氏此詩的關鍵。

　　　這就說明，這是一首抒情詩，動人之處，在內在的情致。問題在於，是什麼樣的情致呢？這是比之圖畫的性質，更為重要的問題。徐增《而庵說唐詩》有言：「此詩乃子厚在貶所時所作以自寓也。當此途窮日短，可以歸矣，而猶依泊於此，豈為一官所繫耶？一官無味如釣寒江之魚，終亦無所得而已，餘豈效此翁者哉！」這和前面的完全

從客觀景物出發相反,是完全從作者主觀的遭遇出發。而主觀的遭遇,又集中在官場的感喟上。把官職和魚直接聯繫起來,明顯有些牽強,把為官貶官,直接當作釣寒江之魚,最多只是一種或然性的假想,並沒有什麼必然性的證明。其實,柳宗元作為一個人,是很豐富、很複雜的,很有個性的。即便貶官失意,他的失意與其他被貶人士相比,也有很大的區別。這只能從詩本身來獲得解釋:

　　孤舟蓑笠翁,獨釣寒江雪。

孤舟,就是只有一隻船,蓑笠翁的意脈由最後一句「獨釣」中的「獨」點明,即很孤獨。這種「獨」,從畫面來說,是空白中的一點,極其微小的一點。這顯然是一個對比。對比在中國古典詩歌中,是一種傳統手法:「前村深雪裡,昨夜一枝開」(齊己),「濃綠萬枝一點紅,動人春色不須多」(王安石),「春色滿園關不住,一枝紅杏出牆來」(葉紹翁)。以「一點」襯托「萬枝」,以「一枝」襯托「滿園」,都是畫面鮮明的對比,突出感官的強烈的衝擊性。但柳宗元這裡,卻不是感官的對比,而是非常深邃的對比,突出的不僅僅是感官的衝擊性,而且在表層感官以下,透露出形而上的意蘊。

　　詩的開頭兩句蘊涵著超越畫面的兩個意念,那就是「絕」和「滅」。畫面的空白,白茫茫一片,並不能顯示抽象的「絕」和「滅」。絕滅,是有道家「虛靜」的哲理意味的。當然,如果光是這樣的意味,是沒有感染力的,只有和千山萬徑的空白的視覺畫面結合起來,抽象才轉化為具象。在感性畫面下隱藏著的哲理意味才顯得美。在這樣的畫面之下,有柳宗元道家思想的流露——雖然柳宗元政治思想上是偏向法家的。整個世界,只有充滿了無為的寧靜,連生命活動的痕跡都沒有,才顯得純淨。「空」和「無」籠罩一切,是不是透露出政治上失意後的孤寂感?

　　如果接下去還是這樣寫，還是寫空寂，當然也不是不可以，但是，可能難免單調。所以接下來的兩句，不再是「空」和「無」，而是「有」和「在」。不過不是很明顯的「有」和「在」，而是很微妙的，以微妙的「有」，打破無邊無際的「空」和「無」。這就不但強調了世界的空寂，而且強調了人的精神狀態。在這樣無人的、空寂的環境中，人居然寂然不動。這是整個世界唯一的人，應該是一個孤獨的人。他有沒有孤獨感呢？從畫面上看，他維持著一種靜止的狀態，這說明他沒有感到孤獨，而是很寧靜。詩中點明是「寒江」，那他有沒有寒冷的感覺呢？似乎沒有。如果感到寒冷，就不可能那麼靜止不動了。這個人沒有孤獨感，也沒有寒冷感，是為什麼呢？唯一的解釋，就是他十分專注於自己手中的釣竿，忘記了孤獨與寒冷。在一般人那裡，釣竿是釣魚的，而在這裡，詩中寫得明明白白，不是釣魚，而是「釣雪」。釣雪和釣魚不同，釣魚是有目的的，而釣雪是沒有目的的。

　　全詩的詩眼，就在這裡了。

　　值得注意的是，沒有目的，但又很專注，專注到對世界沒有任何感覺的程度。他專注的性質是什麼呢？他專注的是他的內心，他的寧靜的心靈。不管世界上發生了什麼，都不會改變他的姿態，可見其心靈無為的程度與大自然之間達到何等的默契。「孤舟蓑笠翁，獨釣寒江雪」，關鍵不僅僅是「孤」和「獨」，而是對孤獨沒有感覺。孤獨之感是外在的，而詩人之心是內凝的。不管有沒有魚，都不會改變他對內心的寧靜的專注，可見他和自我默契到什麼程度。

　　這種境界，就是內心與外物的和諧，佛家、道家哲學均有這樣的高境界。表現這種境界，不用形容，不用誇張，只用白描，屬於詩學兼哲學的高境界。

　　但是要注意，這種境界是柳宗元的理想境界，想象的境界，而不是現實的境界。這和他的〈小石潭記〉是不大相同的。〈小石潭記〉是一篇現實性的散文，對於那麼美好的景物，他還以「悄愴幽邃」、

「其境過清」，覺得不能久居，棄之而去。而在這裡，就不僅僅是「過清」的問題，而是絕對寒冷、絕對孤獨的問題。

從這裡也可以看出，詩和散文的區別。從形式上說，散文是現實的，詩是想象的；從內涵上說，散文是形而下的，詩是形而上的。

從這裡，還可看出這首詩不同於一般古典抒情詩。一般古典抒情的「情」以「動」為特點。所謂「動情」「動心」「觸動」「感動」「激動」等等。故《詩大序》概括為「情動於衷」。但〈江雪〉卻突出「無動於衷」。此等詩之傑出之處不在於「情」，而在於「理」。此「理」乃佛家禪宗之「理」：生命與天地在空寂中合一，不但沒有寒冷的外部壓力，而且垂釣的功利目的。這斷不是如北大袁行霈教授所說的帶著功利目的的「釣魚」[2]，而是「釣雪」，其境界乃是物我兩忘的禪宗境界。

2　袁行霈：《中國詩歌藝術研究》（北京市：北京大學出版社，2009年），頁17。

悲憤：以喜劇性動作抒情

〈西江月・遣興〉

辛棄疾

醉裡且貪歡笑，要愁那得工夫。近來始覺古人書，信著全無是處。　　昨夜松邊醉倒，問松：「我醉何如？」只疑鬆動要來扶，以手推松曰：「去」！

　　這首詞是寫詩人心中憂憤的。憂愁和悲憤，尤其是憂愁，作為中國古典詩歌中一個母題，風格是異常豐富的。正因為豐富多彩，要在這個母題有所作為，就不能滿足於現成的套話，就要別出心裁。辛棄疾在這方面，有多種探索。比如他的〈醜奴兒〉：

少年不識愁滋味，愛上層樓。愛上層樓，為賦新詞強說愁。

而今識盡愁滋味，欲說還休。欲說還休，卻道天涼好個秋。

這是反其意而用之。最有特點的憂愁，竟是沒有憂愁卻強調憂愁，而真正有了憂愁卻裝作沒有憂愁。為什麼沒有什麼憂愁卻要強作愁呢？就是因為憂愁在詩歌中顯得很美。為什麼到了真正體會到憂愁的時候卻迴避憂愁呢？因為憂愁太痛苦，太折磨人心。

　　現在回過頭來說這首〈西江月・遣興〉，它很有特點。特點何在？

　　第一，一般的詩詞，當其抒情時，不管憂愁多麼沉重，詩人大抵都是清醒的。但是，這首詞裡，辛棄疾卻坦然表現出自己不清醒，是

醉態。第二，一般詩詞中，借景抒情，即景抒懷，景物作為情感的載體，都是觀照的對象；而這裡，詩情的高潮處，客觀景物居然活動起來，和詩人主體發生了衝突。這種衝突的性質，又不是一般的動作，而是在戲劇性動作中滲透抒情。第三，抒寫的是詩人憂憤的激情，但是偏不直接寫憤激，而是寫一點憂愁都沒有；不但沒有憂愁，而且充滿歡笑，相當開心。

第一句，「醉裡且貪歡笑」。「貪」就是有意地沉溺於歡笑，盡量延長歡笑的時間，長醉不醒，盡量自我麻醉。為什麼呢？逃避憂愁——「要愁那得工夫！」

要知道，這是一個英雄將軍寫的。他同時又是個詞人，在宋詞史上，他的詞總體上屬於豪放派——「想當年，金戈鐵馬，氣吞萬里如虎」。甚至連喝醉了，也不忘憂國——「醉裡挑燈看劍，夢回吹角連營」。一副英雄氣概。但在這首詞裡，一個立志恢復中原的統帥，卻「醉裡且貪歡笑」，好像是在醉生夢死。從字面上看，醉了，神智不清了，不清醒，就最開心，最精彩。「且貪」兩個字，不可忽略。

醉和酒，是中國詩歌史上的傳統主題，寫得最早的是屈原：「眾人皆醉我獨醒。」在曹操的詩歌中，酒的功能也是忘憂。（「何以解憂？惟有杜康。」）因為酒使人不清醒，而清醒卻能使人為憂愁所困擾。陶淵明的〈飲酒〉詩十五首，據他自己說，全是醉中之作，然而，讀來卻給人十分清醒之感。醉得最為徹底、最為詩化的是李白——「人生得意須盡歡，莫使金樽空對月。」李白的醉，不是生理上的醉，而是心理上的醉。醉是針對憂愁的，醉的最高目的是擺脫憂愁。但在李白那裡，醉酒竟不能排解憂愁，因為酒不能使他徹底麻醉，他的特點是，越是憂愁越是清醒：「舉杯消愁愁更愁。」李白的詩意，在不清醒與清醒之間。「自古聖賢皆寂寞，惟有飲者留其名。」清醒的聖賢沒有知音，而不清醒的酒徒，卻留下了美名。酒徒的姿態就顯得浪漫，憂愁不可排解，想要不清醒，卻恰恰很清醒。

　　但是，在辛棄疾這裡，卻不完全是這樣。整篇詞中，全是醉，全是不清醒。醉意化為詩意的關鍵，是極端化。

　　醉得很徹底，醉得很開心，完全耽溺其間，把心靈填得滿滿的，把時間占得滿滿的，連憂愁的時間都沒有了（「那得工夫」）。這種醉的極端，是情感的極端。所表現的是激情，不是一般的溫情，更不是賈島式的閒情。

　　激情，從程度來說，就是「極情」。辛棄疾的激情中，包含著一種憤慨、憤激。為什麼要逃避憂愁呢？中國古典詩歌中，不是把憂愁表現得很美、很富於詩意嗎？因為感情的深層，隱含著另一層意思：憂愁是清醒的，清醒時太痛苦了，清醒時這憂愁太讓人絕望了，只有醉，只有不清醒，才能把憂愁忘卻。這種對不清醒的情緒的竭力美化，反映了立志復國的壯士，不但抗戰主張得不到朝廷的採納，反倒受到當權者壓抑，束手無策的憤懣和絕望。

　　這種憤懣已經很極端了，但接下來更極端，絕望得連聖賢的書都不相信了：

　　　　近來始覺古人書，信著全無是處。

中國的傳統觀念，把知識份子叫做「讀書人」。古書，具有經典、神聖的地位，但是，作為讀書人，他居然說，古人的書本「全無是處」。當然，孟子說過，「盡信《書》，則不如無《書》」。但孟子還是比較委婉的。完全相信，就可能出錯，這意味著其中還有可以相信的成分。而辛棄疾在這裡卻說古人的經典「全無是處」。這種一概抹殺，明顯是一種憤激。這就是說，不但現實政治生活令人絕望，連聖賢的經典也叫人絕望。

　　沉醉於酒，耽溺於醉，還不怕給人以醉生夢死的感覺，這不是極端不負責任，很墮落的表現嗎？如果這樣，就是醜惡了。但是，他卻

把它表現得非常可愛，非常浪漫，非常天真：

> 昨夜松邊醉倒，問松：「我醉何如？」只疑鬆動要來扶，以手
> 推松曰：「去」！

這裡顯示出了辛棄疾對「醉」的主題的突破。他不再是通常那樣以清醒態觀照醉態，而是，第一，寫醉得糊塗，居然問松樹：自己醉得怎麼樣啊？一般的憂愁，是以清醒為美，以清醒地意識到現實和個人的悲痛為美；而這裡，卻以糊塗為美。第二，寫醉態的幻覺：「鬆動要來扶」。松樹可能會因風吹而動，但絕不會是要來扶人。明明是醉者眼花，不是以清醒的眼光觀照，卻誇耀醉態，所以表現得很率真。第三，揭示醉者和自己的幻覺衝突，不但不覺得自己眼花，反而粗魯地和沒有聽覺的植物鬥氣。有些評論家說，這是戲劇性。這是對的，但是，應該補充的是，首先，這戲劇性來自動作，不但是情感的衝突，而且有外部動作，就是「扶」和「推」以及道白：「去」！其次，雖然有動作性，但並不是舞臺的戲劇性，而是抒情的戲劇性。再次，就抒情戲劇性而言，既不是正劇，也不是悲劇，而是喜劇性的抒情。詩人沉醉在自己的幻覺之中，顯得可笑、可愛，顯得天真、率性。就趣味來看，這不是一般的情趣，準確地說，應該是抒情喜劇性的諧趣。這種抒情喜劇性的諧趣，全靠獨白式的樸素語言，幾乎沒有慣用的文言詞彙，全都是白話，率真而坦然，不惜在詩詞這樣的正統文學形式中，把自己寫得可笑。特別是最後一個字「去」，不但是白話，而且是大白話、日常口語，為詩詞中少見。正是因為這樣，才顯得格外可貴、格外可愛。

女性的隱憂

〈如夢令〉

李清照

昨夜雨疏風驟，濃睡不消殘酒。試問捲簾人，卻道「海棠依舊」。「知否？知否？應是綠肥紅瘦。」

　　這首詞是以雨為緣起的，但寫的是雨後的情與景，激發起特別的心境。

　　第一句就顯示出，雨疏風驟是昨天夜裡的，是回憶中的雨。回憶中的雨比之眼前的雨更有情趣一些。眼前的只是外部景觀而已，回憶則有內心追思的觸動。為什麼當時下雨的時候沒有感覺，要到早上才努力回憶？是因為「濃睡」，不清醒。這個「濃」字用得挺好。「濃」字一般不用在睡上。濃睡，就是沉睡，就是酣睡。但是把它改成「沉睡不消殘酒」、「酣睡不消殘酒」，都沒有「濃睡」的韻味。「濃」本來是形容液體的，用來形容睡得沉，不但很新穎，而且聯想意義很貼切。「濃睡」和「殘酒」，在文字上是反襯；在意義上卻是因果。因為濃睡，醒來時，殘酒還沒有完全消退。雖然如此，畢竟只是醉（而不是死），在醉意朦朧中，還有殘存的意識（記憶）。昨日的雨雖然稀疏（周汝昌先生以為「雨疏」之「疏」是疏放、疏狂之疏，可備一說），但是，風很猛啊，當時意識不清醒，來不及想的事，現在猛然躍上心頭，想起記憶深處的心事。還不是一般地關切，而是非常急迫，等不及自己去觀察，讓丫鬟先看一下，海棠花怎麼樣了？丫鬟的

回答是「依舊」。這裡有一個字不能忽略：「卻」。暗示與自己原來的預想相反。問題是，如果是對海棠一般地關切，人家親眼看的，還有錯嗎？但是詩人偏偏不以為然。「知否」，用疑問來肯定，比用肯定更加肯定，而且還用了兩個「知否」。「應是綠肥紅瘦」，不是沒有變化，而是變化很大，葉子更肥了，而花卻凋零了。這說明，詩人很堅定、很固執，不相信你親眼看到的，只相信自己想象的。因為在她的感覺中，雖然綠肥，生理強壯，可是作為美感象徵的花，象徵著女性的青春，在無形中消逝。對自己青春的消逝很敏感，才會這麼固執。這裡還潛藏著一個對比，本來不是說「濃睡不消殘酒」嗎？殘酒還沒有完全消退，那就是頭腦還不太清醒，而對於花的凋零，卻如此堅執。這不是有那麼點不講道理嗎？但是，正是因為不講道理，才是情感強烈的。中國古典詩評家賀裳、吳喬說抒情詩「無理而妙」，妙處就在其中。

這個「瘦」字，是李清照很偏愛的，她不止一次地用來形容花。「人比黃花瘦」，說得很明白，是人瘦，不是花瘦。這個瘦，不但是軀體的，而且是內心深處的憂慮。但是，抒情的無理，不是蠻不講理，蠻不講理就不妙了。從日常理性來說，可能是無理的，但是從另一個角度來說，恰恰是有情的表現。從什麼地方看出來？雖然雨水使葉子更肥碩了，但是風雨使花朵更快地凋落了。詩人的敏感，不完全是為花的凋零，而且是為自己像花朵一樣的青春的消逝傷感。這種敏感就是情感的根源。從這個意義上來說，敏感決定了她對花朵的凋零的固執。這種固執就是理由。無理不一定就是妙的，要妙，就得有可以激起讀者想象的緣由。這種精神消瘦的內在體驗，別人是感覺不到的，因而詩人才更有理由焦慮。吳喬並不絕對主張詩「無理」就一定「妙」，關鍵在「於理多一曲折耳」。[1]從另一個層次上講，情感還是

1　孫紹振：《文學創作論》（福州市：海峽文藝出版社，2004年），頁322。

有自己的邏輯的。無理之理，是為情理。

　　對於李清照的這首詞，當年和後世的評論家給予很高的評價。特別是對「綠肥紅瘦」，更是讚賞不已。陳郁《藏一話腴》甲集卷一：「李易安工造語，故〈如夢令〉『綠肥紅瘦』之句，天下稱之。」蔣一葵《堯山堂外紀》卷五十四：「李易安有〈如夢令〉云：……綠肥紅瘦，當時文士莫不擊節稱賞。」[2]但是也有人提出異議，陳廷焯在《白雨齋詞話》卷六中認為：不過是和「寵柳嬌花」一樣的「精豔語」，「造句雖工，然非大雅」。[3]這種看法當然有點偏頗。因為，詩歌畢竟是語言的藝術，「綠肥」代替綠葉之肥碩，雖然非罕見，但以「紅」代花而以「瘦」作謂語，亦有奇意。陳廷焯在眾多詞評家中，還是很有藝術眼光的，他在另一部著作《雲韶集》卷十中說，他反對一味稱讚「綠肥紅瘦」的原因，不過是以為這太「皮相」，這首詞最傑出的地方是「只數語，層次曲折有味」。這個說法和吳喬的「於理多一曲折耳」異曲同工。「綠肥紅瘦」非為寫景，實乃深情之高潮。在此之前，已有層層鋪墊：其一，醒來猶記醉中忽略的潛在意識；其二，置丫鬟目睹於不顧，以猜想否定目睹；其三，所言並非直接表白，而以一「瘦」字形容花，透露女性年華消逝之深深隱憂；其四，層次推進之際，中多省略，意象大幅度跳躍，斷裂空白甚多（如：不提問捲簾人何語），此等結構召喚讀者在想象中，毫無難度地將意脈貫通。在有理與無理之間，如此曲折有致，故能稱「妙」。

2　吳熊和主編：《唐宋詞彙評》（兩宋卷）（杭州市：浙江教育出版社，2004年），頁1411。

3　吳熊和主編：《唐宋詞彙評》（兩宋卷）（杭州市：浙江教育出版社，2004年），頁1412。

〈聲聲慢〉

李清照

尋尋覓覓，冷冷清清，淒淒慘慘戚戚。乍暖還寒時候，最難將
息。三杯兩盞淡酒，怎敵他、晚來風急。雁過也，正傷心，卻
是舊時相識。　　滿地黃花堆積，憔悴損，如今有誰堪摘？守
著窗兒，獨自怎生得黑！梧桐更兼細雨，到黃昏，點點滴滴。
這次第，怎一個愁字了得！

　　這是一首很有名的詞，從當時到當今，大多詞評家都集中讚賞她
的十四個疊字。張端義《貴耳集》說：「本朝非無能詞之士，未曾有
一下十四疊字者。」「使疊字俱無斧鑿痕。」羅大經在《鶴林玉露》
中回顧了詩中用疊字的歷史，列舉了詩中一句用三疊字，連三字者，
兩句連三字者，有三聯疊字者，有七聯疊字者，只有李清照，「起頭
連疊十四字，以一婦人，乃能創意出奇如此」。[4]還有人指出，元朝著
名曲人喬吉的〈天淨沙〉詞中，有「鶯鶯燕燕春春，花花柳柳真真。
事事風風韻韻，嬌嬌嫩嫩，停停當當人人」之句，是「由李易安『尋
尋覓覓』來」。[5]

　　疊字的使用，千年來，引起這麼大的反響，原因固然在於韻律的
特殊，因為疊字作為一種語言現象，是漢語的特點；其次在詩歌中如
此大規模地運用，確係空前絕後。但是，從修辭技巧來說，這樣連續
性的疊字，並不是越多越妙，太多，也可能給人以文字遊戲的感覺。
如劉駕的「樹樹樹梢啼曉鶯，夜夜夜深聞子規」，前面兩個字疊字不
但是多餘的，還可能造成單調繁冗，像韓愈〈南山詩〉的「延延離又

4　吳熊和主編：《唐宋詞彙評》（兩宋卷）（杭州市：浙江教育出版社，2004年），頁
　　1426。

5　吳熊和主編：《唐宋詞彙評》（兩宋卷）（杭州市：浙江教育出版社，2004年），頁
　　1430。

屬，夬夬叛還邁。喁喁魚闖萍，落落月經宿。暗暗樹牆垣，架庫廄。
參參削劍戟，煥煥銜瑩琇⋯⋯」，一口氣連用了七個對仗的疊字，也
是十四個字，但是，給人以牙齒跟不上舌頭的感覺。而李清照這裡同
樣是十四個疊字，卻用得輕鬆自如。這當然與她用的都是常用字有
關，但還有一個最為根本的原因，就是在內容上、情感上的深沉。

　　對於李清照這首詞的解讀，近千年來，詞評家們往往被她疊字的
韻律迷了心竅，大都忘記了她的疊字的成功在於表達她的感情特徵方
面達到了高度的和諧。

　　一開頭就是「尋尋覓覓」，這是沒有來由的。尋覓什麼？自己也
不清楚。尋到了沒有呢？沒有下文。接著是「冷冷清清」，跟「尋尋
覓覓」沒有邏輯的因果。再看下去，「淒淒慘慘戚戚」，問題更為嚴重
了，冷清變成了淒慘。這裡有一種特別的情緒，是孤單的，淒涼的，
悲戚的，這沒有問題。但是，為什麼弄出個「尋尋覓覓」來呢？一個
尋覓不夠，再來一個，又沒有什麼尋覓的目標。這說明，她自己也不
知道尋覓什麼，原因是她說不清自己到底失落了什麼。這是一種不知
失落的隱憂。在〈如夢令〉裡，她還隱隱感到自己失落了的是青春，
別人不知道，她知道。她是不是有點感到孤獨？不太清晰，但是她不
淒慘，至少是不冷清。而在這裡，她不但孤獨、冷清，而且淒慘；一
個淒慘不夠，再來一個；再來了一個還不夠，還要加上一個「戚
戚」，悲傷之至。她朦朦朧朧地感到，失去的東西，是看不見、摸不
著的。她體驗著、孤獨地忍受著失落感。這種失落感，和她詞中疊字
裡斷續的邏輯一樣，是若斷若續的。這樣的斷續，造成了一種飄飄忽
忽、迷迷茫茫的感覺。這是第一個層次，就是沉迷於失落感之中，不
能自己，不能自拔。

　　下面轉到氣候，「乍暖還寒時候，最難將息」。是調養身體嗎？照
理應該是。但是從下文看，最難將息的可能不是軀體，而是心理。為
什麼？她用什麼來將息、調理自己的身體？用「三杯兩盞淡酒」。喝

酒怎麼調養身體？是借酒消愁嗎？

但酒是淡酒，不太濃。這個「淡」字，其實是全詞情感性質、意象色調在程度上的統一和諧的表現。淡酒，不僅是酒之淡，其聯想是情感之性質的不確定、縹緲。李清照所營造的「尋尋覓覓」，是不知道尋覓什麼，也不在乎尋到了沒有。感情狀態就是失落，不知失落了什麼，也不準備尋到什麼。因而其程度，是不強烈的、朦朧的。淡酒的淡，就是在這一點上，與之呼應，為之定性的。

雖然「淡」，卻仍然是酒，而不能是茶。那種「寒夜客來茶當酒」的情調，在程度上，是不夠強的。酒的性質就是情感的性質，酒的份量就是情感的份量。這種份量是很精緻的，分寸上是很精確的。這淡酒，不是杜甫那樣的「濁酒」。「濁酒一杯家萬里」，是與「潦倒」聯繫在一起的（「潦倒新停濁酒杯」），與經濟上的貧困相關。李清照寫的不是這個。這當然也不是「美酒」，李白的「新豐美酒鬥十千」與「咸陽遊俠少年」聯繫在一起，那種酒代表一種豪情，與李清照的精神狀態也相去甚遠。當然也不是陸游的「臘酒」，「莫笑農家臘酒渾」，雖然品質不高，可也足以用作豐年的歡慶。李清照的精神狀態，只能以一個「淡」字來隱括。

李清照這裡的「淡」字，還有一個功能，就是引出下面的大雁。

醉翁之意不在酒，在於打發這漫長的日子也。但是這個淡酒可能太淡，敵不過「晚來風急」。風急了，太冷，酒擋不住寒氣。淡酒本來是用來抵擋晚來的寒風，雖然無效，卻因風而把李清照的視覺從室內轉移到室外。從地上轉向了天空，「雁過也」。這個「也」字，韻味不簡單，是突然冒出來的語氣詞，有當時口語的味道（當然也是古典文言，但「也」本來就是孔夫子、孟夫子時代的語氣詞、口語）。這個「也」字，是不是有點喜悅輕鬆的語氣？這個大雁，是季節的符號，說明秋天來了。加上「卻是舊時相識」，本該「有朋自遠方來，不亦樂乎」，可是李清照卻樂不起來。綠肥紅瘦，春光明媚，尚且悲

不自禁；秋天來了，群芳零落，她更加悲了。本來「悲秋」在中國古典詩詞中就有傳統，在李清照這裡，這種悲涼，又因舊時相識，更加沉重：又是一年了。這個雁，還有一層暗示：鴻雁傳書。早年她給丈夫的詞中就有「雲中誰寄錦書來，雁字回時，月滿西樓」（〈一剪梅〉）。歲月催人老，加上寫此詞時，已是「靖康之難」後，李清照家破夫亡，即便大雁能傳書，也無書信可傳，這自然更令人神傷。空間視野開闊了，心情卻沒有開朗，大雁激起的是時間感覺，一年又過去了。暗示失落感來自時間之快，也就是警覺年華消逝的速度。失落感產生的原因明確了，不再迷迷濛濛了。這是第二個層次，「將息」、心理調整不但失敗，反而加重了悲鬱。

下片，心事更加沉悶。

滿地黃花堆積，憔悴損，如今有誰堪摘？

「憔悴損」，既是菊花，又是生命。「如今有誰堪摘？」意象的暗示變成了情感的直接抒發。這比「綠肥紅瘦」更加慘了，不但憔悴，而且有點枯乾了。「有誰堪摘」，不說什麼人摘。有人認為這個「誰」字，是「什麼」的意思，也講得通，但也不能否認，「誰」字可以作人稱代詞，指「什麼人」，二者兼而有之。此處是不是有人老珠黃之感？留給讀者去想象。

這是第三個層次，再度強化時間之快。悲鬱之至，對自己無可奈何，幾乎是無望了。青春年華只剩下滿地枯敗的花瓣。

不明確的失落變成了明確的傷感，都集中在時間的一個特點上，那就是「快」，年華在不知不覺中就憔悴了。時間的刺激，使得情感更明確了。這就不是傷感，而是傷痛了。生命苦短，這是傳統主題，在曹操、李白等大詩人那裡，已經有數不清的傑作。李清照的生命和大詩人不同，因而生命苦短的苦法當然不同。

守著窗兒，獨自怎生得黑！

這裡，寫的還是時間。天怎麼還不黑下來啊。天黑了，就看不見大雁，也看不到黃花的憔悴了，就不傷痛了。但是，這裡時間的可怕，不是望見大雁感到時間太快，而是相反，時間太慢了。為什麼慢？因為「獨自」，如果不是孤零零一個人，就不會這麼慢了。時間快得可怕，是因為孤零零，時間慢得可怕也是因為孤零零。這是第四個層次，對老天放棄抵抗，無可奈何，只能忍受排遣不了的孤單。

下面還有更可怕的：

梧桐更兼細雨，到黃昏，點點滴滴。

這是第五個層次，是全詞的高潮。詞人對自己、對天都無可奈何了，選擇了認命，忍受時間慢慢過去。好容易等到黃昏了，視覺休息了，心情可以寧靜了吧？聽覺卻增加了干擾。那梧桐葉上的雨聲，一點一滴的，發出聲音來。秋雨梧桐，本是古典詩詞中憂愁的意象（白居易有「秋雨梧桐葉落時」）。李清照進一步突出了它的過程，「點點滴滴」，都在提醒自己的孤獨、寂寞、失落、淒慘。梧桐葉和荷葉一樣，葉子的面積足夠大，雨打在上面，發出聲音來。可這遠遠不是韓愈「從今有雨君須記，來聽蕭蕭荷葉聲」的瀟灑。李清照的梧桐上，打的是「細雨」。為什麼是細雨？因為細雨中梧桐葉上的雨水積累得慢，一點一滴也打得慢。對孤獨的人來說，時間的可怕就在於慢，忍受著雨滴，一滴一滴地提醒自己：時間過得多麼慢啊，生命是多麼漫長啊。生命苦短變成了生命苦長。這個「點點滴滴」，用得很有才華。一方面是聽覺的刺激，雖然不強烈，但卻持續漫長，不可休止；另一方面是和開頭的疊字呼應，構成完整的、有機的風格。疊字的首尾呼應的有機性，與情感上的一個層次性的推進，最後歸結為「這次

第，怎一個愁字了得」。次第，就是層次、變化。一個「愁」字，使眾多層次都集中在一個焦點上，從內容到形式，從情緒到話語，高度統一，水乳交融。這個「愁」是抽象的，在這抽象的愁緒背後，是李清照的孤獨，是李清照往昔不孤獨的回憶和未來不能解脫孤獨的無望。這次第，這過程，並不限於眼前有限的時間，而是整個生命的悽楚。但是，又不能簡單歸結為悽楚，因為，這種悽楚不完全是煎熬，其中還有超越煎熬、享受這種悽楚的詩意在內。

　　有些專家，不從內在聯繫上尋求結構的完整性，而從時間上，說這首詞從早晨寫到晚上，認為「晚來風急」當為「曉來風急」，這樣與後來的黃昏湊成一整天，時間上就完整了，而且也符合李清照〈聲聲慢〉的「慢詞」體制。唐圭璋在《唐宋詞簡釋》中說：「此首純用賦體，寫竟日愁情。」[6]但從內容上來看，這首詞雖然屬於「慢詞」，情感節奏上卻並不慢，一共二十一個句讀，意脈卻有五個層次，平均每一層次只有四個句讀左右，變化應該是非常快的。最長的層次，也只有六句，全是抒情的跳躍性意象組合，談不上什麼「賦體」，既沒有多少篇幅是敘述性的，更沒有任何敷陳渲染，有的是意象組合。空間時間的轉換，外感與內心的活動，都有邏輯的空白，給讀者留下了很大的想象空間。所謂一天的過程，並不是像賦體那樣有頭有尾的。就算是「曉來風急」，從早晨到黃昏，中間並沒有時間的遞進，說一天，也只是早晚，當中的時間過程，不是李清照的詞裡有的，而是專家們的想象被召喚、被啟動，用自己的經驗補充創造出來的，而這恰恰不是賦體的功能。如果不拘泥於從早到晚，老老實實承認從一開頭就是「晚來風急」，時間上集中在傍晚、黃昏。這麼短的時間，竟慢得這麼折磨人，心理縱深層次反覆遞進，不是更加具有情采和文采的「密度」嗎？

6　吳熊和主編：《唐宋詞彙評》（兩宋卷）（杭州市：浙江教育出版社，2004年），頁1430。

第五章
古典詩詞美學品評

沉鬱頓挫與精微潛隱

〈登高〉

杜甫

風急天高猿嘯哀，渚清沙白鳥飛回。

無邊落木蕭蕭下，不盡長江滾滾來。

萬里悲秋常作客，百年多病獨登臺。

艱難苦恨繁霜鬢，潦倒新停濁酒杯。

　　這首詩被胡應麟在《詩藪》中稱為「古今七言律第一」。[1]詩是大曆二年（767）杜甫在四川夔州時所作。雖然在詩句中點到「哀」，但不是直接訴說自己感到的悲哀，而是「風急天高猿嘯哀」──猿猴的鳴叫聲悲哀，這給讀者留下了想象的自由，並不明說是猿叫得悲哀，還是自己心裡感到悲哀。點明了「哀」還不夠，下面又點到「悲」，「萬里悲秋常作客」，這回點明是詩人自己悲秋了。一提到秋天，就強調悲哀，不是落入窠臼了嗎？不然。

　　這是因為，杜甫的悲哀有他的特殊性。他悲哀的雖然是個人的命運，但卻是相當深厚而且博大的。這種博大，首先表現在空間視野上。

　　詩題是「登高」，開頭兩句充分顯示出登高望遠的境界，由於高而遠，所以有空闊之感。猿嘯之聲，風急天高，空間壯闊，渚清沙白，本已有俯視之感，再加上「鳥飛回」，更覺人與鳥之間，如果不

1　陳伯海主編：《唐詩彙評》（上）（杭州市：浙江教育出版社，1995年），頁1182。

是俯視，至少也是平視了。這正是身在高處的效果。到了「無邊落木
蕭蕭下，不盡長江滾滾來」，這種俯視的空間感，就不但廣闊，而且
有了時間的深度。和前兩句比，這兩句境界大開，有一種豁然提升的
感覺，明顯有更強的想象性、虛擬性。先師林庚先生指出「木」引起
「枯」的聯想，和「樹」有根本的不同。「落木」居然到了無邊的程
度，滿眼都是，充滿上下天地之間。這不可能是寫實。顯然，只有在
想象中，才有合理性。「不盡長江滾滾來」，從引用《論語》中「子在
川上曰，逝者如斯夫」典故開始，在中國古典詩歌的傳統意象中，江
河不斷便不僅是空間的深度透視，而且是時間的無限長度。這種在空
間和時間交織中的境界，當然不是局限於空間的平面畫面可比的。再
加上意象如此密集，前兩句每句三個意象（風、天、猿嘯，渚、沙、
鳥），後兩句每句雖然只各有一個意象，但其屬性卻有「無邊」和
「蕭蕭」、「不盡」和「滾滾」，有形有色，有聲有狀，有對仗構成的
時空轉換，有疊字造成的滔滔滾滾的聲勢。從空間的廣闊，到時間的
深邃，不僅僅是視野開闊，而且有詩的精神氣度。悲秋而不孱弱，故
有渾厚之感。

　　如果就這樣深沉渾厚地寫下去，未嘗不可，但是，一味渾厚深沉
下去的話，很難避免單調。在這首詩中尤其是這樣，因為這首詩八句
全部是對句。而在律詩中，一般只要求中間兩聯對仗。為什麼要避免
全篇都對？就是怕單調。杜甫八句全對，好在讓讀者看不出一對到
底。這除了語言形式上的功夫以外，恐怕就是得力於情緒上的起伏變
化了。這首詩，第一、第二聯，氣魄宏大，到了第三、第四聯，就不
再一味宏大下去，而是出現了些許變化。境界不像前面的詩句那樣開
闊，一下子回到自己個人的命運上來，而且把個人的「潦倒」都直截
了當地寫了出來。渾厚深沉的宏大境界，一下子縮小了，格調也不單
純是深沉渾厚，而是有一點低沉了，給人一種「頓挫」之感。境界由
大到小，由開到合，情緒也從高亢到悲抑，有微妙的跌宕。杜甫追求

情感節奏的曲折變化，這種變化有時是默默的，有時卻有突然的轉折。杜甫說自己的風格是「沉鬱頓挫」，沉鬱是許多人都做得到的，而頓挫則殊為難能。[2]

　　這是杜甫所擅長的，他善於在登高的場景中，把自己的痛苦放在盡可能宏大的空間中，使他的悲涼顯得並不渺小。但是，他又不完全停留在高亢的音調上，常常是由高而低，由歷史到個人，由空闊到逼仄，形成一種起伏跌宕的氣息。宋人羅大經在《鶴林玉露》中這樣評價這首詩：「杜陵詩云『萬里悲秋常作客，百年多病獨登臺』。萬里，地之遠也；悲秋，時之淒慘也；作客，羈旅也；常作客，久旅也；百年，暮齒也；多病，衰疾也；臺，高迥也；獨登臺，無親朋也。十四字中有八意，而對偶又極精確。」這樣的評價很到位，十四字八層意思，層層加重了悲秋。他寫於差不多同一時期的〈登岳陽樓〉，可以說有同樣的風骨。但是，羅大經之論，尚限於此聯，若將此聯之情緒置於整詩意脈之中，則可見出，明明是個人的痛苦，有關親朋離異的，有關自己健康惡化的，這可能是小痛苦，但杜甫把它放在宇宙（「乾坤」）和時間的運動（「日夜浮」）之中，氣魄就宏大了。以如此深沉的情緒起伏建構他的情感節奏，難怪詩話的作者們反覆稱道他的感情「沉鬱頓挫」。在〈登樓〉中：

　　　　花近高樓傷客心，萬方多難此登臨。
　　　　錦江春色來天地，玉壘浮雲變古今。

他個人的「傷客心」總和「萬方多難」的戰亂結合在一起，就使得他的悲痛有了社會的廣度。為了強化這社會性的悲痛，他又從「天地」的宏大空間和「古今」的悠遠時間兩個方面充實其深度。杜甫的氣

2　原文是寫給皇帝的：「臣之述作雖不足鼓吹《六經》，至沉鬱頓挫，隨時敏給，揚雄、枚皋可企及也。」

魄，杜甫的深度，就是由這種社會歷史感、宏大空間感和悠遠的時間感三位一體構成的。哪怕他並不是寫登高，也不由自主地以宏大的空間來展開他的感情。例如〈秋興八首〉之一：

　　玉露凋傷楓樹林，巫山巫峽氣蕭森。

　　江間波浪兼天湧，塞上風雲接地陰。

借助「兼天」、「接地」的境界，杜甫表現了他個性宏大深沉的藝術格調。換一個人，即使有了登高的機遇，也不一定能表現出宏大深沉的精神力量來。當然，杜甫的風格是多樣的，有時，他的風格並不以渾厚深沉見長，而是以明快細膩動人。

　　下面之所以要介紹杜甫的〈春夜喜雨〉，是為了從反面說明，什麼不是渾厚深沉。只有懂得了什麼不是渾厚深沉，才能真正體悟什麼是渾厚深沉。理解詩歌，最忌空泛。我國古典詩話，往往有些精緻的感覺性斷語，如說杜甫的詩「沉鬱頓挫」、「渾厚深沉」等等，對於理解杜詩應該說是有幫助的，但這樣的話語，也有一個缺點，就是比較模糊，不確定。我們的任務，不是停留在古人的水準上，而是在古人的水準上提高一步，對這些話語進行分析，結合杜甫的作品加以具體化。深入地具體分析，已經不易，同時還要防止孤立地封閉地分析，分析要開放。最好把作品放在譜系中，在多方面的聯繫和對比中進行分析，才有可能深入。

〈春夜喜雨〉

杜甫

好雨知時節，當春乃發生。

隨風潛入夜，潤物細無聲。

野徑雲俱黑，江船火獨明。

　　　　　　　　曉看紅濕處，花重錦官城。

　　開頭兩句可以說起得平平。勉強要說，只有第一句中的「知」字，把雨當作有生命、有意志的對象來表現，用得輕鬆，不著痕跡。但詩人卻不在這一點上下功夫展開想象。如果真的要往下發展，把雨寫得有生命、有意志，就不是這首詩沉潛、凝重的風格了，而是強烈的情感流瀉的風格了，就與全詩所表現的默默的、自我體驗的溫情不相統一了。

　　題目叫做「春夜喜雨」。春雨，是表現的對象；夜，提示了感覺的特殊條件。喜，才是意脈的主線。全詩中沒有「喜」字，著力表現的卻是獨自的欣慰。因為是獨自的，便更加是內心深處的滋潤。

　　喜，因春雨而起，但這雨在夜裡。夜裡的雨和白天的雨不一樣，它是看不見的。所以第二聯就寫這個看不見：「隨風潛入夜」，雨隨著風，一般應該是有聲勢的，但這裡卻是「潛入」的小雨，偷偷的，無形的。接著是「潤物細無聲」，不但看不見，而且聽不到。感官無法直接感知，可詩人還是感覺到了，憑著敏銳的想象吧。這裡的關鍵字是「細」和「潤」。這就讓讀者感受到了這春雨的特點：細、小、微，細微到視覺和聽覺都不能直接感知，但詩人還是感覺到了。這表現的是什麼感覺？過細的感覺，「潤」的感覺，不用看，也不用聽，外在感官不可感，卻流露了內心感受的喜悅。所「潤」之物，當然是植物——農作物。說的是物之被潤，表現的卻是心的滋潤。無聲的微妙勝過有聲。只有心靈過細的人，才能感覺到這本來不可感覺的感覺；只有具有精緻的內在感受力的詩人，才能為看不出來的潛在生長而體驗到默默的欣慰；只有關切國計民生的人，才能為一場無聲的細雨感到由衷的喜悅。

　　讀這樣的詩，第一，要抓住詩人表現的雨的特點，是夜裡的雨，看不見、聽不見。第二，要抓住夜雨的感覺特點，把不能感覺的感

覺，感覺到內心深處去。雖然無聲無息，但卻感到了「潤物」，在那個以農為本的時代，在那個戰亂的日子裡，這便自然有一種欣慰之感。第三，這種欣慰是獨自享受的，甚至因為是秘密的而更加美好。

詩憑什麼感人？一般說是以情感人，陸機《文賦》中說「詩緣情」。這大致不錯，但還不完全，還要加以補充。如果把情感直接說出來是不能感人的，詩要通過特殊的感覺來傳達感情。杜甫在整首詩裡，一個「喜」字也沒有，但卻提供了一系列很微妙的喜悅的感覺，讓讀者體驗這種別人感覺不到的精緻的感覺。這就叫感染。

「潤物」這句詩看來沒有多少驚人的詞語，但在千年傳誦的過程中，衍生出了象徵意義（如形容某種思想和人格對他人的薰陶），詩句內涵的召喚性，其潛在量之大，正是詩句成功的標誌之一。

如果說前兩聯是內在的、無形無聲的感受，那麼下面兩聯，轉換到外部感官上來。第三聯：「野徑雲俱黑，江船火獨明。」因為雨有利於國計民生，所以即使黑也是美的。這種美用光和色的反襯來體現：雲，一片漆黑，提示了地域特色——平原和江河，只有在平原上，視野開闊，雲才會在田野的小路上；大幅度的黑色背景原因是雨之濃也，用船上唯一的燈火來反襯，很明顯是為了突出雨夜之黑，和那一點溫暖的光：大濃黑和小鮮明，在互相反襯中顯得生動。

這種手法是我國古典詩歌常用的，例如柳宗元的〈江雪〉：

　　千山鳥飛絕，萬徑人蹤滅。
　　孤舟蓑笠翁，獨釣寒江雪。

前面用「絕」和「滅」來強調千山萬徑一片大空白，後面用「孤」舟和「獨」釣來突出人的小存在，打破了空白。又如王安石在〈詠石榴花〉中寫道：

　　　　濃綠萬枝紅一點，動人春色不須多。

還有葉紹翁〈遊園不值〉：

　　　　春色滿園關不住，一枝紅杏出牆來。

　　光有這樣一種大筆濃墨的圖畫，可能還不足以充分顯示春雨的可愛、可喜。於是杜甫最後再來一個對比：「曉看紅濕處，花重錦官城。」這好像離開了春雨，但恰恰是用第二天早晨的明亮，反襯昨夜春雨的效果：第一，這下子不是看不見了，而是看得很清楚，很鮮明、豔麗。但這還不夠，還要加重感覺的特徵——「濕」。這就點出了和一般日子裡紅花的不同，紅得水靈靈的，這是繪畫上強調的「質感」。第二，更為精彩的是，杜甫強調了雨後紅花的另一個特徵，就是「重」的感覺。這是繪畫藝術上強調的「量感」。花的茂盛，花的潮濕，變成了花的重量感。用重的份量，來表現花的茂盛，這是杜甫的拿手好戲，他在〈江畔獨步尋花七絕句（其六）〉中寫過：

　　　　黃四娘家花滿蹊，千朵萬朵壓枝低。

不過這一次用的字眼是「壓」而不是「重」。反過來，還有另外一種量感，比如秦觀的〈浣溪沙〉中用「自在飛花輕似夢」突出花的量感，說它「飛」還不夠，還要把它和縹緲的「輕」聯繫起來，讓讀者去體悟其中意味。

　　這首詩之所以能讓讀者感受到喜悅之情，是因為所有的喜悅都滲透在有機統一、豐富多變的感覺之中，讀者從無聲的「潛入」、悄然的「潤物」，從「雲俱黑」、「火獨明」，從紅濕而下垂的花朵中，感到了杜甫的欣喜。喜悅有兩種：一是默默的、內在的、不形於色的、微

妙的；一是外在的、具有強烈視覺衝擊力的。如果沒有這些細微的感覺，這些恰到好處的語言，杜甫的喜悅就是直說出來，讀者也是沒有感覺的。

〈望嶽〉

杜甫

岱宗夫如何？齊魯青未了。

造化鐘神秀，陰陽割昏曉。

蕩胸生層雲，決眥入歸鳥。

會當凌絕頂，一覽眾山小。

　　第一句「岱宗夫如何」，是問句，本不太奇特，用問句起的詩歌傑作，並不少見。如李白〈山中問答〉：「問余何意棲碧山，笑而不答心自閒。」雖然是疑問句，但其中有強烈的感性（棲碧山）。而杜甫的第一句，用語卻是比較抽象的「夫如何」，「夫」字本來就是虛詞，為詩所忌。「如何」，也沒有多少感性。一般說來，這樣缺乏感性的語言，是很難討好的。但是歷代詩話家對此推崇備至。當代杜甫研究權威蕭滌非說：「『夫如何』，就是到底怎麼樣呢？『夫』字在古文中（按：也就是在古代散文中），通常是用於句首的虛字，這裡把它融入詩句中，是個創新，很別緻。這個『夫』字，雖無實在意義，卻少它不得。所謂『傳神寫照正在阿堵中』。」[3]但是，這個句子究竟好在哪裡，好像還是沒有說得太清楚。少它不得，是一種消極的肯定，為什麼能夠傳神呢？在我看來，可能要換一個角度來看這個問題。

　　這裡的詩句，追求的不是傳神。傳神，是對於表現對象的超越外在特徵的準確、精煉的描繪。這裡，就是把「齊魯青未了」算上，所

3　《唐詩鑑賞辭典》（上海市：上海辭書出版社，1983年），頁419。

表現的也並不僅僅是泰山的自然景觀的特徵。「青未了」，青個沒完沒了，這應該算不得什麼傳神之佳句。杜甫另一首寫西嶽華山的詩，開頭是這樣的：

西嶽崚嶒竦處尊，諸峰羅立如兒孫。
安得仙人九節杖，拄到玉女洗頭盆。

　　這是以描繪外部形態為務的，讀來印象並不見得比這首寫泰山的更好。還有一首唐代詩人唐彥謙的〈望嶽〉：

長路風埃隔楚氛，忽驚神嶽映朝曛。
削成絕壁五千仞，高擢泥金七十君。

可能是刻意「傳神寫照」了，可是讀起來的印象，也並不見得高明。倒是「岱宗夫如何？齊魯青未了」，讀起來，有一種渾然之感。這種渾然之氣，不在傳神寫照，而在一種感知上的渾然一體，沒有盡頭。這種一體感之中，當然有地理上的博大性質，但似乎還不止，其中還有一些超越了地理的性質。那秘密就在「岱宗」和「齊魯」之中。這兩個詞，詞中有眼，「岱宗」不僅僅是地名，而且是經典的尊號。泰山同衡山、恆山、華山、嵩山合稱五嶽，《尚書》〈舜典〉：「歲二月，東巡守，至於岱宗。」《五經通義》云：「宗，長也，言為群嶽之長。」泰山和岱宗雖然所指是一樣的，但是文化歷史意味差異很大。絕對不能把「岱宗夫如何」，改成「泰山夫如何」。齊、魯是古代諸侯國名，不僅是國家名，而且還有歷史文化的內涵，和孔夫子、孟夫子的思想和學術生命結合在一起，又和歷代封禪的帝王的業績相關。光是泰山一帶山形地貌的「青未了」，還不能夠產生深厚之感。只有聯想到齊魯的文化歷史傳統，這個文化傳統的深厚才和「青未了」的地

理形態統一起來，有雄渾、深沉的感覺，這種感覺充盈于字面上普通的「夫如何」、「青未了」之中，才使本來缺乏感性的語言具有了深沉的文化歷史意蘊。

開頭兩句，全部奧秘就在於，表面上是自然景觀，實質上包含著文化景觀的底蘊。下面的句子，「造化鐘神秀，陰陽割昏曉」，也不完全是自然景觀，在自然景觀背後還有泰山的歷史、泰山的文化聯想。只有這樣，泰山才可能達到一個高度，這個高度，不僅是自然景觀的高度。杜甫可能覺得，泰山之美所以震撼人心，不完全在外部形態，還在於它內在的文化傳統，其精神應該超越形而下的成分，也就是有一點形而上的滲透。正是因為這樣，他把這樣雄偉的自然景觀的明暗，轉化為「昏曉」。這一點，很有特色。王維在寫終南山的時候，也注意到了類似的特點：「分野中峰變，陰晴眾壑殊。」在不同的山谷溝壑，陰晴各異。王維由地理上的「中峰」想到天文上的「分野」。這樣的氣魄當然也是很大的。但是，杜甫寫這首詩時，青春煥發，滿懷著政治理想（「致君堯舜上」），所以氣魄就更大一些。「昏曉」，本意是日夜（日月），但他又從昏曉，再進一步昇華到哲學的「陰陽」層次上。歲月陰陽的區分，全由泰山來主宰。這裡用了一個「割」字，這個字用得很險，當然，也很新穎，畢竟泰山是有峰頂的，崢嶸的峰頂不難引起尖銳的聯想。

詩的題目是「望嶽」，也就是遠望，遠景，大全景。繼續這樣大全景式地寫下去，也未嘗不可。但是，律詩只有八句，已經寫了四句遠景，如果再來兩句，就有六句是遠景，感覺的變化、轉折就可能少一點。而杜甫詩風，素稱「沉鬱頓挫」，沉鬱就是深厚，而頓挫，則是感覺和情致的大轉折。於是下面兩句，就變了一個角度來展開：「蕩胸生層雲，決眥入歸鳥。」全聯的轉折就在於，把泰山和自己的感覺拉近，縮短距離，或者用今天的說法，就是和泰山「零距離」。那飄蕩在泰山頂上的層雲，就在我胸中激蕩；泰山上向天外飛去的

鳥，衝擊著我的眼眶，似乎都要裂開了。泰山是太偉大了，但是，泰山再偉大，也能和我的感覺息息相通。表現這種感受，詩人只用了兩個意象（層雲、飛鳥）。本來是極遠的，極偉大的，卻被杜甫的自我情感凝聚，意脈來了一個轉折：距離遙遠，望之而雄，又不是不可及，而是可及，視之而親。這種相親之感，是詩的想象。

　　寫到這裡，泰山對於詩人心靈的震撼，已經相當強烈了。再繼續寫，也不是不可能，但是，按律詩的格律，已經到了最後一聯。如果延續上一聯的思路，可能缺乏變化，結尾難免疲軟。杜甫最後採取的是另一種策略：泰山已經夠偉大了，泰山的崇高已經充分領略了。但是，最後還要超越這樣的崇高和偉大：

　　　　會當凌絕頂，一覽眾山小。

一定要登上最高峰，在那裡，眼前的群山就會變得矮小。這可是意脈的破格，意曲脈連，神來之筆。

　　這裡，當然有一個典故：孔夫子登泰山而小天下。年輕的杜甫，想象自己登泰山以後，變小的不是天下，而是眾山，其實也就是泰山。泰山遠望是偉大的，但等你登上去，它就變小了。《杜詩解》說：「翻『望』字為『凌』，乃至翻『嶽』字為『眾山』字，益奇也。」「望」是遠望，是仰望；而「凌」，則是腳踩最高峰，泰山就不像泰山，而變成眾山了。這是一個效果，而暗示的原因，則是自己站得高，自己的精神境界變得更高了。

　　這是千古名句，原因不在於泰山，而在於表現了杜甫當時壯志凌雲的豪情。這一句在後世的傳誦中，常常被抽離具體的上下文而單獨運用，變成人生哲理。

　　詩句，本來處在句子組合的有機結構之中，一般說，孤立地抽出來，是可能失去精華的，只有情感高度和哲理深度高度融洽的句子，

才能有這樣的幸運，被當成民族智慧的真理廣泛傳播，以至於清代的浦起龍在《讀杜心解》中主張，在杜詩中「當以是為首」。這個說法當然會有爭議。至少，有些詩話家，會堅持〈秋興〉中的「風急天高猿嘯哀」那一首為最佳，而且是全部唐詩的壓卷之作。然而，為什麼浦起龍會這樣主張呢？據蕭滌非說：「是從這兩句的象徵意義著眼的。」[4]問題在於，有象徵意義的詩句很多，其內涵和特點卻各有千秋。如「山雨欲來風滿樓」（許渾〈咸陽城東樓〉），是有一種自然和社會變動的規律性在內的。而這一句，其特點在人，在人生哲理：泰山之高，眾山之小，是一對矛盾，轉化的條件是，從仰望到親臨絕頂。

4　《唐詩鑑賞辭典》（上海市：上海辭書出版社，1983年），頁420。

崇高的三種趣味：
情趣、諧趣和智趣

〈過零丁洋〉

文天祥

辛苦遭逢起一經，干戈寥落四周星。

山河破碎風飄絮，身世浮沉雨打萍。

惶恐灘頭說惶恐，零丁洋裡歎零丁。

人生自古誰無死，留取丹心照汗青。

　　一二七八年，文天祥在廣東五坡嶺戰敗被俘。當時，漢奸張弘範做了元軍的都元帥，他一再強迫文天祥招降仍在海上進行抗元鬥爭的張世傑，文天祥把〈過零丁洋〉這首詩拿給張弘範看，張無奈作罷。

　　「辛苦遭逢起一經」，辛苦，說的是自己讀書還是比較刻苦的，但是受到朝廷的提拔，只是「遭逢」而已。這裡隱含著自己並沒有多大了不起的意思。這個意思，到了「起一經」，就更為明顯了：自己的學識限於一種經典。中國古代文人中，很少有科舉考試的寵兒，能夠中狀元的寥寥無幾。而文天祥對自己的科場榮譽，並不當一回事，這是為什麼呢？因為自己已經被俘虜了，和大局相比，一切就都變得無所謂了，都可以放得開了。他心頭最放不開的，是歷遭挫敗的抗戰，「干戈寥落四周星」。

　　這裡有一些歷史實況，可以增加我們對他的理解。

　　一二七五年正月，元軍東下，文天祥在贛州組織義軍開赴當時南

宋的京城杭州。次年，他被任為右丞相兼樞密使。其時元軍已進逼杭州，他被派往元營談判，遭扣押。二月底，天祥與其客杜滸等十二人夜亡入真州，復由海路南下，至福建與張世傑、陸秀夫等堅持抗元。一二七七年，進兵江西，收復州縣多處。不久，為元重兵所敗，妻子兒女皆被執，將士犧牲甚眾，天祥隻身逃脫，乃退至廣東繼續抗元。後因叛徒引元兵襲擊，同年十二月，在廣東海豐縣被俘。

　　以上諸多情況可以作為「干戈寥落」的注解。

　　從語法上來說，「干戈寥落」和「四周星」，是並列片語，完整的結構應該是：干戈寥落如同四周天上的星星。其中省略了的，由讀者去自由想象。

　　「山河破碎風飄絮，身世浮沉雨打萍。」這兩句按照律詩的規定，對仗很工整。句法和上面的「干戈寥落四周星」一樣，都是並列片語，省略了兩個片語之間的動詞。

　　下面這一聯，也遵循了律詩對仗的規範。但從品質上來說，則是千古佳句。「惶恐灘頭說惶恐」，前面一個「惶恐」是地名，後面一個「惶恐」卻是心情。這樣的雙關，表明了作者語言駕馭才能的不凡。更不凡的是，後面的「零丁洋裡歎零丁」，也是地名與心情的巧合。前後兩句居然能在詞性、語義和平仄上構成如此工整的對仗，更是難能可貴。這令人想起杜甫的〈聞官軍收河南河北〉中的「即從巴峽穿巫峽，便下襄陽向洛陽」，前面一句兩地名（巴峽、巫峽）相對，後面一句兩地名（襄陽、洛陽）相對，這種雙重對稱在中國古典詩歌中，是語言駕馭的最高成就。文天祥可能是受到杜甫這種「四柱對」的影響。但他並不是簡單重複，多少有一些發展：杜甫駕馭的是兩組現成的地名，而文天祥則把兩個地名（惶恐灘、零丁洋）轉化為兩種心情（惶恐、零丁）。杜甫沒有中過狀元，他把自己科舉失敗老老實實地寫在詩裡（〈壯遊〉：「忤下考功第」）；文天祥雖然中過狀元，詩才卻遠遜於杜甫。他留存下來的詩作，顯得才氣薄弱，與杜甫比，相

去甚遠；然而這一聯，卻給後世難以望其項背的感覺。

　　不過，這首詩之所以能夠流傳千古，也許倒並不是他在技巧上有一種遠追前賢的感覺，而是因為下面這兩句：

　　　　人生自古誰無死，留取丹心照汗青。

從表面上看，這兩句幾乎沒有多少技巧可言，就是直接抒情；但是，「丹心照汗青」，還是有琢磨的空間的。丹，是紅，丹心就是紅心；但又不完全相同，最明顯的是，不能改成「留取紅心照汗青」。古代漢語的傳統意蘊經過漫長的歷史積澱，其文化聯想是相當穩定的。「丹心」，屬古典話語，和「忠心」相聯繫；而「紅心」，則是現代革命話語，屬於另外一個體系的文化積澱。「丹心」和「汗青」，當中一個「照」字，用得很自然，不著痕跡。這裡有一種光的感覺，不但是丹心的光，而且是汗青的光，二者映襯，在色彩上自然而然地構成和諧的反襯；「汗青」的古典意蘊，和「紅心」的現代革命意蘊就構不成這種心照不宣的反襯。

　　這首詩中最具震撼力的，不完全在修辭，而在這兩句展現出來的人格宣言。但如果沒有後面的修辭的講究，只是一味的心靈直白，人格宣言也可能變得很抽象。這兩句有機地統一起來，文天祥的生命宣言就昇華為格言了。

　　這是人的最高境界，也是詩的最高境界。

　　文天祥的詩之所以可貴，不但因為他的詩，而且因為他的人。和我國古代許多天才詩人相比，文天祥的詩才是比較薄弱的，他無法列入我國古典詩歌史上偉大詩人之列。許多天才詩人把生命奉獻給了詩歌，以詩歌為生命，為我國古典詩歌史增添了燦爛的華章；而文天祥則是以生命為詩歌，以生命殉國，以生命殉詩。

　　這樣的人，不但贏得了世人的尊崇，而且贏得了敵人的尊重。文

天祥被押送大都（今北京），囚禁四年，面對種種誘惑，他毫不動搖，即使面對降元的宋恭帝和當時元朝皇帝忽必烈的親自勸降，他也一概嚴詞拒絕，就算對方把丞相位置給他保留著，他仍然不為所動。無奈之下，忽必烈只好下令處死文天祥，以成全其偉大氣節。他死後，人們在他的衣襟上發現了以下幾句話：

> 孔曰成仁，孟曰取義。
> 而今而後，庶幾無愧！

這和「人生自古誰無死，留取丹心照汗青」以及他在被囚期間所寫的〈正氣歌〉中的「時窮節乃見，一一垂丹青」相比，一為四言，一為五言，一為七言，可為互文闡釋。文天祥反覆發出生命的宣言：人生不免一死，但最高的價值，在歷史的評價。

文天祥的軀體雖然倒下了，但他的精神卻升上了歷史的高度。

不應該忽略的是，文天祥這樣視死如歸，並不是對生命沒有熱情，相反，他在青年時代還是一個風流才子。可能是出於「為賢者諱」的善良動機，後代將他有關青樓豔遇的詩文從文獻中刪除了。從這裡也可看出，他的個性是很豐富的。但這一點並不能掩蓋他人格的光輝。中國古代大詩人，有這種嗜好的比比皆是，如李白「載妓隨波任去留」，杜牧「贏得青樓薄倖名」，至於柳永等人花街柳巷的故事，更傳為風流佳話。問題在於，一旦國家有難，是不是能表現出真正的責任感來。在這一點上，不少大詩人留下了遺憾（如，王維在安史之亂中被署偽職，事後以陷賊官論罪）。從這一點來看，不論是作為一個人，作為一個大臣，還是作為一個詩人，文天祥都不愧為傳統文化的精英。

〈梅嶺三章〉

陳毅

（一）

斷頭今日意如何？創業艱難百戰多。

此去泉臺招舊部，旌旗十萬斬閻羅。

（二）

南國烽煙正十年，此頭須向國門懸。

後死諸君多努力，捷報飛來當紙錢。

（三）

投身革命即為家，血雨腥風應有涯。

取義成仁今日事，人間遍種自由花。

　　陳毅的〈梅嶺三章〉，一望而知，是表現革命家意志堅定、視死如歸的豪情的。一般說，正常人都有某種理想主義精神。理想是美好的，但實現理想是要付出代價的，最大的代價，莫過於犧牲生命。殺身的威脅，是對理想和信念最嚴峻的考驗。文天祥之所以不朽，就在於在榮華富貴與艱難困苦之間，他選擇了後者；在生與死之間，他選擇了死。

　　本來人的精神和肉體是緊密相聯的，肉體消亡了，精神也就無以依附了。選擇死，意味著肉體的消亡。但是，革命家把精神、理想、信念看得比肉體更重要，他們把生死置之度外，就有一種大無畏的豪情了。

　　斷頭今日意如何？

在面臨死亡威脅的時候，他不說死亡，而說「斷頭」。這裡有很多講究，很值得研究。他是為革命事業犧牲的，為什麼不說「犧牲」或者

「獻身」？把句子改成「犧牲今日意如何」或者「獻身今日意如何」，就不夠味。為什麼？「犧牲」和「獻身」是比較概括的，缺乏感性色彩；而「斷頭」則形象得多了，腦袋掉了，當然是死了，也就是犧牲了，但是，比「犧牲」或者「獻身」要多一點看得見摸得著的嚴酷，詩句就帶上了一點大義凜然的氣概。

當然，有感覺的詞語，並不是只有「斷頭」，還有「殺頭」。說成「殺頭今日意如何」行不行？似乎也有感覺，也有凜然意氣，但還是不如「斷頭」。為什麼？因為「殺頭」帶著口語色彩，民歌有云：

殺頭好像風吹帽，坐牢好比遊花園。

又有：

捨得一身剮，敢把皇帝拉下馬。

也有豪邁的情緒，但民間色彩很濃。陳毅號稱儒將，有相當高的文化修養，他寫的不是民歌，而是古典絕句，是比較高雅的一種詩體。故用「斷頭」，比「殺頭」要貼切一些。

死都不怕了，還怕什麼？這已經是革命精神的極致了，但陳毅覺得還不足以表現他的革命理想主義精神：

此去泉臺招舊部，旌旗十萬斬閻羅。

陳毅是唯物主義者，唯物主義者不是不信鬼神嗎？但在詩歌中，陳毅把迷信轉化為詩歌的想象，表現的是即使自己犧牲了，也不甘心，還幻想自己能夠捲土重來，取得最後的勝利。這裡很鮮明地表現了陳毅頑強而樂觀的個性。「招舊部」、「斬閻羅」，這兩句行雲流水，

寫得輕鬆自如，不僅點明他作為一個軍事領導人的地位，而且表明他軍事家的魄力。

如果在課堂上，有人把這首詩當作作者死了也不認輸的堅定頑強的鬥志，可不可以呢？有一定的道理，但可能忽略了統帥的宏大氣概。

這不是一個革命者寧死不屈的形象，而是一個軍事統帥叱吒風雲的形象。

下面一首，「此頭須向國門懸」，不說犧牲，而說頭顱被掛在城門口。其實頭顱並不一定就真的會掛在城門，這不過是一種想象，把最可怕、最慘烈的後果都想象出來，但又不是一般的想象，而是帶有詩意的想象。把犧牲和獻身想象為自己的頭顱被掛在城門口，這就構成了一幅壯烈的圖景。在這圖景中，作者起碼是把現實生活中鮮血淋漓的細節淡化了。由自己想象出自己的頭顱被掛在城門口的景象，也愈發增添了壯烈之感。

值得注意的是，明明是頭顱被掛在城門，卻偏偏不說「城門」，而說「國門」。其中意味是古典詩歌的規範和古代漢語的文雅意蘊聯繫在一起構成的。另外，作者不說「掛」，而說「懸」，同樣有文言詞語的典雅意味。

　　　後死諸君多努力，捷報飛來當紙錢。

這兩句的想象和前面的「旌旗十萬斬閻羅」，思路是一樣的，把迷信轉化為詩歌的審美想象。明明知道自己死了以後，就沒有任何感覺了，當然也就沒有任何情感了，但在想象中，他仍然把勝利的捷報當作對自己最好的祭奠。這種想象和邏輯很明顯受到了陸游〈示兒〉的影響，一方面是「死去元知萬事空」，一方面還對「王師北定中原日」念念不忘。這不是自相矛盾嗎？

理性思維是不允許自相矛盾的，自相矛盾就無法思考問題了。但

是，對抒情來說，不但可以自相矛盾，而且越是自相矛盾，感情越強烈。陸游這首詩的好處就在於把矛盾公然揭示出來，明知死亡意味著自己一切感覺都沒有了，對個人沒有意義了，卻仍然把國土恢復的消息當作最大的安慰。

這裡的矛盾是理性和情感的矛盾。清朝詩歌理論家吳喬曾經在《圍爐詩話》中說到抒情的規律，他把它叫做「無理而妙」。很可惜的是「此頭須向國門懸」係襲汪精衛的〈獄雜感之二〉的尾聯，「一死心期殊未了，此頭須向國門懸。」不過汪詩係七律，陳詩為七絕。似乎比汪詩更明快一些。

〈自嘲〉

魯迅

運交華蓋欲何求，未敢翻身已碰頭。

破帽遮顏過鬧市，漏船載酒泛中流。

橫眉冷對千夫指，俯首甘為孺子牛。

躲進小樓成一統，管他冬夏與春秋。

這是魯迅自己的獨白，又好像是自畫像。在魯迅的古典律詩中自我獨白不僅僅是這一首，〈自題小像〉（1903）也很著名：

靈臺無計逃神矢，風雨如磐暗故園。

寄意寒星荃不察，我以我血薦軒轅。

這是一幅很莊重的自畫像，充分表現自己在國運維艱之時慷慨悲歌的獻身精神，用的是強化情感的、詩化的、崇高化的手法。〈自嘲〉也是一幅自畫像，作者和表現對象都是魯迅，和〈自題小像〉應該是一樣的，但是一開頭，卻有些異樣的感覺：

　　運交華蓋欲何求，未敢翻身已碰頭。

　　這明顯不是把自我形象崇高化，不是表現自己的獻身精神的，相反，他似乎在說自己運氣不好，很倒楣，主觀上本想改變處境，求得升騰發達，可惜很狼狽，碰得頭破血流。這和〈自題小像〉相比，反差很大。這種反差不僅在思想情感上、自我評價上，而且在文風上。〈自題小像〉文風很莊重，可以說是自我的頌歌，而這首詩的文風卻是自我嘲弄。〈自題小像〉用的是莊重的古代漢語，用了一系列經典作品中崇高的典故（「靈臺」、「神矢」、「寒星」、「荃」、「軒轅」等等），而這首詩裡，除了一些古代漢語的典雅詞語以外，又用了一些現代漢語的口語詞語，如「翻身」、「碰頭」。口語詞語是比較通俗的，文言詞語是比較典雅的，二者混合使用，給人一種不太和諧的感覺。但這種不和諧之感，並不是魯迅一時的筆誤，而是有意為之，因為下面兩句，又出現了同樣的情況：

　　破帽遮顏過鬧市，漏船載酒泛中流。

　　「破帽」是口語，「遮顏」卻是文言；「漏船」是口語，而「載酒」、「中流」卻是文言。二者的不和諧更加明顯了。藝術要追求和諧，不和諧一般是要破壞藝術效果的。但是讀者讀到這裡，並沒有感覺到藝術上的粗糙，相反卻有一種奇特的趣味。這種不和諧也是有趣味的，不過這種趣味不是一般抒情的趣味，而是另外一種趣味，叫做諧趣。在西方，這種諧趣屬於幽默範疇。幽默，在語義上，恰恰是以不和諧見長的，這種不和諧，在英語裡叫做 incongruity，意思是不和諧，不統一，在心理上誘發怪異之感。幽默感就從這種怪異感中產生。在這裡，魯迅利用不和諧，表面上是在嘲笑自己，但並不是真正在嘲笑，而是表現了自己對生活現實的一種姿態：即使如此狼狽，也

無所謂。這裡的不和諧，不但產生了趣味，而且產生了意味，在實際上構成了一種反語，也就是正話反說。這種反語，我們在魯迅的幽默雜文中經常見到。魯迅自己也說過，自己在雜文中，是「好用反語」的（《兩地書》，一九二五年四月十四日信）。在〈阿長與《山海經》〉中，長媽媽說，太平軍把女人放在城牆上，讓她們把褲子一脫，敵人的大炮就爆炸了。對這樣的迷信，魯迅說是「偉大的神力」，這當然是不和諧的。這就是反語，不用解釋，讀者就能調動自己的理解力，把其中省略了的意味補充出來，領悟出其中的幽默感。

從這些語詞中，讀者不難感到，魯迅這首〈自嘲〉雖然採用的是詩歌體，而且是莊重的古典律詩的形式，但其中的用語和情調，卻帶著魯迅雜文的風格。這種風格的特點就是用反語，用口語與古典雅語交織構成一種反諷的諧趣。

諧趣雖然是這首詩鮮明的風格，但並不是風格的全部。除了反諷的詼諧，這首詩還有一種莊重的深邃：

　　　橫眉冷對千夫指，俯首甘為孺子牛。

這不是反諷，而是抒情，但又不是一般的抒情，這是把抒情上升到格言，上升到哲理的高度上了。這兩句是如此深刻，以至成為魯迅精神的兩個方面（對敵、對友）的概括。這裡的姿態就不是無所謂的，也不是自嘲的，而是十分嚴峻、十分堅定的。這樣的語句自有另外一種趣味，我們可以把它叫做智慧的趣味（智趣），或者理性的趣味（理趣）。難得的是，這種理趣和前面的諧趣，並不是格格不入的，而是水乳交融的。因為前面無所謂的姿態是反語，而反語的內涵和外延是矛盾的，讀者從潛在的內涵中領悟到了其中堅定不移的精神，也就不難過渡到格言式的義正詞嚴了。

最後兩句，又回到反語的詼諧上來：

　　躲進小樓成一統，管他冬夏與春秋。

　　除了「一統」略有文言色彩以外，全句幾乎全用口頭通俗詞語。本來，古典詩歌格律產生於古代漢語單音詞，嚴格的平仄和音節限定與現代漢語的雙音和多音詞有矛盾，但是魯迅並沒有迴避用現代漢語的口語詞語，相反，倒是明顯地迴避用古代漢語的詞語，例如前面說「漏船」而不說「漏舟」（平仄沒有問題），這裡說「躲進」而不說「躲入」（平仄亦沒有問題），特別是最後一句「管他冬夏與春秋」，則完全是大白話，不但音節上天衣無縫，而且在趣味上水乳交融。這樣，魯迅這首詩不但有反諷的雜文趣味，而且創造了亦莊亦諧的自嘲詩風。

　　非常巧合的是，周作人也寫了以自嘲為主題的律詩，題目是「五十自壽」：

　　　　前世出家今在家，不將袍子換袈裟。
　　　　街頭終日聽談鬼，窗下通年學畫蛇。
　　　　老去無端玩骨董，閒來隨分種胡麻。
　　　　旁人若問其中意，且到寒齋吃苦茶。

　　　　半是儒家半釋家，光頭更不著袈裟。
　　　　中年意趣窗前草，外道生涯洞裡蛇。
　　　　徒羨低頭咬大蒜，未妨拍桌拾芝麻。
　　　　談狐說鬼尋常事，只欠工夫吃講茶。

詩也寫得相當富於諧趣。特別是在以大白話入詩方面，並不遜色於魯迅，在文言與白話交織的和諧上可能還比魯迅更加純熟自如。「出家」、「在家」、「袍子」、「袈裟」、「聽談鬼」、「學畫蛇」、「玩骨董」、

「種胡麻」、「吃苦茶」、「光頭」、「咬大蒜」、「拾芝麻」等等，俗語和古典雅語渾然一體，可謂爐火純青。當時左翼青年（包括胡風）對之大加撻伐，責難其「冷血」、「閒適」，而魯迅卻看出其中「誠有諷世之意」。但是今天看來，和魯迅的〈自嘲〉相比，在格調上可能有較多的在閒適中陶醉的趣味，缺乏魯迅那種「橫眉冷對」的剛烈精神。

詩中有畫：動畫

〈六月二十七日望湖樓醉書〉

蘇軾

黑雲翻墨未遮山，白雨跳珠亂入船。

卷地風來忽吹散，望湖樓下水如天。

　　這一首並不是蘇軾最好的作品，在全部宋詩中，也不算神品，但是代表了一種風格，一種寫法，非常典型，不僅僅是宋詩的，而且是中國古典詩歌的。其特點，就是全詩都是寫景。詩中有畫，是蘇軾稱讚王維的詩，其實蘇軾自己也經常詩中有畫。何止王維和蘇軾，整個中國的絕句和律詩都有這樣的風格。這和西方的抒情詩歌不一樣。西方的浪漫主義詩歌，更多是採用直接抒情的方法。前面我們已經說過，同樣是寫眼前的悵惘失落化為未來的親切懷戀，李商隱和普希金不同，一個用圖畫，一個直接抒情。當然，這樣的區別不是絕對的，而是相對的。我國的古體詩，如《古詩十九首》，就是以直接抒發情感為主的。這種手法在唐以後的古風歌行體中，仍然有相當的份量。

　　不過這一首，則是以視覺圖畫為主的絕句。整篇就是一幅圖畫，也沒有在第三句、第四句讓句法發生變化，更沒有從描繪轉入抒情，可以說是典型的詩中有畫的傑作。當我們說詩中有畫的時候，意思是，詩與畫作為藝術形式，其規律有共同性。但是，任何共同性中必然包含著差異性，統一中必有矛盾。德國文論家萊辛在《拉奧孔》中

早就論述過詩與畫的矛盾。現代藝術理論一直強調：畫是視覺藝術，是共時直觀的；詩是語言符號藝術，是歷時的，二者的規律有所不同。所以在蘇軾說了詩與畫的同一性以後，明朝人張岱也說，詩中之畫，畫中之詩，都不一定好，而且有些好詩也畫不出。他說「藍田白石出，玉川紅葉稀」還可以畫，而「舉頭望明月，低頭思故鄉」，就難畫了。

詩與畫的矛盾，主要是詩的歷時性和畫的暫態性的矛盾。畫只能是靜態的，而詩則可以是動態的。蘇軾這首詩，當然是一幅圖畫，但是他的追求似乎就是突破圖畫的靜態。

第一句，「黑雲翻墨未遮山」，倒是一幅圖畫，大致符合靜態的規律。好在很有特點：黑雲黑到像打翻了墨水一樣，應該是很濃重的。但又不是，只遮住了一部分山。這說明雨勢來得很猛，還沒有遮住全部。下面的「白雨跳珠」，很明顯，是用色彩上的對比，寫雨的特點。不僅僅是雲黑，而且有雨白，其最白者為雨珠。「亂入船」，活蹦亂跳著，闖進船來。這裡有一個疑問：船從何來？題目上寫的是「望湖樓」，不是在樓上嗎？應該是亂入「樓」才對。但是，文獻沒有給我們支援，只能設想，這是詩人的想象，或者是他在望湖樓上喝醉時想起當時乘船遊湖時的情景。好在詩的空間想象性是比較浮動的。但這卻是畫所不允許的，在船上是一種畫法，在樓上又是一種畫法。這就說明，雖然是詩中之畫，所遵循的卻仍然是詩的規矩，好就好在以詩的規矩突破了畫的規矩。如果一味拘泥於畫，不但這一句成了問題，而且下面的詩也沒法寫了。

如果說，第一、二句的「黑雲翻墨」與「白雨跳珠」，是比較微觀的對比的話，那麼第三、四句「卷地風來忽吹散，望湖樓下水如天」，則與前兩句明顯形成宏觀景觀的雙重對比。第一重仍然是色調的對比，濃黑的雲忽然消失，變成了明亮的天。這個對比是比較強烈的，因為「水如天」，不但和原來的濃雲遮山形成對比，還寫出了水

天一色，分外透亮。但光是這樣的對比，還不能算是很傑出，因為這在宋詩中，是比較普通的技巧。蘇軾的才華集中體現在第二重對比，就是從相對靜中有動的視覺畫面，經過大動態的風雲變幻，最後又定格在靜態的「水如天」的畫面上。這樣的轉折，之所以給讀者以深深的觸動，是因為這裡有一個心靈感應的動態過程。從色彩的黑白對轉，到心靈的由動到靜的變幻，使得本來靜止的畫面，變成了詩所同化了的「動畫」。而這種「動畫」，對於詩人的內心來說，是非常微妙的剎那。這是畫所無能為力的。外在的大變動，隱含著內在的隱秘的顫動，這就以詩的優長克服了畫的局限。

對於中國古典式抒情來說，直接抒情是比較少見的，情常常與感聯繫在一起，「情感」一詞可能由此而生。而詩緣情，情的本性就是動的。詩之感，與畫之感的不同，就在於動。情之特點，在感而能動，故有「感動」之說（感動比之感觸，更有情感的內涵）。感覺或者感觸只有「動」起來，才能表現感情，動有「動情」或「情動」之語。〈詩大序〉曰：「情動於中而形於言。」情要「動」起來，才能借語言而成形。蘇軾在以動畫寫情方面，似乎是有意為之的。他的〈有美堂暴雨〉絕句有云：「天外黑風吹海立，浙東飛雨過江來。」句句都是畫面，幅幅畫面都是「動畫」。沒有動態，就沒有蘇軾豪放派的氣概了。這樣的「動畫」藝術，在宋詩中也不少見。王安石有〈書湖陰先生壁〉一詩，也是詩中有畫的代表作：

> 茅簷長掃淨無苔，花木成畦手自栽。
> 一水護田將綠繞，兩山排闥送青來。

前面三句幾乎都是靜態的畫面，當然，其中多少有些動的暗示，如「掃」、「栽」、「護」，三字都是動詞，但均為靜態畫面，可以忽略；到了最後一句，寫的是門外的青山，明明是靜止的，但王安石把它寫

成了動的，而且是大幅度的運動：遠遠的青山居然主動闖進門來。這更可以說明：詩中有畫，應該是心靈之「動畫」，絕非僅僅是可視之靜畫。心靈之動畫，更妙在可視之靜態中蘊涵著不可視之「動感」。這種動感是「動情」（或情動）的結果，也是讀者「感動」的由頭。

〈逢雪宿芙蓉山主人〉

劉長卿

日暮蒼山遠，天寒白屋貧。

柴門聞犬吠，風雪夜歸人。

這首詩只有二十個字，全部是描繪，提供了一幅圖畫。《大曆詩略》說它：「宜入宋人團扇小景。」[1]意思是只有圖畫、視覺形象，沒有直接抒發的成分。但是，這首詩的好處，肯定並不是只有視覺形象，如果只是畫圖，只是視覺的美，就膚淺了。這是中國古典抒情詩歌中的一種風格：通過圖畫來抒情。正因為抒情不同凡響，這首詩才經歷了一千多年的歷史考驗，今天的讀者仍然不難受到作者情緒的感染。類似這樣全篇都是圖畫的絕句名篇舉不勝舉，王維的〈田園樂〉就是一例。此外，杜甫的〈絕句四首〉之一：

兩個黃鸝鳴翠柳，一行白鷺上青天。

窗含西嶺千秋雪，門泊東吳萬里船。

也是以圖畫來抒情的，卻並不能列為上品。那麼劉長卿這一首的好處究竟在哪裡？在這首詩的視覺畫面中，有沒有超視覺的因素？有沒有一種特別的情致，隱隱滲透其間？要把這些說清楚，相當不容易。歷

1　陳伯海主編：《唐詩彙評》（上）（杭州市：浙江教育出版社，1995年），頁469。

代詩話，對之讚不絕口。有的讚其「清」「卻不寂寞」（《批點唐音》），有的稱其「淒絕千古」（《唐詩正聲》），有的更說「無限悽楚」（《唐詩選脈會通評林》）。所有這些評論，儘管看法各異，但有一點是相同的，除了《大歷詩略》認為它是一幅畫圖以外，其他都認為此詩中有一種情致，挺精彩的。

　　但是，究竟是什麼樣的情致，卻不很容易說得清楚。

　　「日暮蒼山遠」，關鍵在一個「遠」字。蒼山為什麼遠？如果認為只是寫景，就只能說，這是寫實。青山由於日暮，光線暗淡，而變得模糊了，這是光的效果。但是這句話中，還含著更多的意思，這就要聯繫詩的題目「逢雪宿芙蓉山主人」來思考。「逢雪」，這是很重要的。日暮，而且又下雪了，蒼山，青色的山，當然就模糊了，產生遙遠的感覺。在這樣一幅圖畫中，那暗淡的光線，是不是暗示著心情的暗淡？下雪了，天快黑了，在這一幅圖畫中，空間那麼廣闊。遠景鏡頭，是不是暗示著，人在這樣闊大的空間中，顯得比較小？是不是感到有一點壓力？投宿何方呢？是不是有一點四顧茫然，甚至有點焦慮的感覺？所以這第一句，並不是純粹的描繪，在畫面上隱含著隱隱的茫然、焦灼的情緒。

　　「天寒白屋貧」，又是一幅圖畫。從句法上來說，和前面那一幅是並列的。但是，它們不是分裂的。因為兩幅圖畫，在形態上是一致的。白屋，一般注解，都說是貧寒人家的屋子，但是不是還有一點雪下在屋頂上的效果？和日暮蒼山一樣，同樣是大空間，冷色調，暗淡的情緒。從標題上「逢雪宿……」，就可以知道，這是投宿了。在一片蒼茫、在冷色調的圖景之中，從散文思維的角度來說，這多多少少應該有一點安慰吧。然而，詩人卻迴避了這樣的情致。為什麼呢？好像覺得還有比這更有特點的，也就是更重要的：

　　　　柴門聞犬吠。

在這一片冷色調的畫面之中，突然來了一聲狗叫。意脈在這裡發生了默默的轉折，是不是可以意會得到？本來視覺畫面不但是冷色調的，而且是無聲的。這一聲犬吠，帶來了一點熱鬧，視覺畫面就轉向了聽覺，無聲就轉向了有聲。「犬吠」在漢語裡，是屬於「雞犬之聲」，其文化韻味是人世的生活氣息。這種頗具熱鬧氣息的聲音，打破了視覺的冷清，意脈的內在蘊藏，就暗暗地轉化了。這就是一聲狗叫之所以能感染讀者的原因。接下來：

　　風雪夜歸人。

這一句，從直覺來說，更加精彩。為什麼呢？第一，剛剛感到聽覺美好的讀者，又一次被詩人帶進了一個畫面：歸人，是在黑夜和風雪交加的背景上出現的。第二，詩人不讓這個場景發出任何聲音，卻把默默的安慰、無言的溫暖留在畫面之中，於結束句，不作結束之語，以延長讀者的想象。《唐詩箋注》說：「上二句孤寂況味，犬吠人歸，若驚若喜，景色入妙。」由此可知，雖然是一幅視覺圖畫，但其中隱含著的情感，不是直線式的，而是視與聽、寒冷與溫暖、孤寂與安慰的意脈轉化。

　　以畫面和聲音交織而取勝的唐詩絕句，還可以舉出王維的〈鳥鳴澗〉：

　　人閒桂花落，夜靜春山空。
　　月出驚山鳥，時鳴春澗中。

這也是一幅圖畫。前兩句寫靜，細細分析，有兩種靜，一種是外部的景物靜，一種是內在的心靈靜。內心不靜，怎麼會感受到桂花落下來？這樣的內心，不但靜，而且是不是和春山一樣有點「空」？下面

兩句，還是寫靜，但如果還是從畫面上、視覺上去寫，就可能是動，以動襯靜，這就可能缺乏變化，陷入單調了。王維轉向寫聽覺之靜，不是以動來襯，而是以聲來襯。「月出驚山鳥」，很精彩。精彩在什麼地方？精彩在月亮出來了，月光移動了，本來是沒有聲音的，是靜靜的，卻驚動了山鳥。這就是從視覺之靜，轉入聽覺之靜。視覺之靜，是相對於物體之動的，而聽覺之靜，是相對於聲音之動的。春山安靜到月亮稍有變化，就會把小鳥驚醒。小鳥不是被聲音驚醒的，而是被月光的變化驚醒的。這種效果說明，山裡是多麼的寧靜。「時鳴春澗中」，「時鳴」，是斷斷續續地叫，以有聲來襯托無聲，在一座大山裡，有一隻鳥叫起來，整個山裡都聽得很清晰，可見山裡是多麼靜謐了。同時，不可忽略的是，能夠聆聽這麼精緻的聲音的人，他的內心又是多麼寧靜，多麼精緻，多麼空靈。

　　這裡，人的感受和大自然的狀態是高度統一的。這種統一，不僅僅是詩學的，而且是佛學的。這種狀況，是內心沒有任何牽掛，沒有任何負擔的人的生命體驗。

第六章
古典詩詞解讀理論發微

唐人絕句何詩最優

　　在唐詩絕句中評出壓卷（最佳）之作之前，在理論上必須清場。首先，中國古典詩論，從性質上來說，是文本中心論。當代西方前衛文論的基礎則是讀者中心論，一千個讀者有一千個哈姆雷特。「文本」（text）的提出，就針對獨立於讀者之外的作品，根本不承認統一評價。當然，在中國，也不是沒有讀者中心的苗頭，「詩無達詁」的說法頗得廣泛認同。袁枚《隨園詩話》卷三，說得更具體：「詩如天生花卉，春蘭秋菊，各有一時之秀，不容人為軒輊。音律風趣，能動人心目者，即為佳詩，無所為第一、第二也。……若必專舉一人，以覆蓋一朝，則牡丹為花王，蘭亦為王者之香：人於草木，不能評誰為第一，而況詩乎？」吳喬《圍爐詩話》卷六更主張詩之「壓卷」不但因人而異，而且因人一時之心情而異，所謂壓卷，不過是「對景當情」而已：「凡詩對境當情，即堪壓卷。余於長途驢背困頓無聊中，偶吟韓琮詩云：『秦川如畫渭如絲，去國還鄉一望時。公子王孫莫來好，嶺花多是斷腸枝。』（按，此為唐韓琮〈駱谷晚望〉）對境當情，真足壓卷。癸卯再入京師，舊館翁以事謫遼左，余過其故第，偶吟王渙詩云：『陳宮興廢事難期，三閣空餘綠草基。狎客淪亡麗華死，他年江令獨來時。』（按，此為唐王渙〈惆悵詩十二首〉（其九））道盡賓主情境，泣下沾巾，真足壓卷。又於閩南道上，吟唐人詩曰：『北畔是山南畔海，只堪圖畫不堪行。』（按，此唐杜荀鶴〈閩中秋思〉中二句）又足壓卷。……余所謂壓卷者如是。」從理論上來說，這是讀者中心論的極致，以讀者即時即境心情評詩。從理論上來說，袁枚和吳

喬都只是一時的感興，並不能代表他們的詩歌理論整體。吳喬的「無理而妙」講的就是詩的普遍規律。在上個世紀八、九十年代西方文論的絕對的相對主義高潮中，有識者在理論上也提出「共同視域」和「理想讀者」，乃至「專業讀者」的補正。到了二〇〇三年，消解「文學」的《二十世紀文學理論》的特里‧伊格爾頓在《理論之後》中，改口反對絕對的相對主義，而贊成真理，甚至認為有某種「絕對真理」的存在。[1]

　　壓卷之爭隱含著一種預設：絕句畢竟有統一的藝術準則。這在中外詩歌理論界似乎是有相通之處的。正因為如此，唐詩絕句何者壓卷之爭，古典詩話延續明清兩代，長達數百年。

　　在品評唐詩藝術的最高成就時，向來是李白、杜甫並稱，舉世公認，但是，在具體形式方面，對二者的評價卻有懸殊。歷代評家傾向於，在絕句方面，尤其是七言絕句，成就最高者為李白、王昌齡、王之渙、王翰、王維、李益。究竟哪些篇目能夠獲得「壓卷」的榮譽，諸家看法不免有所出入，但是，杜甫的絕句從來不被列入「壓卷」則似乎是不約而同的。這就說明有一個不言而喻的共識在起作用。古典詩話的作者們並沒有把這種共識概括出來，我們除了從「壓卷」之作中進行直接歸納以外，別無選擇。除個別偶然提及，普遍被提到的大致如下：王昌齡〈出塞二首〉（其一）：

　　　　秦時明月漢時關，萬里長征人未還。
　　　　但使龍城飛將在，不教胡馬度陰山。

王之渙〈涼州詞〉：

1　特里‧伊格爾頓著，高振譯：《理論之後》（北京市：商務印書館，2009年），頁103。

> 黃河遠上白雲間，一片孤城萬仞山。
> 羌笛何須怨楊柳，春風不度玉門關。

李白〈早發白帝城〉：

> 朝辭白帝彩雲間，千里江陵一日還。
> 兩岸猿聲啼不住，輕舟已過萬重山。

王翰〈涼州詞二首〉其一：

> 葡萄美酒夜光杯，欲飲琵琶馬上催。
> 醉臥沙場君莫笑，古來征戰幾人回？

王維〈送元二使安西〉：

> 渭城朝雨浥輕塵，客舍青青柳色新。
> 勸君更盡一杯酒，西出陽關無故人。

李益〈夜上受降城聞笛〉：

> 回樂峰前沙似雪，受降城上月如霜。
> 不知何處吹蘆管，一夜征人盡望鄉。

詩話並沒有具體分析這些詩藝術上的優越性何在。採用直接歸納法，最方便的是從形式的外部結構開始，並以杜甫遭到非議的絕句代表作「兩個黃鸝鳴翠柳，一行白鷺上青天。窗含西嶺千秋雪，門泊東吳萬里船」為例加以對比。不難看出二者句子結構有重大區別。杜甫的四

句都是肯定的陳述句，都是視覺寫景；而被列入壓卷之作的則相反，到了第三句、第四句就在語氣上發生了變化，大都是從陳述變成了否定、感歎或者疑問，不但句法和語氣變了，而且從寫客體之景轉化為感興，也就是抒主觀之情。被認為壓卷之作的詩，比之杜甫的詩，顯然有句法、語氣、情緒的變化，甚至是跳躍，心靈顯得活躍、豐富。絕句在第三句要有變化，是一種規律，元朝楊載的《詩家法數》中指出：

> 絕句之法要婉曲回環，刪蕪就簡，句絕而意不絕，多以第三句為主，而第四句發之，有實接有虛接，承接之間，開與合相關，正與反相依，順與逆相應，一呼一應，宮商自諧。大抵起承二句固難，然不過平直敘起為佳，從容承之為是，至如婉轉變化工夫全在第三句，若於此轉變得好，則第四句如順流之舟矣。[2]

楊載強調的第三句相對於前面兩句，是一種「轉變」的關係，這種「轉變」，不是斷裂，而是在「婉轉」的「變化」中的承接，其中有虛與實，虛就是不直接連續。如〈出塞〉前面兩句「秦時明月漢時關，萬里長征人未還」，是實接，在邏輯上沒有空白。到了第三句，「但使龍城飛將在」，就不是實接，而是虛接，不是接著寫邊塞，而發起議論來，但是，仍然有潛在的連續性：明月引發思鄉，卻回不了家，但如果有了李廣就不一樣了。景不接，但情緒接上了，這就是虛接。與之類似的王之渙的〈涼州詞〉從孤城萬仞，到羌笛楊柳之曲，當中省略了許多，並不完全連續，事實上是景觀的跳躍，這是放得「開」。但在視覺的跳躍中，有情緒的虛接、想像的拓開，不從實處接景，而從想像的遠處接情。楊載把這叫做「合」：「開與合相關。」

2　何文煥編：《歷代詩話》（北京市：中華書局，2006年），頁732。

聽到楊柳之曲，想到身在玉門關外，此處的春風不如家鄉之催柳發青。此乃景象之大開，又是情緒大合也。「葡萄美酒夜光杯，欲飲琵琶馬上催。醉臥沙場君莫笑，古來征戰幾人回？」前兩句是陳述，第三句是否定，第四句是感歎。語氣的變化所表現的是情緒的突轉。本來是飲酒為樂，卻不接之以樂，而接之以死，此為楊載所謂「反接」。而反接之妙並不為悲，而為更樂之由，此為反中有正之妙接也。

　　然所舉壓卷之作，並非第三、四句皆有如此之句法語氣之變。以李白〈早發白帝城〉為例。第三句「兩岸猿聲」，在句法上並沒有上述變化，四句都是陳述性的肯定句（「啼不住」，是持續的意思，不是句意的否定）。這是因為，句式的變化還有另一種形式：如果前面兩句是相對獨立的單句，則後面兩句在邏輯上是貫穿一體的，不能各自獨立，叫做「流水」句式。例如，「羌笛何須怨楊柳」離開了「春風不度玉門關」，在邏輯上是不完整的。「流水」句式的變化，既是技巧的變化，也是詩人心靈的活躍。前面兩句，如果是描繪性的畫面的話，後面兩句如果再描繪，比如杜甫的「兩個黃鸝鳴翠柳，一行白鷺上青天，窗含西嶺千秋雪，門泊東吳萬里船」，就缺乏楊載所說的「婉轉變化」功夫，而顯得太合、放不開了。而「流水」句式，使得詩人的主體更有超越客觀景象的能量，更有利於表現詩人的感動、感慨、感歎、感喟。李白的絕句之所以比杜甫有更高的歷史評價，就是因為他善於在第三、第四句轉換為「流水」句式。如〈客中作〉：「蘭陵美酒鬱金香，玉碗盛來琥珀光。但使主人能醉客，不知何處是它鄉。」其好處在於：首先，第三句是假設語氣，第四句是否定句式、感歎語氣；其次，這兩句構成「流水」句式，自然、自由地從第一、二句對客體的描繪中解脫出來，轉化為主觀的抒情。類似的還有賀知章的〈詠柳〉和杜牧的〈夜泊秦淮〉，如果「不知細葉誰裁出」離開了「二月春風似剪刀」，如果「商女不知亡國恨」離開了「隔江猶唱〈後庭花〉」，句意是不能完足的。〈早發白帝城〉這一首，第三句和

第四句，也有這樣的特點。「兩岸猿聲啼不住」和「輕舟已過萬重山」結合為「流水」句式，就使得句式不但有變化，而且流暢得多。（具體論述請參閱本書分析李白〈早發白帝城〉的部分）

李白這首絕句被列入壓卷之作，幾乎沒有爭議，而王昌齡的〈出塞〉其一，則爭議頗為持久。我在香港教育學院講課時，有老師提出「秦時明月漢時關」的「互文」問題該如何理解，我說，此說出自沈德潛《說詩晬語》：「『秦時明月』一章，前人推獎之而未言其妙。防邊築城，起於秦漢，明月屬秦，關屬漢。詩中互文。」但「秦時明月漢時關」不能理解為秦代的明月漢代的關。這裡是秦、漢、關、月四字交錯使用，在修辭上叫「互文見義」，意思是秦漢時的明月，秦漢時的關。這個說法非常權威，但是，這樣解釋就把詩變成了散文。

本來分析就要分析現實與詩歌之間的矛盾。「秦時明月漢時關」，矛盾是很清晰的。難道秦時就沒有關塞，漢時就沒有明月了嗎？這在散文中，是不通的。這個矛盾，隱含著解讀詩意的密碼。而「互文見義」的傳統說法，卻把矛盾掩蓋起來了。其實，這是很經不起推敲的。王昌齡並不是漢朝人。難道從漢到唐就既沒有關塞，也沒有明月了嗎？明明是唐人，卻偏偏省略了秦時的關塞、漢時的明月，而且省略了從漢到唐的關塞和明月。這樣大幅度的省略，並不僅僅是因為意象實接的簡練，更重要的是意脈虛接的綿密。

第一，秦漢在與匈奴搏戰中的豐功偉績，隱含著一種英雄豪邁的追懷。作為唐人，如果直接歌頌當代的英雄主義，也未嘗不可。王昌齡自己就有〈從軍行〉多首，就是直接寫當代的戰鬥豪情的。但在這首詩中，他換了一個角度，讓自我的精神披上歷史的輝煌的外衣，拉開時間距離，更見雄姿。第二，最主要的是，「秦時明月漢時關」，是以在關塞上不能回家的戰士的眼光選擇的，選擇就是排除，排除的準則就是關切度。「漢時關」，正是他們駐守的現場。「秦時明月」是與「人未還」的關切度最高的情緒載體。正是關塞的月光可以直達家

鄉，才引發了「人未還」的思緒。在唐詩中，月亮早已成為鄉思的公共意象符號，可以說是公共話語。王昌齡的〈從軍行〉中就有傑作：

> 琵琶起舞換新聲，總是關山舊別情。
> 撩亂邊愁聽不盡，高高秋月照長城。

在這裡，「秋月」就是「邊愁」、「別情」的象徵。在〈出塞〉中，只寫鄉愁，故也只看到明月。而只言「秦時明月」卻不言及漢時明月者，是為了「望遠」吧。望遠，本為空間的感覺，而言及秦，則為時間的感覺。一如陳子昂登幽州臺。本為登高望遠，卻為登高望古。視通萬里，不難，思接千載，亦不難，但視及千載，就是詩人的想象魄力了。詩人想象之靈視，舉遠可以包含近者，極言之，自秦到漢，月光不改，盡顯自秦以至唐鄉愁不改。而「漢時關」不言及秦時者，乃為與下面「但使龍城飛將在」呼應。飛將軍李廣正是漢將，不是秦時蒙恬。意脈遠伏近應，綿密非同小可。

　　王昌齡的絕句，後代評論甚高，高棅在《唐詩品彙》中說：「盛唐絕句，太白高於諸人，王少伯次之。」[3]胡應麟在《詩藪》中也說：「七言絕乙太白、江寧為主。」[4]明代詩人李攀龍曾經推崇這首〈出塞〉為唐詩七絕的「壓卷」之作。贊成此說的評點著作不在少數，如《唐詩絕句類選》，「『秦時明月』一首」「為唐詩第一」。《藝苑卮言》也贊成這個意見。但是也有人「不服」。不僅是感想，而且能說出道理來的是《唐音癸籤》：「發端雖奇，而後勁尚屬中駟。」意思是說後面兩句是發議論，不如前面兩句傑出，只能是中等水準。當然，這種說法也有爭議，《唐詩摘抄》說，「中晚唐絕句涉議論便不

3　高棅：《唐詩品彙》〈七言絕句敘目・第二卷〉（上海市：上海古籍出版社，1981年據明汪宗尼校訂本影印版），頁427下。

4　胡應麟：《詩藪》內編卷六（上海市：上海古籍出版社，1979年），頁115。

佳，此詩亦涉議論，而未嘗不佳。」[5]未嘗不佳，並不是最好。但不少評點家都以為此詩不足以列入唐詩壓卷之列。明胡震亨《唐音癸籤》卷十：「王少伯七絕，宮詞閨怨，盡多詣極之作；若邊詞『秦時明月』一絕，發端句雖奇，而後勁尚屬中駟，於鱗遽取壓卷，尚須商榷。」明孫《唐詩品》，說得更為具體，他對推崇此詩的朋友說：「後二句不太直乎？……是詩特二句佳耳，後二句無論太直，且應上不響。『但使』、『不教』四字，既露且率，無高致，而著力喚應，愈覺趣短，以壓萬首可乎？」批評王昌齡這兩句太直露的人不止一個，不能說沒有道理。

　　在我看來，這一首硬要列入唐絕句第一，是很勉強的。原因就在這後面兩句。前人說到「議論」，並沒有觸及要害。議論要看是什麼樣的。「仰天大笑出門去，我輩豈是蓬蒿人」（李白）、「安能摧眉折腰事權貴，使我不得開心顏」（李白）、「科頭箕踞長松下，白眼看他世上人」（王維）、「莫愁前路無知己，天下誰人不識君」（高適）、「安得廣廈千萬間，大庇天下寒士俱歡顏」（杜甫），這樣的議論，在全詩中不但不是弱句，反而是思想藝術的焦點。這是因為這種議論，其實不是議論，而是直接抒情。抒情與議論的區別就在，議論是理性邏輯，而抒情則是情感邏輯。同樣是杜甫，有時也不免理性過度，歌頌郭子儀的「神靈漢代中興主，功業汾陽異姓王」，就不如歌頌諸葛亮的「出師未捷身先死，長使英雄淚滿襟」。而王昌齡的議論「但使龍城飛將在，不教胡馬渡陰山」雖然不無情感，畢竟比較單薄，理性成分似太多。王昌齡號稱「詩家天子」，絕句的造詣在盛唐堪稱獨步，有時，也難免有弱筆。就是在〈從軍行〉中也有「黃沙百戰穿金甲，不破樓蘭終不還」，這樣一味作英雄語的句子，容易陷入窠臼，成為套語，充其量是豪言而已。用楊載的「開」與「合」來推敲，可能就是

5　均見陳伯海主編：《唐詩彙評》（上）（杭州市：浙江教育出版社，1995年），頁437。

開得太厲害，合得不夠婉轉。

王昌齡〈出塞〉有兩首。這首放在前面，備受稱道，另外一首，在水準上不但大大高出這一首，就是拿到歷代詩評家推崇的「壓卷」之作中去，也有過之而無不及，令人不解的是，千年來，詩話家卻從未論及。這不能不給人以咄咄怪事的感覺。因而，特別有必要提出來研究一下。原詩是這樣的：

> 驊馬新跨白玉鞍，戰罷沙場月色寒。
> 城頭鐵鼓聲猶振，匣裡金刀血未乾。

讀這種詩，令人驚心動魄。不論從意象的密度和意脈上，還是從立意的精緻上，都不是前述「壓卷」之作可以望其項背的。以絕句表現邊塞豪情的傑作，在盛唐詩歌中，不在少數。同樣被不止一家列入壓卷之作的還有王翰〈涼州詞〉：「葡萄美酒夜光杯，欲飲琵琶馬上催。醉臥沙場君莫笑，古來征戰幾人回。」盛唐邊塞絕句，不乏浪漫之英雄主義，但以臨行之醉藐視生死之險，以享受生命之樂無視面臨死亡之悲，實乃千古絕唱。如此樂觀豪情，如此大開大合，大實大虛之想象，如此精絕語言，堪為盛唐氣象之代表。然而，盛唐絕句寫戰爭往往在戰場之外，以側面著筆出奇制勝。王昌齡的〈出塞〉之二，以四句之短卻能正面著筆，紅馬、玉鞍，沙場、月寒，金刀、鮮血，城頭、鼓聲，不過用了八個細節（意象）寫浴血英雄豪情，卻從微妙的無聲感知中顯出，構成統一的意境，功力非凡。

第一，雖然正面寫戰爭。但把焦點放在血戰之將結束尚未完全結束之際。

先是寫戰前的準備：不直接寫心理，而寫備馬。驊馬，黑鬃黑尾的紅馬，配上的鞍，質地是玉的。戰爭是血腥的，但是，毫無血腥的兇殘，卻一味醉心於戰馬之美，實際上是表現壯志之雄。接下去如果

寫戰爭過程，剩下的三行是不夠用的。詩人巧妙地跳過正面搏擊過程，把焦點放在火熱的搏鬥以後，寫戰場上的回味。為什麼呢？

第二，寫血腥的戰事必須拉開距離。如果不拉開距離，就是岳飛「壯志饑餐胡虜肉，笑談渴飲匈奴血」，亦能帶來生理刺激。而王昌齡把血腥放在回味中，一如王翰把血腥放在醉臥沙場的預想之中，都是為了拉開距離。拉開時間距離，拉開空間距離，拉開人身距離（如放在妻子的夢中），都有利於超越實用價值（如死亡、傷痛），進入審美的想象境界，讓情感獲得自由，這是唐代詩人慣用的法門。王昌齡的精緻還在於把血腥放在最近的回憶中，不拉開太大的距離。把血腥回憶集中在戰罷而突然發現未罷的一念之中，立意的關鍵是猝然回味。其特點是一剎那的，又是豐富的感知。

第三，從視覺來說，月色照耀沙場。不但提示從白天到夜晚戰事持續之長，而且暗示戰情之酣，酣到忘記了時間，戰罷方才猛省。而這種省悟，又不僅僅因月之光，而且因月之「寒」。因為寒而注意到月之光。觸覺感變為時間的突然有感。近身搏鬥的酣熱，轉化為空曠寒冷。這就是楊載的「反接」，這意味著，精神高度集中，忘記了生死，忘記了戰場一切的感知，甚至是自我的感知。這種「忘我」的境界，就是詩人用「寒」字暗示出來的。這個寒字的好處還在於，這是一種突然的發現。戰鬥方殷，生死存亡，無暇顧及，戰事結束方才發現，既是一種剎那的自我召回，無疑又是瞬間的享受。

第四，在情緒的節奏上，與兇險的緊張相對照，這是輕鬆的緩和。隱含著勝利者的欣慰和自得。

構思之妙，就在「戰罷」兩個字上。從情緒上講，戰罷沙場的緩和，不同於通常的緩和，是一種尚未完全緩和的緩和。以聽覺提示，戰鼓之聲未絕。說明，總體是「戰罷」了。但是局部，戰鼓還在激響。這種戰事尾聲之感，並不限於遠方的城頭，而且還能貼近到身邊來感受。「匣裡金刀血未乾」是進一步喚醒回憶，血腥就在瞬息之

前。誰的血？當然是敵人的。對於勝利者，這是一種享受。這種享受是無聲的，默默體悟的。當然城頭的鼓是有聲的，也是一種享受，有聲與無聲，喜悅是雙重的，但是，都是獨自的，甚至是秘密的。金刀在匣裡，剛剛放進去，只有自己知道。喜悅也只有獨自回味才精彩，大叫大喊地歡呼，就沒有意思了。

　　第五，詩人的用詞，可謂精雕細刻。驪馬飾以白玉，紅黑色馬，配以白色，顯其壯美。但是，一般戰馬，大都是鐵馬，所謂鐵馬金戈。這裡，可是玉馬。這是不是太貴重了？立意之奇，還在於接下來，是「鐵鼓」。這個字煉得驚人。通常，在戰場上，大都是「金鼓」。金鼓齊鳴，以金玉之質，表精神高貴。而鐵鼓與玉鞍相配，則另有一番意味。鐵鼓優於金鼓，意氣風發中，帶一點粗獷，甚至野性，與戰事的野蠻相關。更出奇的，是金刀。金，貴金屬，代表榮華富貴，卻讓它帶上鮮血。這些超越常規的聯想，並不是俄國形式主義者所說的單個詞語的「陌生化」效果，而是潛在於一系列詞語之間的反差。這種層層疊加的反差，構成某種密碼性質的意氣，表現出剎那間的英雄心態。

　　第六，詩人的全部構思，就在一個轉捩點：從外部世界來說，從不覺月寒而突感月寒，從以為戰罷而感到尚未罷；從內部感受來說，從忘我到喚醒自我，從勝利的自豪到血腥的體悟，這些情感活動，都是隱秘的、微妙的、剎那的。這種心態的特點，就是剎那間的，而表現剎那間的心靈震顫，恰恰是最佳絕句的特點。

　　絕句的壓卷之作中，這樣的特點，有時有外部的標誌，如陳述句轉化為疑問句、感歎句，有時是陳述句變為流水句，所有這些變化的功能都是為了表現心情微妙的突然的一種感悟，一種自我發現，其精彩在於一剎那的心靈顫動。

　　壓卷之作的好處，也正是絕句成功的規律，精彩的絕句往往表現出這樣的好處來。比如孟浩然〈春曉〉，「春眠不覺曉，處處聞啼鳥」

是閉著眼睛感受春日的到來，本來是歡欣的享受，但是「夜來風雨聲，花落知多少」卻是突然想到春日的到來，竟是春光消逝、鮮花凋零的結果。這種一剎那的從享春到惜春的感興，成就了這首詩的不朽。同樣，杜牧的〈清明〉：「清明時節雨紛紛，路上行人欲斷魂。借問酒家何處有，牧童遙指杏花村。」從雨紛紛的陰鬱，到欲斷魂的焦慮，一變為鮮明的杏花村的遠景，二變為心情為之一振。這種意脈的陡然轉折，最能發揮絕句這樣短小形式的優越。

　　當然，絕句藝術是複雜的、豐富的，有時，也並不陡然轉折，而是神情的持續，如李白〈送孟浩然之廣陵〉：「故人西辭黃鶴樓，煙花三月下揚州。孤帆遠影碧空盡，唯見長江天際流。」藝術的微妙，一在孤帆的「孤」，於長江眾多船隻中只見友人之帆，二在遠影之「盡」，帆影消失，目光仍然追蹤不捨，三在「天際流」，無帆、無影，卻仍然目不轉睛，持續凝望。與之相似的還有「琵琶起舞換新聲，總是關山舊別情。撩亂邊愁聽不盡，高高秋月照長城。」前三句寫曲調不斷變換，不變的是，關山離別，聽得心煩，轉換為看月看得發呆，望月望得發呆。這也是情緒持續性的勝利。持續性在絕句中，膾炙人口的千古傑作很多。最有生命力的要算是張繼的「姑蘇城外寒山寺，夜半鐘聲到客船」。這個鐘聲的持續性，使得這首詩獲得千年不朽，甚至遠達東瀛的聲譽。此外還有：

　　　　銀燭秋光冷畫屏，輕羅小扇撲流螢。
　　　　天階夜色涼如水，坐看牽牛織女星。

這就是由天真地撲捉流螢的動作轉化為突然觸發的愛情的遐想，也就是靜態的持續性。但是，不管是突然的、瞬間的，還是持續的，都是一種楊載所說的情緒的「婉轉變化」。並不是所有的絕句都有這樣的特點，不是這樣的也有傑作：

　　　　日照香爐生紫煙，遙看瀑布掛前川。

　　　　飛流直下三千尺，疑是銀河落九天。

雖然是景觀有遠近、動態、徐疾之變，但是，情感一直處於同樣激動的狀態，缺乏更微妙的變化，因而也就不會有人把它當作壓卷之作。類似的還有李白〈陪族叔刑部侍郎曄及中書賈舍人至遊洞庭〉五首都是好詩，以其中之一為例：

　　　　南湖秋水夜無煙，耐可乘流直上天？

　　　　且就洞庭賒月色，將船買酒白雲邊。

想象的獨特，情感的樂觀，可以說是上品，但是，就意脈的律動和結尾的持續來說，都嫌不足。至於李白的〈贈汪倫〉：「桃花潭水深千尺，不及汪倫送我情。」如果真要進行品評，只能進入中品以下了。而〈清平調〉：「雲想衣裳花想容，春風拂檻露華濃。若非群玉山頭見，定向瑤臺月下逢。」不但是思想的下品，而且是藝術的下品。

　　對於最上乘的絕句來說，持續性和婉轉變化往往是結合在一起的。這種瞬間的變化和持續，正是一種情感結構的功能，結構大於意象之和，是為真正意義上的意蘊，就絕句這一體裁來說，意境就是意脈的瞬間持續和轉換。意境就是意象結構的功能。這種結構功能為傳統的「不著一字，盡得風流」留下了最精確的注解。從理論上來說，以持續與瞬間轉換結合，往往成為神品。

　　這裡涉及古典抒情藝術上的根本理論問題。

　　我曾經在論李白〈早發白帝城〉時說到抒情的「情」的特點，是和「動」聯繫在一起的。所謂感動、觸動、動情、動心、情動於衷，

反之則為無動於衷。故詩中有畫，當為「動畫」，抒情當為「動情」。[6]
但是，這僅僅是一般的抒情，在特殊的形式，例如，絕句中，因其容
量極小，抒情應該有特殊性。這個特殊性就是，情緒在第三句的婉轉
變化和持續性。從嚴格意義上來說，每一種抒情藝術都應該有其不可
重複的特殊性。絕句如此，律詩呢？毫無例外，也應當如此。

6　孫紹振：〈論李白「下江陵」兼論絕句的結構〉，《文學遺產》2006年第1期。

唐人七律何詩最優

　　唐人七律何詩最優，這個問題在古代詩話中炒得很熱，在一般讀者那裡，可能覺得問題並不複雜。詩者，志之所之也，在心為志，發言為詩，情動於中而形於言。視其情志而已。但是，事實並不簡單，心志並不等於語言符號，首先要克服可以意會不可言傳的艱險，其次，要從傳統的、權威的話語中突圍出來，才能孕育自己的語言，最後，還要在遵循具體藝術形式的規範的同時獲得自由，這是一場貨真價實的靈魂冒險，要取得勝利，即使有才華的人也往往要付出一生的代價。藝術的規律是如此微妙，同樣富有才情的人，駕馭不同形式，藝術效果有天壤之別。杜甫不善絕句，而李白不善七律，然於五律，如〈夜泊牛渚懷古〉、〈聽蜀僧濬彈琴〉諸作，意境之渾茫高遠，屬對之疏放自然，亦復有其不同於凡響之處。至於其五、七言絕句，風神瀟灑。然而，「惟有七言律詩一體，則太白諸體中最弱之一環」。[1]藝術形式與詩人才華、個性之關係微妙異常，不能不細加具體分析。

　　唐人律詩何者為最優，可以說是千載爭執不休，比之絕句孰為「壓卷」，眾說更為紛紜。諸家所列絕句壓卷之作篇目比較集中，就品質而言，相去並不懸殊。而律詩則不然，居然不止一家，如薛君采（薛蕙）、何仲默，把沈佺期那首「古意」（〈獨不見〉）拿出來當成首屈一指的作品：

1　葉嘉瑩：《杜甫〈秋興〉八首集說》（石家莊市：河北教育出版社，1998年），頁19。

　　　盧家少婦郁金堂，海燕雙棲玳瑁梁。

　　　九月寒砧催木葉，十年征戍憶遼陽。

　　　白狼河北音書斷，丹鳳城南秋夜長。

　　　誰謂含愁獨不見，更教明月照流黃！

　　從內涵來說，這完全是傳統思婦母題的承繼，並無獨特情志的突破，除了最後一聯「含愁獨不見」、「明月照流黃」多少有些自己的語言外，寒砧木葉、征戍遼陽、白狼河北、丹鳳城南，大抵不出現成套語和典故的組裝，這樣毫無獨特風神的作品，在唐代律詩中無疑屬於中下水準，但卻被不止一代的詩話家當作壓卷之作，還爭論不休。究其原由，可能這首詩在唐詩中，是把古風的思婦母題第一次納入了律詩的平仄、對仗體制。故有人挑剔其最後一聯，仍然有樂府，也就是古風的痕跡。明馮復京《說詩補遺》卷七謂：「『盧家少婦』第二聯屬對偏枯，結句轉入別調。」[2]「轉入別調」，就是樂府情調，這種挑剔當然有點拘泥。許學夷《詩源辯體》卷十七曰：「沈末句雖樂府語，用之於律無害，但其語則終未暢耳。」[3]至於「第二聯屬對偏枯」則是有道理的，枯就是情趣的枯燥，「九月寒砧催木葉，十年征戍憶遼陽」，不過是玩弄律詩對仗技巧，基本上是套語。其實這首詩還有一個大缺點，就是第一聯的「郁金堂」、「玳瑁梁」未脫齊梁的宮體華麗。雖然，有這麼多明顯的缺失，推崇者仍然不厭其煩，原因在於其確立體裁的劃時代功績。姚鼐《五七言今體詩抄》說：「初唐諸君正以能變六朝為佳，至『盧家少婦』一章，高振唐音，遠包古韻，此是神到之作，當取冠一朝矣。」[4]從歷史發展看問題，是姚氏高明之

2　馮復京：《說詩補遺》，收入周維德集校：《全明詩話》（五）（濟南市：齊魯書社，2005年），頁3943。

3　許學夷著，杜維沫校點：《詩源辨體》（北京市：人民文學出版社，1987年），頁170。

4　姚鼐著，曹光甫點校：〈前言〉，《五七言今體詩鈔》（上海市：上海古籍出版社，1986年），頁3。

處，但是，從律詩來說，此詩畢竟還比較幼稚。主要是它的情緒比較單調，全詩在時間上是九月寒砧、十年征戍，在空間上是白狼河北、丹鳳城南，寫的是愁思之無限。直到尾聯，轉入現場，點明「含愁」，再以「明月照流黃」襯之，意脈高度統一和諧，但是，缺乏變化，情緒沒有節奏感，不夠豐富，顯然不如絕句壓卷之作那樣意脈在結尾處有瞬間之曲折。如果這樣單純到有點單調的作品，成為律詩的「壓卷」之作，唐詩在律詩方面的成績就太可憐了。

　　歷史的經典有兩種，一是代表了歷史的水準，而且成為後世不可超越的高峰；二是，雖然有歷史發展的意義，但其水準卻為後世所超越，此類作品比比皆是。沈氏之作，屬於後者。但是許多詩話家，不明於此，將一時的經典與超越歷史的經典混為一談，造成爭訟在低水準上徘徊。另一首得到最高推崇的是崔顥的〈黃鶴樓〉，而且提名人是嚴羽，因而影響甚大。這首詩比之沈氏之作當然高出了不止一個檔次：

> 昔人已乘黃鶴去，此地空餘黃鶴樓。
> 黃鶴一去不復返，白雲千載空悠悠。
> 晴川歷歷漢陽樹，芳草萋萋鸚鵡洲。
> 日暮鄉關何處是？煙波江上使人愁。

　　從藝術成就來看，這首當屬上乘，雖然，平仄對仗並不拘泥規範（如第二聯），但是首聯、頷聯古風的句式，反而使情緒起伏自由而且豐富。此詩和沈佺期那首〈古意〉（〈獨不見〉）最大的不同在於，並不用古風式的概括式抒情直接抒發，而是純用個人化的即景抒發，情感駕馭著感官意象，曲折有致。此屬於人生苦短的母題。第一聯，是「黃鶴」已經消失而「空餘黃鶴樓」的感歎。乘黃鶴而去，是傳說中生命的不滅，然不可見，可見的是黃鶴樓，因而有生命縹緲之感，

隱含著時間無窮和生命有限的感歎。第二聯，又一次重複了黃鶴，是古風的句法，在律詩是破格的，但是與律詩句法結合得比較自然。王世貞以為「崔詩自是歌行短章，律體之未成」，指的可能就是前兩聯。

　　時間流逝（千載）的不可感，大自然（白雲）不變的可感，生命迅速幻變的無奈，變得略帶悲憂，意脈低降，情緒節奏一變（量變）。第三聯，「晴川歷歷漢陽樹，芳草萋萋鸚鵡洲。」把生命苦短，放在眼前天高地闊的華彩空間來展示。物是人非固然可歎，但景觀的開闊暗示了詩人立足之高度，空間高遠，美景歷歷在目，不是昔人黃鶴之愁，而是景觀之美，正與黃鶴之縹緲相反襯，精神顯得開朗了許多，因而，芳草是「萋萋」，而不是「凄凄」。情緒開朗，意脈為之二變。意脈節奏的第三變在最後一聯，「日暮鄉關何處是？煙波江上使人愁。」突然從高遠的空間，聯想到遙遠的鄉關（短暫生命的歸宿），開朗的情緒低迴了下來。但言盡而意不盡，結尾有持續性餘韻。這感喟的持續性，和絕句的瞬間情緒轉換不同，富有律詩的特徵。[5]

　　這首詩之所以被許多詩話家稱頌為律詩第一，而不像沈氏作那樣爭議甚多，原因就在沈氏之作僅僅為外部格律形式之確立，而崔氏之作，好在律詩內在情緒有節奏，意脈三度起伏，加上結尾的持續性，發揮出了律詩體量大於絕句的優長。正是因為這樣，這首詩才得到李白的激賞，有了「眼前有景道不得，崔顥題詩在上頭」的佳話。

　　後來李白到了南京作〈登金陵鳳凰臺〉：

　　　　鳳凰臺上鳳凰遊，鳳去臺空江自流。
　　　　吳宮花草埋幽徑，晉代衣冠成古丘。
　　　　三山半落青天外，一水中分白鷺洲。
　　　　總為浮雲能蔽日，長安不見使人愁。

5　參閱孫紹振：〈絕句：語氣轉換下的瞬間情緒變化〉，《文藝理論研究》2010年第6期。

很明顯，在構思上和意象的經營上有模仿崔詩的痕跡。貶李白的認為模仿就低了一格。最極端的是王世貞。他在《藝苑卮言》卷四中說：「太白〈鸚鵡洲〉一篇，效顰〈黃鶴〉，可厭。」毛奇齡《唐七律選》：崔顥〈黃鶴樓〉「肆意為之，白於〈金陵鳳凰臺〉效之，最劣。」但是，也有論者以為，正是因為崔顥有詩在前，李白用人家的韻腳寫出類似的景觀，難能可貴，詩作的水準，旗鼓相當。劉克莊在《後村詩話》前集卷一中說：「今觀二詩，真敵手棋也。若他人必次顥韻，或於詩版之旁別著語矣。」認為二者各有所長的意見顯然沒有反對李白那樣的意氣，一般都心平氣和。方回《瀛奎律髓》卷一：「太白此詩，與崔顥〈黃鶴樓〉相似，格律氣勢未易甲乙。」潘德輿《養一齋詩話》卷九：「崔郎中〈黃鶴樓〉詩，李太白〈鳳凰臺〉詩，高著眼者自不應強分優劣。」但是，平和之論似乎並不能窮盡詩話家的智慧。高棅《唐詩品彙》卷八十三說：李白詩「出於崔顥而時勝之」。但簡單的論斷，並未有很強的說服力。二詩各自的高低長短，需要更精細的分析。把生命奉獻給注釋李白詩文的王琦，在他注釋的《李太白全集》卷二十一中對這兩首詩這樣評價：「調當讓崔，格則遜李。」這個立論出發點比較公允，崔顥在意象、想象上畢竟是原創，李白是追隨者，在這一點上，崔顥是「高出」於李白的。然而，在「格」上，也就是在具體藝術檔次上，李白比之崔顥要高。理由是：「〈黃鶴〉第四句方成調，〈鳳凰〉第二句即成調。」在近千年的爭訟中，王琦的這種分析充分顯示了我國古典詩話以微觀見功夫的優長。崔顥的確四句才成調，因為光有「昔人已乘黃鶴去，此地空餘黃鶴樓」，情緒不能相對獨立。只有和「黃鶴一去不復返，白雲千載空悠悠」聯繫起來，意脈才能相對完整。而李白則兩句就構成了相對完整的意脈了：「鳳凰臺上鳳凰遊，鳳去臺空江自流。」崔顥的意象焦點在白雲不變、黃鶴已逝，李白的意象核心在當年之臺已空、江流不變，二者均系對比結構，物是人非，時光已逝不可見，景觀如舊在

目前，從這個意義上來說，二者可以說是不相上下。但是，李白詩兩
句頂四句，比之崔詩精煉，而且空臺的靜止與江流（時光）不斷流
逝，更有時間和空間的張力。其實崔顥的後面兩句「黃鶴一去不復
返，白雲千載空悠悠」，在意味上、情緒上，都沒有增添多少新內
涵，等於是浪費了兩行。而李白卻利用這兩行，把時光之不可見、之
流逝，與景觀可視之不變之間的矛盾加以深化：「吳宮花草埋幽徑，
晉代衣冠成古丘」，在表面不變的空臺和江流中想象繁華盛世的消
隱，這種歷史滄桑感的深沉，是崔顥所不及的。接著下面的兩行，崔
顥是：「晴川歷歷漢陽樹，芳草萋萋鸚鵡洲。」李白是：「三山半落青
天外，一水中分白鷺洲。」從意脈上說，都是從生命短暫的感喟轉向
眼前的美景。但是，很顯然，漢陽樹之歷歷、鸚鵡洲之萋萋，純為現
實美景的直接感知，比之半落青天外之三山，雖然屬對更工（李白
「青天外」與「白鷺洲」，對仗不工），但是，半落的「半」字，青天
外的「外」字，暗含雲氣氤氳，不但畫面留白，虛實相生，而且為最
後一聯的「浮雲」埋下伏筆，想象的魄力和構思的有機，不但崔顥，
就是比崔顥更有才氣的詩人也難能有此境界。

　　從這裡可以看出李白之優，優在意象的密度和意脈的統一和有機。

　　至於最後一聯，崔顥的是「日暮鄉關何處是？煙波江上使人
愁。」李白的是「總為浮雲能蔽日，長安不見使人愁。」瞿佑曰：
「太白憂君之念，遠過鄉關之思，善占地步，可謂『十倍曹丕』。」
以封建皇權觀念代替藝術標準，實在冬烘。連乾隆皇帝都不這樣僵
化，倒是比較心平氣和。愛新覺羅・弘曆《唐宋詩醇》卷七曰：「崔
詩直舉胸情，氣體高渾，白詩寓目山河，別有懷抱，其言皆從心而
發，即景而成，意象偶同，勝境各擅。論者不舉其高情遠意，而沾沾
吹索於字句之間，固已蔽矣；至謂白實擬之以較勝負，並謬為『捶碎
黃鶴樓』等詩，鄙陋之談，不值一噱也。」（這是指李白〈江夏贈韋
南陵冰〉中的詩句「我且為君槌碎黃鶴樓，君亦為吾倒卻鸚鵡洲。」

是偽託之作。）故瞿佑在潘德輿《養一齋詩話》卷三中被嘲笑為「頭巾氣」，可能並不太冤枉。

但是，這並不妨礙我們從藝術上判斷李白這一聯優於崔顥。崔顥和李白同為直接抒情，崔顥即景感興，直抒胸臆，而李白則多了一層，承上「半落青天外」，引出「浮雲」，加以「蔽日」的暗喻，語帶雙關，由景生情，情深為志，情、景、志層次井然，水乳交融，渾然一體。從語言品質上看，占了優勢。其次，崔顥以日暮引發鄉關之思，和前面兩聯的黃鶴不返、白雲千載，意脈幾乎完全脫節。故王琦說它「不免四句已盡，後半首別是一律，前半則古絕也。」這就是說，前面兩聯和後面兩聯在意脈上斷裂、在結構上分裂，前面的四句是帶著古風格調的絕句，後面的四句則是另外一首律體，但又不是完整的律詩。這個評論可能有點偏頗，但是，王琦的藝術感覺精緻，確實也點出了崔詩的不足。而李白的結尾則相反。首先是視點比崔顥的「晴川歷歷」更有高度；其次，浮雲蔽日，提示使三山半落青天之雲，半落半露，顯示雲霧所蒙。從雲霧蔽山，聯想到蔽日，從景觀到政治，自然而然；再次，與第二聯所述吳宮芳草、晉代衣冠，景觀中有政治，斷中有續，遙相呼應。在意脈上，筆斷意聯，隱性相關。在結構上，虛實相生，均堪稱有機統一。

總的來說，從每一聯單獨來看，除第一聯崔顥有發明之功外，其餘三聯均遜於李白，以整體觀之，則崔顥的意象和意脈均不如李白之有機和諧。

律詩的好處，就好在情緒的起伏節奏，情緒的多次起伏與最好的絕句一次性的「婉轉變化」（開合、正反）的最大不同就在於此。在詩話家中，感覺最到位的是，清潘德輿《養一齋詩話》卷八：「沈、崔二詩，必求其最，則沈詩可以追摹，崔詩萬難嗣響。……崔詩之

妙，殷璠所謂『神來氣來情來』者也。」[6]事實上，從律詩來說，崔
詩還不能說是在藝術上最成熟的。得到最多推崇的，是杜甫的〈登
高〉。潘德輿在肯定了崔詩以後，說「太白不長於律，故賞之，若遇
子美，恐遭小兒之呵」。胡應麟在《詩藪》中推〈登高〉為「古今七
律第一」。[7]這就是說，杜甫的傑作要比崔詩精彩得多。作為律詩，精
彩在哪裡呢？

> 風急天高猿嘯哀，渚清沙白鳥飛回。
> 無邊落木蕭蕭下，不盡長江滾滾來。
> 萬里悲秋常作客，百年多病獨登臺。
> 艱難苦恨繁霜鬢，潦倒新停濁酒杯。

　　首先，從意脈節奏上說，它和崔詩有同樣的優長，那就是情緒幾
度起伏變幻，這首詩是大曆二年（767）杜甫在四川夔州時所作。雖
然在詩句中點到「哀」，但不是直接訴說自己感到的悲哀，而是「風
急天高猿嘯哀」——猿猴的鳴叫聲悲哀，又並不明說，是猿叫得悲
哀，還是自己心裡感到悲哀，給讀者留下了想象的空間。點明了
「哀」還不夠，下面又點到「悲」（「萬里悲秋常作客」）。但是，杜甫
的悲哀有他的特殊性。他的「哀」和「悲」和崔顥的「愁」不太相
同，顯然深厚而且博大。這種厚重、博大，最能體現律詩的特性，是
絕句所難容納的。詩題是「登高」，充分顯示出登高望遠的境界，由
於高而遠，所以有空闊之感。哀在心靈中以細微為特點，具低沉屬
性，其空間容量有限，但是，這裡的哀卻顯然壯闊。猿聲之所以

6　潘德輿：《養一齋詩話》，收入郭紹虞編選，富壽蓀校點：《清詩話續編》（四）（上
　　海市：上海古籍出版社，1983年），頁2132-2133。
7　胡應麟：《詩藪》，收入周維德集校：《全明詩話》（三）（濟南市：齊魯書社，2005
　　年），頁2553。

「哀」，顯然是內心有哀，然而，把它放在風急、天高之中，就不是民歌中「巴東三峽巫峽長，猿鳴三聲淚沾裳」之「鳴」，也不是李白「兩岸猿聲啼不住」的「啼」，「鳴」和「啼」聲音都有高度，而「嘯」則是尖厲，乃風之急的效果，同時也產生心有鬱積、登高長嘯的聯想。這是客觀的景色特徵，又是主體的心靈境界載體，嘯之哀是山河容載的大哀，不是庭院徘徊的小哀。「渚清沙白」，本已有俯視之感，再加上「鳥飛回」，強調俯視，則哀中未見悲涼，更覺其悲雖有尖厲之感，但是悲中有壯。第一聯的「哀」，內涵就厚重而高亢。到了第二聯，「無邊落木蕭蕭下，不盡長江滾滾來」，「落木」（先師林庚先生曾經指出「落木」比落葉要藝術得多）是「無邊」的，視點更高。到了「不盡長江」，就不但有視野的廣度，而且有時間的深度。「子在川上曰，逝者如斯夫」（《論語》〈子罕〉），在古典詩歌的傳統意象中，江河不盡，不僅是空間的深遠，而且是時間的無限。這就使得悲哀，不是一般低沉的，而是深沉、渾厚的，杜甫在一篇賦中把自己作品的風格概括為「沉鬱頓挫」，「沉鬱」之悲，不僅有「沉」的屬性，而且是長時間的「鬱」積，「沉鬱」就是長時間難以宣洩的苦悶。因而，哀而無淒，在提升屬性上是有分寸的，「落木」之哀，雖然「無邊」而且「蕭蕭」，但是，「長江」之悲的「不盡」，卻是「滾滾」的，悲哀因鬱積而雄厚。

　　從意象安排上看，第一聯，意象密集，兩句六個意象（風、天、嘯，渚、沙、鳥），第二聯，每句雖然只各有一個意象，但其屬性卻有「無邊」和「蕭蕭」、「不盡」和「滾滾」，有形有色，有聲有狀，感覺豐富而統一。尤其是第二聯，有對仗構成的時空轉換，有疊字造成的滔滔滾滾的聲勢。從空間的廣闊，到時間的深邃，心緒沉而不陰，視野開闊，情鬱而不悶，心與造化同樣宏大。和前一聯相比，第二聯不僅把哀的份量加重了，而且在境界上提升了。情緒節奏進入第二層次。

如果就這樣沉鬱下去，未嘗不可，但是，一味渾厚深沉下去，就可能和沈佺期一樣單調。這首詩中尤其有這樣的危險，因為，八句全是對句。而在律詩中，只要求中間兩聯對仗。為什麼要避免全篇都對？就是怕單純變成單調。〈登高〉八句全對，妙在讓讀者看不出一對到底。這除了語言形式上（特別是最後兩聯）不耽於寫景、直接抒情以外，恐怕就是得力於情緒上的起伏變化，主要是在「沉鬱」中還有「頓挫」。第一、第二聯，氣魄宏大，到了第三、第四聯，就不再一味宏大下去，而是出現了些許變化：「萬里悲秋常作客，百年多病獨登臺。艱難苦恨繁霜鬢，潦倒新停濁酒杯。」境界不像前面的詩句那樣開闊，一下子回到自己個人的命運上來，而且把個人的「潦倒」都直截了當地寫出來。渾厚深沉的宏大境界突然縮小了，格調也不單純是深沉渾厚，而是有一點低沉了，境界由大到小，由開到合，情緒也從高亢到悲抑，有微妙的跌宕。這就是以「頓挫」為特點的情緒節奏感。

杜甫追求情感節奏的曲折變化，這種變化有時是默默的，有時卻是突然的轉折。沉鬱並不是許多詩人都做得到的，頓挫則更為難能。而這恰恰是杜甫的拿手好戲，他善於在登高的場景中，把自己的痛苦放在盡可能宏大的空間中，但是，他又不完全停留在高亢的音調上，常常是由高而低，由歷史到個人，由洪波到微波，使個人的悲涼超越渺小，形成一種起伏跌宕的意脈。宋人羅大經在《鶴林玉露》中這樣評價這首詩：「杜陵詩云『萬里悲秋常作客，百年多病獨登臺。』萬里，地之遠也；悲秋，時之淒慘也；作客，羈旅也；常作客，久旅也；百年，暮齒也；多病，衰疾也；臺，高迥也；獨登臺，無親朋也。十四字中有八意，而對偶又極精確。」[8]這樣的評價，得到很多學人的讚賞，是有道理的，但是，也有不很到位之處，那就是只看出在沉鬱情調上同質的疊加，忽略了其中頓挫的轉折，大開大合的起伏

8　羅大經，王瑞來點校：《鶴林玉露》（北京市：中華書局，1983年），頁215。

是杜甫的拿手好戲。在〈登樓〉中是這樣的：

> 花近高樓傷客心，萬方多難此登臨。
> 錦江春色來天地，玉壘浮雲變古今。
> 北極朝廷終不改，西山寇盜莫相侵。
> 可憐後主還祠廟，日暮聊為梁甫吟。

第一聯就很有特點，高樓觀花不但不樂，相反逗客「傷心」，原因就在「萬方多難」的戰亂，如此，悲痛就有了社會的廣度。第二聯，把這種社會性的悲痛，放大到宏大的「天地」自然空間和「古今」悠遠時間之中。杜甫的沉鬱，就是由這種宏大的空間感和悠遠的時間感加上社會歷史感三位一體構成的。第三聯，從自然空間和時間轉向政治現實，聯想到對遠方中央王朝危機的憂慮。最後一聯，則聯想到劉蜀後主政權的脆弱，自己可以吟誦諸葛亮年輕時常在口頭的「梁甫吟」，卻不能有諸葛亮的作為。悲憂之中又有無奈的自譴，緩緩有所頓挫。全詩的意脈從天地充溢的沉鬱到感歎自我的無奈，每一聯情緒均在起伏中隱含微妙的轉換，在沈鬱頓挫中更顯得「忠厚纏綿」。這樣不著痕跡的婉轉變化，比之七絕那一次性的靈氣轉換，顯然更豐富，七律的優長在這裡被發揮得淋漓盡致。杜甫的個性、杜甫內在的豐富，顯然更加適合七律這種結構。

　　哪怕他並不是寫登高，也不由自主地以宏大的空間來展開他的感情，例如〈秋興八首〉之一：

> 玉露凋傷楓樹林，巫山巫峽氣蕭森。
> 江間波浪兼天湧，塞上風雲接地陰。
> 叢菊兩開他日淚，孤舟一繫故園心。
> 寒衣處處催刀尺，白帝城高急暮砧。

　　第一聯，把高聳的巫山巫峽的「蕭森」之氣，作為自己情緒的載體，第二聯，把這種情志放到「兼天」、「接地」的境界中去。蕭森之氣，就轉化為宏大深沉之情。而第三聯的「孤舟」和「他日淚」使得空間縮小到自我個人的憂患之中，意脈突然來了一個頓挫。第四聯，則把這種個人的苦悶擴大到「寒衣處處」的空間中，特別是最後一句，更將其誇張到在高城上可以聽到的、無處不在的為遠方戰士禦寒的擣衣之聲。這樣，頓挫後的沉鬱空間又擴大了。豐富了情緒節奏的曲折。

　　古典七律，大都以抒寫悲鬱見長，很少以表現喜悅取勝。而杜甫的七律雖然以沉鬱頓挫擅長，但是，其寫喜悅的傑作如〈聞官軍收河南河北〉，並不亞於表現悲鬱的詩作。浦起龍在《讀杜心解》稱讚其為老杜「生平第一首快詩也」。但是，它在唐詩七律中的地位，卻被歷代詩話家忽略。

　　　　劍外忽傳收薊北，初聞涕淚滿衣裳。
　　　　卻看妻子愁何在，漫卷詩書喜欲狂。
　　　　白日放歌須縱酒，青春作伴好還鄉。
　　　　即從巴峽穿巫峽，便下襄陽向洛陽。

　　通篇都是喜悅之情，直瀉而下。本來，喜悅一脈到底，很容易犯詩家平直之忌。但是，杜甫的喜悅卻有兩個特點，第一，節奏波瀾起伏，曲折豐富，第二，這種波瀾不是高低起伏的，而是一直在高亢的音階上變幻。第一聯，寫自己喜極而泣，從自己的情感高潮發端，似乎無以為繼，承接的難度很大。第二聯，轉向妻子，用自己的淚眼去看出妻子動作之「狂」。這個「狂」的感情本來應當不屬於杜甫，而應該屬於李白。但是，從安史之亂八年來，一直陷於痛苦的鬱積之中，杜甫難得一「狂」（年輕時一度「裘馬清狂」），這一狂，狂出了

比年輕時更高的藝術水準。前面兩聯都是抒發感情的，但是，「情動於中」，是屬於內心的，是看不見的，要把它「形於言」，讓讀者感覺到，是高難度的，因而才叫做藝術。杜甫克服難度的特點在於，不是直接寫喜悅，而是寫夫妻喜悅的可見的、外在的、極端的、各不相同的效果。而到了第三、四聯，則換了一種手法：直接抒發。難度本來更大，杜甫強調的是內心高度興奮的看似矛盾的效果：明明「白首」了，可還要「放歌」，不但要「放歌」，而且還要「縱酒」。好就好在不但與他五十二歲的年齡不相當，而且好像與一向沉鬱頓挫的他不相同，他好像變成另外一個人。接下去「青春作伴好還鄉」，則是雙關語，一則寫作時正是春天，歸心似箭，二則點明恢復了「青春」的感覺。至於最後一聯，則不但精彩而且精緻。霍松林先生評論得很到位：「這一聯，包含四個地名。『巴峽』與『巫峽』，『襄陽』與『洛陽』，既各自對偶（句內對），又前後對偶，形成工整的地名對……試想，『巴峽』、『巫峽』、『襄陽』、『洛陽』，這四個地方之間都有多麼漫長的距離，而一用『即從』、『穿』、『便下』、『向』貫串起來……詩人既展示想象，又描繪實境。從『巴峽』到『巫峽』，峽險而窄，舟行如梭，所以用『穿』；出『巫峽』到『襄陽』，順流急駛，所以用『下』；從『襄陽』到『洛陽』，已換陸路，所以用『向』，用字高度準確。」[9]可以補充的是，律詩屬對的嚴密性本來是容易流於程式，流水對則使之靈活，杜甫的天才恰恰是把密度最大的「四柱對」（句內有對，句間有對）和自由度最大的「流水對」結合起來，在最嚴格的局限性中，發揮出了最大的自由，因而其豪放絕不亞於李白號稱絕句壓卷之作之一的結句「兩岸猿聲啼不住，輕舟已過萬重山」。

　　杜甫筆下的喜悅，並不限於這種偶爾一見的豪放，有時則以細膩婉約的筆觸寫出曠世精品，例如〈春夜喜雨〉：

9　《唐詩鑑賞辭典》（上海市：上海辭書出版社，1983年），頁543。

　　　　好雨知時節，當春乃發生。

　　　　隨風潛入夜，潤物細無聲。

　　　　野徑雲俱黑，江船火獨明。

　　　　曉看紅濕處，花重錦官城。

　　　杜甫並沒有把他的情感放到廣闊無垠的空間和無限的時間背景中去，而是相反，放在個人內心微觀的體悟之中。開頭兩聯可謂極微妙之至。杜甫用了一個「潛」字，就突出了這種雨是看不見的。接著又點出「無聲」，提示這種雨「細」到聽不見。然而，妙就妙在一般感官中看不見、聽不見的，可是杜甫卻感到了。這是一種默默的欣慰之感。「好雨知時節」的「好」，用得全不費力氣，然而，暗示了是詩人獨自在享受著這及時的春雨。「野徑雲俱黑」，黑雲佈滿田間小徑，表面上是寫成都平原的特點，更深層次則越是黑，意味著雨越是細密，就黑得越美，再加上江上一點漁火來反襯，這沒有任何形狀的黑，就黑得更生動，更美了。除了杜甫，唐一代誰有這樣獨特地以黑為美的色彩感？然而，這並不僅僅是色彩感，而是內心無聲無息、無形無狀的超感官的喜悅。從這兩聯來說，情緒是統一的，似乎並沒有起伏，但是，接下來，就來了個突變：「曉看紅濕處，花重錦官城。」這個黑之美，用鮮明來反襯。從繪畫來說，花之紅濕，是花的質感，花之重，是花的量感，詩人以之表現眼前為之一亮，心情為之一振，從情緒節奏來說，從看不見的欣慰變為鮮明的視覺衝擊，心情為之一轉。這表面上都不是寫雨，好像脫離了春夜之雨，但是，又是昨夜之雨的效果。詩話稱讚此詩無一「喜」字，然而通篇都喜。所說固然有道理，但並不透徹，這種喜悅是滲透在從暗黑到亮麗的感覺和從默默到豁然開朗的轉換之中。

　　　之所以要提起這首詩，是為了說明，即使不以渾厚深沉取勝的律詩，也是以情緒的轉換為高的。雖然這是一首五律，但是，在規律上

和七律是相通的，只是比之七律更為渾然，更為古樸而已。可細細考較起來，這最後一聯的視覺衝擊，有點近似絕句最後的瞬間情感轉換。不過和前面第三聯黑雲與漁火的轉折形成強烈的反差，同樣發揮律詩超越二次起伏的優長。[10]

　　對於律詩壓卷之作的爭議是很複雜的，有時，甚至可以說是很不講理的，有的詩話就認為杜甫律詩最好的不是這一首，而是〈九日藍田崔氏莊〉：

> 老去悲秋強自寬，興來今日盡君歡。
> 羞將短髮還吹帽，笑倩旁人為正冠。
> 藍水遠從千澗落，玉山高並兩峰寒。
> 明年此會知誰健？醉把茱萸仔細看。

楊萬里十分讚賞此詩，《誠齋詩話》云：「唐律七言八句，一篇之中，句句皆奇，一句之中，字字皆奇，古今作者皆難之。予嘗與林謙之論此事。謙之慨然曰：『……如老杜〈九日〉詩云：「老去悲秋強自寬，興來今日盡君歡。」不徒入句便字字對屬。又第一句頃刻變化，才說悲秋，忽又自寬。……「羞將短髮還吹帽，笑倩旁人為正冠。」將一事翻騰作一聯，又孟嘉以落帽為風流，少陵以不落為風流，翻盡古人公案，最為妙法。「藍水遠從千澗落，玉山高並兩峰寒。」詩人至此，筆力多衰，今方且雄傑挺拔，喚起一篇精神，自非筆力拔山，不至於此。「明年此會知誰健？醉把茱萸仔細看。」則意味深長，悠然

---

10 杜甫這種絕句式的瞬間靈氣似乎是個例外，這可能是他的絕句總是寫不過李白的原因。就是在他寫得最出色的絕句中似乎也一樣。如〈三絕句〉之三：「殿前兵馬雖驍雄，縱暴略與羌渾同。聞道殺人漢水上，婦女多在官軍中。」最後一聯無疑是深邃的，但是，嚴格說來，缺乏絕句的瞬間婉轉變化，似乎更接近於古風承接風格。

無窮矣。』」¹¹

　　其實，這種說法並沒有多少深刻的道理，這個林謙之只從技術著眼，經不起推敲。說第一句有變化，悲秋「自寬」與「盡君飲」，更明顯是意脈的一貫，並無什麼突出的「變化」。至於說「『羞將短髮還吹帽，笑倩旁人為正冠。』將一事翻騰作一聯，又孟嘉以落帽為風流，少陵以不落為風流，翻盡古人公案，最為妙法。」這種翻案求新的手法，充其量不過是技法的熟練，至於說把一事翻作一聯，明明造成第二句的虛弱，重複前句的意味。說到後面的「藍水遠從千澗落，玉山高並兩峰寒」是「雄傑挺拔，喚起一篇精神」，「筆力拔山」，但是，並不說明喚起什麼「精神」，和「強自寬」之間也並沒有什麼頓挫或者纏綿的聯繫，只能給人以孤立的佳句之感。「『明年此會知誰健？醉把茱萸仔細看。』則意味深長，悠然無窮矣。」其餘韻固然不能說沒有，但如果拿來與「寒衣處處催刀尺，白帝城高急暮砧」相比，則餘味不但有限，而且單薄。

　　我國古典詩話詞話，比之西方文論有其切實於文本、鑑賞深入創作過程的優長，但是，也有泥於創作中之細節，只見樹木，不見森林，甚至一葉障目的局限。平心而論，這樣的作品，不但在杜甫詩中品質平平，拿到唐詩中，更屬一般。原因在於缺乏七律所擅長的情緒起伏：第一聯說是悲愁自寬，第二聯「白髮」、「落帽」、「正冠」乃是對第一聯的形象說明，仍然是自寬。第三聯，「藍水遠從千澗落，玉山高並兩峰寒」與悲愁自寬，並沒有潛在的意脈聯繫。從結構上看最多只是為最後一聯的「明年此會知誰健？醉把茱萸仔細看」有某種微弱過渡。從整體意脈上看，前兩聯過分統一，缺乏律詩特有的情緒起伏，而第三聯，則過分跳躍，缺乏與前兩聯的貫通。雖然第四聯有所回歸，但已經是強弩之末。

---

11 楊萬里：《誠齋詩話》，收入丁福保輯：《歷代詩話續編》（上）（北京市：中華書
　　局，1983年），頁139-140。

　　明周敬、周珽輯《唐詩選脈會通評林》還提出：「謂冠冕壯麗，無如嘉州〈早朝〉；淡雅幽寂，莫過右丞〈積雨〉。」[12]我們來看岑參的〈奉和中書舍人賈至早朝大明宮〉：

> 雞鳴紫陌曙光寒，鶯囀皇州春色闌。
> 金闕曉鐘開萬戶，玉階仙仗擁千官。
> 花迎劍珮星初落，柳拂旌旗露未乾。
> 獨有鳳凰池上客，陽春一曲和皆難。

　　其實，岑參這首是奉和應制之作，通篇歌功頌德，一連三聯，都是同樣的激動，同樣的華彩，到了最後一聯，還是同樣的情致。情緒明顯缺乏起伏節奏，這位周珽在詩歌的藝術感覺上，只能說是不及格的。再看王維〈積雨輞川莊作〉：

> 積雨空林煙火遲，蒸藜炊黍餉東菑。
> 漠漠水田飛白鷺，陰陰夏木囀黃鸝。
> 山中習靜觀朝槿，松下清齋折露葵。
> 野老與人爭席罷，海鷗何事更相疑？

　　從情緒變化、意脈（靜觀）的相承和起伏來衡量，詩中有比較精緻微妙的轉換，其第二聯「漠漠水田飛白鷺，陰陰夏木囀黃鸝」甚得後人稱道，但是，最精彩的當是最後一聯：「野老與人爭席罷，海鷗何事更相疑？」由靜而動（爭席）之後，又以海鷗之「疑」，在結束處留下持續的餘韻。總體而言應該是上品，但是，比起杜甫傑作的大開大闔，起伏跌宕，應該說所遜不止一籌。

---

12 周敬、周珽輯：《刪補唐詩選脈箋釋會通評林六十卷》，收入《四庫全書存目叢書補編》（濟南市：齊魯書社，2004年），第26冊，頁444。

　　但是，話說回來，岑參和王維這兩首之所以能夠受到推崇，原因可能是結尾體現了律詩的優長，顯示了中國古典詩歌追求餘韻的共性。和西方的「律詩」（十四行詩）相比，則顯然有異趣。西方十四行詩，不管是義大利體（彼德拉克體）還是英國體（莎士比亞體），都是追求起承轉合、情緒的綿延曲折、和諧統一的，這一點和中國律詩是相似的。但是，結尾則不同：律詩追求餘韻，在最後一聯留下空白，也就是思緒的延續性，而十四行詩追求思想情緒的昇華，最後兩行（或三行）往往帶有總結全詩的性質。莎士比亞的十四行詩大體都是關於愛情的，結尾都是極端、毫無保留的總結。如第十四首的結尾：「要不然，對於你，我將這樣宣言：你的死亡就是真和美的末日。」（Or else of thee this I prognosticate, Thy end is truth's and beauty's doom and date.）[13]雪萊的傑作〈西風頌〉，就是由五首十四行組構而成的，每首都是英國體的三行一節，一共四節，十二行都是強調，衰敗中蘊含著雄強，落葉帶來新生，就是憂愁中都滲透著甜蜜（Sweet though in sadness.），[14]灰燼中有火花，逆境中有希望。最後兩行則總結起來：

The trumpet of a prophecy! O Wind,

If Winter comes, can Spring be far behind?

---

13 以備受稱道的莎士比亞十四行詩為例。第十五首的結尾：「為了你的愛我將和時光爭持：他摧折你，我要把你重新接枝。」（And all in war with Time for love of you, As he takes from you, I engraft you new.）第十九首的結尾：「但，儘管猖狂，老時光，憑你多狠，我的愛在我詩裡將萬古長青。」（Yet, do thy worst, old Time: despite thy wrong, My love shall in my verse ever live young.）第三十首「但是只要那刻我想起你，摯友，損失全收回，悲哀也化為烏有。」（But if the while I think on thee, dear friend, All losses are restored and sorrows end.）

14 這應該就是徐志摩〈莎揚娜拉〉中「甜蜜的憂愁」的由來。

　　哦，西風，預言的號角

　　假如冬天來了，春天還會遠嗎？

　　七律之最優，之所以這樣眾說紛紜，良莠不齊，不像絕句那樣提名集中，原因可能在於律詩的格律比之絕句嚴密得多，中間兩聯必須對仗，首尾兩聯則在開合之間為之服務，其形式更接近於模式，活躍的情緒與固定的格律發生矛盾，非才高如杜甫等難免不屈從格律。古典詩話的作者也是詩人，但大多並非傑出詩人，於作詩時情緒為格律所窒息而不自知，作詩話時，便往往從純技巧著眼，如楊萬里、林謙之、周敬、周珽之輩，把技巧變成了技術套路的翻新。而絕句則單純得多，瞬間頓悟式的結構，需要的是靈氣，幾乎無任何玩弄技巧的餘地。也許正是因為這樣，王國維認為：「近體詩體制，五、七言絕句最尊，律詩次之，排律最下。」[15]律詩的模式化、技術化，在排律中得到了惡性的發展。

15 王國維著，黃霖導讀：〈人間詞話〉（上海市：上海古籍出版社，1998年），頁15。

我國古典詩歌的三言結構和雙言結構

一　五七言詩行是古典詩歌和民歌節奏的基礎結構

　　我國古典詩歌和民歌的節奏是豐富的。光就詩行形式而言，它就包括最原始的二言詩行（如：「斷竹、續竹、飛土、逐肉」），詩經的四言詩行（如「蒹葭蒼蒼，白露為霜」）。至於《楚辭》，除了我們所熟知的五言或六言詩行以外，還有〈涉江〉那樣的：

　　　　世溷濁而莫余知兮，吾方高馳而不顧。

這裡的詩行長達十五字。當然最大量的還是從漢代到盛唐發展成熟的五七言詩行，這種詩行，在一千多年中成為一種統治形式。但是與此同時還存在著其他形式。例如在唐代還有一種格律嚴整的六言詩。如王維的〈田園樂〉：

　　　　桃紅復含宿雨，柳綠更帶春煙；
　　　　花落家童未掃，鳥鳴山客猶眠。

到了唐末、五代、宋、元又出現了詞曲那樣在五七言的基礎上，結合四六言糅合而成的長短句詩行。而在彈詞、寶卷等民間文藝形式中，又出現了兩個三言加一個四言的十言形式。明代民歌中詩行的靈活性

發展到很高的程度：

> 姐兒哭得幽幽咽咽一夜憂，
> 哪知你恩愛夫妻弗到頭？
> 當初隻指望山上造樓、樓上造塔、塔上升梯升天同到老，
> 如今個山迸、樓坍、塔倒、梯橫便甘休。

這裡最長的一句竟達二十二言而節奏仍然保持了統一性。

　　對我國古典詩歌和民歌的詩行節奏形式的豐富性，不能沒有充分估計；但是，也不能走向另外一個極端，認為我們傳統的詩歌形式就是這些多種詩行的雜亂堆積，其中並沒有什麼內在的統一規律可循。事實當然不是這樣。誰也不會否認，我國古典詩歌和民歌的基本形式是五七言詩行。五七言詩行不但在數量上最普遍，最基本，而且在藝術品質上也是最典型的。我們分析正是應該從這最普遍的存在和最簡單的細胞形態開始，這對我們的研究具有方法論上的意義。只有從這裡出發，我們才可能通過五七言詩行的內在結構的分析，找到它與非五七言詩行（包括它與《詩經》《楚辭》那樣的詩行和詞曲的詩行）的聯繫，從而揭示我國古典詩歌和民歌節奏的歷史發展規律。

二　雙言結構和三言結構的穩定連續是五七言詩行節奏的穩定規範

　　五七言詩行的結構的功能是內在的、深層的而不是外在的、表層的，因而孤立靜止地去觀察是看不出來的，而要在它的變化和運動中去瓦解它的表層結構，才能揭示它深層結構的奧秘。例如李白的〈早發白帝城〉：

　　朝辭白帝彩雲間，千里江陵一日還。
　　兩岸猿聲啼不住，輕舟已過萬重山。

就節奏的性質來說，這是我們所熟悉的典型的吟詠調子。如果我們把它每節刪去兩個音節：

　　白帝彩雲間，江陵一日還。
　　猿聲啼不住，已過萬重山。

很顯然，節奏的吟詠性質沒有什麼變化。我們再將每行刪去兩個字：

　　彩雲間，一日還，
　　啼不住，萬重山。

其吟詠調性仍然基本上沒有變化。這說明在一個七言詩行中，決定其吟詠調性的並不是詩行中的全部音節，而是詩行中結尾的三個音節。只要保存這個三言結構，則詩行的吟詠調性不變。三言結構以外的音節數量的減少並不改變詩行的吟詠性質。同樣，三言結構以外的音節數量的增加也不能改變詩行的調性。例如有這樣一首傳統民歌：

　　山歌好唱口難開，林檎好吃樹難栽。
　　白米好吃田難種，鮮魚好吃網難抬。

另外一體是這樣的：

　　誰人叫你山歌好唱口難開？
　　誰人叫你林檎好吃樹難栽？

> 　　誰人叫你白米好吃田難種？
> 　　誰人叫你鮮魚好吃網難抬？

很顯然，每行的音節增加了，但由於收尾的三言結構未變，故調性亦未變。但是，如果我們把行末的三言結構的音節數量加以變化使之成為四言結構，會有什麼結果呢？

> 　　山歌好唱巧口難開，林檎好吃樹苗難栽。
> 　　白米好吃水田難種，鮮魚好吃麻網難抬。

很顯然，這首民歌的調子起了變化。變成和吟詠調性不同的調子。這種調子接近於戲劇道白的調子。這種調子也有它的穩定性。只要保存結尾的四言結構（或兩個二言結構）不動，增加或減少前面的音節，同樣也不會改變詩行的調性：

> 　　唱歌巧口難開，林檎樹苗難栽。
> 　　高山水田難種，打魚麻網難抬。

改成四言也一樣：

> 　　巧口難開，樹苗難栽。
> 　　水田難種，麻網難抬。

由此可見，七言詩行是兩個在性質上包含著差異的亦即矛盾的對立要素的統一結構。其中結尾部分的三言結構是構成吟詠調性的主導要素，它的存在決定了吟詠調性的存在。它又具有相當的彈性，它可以變為五言、九言、十一言而不改變節奏的結構功能。七言詩行的另一

個組成部分，即四言結構（對五言來說是二言結構）是一種道白或朗誦的調子。它在節奏性質上與三言結構是對立的。但是當它固定在三言結構之前，組成七言結構時，卻能相反相成，構成很有音樂性的典型的吟詠調性。可是如果用四言結構取代七言詩行句尾的三言結構，則七言詩行變成了八言詩行。吟詠調性就成了道白的調子。這種八言詩行也可以變化為四言、六言、十言而不改變其節奏的性質。

應該說明的是，這兩種節奏性質的劃分是就語言的節奏本身而言的，並不是指它們與音樂的關係而言的。就這兩種詩行與音樂的關係而言，它們都是能配上樂曲、能夠唱的。五七言詩如此，四六言詩也是如此。《詩經》時代的四言詩不論民間的還是廟堂的都是能被諸管弦的。只有姚文元才會把歌詞配樂的規律當成詩歌語言構成節奏的規律。他荒謬地提出刊物多登歌詞就能推動新詩的民族形式的創造。

五七言詩行是我國古典詩歌和民歌最典型的節奏形式，它的基本成分主要就是四言結構（或二言結構）加上三言結構的穩定的連續。我國古典詩歌的豐富形式正是在這兩種要素的「結構」上發展起來的。

從五四以來，許多學者，從胡適到梁宗岱乃到何其芳都認為我國古典詩歌和民歌的節奏的「基礎」不應該這樣從詩行的內在矛盾去探尋，而應該從詩行外在的停頓的數量的統一中去探尋。他們認為七言詩行的節奏表現在它每行有四個相同的「頓」，每個停頓的時間大致相同，[1]例如他們是這樣劃分七言詩行的「頓」的：

1　這個說法最初出自胡適，他在〈談新詩〉（《星期評論》雙十紀念號，1919年10月）中強調音節的「自然」，他讀「節」就是詩句裡面的頓挫的段落。舊體詩五七言詩句兩個字為「一節」，比如「風綻—雨肥—梅」（兩節半）、「江間—波浪—兼天—湧」（三節半）、「王郎—酒酣—拔劍—斫地—歌—莫哀」（五節半）、「我生—不逢—柏梁—建章—之—宮殿」（五節半）、「又—不得—身在—滎陽—京索—間」（四節外兩個破節）、「終—不似—一朵—釵頭—顫嫋—向人—欹側」（六節半）。
　　胡適這個分析是中國詩歌史上第一次對詩歌節奏的分析，並且提出了音和節的區別，音不等於節，開創之功不可沒。他似乎抓住了中國古典詩歌和民歌的節奏的某些特點，以一組雙音構成一個「節」。但是，用這個基本由雙音構成的「節」來解

　　潯陽——江頭——夜送——客，
　　楓葉——荻花——秋瑟——瑟；
　　主人——下馬——客在——船，
　　舉杯——欲飲——無管——弦。

他們的方法論很有些特別，不是去研究詩行的內在結構的不同要素，而是把詩句分為四個無差別的「頓」。這樣就使他們的理論陷入困境。每行四頓，並不是七言詩吟詠調性的特點。與七言吟詠調性相對立的八言詩（說白調性）也是每行四頓。我們試在上面的七言詩行中每行加上一個音節：

　　潯陽——江頭——月夜——送客，

釋中國古典詩歌和民歌的複雜現象，顯然不夠用，於是，胡適就在世界詩歌史上，第一次提出了「半節」和「破節」。雖然對於這兩個破天荒的概念，他並沒有作出界定，但是從其上下文來看，「半節」和「破節」，產生於音節的統一劃分與某些詞彙意義發生矛盾的時候的一種變通。半節，都是一些實詞，從詞彙意義上不能構成雙音結構，若硬性構成雙音結構，就要影響詞彙意義的完整和清晰。如：「風綻—雨肥—梅」（兩節半）、「江間—波浪—兼天—湧」（兩節半）。先把兩個音組大體有規律地劃分為一個「節」，剩下的一個單音，就算它是「半節」，並不影響詞彙意義的清晰。這就是說，詞彙意義和語法結構是對應的，平行的，不發生衝突。但是，如果按照這個劃分方法，面對「王郎酒酣拔劍斫地歌莫哀」、「我生不逢柏梁建章之宮殿」就得這樣劃分：「王郎—酒酣—拔劍—斫地—歌莫—哀」、「我生—不逢—柏梁—建章—之宮—殿」。這樣「歌莫—哀」和「之宮—殿」，在語法上就不成話了。於是胡適成全語法結構，把「歌」和「之」單獨當作「半節」。變成「歌—莫哀」和「之—宮殿」。可見，這個「半節」，是為了成全詞彙意義的。但是，這些畢竟都還是實詞，遇到虛詞，如副詞，胡適就另行命名為「破節」：「又—不得—身在—滎陽—京索—間」（四節外兩個破節）。但是，像下面這個詩句：「終—不似—一朵—釵頭—顫嫋—向人—欹側」（六節半）中的「終」字，是個副詞，照理應該算是破節了，然而，胡適卻把它當成是「半節」。
這說明胡適當時，不能很系統、自洽地分析中國古典詩歌中的複雜現象，遇到的主要困難是詞彙意義與節奏的矛盾。從理論上說，音節或者節奏只有達到穩定化才能稱得上格律，而且要穩定到與詞彙意義發生矛盾時，意義也要服從固定的節奏。

> 楓葉——荻花——秋風——瑟瑟；
>
> 主人——下馬——遷客——在船，
>
> 舉杯——欲飲——恨無——管弦。

兩種完全對立的調子，卻有完全相等的頓數，由此可見「頓」的劃分並不能說明七言詩行的節奏的性質。這種理論在這麼單純的七言詩面前已經顯得如此軟弱，對詞、曲、民歌等豐富的詩行形式更是無能為力了。因為詞曲以及一部分民歌每行並沒有相同的「頓」，也有五七言詩歌那樣的性質相類似的節奏感。這就怪不得何其芳要宣佈：詞除少數上下闋對稱的以外，「它的節奏根本無規律可循」，就是那些上下闋對稱的詞，「從它的一半來看，好像節奏和押韻都沒有規律」，[2]這當然是站不住腳的。找不到規律，怎麼可以宣佈規律不存在呢？

　　「頓」的理論的破綻，不僅在方法論方面暴露出來，而且在實踐方面暴露出來。根據這種「頓」的理論，他們為新詩設計了現代格律詩的形式。他們要求現代格律詩每行有相同的頓數，每頓的停頓時間大致相同，但每頓的字數不一定像古典詩歌那樣固定，特別是不能像古典詩歌和民歌那樣每行都以三音結構收尾。因為現代漢語雙音詞占多數，三言結構是一種束縛。現代格律詩應該基本上以雙音結構收尾。不但這樣設計，何其芳進行實踐，例如：

> 我——聽見了——迷人的——歌聲，
>
> 它那樣——快活——那樣——年輕，
>
> 就像——我們——年輕的——共和國，
>
> 在歌唱——它的——不朽的——青春。

2　詩刊編輯部編：《新詩歌的發展問題（第三集）》（北京市：作家出版社，1959年），頁254。

這裡每行四頓，完全符合現代格律詩的理論，在四行中出現了七個三言結構，（除去結尾用輕音字「的」還有四個）平均每行一個以上，比七言詩行所要求的每行一個三言結構還多。這並不是特別挑出來的例子，不管拿一本什麼樣的新詩集分析其中每行的三言結構都平均在一個以上。（這是因為在現代漢語中單音詞還大量存在，雖然在字典裡的絕對數量少於雙音詞，但在口頭上的利用率卻是很高的。）這裡有兩點值得注意：首先，三言結構的數量並不少於五七言詩行，但語言的音樂節奏卻大大不如古典詩歌和民歌，這是作者自己也誠懇地告白過的。其次，為什麼寫了這麼多三言結構作者卻並沒有感到束縛，反認為五七言詩行的三言結構是一種束縛？

　　這是因為古典詩歌和民歌詩行中三言結構與四言結構的組合是嚴格有序的。五、七、九言詩行吟詠調性產生於三言結構收尾的固定性，四、六、八言詩行的說白調性產生於四言結構（或二言結構）收尾的固定性，結構的穩定決定了功能的穩定。而在這裡，三言和四言（二言性質相同）的排列卻是隨意的。三言結構無規律地出現在行首、行中和行末，因而喪失了傳統的吟詠調性，二言（四言相同）結構也同樣雜亂地出現在行首行中和行末，因而也喪失了傳統的說白調性。這樣任意地安排三言結構和雙言結構的位置，實際上是離開了古典詩歌和民歌節奏的基礎結構，詩歌節奏的形式是離不開音組結構在統一中的變化，這種形式之所以不理想，正是由於缺乏統一感，從音組結構上講，它仍然像散文那樣從一種結構自由地轉換到另一種結構上去，因而缺乏詩歌節奏所必需的那種音組結構的穩定性。

三　三言結構和雙言結構的靈活交替是我國古典詩歌和民歌節奏的開放性結構

　　三言結構的穩定性使得五七言詩行的節奏有序化。五言總是上二

下三；七言總是上四下三，九言總是上六下三。正是這種有序的要素
配搭構成詩歌的節奏感，不但對於五七言詩行是如此，而且對於早於
五七言詩行的《楚辭》句法也是如此，把《楚辭》中的「兮」字當作
停頓（不當成一個獨立的「言」），則《楚辭》的絕大部分句法也明顯
是三言和雙言結構穩定的配合，如：「節日（兮——）辰良，穆將愉
（兮——）上皇。」固定的結構和口語是有矛盾的，在口語中，在散
文中，同樣是五個字組成的句子，其句法結構不可能只有上二下三這
樣一種形式，有時會有完全相反的情況，吾師林庚曾舉例曰：「這電
燈真亮，他望了半天。」念成口語的自然節奏是上三下二：

　　　這電燈——真亮，他望了——半天。

但是如果說這是兩句五言詩，而其平仄和杜甫的「國破山河在，城春
草木深」是一致的，那就只能讀成這樣：

　　　這電——燈真亮，他望——了半天。

五七言詩單一的節奏結構和詞彙意義、語法結構的多樣性產生了矛
盾。但是在我國古典詩歌中節奏的穩定結構，束縛了詞彙語法的靈活
結構，詞彙語法的結構總是服從節奏結構。在某種意義上，可以說這
是一種超穩態結構。這自然是一種束縛，但是這種束縛是構成穩定的
節奏感所必需的。這種束縛有時是這樣厲害，以致古代大詩人也難免
為其所困。例如杜甫的詩句「夜郎溪日暖，白帝峽風寒」，按詞彙意
義和語法結構應該念成這樣：

　　　夜郎溪——日暖，白帝峽——風寒。

但作為詩，我們只能讀成：

夜郎——溪日暖，白帝——峽風寒。

甚至「黃山四千仞，三十二蓮峰」也不能念成：

三十二——蓮峰。

而要讀成：

三十——二蓮峰。

至於「興因樽酒洽，愁為故人輕」當然也不能念成：

興——因樽酒——洽，
愁——為故人——輕。

只能念成：

興因——樽酒洽，愁為——故人輕。[3]

而杜審言的「雲霞出海曙，梅柳渡江春」照正常的語法結構是：

雲霞出海——曙，梅柳渡江——春。

3　以上分析出自劇作家洪深的一九四十年代的一本說朗誦的校冊子。該書遺失，一時查檢無著，容後補足（二〇一四年十二月注）。

但是五言詩的節奏結構迫使我們讀成：

　　雲霞——出海曙，梅柳——渡江春。

這樣讀法，把原來正常的語法關係弄模糊了，把意思也搞含混了。五言詩行是排斥上三下二或上一、中三、下一或上四下一的節奏的，而表達思想卻要求盡可能多樣靈活的結構。內容的靈活性和結構的穩定性產生了矛盾。這種矛盾事實上是散文的非固定節奏和詩的穩定節奏的矛盾。

　　這種矛盾由於社會生活的發展，文學的社會內容的擴大而激化了。結構不能不發展了。但結構的發展有兩種可能性：第一，打破節奏的穩定性採取完全的自由句法，每一句的音組結構都由詞彙意義和語法結構決定，這樣，就丟掉了「基礎」，亦即民歌和古典詩歌的節奏基礎。但是，在我國古代沒有出現這種情況，而是出現了第二種情況，仍然在雙言結構和三言結構的穩定性基礎上發展出一種詞和曲的雜言句法。詞和曲都又名「詩餘」，說明都是從詩發展而來的。五七言詩的二言結構（包括四言結構）和三言結構分裂成兩個可以在同一首詩裡交織運用的詩行（三、五、七、九言詩和二、四、六、八言詩行）。當人們讀李清照的〈醉花陰〉時，其上半闋有一個五言詩行「瑞腦銷金獸」，我們讀成：

　　瑞腦——銷金獸。

但是下半闋的對應位置上是「有暗香盈袖」，如果在五言詩中我們應該讀成這樣一個彆扭的節奏：「有暗——香盈袖」。但是詞可以用一種新的節奏格式來讀：

　　　　有暗香──盈袖。

這樣單一的節奏結構的打破，就意味著有利於思想的某種解放。同樣我們讀「望長城內外」、「看紅裝素裹」都可以自然地讀成：

　　　　望──長城內外。看──紅裝素裹。

或者也可以說成：

　　　　望長城──內外。看紅裝──素裹。

而不用讀成：「望長──城內外」和「看紅──裝素裹」那樣彆扭的節奏了。

　　「有暗香──盈袖」，這種讀法大量而穩定的存在，說明三言結構已經可以從句尾解放出來，放到句首去。像「更能消，幾番風雨」，也一樣是七言詩行的四三結構變成三四結構的表現。又如蘇東坡的「浪淘盡，千古風流人物」、「人道是，三國周郎赤壁」，是九言的六三結構變成三六結構的例子，在曲裡面句法解放的情況也同樣產生了新的節奏。如〈沉醉東風〉：

　　　　咫尺的，天南地北；剎時間，月缺花飛。

在明代民歌中，也繼承著這樣的解放句法的傳統，例如萬曆本《詞林一枝》中的〈羅江怨〉就有「好姻緣，不得成雙；好姐妹，不得久長」、「終有日，待他還鄉；會見時，再結鸞鳳」。這種從七言詩行單一節奏中解放出來的三四結構，在許多詞曲和民歌中和五七言詩行同時並用，豐富了詩行節奏，增加了詩行的靈活性。此外在詞曲中還大

量出現了雙言結構的四、六、八言詩行。這種詩行，雖然早在詩經時代就存在了，但自從五七言詩盛行之後，它就很少運用，有時偶爾出現也很少作為一種基本詩行廣泛運用。這是因為四、六、八言詩，作為一種單獨的句式，是比較缺乏變化的，它總是以完全相同的二言為單位的固定結構。正是因為這樣，唐代的六言絕句一直沒有什麼發展。待到三言結構從五七言詩行中解放出來以後，這種雙音結構的四、六、八言詩行顯示出了它的生命力。它在詞曲以及民間說唱中被廣泛運用，其原因是當它與解放了的三、五、七言結構交替運用時，就不再顯得單調了。但是儘管出現了這樣多的雜言句法，卻仍然沒有離開包含在五七言詩行中的那個基礎，即：三言結構和雙言結構，不過在五七言詩行中雙言結構和三言結構是穩定地連續，而在詞曲中則是靈活地交替的。

　　但是，我們前面說明過，二、四、六言的說白調性和三、五、七言吟詠調性無序混合，只能導致結構的瓦解而不能產生和諧的節奏。如果真是如「頓」的理論的宣傳者所說的那樣，詞曲交替運用三五七言和二四六言詩行，其間毫無規律可循，我們就不能理解，它們為什麼會流傳千年而至今仍有某種生命力，更不能理解為什麼姜夔、金農直至現代的趙朴初先生都可以寫出自度曲來，難道他們都是像五四以後某些蹩腳自由詩那樣，在詩行節奏的安排上搞無政府主義嗎？顯然不是。那麼，詞曲的和諧節奏是怎樣構成的呢？

　　這裡有三種情況：一種是某些詞牌或曲牌完全是或基本上是由三、五、七言詩行組成的，例如〈浣溪沙〉、〈菩薩蠻〉等等。詩行的吟詠調性相同，字數雖有時不等，但亦有三、五、七、九這樣的規律可循。二種是某些詞牌或曲牌完全或基本上由四、六、八言詩行組成。例如〈調笑令〉、〈念奴嬌〉，詩行的說白調性相同，而字數不等時，亦有四、六、八這樣的規律可循。最複雜的同時最大量存在的是三、五、七言和四、六、八言交替使用的詞牌和曲牌。這就可能是互

相干擾，也可能相反相成。相反相成是要有條件的，本來七言詩行的
三言結構和四言結構相反相成的條件是三言固定在結尾，而詞曲的句
法正是打破這種固定結構。構成新的相反相成的條件是什麼呢？這就
有兩種情況：一種情況是先用四、六、八言後用三、五、七言；一種
情況是先用三、五、七言後用四、六、八言。在第一種情況下，當
四、六、八言詩行向三、五、七言過渡時，我們看到，幾乎是無條件
的，完全自由的：

　　　　秋色連波，波上寒煙翠。

〈減字木蘭花〉全首都是這樣的句法。比如毛澤東用這個詞牌寫的
〈廣昌路上〉：

　　　　漫天皆白，雪裡行軍情更迫；
　　　　頭上高山，風卷紅旗過大關；
　　　　此行何去，贛江風雪彌漫處；
　　　　命令昨頒，十萬工農下吉安。

一個四言，加一個七言，節奏很和諧。其原因是在七言之前加上四言
不過是把它變成十一言而已，調性並沒有改變。在曲中，這種變成的
規律發展成一種「襯字」的普遍方法，即在不改變調性的前提下，可
以在句首、句中增加若干字，如〈叨叨令〉，本調全是七言句。可是
《西廂記》崔鶯鶯送別張生時唱的「久以後書兒信兒索與我恓恓惶惶
的寄」多達十六字，其中襯字雖多達九字，但因為沒有打破結尾的三
言結構，故調性沒有變化，而語言的靈活性卻增強了。毛澤東的〈沁
園春·雪〉也有同樣的情況：

　　北國風光，千里冰封、萬里雪飄。望長城內外，惟餘莽莽；大
　　河上下，頓失滔滔。山舞銀蛇，原馳蠟象，欲與天公試比高。

這裡在一句七言詩行「欲與天公試比高」之前，有九個四言結構的
（望長城內外，讀作：望——長城內外，也屬四言結構），其調性仍
未受干擾。

　　綜上所述，我們可以得出一個結論：當四言詩行（包括二言、六
言）出現在五七言詩行之前時，並不干擾調性的和諧。或者說，從四
言詩向五七言詩過渡時，是自由的，無條件的。

　　如果反過來，從五七言詩行向四言詩行過渡呢？是不是也這樣自
由呢？我們來看毛澤東的〈憶秦娥・婁山關〉：

　　西風烈，長空雁叫霜晨月。霜晨月，馬蹄聲碎，喇叭聲咽。

從「長空雁叫霜晨月」這個七言詩行，轉入「馬蹄聲碎，喇叭聲咽」
這兩個四言詩行時，當中為什麼要把前面七言詩行結尾的三言結構
「霜晨月」重複一下？當年的作曲家和這一詞牌的創造者，並不是無
意識地這樣做的吧。因為不這樣把三言結構重複一下，冒然由吟詠調
性轉入道白調性就不和諧了，加上這個三言結構就出現一個倒裝的七
言詩行：「霜晨月，馬蹄聲碎」。同樣的情況在現代民歌「花兒」中也
存在著。例如〈好不過大治的好年月〉：

　　陽春裡催綻的含苞蕾，
　　紅刺玫，
　　荊叢裡它開得最美；
　　風展紅旗（者）花映暉，
　　好景致
　　紅不過大治的年月。

這裡的「紅刺玫」、「好景致」和前面的「霜晨月」有同樣的節奏上的過渡作用。這似乎是一個中間性的調性，有了這個調性作媒介，這種轉化就不突兀，而顯得自然了。正是因為這樣，這種過渡方式在詞裡才是一個相當普遍的現象。例如毛澤東〈沁園春·雪〉：

　　……欲與天公試比高。須晴日，看紅裝素裹，分外妖嬈。

從「欲與天公試比高」這樣一個吟詠調性向「看紅裝素裹，分外妖嬈」這兩個說白調性過渡時，當中插入「須晴日」這樣一個三言結構。從吟詠調性向說白調性過渡時以三言結構為過渡是一個規律性的現象。三言結構的這種過渡性功能，還可以在其他方面看出來。本來在古典詩歌和民歌中一般都避免運用有助於邏輯推理的連接虛詞，如：「因為」、「所以」、「不但」、「而且」之類。在戲曲唱詞或民歌中非用不可時往往把這種二言結構改成三言結構：「都只為」、「管教他」、「難道說」、「莫不是」之類，有時還把四言結構改成三字結構，如：我李鐵梅，改成「鐵梅我」。這些都不是偶然的。

　　當然上述兩條規律還不能解釋一切詞牌和曲牌，例如毛澤東的〈浪淘沙·北戴河〉：

　　大雨落幽燕，白浪滔天。

這裡就沒有什麼過渡性的三言結構插在二者之間，但是下面隔了一句七言詩行以後還有：

　　一片汪洋都不見，知向誰邊？

這兩個句組成一個嚴格的對稱結構，也達到了一定的和諧。另外像

「萬里長江橫渡，極目楚天舒。不管風吹浪打，勝似閒庭信步」，從五言詩行「極目楚天舒」向六言句「不管風吹浪打」過渡時，其間既無三言結構過渡也沒有句組對稱，但是由於「萬里長江橫渡」和「不管風吹浪打」的說白調性隔句呼應，也就顯得和諧了。不過這種情況比較少見。

　　詞曲詩行在五七言詩行的基礎上發展的規律目前我們所能認識到的還只有五言延伸（為七、九、十一言等）、三言調節、句組對稱和句間呼應這樣幾條。正是由於這樣多樣的結構方法，我國古典詩歌和民歌有限的節奏的結構基礎（主要是三言和雙言結構等）才能發展出一系列新的句法和章法，以適應表現更廣泛的社會生活。但是中國古典詩歌節奏結構的動態變化是非常有限的，占壓倒優勢的不是動態，而是穩態。也正因為這一點，我國古典詩歌和民歌在歷史發展過程中一直沒有離開過這個節奏的結構「基礎」，它總是在原來的有限的節奏「基礎」上發展的，這種發展有一個特點很明顯，那就是比較緩慢，從五言詩行和七言詩行取得統治地位那時起，一千年左右，我國語言從中古漢語變成了現代漢語，而詩歌的節奏結構卻基本上是五七言及變體，在詞曲出現以後，長期呈現停滯狀態。

　　這是因為這種超穩態結構從來沒有被打破，只是在這個結構之內發生了有限的自調節、自組織的運動。

　　在這一千多年中，詞曲的詩行節奏雖有些解放，但章法還是有許多局限。每一章、每一闋都有固定的行數，每一行又有固定的字數，這種固定的章法其不靈活性的程度往往比詩、特別是古體詩更甚，即便句法解放了，束縛仍然很大，有時在大詩人的作品中也能挑出內容為形式所困的例子：

　　　千古江山，英雄無覓孫仲謀處。

以口語和散文的語法來衡量，這是很不通順的。詞曲的章有定句、句有定言自然是一種束縛，這種束縛早為許多作者感到。為了打破這種束縛，便出現了所謂「自度曲」，章無定句了，句也無定言了，看來這應該是「自由詩」了，但是其音組結構仍然是雙言和三言交替的雜言，其組合方式仍然不外乎我們上面分析過的那些，所以它仍然不過是一種新的詞牌和曲牌的製作而已，而不是一種新的節奏結構、新的章法結構的創造。哪怕是高唱「詩界革命」的黃遵憲也沒有能動搖一下這個古典詩歌節奏的超穩態結構「基礎」。

四　新詩的歷史功績正是衝破了傳統節奏有限的超穩態結構

　　我國古典詩歌和民歌節奏的超穩態結構，一方面是構成節奏感的一種有利出發點，以致沒有什麼詩才的人只要稍加練習就能自如地掌握這種節奏結構。另一方面卻是創造新節奏形式的一種束縛。它一方面為我們古代詩人提供了構成節奏感的方便模式，另一方面又使我國古典詩歌和民歌的形式長期徘徊不前。而到了五四運動前夕，這種有限的、超穩態的節奏結構和反映複雜社會生活的矛盾達到了這樣的程度，以致新文學運動的先驅們不惜拋棄這個方便的結構，而另外去創造一種形式，儘管這種形式的節奏結構穩態還比較渺茫，可是卻把那舊的節奏結構擊敗了，取得了正統的地位。一千多年的歷史證明：在五七言詩行的雙言和三言結構及其組合方式的「基礎」上不斷發展，只能產生詞、曲、彈詞、寶卷以至自度曲等等這樣的形式，從元曲產生以後，在古典詩歌領域中，幾百年沒有什麼新的形式創造，連明清民歌的形式也沒有突破五七言詩行的根本局限。如果不擴大這個「基礎」，不衝破這個「結構」，就不可能有新的創造。所以五四時期的新詩人經過一番奮鬥之後終於最後丟棄了這個「基礎」，在一種外來形

式的啟發下，創造了一種新的「基礎」，這是一種歷史的必然，打破形式的枷鎖正是五四新詩的歷史功績。

很顯然，新的民族形式的創造，道路是十分寬廣的。在本民族傳統形式的基礎上發展，這是一種途徑，例如我們在國畫中看到的和在某些小說（如趙樹理的小說）中看到的，但這不是唯一的途徑。油畫、電影、話劇、芭蕾舞、交響樂，則是以外來形式為基礎，而在它發展的過程中，不斷打上民族的烙印。

上世紀五十年代以來新詩的節奏形式有了一些可喜的進展。一個普遍的傾向是，新詩散漫的詩行中的音節組合方式開始出現走向統一的結構萌芽，大量的詩行由於運用對稱的音節組合（而不是運用「頓」）而擺脫了自由地從一種音節組合轉向另一種音節組合的散文句法。例如賀敬之的〈西去列車的視窗〉：

　　　　一路上，揚旗起落——
　　　　蘇州……鄭州……蘭州……

　　　　一路上，傾心交談——
　　　　人生……革命……戰鬥……

單就一節（兩行）詩來說音節組合並無統一的結構，行間節奏的結構是自由轉換的，但是就兩節統一來看，節奏又是有某種結構的，第一行和第三行，第二行和第四行節奏是對稱的。這種音節組合之間對稱與不對稱的統一的結構原則被廣泛地多種多樣地發展著。例如李瑛的〈茫茫雪線上〉：

　　　　一條雪線，一片奇寒，
　　　　一條雪線，封鎖天山，

猛烈的雪崩，駭人的冰川，

把多少秘密隱向人間。

在這裡，第一句和第二句，對稱的密度很大，不但每一句自身的兩個部分是對稱的，兩句之間也是對稱的，這種雙重的對稱有點兒類似律詩中的「四柱對」。第三句，雖然自身是對稱的，但與第一第二句音節不等，便不是雙重的對稱，這並不是作者做不到雙重對稱，因為只要把「猛烈的雪崩，駭人的冰川」中兩個可有可無的「的」字刪去，便可構成雙重對稱。但，作者很顯然用不對稱迴避過分單一的結構。第四行，就更明顯，它與任何一句都不對稱，這也是為了打破單一的節奏結構。在郭小川的詩中，隨處可以看到這種對稱與不對稱的手法的廣泛運用。例如在〈秋歌〉中有這樣一句詩：

我曾經有過迷亂的日子，於今一想，頓感陣陣心痛，

如果單是這一句，自然是散文式的長句，好像三十年代艾青提倡「詩的散文美」時的新詩句法，但是時代進步了，六十年代以後，詩人開始追求一種新的節奏的統一感，詩人接下去又寫了一句完全對稱的句子：

我曾經有過灰心的日子，於今一想，頓感愧悔無窮。

這種句法結構和音節數量的對稱構成了某種程度的統一結構，而統一性構成了節奏感。但是如果再按這樣的結構寫成完全統一的節奏，則又是詩人所迴避的，因為優美的節奏結構不能單調重複，同要素的重複不成其為結構，節奏是既要統一又要變化的，因此六十年代以後的新詩，在節內對稱時，節間往往是不對稱的：

是戰士，決不能放下武器，哪怕是一分鐘；

要革命，決不能止步不前，哪怕面對刀叢。

新詩這種單行自由的不穩定的節奏由於對稱手段的廣泛運用，便產生了行與行之間、節與節之間相對的穩定結構，雖然這種穩定太短暫（往往只在兩句、一節至多幾節之間，很少在一首之間的），但是總是向產生節奏感所要求的相對穩定結構邁出了歷史性的一步，總是一種新的創造。比起完全襲用舊形式的句法、章法來說，當然更值得稱讚，而且這種對稱與不對稱統一的原則，無疑是從律詩當中兩聯對仗、首尾兩聯不對仗的原則演化而來，因而這個在新「基礎」上產生出來的詩行或多或少打上了民族形式的烙印。

雖然，這種形式的歷史進步也是比較緩慢的，但是，作為民族新形式的「基礎」之一，卻和以五七言詩行為代表的舊形式有同樣合法的地位，這是已被六〇年來新詩的歷史證明了的。

————本文原刊於《詩探索》創刊號

作者簡介

孫紹振

　　一九三六年生，上海人，一九六〇年畢業於北京大學中文系。現為福建師範大學文學院教授、文學院教授委員會主任、博士生導師，曾任中國文藝理論學會副會長，福建省作家協會副主席。一九九〇年在德國特里爾大學進修，一九九二年在美國南俄勒岡大學英文系講學，一九九五年至一九九六年在香港嶺南學院作訪問研究。學術著作有《新的美學原則在崛起》、《文學創作論》、《美的結構》、《論變異》、《審美價值結構與情感邏輯》、《中國當代文學的藝術探險》、《文學性講演錄》、《孫紹振如是說》、《文學文本閱讀學》、《名作細讀》、《孫紹振如是解讀作品》、《孫紹振文集》（八卷，韓國學術情報出版社）等。散文集有《面對陌生人》、《靈魂的喜劇》、《滿臉蒼蠅》、《愧對書齋》、《榕蔭望月》、《孫紹振幽默文集》（三卷）等。

本書簡介

　　本書收錄作者近年來所寫古典詩歌的微觀分析文章的精選之作，其質量更甚作者早期名作《名作細讀》一書。作者於本世紀初投身本項研究時，是帶著興趣的自發性，經過多年的研究，已從當時的就詩論詩，轉而注重學術文獻的梳理和歷史成果的吸收，以中國傳統細讀理論，揚棄西方當代詩歌理論，並進行中西接軌。這成為後來作者在

研究上的自覺性追求。作者編輯本書時，心情頗為複雜。喜的是對古典詩歌甚具難度的微觀分析上頗有進展。憂的是在根本上，個案分析的局限不可諱言。畢竟是解剖麻雀，雖然五臟俱全，但是，宏觀理念和方法全為隱性。雖於個案可以在月迷之中尋覓津渡，然在方法論上難免霧失樓臺之嘆。授其魚不能授其漁，其憾何如。為彌補不足，作者於本書中，特編撰〈古典詩歌宏觀解讀發微〉一章，旨在為建構中國式微觀解讀詩學，提供初步學術基礎。

國家圖書館出版品預行編目（CIP）資料

福建師範大學文學院百年學術論叢. 第一輯.
月迷津渡——古典詩詞個案微觀分析；孫紹振著.
鄭家建、李建華總策畫
-- 初版. -- 臺北市：萬卷樓，2015.01
10 冊 ； 17（寬）x23（高）公分
ISBN 978-957-739-917-5（全套:精裝）
ISBN 978-957-739-911-3（第 5 冊:精裝）

1.中國文學 2.文學評論 3.文集

820.7   103026498

福建師範大學文學院百年學術論叢　第一輯

月迷津渡

──古典詩詞個案微觀分析　　ISBN 978-957-739-911-3

作　者　孫紹振
總策畫　鄭家建　李建華

出　版　萬卷樓圖書股份有限公司
總編輯　陳滿銘
發　行　萬卷樓圖書股份有限公司
發行人　陳滿銘
聯　絡　電話 02-23216565　　　傳真 02-23944113
　　　　網址 www.wanjuan.com.tw
　　　　郵箱 service@wanjuan.com.tw
地　址　106臺北市羅斯福路二段 41 號 6 樓之三
印　刷　百通科技股份有限公司
初　版　2015 年 1 月
定　價　新臺幣 36000 元 全套十冊精裝 不分售